མཚོ་སྔོན་དགེ་འོས་སློབ་གྲྭ་ཆེན་མོའི་པཎ་ཆེན་ཞིབ་འཇུག་གླིང་གི་རིག་གཞུང་དཔེ་ཚོགས་ལས་
བོད་ཡིག་གི་གནའ་དཔེ་ལེགས་སྒྲིག་དང་ཞིབ་འཇུག་གི་སྐོར།
青海师范大学班禅研究院文库 • 藏文古籍文献整理与研究系列

༄༅། །བྱང་ཆུབ་ལམ་གྱི་རིམ་པའི་བརྒྱུད་པ་རྣམས་ལ་གསོལ་བ་
འདེབས་པའི་ལམ་མཆོག་སྒོ་འབྱེད་ཀྱི་འགྲེལ་བ་མདོ་དང་
སྦྱར་བའི་སྟོང་ཐུན་རྒྱལ་སྲས་གཞུང་ལམ་
ཞེས་བྱ་བ་བཞུགས་སོ། །

ཨ་ལག་ཤ་ཞབས་དྲུང་འཇམ་དབྱངས་བསྟན་འཕེལ་ཉི་མས་བརྩམས།

ཀྲུང་གོའི་བོད་རིག་པ་དཔེ་སྐྲུན་ཁང་།

图书在版编目（CIP）数据

道次第传承师祷告文胜道启门通释 : 藏文 / 阿拉善夏茸 · 降央丹佩尼玛著 ; (当代) 扎布 , 华旦才让 , 邓德多杰主编 . -- 北京 : 中国藏学出版社 , 2024.2

ISBN 978-7-5211-0507-0

. ①道… Ⅱ . ①阿… ②扎… ③华… ④邓… Ⅲ . ①佛教 – 文集 – 藏文 Ⅳ . ① B948-53

中国国家版本馆 CIP 数据核字 (2024) 第 046395 号

道次第传承师祷告文胜道启门通释

阿拉善夏茸 · 降央丹佩尼玛著　著

扎布　华旦才让　邓德多杰　主编

责任编辑：西日东智
设计排版：宗拉昌瓦排版工作室

出版发行：中国藏学出版社
印　　刷：中国电影出版社印刷厂
开　　本：787mm×1092mm　1/16
印　　数：1-2000册
印　　张：21
版　　次：2024年4月第1版
印　　次：2024年4月第1次印刷

书　　号：ISBN 978-7-5211-0507-0　　**定 价**：56.00元

༄། །ཨ་ལག་ཤ་ཧྭ་རེ་ཁེ་ཞབས་དྲུང་འཇམ་དབྱངས་བསྟན་འཕེལ་ཉི་མ།

(1925-1999)

༄། །ཧྲ་རེ་ཁེ་དགོན་དངོས་གྲུབ་ཀུན་འབྱུང་གླིང་།
(སྤྱི་ལོ1819ལོར་སྐྲུག་བཏབ།)

༄༅། །སྔོན་དུ་འགྲོ་བའི་གཏམ།

འཇམ་དབྱངས་བསྟན་འཕེལ་ཉི་མའམ་མཚན་གཞན་ཧྭ་རེ་ཁེ་ཞབས་དྲུང་དུ་གསོལ་བ་འདི་པ་ནི། སྤྱི་ལོ1925ལོར་ནང་སོག་ཨ་ལག་ཤ་པ་ཡན་ཕུ་རེ་ཏུ་པག་ཏུ་ཐོར་གོད་མེང་ཧེ་པླ་ཡར་གྱི་སྲས་སུ་སྐུ་འཁྲུངས། སྤྲུལ་བའི་སྐུ་རིན་པོ་ཆེ་ཨ་ཆི་ཐུའི་ཐུགས་བཀོད་ལྟར། བླ་མ་ཞལ་ཏ་བ་མཆོག་གིས་ཧྭ་རེ་ཁེ་དགོན་དངོས་གྲུབ་ཀུན་འབྱུང་གླིང་གི་ཞབས་དྲུང་གི་སྤྲུལ་སྐུར་ངོས་འཛིན་གནང་། སྐུ་ན་ཕྲ་མོའི་དུས་ནས་བཟུང་དགེ་བའི་བཤེས་གཉེན་ཆེན་མོ་འཇམ་དབྱངས་བློ་གྲོས་ཞུ་བ་ཚུལ་བཞིན་དུ་བསྟེན་ནས་ཡི་གེ་འབྲི་ཀློག་དང་ཆོས་སྤྱོད་སོགས་བྱང་བར་སྦྱངས། སྤྱི་ལོ1930ལོར་གདན་སའི་ཁྲིར་བཀོད་ཅིང་མཚན་ལ་འཇམ་དབྱངས་བསྟན་འཕེལ་ཉི་མར་གསོལ། སྤྱི་ལོ1938ལོར་ཆོས་སྡེ་ཆེན་པོ་སྐུ་འབུམ་བྱམས་པ་གླིང་གི་ཆོས་གྲྭར་ཞུགས་ཏེ་ལོ་ངོ་བཅུ་གསུམ་གྱི་རིང་ལ་སློབ་གཉེར་དཔྱིས་ཕྱིན་པར་མཛད། སྐུ་འབུམ་དུ་བཞུགས་རིང་། པཎ་ཆེན་སྐུ་ཕྲེང་བཅུ་པ་བློ་བཟང་ལྷུན་གྲུབ་ཆོས་ཀྱི་རྒྱལ་མཚན་མཆོག་དང་བཞུགས་སྐར་གཅིག་ཏུ་ཐོས་བརྩོན་གནང་། ཕན་ཚུན་ཆོས་ཀྱི་བགྲོ་བ་མང་དུ་མཛད་ཅིང་པཎ་ཆེན་རིན་པོ་ཆེར་མཚན་ཉིད་ཀྱི་ཞབས་ཞུ་སོགས་ཀྱང་ཕུལ།

ཕྱིས་སུ་ཁོང་དང་གྲྭ་པ་ལོ་གཞོན་བཅུ་གསུམ་དབུས་སུ་ཕེབས། དཔལ་ལྡན་འབྲས་སྤུངས་སྒོ་མང་གྲྭ་ཚང་དུ་ཞུགས་ནས་ཐོས་བརྩོན་ཇོ་ནུས་ཐུག་པ་གནང་སྟེ་དགེ་བཤེས་འབྲས་རམས་པའི་མཚན་བཏགས་བཞེས། སྤྱི་ལོ1951ལོའི་ཟླ9པར་ཁོང་དང་གྲྭ་པ་འགའ་རྒྱ་གར་འཕགས་པའི་ཡུལ་དུ་ཕེབས་ནས་གནས་ཆེན་བརྒྱད་སོགས་ལ་མཆོད་

མཇལ་དང་། སྤྱི་ལོ1952ལོར་བལ་ཡུལ་དུ་མཆོད་མཇལ་གནང་། སྤྱི་ལོ1957ལོར་ཕྱིར་སྐུ་འབུམ་བྱམས་པ་གླིང་དུ་ཕེབས། ཡང་བསྐྱར་དགེ་བའི་བཤེས་གཉེན་ཆེན་མོའི་མཚན་བཏགས་བཞེས། སྤྱི་ལོ1961ལོར་འབྲུངས་ཡུལ་ཨ་ལག་ཤ་རུ་ཕེབས། དུས་འགྱུར་གྱི་སྐབས་སུ་ངལ་རྩོལ་བསྒྱུར་བཀོད་དུ་ཞུགས། ད་ང་གི་སྐབས་བཅུ་གཅིག་པའི་ཀྲུང་ཨུ་ཚང་འཛོམས་གྲོས་ཚོགས་ཐེངས་གསུམ་པའི་རྗེས་སུ་མཚན་གནས་སླར་གསོ་བྱུང་ཞིང་ཆོས་ཀྱི་བྱ་བར་ཞུགས། སྤྱི་ལོ1983ལོར་ཁོང་གིས་གཙོ་མཛད་དེ་ལྷ་སྡེའི་མི་དམངས་ཀྱི་རོགས་རམ་ལ་བརྟེན་ནས་ཨ་ལག་ཤ་ས་ཆའི་དགོན་པ་བཅོ་བརྒྱད་བསྐྱར་གསོ་དང་སློབ་མ་འཕོར་ཆེན་བསྐྱེད་བསྲིང་གནང་། ཨ་ལག་ཤ་གཡས་དགོན་དགའ་ལྡན་བསྟན་རྒྱས་གླིང་དོ་དམ་ཨུ་ཡོན་ལྷན་ཁང་གི་ཀྲུའུ་རིན་འཛམ་དབྱངས་ཆོས་དབྱིངས་ལགས་སོགས་ཁོང་གི་སློབ་མ་དག་གིས་ད་ལྟའང་ཨ་ལག་ཤའི་ས་ཆ་མང་པོར་བསྟན་འགྲོའི་མཛད་ཁུར་འདེགས་བཞིན་མཆིས།

སྤྱི་ལོ1986ནས་སྤྱི་ལོ1989ལོའི་བར་པཎ་ཆེན་སྐུ་ཕྲེང་བཅུ་པ་བློ་བཟང་ཕྲིན་ལས་ལྷུན་གྲུབ་ཆོས་ཀྱི་རྒྱལ་མཚན་མཆོག་གི་གདན་ཞུས་བཞིན། ཁོང་ཀྲུང་གོའི་བོད་བརྒྱུད་ནང་བསྟན་མཐོ་རིམ་སློབ་གླིང་དུ་ཕེབས་ནས་བོད་སོག་གི་བླ་སྤྲུལ་དང་སློབ་མ་དོན་གཉེར་ཅན་མང་པོ་བསྐྱངས། སྤྱི་ལོ1998ལོར་ཤར་ཀ་དགོན་ལ་མེ་སྐྱོན་ཆེན་པོ་ཐེབས་པ་ཁོང་གི་ཐུགས་བཀོད་དང་དངུལ་གྱི་འགྲོ་སྒྲོན། གཞན་གྱི་རོགས་དན་བཅས་ལ་བརྟེན་ནས་དགོན་པ་རྙེན་དང་བརྙེན་པར་བཅས་པ་ཞིག་གསོ་མཛད་པ་དེའི་ཕྱི་ལོ་ཡོངས་སུ་གྲུབ། སྤྱི་ལོ1999ལོའི་ཟླ9པའི་ཚེས10ཉིན་གསར་དུ་གྲུབ་པའི་ཤར་ཀ་དགོན་ལ་རབ་གནས་གནང་བ་སོགས་བསྟན་འགྲོར་སྨན་པའི་མཛད་པ་ཕྱག་ལས་མང་དུ་གནང་། ཁོང་གིས་སྔ་ཕྱིར་ཨ་ལག་ཤ་གཡོན་རུའི་ཤོག་གི་སྐབས་བརྒྱད་པའི་མི་དམངས་འཐུས་མི་ཚོགས་ཆེན་གྱི་འཐུས་མི་དང་ཨ་ལག་ཤ་གཡོན་རུའི་ཤོག་གི་སྲིད་གྲོས་རྒྱུན་ལས་

ཨ་ཡོན་སོགས་ཀྱི་འགན་བཞེས། དགུང་ལོ་དོན་ལྔ་པ་སྤྱི་ལོ1999ལོའི་ཟླ11པའི་ཚེས3ཉིན་སྐུ་གཤེགས། གསུང་རྩོམ་ལ་ལམ་མཆོག་སྒོ་འབྱེད་ཀྱི་འགྲེལ་པ་ཞེས་པ་འདི་དང་རྒྱལ་བ་ཚངས་དབྱངས་རྒྱ་མཚོའི་གསང་རྣམ་སོག་འགྱུར་མ་སོགས་བཞུགས།

ཁོང་གིས་མཛད་པའི་ལམ་མཆོག་སྒོ་འབྱེད་ཀྱི་འགྲེལ་པ་ཞེས་པ་འདི་ནི་སྐུ་འབུམ་དཔར་མའི་རྗེ་ཙོང་ཁ་པའི་གསུང་འབུམ་པོད་ཁ་པ་ཊ་བཞུགས་པའི་བཀའ་འབུམ་ཐོར་བུའི་ཆོས་ཚན་གསུམ་པ་བྱང་ཆུབ་ལམ་གྱི་རིམ་པའི་བརྒྱུད་པ་རྣམས་ལ་གསོལ་བ་འདེབས་པའི་རིམ་པ་ལམ་མཆོག་སྒོ་འབྱེད་ཅེས་བྱ་བ་དེའི་འགྲེལ་བའོ། །

བཀའ་འབུམ་ཐོར་བུའི་ཆོས་ཚན་དང་པོ་ནི་རྗེས་མཛད་པའི་བྱང་ཆུབ་ལམ་གྱི་རིམ་པའི་རྒྱ་ཆེན་སྤྱོད་པའི་བརྒྱུད་པའི་གསོལ་འདེབས་དང་། ཆོས་ཚན་གསུམ་པ་ལམ་མཆོག་སྒོ་འབྱེད་ཅེས་པ་འདི་ནི་བྱང་ཆུབ་ལམ་གྱི་རིམ་པའི་ཟབ་མོ་ལྟ་བའི་བརྒྱུད་པའི་གསོལ་འདེབས་ཡིན་ཞིང་། འདིའི་མཛད་བྱང་དུ་བྱང་ར་སྒྲེང་རྒྱལ་བའི་དབེན་གནས་ཀྱི་དགོན་པ་གོང་དུ་དཔལ་ལྡན་ཨ་ཏི་ཤའི་སྐུ་དངོས་དང་ཁྱད་པར་མ་མཆིས་པའི་སྐུ་འདྲ་དབུ་ཡོན་མ་ཆེ་བར་གྲགས་པའི་སྤྱན་སྔར་ཡུན་རིང་དུ་གསོལ་བ་བཏབ་ནས་མཛད་པར་གསུངས་པ་ལས་གསུང་འདི་ཇི་འདྲའི་གལ་ཆེ་བ་གོ་ནུས། རྗེས་མཛད་པའི་ལམ་མཆོག་སྒོ་འབྱེད་རང་ལ་ཚིགས་བཅད་དགུ་ཙམ་ལས་མི་བཞུགས་མོད། འདི་ནི་བྱང་ཆུབ་ལམ་གྱི་རིམ་པའི་ཟབ་མོ་ལྟ་བའི་བརྒྱུད་པ་རྣམས་ཀྱི་གསོལ་འདེབས་ཟབ་མོ་བྱིན་རླབས་ཀྱི་ཚན་ཁ་ཅན་ཡིན་པས། ཨ་ལག་ཤ་ཞབས་དྲུང་འདི་པས་འགྲེལ་བ་པོ་ཉིར་ལོངས་མཛད་པ་ལགས། དེ་བས་འགྲེལ་བ་འདི་ནི་ཤིན་ཏུ་རྩ་ཆེ་ཞིང་སྔོན་དཔེ་བྲིས་མ་ལས་མི་བཞུགས་པས་དཔེ་རྒྱུན་ཡང་ཤིན་ཏུ་དཀོན་པས། ཀུན་གྱི་བགོ་སྐལ་དུ་འགྱེམ་རྒྱུ་བྱུང་ན་དོན་སྙིང་ཤིན་ཏུ་ཆེ་བར་བསམས་ནས་ད་རེ་དེང་ཅག་མཚོ་སྔོན་དགེ་འོས་སློབ་གྲྭ་ཆེན་མོའི་པཎ་ཆེན་ཞིབ་འཇུག་གླིང་གི་རིག་

གཞུང་དཔེ་ཚོགས་ལས་བོད་ཡིག་གནའ་དཔེ་ལེགས་སྒྲིག་ཞིབ་འཇུག་དང་པར་སྐྲུན་འགྲེམས་སྤེལ་གྱི་ལས་གཞིའི་གྲས་སུ་བཞག་སྟེ་དཔེ་སྐྲུན་བྱས་པ་ལགས་ན། འདི་འང་རང་རེའི་རིག་གནས་ཀྱི་རྒྱུན་བཟང་པོ་གསོ་བའི་གསོས་སུ་འགྱུར་བར་ཤོག །

ཅེས་མཚོ་ཁ་པ་རྒྱ་ཡེ་བཀྲ་རྡོ་ཏུ་འབོད་པས་སྤྱི་ལོ༢༠༢༥ལོའི་ཟླ༧ཚེས༧བཟང་པོ་ལ་སྦྱར་བ་དགེ་བར་གྱུར་ཅིག

དཀར་ཆག

༄། །བྱང་ཆུབ་ལམ་གྱི་རིམ་པའི་བརྒྱུད་པ་རྣམས་ལ་གསོལ་བ་འདེབས་པའི་
ལམ་མཆོག་སྒོ་འབྱེད་ཀྱི་འགྲེལ་བ་མདོ་དང་སྦྱར་བའི་སྟོང་ཐུན་
རྒྱལ་སྲས་གཞུང་ལམ་ཞེས་བྱ་བ་བཞུགས་སོ། །

༄༅། །ན་མོ་གུ་རུ་བུདྡྷ་བོ་དྷི་སཏྭ་མཉྫུ་གྷོ་ཥ་བཛྲ་ཤཱཀྱ་ཏཱ་རེ་ཡ། མི་མཇེད་ཞིང་གི་མགོན་པོ་བཅོམ་ལྡན་འདས། །རྒྱལ་ཚབ་དམ་པ་མི་ཕམ་མགོན་པོ་དང་། །རྒྱལ་སྲས་ཐུ་བོ་རྗེ་བཙུན་མཁྱེན་པའི་གཏེར། །ཤིང་རྟ་ཆེན་པོ་གཉིས་རྣམས་རྒྱལ་གྱུར་ཅིག །ལྷ་བརྒྱའི་གཙུག་གི་ནོར་བུ་ཨ་ཏི་ཤ །ལམ་འདི་གསལ་མཛད་རྗེ་བཙུན་ཙོང་ཁ་པ། །དར་མ་རིན་ཆེན་མཁས་གྲུབ་དགེ་ལེགས་དཔལ། །ལ་སོགས་མཆོག་གསུམ་བརྒྱུད་པར་བཅས་ལ་འདུད། །འཇི༷གས་མེ༷ད་སྟོབས་བཅུའི་དབང་ཕྱུག་བློས་གར་མཁན། །ང༷ག་ལ་དབ༷ང་བསྒྱུར་ལེ༷གས་བཤ༷ད་འཕྲི༷ན་ལ༷ས་ཅན། །རིགས་གསུམ་དཀྱིལ་འཁོར་རྒྱ༷་མཚོ༷འི་མངའ་བདག་གཙོ། །རྩ་བའི་བླ་མ་རྣམ་གསུམ་གཙུག་གིས་མཆོད། །པད་དཀར་(༢ན)འཆང་བ་ཡིད་བཞིན་ནོར་བུའི་ཞབས། །སྣང་མཐའི་སྐུ་འཕྲུལ་ལྷུན་གྲུབ་ཆོས་ཀྱི་རྗེ། །བློ་བཟང་ལུང་རྟོགས་བསྟན་པའི་རྒྱལ་མཚན་ཏེ། །ཁྱབ་བདག་རྡོ་རྗེ་འཆང་དབང་རྣམས་ལ་འདུད། །འཆད་ན་ལེགས་བཤད་སྒྲོགས་པའི་དབྱར་གྱི་རྔ། །རྩོམ་ན་ཐུབ་བསྟན་གསལ་བྱེད་ཉི་ཟླ་བཞིན། །རྩོད་ན་ཕས་རྒོལ་འཛོམས་པའི་གནམ་ལྕགས་འདྲ། །ཆོས་ཀྱིས་མཛེས་པའི་བཤེས་གཉེན་རྣམས་ལ་འདུད། །ལུང་རྟོགས་ཆོས་རྣམས་མ་ལུས་ཐོས་བསམ་གྱིས། །འཁྲུལ་མེད་གཏན་ལ་ཕབ་སྟེ་སྙིང་དོན་ཀུན། །ཉམས་ལེན་སྙིང་པོར་སྒྲུབ་ལ་ཆེས་གཞོལ་བའི། །གྲུབ་

པའི་རྒྱལ་མཚན་བསྒྲེང་བའི་ལམ་འདི་ནྲད། །

འདིར་རྒྱལ་བའི་གསུང་རབ་ཐམས་ཅད་ཀྱི་གནད་བསྡུས་པ། ཤིང་རྟ་ཆེན་པོ་དཔལ(༢བ)མགོན་འཕགས་པ་ཀླུ་སྒྲུབ་དང་ཐོགས་མེད་གཉིས་ཀྱི་ལམ་སྲོལ། རྣམ་པ་ཐམས་ཅད་མཁྱེན་པའི་སར་བགྲོད་པའི་སྐྱེ་བོ་མཆོག་གི་ཆོས་ལུགས། དཔལ་ཨ་ཏི་ཤ་དང་། འཇམ་མགོན་བླ་མ་ཙོང་ཁ་པ་ཆེན་པོ་རྣམ་གཉིས་ཀྱི་ཐུགས་ཀྱི་བཅུད་ཕྱུང་བའི་ཉིང་ཁུ། སྐལ་བ་དང་ལྡན་པའི་གདུལ་བྱ་རྣམས་སངས་རྒྱས་ཀྱི་སར་འཁྲིད་པར་བྱེད་པའི་ཐབས་ཆ་ཚང་ལ་མ་ནོར་བ་བྱང་ཆུབ་ལམ་གྱི་རིམ་པ་འདི་ཉིད། སྐྱེས་བུ་གསུམ་གྱི་ལམ་གྱི་རིམ་པའི་སྒོ་ནས་འཆད་པར་བྱེད་པ་ལ་བཞི། ཆོས་ཁུངས་བཙུན་པར་བསྟན་པའི་ཕྱིར་མཛད་པ་པོའི་ཆེ་བ་བསྟན་པ། གདམས་ངག་ལ་གུས་པ་བསྐྱེད་པའི་ཕྱིར་ཆོས་ཀྱི་ཆེ་བ་བསྟན་པ། ཆེ་བ་གཉིས་དང་ལྡན་པའི་ཆོས་ལ་ཉན་བཤད་ཇི་ལྟར་བྱ་བ། གདམས་པ(༣ན)དངོས་ཀྱི་སློབ་མ་ཇི་ལྟར་བཀྲི་བའི་རིམ་པའོ། །

དང་པོ་ནི། ལམ་མཆོག་སྒོ་འབྱེད་འདི་མཛད་པ་པོ་གང་གིས་མཛད་པ་དེ་ཉིད་ཐོག་མར་བླང་བ་ཡིན་པས། རྒྱལ་བ་རང་ཉིད་ཀྱིས་རྒྱལ་བའི་མཛད་པ་སྒྲུབ་པར་ལུང་བསྟན་པའི་ཚད་མའི་སྐྱེས་བུ། རྗེ་བཙུན་འཇམ་པའི་དབྱངས་ངུར་སྨྲིག་གར་གྱི་རྣམ་པར་རོལ་བ། ཁམས་གསུམ་ཆོས་ཀྱི་རྒྱལ་པོ་ཤར་ཙོང་ཁ་པ་ཆེན་པོ་འདི་ཉིད་ནི། རྒྱལ་བ་རང་ཉིད་ཀྱིས་ཕ་ཤུལ་བུ་ལ་གཏོད་པ་བཞིན་ཆོས་ཀྱི་རྒྱལ་སྲིད་འཇམ་པའི་དབྱངས་ལ་གཏད་ནས། མྱ་ངན་འདའ་ཚུལ་བསྟན་པའི་རྗེས་སུ་མདོ་སྨད་ཙོང་ཁའི་ཡུལ་དུ་ཡབ་སླུ་འབུམ་དགེ་དང་། ཡུམ་ཤིང་བཟའ་ཨ་ཆོས་གཉིས་ཀྱི་སྲས་སུ་སྐྱ་འཁྲུངས་པ་ཡིན་ཏེ། (༣བ)འཇམ་དཔལ་རྩ་རྒྱུད་ལས། འཇམ་པའི་དབྱངས་ལ་གཏད་པ་ཡིན། །ང་ནི་འཇིག་རྟེན་མྱ་ངན་འདས། །ས་སྟེང་སྟོངས་པར་གྱུར་པ་ན། །དེ་ནས་འཇམ་དཔལ་སེམས་ཅན་ལ། །སངས་རྒྱས་མཛད་པ་བྱེད་པར་འགྱུར། །ཐུབ་དབང་

ཡོངས་སུ་མྱ་ངན་འདས། །དམ་པའི་ཆོས་ནི་རྒྱས་པའི་ཕྱིར། །དེ་ཚེ་རྟག་ཏུ་སྲུང་བར་ནི། །འཇམ་དཔལ་དབྱངས་ནི་འགྱུར་བ་ཡིན། །ཞེས་དང་། སྟོན་པའི་གསུང་རབ་ས་སྙིང་དུ། །དུས་མཐར་འཇིག་རྟེན་ཉམས་པ་ན། །སྡོམ་བརྩོན་རྒྱལ་པོའི་ཚུལ་གྱིས་ནི། །འབྱུང་བར་འགྱུར་བར་ཐེ་ཚོམ་མེད། །ཅེས་དང་། གླུ་པོས་ཞེས་བྱ་རྣམ་པར་གྲགས། །ཞེས་དང་། དེ་འོག་རྣམ་པར་གྲགས་པ་ནི། །བྲམ་ཟེ་ཡི་གེ་དང་པོ་ཨ། །ཆོས་དང་དགེ་བ་ལྡན་བདག་ཉིད། །བདེ་བར་སྨྲ་ཞིང་དབང་པོ་ཐུལ། །ཞེས་ཡབ་ཡུམ་གྱི(~ན)མཚན་དངོས་དང་བཅས་འབྲུངས་ཚེ་ལྔེ་བཅད་ལས། ཙན་དན་གྱི་སྡོང་བུ་རྒྱལ་བ་སེང་གེ་ང་རོའི་སྐུ་འབུམ་དང་། ཨ་ར་པ་ཙ་ན་ལ་སོགས་པའི་ཡི་གེ་དང་བཅས་པའི་མཆོད་སྡོང་ཆེན་པོ་སྐྲུན་པ་ཡིན་ཏེ། སྡོང་པོ་བཀོད་པའི་མདོ་ལས། དེ་དག་དགོན་པར་ལྗོན་ཤིང་ཆེན་པོར་འགྱུར། །སྨན་དང་རིན་ཆེན་མི་ཟད་གཏེར་རྣམས་དང་། །ཡིད་བཞིན་ནོར་བུ་འདོད་པ་འཕྱེན་ཤིང་དང་། །ལམ་གོལ་འཁྲམས་པ་རྣམས་ལ་ལམ་སྟོན་འགྱུར། །ཞེས་དང་། འཇམ་དཔལ་རྩ་རྒྱུད་ལས། གཞོན་ནུ་སྣ་ཚོགས་མང་དག་བྱུང་། །བདག་ཉིད་ཆེན་པོ་འཇམ་དཔལ་ནི། །སྙིད་དགའ་སྐུ་ནི་འབུམ་གྱུར་པ། །ཡང་དག་མཐའ་ལ་གནས་ནས་ནི། །ཟབ་མོ་ལམ་གྱི་དོན་སྟོན་བྱེད། །སྤྲོས་མེད་རྣམ་པ་མེད་པ་དང་། །གནས་མེད་པ་ལས(~བ)གཟུགས་བྱས་ནས། །ཤིན་ཏུ་འོད་ལྡན་ཆོས་ཀྱང་སྟོན། །ཞེས་བཀའ་སྩལ་བ་ལྟར་རིགས་ཕུན་སུམ་ཚོགས་པར་སྐྱེ་བ་བཞེས་པའི་ཚུལ་ལོ། །

དེ་ནས་ཤར་ཕྱོགས་པ་རིགས་པའི་དཔའ་བོ་ཆོས་ཀྱི་རྗེ་དོན་གྲུབ་རིན་ཆེན་གྱིས་སྨྱུན་གྱི་འབྲས་བུ་བཞིན་དུ་རྡོ་རྗེ་ཐེག་པའི་སྒོ་ནས་སྨིན་པར་མཛད། རྒྱལ་བ་ཀརྨ་པ་རོལ་བའི་རྡོ་རྗེ་དང་ཆོས་རྗེ་རིན་པོ་ཆེ་ལས་རབ་བྱུང་དང་། དགེ་ཚུལ་གྱི་སྡོམ་པ་བཞེས་པའི་མཚན་ཀུན་དགའ་སྙིང་པོ་དང་བློ་བཟང་གྲགས་པ་ཞེས་གསོལ། དབུས་

གཙང་དུ་ཞབས་བསྐྱོད་དེ་དཔལ་ལྡན་ས་སྐྱ་གསང་ཕུ་སོགས་སུ་གཞུང་ལུགས་རྒྱ་མཚོ་ལྟ་བུ་ལ་གསན་སྦྱངས་མཛད་དེ། མཁྱེན་རབ་ཀྱི་གཏིང་བོད་གངས་ཅན་གྱི་ལྗོངས་ཀྱི་མཁས་པ་སུས་ཀྱང་དཔག་པར་མི་ནུས་པའི་མཁས་པ་ཆེན་པོར་གྱུར། དགེ་བའི་བཤེས་གཉེན་མཚན་ཉིད་དང་ལྡན་པ་དུ་མ་མཉེས་པ་གསུམ་གྱིས་མཉེས་པར(༥ན)བྱས་ཏེ། བོད་ཡུལ་འདིར་བརྒྱུད་པ་རྣམ་པར་དག་པ་ཇི་སྙེད་ཅིག་ཡོད་པ་ཐམས་ཅད་ལེགས་པར་གསན། རྒྱལ་བའི་གསུང་རབ་རབ་འབྱམས་ཐམས་ཅད་གདམས་ངག་ཏུ་ཤར། ཐལ་འགྱུར་པའི་ལུགས་ཀྱི་ཟབ་མོ་དབུ་མའི་ལྟ་བ་ཐུགས་རྒྱུད་ལ་འཁྲུངས། འཆད་རྩོད་རྩོམ་གསུམ་གྱིས་རྒྱལ་བའི་བསྟན་པ་ཉིན་མོ་ལྟར་གསལ་བར་མཛད་པས་ཝ་སེར་གྱི་བསྟན་པ་ཞེས་པའི་སྣན་པའི་བ་དན་སྲིད་རྩེར་བསྒྲེངས། བསྟན་པའི་ཡང་སྙིང་མདོ་སྔགས་ཟུང་དུ་འབྲེལ་བའི་བསྟན་པ་དྲི་མ་མེད་པས་ས་སྟེང་ཁྱབ་པར་མཛད་དེ་ཐུབ་བསྟན་ཡོངས་རྫོགས་ཀྱི་བདག་པོར་གྱུར། གྲུབ་མཐའ་རིས་སུ་མ་ཆད་པའི་གཟུ་བོར་གནས་པའི་སྐྱེས་བུ་དམ་པ་བགྲང་ལས་འདས་པས་རྗེའི་ཞབས་ལ་གཏུགས་ཚོས་ཞུ། རྒྱ་ནག་གོང་མ་ཏཱ་མིང་རྒྱལ་པོ(༥བ)སོགས་འཛིག་རྟེན་སྐྱོང་བའི་ཆེ་དགུ་མཐའ་དག་གིས་གུས་འདུད་ལྷུར་ལེན་པ་སོགས་མདོར་ན་རྗེ་རིན་པོ་ཆེ་འབའ་ཞིག་གི་འཕྲིན་ལས་ཀྱི་གདུགས་དཀར་པོ་གཅིག་གིས་ས་འདི་ཁེབས་ནས་ཡོད་པས་སོ། །དེ་ལྟར་འཇམ་དཔལ་རྩ་རྒྱུད་ལེའུ་སོ་དྲུག་པ་ལས། དང་པོའི་ཡི་གེ་བ་གྲགས་པ། །སྟོན་པའི་གཟུགས་བརྙན་དོན་ཡང་བྱེད། །བློ་ལྡན་དང་པོའི་ཡི་གེ་མ། །དེ་བཞིན་སྟོམ་བརྩོན་དད་པ་འབྱུང་། །ཞེས་དང་། དེ་བཞིན་འཛིག་རྟེན་སྤྱིན་གནས་གྱུར། །སྲིད་པ་གསུམ་གྱི་དོན་ཡང་བྱེད། །སྔགས་དང་རྒྱུད་ལ་མངོན་བརྩོན་པས། །གྲགས་པ་འཛིན་པར་ཤེས་པར་བྱ། །ཞེས་གསུངས་པ་ལྟར་རྟེན་འདི་ལ་ཡོན་ཏན་བརྗེས་པའི་ཚུལ་ལོ། །

དེ་ཡང་གདུལ་བྱའི་ཁམས་དང་བསམ་པ་དང་བག་ལ་ཉལ་སོ་སོ་དང་མཐུན་པའི་ཆོས་ཀྱི་སྒོ་མོ(༨ན)བརྒྱད་ཁྲི་བཞི་སྟོང་བཀའ་སྩལ་བ། ཐམས་ཅད་ཐར་འདོད་རྣམས་ཀྱིས་ཉམས་སུ་བླང་བྱའི་གདམས་ངག་ཁོ་ན་ཡིན་མོད། བློ་དམན་རྣམས་ཇི་བཞིན་ཉམས་སུ་ལེན་མི་ནུས་པ་ལ་དགོངས་ནས། དཔལ་ཨ་ཏི་ཤ་དང་། འཇམ་མགོན་ཆོས་ཀྱི་རྒྱལ་པོ་ཙོང་ཁ་པ་ཆེན་པོ་རྣམ་གཉིས་ཀྱི་ཐུགས་བཅུད། དུས་གསུམ་རྒྱལ་བ་ཐམས་ཅད་ཀྱི་བགྲོད་པ་གཅིག་པའི་ལམ་པོ་ཆེ་བྱང་ཆུབ་ལམ་གྱི་རིམ་པར་བཀའ་ཐམས་ཅད་ཀྱི་དགོངས་དོན། ལམ་གྱི་ལུས་གཅིག་ཏུ་དྲིལ་ནས་ཉམས་སུ་ལེན་ཚུལ་གདུལ་བྱའི་བློ་རིམ་པ་གསུམ་དང་བསྟུན་སངས་རྒྱས་ཀྱི་སའི་བར། གསུང་རབ་ཀྱི་དགོངས་དོན་ལྷར་ཡོངས་སུ་རྫོགས་པ་གསལ་བར་མཛད་པའི་གཞུང་ཆ་ཚང་ལ་མ་ནོར་པར་སྟོན་པ་སོགས། བཤད་སྒྲུབ་བྱ་བ་ལས་ཀྱིས་རྒྱལ་བའི་མཛད་པ་སྒྲུབ་པ(༨བ)ཡིན་ཏེ། མངོན་བརྗོད་བླ་མ་ལས། མ་འོངས་བྱང་གི་ཕྱོགས་སུ་འབྱུང་། །མིང་གི་ཐོག་མ་བློ་ཞེས་བྱ། །བཟང་པོའི་སྤྱོད་པས་བསྟན་པ་སྐྱོང་། །གྲགས་པས་ཀུན་ཁྱབ་སྐྱེས་པ་ནི། །འཇམ་དཔལ་ཞིང་གི་བཀོད་པར་འགྲོ། །ཞེས་དང་། མདོ་སྡེ་གདམས་ངག་འབོགས་པའི་རྒྱལ་པོ་ལས། བཅོམ་ལྡན་འདས་ཀྱིས་བཀའ་སྩལ་བ། ཀུན་དགའ་པོ། ད་ལྟ་ང་ལ་ཤེལ་དཀར་གྱི། །ཕྲེང་བ་ཕུལ་ནས་སེམས་བསྐྱེད་པ། །ང་ཡི་བསྟན་པ་གསོ་བྱེད་པ། །མ་འོངས་སྙིགས་མའི་དུས་སྙིགས་ཚེ། །འབྲི་དང་ལྡན་གྱི་ས་མཚམས་སུ། །དགེ་ཞེས་བྱ་བའི་དགོན་པ་འདེབས། །བློ་བཟང་ཞེས་བྱའི་མཚན་ཅན་འབྱུང་། །ཞེས་དང་། འཇམ་དཔལ་རྩ་རྒྱུད་ཀྱི་ལེའུ་ཉེར་བརྒྱད་པ་ལས། དེ་དུས་འཇིགས་སུ་རུང་བ་ཡི། །དེ་ཚེ་སེམས་ཅན་ཆོས་ལྡན་མིན། །རྟག་ཏུ་ཆོས་ལ་མི་གནས་ཤིང་། །རྒྱལ་པོ་རྣམས་ནི་མ་རུང་ཡིད། །(༩ན)མི་དང་མི་མ་ཡིན་རྣམས་ནི། །ཀུན་ཀྱང་བསྟན་ལ་རྣམ་པར་སྡང་། །ངས་བཤད་ཆོས་ཀྱི་མཛོད་རྣམས

ནི། །དེ་ཡིས་ཐམས་ཅད་འཛིག་པར་འགྱུར། །ཞེས་དང་། བསྐལ་བ་བསམ་མི་
ཁྱབ་པར་སྔོན། །གཞོན་ནུ་ཁྱོད་ཀྱི་སྨོན་ལམ་འདི། །སངས་རྒྱས་འཇིག་རྟེན་གང་སུ་
དག །འཇིག་རྟེན་གཉེན་གྱུར་མྱ་ངན་འདས། །དེ་དག་བསྟན་པའི་དོན་དུ་ནི། །དུས་
དང་དུས་སུ་བྱའོ་ཞེས། །བདག་ནི་བྱིས་པ་གཞོན་ནུའི་གཟུགས། །དུས་ཀུན་ཏུ་ནི་
རྣམ་པར་སྤྱོད། །སྣ་ཚོགས་ཀྱི་གཟུགས་ཀྱིས་སེམས་ཅན་ལ། །དེ་དག་དེར་ནི་རྣམ་པར་
འདུལ། །གཞོན་ནུ་ཁྱོད་ཀྱི་སྨོན་ལམ་འདི། །སྔོན་ཆད་དུ་ནི་བྱས་པ་ཡིན། །ཞེས་
དང་། ང་ནི་བྱིས་པའི་གཟུགས་ཐོབ་འགྱུར། །དེས་ན་ཁྱོད་ལ་བཤད་པར་བྱ། །སྐྱེ་
བོ་སྐྱབས་ནི་མེད་པ་དང་། །སངས་རྒྱས་ཞིང་ནི་སྟོང་བ་ན། །སྣ་ཚོགས་ཀྱི་གཟུགས་ཀྱིས་
སེམས(༧བ)ཅན་ལ། །བྱིས་པའི་ཚུལ་གྱིས་ཡང་དག་ཤོད། །སེམས་ཅན་མང་པོ་འདུལ་
བྱེད་ཅིང་། །ཞུན་སུམ་ཚོགས་པ་སྦྱིན་བྱེད་ལ། །དུས་ཀྱི་ཐ་མ་དེ་ལ་ནི། །སེམས་
ཅན་ཀུན་ལ་མཆོག་སྦྱིན་བྱེད། །འཇིག་རྟེན་ང་ནི་མྱ་ངན་འདས། །ས་ཡི་སྙིང་འདི་
སྟོངས་གྱུར་ན། །ཁྱོད་ནི་བྱིས་པའི་གཟུགས་ཀྱིས་ནི། །སངས་རྒྱས་མཛད་པ་བྱེད་
པར་འགྱུར། །དེ་ཚེ་དགོན་ཆེན་རབ་དགའ་བ། །ཁ་བ་ཅན་ན་ཡོད་པ་ཡིན། །ཞེས་
དང་། བསྟན་པ་དེ་ཚེ་ས་སྙིང་དུ། །རྣམ་པར་ཉམས་ཤིང་སྣང་མེད་ལ། །སྟོན་པའི་
གཟུགས་བརྙན་ཡིད་དུ་འོང་། །བྱེད་པར་འགྱུར་བར་ཐེ་ཚོམ་མེད། །ཐམས་ཅད་
བྱང་ཆུབ་ལུང་བསྟན་ཏེ། །ང་ཡི་བྱང་ཆུབ་མཆོག་ཐོབ་འགྱུར། །ཞེས་དང་། ལྷ་
མོ་དྲི་མ་མེད་པར་གྲགས་པས་ཞུས་པའི་མདོ་ལས། བྱང་ཕྱོགས་གངས་རི་རྒྱུད་ཀྱི་
སར། །དགེ་བ་ལྡན་པའི་ས་ཕྱོགས་སུ། །དམ་པའི་ཆོས་ནི་རྒྱས་པར་འགྱུར། །ཞེས་
དང་། འཇམ་དཔལ་རྩ(༨ན)རྒྱུད་ལེའུ་དགུ་པ་ལས། གཞོན་ནུ་ཁྱོད་ཀྱིས་ཡོངས་ཞུས་
པ། །བུ་ཁྱོད་འཇམ་དཔལ་རབ་ཏུ་ཉོན། །ང་ནི་འཇིག་རྟེན་མྱ་ངན་འདས། །ས་སྙིང་
སྟོང་པར་གྱུར་པ་དང་། །ཆོས་ཀྱི་མཛོད་ཀྱང་འཇིག་པ་དང་། །ཉན་ཐོས་རྣམས་ཀྱང་

འདས་པ་ན། །རྐང་གཉིས་དམ་པ་སྟོན་པ་ཡི། །གཟུགས་བརྙན་མཆོད་རྟེན་དག་ཀྱང་བྱ། །སྤོས་དང་དྲི་དང་བྱུག་པ་ཡིས། །མཆོད་དང་བསྙེན་བཀུར་བྱ་བ་དང་། །རྣམ་པ་སྣ་ཚོགས་གོས་མཆོག་དང་། །གཞན་ཡང་ནོར་བུའི་གདུབ་གོར་རྒྱན། །རྣམ་པ་སྣ་ཚོགས་བཟའ་དང་བཅའ། །ཡང་དག་སྦྱར་བ་དབུལ་བར་བྱ། །ཞེས་དང་། མདོ་ལས། བློ་བཟང་ཞེས་བྱའི་མིང་ཅན་འབྱུང་། །འཁོར་ནི་རྣམ་མང་སྡུད་པར་བྱེད། །ཆོས་སྐྱོད་བཅུ་ཡི་རྒྱན་འཛུགས་ཤིང་། །ལྷ་ཁང་ཀ་བ་ཤིང་ལོ་ཅན། །ང་ཡི་གཟུགས་སྐུ་རྣམ་གཉིས་ལ། །དབུ་རྒྱན་དབུལ་ཞིང་མཆོད་པར་བྱེད། །སྟོན་པའི་མདོ་བཞིན་གསུང་སྒྲོགས(༡༨)ཤིང་། །སྙན་པའི་དབྱངས་ཀྱིས་གསོལ་བ་འདེབས། །ཞེས་བཅོམ་ལྡན་འདས་ཀྱིས་སྔར་ཡང་སངས་རྒྱས་འཇིག་རྟེན་དུ་བྱོན་པ་དང་འདྲ་བར། བསྟན་པ་ཡོངས་སུ་རྫོགས་པའི་སྤྲུལ་སྐུ་ནས་སངས་རྒྱས་ཀྱི་མཛད་པ་སྟོན་པའི་རྒྱལ་བ་གཉིས་པར་འགྱུར་བའི་ཚུལ་ཡང་ཡང་ལུང་བསྟན་པ་ལྟར། སངས་རྒྱས་ཀྱི་བསྟན་པ་ལ་བྱ་བ་བྱས་པའི་ཚུལ་ལོ། །

གཉིས་པ་ནི། འདིར་ལམ་གྱི་ལུས་སྤྱི་དང་། ཡན་ལག་སོ་སོ་ལ་སྟོན་ཚད་གངས་རིའི་ཁྲོད་འདིར། སུས་ཀྱང་མ་ཐོན་པའི་ཐུན་མོང་མ་ཡིན་པའི་ལེགས་བཤད་ཕུལ་དུ་བྱུང་བའི་ཁྱད་པར་བླ་ན་མེད་པ་ཡོད་པ། རྗེ་བཙུན་འཇམ་པའི་དབྱངས་ཀྱིས་གནང་བའི་གདམས་པ་ལམ་གྱི་གཙོ་བོ་རྣམ་གསུམ་ལ། ཇོ་བོའི་མན་ངག་སྐྱེས་བུ་གསུམ་གྱི་ལམ་གྱི་རིམ་པས་བརྒྱན་པ། འཆད་ཚུལ་ཁྱད་པར་དུ་འཕགས་པ་ལམ་གྱི་གོལ་ས་བཅད་ནས་ངོ་བོ་མ་ནོར་ཞིང་གོ་རིམ་མ་འཁྲུགས་པ་ཚད་ལྡན་མེད་པའི(༡༩)གྲངས་ངེས་པ། སྐྱེལ་བ་པོ་ཁྱད་པར་དུ་འཕགས་པ་མཁན་ཆེན་ཆོས་སྐྱབས་བཟང་པོ་ལ་སོགས་པ། གནས་ཁྱད་པར་དུ་འཕགས་པ་བཅོམ་ལྡན་འདས་ཀྱིས་ལུང་བསྟན་

པའི་བྱང་ཕྱོགས་གངས་ཅན་གྱི་རྒྱུད་དུ། འཕོར་ཁྱད་པར་དུ་འཕགས་པ་སྲས་ཀྱི་ཐུ་བོ་སོགས་དང་། བརྒྱུད་པ་ཁྱད་པར་དུ་འཕགས་པ། བསྟན་པའི་བདག་པོ་སྟོན་པ་བཅོམ་ལྡན་འདས་ནས་བར་མ་ཆད་པར་བཞེས་གཉེན་ཕུན་སུམ་ཚོགས་པ་ལས་གསན་པ། རྫོམ་པ་པོ་ཕུན་སུམ་ཚོགས་པ་མཁས་བཙུན་བཟང་གསུམ་སོགས་ངོ་མཚར་རྨད་དུ་བྱུང་བའི་ཆེ་བ་ལྡན་པའོ། །

དེའི་གདམས་ངག་གི་ཆེ་བ་ལ་བཞི་ལས་བསྟན་པ་ཐམས་ཅད་འགལ་མེད་དུ་རྟོགས་པའི་གོ་དོན་ནི། བསྟན་པ་ཐམས་ཅད་གང་ཟག་གཅིག་འཚང་རྒྱ་བའི་ཆ་རྐྱེན་དུ་འགྲོ་བ་ཡིན་ཏེ། རྒྱལ་བའི་ཡུམ་ལས། བྱང་ཆུབ་སེམས་དཔའ་རྣམས་ཀྱིས(༩བ)ནི་ཉན་ཐོས་ཀྱི་ལམ་གང་ཡིན་པ་དང་། རང་སངས་རྒྱས་ཀྱི་ལམ་གང་ཡིན་པ་དང་། སངས་རྒྱས་ཀྱི་ལམ་གང་ཡིན་པའི་ལམ་ཐམས་ཅད་བསྐྱེད་པར་བྱ་ཞིང་ལམ་ཐམས་ཅད་ཤེས་པར་བྱའོ། །དེ་དག་ཀྱང་ཡོངས་སུ་རྫོགས་པར་བྱ་ཞིང་དེ་དག་གི་ལམ་གྱི་བྱ་བ་ཡང་བྱ་ལ། ཞེས་དང་། རྒྱུད་རྡོ་རྗེ་རྩེ་མོ་ལས། འཚོ་བ་སྲོག་གི་ཕྱིར་ཡང་ནི། །བྱང་ཆུབ་སེམས་ནི་དོར་མི་བྱ། །ཞེས་དང་། ཕ་རོལ་ཕྱིན་དྲུག་སྤྱོད་པ་ནི། །ནམ་ཡང་དོར་བར་མི་བྱའོ། །ཞེས་གསུངས་པ་ལྟར་རོ། །

གསུང་རབ་མ་ལུས་གདམས་ངག་ཏུ་འཆར་བ་ནི། རྒྱལ་བའི་བཀའ་མདོ་སྔགས་དང་རྒྱུད་སྡེ་རིན་པོ་ཆེ་དྲི་མ་མེད་པ་དགོངས་འགྲེལ་དང་བཅས་པ་ཡིན་ཏེ། ལྷ་ཡི་བུས་ཞུས་པའི་མདོ་ལས། ཆོས་རྣམས་ཐམས་ཅད་བཀའ་དང་བསྟན་བཅོས་གཉིས་སུ་འདུས། །ལེགས་པར་གསུངས་དང་དེ་ཡི་དགོངས་འགྲེལ་ཏེ། །དེ་ཡི་དབང་གིས་ཤཱཀྱའི་བསྟན་པ་ཡང་། །འཛིག་རྟེན་ཁམས་འདིར་ཡུན་རིང་གནས་པར་འགྱུར། །ཞེས་གསུངས་པ་ལྟར་ལ། སྤྱིར་བསྟན(༧༠བ)པ་ནི་ལུང་རྟོགས་ཀྱི་བསྟན་པ་གཉིས་ལས་མེད་ལ། ལུང་གི་བསྟན་པ་ནི་ཆོས་ལག་ཏུ་ལེན་པའི་ཚུལ་སྒྲུབ་པ་བྱེད་

ལུགས་བསྟན་ལ་འབེབས་པ་ཡིན་ལ། རྟོགས་པའི་བསྟན་པ་ནི་གཏན་ལ་ཕེབས་པ་ལྟར་སྒྲུབ་པ་ཡིན་པས། དཔེར་ན་རྟ་རྒྱུག་པ་ན་སྦྱོན་ལ་དཀྱུ་ས་སྟོན་པ་དང་བསྟན་ཟིན་ནས་དེར་རྒྱུག་པ་ལྟ་བུའོ། །

རྒྱལ་བའི་དགོངས་པ་བདེ་ལེགས་ཏུ་རྙེད་པ་ནི། རྒྱལ་བས་དགོངས་པའི་གནད་ཐམས་ཅད། སྐལ་བ་དང་ལྡན་པའི་གདུལ་བྱས་ཉམས་སུ་བླང་བྱར་བསྡུས་པ་དབང་པོ་རབ་འབྲིང་ཐ་མ་ལའང་དོན་ཆེན་པོར་འགྱུར་ངེས་ཀྱི་གདམས་པ་དེ་ལྟ་བུ་བླ་མའི་མན་ངག་ལ་བརྟེན་ན་ནི་ངེས་པ་བདེ་བླག་ཏུ་རྙེད་པར་འགྱུར་རོ། །

ཉེས་སྤྱོད་ཆེན་པོ་རང་འགགས་སུ་འགྲོ་བ་ནི། རྣམ་པར་འཐག་པ་ཐམས་ཅད་བསྡུས་པའི་མདོ་ལས། འཇམ་དཔལ་དམ་པའི་ཆོས་སྤོང་བའི(༡༠ན)(༡༠བ)ལས་ཀྱི་སྒྲིབ་པ་ནི་ཕྲའོ། །འཇམ་དཔལ་གང་དེ་བཞིན་གཤེགས་པས་གསུངས་པའི་བཀའ་ལ་ལ་ནི་བཟང་བར་འདུ་ཤེས་ལ། བཀའ་ལ་ལ་ནི་ངན་པར་འདུ་ཤེས་པ་ནི་ཆོས་སྤོང་བའོ། །གང་ཆོས་སྤོང་བ་དེས་ཆོས་སྤངས་པས་དེ་བཞིན་གཤེགས་པ་ལ་སྐུར་བ་འདེབས་པ་ཡིན། དགེ་འདུན་ལ་ངན་དུ་བརྗོད་པ་ཡིན། འདི་ནི་རིགས་པའོ་འདི་ནི་མི་རིགས་པའོ་ཞེས་ཟེར་ན་ཆོས་སྤོང་བའོ། །འདི་ནི་བྱང་ཆུབ་སེམས་དཔའ་རྣམས་ཀྱི་ཆེད་དུ་གསུངས་པའོ། །འདི་ནི་ཉན་ཐོས་རྣམས་ཀྱི་ཆེད་དུ་གསུངས་པའོ་ཞེས་ཟེར་ན་ཆོས་སྤོང་བ་ཡིན། འདི་རང་སངས་རྒྱས་རྣམས་ཀྱི་ཆེད་གསུངས་པའོ་ཞེས་ཟེར་ན་ཆོས་སྤོང་བའོ། །འདི་ནི་བྱང་ཆུབ་སེམས་དཔའ་རྣམས་ཀྱི་བསླབ་པ་མ་ཡིན་ནོ་ཞེས་ཟེར་ན་ཆོས་སྤོང་བ་ཡིན་ནོ། །ཞེས་གསུངས་ལ། ཆོས་སྤངས་ན་ཉེས་དམིགས་ཤིན་ཏུ་ལྕི(༡༡ན)བ་ནི། ཏིང་ངེ་འཛིན་རྒྱལ་པོ་ལས། གང་གིས་འཛམ་བུ་གླིང་འདིར་ནི། །མཆོད་རྟེན་ཐམས་ཅད་བཤིག་བྱེད་པས། །གང་གིས་མདོ་སྡེ་སྤོང་བྱེད་པའི། །སྡིག་པ་འདི་ནི་ཆེས་ཁྱད་འཕགས། །གང་གིས་གངྒཱའི་བྱེ་སྙེད་ཀྱི། །དགྲ་

བཅོམ་བསད་པར་གྱུར་པ་བས། །གང་གིས་མདོ་སྡེ་སྤོང་བྱེད་པའི། །སྡིག་པ་འདི་ནི་ཆེས་ཁྱད་འཕགས། །ཞེས་བསྟན་པ་ལྟར་ངེས་པ་རྙེད་པ་ཙམ་གྱིས་བཟློག་པར་འགྱུར་བས་ཉེས་སྤྱོད་ཆེན་པོ་རང་འགགས་སུ་འགྲོ་བའོ། །

གསུམ་པ་ལ་གསུམ། ཉན་པའི་ཚུལ་དང་། བཤད་པའི་ཚུལ་དང་། མཇུག་ཏུ་ཐུན་མོང་དུ་བྱ་བའི་ཚུལ་ལོ། །

དང་པོ་ལ། ཆོས་ཐོས་པའི་ཕན་ཡོན་བསམ་པ་ནི། ཐོས་པའི་ཚོམས་ལས། ཐོས་པས་ཆོས་རྣམས་ཤེས་པར་འགྱུར། །ཐོས་པས་སྡིག་ལས་ལྡོག་པར་བྱེད། །ཐོས་པས(77བ)དོན་མ་ཡིན་པ་སྤོང་། །ཐོས་པས་མྱ་ངན་འདས་པ་འཐོབ། །ཅེས་དང་། ཇི་ལྟར་ཁྱིམ་ནི་ལེགས་གཡོགས་པ། །མུན་པས་ཁེབས་པའི་ནང་ཞུགས་ན། །གཟུགས་རྣམས་ཡོད་པར་གྱུར་ཀྱང་ནི། །མིག་ལྡན་བཞིན་དུ་མི་མཐོང་བ། །དེ་བཞིན་འདི་ན་རིགས་སྐྱེས་པའི། །མི་ནི་བློ་གྲོས་ལྡན་གྱུར་ཀྱང་། །སྡིག་པ་དང་ནི་དགེ་བའི་ཆོས། །མ་ཐོས་བར་དུ་ཤེས་མི་འགྱུར། །མིག་ལྡན་མར་མེ་ཡོད་པ་ཡིས། །གཟུགས་རྣམས་མཐོང་བ་ཇི་ལྟ་བར། །དེ་བཞིན་དགེ་དང་སྡིག་པའི་ཆོས། །ཐོས་པས་རྣམ་པར་ཤེས་པར་འགྱུར། །ཞེས་དང་། སྐྱེས་རབས་ལས། གང་ཞིག་ཐོས་པས་ཡིད་ནི་དད་གྱུར་ནས། །ལེགས་པར་དགའ་ལ་བརྟན་པ་ཉིད་དུ་འགྱུར། །ཤེས་རབ་སྐྱེ་ཞིང་གཏི་མུག་མེད་པར་འགྱུར། །རང་གི་ཤས་ཀྱང་དེ་ནི་ཉོ་བའི་རིགས། །ཐོས་པ་གཏི་མུག་མུན་སེལ་སྒྲོན་མེ་ཡིན། །(72ན)རྐུན་པོ་ལ་སོགས་མི་ཁྱེར་ནོར་གྱི་མཆོག །ཀུན་ཏུ་རྨོངས་པའི་དགྲ་འཇོམས་མཚོན་ཆ་ཡིན། །ཐབས་ཚུལ་མན་ངག་སྟོན་པས་གྲོགས་ཀྱི་མཆོག །ཕོངས་པར་གྱུར་ཀྱང་མི་འགྱུར་མཛའ་བོ་ཡིན། །གནོད་པ་མེད་པ་མྱ་ངན་ནད་ཀྱི་སྨན། །ཉེས་པ་ཆེན་པོའི་དཔུང་འཇོམས་དཔུང་གི་མཆོག །གྲགས་

དང་དཔལ་དང་གཏེར་གྱི་མཆོག་ཀྱང་ཡིན། །ཡ་རབས་རྣམས་དང་འཕྲད་ན་སྐྱེས་གྱི་མཆོག །ཚོགས་ཀྱི་ནང་ན་མཁས་པ་མགུ་བར་འགྱུར། །ཞེས་དང་། ཐོས་པའི་རྗེས་འཇུག་སྒྲུབ་པ་སྙིང་པོར་བྱེད། །སྐྱེ་བའི་རྫོང་ལས་ཚོགས་ཆུང་ཐར་བར་འགྱུར། །ཞེས་དང་། འཕགས་པ་གཟུངས་ཀྱི་དབང་ཕྱུག་རྒྱལ་པོས་ཞུས་པའི་མདོ་ལས། མ་མོའི་གྱུར་ནས་མ་ཐོས་ཆོས་རྣམས་རྟག་ཉན་པ། །ཤེས་རབ་རྩ་བ་སེམས་ཅན་དག་པས་ཐོས(༧༢བ)ནས་ནི། །འཛིན་ཅིང་བྱམས་པས་འགྲོ་བ་དག་ལ་སྟོན་བྱེད་པ། །ཤེས་རབ་ལས་ཏེ་བྱང་ཆུབ་སེམས་དཔའ་རྟག་ཏུ་བྱེད། །ཅེས་དང་། སངས་རྒྱས་སྤྱན་གྱིས་ཞིང་གང་ངས་མཐོང་བ། །རིན་ཆེན་བཀང་སྟེ་དེ་བཞིན་གཤེགས་བྱིན་ཡང་། །འདི་ལྟ་བུ་ཡི་ཆོས་འདི་མ་ཐོས་ན། །འདི་ནི་བསོད་ནམས་ཆུང་ཞེས་ང་སྨྲའོ། །གང་གིས་དམ་པའི་དོན་ལྡན་ཕྲ་ཟབ་པ། །མདོ་སྡེ་བཟང་པོ་འདི་ནི་ཐོས་གྱུར་ནས། །ཀུན་ཏུ་འཛིན་ཅིང་བཟུང་ནས་ཀློག་བྱེད་པ། །འདི་ནི་དེ་བས་བསོད་ནམས་མཆོག་ཏུ་འཕགས། །འདི་ལྟར་རྒྱལ་བའི་ཆོས་ཀྱིས་ཉེར་གནས་ཤིང་། །ཆོས་ཀྱིས་ངེས་པར་འབྱུང་གི་ཟང་ཟིང་མིན། །དེ་བས་གང་ཞིག་བདེ་གཤེགས་ཆོས་འཛིན་པ། །དེ་ནི་སངས་རྒྱས་ཀུན་ལ་བྱས་པ་གཙོ། །ཞེས་གསུངས་པ་ལྟར་ཐོས་པའི་ཕན་ཡོན་སེམས་པའོ། །

ཆོས་དང་ཆོས་སྨྲ་བ་ལ་རིམ་གྲོ་བསྐྱེད་པ་ནི། ས་ཡི(༧༣ན)སྙིང་པོའི་མདོ་ལས། གཅིག་ཏུ་དད་ཅིང་གུས་པས་ཆོས་ཉན་གྱི། །དེ་ལ་འཕྱ་ཞིང་སྐུར་པར་མི་བྱའོ། །ཆོས་སྨྲ་བ་ལ་མཆོད་པ་བྱ་བ་ནི། །སངས་རྒྱས་འདྲ་བར་དེ་ལ་འདུ་ཤེས་བསྐྱེད། །ཅེས་དང་། སྐྱེས་རབས་ལས། རབ་ཏུ་དམའ་པའི་སྟན་ལ་འདུག །དུལ་བའི་དཔལ་ནི་རྣམ་པར་བསྐྱེད། །དགའ་དང་ལྡན་པའི་མིག་གིས་བལྟ། །ཚིག་གི་བདུད་རྩི་འཐུང་བ་བཞིན། །གུས་པ་བསྐྱེད་ཅིང་རྩེ་གཅིག་འདུད། །རབ་ཏུ་དང་ལ་དྲི་མེད་ཡིད། །ནད་

པས་སྨན་པའི་ཚིག་ཉན་བཞིན། །རིམ་གྲོ་བསྐྱེད་དེ་ཆོས་ཉོན་ཅིག །ཅེས་གསུངས་པ་ལྟར་རོ། །

ཉན་ཚུལ་དངོས་ལ། སྣོད་ཀྱི་སྐྱོན་གསུམ་སྤང་བ་ནི། མདོ་ལས་ལེགས་པར་རབ་ཏུ་ཉོན་ལ་ཡིད་ལ་ཟུངས་ཤིག །ཅེས་དང་། ལུང་ཕྲན་ཚེགས་ལས། ལེགས་པར་གྱིས། རབ་ཏུ་གྱིས། ཡིད་ལ་གྱིས། ཞེས་གསུངས་པ་ལྟར་རོ། །འདུ་ཤེས་དྲུག(༡༣བ)ལས་རང་ལ་ནད་པ་ལྟ་བུ་དང་། ཆོས་སྨྲ་བ་པོ་ལ་སྨན་པ་ལྟ་བུའི་འདུ་ཤེས་ཀྱིས་ཅི་གསུང་སྒྲུབ་ཅིང་། གུས་པས་བསྙེན་བཀུར་བྱེད་པ་སྟེ། ཡོན་ཏན་རིན་པོ་ཆེ་སྡུད་པ་ལས། དེ་ལྟ་བས་ན་བྱང་ཆུབ་དམ་པ་འཚོལ་བ་ཡི། །བསམ་པ་དྲག་ལྡན་མཁས་པས་ང་རྒྱལ་ངེས་བཅོམ་སྟེ། །ནད་པའི་ཚོགས་ཀྱིས་གསོ་ཕྱིར་སྨན་པ་བསྟེན་པ་ལྟར། །གཡེལ་བ་མེད་པར་དགེ་བའི་བཤེས་གཉེན་བསྟེན་པར་བྱ། །ཞེས་གསུངས་པའི་ཕྱིར།

ཛེས་སུ་བསྟན་པ་ལ་སྨན་གྱི་འདུ་ཤེས་དང་། ནན་ཏན་ཉམས་སུ་བླངས་པ་ལ་ནད་འཚོ་བའི་འདུ་ཤེས་བསྐྱེད་པ་གལ་ཆེ་བ་ནི། ཏིང་ངེ་འཛིན་རྒྱལ་པོ་ལས། མི་དག་ན་ཞིང་ལུས་ནི་སྡུག་བསྔལ་ཏེ། །ལོ་གྲངས་མང་པོ་རེ་འགའ་མ་ཐར་པ། །དེ་ནི་ཡུན་རིང་ནད་ཀྱིས་ཉོན་མོངས་པས། །ནད་རྣམས་གསོ་བའི་ཕྱིར་ཡང་སྨན་པ་བཙལ། །ཡང་དང་ཡང་དུ(༡༤ན)དེ་ཡིས་བཙལ་བ་ཡིས། །སྨན་པ་མཁས་ཤིང་རིག་པ་དེ་རྙེད་དེ། །དེས་ཀྱང་སྙིང་རྗེ་ཉེ་བར་བཞག་ནས་ནི། །སྨན་འདི་བཏུང་བར་གྱིས་ཞེས་བྱིན་པ་དང་། །སྨན་མང་བཟང་ཞིང་ཕངས་པ་དེ་བླངས་ནས། །ན་བ་འཚོ་བར་འགྱུར་བའི་སྨན་མི་འཐུང་། །སྨན་པས་མ་ལན་སྨན་གྱིས་མ་ཉེས་ཏེ། །ནད་པ་དེ་ཉིད་ཀྱིས་ནི་ཉེས་པ་ཡིན། །དེ་བཞིན་བསྟན་པ་འདི་ལ་རབ་བྱུང་སྟེ། །སྟོབས་དང་བསམ་གཏན་དབང་པོ་ཀུན་རིག་ནས། །བསྒོམས་པ་ལ་ནི་མངོན་པར་བརྩོན་མི་བྱེད། །རིག་པར་མི་བརྩོན་ག་ལ་མྱ་ངན་འདའ། །ཞེས་དང་། ངས་ནི་རབ་ཏུ

བཟང་པོའི་ཆོས་བཤད་ཀྱང་། །ཁྱོད་ཀྱིས་ཐོས་ནས་ཡང་དག་མ་སྤྱད་ན། །ནད་པ་སྨན་གྱི་རྒྱལ་བ་ཐོགས་པ་དག །བདག་གི་ནད་ནི་གསོ་བར་མི་ནུས་བཞིན། །ཞེས་དང་། ཐོས་པའི་ཚོམས་ལས། གལ་ཏེ་ཐོས་པ་མང་གྱུར་ཀྱང་། །ཚུལ(༧༤བ)ཁྲིམས་ལེགས་པར་མི་སྡོམ་ན། །དེ་ནི་ཚུལ་ཁྲིམས་ཕྱིར་སྨད་ཅིང་། །དེ་ཡི་ཐོས་པ་ཕུན་སུམ་མིན། །གལ་ཏེ་ཐོས་པ་ཉུང་གྱུར་ཀྱང་། །ཚུལ་ཁྲིམས་ལེགས་པར་སྡོམ་བྱེད་ན། །དེ་ནི་ཚུལ་ཁྲིམས་ཕྱིར་བསྟགས་ཤིང་། །དེ་ཡི་ཐོས་པ་ཕུན་སུམ་གྱུར། །གང་ཞིག་ཐོས་པ་ཉུང་བ་དང་། །ཚུལ་ཁྲིམས་ལེགས་པར་མི་སྡོམ་པ། །དེ་ནི་གཉིས་ཀའི་ཕྱིར་སྨད་ཅིང་། །དེ་ཡི་བརྟུལ་ཞུགས་ཕུན་སུམ་མིན། །གང་ཞིག་མང་དུ་ཐོས་པ་དང་། །ཚུལ་ཁྲིམས་ལེགས་པར་སྡོམ་བྱེད་པ། །དེ་ནི་གཉིས་ཀའི་ཕྱིར་བསྟགས་ཤིང་། །དེ་ཡི་བརྟུལ་ཞུགས་ཕུན་སུམ་གྱུར། །ཞེས་དང་། ལེགས་གསུངས་ཐོས་པ་སྙིང་པོར་ཤེས་པ་དང་། །ཏིང་ངེ་འཛིན་དག་སྙིང་པོར་ཤེས་གྱུར་ཀྱང་། །གང་ཞིག་བག་མེད་བརླང་པོར་བྱེད་པ་དེའི། །ཐོས་དང་ཤེས་པ་དོན་ཆེན་མི་འགྱུར་རོ། །གང་ཞིག་འཕགས་པས་བསྟན་པའི་ཆོས་དགའ་ཞིང་། །དེ་བཞིན(༧༥ན)ལུས་དང་ངག་གིས་སྤྱོད་བྱེད་པ། །དེ་དག་བཟོད་ལྡན་གྲོགས་དགའ་དབང་པོ་བསྡམས། །ཐོས་དང་ཤེས་པའི་ཕ་རོལ་ཕྱིན་པ་འཐོབ། །ཅེས་དང་། ལྷག་བསམ་བསྐུལ་བ་ལས། བདག་ནི་སྐྱབ་ཉམས་ད་ནི་ཅི་བྱ་ཞེས། །འཆི་བའི་དུས་ཚེ་བྱིས་པ་མྱ་ངན་བྱེད། །གཏིང་རྙེད་མ་གྱུར་ཤིན་ཏུ་སྡུག་བསྔལ་འགྱུར། །སྨྲ་ལ་དགའ་བའི་ཉེས་པ་འདི་དག་གོ། །ཞེས་དང་། གར་ལ་བལྟ་བའི་ཁྲོད་ན་འདུག་པ་བཞིན། །དཔའ་པོ་གཞན་གྱི་ཡོན་ཏན་བརྗོད་པ་བཞིན། །བདག་ཉིད་ནན་ཏན་ཉམས་པར་འགྱུར་བ་སྟེ། །སྨྲ་ལ་དགའ་བའི་ཉེས་པ་འདི་དག་གོ། །ཞེས་དང་། བུ་རམ་ཤིང་ཤུན་སྙིང་པོ་ཅི་ཡང་མེད། །དགའ་བར་བྱ་བའི་རོ་ནི་ནང་ན་འདུག །ཤུན་པ་ཟོས་པའི་མི་ནི་བུ་རམ་རོ། །ཞིམ་པོ་རྙེད་

པར་ནུས་པ་མ་ཡིན་ནོ། །ཇི་ལྟར་ཤུན་པ་དེ་བཞིན་སྦྲ་བ་སྟེ། །ར་ལྟ་བུ་ནི་དེ་ལ་དོན་སེམས་ཡིན། །དེ་ལྟ་བས་ན་སྦྲ་ལ་དགའ་སྤྱོངས་ཏེ། །རྟག་ཏུ་བག་ཡོད(༧༥བ)(འདུལ་བ་ལུང་གཞི་ལས། དགེ་སློང་དག །འོན་ཀྱང་ཆོས་ཀྱི་མི་ལོང་གི་ཆོས་ཀྱི་རྣམ་གྲངས་བཤད་ཀྱི། དེ་ལེགས་པར་རབ་ཏུ་ཉོན་ལ་ཡིད་ལ་ཟུངས་ཤིག་དང་བཤད་དོ། །ཆོས་ཀྱི་མི་ལོང་གི་ཆོས་ཀྱི་རྣམ་གྲངས་གང་ཞེ་ན། སངས་རྒྱས་དང་ཆོས་དང་དགེ་འདུན་ལ་ཤེས་ནས་དད་པ་ནི། ཆོས་ཀྱི་མི་ལོང་གི་ཆོས་ཀྱི་རྣམ་གྲངས་ཡིན་ནོ། །འཕགས་པ་དགྱེས་པའི་ཚུལ་ཁྲིམས་ནི་ཆོས་ཀྱི་མི་ལོང་གི་ཆོས་ཀྱི་རྣམ་གྲངས་ཡིན་ཏེ། ངས་ཁྱེད་ལ་ཆོས་ཀྱི་མི་ལོང་གི་ཆོས་ཀྱི་རྣམ་གྲངས་བཤད་དོ། །ཞེས་གང་གསུངས་པ་བཤད་པ་ནི་དེ་ཡིན་ནོ། །ཞེས་དང་།)ཐོས་ལ་དོན་སོམས་ཤིག །ཅེས་གསུངས་སོ། །དེ་བཞིན་གཤེགས་པ་ལ་སྐྱེས་བུ་དམ་པའི་འདུ་ཤེས་བཞག་པ་ནི། ཆོས་གསུངས་པ་པོ་རྗེས་སུ་དྲན་ནས་གུས་པ་བསྐྱེད་པའོ། །ཆོས་ཀྱི་ཚུལ་ལ་རིང་དུ་གནས་པའི་འདུ་ཤེས་ནི། ཆོས་འདི་ལྟ་བུ་མཉན་པ་ལ་བརྟེན་ནས། རྒྱལ་བའི་བསྟན་པ་ཡུན་རིང་དུ་གནས་ན་ཅི་མ་རུང་སྙམ་དུ་སེམས་པའོ། །དེ་ལྟར་རང་གི་སྤྱོད་པ་སྐྱོན་ཆགས་པ་རྣམས་ཀྱང་ཆོས་ཉན་པ་ན་ཆོས་ཀྱི་མི་ལོང་དུ་འཆར་ལ། དེའི་ཚེ་བདག་གི་རྒྱུད་འདི་ལྟ་བུར་སོང་ངོ་ཞེས་ཡིད་ལ་གདུངས་པ་སྐྱེས་ཏེ། དེ་ནས་སྐྱོན་སེལ་ཞིང་ཡོན་ཏན་བསྒྲུབ་པ་ལ་འཇུག་པས་ཆོས་ཀྱི་རྗེས་སུ་སློབ་པ་ཞིག་གིས་རྒྱུད་སྙིང་དུ་སྡུར་དགོས་ཏེ། སྐྱེས་རབས་ལས། བདག་གི་སྤྱོད་པ་ངན་པའི་གཟུགས། །ཆོས་ཀྱི་མེ་ལོང་གསལ་མཐོང་ནས། །ཡིད་ལ་གདུངས་པ་རབ་སྐྱེས་ཏེ། །བདག་ནི་ཆོས་ལ་ཕྱོགས་པར་འགྱུར། །ཞེས(༧༦ན)གསུངས་པ་ལྟར་རོ། །མདོར་ན་བདག་གིས་སེམས་ཅན་ཐམས་ཅད་ཀྱི་དོན་དུ་སངས་རྒྱས་ཐོབ་པར་བྱ། དེ་ཐོབ་པ་ལ་དེའི་རྒྱུ་ལ་བསླབ་དགོས། དེ་ལ་ཤེས་དགོས་ཤིང་ཚིག་སྤྱི་ཙམ་ཡང་ཐོས་བསམ་གྱིས་ཡིད་ཡུལ་དུ་འཆར་བར་མ་བྱས་ན་བཞད་གད་ཀྱི་གནས་སུ་གྱུར་ལ། གླང་དོར་གནས་ལ་ཆ་ཀུན་ནས་མི་ཤེས་པར་འཐོམས་པས་རྨོངས་པའི་མུན་པ།

ཡང་དག་པའི་ཐོས་བྱུང་གི་སྒྲོན་མེས་མ་གསལ་བར་གང་དུ་འགྲོ་བའི་ལམ་ཙམ་ཡང་
མི་ཤེས་པར་ཐར་བ་ཐོབ་པ་ལྟ་ཅི་སྨོས་ཏེ། དཔེར་ན་གྲོང་ཁྱེར་མཆོག་ཅིག་ཏུ་འགྲོ་
འདོད་པ་ན་མུན་པ་ནག་པོ་འཐིབས་ལ་ལམ་ཙམ་ཡང་མི་མཐོང་བས། གྲོང་ཁྱེར་དུ་
འཇུག་པར་གྱུར་པ་སྨོས་ཅི་དགོས་པ་བཞིན་ནོ། །ལྷག་དོར་ཤེས་པའི་དོན་དུ་ཐོས་པ་
བྱེད་པ་གལ་ཆེ་ཡང་། (༧༨བ)གང་ལ་ཐོས་པ་བཙལ་བའི་ཡུལ་དང་། དེ་ལ་ཐོས་པ་
བྱེད་པའི་ཚུལ་ནོར་ན། དེ་ནས་བསམ་བྱུང་དང་སྒོམ་བྱུང་ཡང་ནོར་བས་ལམ་བགྲོད་
ཚུལ་མེད་པས། སྙིང་རྗེ་པད་དཀར་ལས། བཀའ་བསྡུ་བའི་ཚེ་ཐོག་མར་འདི་སྐད་
བདག་གིས་ཐོས་པ་ལ་སོགས་པའི་གླེང་སློང་། བར་དུ་མཚམས་སྦྱོར་གྱི་ཚིག་ཚུགས་ཐ་
མར་བཅོམ་ལྡན་འདས་ཀྱིས་གསུངས་པ་ལ་མངོན་པར་བསྟོད་དོ། །ཞེས་ཚུགས་ཤིག་
ཅེས་མདོ་རྒྱུད་ཀྱི་དོན་ཤིན་ཏུ་རྟོགས་པར་དཀའ་བས་དགེ་བའི་བཤེས་གཉེན་དམ་པ་
ལས་ཐོས་དགོས་པར་བསྟན་པ་ལྟར་རོ། །དེས་ན་ཐོག་མར་ཀུན་བྱང་གི་ཆོས་རྣམས་
ཀྱི་རང་སྤྱིའི་མཚན་ཉིད་མ་འདྲེས་པར་ཤེས་པའི་ཕྱིར། བཀའ་དང་དགོངས་འགྲེལ་
གཅིག་པོ་ན་ལ་སྦྱངས་པས་ཕྱོགས་རེ་བ་དང་། དོན་རགས་པ(༧༩ན)རེ་གོ་བས་ཡིད་
ཆིམ་པར་མ་བྱས་པར། གཞུང་ཀུན་ལ་བཤེས་གཉེན་མཁས་པ་བསྟེན་ནས་ཞིབ་ཏུ་
སྦྱངས་པའི་རྣམ་དཔྱོད་ཀྱིས་ཐར་བ་དང་ཐམས་ཅད་མཁྱེན་པར་བགྲོད་པའི་ལམ་སྤྱིའི་
གནད་ལེགས་པར་ངེས་ཟིན་པ་ན་ཉན་བཤད་ཐོས་བསམ་བྱས་པའི་གནད་དོན་མདོ་
ཕྱོགས་ཀྱི་ལམ་རིམ་རྣམས་ལུས་གཅིག་ཏུ་འདྲེས་པ་བྱུང་ཆེ་འོ་མའི་ནང་ནས་མར་ལེན་
པ་བཞིན་མཚན་བཅས་མཚན་མེད་གཉིས། བསྐྱེད་རྫོགས་གཉིས་སྒྱུ་ལུས་འོད་གསལ་
གཉིས། དེ་གཉིས་དབྱེར་མེད་ཟུང་འཇུག་དང་བཅས་པ་ཐམས་ཅད་ཀྱི་གནད་ལ་
ངེས་པ་ཁྱད་པར་ཅན་སྙིང་པོ་དང་ཡང་སྙིང་གི་ཚུལ་དུ་ཟབ་རྒྱས་ཀྱི་ལམ་རིམ་གཉིས་
པོ་དེའི་ཁོངས་ནས་ཆ་ཚང་བ་བདེ་བླག་ཏུ་ཉེད་པ་བྱུང་བས། མཐར་ཐུག་ན་ཐེག་པ་

གཅིག་ཏུ་སྒྲུབ་པ་ཡིན་ཏེ། མདོ་ལས། (མགོན་པོ་ཀླུ་སྒྲུབ་ཀྱིས།) བཟ་སྦྱོད་པ་དག(༡༧བ) ཇི་ལྟ་བུར། །ཡི་གེ་ཕྱི་མོ་སློག་འཇུག་ལྟར། །དེ་བཞིན་སངས་རྒྱས་གདུལ་བྱ་ལ། །ཅི་ཙམ་བཟོད་པའི་ཆོས་བསྟན་ཏོ། །ཁ་ཅིག་ལ་ནི་སྡིག་པ་ལས། །རྣམ་པར་བཟློག་ཕྱིར་ཆོས་བསྟན་ཏོ། །ཁ་ཅིག་བསོད་ནམས་སྒྲུབ་པའི་ཕྱིར། །ཁ་ཅིག་ལ་ནི་གཉིས་བརྟེན་པ། །ཁ་ཅིག་ལ་ནི་གཉིས་མི་བརྟེན། །ཟབ་མོ་ཁྲུ་ཕྲིག་ཅན་འཇིགས་པ། །སྟོང་ཉིད་སྙིང་རྗེ་སྙིང་པོ་ཅན། །བྱང་ཆུབ་སྒྲུབ་པ་ཁ་ཅིག་ལའོ། །ཞེས་གསུངས་པའི་ཚུལ་ཉམས་སུ་ལེན་པ་དེ་ཐོས་པའི་དོན་ཉམས་སུ་མི་ལེན་ན་ཐོས་པ་བྱས་པ་ལ་དགོས་པ་ཅི་ཡང་མེད་དེ་དཔེར་ན་སོ་ནམ་ལ་འབད་ནས་སྟོན་ཁའི་དུས་སུ་རྩ་ཟ་ཟེར་བ་དང་འདྲ་སྟེ། འོད་སྲུངས་ཀྱི་ལེའུ་ལས། དཔེར་ན་མི་ཞིག་རྒྱ་མཚོའི་ཆུས་ཁྱེར་ལ། །དེ་ནི་སྐོམ་པས་འཆི་བའི་དུས་བྱེད་འགྱུར། །དེ་བཞིན་ཆོས་མང་སྲིད་པས་བག་མེད་པས། །(༡༨ན)ཆོས་ཀྱི་རྒྱ་མཚོ་གནས་ཀྱང་ངན་འགྲོར་འགྲོ། །དཔེར་ན་སྨན་པས་སྨན་སྦྱོར་བཅུག་པའི་སྨན། །འཇིག་རྟེན་ཀུན་ཏུ་ཡོངས་སུ་རྒྱུ་བྱེད་ཀྱང་། །ནད་ཀྱིས་བཏབ་པ་བཟློག་པར་མི་ནུས་ན། །དེ་ཡི་སྨན་དེ་དོན་མེད་འགྱུར་བ་ཡིན། །དེ་བཞིན་དགེ་སློང་ཚུལ་ཁྲིམས་ཡོན་ཏན་ལྡན། །ཐོས་དང་ལྡན་ཡང་ཚུལ་བཞིན་མ་ཡིན་པའི། །ཉོན་མོངས་འབྱུང་བའི་ནད་ནི་མི་སེལ་ན། །དེ་ཡིས་ཐོས་ལ་བརྩོན་པ་དོན་མེད་ཡིན། །ཞེས་གསུངས་པ་ལྟར་དང་། ཐོས་ནས་ཤེས་པར་བྱ་བའི་དགོས་པའང་བྱེད་པ་ཡིན་པས་ཐོས་པའི་དོན་ལ་ནུས་པ་དང་བསྟུན་པའི་ལག་ལེན་ནན་ཏན་ཉམས་སུ་བླངས་པ་རེ་གནད་དུ་ཆེ་སྟེ། འཕགས་པ་སྡོམ་གསུམ་བསྟན་པ་ལས། འོད་སྲུངས། རིགས་ཀྱི་བུའམ་རིགས་ཀྱི་བུ་མོ་བྱང་ཆུབ་སེམས་དཔའི་ཐེག་པ་ལ་ཡང་དག་པར་ཞུགས་པ་གང་(༡༨བ)ཞིག་ཆོས་དེ་དག་ཐོས་མ་ཐག་ནན་ཏན་གྱིས་མི་སྒྲུབ་ན་དེས་བླ་ན་མེད་པ་ཡང་དག་པར་རྫོགས་པའི་བྱང་ཆུབ་མངོན་པར་རྫོགས་པར་འཚང་རྒྱ་བར་མི་ནུས་སོ། །དེ་ཅིའི་

ཕྱིར་ཞེ་ན། འོད་སྲུངས། ནན་ཏན་གྱིས་བླ་ན་མེད་པ་ཡང་དག་པར་རྫོགས་པའི་བྱང་ཆུབ་འཐོབ་ཀྱི་ནན་ཏན་མེད་པས་ནི་མ་ཡིན་པའི་ཕྱིར་རོ། །འོད་སྲུངས་གལ་ཏེ་ནན་ཏན་མེད་པར་བླ་ན་མེད་པ་ཡང་དག་པར་རྫོགས་པའི་བྱང་ཆུབ་འཐོབ་ཏུ་ཟིན་ན་རི་བོང་དང་། ཁྱི་ལ་ཡང་བླ་ན་མེད་པ་ཡང་དག་པར་རྫོགས་པའི་བྱང་ཆུབ་མངོན་པར་རྫོགས་པར་འཚང་རྒྱ་བར་འགྱུར་རོ། །དེ་ཅིའི་ཕྱིར་ཞེ་ན། འོད་སྲུངས་གང་དག་ལ་ནན་ཏན་མེད་པ་དེ་དག་བླ་ན་མེད་པ་ཡང་དག་པར་རྫོགས་པའི་བྱང་ཆུབ་ཏུ་འགྱུར་དུ་ཟིན་ན་ནི། འོད་སྲུངས། སྤྲ་ཡང་བླ་ན་མེད་པ་ཡང་དག་པར་རྫོགས་པའི་བྱང་ཆུབ་མངོན་པར་རྫོགས་པར་འཚང་རྒྱ་བར་འགྱུར་བའི་(ཕྱིར་ཏེ།) སངས(༧༨ན)རྒྱས་སུ་འགྱུར་བར་བྱའོ། །ཞེས་བརྗོད་པས་སེམས་ཅན་དཔག་ཏུ་མེད་པ་དག་སངས་རྒྱས་སུ་གྱུར་པའི་རིགས་སོ། །ཞེས་གསུངས་པའི་ཕྱིར་རོ། །

གཉིས་པ་ལ་ཆོས་བཤད་པའི་ཕན་ཡོན་ནི། དྲག་ཤུལ་ཅན་གྱིས་ཞུས་པའི་མདོ་ལས། ཁྱིམ་པས་ཟང་ཟིང་དཔག་མེད་བྱིན་པ་བས་རབ་ཏུ་བྱུང་བས་ཚིགས་བཅད་གཅིག་ཙམ་ཞིག་སྦྱིན་པའི་བསོད་ནམས་ཆེ་བར་གསུངས་པ་དང་། དཔའ་བྱིན་གྱིས་ཞུས་པའི་མདོ་ལས། སྟོང་གསུམ་འཇིག་རྟེན་ཁམས་འདི་མ་ལུས་པ། །རིན་ཆེན་བདུན་གྱིས་ཡོངས་བཀང་ཉིན་རེ་བཞིན། །རྒྱལ་བ་རྣམས་ལ་དད་པས་ཕུལ་པ་བས། །གང་གིས་གཅིག་ལ་ཉིན་གཅིག་ཚིགས་གཅིག་ཙམ། །ཟང་ཟིང་མེད་པར་རབ་ཏུ་བསྟན་པ་ཡི། །བསྔོ་བས་ཆོས་སྟོན་བསོད་ནམས་ཁྱད་པར་འཕགས། །གཏྲུའི་ཞིང་མཉམ་ཞིང་དག་གསེར(༧༨བ)གྱིས་ནི། །བཀང་སྟེ་གང་ལ་སྦྱིན་པ་བྱིན་བ་བས། །དུས་ངན་ཚེ་ན་ཚིགས་བཅད་གཅིག་བརྗོད་པ། །དེ་ཡི་ཕན་ཡོན་དེ་འདྲ་དེ་ལ་མེད། །ཅེས་དང་། ཁྲིའུ་བཞིའི་མདོ་ལས། གང་ལ་ཕན་ཕྱིར་ང་ཡི་ཆོས། །ཚུལ་བཞིན་བསྟན་པས་མཆོད་འགྱུར་གྱི། །མེ་ཏོག་མར་མེ་བྱུགས་པ་ཡིས། །རྒྱལ་བ་ཡང་དག་མཆོད་

མ་ཡིན། །ཞེས་དང་། འཕགས་པ་བྱམས་པ་སེང྄་གེའི་སྒྲ་ཆེན་པོ་བསྟན་པའི་མདོ་ལས། མི་གང་གིས་ནི་གནྡྷའི་བྱེ་སྙེད་ཀྱི། །འཇིག་རྟེན་ཁམས་མཆོག་རིན་ཆེན་གང་བྱས་ཏེ། །དགའ་མཆོག་སེམས་ཀྱིས་རྒྱལ་ལ་ཕུལ་པ་དང་། །གང་གིས་སེམས་ཅན་གཅིག་ལ་ཚོགས་བཅད་བྱིན། །རིན་ཆེན་སྦྱིན་པ་ཤིན་ཏུ་རྒྱ་ཆེན་དེས། །ཚིགས་བཅད་སྦྱིན་པ་སྙིང་རྗེས་བསྒྲུབས་དེ་ལ། །ཆར་ཡང་མི་ཕོད་གྲངས་སུ་མ་ཡིན་ན། །གཉིས་སམ་གསུམ་ལ་བསམ་དུ་ག་ལ་ཡོད། །ཅེས་དང་། (༢༠ན)ལྷག་བསམ་སྐུལ་བ་ལས། བྱམས་པ་ཉི་ཤུ་པོ་འདི་ནི་ཟང་ཟིང་མེད་པའི་སྦྱིན་པ་ཉེད་པ་དང་བཀུར་བསྟི་མི་འདོད་པར་ཆོས་ཀྱི་སྦྱིན་པ་སྦྱིན་པ་གང་ཡིན་པ་དེའི་ཕན་ཡོན་ཡིན་ཏེ། ཉི་ཤུ་གང་ཞེ་ན། འདི་ལྟ་སྟེ། དྲན་པ་དང་ལྡན་པར་འགྱུར་བ་དང་། བློ་གྲོས་དང་ལྡན་པར་འགྱུར་བ་དང་། བློ་དང་ལྡན་པར་འགྱུར་བ་དང་། བརྟན་པ་དང་ལྡན་པར་འགྱུར་བ་དང་། ཤེས་རབ་དང་ལྡན་པར་འགྱུར་བ་དང་། འཇིག་རྟེན་ལས་འདས་པའི་རྗེས་སུ་ཤེས་རབ་རྟོགས་པར་འགྱུར་བ་དང་། འདོད་ཆགས་ཆུང་བར་འགྱུར་བ་དང་། ཞེ་སྡང་ཆུང་བར་འགྱུར་བ་དང་། གཏི་མུག་ཆུང་བར་འགྱུར་བ་དང་། བདུད་ཀྱིས་དེ་ལ་གླགས་མི་རྙེད་པར་འགྱུར་བ་དང་། སངས་རྒྱས་བཅོམ་ལྡན་འདས་ཀྱིས་དགོངས་པར་འགྱུར་བ་དང་། མི་མ་ཡིན་རྣམས་དེ་ལ་བསྲུང་བར་འགྱུར་བ་དང་། ལྷ་རྣམས་དེ(༢༠བ)ལ་གཟི་བྱིན་བསྐྱེད་པར་འགྱུར་བ་དང་། མི་མཛའ་བ་རྣམས་དེ་ལ་གླགས་རྙེད་པར་མི་འགྱུར་བ་དང་། །དེའི་མཛའ་བ་རྣམས་མི་ཕྱེད་པར་འགྱུར་བ་དང་། ཚིག་བཙུན་པར་འགྱུར་བ་དང་། དེས་མི་འཇིགས་པ་འཐོབ་པར་འགྱུར་བ་དང་། ཡིད་བདེ་བ་མང་བར་འགྱུར་བ་དང་། མཁས་པས་བསྔགས་པར་འགྱུར་བ་དང་། དེའི་ཆོས་ཀྱི་སྦྱིན་པ་དེ་ཡང་རྗེས་སུ་དྲན་པར་བྱ་བ་འོས་པར་འགྱུར་བ་སྟེ་ཞེས་སོགས་གསུངས་པ་དེ་ལ་ཡང་རྒྱུ་མཐུན་གྱི་འབྲས་བུ་དྲུག །བྲལ་འབྲས་བཞི། བདག་

འབྲས་དགུ། རྣམ་སྨིན་གྱི་འབྲས་བུ་གཅིག་སྟེ་གོ་རིམ་བཞིན་ནོ། །སྟོན་པ་དང་ཆོས་ལ་རིམ་གྲོ་བསྐྱེད་པ་ལ། ཆོས་ལ་གུས་པ་ཆེན་པོ་བྱེད་པ་དེ་ལ་འདིར་མཐོང་བ་བསྟུ་བ་ཡིན་པས། བཅོམ་ལྡན་འདས་ཀྱིས་ཡུམ་ཤེས་རབ་ཀྱི་ཕ་རོལ་ཏུ་ཕྱིན་པའི་མདོ་སྡེ་རིན་པོ་ཆེ་གསུངས་པ་ལ་མངོན་དུ་གཤེགས་པའི་ཚེ། བྱ་རྒོད་ཕུང(༢༧ན)(འདུལ་བ་ལུང་གཞི་ལས། ཚིགས་སུ་བཅད་དེ་བཀའ་སྩལ་བ། །འདས་པའི་སངས་རྒྱས་གང་ཡིན་དང་། །མ་བྱོན་སངས་རྒྱས་གང་དག་དང་། །ད་ལྟར་སངས་རྒྱས་གང་ཡིན་པ། །མང་པོའི་མྱ་ངན་འཇོམས་མཛད་པ། །བཞུད་དང་བཞུགས་དང་འབྱོན་འགྱུར་བ། །ཐམས་ཅད་དམ་ཆོས་བླ་མར་བྱེད། །འདི་ནི་སངས་རྒྱས་ཆོས་ཉིད་ཡིན། །དེ་བས་འདིར་བདག་ཕན་འདོད་པ། །བདག་ཉིད་ཆེན་པོར་འདོད་པ་ཡིས། །སངས་རྒྱས་བསྟན་པ་དྲན་བྱས་ཏེ། །དམ་པའི་ཆོས་ལ་བཀུར་བསྟི་བྱ། །ཞེས་གསུངས་པ་ལྟར།)པོའི་རི་ལ་གཤེགས་ཏེ་ཉིད་ཀྱིས་ཆོས་ཀྱི་གདན་ཁྲི་བཤམས་པར་མཛད་པ་ནི། རྗེས་འཇུག་རྣམས་ཀྱིས་དབེན་པའི་གནས་སུ་འདོད་ཆུང་ཆོག་ཤེས་ལ་གནས་ནས་འཁོར་གཡོག་སོགས་ཡོད་མེད་ལ་ལྟོས་པ་མེད་པར་རང་གཡོག་རང་གིས་བྱས་ཏེ་བྱང་ཆུབ་ལམ་གྱི་རིམ་པ་ཉམས་སུ་ལེན་པར་བསྟན་ཅིང་། ཆོས་ནི་སངས་རྒྱས་རྣམས་ཀྱིའང་བཀུར་བའི་ཞིང་ཡིན་པས་ཆོས་ལ་གུས་པ་ཆེན་པོ་བྱེད་པར་བསྟན་ཏོ། །བཅོམ་ལྡན་འདས་ཀྱིས་སྐུ་ལས་འོད་ཟེར་བྱེ་བ་ཁྲག་ཁྲིག་བརྒྱ་སྟོང་སོགས་འཕྲོས་ནས་སྟོང་གི་འཇིག་རྟེན་གྱི་གསེག་མ་དང་གྱོ་མོ་སོགས་མི་གཙང་བའི་ཉལ་ཉིལ་ཐམས་ཅད་སྦྱངས་ཏེ་དག་པའི་ཞིང་བདེ་བ་ཅན་ལྟ་བུར་མཛད་པ་དང་། བཅུད་ཀྱི་འཇིག་རྟེན་མི་ཁོམ་པ་བརྒྱད་སོགས(༢༧བ)བསལ་བ་ནི་ཕྱི་ནང་གི་གནས་ཁང་བྱི་དོར་བྱ་བ་དང་། གདུལ་བྱ་རྣམས་ཀྱི་མདུན་དུ་སེངྒེའི་ཁྲི་ལ་སྟོན་པ་རེ་རེ་བཞུགས་པ་མཐོང་བར་མཛད་པ་ནི། སྐུ་གསུང་ཐུགས་ཀྱི་རྟེན་བཀྲམ་པ་དང་། རྣམ་སྣང་གི་ཆོས་བདུན་ལྡན་གྱིས་ཀུན་སློང་འཆོས་པ་སྟོན་དུ་འགྲོ་བའི་སྒོ་ནས་སྒོམ་པར་བསྟན་པའི་ཕྱིར་དུ་བཅོམ་ལྡན་འདས་

ཀྱིས་སྐུ་དྲང་པོར་དཀྱིལ་ཀྲུང་དུ་བཞུགས་ནས། ཆོས་ཀྱི་འཁོར་ལོའི་ཕྱག་རྒྱ་བཅིངས་ཏེ་ཤངས་ཀྱི་རྩེ་མོར་སྤྱན་གཏད་དེ་དྲན་པ་རྩེ་གཅིག་ཏུ་མདོན་དུ་ཕྱོགས་པས་ཏིང་ངེ་འཛིན་རྒྱལ་པོ་ཞེས་བྱ་བའི་ཏིང་ངེ་འཛིན་ལ་སྙོམས་པར་ཞུགས་ཚུལ་བསྟན་པས་ཀུན་སློང་འཆོས་པ་བསྟན། ཉེ་སྲས་བྱང་ཆུབ་སེམས་དཔའ་དང་ཞིང་གཞན་ནས་གཤེགས་པའི་བྱང་ཆུབ་སེམས་དཔའ་རྣམས་དང་། (༢༢ན)ཚངས་པ་བརྒྱ་བྱིན་ལ་སོགས་པའི་ལྷ་ཀླུ་རྣམས་དང་། སྟོན་པའི་འཁོར་སྟོང་ཉིས་བརྒྱ་ལྔ་བཅུ་སོགས་མིར་བཅས་པའི་འཇིག་རྟེན་ཐམས་ཅད་ཀྱིས། བཅོམ་ལྡན་འདས་ཀྱི་གསང་བ་གསུམ་གྱི་ཡོན་ཏན་སྙན་པའི་དབྱངས་ཀྱིས་བརྗོད་ཅིང་། དང་པོར་ཐུགས་བསྐྱེད་པ་ནས་བཟུང་སྐྱེ་སློབ་ལམ་དུ་ཚོགས་བསགས་ཚུལ། ད་ལྟ་སྐུ་གསུང་ཐུགས་འཕྲིན་ལས་དང་བཅས་པའི་ཡོན་ཏན་བསམ་གྱིས་མི་ཁྱབ་པ་མངའ་ཚུལ་སོགས་ཡིད་ལ་དྲན་ཏེ་ཉོན་མོངས་པའི་རྟོག་པ་དང་བྲལ་ཞིང་ཡིད་དགའ་བའི་དད་པ། སྐྱབས་སུ་བཟུང་ན་ནམ་ཡང་མི་བསླུ་སྙམ་པའི་ཡིད་ཆེས། བདག་ཀྱང་རིང་པོར་མི་ཐོགས་པར་འདི་ལྟ་བུའི་ཡོན་ཏན་མངོན་དུ་བྱེད་ནུས་ན་ཅི་མ་རུང་སྙམ་པའི་མངོན་འདོད་ཀྱི་དད་པས་སྒོ་གསུམ་གྱི་ཕྱག་དང་བསྐོར་བ་ལན་གསུམ་དུ་བྱས་ནས། ཕུས་མོ(༢༢བ)གཡས་པའི་ལྷ་ང་ས་ལ་བཙུགས་ནས་འཁོད་པ་དང་། ལྷ་ལ་སོགས་པས་མེ་ཏོག་མཛེ་ར་བ་དང་པདྨ་ལ་སོགས་ཀྱིས་མཆོད་དེ་ཡན་ལག་ལྷག་མ་རྣམས་དངོས་སུ་མཛད་པ་དང་། སྐུ་གསུང་ཐུགས་ཀྱི་ཡོན་ཏན་འདི་ལྟ་བུ་བརྙེས་པས་ཤེར་ཕྱིན་གྱི་དོན་སྟོན་པར་འོས་སོ་ཞེས་གོ་བར་མཛད་པའི་ཕྱིར་དེ་བཞིན་གཤེགས་པའི་སྐུ་མདོག་དང་གཟི་བརྗིད་དང་དཔལ་གྱིས་འཇིག་རྟེན་ཐམས་ཅད་ཟིལ་གྱིས་མནན་པར་མཛད་པ་དང་། གདུལ་བྱ་རྣམས་ཀྱིས་དོན་འདི་བཅོམ་ལྡན་འདས་པོ་ནས་ཐུགས་སུ་ཆུད་པ་དང་སྟོན་པར་ནུས་ཀྱི་བདག་ཅག་ལྟ་བུས་མ་ཡིན་ནོ་ཞེས་ཞུམ་པ་བསལ་ཏེ། མིར་གྱུར་བ་པོ་ནས་དོན་འདི་ཐམས་ཅད་བསྒྲུབ་

པར་ནུས་སོ་ཞེས་སྤྲོ་བ་བསྐྱེད་པའི་ཆེད་དུ། བཅོམ་ལྡན་འདས་ཀྱིས་རང་བཞིན་གྱི་སྐུ་ཐ་མལ་བ་གདུལ་བྱ་རྣམས་ལ་སྟོན་པར་མཛད་པ(༢༣ན)སོགས་སྟོན་པའི་ཡོན་ཏན་དང་བཀའ་དྲིན་རྗེས་སུ་དྲན་ཏེ་གུས་པར་བྱའོ། །འདི་ལྟ་བུའི་ཡན་ལག་བདུན་པོ་འདི་སྐབས་ཐམས་ཅད་དུ་སྦྱར་བར་བྱ་བ་ཁོ་ནའོ། །

བསམ་པ་དང་སྦྱོར་བ་ཇི་ལྟ་བུས་བཤད་པ་ནི། དམ་པའི་ཆོས་པདྨ་དཀར་པོ་ལས། མཁས་དེ་རྟག་ཏུ་ཕྲག་དོག་མེད་པར་ནི། །སྣ་ཚོགས་དོན་ལྡན་སྙན་པའི་གཏམ་ཡང་སྟོན། །ལེ་ལོ་དག་ཀྱང་རྣམ་པར་རབ་སྤངས་ནས། །སྐྱོ་བ་སྙམ་པའི་འདུ་ཤེས་བསྐྱེད་མི་བྱ། །མཁས་པས་མི་དགའ་ཐམས་ཅད་རྣམ་པར་སྤངས། །བྱམས་པའི་སྟོབས་ནི་འཁོར་ལ་བསྒོམ་པར་བྱ། །ཉིན་མཚན་དུ་ཡང་ཆོས་མཆོག་རབ་ཏུ་བསྒོམ། །མཁས་པ་དེས་ནི་དཔེ་བ་ཁྲག་ཁྲིག་དཔེས། །འཁོར་རྣམས་མགུ་ཞིང་དེ་བཞིན་དགའ་བར་བྱེད། །དེ་ལ་ནམ་ཡང་འདོད་པ་ཅུང་ཟད་མེད། །ཟས་དང་སྐོམས་དང་བཟའ་དང་བཅའ་བ་དང་། །(༢༣བ)གོས་དང་མལ་ཆ་ཆོས་གོས་རྣམས་དང་ནི། །ན་བའི་སོས་སྨན་དག་ཀྱང་མི་བསམ་སྟེ། །འཁོར་རྣམས་ལ་ནི་ཅི་ཡང་མི་བསླང་ངོ་། །གཞན་དུ་མཁས་པ་རྟག་ཏུ་བདག་ཉིད་དང་། །སེམས་ཅན་འདི་དག་སངས་རྒྱས་འགྲུབ་པར་ཤོག །ཕན་ཕྱིར་འཇིག་རྟེན་ཆོས་གང་བསྟན་པ་དེ། །བདག་གི་བདེ་བའི་ཡོ་བྱད་ཀུན་སྙམ་སེམས། །ཞེས་གསུངས་སོ། །

ཡུལ་གང་ལ་བཤད་མི་བཤད་པའི་ཁྱད་པར་ཡང་། ཏིང་ངེ་འཛིན་རྒྱལ་པོ་ལས། ཆོས་ཀྱི་སྦྱིན་པའི་ཆེད་ཀྱི་ཕྱིར། །གལ་ཏེ་ཁྱོད་ལ་གསོལ་འདེབས་ན། །རབ་རྒྱས་བདག་གིས་མ་བསླབས་ཞེས། །ཐོག་མར་ཚིག་དེ་བརྗོད་པར་བྱ། །ཁྱོད་ནི་ཤེས་ཤིང་མཁས་ཡིན་ན། །བདག་ཉིད་ཆེན་པོའི་མདུན་དུ་ནི། །བདག་གིས་ཇི་ལྟར་བཤད་ནུས་ཞེས། །ཁྱོད་ཀྱིས་དེ་སྐད་བརྗོད་པར་བྱ། །འཕྲལ་དུ་བརྗོད་པར་མི་བྱ་ཡི། །སྟོད་

ལ་བརྟགས་པར་བྱས་ནས་བྱ། །གལ་ཏེ(༢༥ན)སྨོད་ན་ཤེས་གྱུར་ན། །གསོལ་མ་བཏབ་ཀྱང་བཤད་པར་བྱ། །ཞེས་གསུངས་སོ། །

མཇུག་ཏུ་ཐུན་མོང་དུ་ཇི་ལྟར་བྱ་བ་ནི། ཆོས་ཉན་བཤད་ལས་བྱུང་བའི་དགེ་བ་རྣམས་གནས་སྐབས་དང་མཐར་ཐུག་གི་སྨོན་གནས་རྣམས་དང་ཚེ་རབས་ཐམས་ཅད་དུ་དམ་ཆོས་འཛིན་པར་འདུན་པ་དྲག་པོས་བསྔོ་བར་བྱ་སྟེ། གསང་བ་བསམ་གྱིས་མི་ཁྱབ་པ་ལས། སངས་རྒྱས་གཅིག་གི་ཆོས་ཚིགས་སུ་བཅད་པ་གཅིག་བཟུང་ན་དུས་གསུམ་གྱི་སངས་རྒྱས་ཐམས་ཅད་ཀྱི་བྱང་ཆུབ་ཡོངས་སུ་བཟུང་བ་སྟེ། བྱང་ཆུབ་ནི་ཆོས་ལས་ངེས་པར་འབྱུང་བས་ཆོས་ཀྱིས་མཆོད་པ་བྱ་ཡི། ཟང་ཟིང་གིས་ནི་མ་ཡིན་ནོ། །ཞེས་སོགས་རྒྱ་ཆེར་གསུངས་པའི་ཕྱིར་རོ། །

བཞི་པ་ལ་གཉིས། གདམས་ངག་ལ་ངེས་པ་བསྐྱེད་པའི་ཕྱིར་བླ་མ་བརྒྱུད་པའི་ཁུངས་བཤད་པ་དང་། ངེས་པ་བསྐྱེད་ནས་ལམ་གྱི(༢༥བ)རིམ་པ་ལ་བློ་ཇི་ལྟར་སྦྱོང་བའི་ཚུལ་དངོས་སོ། །

དང་པོ་ནི། འདྲེན་པ་མཉམ་མེད་སྟོན་པ་བཅོམ་ལྡན་འདས། །རྒྱལ་ཚབ་དམ་པ་རྗེ་བཙུན་མི་ཕམ་མགོན། །རྒྱལ་བས་ལུང་བསྟན་འཕགས་པ་ཐོགས་མེད་ཞབས། །སངས་རྒྱས་བྱང་སེམས་གསུམ་ལ་གསོལ་བ་འདེབས། །ཞེས་པའི་ཤློ་ཀ་གཅིག་བྱུང་། བདག་གི་འདྲེན་པ་མཉམ་མེད་ཐུབ་པའི་དབང་པོ་དེ་ཉིད་ནི། དེ་བཞིན་གཤེགས་པ་དགྲ་བཅོམ་པ་ཡང་དག་པར་རྫོགས་པའི་སངས་རྒྱས་རིག་པ་དང་ཞབས་སུ་ལྡན་པ། བདེ་བར་གཤེགས་པ། འཇིག་རྟེན་མཁྱེན་པ། སྐྱེས་བུ་འདུལ་བ། ཁ་ལོ་བསྒྱུར་བ། བླ་ན་མེད་པ། ལྷ་དང་མི་རྣམས་ཀྱི་སྟོན་པ། བཅོམ་ལྡན་འདས་ཤཱཀྱ་ཐུབ་པ་སྟེ་བསྟན་པའི་བདག་པོའོ། །དེ་ཡང་བཅོམ་ལྡན་འདས་ཞེས་པའི་

སྐད་དོད་ལ། བྷ་ག་ཝཱན་ནི། བྷ་ག་སྐལ་བ་དང་བཅོམ་པ་ལ་འཇུག་ཅིང་། ཝཱན་ནི་ལྡན་པ་ཡིན་པས་ཉོན་མོངས(༢༥ན)པའི་ཀུན་ནས་ཉོན་མོངས་པ་དང་། ལས་ཀྱི་ཀུན་ནས་ཉོན་མོངས་པ་དང་། སྐྱེ་བའི་ཀུན་ནས་ཉོན་མོངས་པ་གསུམ་དང་སྒྲིབ་གཉིས་དང་བདུད་བཞི་སོགས་མ་ལུས་པར་བཅོམ་པ་དང་ལྡན་པས་ན་བཅོམ་ལྡན་ཞེས་པའམ། ཡང་ན་སཾ་བྷུ་ཊ་ལས། དབང་ཕྱུག་དང་ནི་གཟུགས་བཟང་དང་། །དཔལ་དང་གྲགས་དང་ཡེ་ཤེས་དང་། །བརྩོན་འགྲུས་ཕུན་སུམ་ཚོགས་པ་སྟེ། །དྲུག་པོ་རྣམས་ལ་སྐལ་ཞེས་བྱ། །ཞེས་སྐལ་བ་ཕུན་སུམ་ཚོགས་པ་དྲུག་དང་ལྡན་པས་ན་སྐལ་ལྡན་ཞེས་པའམ། ཡང་ན་ཉོན་མོངས་བག་ཆགས་དང་བཅས་པ་བཅོམ་པའམ། བདུད་བཞི་བཅོམ་ཞིང་ལེགས་པའམ་སྐལ་བ་དྲུག་དང་ལྡན་པས་ན་བཅོམ་ལྡན་ཞེས་བྱ་སྟེ། འཁོར་འདས་ཀྱི་སྐྱོན་ལས་འདས་པས་ན་འདས་ཞེས་པའམ། མདོ་སྡེ་རྣམས་ལས་ཀྱང་སངས་རྒྱས་ལ་འཇིག་རྟེན་ལས་འདས་པ་ཞེས་འབྱུང་བ(༢༥བ)དང་། སྟོན་གྱི་ལོ་ཙཱ་བ་ཆེན་པོ་རྣམས་ཀྱིས་འདས་ཞེས་ལྷག་ཐབས་སུ་བསྣན་པའོ། །ཡང་ན། ཕྱིར་མི་ལྡོག་པའི་འཁོར་ལོའི་མདོ་ལས། ནམ་མཁའ་འདྲ་བའི་ཆོས་རྣམས་ནི། །ལུས་ཅན་རྣམས་ལ་རབ་སྟོན་ཀྱང་། །དེ་ལ་འཇིགས་པ་མེད་པ་སྟེ། །དེ་ཕྱིར་བཅོམ་ལྡན་འདས་ཞེས་བྱ། །ཞེས་དང་། སྐད་དོད་ལྷའི་དོན་ལ་འཇུག་པས་ལྷའི་ཡང་ལྷ་ཞེས་གྲགས་པ་ཡང་། འདུལ་བ་ལུང་ལས། ཤཱཀྱ་རྣམས་ཀྱིས་ལྷ་རྟེན་ཅིག་ཡོད་པ་ལ་ཁྱེའུ་བཙས་སོ་ཅོག་འཁྲིད་དེ་ཕྱག་བྱེད་དུ་གཞུག་པའི་ལུགས་སྲོལ་ཡོད་པས། གཞོན་ནུ་དོན་གྲུབ་ཆུང་ངུའི་དུས་ན་དེར་ཕྱག་བྱེད་ཀྱི་ཕྱིར་དེར་སྤྱན་དྲངས་པའི་ལྷ་རྟེན་དེས་ཚུར་གཞོན་ནུ་དོན་གྲུབ་ལ་ཕྱག་འཚལ་བས་ལྷའི་ཡང་ལྷ་ཞེས་གྲགས་སོ། །ཞེས་གསུངས་པ་ལྟར་རོ། །འོ་ན་སྟོན་པས་མཛད་པ་ཇི་ལྟར་མཛད་ཅེ་ན། དེ་སྐད(༢༦ན)དུ་འཕགས་པ་མདོ་སྡེ་བསྐལ་པ་བཟང་པོ་ལས། བཅོམ་ལྡན་འདས་ཀྱིས་བཀའ་སྩལ་པ། ཇི་སྐད་

དུ་སྨྲ་བ་དེ་བཞིན་དུ་བྱེད་པ་ཡིན། ཇི་སྐད་དུ་བྱས་པ་དེ་བཞིན་དུ་སྨྲ་བ་ཡིན། ཞེས་གསུངས་པ་ཡིན་པས། དེ་ལ་ཇི་སྐད་སྨྲ་བ་དེ་བཞིན་བྱེད་པ་ནི། འོ་སྐོལ་སྟོན་པ་ཡང་དག་པར་རྫོགས་པའི་སངས་རྒྱས་ཤཱཀྱ་ཐུབ་པ་ལྷ་བུ་ཡང་དང་པོར་ལས་ཉོན་གྱིས་བཅིངས་པས་འཁོར་བར་འཁྱམས་བཞིན་པ་འཁོར་བ་དང་ངན་སོང་གི་སྡུག་བསྔལ་མྱོང་བཞིན་པ་གཅིག་སྐྱེས་བུ་དམ་པ་ལ་བཟང་འབྲེལ་བྱས་པ་ལ་སོགས་པའི་རྟེན་འབྲེལ་དུ་མ་འགྲིག་པ་ལས། སྐབས་ལེགས་ཁུར་ནས་དགེ་བའི་བཤེས་གཉེན་གཅིག་དང་མཇལ། དེས་ཆོས་བསྟན་པ་ཉམས་སུ་བླངས་ཏེ་དགེ་པའི་བག་ཆགས་བཞག་ནས། ཡང་ངན་འགྲོར་ལན་གྲངས་མང་པོར་ལྟུང་། སྐབས་རེར་མི་ལུས་ཐོབ་ནས་ཆོས་དང་ཡང་མཇལ། དེ་འདྲ་རེས(༢༨བ)སོས་མང་པོ་བྱས། སྐབས་ཤིག་ལ་རྫ་མཁན་གྱི་ཁྱེའུར་གྱུར་པའི་ཚེ། དེ་བཞིན་གཤེགས་པ་ཤཱཀྱ་ཐུབ་པ་ཆེན་པོ་ལ། གདུགས་གཅིག །རྫའི་བུམ་པ་གཅིག །མཆིལ་ལྷམ་ཟུང་གཅིག་རྣམས་ཕུལ། མགྲོན་བུ་ལྷ་མེ་ཏོག་ཏུ་གཏོར་ནས། སློན་འཇུག་བྱང་ཆུབ་མཆོག་ཏུ་སེམས་དང་པོར་བསྐྱེད། དེ་ནས་རིམ་གྱིས་སངས་རྒྱས་བདུན་ཁྲི་བདུན་སྟོང་། སངས་རྒྱས་བདུན་ཁྲི་དྲུག་སྟོང་། སངས་རྒྱས་བདུན་ཁྲི་ལྔ་སྟོང་ལ་སོགས་པ་མཉེས་པར་བྱས་ཏེ། དེ་དག་གིས་ཆོས་བསྟན་པ་ཉམས་སུ་བླངས་ནས་བསྐལ་ཆེན་གྲངས་མེད་གསུམ་དུ་ཕ་རོལ་ཏུ་ཕྱིན་པ་དྲུག་གིས་བསྡུས་པའི་ཚོགས་གཉིས་རླབས་པོ་ཆེ་ཡང་དག་པར་བསགས། མཐར་འོག་མིན་གྱི་གནས་སུ་ངེས་པ་ལྔ་ལྡན་གྱི་སྐུ་མཚན་དཔེ་གསལ་རྫོགས། གསུང་ཡན་ལག་དྲུག་ཅུ། ཐུགས་མཁྱེན་བརྩེ་ནུས་གསུམ་གྱི་གོ་འཕང(༢༩ན)མངོན་དུ་མཛད་པ་དེ། དང་པོར་དགེ་བའི་བཤེས་གཉེན་སངས་རྒྱས་སམ། སངས་རྒྱས་ཀྱི་གདམས་ངག་ཡོད་པའི་བླ་མས་ཇི་ལྟར་གསུངས་པ་བཞིན་དུ་ཉམས་སུ་བླངས་ནས་བྱང་ཆུབ་མངོན་དུ་བྱ་བ་ཡིན་པས་ན། ཇི་སྐད་དུ་སྨྲ་བ་དེ་བཞིན་དུ་བྱས་པ་ཡིན། ཞེས་

དང་། ང་ནི་སྔོན་ཚེ་དམན་པར་གྱུར་པའི་ཚེ། །དེ་བཞིན་གཤེགས་པ་ཤཱཀྱ་ཐུབ་ཆེན་ལ། །འཇམ་གང་ཞིག་གི་དབུལ་བ་བྱས་ནས་ཀྱང་། །དང་པོར་བྱང་ཆུབ་མཆོག་ཏུ་སེམས་བསྐྱེད་དོ། །ཞེས་དང་། ལང་ཀར་གཤེགས་པའི་མདོ་ལས། སངས་རྒྱས་རྣམས་ནི་བྱེ་བ་ཁྲག་ཁྲིག་དང་། །དེ་ལས་ལྷག་པའི་གཏྲའི་བྱེ་མ་སྙེད། །ཀུན་ཀྱང་བྱ་རྒོད་ཕུང་པོ་རིར་བཞུགས་ཏེ། །མི་དབང་དེ་ཀུན་ང་ཡིས་བཀུར་བསྟི་བྱས། །ཞེས་དང་། བློ་བ་སྦྱོན་མེའི་མདོ་ལས། རིན་ཆེན་སྣ་ཚོགས་མཛེས་པ་ཡི། །འོག་མིན་གནས་ནི་ཉམས་དགའ(༢༧བ)བར། །ཡང་དག་རྫོགས་སངས་དེར་འཚང་རྒྱ། །སྤྲུལ་པ་པོ་ཅིག་འདིར་སངས་རྒྱས། །ཞེས་གསུངས་པའི་ཕྱིར་དང་ཇི་སྐད་དུ་བྱས་པ་དེ་བཞིན་དུ་སྨྲ་བ་ནི། ཡོན་ཏན་རིན་པོ་ཆེ་སྡུད་པ་ལས། རྒྱལ་བ་འདས་དང་མ་བྱོན་ད་ལྟར་གང་བཞུགས་པ། །ཀུན་ལམ་ཤེས་རབ་ཕ་རོལ་ཕྱིན་པ་འདི་ཡིན་གཞན་མ་ཡིན། །ཞེས་དུས་གསུམ་གྱི་རྒྱལ་བ་ཐམས་ཅད་དང་། ཁྱད་པར་དུ་བཅོམ་ལྡན་འདས་རང་ཉིད་གང་ནས་གཤེགས་པའི་ལམ་ནི་ཡུམ་གྱི་མདོ་ལས། ཤཱ་རིའི་བུ། འདི་ལ་ཆོས་ཐམས་ཅད་མངོན་པར་རྫོགས་པར་འཚང་རྒྱ་བར་འདོད་པས། ཤེས་རབ་ཀྱི་ཕ་རོལ་ཏུ་ཕྱིན་པ་ལ་བསླབ་པར་བྱའོ། །ཞེས་དང་། རབ་འབྱོར། དེ་ལྟར་དེ་བཞིན་གཤེགས་པ་དགྲ་བཅོམ་པ་ཡང་དག་པར་རྫོགས་པའི་སངས་རྒྱས་ང་བླ་ན་མེད་པ་ཡང་དག་པར་རྫོགས་པའི་བྱང་ཆུབ་མངོན་པར་རྫོགས་པར་སངས་རྒྱས་པ་ཡང་ཤེས་རབ་ཀྱི་ཕ་རོལ་དུ་ཕྱིན་པ(༢༨ན)འདི་ཉིད་ལ་བརྟེན་ནས། བླ་ན་མེད་པ་ཡང་དག་པར་རྫོགས་པའི་བྱང་ཆུབ་མངོན་པར་རྫོགས་པར་སངས་རྒྱས་སོ། །རབ་འབྱོར་དེ་ལྟར་ན་ཤེས་རབ་ཀྱི་ཕ་རོལ་ཏུ་ཕྱིན་པ་འདི་ནི། དེ་བཞིན་གཤེགས་པ་དགྲ་བཅོམ་པ་ཡང་དག་པར་རྫོགས་པའི་སངས་རྒྱས་རྣམས་སྐྱེད་པར་བྱེད་པ་སྟེ་དེ་ལྟར་འདི་ནི་འཇིག་རྟེན་ཀུན་ཏུ་སྟོན་པར་བྱེད་པའོ། །ཞེས་བྱང་ཆུབ་མཆོག་ཏུ་སེམས་བསྐྱེད་ནས་སློབ་

པ་ལམ་གྱི་གནས་སྐབས་ན་ཕ་རོལ་ཏུ་ཕྱིན་པ་དྲུག་ལ་བསླབ་ཚུལ། སྟོང་ཉིད་སྙིང་རྗེའི་སྙིང་པོ་ཅན་གྱི་ཐབས་ཤེས་ཟུང་འཇུག་རྒྱལ་བ་རང་ཉིད་ཀྱིས་ཇི་ལྟར་མཛོན་དུ་མཛད་པ་དེ་བཞིན་དུ་གདུལ་བྱ་ལ་གསུངས་པས་ན་ཇི་སྐད་དུ་བྱས་པ་དེ་བཞིན་དུ་སྒྲུབ་པ་ཡིན། ཞེས་གསུངས་པ་ལྟར་རོ། །དེ་ལྟར་ངེས་པ་ལྔ་ལྡན་གྱི་ལོངས་སྐུའི་ངོ་བོར་བཞུགས་ནས་ནམ་མཁའ་ཇི་སྲིད་གནས་ཀྱི་བར་དུ་སེམས་ཅན་གྱི་དོན(༢༨བ)མཛད་པ་ལས། འདིར་མདོ་ལས། རྫོགས་སངས་རྒྱས་རྣམས་འོག་མིན་གྱི། །ཕོ་བྲང་དགྱེས་པ་སྟུག་པ་ཀུན། །རྣམ་སྤྲངས་དེར་ནི་འཚང་རྒྱ་ཞིང་། །སྤྲུལ་པ་བདག་གིས་འདིར་སངས་རྒྱས། །ཞེས་གསུངས་པ་ལྟར། མི་མཇེད་ཞིང་གི་མགོན་དུ་གཟིགས་པ་ལྷས་བྱོན་པ་ཡིན་ཏེ། འཕགས་པ་མདོ་སྡེ་བསྐལ་བ་བཟང་པོ་ལས། མཆོག་ཏུ་དགའ་བའི་རྒྱལ་པོ། དེ་བཞིན་གཤེགས་པ་ཤཱཀྱ་ཐུབ་པ་ང་སྐྱེས་པའི་ཡུལ་ནི་སེར་སྐྱའི་གནས་སོ། །རིགས་ནི་རྒྱལ་རིགས་སོ། །གདུང་ནི་གོ་ཏམ་མའོ། །འོད་ནི་འདོམ་གང་ངོ། །ཡབ་ནི་སྲས་གཙང་མ་ཞེས་བྱའོ། །ཡུམ་ནི་སྒྱུ་འཕྲུལ་ཞེས་བྱའོ། །སྲས་ནི་སྒྲ་གཅན་འཛིན་ཞེས་བྱའོ། །རིམ་གྲོ་བ་ནི་ཀུན་དགའ་བོའོ། །ཤེས་རབ་ཅན་རྣམས་ཀྱི་མཆོག་ནི་ཉེ་རྒྱལ་ཞེས་བྱའོ། །རྫུ་འཕྲུལ་ཅན་རྣམས་ཀྱི་མཆོག་ནི་པང་ནས་སྐྱེས་ཞེས་བྱའོ། །འདུས་པ་དང་པོ་ལ་ནི་དགེ་སློང་ཉིས་སྟོང་བརྒྱ་ལྔ་བཅུའོ། །སྐུ་ཚེའི(༢༩ན)ཚད་ནི་ལོ་བརྒྱའོ། །དམ་པའི་ཆོས་ནི་ལོ་ལྔ་སྟོང་གི་བར་དུ་གནས་སོ། །ལོ་ལྔ་བརྒྱའི་བར་དུ་དམ་པའི་ཆོས་ལྟར་བཅོས་པར་སྣང་ངོ་། །སྐུ་གདུང་ནི་རྒྱས་པར་འགྱུར་རོ། །ཞེས་བཀའ་སྩལ་བ་ལྟར། ཡབ་རྒྱལ་པོ་ཟས་གཙང་ཡུམ་སྒྱུ་མ་ལྷ་མཛེས་གཉིས་ཀྱི་ལྷུམས་ཀྱི་མཛད་པ་དང་། ལུམྦི་ནའི་ཚལ་དུ་ཟེལ་གནོན་མེ་རྟར་སྐུ་འཁྲུངས་པ་ལ་སོགས་པའི་མཛད་པ་ལས། རྡོ་རྗེ་གདན་གྱི་སྟེང་ལ་མངོན་པར་རྫོགས་པར་སངས་རྒྱས་ནས། ཡུལ་ཝ་ར་ཎ་སེར་གདུལ་བྱ་ལྔ་སྡེ་བཟང་པོ་ལ་བདེན་པ་བཞི་ཡི་ཆོས་ཀྱི་འཁོར་ལོ་

བསྐོར་བ་ནས་བཟུང་སྟེ། ཆོས་ཀྱི་ཕུང་པོ་བརྒྱད་ཁྲི་བཞི་སྟོང་གི་དམ་པའི་ཆོས་ཀྱི་བདུད་རྩི་བསྟལ་ནས་སེམས་ཅན་མ་སྨིན་པ་རྣམས་སྨིན་པར་མཛད། སྨིན་པ་གྲོལ་བར་མཛད། གྲོལ་བ་རྣམས་མཐར་ཕྱིན་པར་མཛད་པའི་སྒོ་ནས་བསམ་གྱིས་མི་ཁྱབ་པའི་སེམས་ཅན་རྣམས་ཡང་དག་པའི་ལམ(༢༩བ)བཟང་པོ་ལ་འགོད་པར་མཛད་པ་ཡིན་ཏེ། འཕགས་པ་གསེར་འོད་དམ་པ་ལས། ངས་ནི་བདུད་རྩི་གྲོང་ཁྱེར་སྒོ་ཡང་ཕྱེ། །བདུད་རྩི་ཁུ་བའི་སྣོད་ཀྱང་ཀུན་ཏུ་བསྟན། །ང་ནི་བདུད་རྩིའི་གྲོང་ཁྱེར་གནས་དེར་འཇུག །ངས་ནི་བདུད་རྩིའི་ཁུ་བས་བདག་ཚིམ་བྱ། །ངས་ནི་ཆོས་ཀྱི་རྔ་ཆེན་དམ་པ་བརྡུངས། །ངས་ནི་ཆོས་ཀྱི་དུང་གི་མཆོག་ཀྱང་བུས། །ངས་ནི་ཆོས་ཀྱི་སྒྲོན་མེ་མཆོག་ཀྱང་འབར། །ངས་ནི་ཆོས་ཀྱི་ཆར་བ་དམ་པ་བབ། །ངས་ནི་ཉོན་མོངས་དགྲ་མཆོག་རྣམས་ལས་རྒྱལ། །ངས་ནི་ཆོས་ཀྱི་རྒྱལ་མཚན་དམ་པ་བསྒྲེང་། །སྲིད་པའི་མཚོ་ལས་སེམས་ཅན་རབ་ཏུ་བསྒྲལ། །ངས་ནི་ངན་སོང་གསུམ་གྱི་ལམ་རྣམས་བཀག །སེམས་ཅན་ཉོན་མོངས་མེ་ཡིས་གདུངས་གྱུར་པ། །རྟེན་མེད་གྱུར་ཅིང་དཔུང་གཉེན་མེད་པ་དག །སྲོག་ཆགས་ཉོན་མོངས་མེས་གདུངས་ཞི་བྱས་ནས། །བདུད་རྩི་ཁུ་བ་བསིལ་བས་ཚིམ་པར་བྱ། །ཞེས་དང་། འཇམ་དཔལ་མཚན་བརྗོད་ལས། ཕྱོགས་བཅུ་ནམ(༣༠ན)མཁའི་མཐར་ཐུག་པར། །ཆོས་ཀྱི་རྒྱལ་མཚན་ལེགས་པར་འཛུགས། །ཞེས་གསུངས་པ་ལྟར་ཉམས་སུ་ལེན་རྒྱུའི་ཆོས་མ་ནོར་བ་ནི་དེ་ལྟ་བུ་ཡིན། བཅོམ་ལྡན་འདས་ཀྱིས། ངས་སྒྲིབ་གཉིས་བག་ཆགས་དང་བཅས་པ་མ་ལུས་པར་སྤངས་སོ། །ཞེས་འཛིགས་པ་མེད་པའི་སེང་གེའི་སྒྲ་བསྒྲགས་པ་ན། ལྷའམ་དགེ་སྦྱོང་ངམ་བྲམ་ཟེ་སོགས་ཆོས་མཐུན་གྱི་རྒོལ་བ་སུས་ཀྱང་ཁྱོད་ཀྱིས་སྤང་བྱ་འདི་མ་སྤངས་ཞེས་ཀླན་ཀ་འཚོལ་མི་ནུས་པས་སྤངས་པ་ཕུན་སུམ་ཚོགས་པ་ལ་དམ་བཅའ་བ་དང་། ཤེས་བྱ་ཐམས་ཅད་མངོན་སུམ་དུ་རྟོགས་པའི་ཡོན་ཏན་ཐམས་

ཅན་མངོན་དུ་བྱས་སོ། །ཞེས་གསུངས་པ་ལ་འདི་མ་བྱས་ཞེས་ཀླན་ཀ་འཚོལ་མི་ནུས་པས། རྟོགས་པ་ཕུན་སུམ་ཚོགས་པ་ལ་དམ་བཅའ་བ་དང་། འདོད་ཆགས་ལ་སོགས་པའི་ཉོན་མོངས་པ་འདིས། ཐར་བ་ཐོབ་པ་ལ་བར་དུ་གཅོད་གསུངས་པ་ལ་རྩོལ་བས་གློགས(༣༠བ)མི་རྙེད་པས་སྤང་བྱ་ལ་དམ་བཅའ་བ་དང་། བདག་མེད་རྟོགས་པའི་ཡོན་ཏན་འདི་དག་བསྒོམ་པས་ཐར་བ་འཐོབ་གསུངས་པ་ལ་དེ་མི་འཐོབ་ཅེས་རྩོལ་བས། གློགས་མི་རྙེད་པས་གཉེན་པོ་ལ་དམ་བཅའ་བ་སྟེ། འཁོར་གྱི་དབུས་སུ་འཇིགས་པ་མེད་པའི་དམ་བཅའ་མཛད་པ་ན་སངས་རྒྱས་ནི་རྣམ་པ་ཐམས་ཅད་དུ་མི་བསླུ་བ་ཡིན་ཏེ། རྒྱ་ཆེར་རོལ་བ་ལས། ས་འདི་འགྲོ་བ་ཀུན་གྱི་གནས་ཡིན་ཏེ། །རྒྱུ་དང་མི་རྒྱུ་སྙོམས་ཤིང་ཉེ་མགོན་མེད། །འདི་ལ་ཁྱོད་ནི་བདག་གི་དཔང་པོས་ཤིག །ཅེས་གསུངས་པ་ལྟར་ཡིན་ནོ། །དེས་ན་སངས་རྒྱས་ཀྱིས་གསུངས་པའི་མདོ་རྒྱུད་ཀྱི་དོན་ཉམས་སུ་བླངས་ན་རྣམ་པ་ཐམས་ཅད་དུ་མི་བསླུ་བ་ཡིན་ཏེ། ཏིང་ངེ་འཛིན་རྒྱལ་པོ་ལས། ཟླ་བ་སྐར་མར་བཅས་པ་གནས་ལྟུང་ཞིང་། །རི་དང་གྲོང་དུ་བཅས་པའི་ས་ཞིག་ལ། །ནམ་མཁའི་ཁམས་ནི་རྣམ་པ་གཞན་གྱུར་ཀྱང་། །ཁྱོད་ནི་མི་བདེན་པ་ཡི་ཚིག་མི་གསུངས། །ཞེས་དང་། རྒྱུད་རྟོག(༣༡ན)པ་བདུན་པ་ལས། ལྷ་དང་དྲང་སྲོང་གིས་བཤད་པའི། །རིག་སྔགས་བསླུ་བ་མི་སྲིད་ན། །གསང་སྔགས་སྦྱོར་བས་བསླུ་བ་ནི། །མ་བྱུང་འབྱུང་བར་མི་འགྱུར་རོ། །ཞེས་གསུངས་པ་ལྟར་རོ། །གང་ཉམས་སུ་བླང་བྱའི་ཆོས་ཟབ་ཟབ་ཟེར་བ་གང་ཡིན་ལ་ཡིད་མི་རྟོན་པར་ཚུ་འགོ་གངས་ལ་ཐུག་པ་ཞིག་དགོས་པ་ལྟར། དམ་པའི་ཆོས་ཀྱི་བརྒྱུད་པའང་བསྟན་པའི་བདག་པོ་སྟོན་པ་ཡང་དག་པར་རྫོགས་པའི་སངས་རྒྱས་བཅོམ་ལྡན་འདས་ལ་ཁུངས་ཐུག་པ་ཞིག་ངེས་པར་དགོས་ལ། དེ་ཡང་སྲས་ཀྱི་ཐུ་བོ་གཉིས་ནས་བརྒྱུད་པའི་ཟབ་རྒྱས་ཀྱི་ལམ་ཆ་ཚང་ལ་མ་ནོར་བ། ཤིང་རྟ་ཆེན་པོ་རྣམ་གཉིས་ཀྱིས་དྲང་ངེས

ཀྱི་དོན་རྣམ་པར་ཕྱེ་བ། རྒྱ་གར་འཕགས་པའི་ཡུལ་གྱི་པཎྜི་ཏ་ཆེན་པོ་རྣམས་ཀྱིས་དཔྱད་གསུམ་དག་པའི་ལུང་གིས་བསྒྲུབས་ཏེ་དགོངས་པ་ལེགས་པར་འགྲེལ་བ་ལྟར་ཡུལ་དབུས་ནས་བརྒྱུད(༣༡བ)དེ་ཡོང་བ་ཞིག་དགོས། དེ་གོ་རིམ་མཐར་ཆགས་སུ་ཉམས་སུ་ལེན་པ་ནི་དམ་པའི་མན་ངག་ལ་བརྟེན་དགོས་ཤིང་། མན་ངག་ཀྱང་དཔེ་ཆ་ལ་བླ་མར་བཙོལ་བ་ལྟ་བུ་མ་ཡིན་པར་བྱིན་རླབས་ཀྱི་བརྒྱུད་པ་བར་མ་ཆད་པའི་བླ་མའི་ཞལ་ནས་དངོས་སུ་ཐོབ་པ་ཞིག་ངེས་པར་དགོས་སོ་ཞེས་གདམས་སོ། །རྒྱ་མཚན་ཆོས་བྱེད་པ་ལ་ཆོས་བྱེད་ལུགས་མ་ནོར་བ་ཕྱུགས་རང་ཉིད་མི་བསླུ་བ་ཡིད་བརྟན་ཐུབ་པ་ཞིག་བྱས་པ་གལ་ཆེ་སྟེ། མདོ་ལས། དགེ་སློང་དག་གམ་མཁས་རྣམས་ཀྱིས། །བསྲེག་བཅད་བརྡར་བའི་གསེར་བཞིན་དུ། །ལེགས་པར་བརྟགས་ལ་ང་ཡི་བཀའ། །བླང་བར་བྱ་ཡི་གུས་ཕྱིར་མིན། །ཞེས་གསུངས་པ་ལྟར་རོ། །

དེ་ལ་རྒྱ་ཆེ་བའི་ལམ་གྱི་རིམ་པ་དང་། ཟབ་མོ་ལམ་གྱི་རིམ་པ་གཉིས་ལས། དང་པོ་ནི། རྒྱལ་བ་རང་ཉིད་ཀྱི་གསུང་གི་གསང་བའི་གནས་ཐམས་ཅད་ལ་ཀློག་ཏུ་མ་གྱུར་པའི་སྤྱན་མངའ་བ། (༣༢ན)རྒྱལ་ཚབ་དམ་པ་རྗེ་བཙུན་མི་ཕམ་མགོན་པོ་ལ། ཡང་དག་པར་རྫོགས་པའི་སངས་རྒྱས་རང་ཉིད་ཀྱིས་གནང་། དེ་ནས་རང་གཞན་གྱི་གྲུབ་མཐའ་རྒྱ་མཚོ་ལྟ་བུའི་ཕ་རོལ་ཏུ་སོན་པ། ཆོས་རྣམ་པར་འབྱེད་པའི་མཐུ་གཞན་གྱིས་དཔག་པར་དཀའ་བའི་ཤིང་རྟ་ཆེན་པོ་འཕགས་པ་ཐོགས་མེད་ནི། འཇམ་དཔལ་རྩ་རྒྱུད་ལས། ཐོགས་མེད་ཅེས་བྱའི་དགེ་སློང་ནི། །བསྟན་བཅོས་དེ་ནི་དོན་ལ་མཁས། །མདོ་སྡེ་ངེས་དོན་དྲང་བའི་དོན། །རྣམ་པ་མང་པོ་རབ་ཏུ་འབྱེད། །འཇིག་རྟེན་རིག་པའི་དོན་བདག་ཉིད། །གཞུང་བྱེད་དང་ཚུལ་ཅན་དུ་འགྱུར། །དེ་ཡི་རིག་པ་གྲུབ་པ་ཡི། །སཱ་ལའི་ཕོ་ཉ་མོ་ཞེས་བརྗོད། །དེ་ཡི་སྔགས་ཀྱི་མཐུ་ཡིས་ནི། །བློ་ནི་བཟང་པོ་སྐྱེ་བར་འགྱུར། །བསྟན་པ་ཡུན་རིང་གནས་བྱའི་

ཕྱིར། །མདོ་ཡི་དེ་ཉིད་དོན་སྤྱོད་བྱེད། །ལོ་ནི་བརྒྱ་དང་ལྔ་བཅུར་འཚོ། །དེ་ལུས་ཞིག་ནས་ལྷ་ཡུལ་འགྲོ། །(༣༢བ)འཁོར་བ་རྣམས་སུ་འཁོར་བ་ན། །ཡུན་རིང་བདེ་བ་རྗེས་སྤྱོད་ནས། །བདག་ཉིད་ཆེན་པོ་མཐར་གྱིས་དེ། །བྱང་ཆུབ་ཐོབ་པར་འགྱུར་བ་ཡིན། །ཞེས་རྒྱལ་བས་མདོ་རྒྱུད་དུ་མར་ལུང་བསྟན་པ་མངའ་བརྙེས་པ་དེ་ཉིད་ཀྱིས། རྗེ་བཙུན་བྱམས་པ་ལོ་བཅུ་གཉིས་སུ་བསྒྲུབས་པས་ཞལ་མངོན་སུམ་དུ་གཟིགས་ཏེ། རྗེ་བཙུན་གྱི་མཐུས་དགའ་ལྡན་གྱི་ཡུལ་དུ་བྱོན་ནས། རྗེ་བཙུན་བྱམས་པ་མགོན་པོ་ལ་སྤྱིར་ཆོས་ཀྱི་རྣམ་གྲངས་དཔག་ཏུ་མེད་པ་དང་ཐེག་པ་ཆེན་པོའི་ལམ་དང་འབྲས་བུའི་ཚུལ་རྒྱ་ཆེར་གསན་ཅིང་། ཡུམ་གྱི་མདོའི་དོན་ཉམས་སུ་ལེན་ཚུལ་བྱམས་ཆོས་སྡེ་ལྔ་ལ་སོགས་པ་གསུངས་ཤིང་། ཁྱད་པར་མངོན་རྟོགས་རྒྱན་ནི་འདིའི་གདམས་ངག་ཉམས་སུ་ལེན་ཚུལ་གྱི་གཞུང་དངོས་ཡིན་པས། དེའི་སྒོ་ནས་ཉམས་སུ་ལེན་ཚུལ་འཕགས་པ་ཐོགས་མེད་ལ་གསུངས་པ་ཡིན། དེ་ལྟར་སངས་རྒྱས་བྱང་སེམས་གསུམ་གྱི་སྐུ་གསུང་(༣༣ན)ཐུགས་ཀྱི་ཡོན་ཏན་དང་། ཐུགས་རྗེ་དྲན་པའི་དད་པས་སྙིང་ཁོང་རུས་པའི་གཏིང་ནས་གསོལ་བ་འདེབས་པ་སྟེ། ཐུགས་རྗེ་བསྐུལ་ཅི་ཐུབ་དང་ལམ་རིམ་དམར་ཁྲིད་ལྟར་བདུད་རྩི་འབེབས་སྦྱངས་བྱེད་པ་འདི་དང་འོག་མ་ཀུན་ལ་འདྲའོ། །

དེ་ནས། འཛམ་གླིང་མཁས་པའི་གཙུག་རྒྱན་དབྱིག་གི་གཉེན། །དབུ་མའི་ལམ་བརྙེས་འཕགས་པ་རྣམ་གྲོལ་སྡེ། །དད་པའི་སར་གནས་བཙུན་པ་རྣམ་གྲོལ་སྡེ། །འཇིག་རྟེན་མིག་འབྱེད་གསུམ་ལ་གསོལ་བ་འདེབས། །ཆད་བྱུང་ངོ་མཚར་གནས་འགྱུར་མཆོག་གི་སྡེ། །ཟབ་མོ་ལམ་གྱིས་རྒྱུད་སྦྱངས་དུལ་བའི་སྡེ། །རླབས་ཆེན་སྤྱོད་པའི་གཏེར་གྱུར་རྣམ་སྣང་མཛད། །འགྲོ་བའི་རྩ་ལག་གསུམ་ལ་གསོལ་བ་འདེབས། །ལམ་མཆོག་ཤེར་ཕྱིན་རྒྱས་མཛད་སེང་བཟང་ཞབས། །རྒྱལ་བའི་མན་ངག་ཀུན་འཛིན་ཀུ་ས་ལི། །འགྲོ་ཀུན་བརྩེ་བས་རྗེས་འཛིན་དགེ་བ་ཅན། །འགྲོ་བའི་

དེད་དཔོན(༣༣བ)གསུམ་ལ་གསོལ་བ་འདེབས། །ཞེས་བྱུང་། འཕགས་པ་ཐོགས་མེད་ཀྱིས་གཙུང་དབྱིག་གཉེན་ལ་གནང་། དེས་འཕགས་པ་གྲོལ་སྡེ་ལ་གསུངས་པ་རིམ་གྱིས་བརྒྱུད་དེ་ཀུ་ས་ལི་ཆུང་བ་ལ་མངའ་བ་ཚིག་ཟིན་ལ་གསལ། ཡང་རྗེ་བཙུན་འཇམ་པའི་དབྱངས་ཀྱིས། ཞི་བ་ལྷ་ལ་གསུངས་པའི་བརྒྱུད་པ་ཡང་ཀུ་ས་ལི་ཆུང་བ་ལ་མངའ་བ་ཡིན།

དེ་ནས། བྱང་ཆུབ་ཐུགས་ལ་མངའ་བརྙེས་གསེར་གླིང་པ། །ཤིང་རྟ་ཆེན་པོ་སྲོལ་འཛིན་མར་མེ་མཛད། །ལམ་བཟང་གསལ་མཛད་སྟོན་པ་རིན་པོ་ཆེ། །བསྟན་པའི་སྲོག་ཤིང་གསུམ་ལ་གསོལ་བ་འདེབས། །ཞེས་བྱུང་བ་དེ་བླ་མ་གསེར་གླིང་པའམ་མཚན་དངོས་ལ་དྷརྨ་རཀྵི་ཏ་ལ་མངའ། གསེར་གླིང་པས་བདག་དང་གཞན་གྱི་གྲུབ་པའི་མཐའ་རྒྱ་མཚོ་ལྟ་བུའི་ཕ་རོལ་ཏུ་སོན་ཅིང་། ནང་རིག་པའི་སྡེ་སྣོད་གསུམ་གྱི་སྙིང་པོ་བསླབ་པ་གསུམ་གྱི་གནད་རྣམས། ཕྱིན་ཅི་མ་ལོག་པར་ཤེས་ནས་ཁས་བླངས་པ(༣༤ན)ཙམ་ལ་མ་བཞག་པར་ཉམས་འོག་ཏུ་ཆུད་པར་མཛད་པ། མཁས་ལ་གྲུབ་པ་བརྙེས་པའི་དགེ་བའི་བཤེས་གཉེན་དུ་མས་རྗེས་སུ་བཟུང་བ། ལྷག་པའི་ལྷ་དཔག་ཏུ་མེད་པས་བྱིན་གྱིས་བརླབས་པའི་སེམས་དཔའ་ཆེན་པོ་དཔལ་མར་མེ་མཛད་ཡེ་ཤེས་ལ་བུམ་པ་གང་བྱོའི་ཚུལ་གྱིས་གནང་།

ཟབ་མོ་ལམ་གྱི་རིམ་པ་ནི། སྨྲ་བ་ཟླ་མེད་འདྲེན་མཆོག་ཤཱཀྱའི་ཏོག །རྒྱལ་བའི་མཁྱེན་རབ་ཀུན་བསྡུས་འཇམ་པའི་དབྱངས། །ཟབ་མོ་དོན་གཟིགས་འཕགས་མཆོག་ཀླུ་སྒྲུབ་ཞབས། །སྨྲ་བའི་གཙུག་རྒྱན་གསུམ་ལ་གསོལ་བ་འདེབས། །ཞེས་བྱུང་། འདྲེན་པ་མཆོག་དེ་ཡང་། དང་པོ་ནས་རྟག་པ་རང་བྱུང་གི་ཚད་མའི་སྐྱེས་བུ་དེ་འདྲ་མ་ཡིན་པར། བསམ་པ་ཕུན་སུམ་ཚོགས་པ་སེམས་བསྐྱེད་དང་། སྦྱོར་བ་ཕུན་སུམ་ཚོགས་པ་ཕ་རོལ་ཏུ་ཕྱིན་པ་དྲུག་སོགས་རྒྱལ་སྲས་ཀྱི་སྤྱོད་པ(༣༤བ)ཉམས་

སུ་བླངས་ཏེ། འབྲས་བུ་ཕུན་སུམ་ཚོགས་པ་མཛེས་པར་གཤེགས་པ། མི་ལྡོག་པར་གཤེགས་པ། མ་ལུས་པར་གཤེགས་པ་སྟེ་བདེ་གཤེགས་གསུམ་གྱི་གོ་འཕང་མངོན་དུ་བྱས་པས་ན་མཐའ་ཡས་འགྲོ་བའི་འདྲེན་པ་མཆོག་གོ། །ཡང་ན། བསོད་ནམས་དང་ཡེ་ཤེས་ཀྱི་ཚོགས་གཉིས་རིམ་གྱིས་བསགས། དྲི་མ་རྣམས་རིམ་གྱིས་སྦྱངས་པས་ཇི་དག་ཇི་དག་ཏུ་སོང་ནས། མཐར་དག་པ་གཉིས་ལྡན་གྱི་ཡེ་ཤེས་ཆོས་སྐུ་ཐོབ་ཡོང་བས། ཡུལ་དེ་བཞིན་ཉིད་ཇི་ལྟ་བ་བཞིན་དུ་ཡུལ་ཅན་གྱི་ཡེ་ཤེས་གཤེགས་པས་ན་དེ་བཞིན་གཤེགས་པའོ། །མུ་མཐའ་མེད་པའི་འགྲོ་བ་རྣམས་ཀྱི་གནས་སྐབས་དང་མཐར་ཐུག་གི་རེ་འདོད་སྐོང་བའི་གསུང་གི་མཛད་པ་ནི། སྐུ་གསུང་ཐུགས་སོགས་ཆ་ཤས་རེ་རེས་ཀྱང་ཕྱག་དང་། ཞབས་དང་། དབུ་དང་། ཞལ་གྱི་བྱ་བ་བྱེད་ནུས་པས་སྨྲ་བ་ལ་འགྲན་གྱི་དོ་ཟླ་མེད་དེ། (༣༥ན)འཇམ་དཔལ་མཚན་བརྗོད་ལས། སྨྲ་ཡང་རྡོ་རྗེ་འབར་བ་སྟེ། །ཞེས་དང་། བདེ་མཆོག་རྩ་རྒྱུད་ལས། ཀུན་ཏུ་ཕྱག་དང་ཞབས་ལྡན་ཞིང་། །ཀུན་ཏུ་སྤྱན་དང་དབུ་དང་ཞལ། །ཀུན་ཏུ་གསན་ལྡན་འཇིག་རྟེན་ན། །ཐམས་ཅད་གཡོགས་ཏེ་རྣམ་པར་བཞུགས། །ཞེས་དང་། དད་པའི་སྟོབས་བསྐྱེད་པ་ལ་འཇུག་པའི་ཕྱག་རྒྱའི་མདོ་ལས། འཇམ་དཔལ་དེ་ལ་དེ་བཞིན་གཤེགས་པའི་ཀུན་ཏུ་གཟིགས་པ་ནི། ཕྱོགས་བཅུའི་འཇིག་རྟེན་གྱི་ཁམས་རབ་འབྱམས་ཐམས་ཅད་ན་སེམས་ཅན་འཆི་འཕོ་བ་དང་། སྐྱེ་བ་དང་། བདེ་འགྲོར་འགྲོ་བ་དང་། ངན་འགྲོར་འགྲོ་བ་རྣམས་དེ་བཞིན་གཤེགས་པས་གཟིགས་ཏེ། དེ་བཞིན་དུ་གཙུག་ཏོར་གྱིས་ཀྱང་གཟིགས་སོ། །དེ་བཞིན་དུ་མཚན་དཔེ་རེ་རེས་ཀྱང་གཟིགས་སོ། །དེ་བཞིན་དུ་དཔེ་བྱད་རེ་རེས་ཀྱང་གཟིགས་སོ། །དེ་བཞིན་དུ་བ(༣༥བ)སྤུའི་ཁུང་བུ་རེ་རེས་ཀྱང་གཟིགས་སོ། །དེ་བཞིན་དུ་ཕྱོགས་བཅུའི་འཇིག་རྟེན་གྱི་ཁམས་རབ་འབྱམས་ཐམས་ཅད་ན་སེམས་ཅན་འཆི་འཕོ་བ་དང་། སྐྱེས་པ་དང་། བདེ་འགྲོར་འགྲོ་བ

དང་། ངན་འགྲོར་འགྲོ་བ་དག་དུས་གཅིག་ཏུ་གཟིགས་སོ། །ཞེས་དང་། གསང་བ་བསམ་གྱིས་མི་ཁྱབ་པའི་མདོ་ལས། ནམ་མཁའ་ཇི་སྙེད་ཁྱབ་གྱུར་པ། །སྐུ་ཡིས་ཀྱང་ནི་དེ་བཞིན་ཁྱབ། །སྐུ་ཡིས་ཇི་སྙེད་ཁྱབ་གྱུར་པ། །གསུང་གིས་ཀྱང་ནི་དེ་སྙེད་ཁྱབ། །གསུང་གིས་ཇི་སྙེད་ཁྱབ་གྱུར་པ། །ཐུགས་ཀྱིས་ཀྱང་ནི་དེ་ཉིད་ཁྱབ། །ཅེས་གསུངས་པ་ལྟར་རྣམ་ཀུན་གཟིགས་པའམ་མཁྱེན་པའི་ཡེ་ཤེས་ཀྱི་བདག་ཉིད་ལ་གོ་དགོས་པས་དེ་འདྲ་བའི་སྐུ་གསུང་ཐུགས་ཀྱི་ཡོན་ཏན་བསམ་གྱིས་མི་ཁྱབ་པ་མངའ་བའི་བཅོམ་ལྡན་འདས་ཏེ། མང་པོས་བཀུར་བའི་རྒྱལ་བརྒྱུད་ཤཱཀྱའི་རིགས་སུ་སྐུ་འཁྲུངས་པའི་རྐང་གཉིས་ཀྱི་གཙོ་བོ(༣༨ན)སྟེ་ཤཱཀྱའི་ཏོག་ཅེས་སོ། །མཁྱེན་རབ་ཕུན་སུམ་ཚོགས་པའི་ཡོན་ཏན་གྱི་སྒོ་ནས་རྒྱལ་སྲས་རྒྱ་སྐར་འབུམ་གྱི་རྩེ་མོར་སོན་པའི་སྲས་ཀྱི་ཐུ་བོ་རྗེ་བཙུན་འཇམ་པའི་དབྱངས་ནི། རྒྱལ་བ་ཐམས་ཅད་ཀྱི་མཛད་པའི་ཁུར་བསྣམས་ཚུལ་ཞིབ་པར་བརྗོད་ཀྱིས་མི་ལང་མོད། མདོ་ལས། ཟབ་ཞི་སྤྲོས་བྲལ་འོད་གསལ་འདུས་མ་བྱས། །བདུད་རྩི་ལྟ་བུའི་ཆོས་ཤིག་ཁོ་བོས་རྙེད། །སུ་ལ་བསྟན་ཀྱང་གོ་བར་མི་ནུས་པས། །མི་སྨྲ་ནགས་ཀྱི་ཚུལ་དུ་གནས་པར་བྱ། །ཞེས་གསུངས་པ་ལྟར། ཤིན་ཏུ་དཔག་པར་དཀའ་བ། འཕགས་པ་གསུམ་དང་རྒྱལ་བ་སྐྱེད་པར་བྱེད་པའི་ཡུམ་ཤེས་རབ་ཀྱི་ཕ་རོལ་ཏུ་ཕྱིན་པ། ཟབ་པ་དང་རྒྱ་ཆེ་བའི་ལམ་བཟང་ཕྱོགས་བཅུའི་ཞིང་དུ་སྤེལ་བའི་ཁུར་བསྣམས་ནས་གྲངས་མེད་ཞིང་དུ་གང་ལ་གང་འདུལ་གྱི་རྣམ་པར་རོལ་བ་དེ་ལ་སྟོན་པ་རང་ཉིད་ཀྱིས(༣༨བ)གནང་། དེ་ནས། བཅོམ་ལྡན་འདས་ཀྱིས་འཇམ་དཔལ་རྩ་རྒྱུད་ལས། དེ་བཞིན་གཤེགས་པ་ང་འདས་ནས། །ལོ་ནི་བཞི་བརྒྱ་ལོན་པ་ན། །དགེ་སློང་ཀླུ་ཞེས་དེ་འབོད་འབྱུང་། །བསྟན་པ་ལ་ནི་དད་ཅིང་ཕན། །རབ་ཏུ་དགའ་བའི་ས་ཐོབ་ནས། །ལོ་ནི་དྲུག་བརྒྱ་དག་ཏུ་འཚོ། །ནས། དངོས་པོ་མེད་པའི་དོན་དེ་རིག །ཅེས་དང་། ཕྱིན་ཆེན་པོའི་མདོ་

ལས། དགེ་སློང་དེས་ཆོས་ཀྱི་སྒྲ་ལན་གསུམ་བསྒྲགས་ནས་འཆི་བར་འགྱུར་བའི། ནས། དེ་ཐ་མར་འབྱུང་བར་འགྱུར་ལ། ཞེས་དང་། ཟ་བོ་ཆེ་ལས། དེ་འདྲའི་དགེ་སློང་རྙེད་དཀའ་སྟེ། །རིམ་གྱིས་སྣང་བ་ཉམས་པར་འགྱུར། །དེ་ལྟར་དེ་ནས་ལྷོ་ཕྱོགས་སུ། །འབྱུང་བའི་ཐ་མ་གཅིག་ཡིན་ནོ། །ཞེས་དང་། ལང་ཀར་གཤེགས་པའི་མདོ་ལས། ལྷོ་ཕྱོགས་རྣི་ཏའི་ཡུལ་དུ་ནི། །དགེ་སློང་དཔལ་ལྡན་ཆེར་གྲགས་པ། །དེ་མིང་ཀླུ་ཞེས་འབོད་པ་སྟེ། །ཡོད་དང་མེད་པའི་ཕྱོགས་འཇིག་ནས། །རབ་ཏུ་དགའ་བའི་ས་ཐོབ་སྟེ། །(མཚམས་འདི་ནས་མ་ཕྱིའི་ལྡེབ་མ་གསུམ་ཆད།) (༤༠ན)དམ་པས་བྱིན་རླབས་ནམ་མཁའ་རྒྱལ་པོ་དང་། །འཇིག་རྟེན་ཆོས་བརྒྱད་སྤངས་པའི་སེངྒེ་བཟང་། །རྒྱལ་སྲས་བཟང་པོའི་ཞབས་ལ་གསོལ་བ་འདེབས། །བྱང་ཆུབ་ཐུགས་ཀྱིས་འགྲོ་ཀུན་བུ་བཞིན་གཟིགས། །ལྷག་པའི་ལྷ་ཡིས་རྗེས་བཟུང་བྱིན་གྱིས་བརླབས། །སྙིགས་དུས་འགྲོ་བ་འདྲེན་པའི་བཤེས་གཉེན་མཆོག །ནམ་མཁའ་རྒྱལ་མཚན་ཞབས་ལ་གསོལ་བ་འདེབས། །ཞེས་དང་། ཡང་ན། རྒྱལ་བའི་གདུང་འཚོབ་བཤེས་གཉེན་པོ་ཏོ་པ། །རྣམ་དཔྱོད་འཕྲུལ་ཟླ་བྲལ་བའི་ཤ་ར་པ། །བྱང་ཆུབ་ཐུགས་ཀྱི་བཀའ་བབས་འཆད་ཁ་པ། །འགྲོ་བའི་རེ་སྐོང་གསུམ་ལ་གསོལ་བ་འདེབས། །ལུང་རྟོགས་མངའ་བདག་བྱང་སེམས་སྤྲུལ་བུ་པ། །དྲི་མེད་ལུང་གི་དབང་ཕྱུག་མཁས་པ་མཆོག །ཁམས་གསུམ་འགྲོ་བའི་མགོན་པོ་རིན་པོ་ཆེ། །གནས་བརྟན་ཆེན་པོ་གསུམ་ལ་གསོལ་བ་འདེབས། །རྣམ་དག་ཚུལ་ཁྲིམས་ངད་ལྡན(༤༠བ)ཟངས་ཆེན་པ། །འདུལ་བ་འབུམ་སྡེའི་མངའ་བདག་མཚོ་སྣ་པ། །ཆོས་མངོན་རྒྱ་མཚོའི་མཐར་སོན་མོན་གྲ་པ། །འགྲོ་བའི་འདྲེན་པ་གསུམ་ལ་གསོལ་བ་འདེབས། །ཟབ་ཅིང་རྒྱ་ཆེའི་ཆོས་ལ་མངའ་བརྙེས་པས། །སྐལ་ལྡན་འགྲོ་བ་ཀུན་གྱི་སྐྱབས་སུ་གྱུར། །འཕྲིན་ལས་བཟང་པོས་བསྟན་པ་རྒྱས་མཛད་པ། །དཔལ་ལྡན་བླ་མའི་ཞབས་ལ་གསོལ་བ་འདེབས། །ཞེས་

དང་། ཡང་ན། གྲུབ་པའི་དབང་ཕྱུག་ཆེན་པོ་ཚུལ་ཁྲིམས་འབར། །བཤེས་གཉེན་ཚུལ་བཞིན་བསྟེན་མཛད་གཞོན་ནུ་འོད། །ཐེག་མཆོག་ལམ་གྱི་རྒྱུད་སྦྱངས་དཔྱེར་སྒོམ་ཞབས། །རྒྱལ་བའི་སྲས་པོ་གསུམ་ལ་གསོལ་བ་འདེབས། །ཟད་ཟུང་ཡོན་ཏན་མཛོད་འཛིན་སངས་རྒྱས་དཔོན། །དམ་པས་བྱིན་བརླབས་ནམ་མཁའ་རྒྱལ་པོ་དང་། །འཇིག་རྟེན་ཆོས་བརྒྱད་སྤངས་པའི་སེངྒེ་བཟང་། །རྒྱལ་སྲས་བཟང་པོའི་ཞབས་ལ་གསོལ་བ་འདེབས། །(༧ན)དེ་མན་གོང་འདྲའོ། །དེ་ཡན་བླ་མ་གོང་མ་གཅིག་ནས་གཅིག་ཏུ་བརྒྱུད་པའི་རིམ་པ་ནི་ཚིག་ཟིན་ལྟར་གསལ་མོད། དགེ་བའི་བཤེས་གཉེན་ཆེན་པོ་འབྲོམ་རིན་པོ་ཆེ་ནས། རྣལ་འབྱོར་དབང་ཕྱུག་དགོན་པ་བ་ལ་གནང་། དེས་སྣེའུ་ཟུར་པ་དང་། དེས་ཐག་མ་པ་ཆེན་པོ་དང་། དེས་དཔྱེར་ཆེན་པོ་ལ་གསུངས་པ་དང་། ཡང་། དགེ་བའི་བཤེས་གཉེན་འབྲོམ་རིན་པོ་ཆེ་ནས། སྤྱན་སྔ་ཚུལ་ཁྲིམས་འབར་ལ་གསུངས་པ་དེས་བྱ་ཡུལ་བ་ལ་གནང་བའི་བཀའ་གདམས་གདམས་ངག་པ་ནས་བརྒྱུད་པའི་ལམ་གཉིས་ཀ་ལྷོ་བྲག་གྲུབ་ཆེན་ལས་ཀྱི་རྡོ་རྗེ་ལ་མངའ། ཡང་། སྟོན་པ་རིན་པོ་ཆེ་ནས། རྗེ་བཙུན་འཇམ་པའི་དབྱངས་ཀྱི་རྣམ་སྤྲུལ་དགེ་བའི་བཤེས་གཉེན་ཆེན་པོ་པོ་ཏོ་པ་ཞེས་བྱ་བ། འཕགས་པ་གནས་བརྟན་ཆེན་པོ་ཡན་ལག་འབྱུང་ཡིན་པར་རང་ཉིད་ཀྱིས་ཞལ་གྱིས་བཞེས་པ་དེ་ལ་གནང་། དེ་ཉིད་ཀྱིས་བཀའ་གདམས(༧བ)གཞུང་དྲུག་དང་ལམ་སྒྲོན་ཤན་སྦྱར་ཏེ་ཉམས་ལེན་ལ་བཀར་ནས་གསུངས་པས། འཕོར་སློབ་མ་སྟམ་སྦྱར་གྱི་རྒྱལ་མཚན་འཛིན་པ་སྟོང་ཕྲག་རེ་ཙམ་རྣམ་ཐར་གཅིག་ལ་སྤྱོད་པ། ཚེ་བློས་བཏང་བ་ཤ་སྟག་ཏུ་འབྱུང་། བཀའ་གདམས་ཀྱི་བསྟན་པ་དྲི་མ་མེད་པས་ས་སྟེང་ཁྱབ་པར་མཛད་པས། འབྲོམ་རིན་པོ་ཆེ་ནས། བའོ་ཐང་འདིར་ཅི་ཙམ་པའི་མི་ཆེན་པོ་ཞིག་འཛིན་པར་འདུག་ཅེས་ཐུགས་ཁེངས་པའི་གསུང་ཡང་འཛིན་པ་ཡིན། དེ་ལ་སློབ་མ་གླང་ཤར་གཉིས་ལ་སོགས་པའི་

བརྟུལ་ཞུགས་གྲུབ་པའི་དྲང་སྲོང་ཆེན་པོ་ཛ་ཧོ་བཀའ་གདམས་པ་ཞེས། སྨན་པའི་བ་དན་སྲིད་རྩེ་ཡོངས་ལས་བརྒྱལ་བྱུང་བའི་ནང་ནས། དགེ་བའི་བཤེས་གཉེན་ཆེན་པོ་ཤ་ར་བ་ལ་གནང་། དེས་བྱ་འཆད་ཁ་པ་ལ་གནང་། དེས་སེ་སྤྱིལ་བུ་པ་ལ་གསུངས་པ་རིམ་གྱིས་བརྒྱུད་པ་དང་། ཡང་དགེ་བའི་བཤེས་གཉེན་དོལ་བ་རིན་པོ་ཆེ་ནས་རིམ་གྱིས་བརྒྱུད་པ་སྟེ། བཀའ་གདམས(༤༢ན)གཞུང་པ་ནས་བརྒྱུད་པ་གཉིས་ཀ་གྲྭ་སྐོར་མཁན་ཆེན་ཆོས་སྐྱབས་བཟང་པོ་ལ་མངའ་བའོ། །དེ་ནས་ཁ་སྐོར་ལ་རྫ་བའི་བླ་མ་རྗེ་ཛྙཱ་འཆང་བླ་ཡོ་རིན་པོ་ཆེའི་ཞལ་སྔ་ནས་ཀྱི་ཕྱག་ལེན་དུ། རྒྱ་ཆེན་སྤྱོད་བརྒྱུད་ལ། དམིགས་མེད་བརྩེ་བའི་གཏེར་ཆེན་སྤྱན་རས་གཟིགས། །དྲི་མེད་མཁྱེན་པའི་དབང་པོ་འཇམ་པའི་དབྱངས། །གངས་ཅན་མཁས་པའི་གཙུག་རྒྱན་ཙོང་ཁ་པ། །བློ་བཟང་གྲགས་པའི་ཞབས་ལ་གསོལ་བ་འདེབས། །ཞེས་དང་། ཟབ་མོ་ལྟ་བརྒྱུད་ལ། བློ་གྲོས་ཁང་བཟང་བསླབ་གསུམ་ནོར་གྱིས་ཕྱུག །བཟང་པོའི་འཕྲིན་ལས་གདུལ་བྱའི་དཔལ་དུ་ཤར། །གྲགས་པའི་འོད་ཟེར་འཛམ་གླིང་ཕྱོགས་བཅུར་འཕྲོ། །བློ་བཟང་གྲགས་པའི་ཞབས་ལ་གསོལ་བ་འདེབས། །ཞེས་བྱུང་།

རྒྱལ་བས་མདོ་རྒྱུད་དུ་མར་རྒྱལ་བ་རང་ཉིད་དང་མཚུངས་པའི་མཛད་པ་མཛད་པར་ལུང་བསྟན་པ་མངའ་བརྙེས(༤༢པ)པ་རྒྱལ་བ་གཉིས་པ་ཤར་ཙོང་ཁ་པ་ཆེན་པོ་བློ་བཟང་གྲགས་པའི་དཔལ་ནི། སེམས་ཅན་ཐམས་ཅད་ལ་ཕ་བུ་གཅིག་པ་ལྟར་བརྩེ་བའི་དམིགས་པ་མེད་པའི་ཐུགས་རྗེ་ཆེན་པོ་དང་ལྡན་པ། བཀའ་མདོ་རྒྱུད་ཤེས་བྱ་ཐམས་ཅད་ཐུགས་སུ་ཆུད་པའི་མཁྱེན་རབ་ཀྱི་སྤྱན་མངའ་བ། བསྟན་པ་དང་སེམས་ཅན་གྱི་དོན་སྒྲུབ་པ་ལ་ནུས་མཐུ་བསམ་གྱིས་མི་ཁྱབ་པ། འཕྲིན་ལས་ནམ་མཁའ་དང་མཉམ་པ་ལྷུན་གྱིས་གྲུབ་པ། སངས་རྒྱས་ཐམས་ཅད་ཀྱི་ཡོན་ཏན་ལ་མངའ་བརྙེས་ཀྱང་ཐ་མལ་བའི་ཚུལ་གྱིས་འགྲོ་དོན་ལ་འཁོར་བ་ཇི་སྲིད་པར་མཉེལ་བ་མི་མངའ

བ་དེ་ཉིད་ཀྱིས། ལྷོ་བྲག་མཁན་ཆེན་ནམ་མཁའ་རྒྱལ་མཚན་ནས་བཀའ་གདམས་གདམས་ངག་པ་ནས་བརྒྱུད་པའི་ལམ་རིམ་དང་། གྲྭ་སྐོར་མཁན་ཆེན་ཆོས་སྐྱབས་བཟང་པོ་ལས་བཀའ་གདམས་གཞུང་པ་ནས་བརྒྱུད་པའི་ལམ་རིམ་གཉིས་ཀ་གསན་ནས། དུས་གསུམ་གྱི་བགྲོད་པ་གཅིག་པའི་ལམ་པོ་ཆེ་བྱང་ཆུབ(ཤན)ལམ་རིམ་ཆེ་འབྲིང་ཆུང་གསུམ་སོགས་གསུང་རབ་ཁྱད་པར་ཅན་གྱི་གསུང་རྗེས་སུ་བསྟན་པའི་འཕྲིན་ལས་ཀྱིས་བསྟན་པ་དང་སེམས་ཅན་ལ་ཕན་བཏགས་བཞིན་ནི་སྔོན་གྱི་དུས་སུ་ཡང་དཀོན་པར་འགྱུར་ཞེས་མཁས་པ་རྣམས་གླེང་ངོ་། །རྗེ་ཉིད་ཀྱིས། འབྲོག་རི་བོ་ཆེ་དགེ་ལྡན་རྣམ་པར་རྒྱལ་བའི་གླིང་ཕྱག་བཏབ་མཛད་པ་དང་། རྗེའི་བུ་ཆེན་རྣམས་ནས་འབྲས་སྤུངས་སེ་ར་བཀྲ་ཤིས་ལྷུན་པོ་སོགས་དང་། རྒྱུད་སྟོད་སྨད་རྣམ་གཉིས་སོགས་འཕྲིན་ལས་ཀྱི་ཆོས་སྡེ་ནི་དབུས་གཙང་མདོ་ཁམས་རྒྱ་གར་ནག་བལ་ཡུལ་བྱང་ཕྱོགས་ཧོར་གྱི་ཡུལ་གྲུ་རྣམས་སུ་མཐའ་ཡས་པར་སྣང་བས་བརྗོད་ཀྱིས་མི་ལང་བའི་རྣམ་ཐར་ཕྱོགས་བྲལ་མཁས་པ་ཀུན་གྱི་རྣ་བའི་རྒྱན་དུ་གྲུབ་ཟིན་པ་ལྟར་རོ། །རྗེ་ཉིད་ཀྱི་དངོས་སློབ་ལ། ཆོས་ཀྱི་གདན་ས་འཛིན་པ་བཅུ་གཉིས། བདེ་སྟོང་གི་ཏིང་ངེ་འཛིན་བརྙེས་པ་བདུན། གསེར་རི་ལྟ་བུའི་ཐུགས་སྲས་བདུན། འཕོར་དག་པ་རྣམ་བརྒྱད། སྲས(ཤབ)ཀྱི་ཐུ་བོ་གཉིས། འཕྲིན་ལས་ནམ་མཁའ་དང་མཉམ་པའི་སྲས་ཆེན་བཞི་ལ་སོགས་པའི་དངོས་སློབ་བརྒྱ་དང་བཞི་བཅུ་ཞེ་བདུན་དང་། གཞན་ཡང་ལྷ་གཟིགས་གྲགས་པ་སོགས། རྗེ་ཉིད་ཀྱིས་བྱིན་གྱིས་བརླབས་པའི་བུ་ཆེན་རྣམས་ལས་བརྒྱུད་པ་མཐའ་ཡས་ཀྱང་། སྲས་ཀྱི་ཐུ་བོ་གཉིས་ལ་སོགས་པ་གསང་བའི་བདག་པོས་ལུང་བསྟན་གསུམ་དང་། ནང་ཐུགས་སྲས་གཅིག་དགེ་ལེགས་དཔལ་ནས་བརྒྱུད་པ་གཙོ་ཆེར་གྲགས་པ་ལྟར་ན། རྒྱལ་བའི་རྒྱལ་ཚབ་དར་མ་རིན་ཆེན་ཞབས། །འདུལ་འཛིན་ཆེན་པོ་གྲགས་པ་རྒྱལ་མཚན་དང་། །བསྟན་པའི་ཉི་མ་མཁས་གྲུབ་དགེ་ལེགས་

དཔལ། །ཀུན་མཁྱེན་ཆེན་པོ་གསུམ་ལ་གསོལ་བ་འདེབས། །གསང་ཆེན་བསྟན་པའི་མཛོད་འཛིན་ཤེས་རབ་སེང་། །འདུལ་བ་འཛིན་པ་བློ་གྲོས་སྲས་པའི་ཞབས། །མདོ་རྒྱུད་བང་མཛོད་ཆོས་ཀྱི་རྒྱལ་མཚན་ཏེ། །མཁས་གྲུབ་ཆེན་པོ་གསུམ་ལ་གསོལ་བ་འདེབས། །རྟོགས་པ་མཆོག(༤༤ན)བརྙེས་སྐྱབས་མཆོག་དཔལ་བཟང་པོ། །སྐུ་བཞི་མངོན་འགྱུར་རྒྱལ་བ་དབེན་ས་པ། །ལུང་རྟོགས་མངའ་བདག་སངས་རྒྱས་ཡེ་ཤེས་ཞབས། །གྲུབ་པའི་དབང་ཕྱུག་གསུམ་ལ་གསོལ་བ་འདེབས། །དགེ་ལེགས་ཡོན་ཏན་མ་ལུས་འབྱུང་བའི་གནས། །དྲི་མེད་བློ་བཟང་བསྟན་པའི་ཁང་བཟང་རྩེར། །ཆོས་ཀྱི་རྒྱལ་མཚན་འཛིན་པའི་དཔལ་ཡོན་ཅན། །དཔལ་ལྡན་བླ་མའི་ཞབས་ལ་གསོལ་བ་འདེབས། །དཀོན་མཆོག་རྒྱལ་མཚན་རྡོ་རྗེ་འཛིན་པའི་གཙོ། །སྤྲུལ་བའི་སྐུ་མཆོག་ངག་དབང་ཆོས་ལྡན་ཞབས། །མཁྱེན་རབ་དབང་ཕྱུག་འཇམ་དབྱངས་བཞད་པའི་སྐྱེ། །བསྟན་པའི་སྒྲོན་མེ་གསུམ་ལ་གསོལ་བ་འདེབས། །ཟུང་འཇུག་སྐུ་བརྙེས་འཇམ་དཔལ་རྒྱ་མཚོ་དང་། །རང་གཞན་གྲུབ་མཐའ་རྒྱ་མཚོ་མཐར་སོན་པ། །བཀའ་དྲིན་མཉམ་མེད་དགེ་འདུན་རྒྱ་མཚོ་སྐྱེ། །སྨྲ་བའི་དབང་ཕྱུག་གཉིས་ལ་གསོལ་བ་འདེབས། །ཉམས་ལེན་མཐར་སོན་བརྩོན་འགྲུས་རྒྱལ་མཚན་དང་། །ཆོས་བརྒྱུད་ཀུན(༤༤བ)སྤྱངས་དམ་ཆོས་རྒྱལ་མཚན་ཞབས། །གྲུབ་པའི་དབང་ཕྱུག་དགེ་ལེགས་རྒྱ་མཚོའི་སྐྱེ། །བླ་མེད་བླ་མ་གསུམ་ལ་གསོལ་བ་འདེབས། །སྐྱེས་བུ་གསུམ་གྱི་ལམ་གྱི་རིམ་པ་ཡིས། །རྒྱལ་བ་གཉིས་པའི་བསྟན་པ་རྒྱས་མཛད་ཅིང་། །བྱམས་པའི་མཚན་གྱིས་འགྲོ་བ་ཀུན་སྒྲོལ་བ། །རྗེ་བཙུན་བླ་མའི་ཞབས་ལ་གསོལ་བ་འདེབས། །བྱམས་དང་སྙིང་རྗེས་རྒྱུད་ཕྱུག་ཟབ་མོའི་ལམ། །སྟོན་མཁས་ཡོངས་འཛིན་བློ་བཟང་སྦྱིན་པ་དང་། །རིམ་གཉིས་མཐར་སོན་མཐུ་སྟོབས་ནུས་པའི་བདག །ངག་དབང་མཆོག་ལྡན་ཞབས་ལ་གསོལ་བ་འདེབས། །བློ་བཟང་རྣམ་པར་

འདྲེན་པའི་ཆོས་མཛོད་ཀུན། །རྣམ་དཔྱོད་སྐལ་བ་བཟང་པོས་ཉེར་བཟུང་སྟེ། །རིས་མེད་གདུལ་བྱ་རྒྱ་མཚོའི་བསམ་པའི་སྐོང་། །འགྲོངས་མཛད་ཐམས་ཅད་མཁྱེན་ལ་གསོལ་བ་འདེབས། །གངས་ཅན་མཁས་གྲུབ་དུ་མས་རྗེས་བཟུང་ཞིང་། །ཟབ་རྒྱས་གདམས་པ་བྱེ་བའི་བང་མཛོད་འཛིན། །སྐལ་ལྡན་སྨིན་ཅིང་གྲོལ་མཛད(༤༥ན)ཆོས་ཀྱི་རྗེ། །འཇིགས་མེད་དབང་པོའི་ཞབས་ལ་གསོལ་བ་འདེབས། །དཀོན་མཆོག་རྒྱལ་བའི་ཆོས་ཀྱི་མཛོད་བཟུང་ནས། །སྐལ་ལྡན་གདུལ་བྱ་སྨིན་ཅིང་གྲོལ་མཛད་པ། །མཚན་ཉིད་བཅུ་ལྡན་ཐེག་མཆོག་དགེ་བའི་བཤེས། །བཀའ་དྲིན་མཚུངས་མེད་དམ་པར་གསོལ་བ་འདེབས། །མཁས་བཙུན་ཆེན་པོ་ཤེས་རབ་རྒྱ་མཚོའི་མགོན། །མཁས་གྲུབ་ངག་དབང་ཐུབ་བསྟན་རྒྱ་མཚོའི་ཞབས། །རྗེ་བཙུན་བློ་བཟང་ཚུལ་ཁྲིམས་རྒྱ་མཚོའི་དཔལ། །གྲུབ་པའི་ཁྱུ་མཆོག་གསུམ་ལ་གསོལ་བ་འདེབས། །འཇིགས་མེད་སྟོབས་བཅུའི་དབང་ཕྱུག་ཚོང་ཁ་པའི། །དྲི་མེད་ལུགས་བཟང་བཤད་སྒྲུབ་འཕྲིན་ལས་ཀྱིས། །སྤེལ་བའི་ཐུགས་དགོངས་རྒྱ་མཚོ་ལྟར་ཟབ་པ། །དཔལ་ལྡན་བླ་མའི་ཞབས་ལ་གསོལ་བ་འདེབས། །འཇིགས་མེད་རྣམ་དཔྱོད་མཆོག་གི་འོད་སྣང་གིས། །ཕྱོགས་རེར་མ་གྱུར་གཞུང་ལུགས་རྒྱ་མཚོའི་དོན། །གསལ་མཛད་སྨྲ་བའི་ཉི(༤༥བ)མ་འོད་པོ་ཆེ། །མཚུངས་བྲལ་དགེ་བའི་བཤེས་ལ་གསོལ་བ་འདེབས། །ཞེས་པའི་བར་བྱུང་། ཟབ་མོ་ལྟ་བརྒྱུད་ཀྱི་ཁ་སྐོང་ལ་ཕྱག་ལེན་དུ། གྲུབ་པའི་དབང་ཕྱུག་འཇམ་དཔལ་རྒྱ་མཚོའི་ཞབས། །མཁས་གྲུབ་བསྟན་པའི་ཉི་མ་དགེ་ལེགས་དཔལ། །སྐྱབ་བརྒྱུད་གདམས་པའི་མཛོད་འཛིན་བ་སོ་རྗེ། །བླ་མེད་བླ་མ་གསུམ་ལ་གསོལ་བ་འདེབས། །ཟུང་འཇུག་སྐུ་བརྙེས་ཆོས་ཀྱི་རྡོ་རྗེ་དང་། །སྐུ་གསུམ་མངོན་གྱུར་རྒྱལ་བ་དབེན་ས་པ། །ལུང་རྟོགས་མངའ་བདག་སངས་རྒྱས་ཡེ་ཤེས་ཞབས། །མཁས་གྲུབ་དམ་པ་གསུམ་ལ་གསོལ་བ་འདེབས། །བློ་བཟང་ཆོས་ཀྱི་རྒྱལ་

མཚན་འཛིན་པའི་རྗེ། །དེ་ཡི་ཐུགས་སྲས་དྲུང་པ་ཧ་ཤུག་པ(དམ་ཆོས་རྒྱལ་མཚན།)། །ལམ་བཟང་གསལ་མཛད་དགེ་ལེགས་རྒྱ་མཚོའི་དཔལ། །ཐར་བའི་ལམ་སྟོན་གསུམ་ལ་གསོལ་བ་འདེབས། །ངག་གི་དབང་ཕྱུག་རྗེ་བཙུན་ཅོང་ཁ་པའི། །(༤༨ན)མདོ་སྔགས་ལེགས་བཤད་ཆོས་ཀྱི་རྒྱ་མཚོ་ཆེ། །བྱམས་པས་འགྲོ་ལ་སྤེལ་བའི་སྙིང་སྟོབས་ཅན། །བཀའ་དྲིན་མཚུངས་མེད་ཞབས་ལ་གསོལ་བ་འདེབས། །སྣང་བ་མཐའ་ཡས་བློ་བཟང་ཡེ་ཤེས་སོགས། །རྒྱལ་ཀུན་སྤྱི་གཟུགས་བཤེས་གཉེན་དུ་མ་ཡིས། །རྗེས་བཟུང་བསྟན་པའི་རྒྱལ་མཚན་འཛིན་པའི་རྗེ། །བཀའ་དྲིན་མཚུངས་མེད་ཞབས་ལ་གསོལ་བ་འདེབས། །རྒྱལ་བ་གཉིས་པ་འཇམ་མགོན་ཅོང་ཁ་པའི། །མདོ་སྔགས་གཞུང་ལུགས་མཐའ་དག་སྤེལ་སླད་དུ། །རླབས་ཆེན་སྨོན་ལམ་མཆོག་གི་མཐུ་གྲུབ་པ། །དཀོན་མཆོག་བསྟན་པའི་སྒྲོན་མེར་གསོལ་བ་འདེབས། །དེ་ནས་དཔལ་མང་པཎྜི་ཏ་མན་འདྲའོ། །ཚིགས་བཅད་དེ་རྣམས་བྱང་ཆུབ་ལམ་རིམ་དམར་ཁྲིད་རྣམ་པ་ཐམས་ཅད་མཁྱེན་པར་བགྲོད་པའི་བདེ་ལམ་དང་མྱུར་ལམ་གྱི་སྐྱོང་འཁྲིད་གནང་སྐབས(༤༨བ)ཀྱི་བརྒྱུད་པ་ལྟར་རོ། །

ལམ་རིམ་བླ་མ་བརྒྱུད་པའི་རྣམ་ཐར་ཡོངས་འཛིན་རིན་པོ་ཆེའི་གསུང་དང་གཞན་སོ་སོའི་རྣམ་ཐར་ལྟར་གསལ་ལ། ཆོས་འདི་ཐོབ་པའི་རྩ་བའི་བླ་མ་རྣམས་ནི། དུས་གསུམ་རྒྱལ་བའི་མཁྱེན་བརྩེའི་རང་གཟུགས་འཕགས་པ་རིགས་གསུམ་མགོན་པོ་དང་དབྱེར་མ་མཆིས་ཀྱང་། གདུལ་བྱ་སྐལ་བ་དང་ལྡན་པའི་ངོར་ཐ་མལ་པའི་གཟུགས་སུ་བསྟན་ནས་མདོ་སྔགས་ཡོངས་རྫོགས་ལ། ཐོས་བསམ་གྱིས་སྒྲོ་འདོགས་ལེགས་པར་བཅད་ཅིང་། བསྒོམས་པས་ཉམས་སུ་བཞེས་པའི་དོན་གདུལ་བྱ་ལ་འདོམས་ཕྱིར། ཡང་དག་པའི་ལམ་བཟང་ཉིན་མོ་ལྟར་གསལ་བར་མཛད་པའི་བཀའ་དྲིན་འཁོར་ཐབས་དང་བྲལ་བ། གསུམ་ལྡན་རྡོ་རྗེ་འཛིན་པ་ཆེན་པོ་ཨ་ལགས་བླ་

ཁོ་རིན་པོ་ཆེ་རྗེ་བཙུན་འཇིགས་མེད་འཕྲིན་ལས་རྒྱ་མཚོ་དཔལ་བཟང་པོའི་ཞལ་སྔ་ནས་མདོ་སྔགས་བཀྲ་ཤིས་འཁྱིལ་དང་སྐུ་འབུམ(༨༧ན)ཆོས་སྡེ་ཆེན་པོར། གོང་ས་པཎ་ཆེན་ཐམས་ཅད་མཁྱེན་པ་སྐུ་ཕྲེང་སྔ་ཕྱི་གཉིས་ཀྱིས་རིགས་ཀྱི་ཅོད་པན་དུ་བཞེས་པ། མདོ་སྔགས་ཀྱི་བསྟན་པའི་བདག་པོར་བཞུགས་པ་དེ་ཉིད་ཀྱིས་ལུགྲི་གཉིས་པར་བདེ་ལམ་སྒྲོང་འཁྲིད་དང་། ལམ་མཆོག་སྒོ་འབྱེད་འདིའི་ཁྲིད་དང་ལུང་རྒྱུན་གྱི་ཆོས་སྐལ་སྐལ་བཟང་བདག་ལ་དགྱེས་བཞིན་དུ་སྩལ་པའོ། །

ཡང་། མགོན་དེའི་ཐུགས་སྲས་ཆེན་པོ་རྩ་བའི་བླ་མ་རྡོ་རྗེ་འཆང་རྗེ་བཙུན་འཇིགས་མེད་རྒྱ་མཚོ་དཔལ་བཟང་པོའམ་མཚན་གཞན་པཎ་ཆེན་ཡོངས་འཛིན་ཨ་ཆི་ཐུ་པཀྲི་ཨེར་ཏི་ནི་ནོ་མོན་ཧན་ཞེས་འཕྲིན་ལས་ཀྱིས་ཁྱབ་བརྡལ་དུ་མཛད་པའི་ཞལ་སྔ་ནས། ལུང་ཁྲིད་བཤད་གསུམ་ཡང་ཡང་དགྱེས་བཞིན་དུ་སྩལ་བའི་བཀའ་དྲིན་ཐོབ། རྩ་བའི་བླ་མ་དེ་ཉིད་ལས། པཎ་ཆེན་སྣང་བ་མཐའ་ཡས་ཀྱི་མཆོག་སྤྲུལ་ཁྱབ་བདག་དང་པོ་སངས་རྒྱས་རྗེ་བཙུན་བློ་བཟང་འཕྲིན(༨༧བ)ལས་ལྷུན་གྲུབ་ཆོས་ཀྱི་རྒྱལ་མཚན་དཔལ་བཟང་པོ་དེ་ཉིད་ཀྱིས་གསན་ནས་སྐུ་འབུམ་བྱམས་པ་གླིང་གི་གཙུག་ལག་ཁང་བྱང་ཆུབ་མཆོག་གི་ལྡོངས་སུ་ཐོག་མའི་ཚོགས་དབུས་སུ་ལུང་རྒྱུན་ཞལ་གྱི་བདུད་རྩི་སྩལ་པའི་སྐབས་སུ་སྐལ་བཟང་སྒྲོང་། ཡང་། རྣམ་པ་གསུམ་ཆར་ལས། སྐྱབས་རྗེ་ཨ་ཀྱཱ་ཧུ་ཐོག་ཐུའི་མཆོག་སྤྲུལ་རིན་པོ་ཆེ་མཉམ་མེད་ཐུབ་པའི་དབང་པོའི་ཞལ་ཚབ་བདག་གི་མཁན་པོ་རྡོ་རྗེ་འཆང་རྗེ་བཙུན་བློ་བཟང་ལུང་རྟོགས་བསྟན་པའི་རྒྱལ་མཚན་དཔལ་བཟང་པོའི་ཞལ་སྔ་ནས་བདག་ལ་དགྱེས་བཞིན་དུ་སྩལ། ཡང་། སྐུ་འབུམ་ཆེས་ཤོས་རིན་པོ་ཆེ་བློ་བཟང་བྱང་ཆུབ་བསྟན་པའི་སྒྲོན་མེ་དཔལ་བཟང་པོ་དང་། བླ་ཁོ་རྡོ་རྗེ་འཆང་ཡབ་སྲས་གསུམ་འཆར་ལས། མི་ཉག་མཁན་ཆེན་རྡོ་རྗེ་འཆང་རྗེ་བཙུན་ངག་དབང་ལེགས་བཤད་རྒྱ་མཚོ་དཔལ་བཟང་པོ་དེ་ཉིད་ཀྱིས་གསན་

པའི་རྒྱུན་ཡང་ཡང(༤༩)དགྱེས་བཞིན་དུ་སྩལ་བའི་བཀའ་དྲིན་བསམ་བརྗོད་ཀྱི་ཡུལ་ལས་འདས། ཡང་། ཁྱབ་བདག་ཕྱག་ན་པད་དཀར་འཆང་བ་སྲིད་གསུམ་དབང་སྒྱུར་མཚུངས་པ་མེད་པའི་སྐྱེ་དཔལ་བཟང་པོའི་ཞལ་སྔ་ནས་ལྷ་ལྡན་སྨོན་ལམ་ཆེན་མོའི་སྐབས་དེའི་ལྟགས་ལུང་དང་། གཞིས་རྩེ་རྫོང་གི་གཟིམས་ཆུང་དུ་ལམ་རིམ་ཉམས་མགུར་མར་གྲགས་པའི་བསྡུས་དོན་གྱི་རྩལ་བཤད་དང་འབྲེལ་པའི་ལུང་རྒྱུན་གྱི་སྐལ་བཟང་ལེགས་པར་མནོས་པའི་བཀའ་དྲིན་གཞལ་བར་དཀའོ། །ཡང་། པཎ་ཆེན་ཡོངས་འཛིན་རྡོ་རྗེ་འཆང་དཔལ་རི་བ་རྗེ་བཙུན་བློ་བཟང་གསང་བདག་བསྟན་པའི་རྒྱལ་མཚན་དཔལ་བཟང་པོའི་ཞལ་སྔ་ནས་དགྱེས་བཞིན་དུ་སྩལ་བ་སྐལ་བཟང་བདག་ལའོ། །འདི་ལྟར་སྟོན་པའི་ཞལ་ནས་ཞལ་དུ་བརྒྱུད་ཅིང་། སྙན་ནས་སྙན་དུ་བརྒྱུད་པ། གདམས་ངག་གི(༤༨)དྲོད་མ་ཡལ་བ། བྱིན་རླབས་ཀྱི་ཚན་ཁ་མ་ཉམས་པ། ཁ་འདྲིས་ཁ་བརླང་ཐུལ་ལེ་བ། དམ་ཚིག་གི་སེལ་མ་གཞུག་པ། མི་བར་ཁྲི་ཡིས་མ་ཆོད། ཆུ་བར་ལྷུ་བས་མ་ཆོད་པ། གཅིག་ནས་གཅིག་ཏུ་བརྒྱུད་པ་རྣམ་པར་དག་པ། རྫོད་པ་མེད་པའི་ཆོས་རྒྱུན་གཞན་གྱིས་དཀྲི་བར་མི་ནུས་པ་ཞིག་ངེས་པར་དགོས་སོ་ཞེས་འདོམས་པར་མཛད་པ་ཡིན་ཏེ། སྡོང་པོ་བཀོད་པའི་མདོ་ལས། རིགས་ཀྱི་བུ། དེ་བས་ན་བྱང་ཆུབ་སེམས་དཔས་ཐམས་ཅད་མཁྱེན་པའི་ཡེ་ཤེས་ཐོབ་པར་བྱ་བའི་ཕྱིར། ཡང་དག་པའི་དགེ་བའི་བཤེས་གཉེན་ལས་གདོན་མི་ཟ་བར་རྟོགས་པ་ཐོབ་པར་གྱིས་ཤིག །ཅེས་གསུངས་པ་ལྟར་རོ། །

གཉིས་པ་ལ་གཉིས། ལམ་གྱི་རྩ་བ་བཤེས་གཉེན་བསྟེན་ཚུལ་དང་། བསྟེན་ནས་བློ་ཇི་ལྟར་སྦྱང་བའི་རིམ་པའོ། །

དང་པོ་ནི། ཡོན་ཏན་ཀུན་གྱི་གཞིར་གྱུར་དྲིན(༥༩)ཅན་རྗེ། །ཚུལ་བཞིན་བསྟེན་པ་ལམ་གྱི་རྩ་བ་རུ། །ལེགས་པར་མཐོང་ནས་འབད་པ་དུ་མ་ཡིས། །གུས་པ་ཆེན་

པོས་བསྟེན་པར་བྱིན་གྱིས་རློབས། །ཞེས་ཚིགས་བཅད་གཅིག་བྱུང་། ཐོས་བསམ་སྒོམ་པ་ལ་སོགས་པ། འཇིག་རྟེན་ལས་འདས་པའི་ཡོན་ཏན་ཀུན་གྱི་གཞིར་གྱུར་བ་ནི་རང་ལ་ཡང་དག་པའི་ལམ་སྟོན་པའི་དྲིན་ཅན་གྱི་རྗེ་བཙུན་བླ་མ་དམ་པ་དེ་ཉིད་ཡིན་པས། དགེ་བའི་བཤེས་གཉེན་ཚུལ་བཞིན་དུ་བསྟེན་པ་དེ་ཐེག་པ་ཆེན་པོའི་ས་དང་། ལམ་གྱི་ལེགས་ཚོགས་ཐམས་ཅད་སྐྱེ་ཞིང་མི་ཉམས་པར་གནས་པ་དང་། གོང་ནས་གོང་དུ་འཕེལ་ཞིང་རྒྱས་པ་དང་། ཡོངས་སུ་རྫོགས་པར་བྱེད་པའི་རྩ་བ་རུ་ལེགས་པར་མཐོང་ནས། སྒོ་གསུམ་གྱི་འབད་པ་དུ་མས་སྐྱོན་རྟོག་གི་བློ་ཙུང་ཟད་ཀྱང་མི་བསྐྱེད་ཅིང་། ཡོན་ཏན་མཐོང་བའི་དད་པ་དང་། བཀའ་དྲིན(༥་བ)རྗེས་སུ་དྲན་པའི་གུས་པ་ཆེན་པོས་ཟང་ཟིང་འབུལ་བ་དང་། ལུས་ངག་གི་བསྙེན་བཀུར་དང་། བཀའ་བཞིན་སྒྲུབ་པའི་མཆོད་པའི་སྒོ་ནས་ཚུལ་བཞིན་དུ་བསྟེན་པ་ཞིག་ངེས་པར་དགོས་སོ། ཞེས་འདོམས་པར་མཛད་པ་ཡིན་ནོ། །ཟང་ཟིང་གིས་མི་མཉེས་ཤིང་སྒྲུབ་པས་མཉེས་པས་ན་བླ་མ་དང་། དེ་ཡང་བསྟན་པ་སྤྱི་ལུགས་དང་མཐུན་པའི་རང་རྒྱུད་དུལ་བའི་ཡོན་ཏན་དང་ལྡན་པ་ལ་སློབ་མས་མདོ་རྒྱུད་དགོངས་འགྲེལ་གྱི་དོན་ཇི་ལྟ་བ་བཞིན་དུ་སྒྲུབ་སྟེ་གཞན་གྱིས་བཀྲིར་མི་ནུས་པའི་ངེས་པ་བརྟན་པོ་རྙེད་ནས་ལམ་གྱི་རྩ་བ་ཚུགས་པ་ཞིག་དགོས་ལ། སློབ་མ་ལ་ཡོན་ཏན་སྣ་གཅིག་སྐྱེ་བ་དང་། སྐྱོན་སྣ་གཅིག་འགྲིབ་པ་ཡན་ཆད་བདེ་ལེགས་ཐམས་ཅད་འབྱུང་བ་ནི། ལམ་གྱི་རྩ་བ་ཁོ་ན་ལ་རག་ལས་པའི་ཕྱིར་རོ། །དེ་ལྟར་ཡང་བྱང་ཆུབ་སེམས་དཔའི་སྡེ་སྣོད་ལས། མདོར་ན་བྱང་ཆུབ་སེམས་དཔའི་སྤྱོད་པ་ཐམས་ཅད་འཐོབ་ཅིང་ཡོངས(༥༠་ན)སུ་རྫོགས་པ་དང་། དེ་བཞིན་དུ་ཕ་རོལ་ཏུ་ཕྱིན་པ་དང་། ས་དང་བཟོད་པ་དང་ཏིང་ངེ་འཛིན་དང་མངོན་པར་ཤེས་པ་དང་། གཟུངས་དང་སྤོབས་པ་དང་བསྔོ་བ་དང་སྨོན་ལམ་དང་སངས་རྒྱས་ཀྱི་ཆོས་ཐམས་ཅད་འཐོབ་ཅིང་ཡོངས་སུ་རྫོགས་པ་ནི་བླ་མ་ལ་རག་

ལས། བླ་མ་རྩ་བར་གྱུར། བླ་མ་ལས་བྱུང་། བླ་མ་སྐྱེས་གནས་དང་སྐྱེ་མཆེད་དུ་གྱུར། བླ་མས་བསྐྱེད། བླ་མས་སྤེལ། བླ་མ་ལ་བརྟེན། བླ་མ་རྒྱུར་གྱུར་པ་དག་གོ། །ཞེས་གསུངས་པ་ལྟར་དང་། སློབ་མས་བློ་གཏད་ནས་སྣ་ཐག་ཕྱིན་དུ་ཏུང་བའི་བླ་མ་ལ་བླ་མ་རང་ལ་དགོས་པའི་ཡོན་ཏན་ནི། སོ་སོར་ཐར་བའི་མདོ་ལས། རྟག་ཏུ་འབད་པས་བདའ་བ་ཡི། །སེམས་རྟ་ཁ་སླན་དཀའ་བ་ལ། །མཐུན་པའི་གཟེར་རྡོན་བརྒྱ་པ་ཡི། །སྲུབ་ནི་སོ་སོར་ཐར་འདི་ཡིན། །ཞེས་ཚུལ་ཁྲིམས་ཀྱི་བསླབ་པས་སེམས་ཀྱི་རྟ་དུལ་བ། ནང་ཏིང་ངེ་འཛིན་གྱི་བསླབ་པ་དང་། ཤེས་རབ་ཀྱི་བསླབ་པ་སྐྱེ་བའོ། །དེ་ལྟ་བུའི་བསླབ་པ་གསུམ་གྱི་ཡོན་ཏན་དང་ལྡན་ཀྱང་ལུང་སྡེ་སྣོད(༥༠བ)གསུམ་གྱི་དོན་ལ་མཁས་པའི་ཡོན་ཏན་གྱིས་རང་ལས་ལྷག་པ་དགོས་ཏེ། མཛའ་བཤེས་ཀྱི་ཚོམས་ལས། དམན་པ་བསྟེན་པས་མི་དག་ཉམས་འགྱུར་ཞིང་། །ཐད་ཀར་བབ་པ་བསྟེན་པས་སོ་ན་གནས། །གཙོ་བོ་བསྟེན་པས་དམ་པ་ཐོབ་འགྱུར་བ། །དེ་ཕྱིར་བདག་པས་གཙོར་གྱུར་བསྟེན་པར་བྱ། །ཚུལ་ཁྲིམས་ཉེ་བར་ཞི་བ་དང་། །ཤེས་རབ་ཆེ་མཆོག་ལྡན་པ་ཡི། །གཙོ་བོ་གང་ཡིན་དེ་བསྟེན་ན། །གཙོ་བོ་བས་ཀྱང་ཆེས་གཙོ་གྱུར། །ཞེས་གསུངས་པའི་ཕྱིར། གཞན་དོན་དུ་དགོས་པའི་ཡོན་ཏན་དང་ཡང་ལྡན་དགོས་ཏེ། མདོ་ལས། ཐུབ་རྣམས་སྡིག་པ་ཆུ་ཡིས་མི་འཁྲུ་ཞིང་། །འགྲོ་བའི་སྡུག་བསྔལ་ཕྱག་གིས་མི་སེལ་ལ། །ཉིད་ཀྱི་རྟོགས་པ་གཞན་ལ་སྤོ་མིན་ཏེ། །ཆོས་ཉིད་བདེན་པ་བསྟན་པས་གྲོལ་བར་མཛད། །ཅེས་གཞན་ལ་ལམ་མ་ནོར་བར་བསྟན་ནས་རྗེས་སུ་འཛིན་པའོ། །

བསྟེན་བྱ་དགེ་བའི་བཤེས་གཉེན་གྱི་མཚན་ཉིད་དང་ལྡན་པ(༥༡ན)ལ་མི་འོས་པ་འདོར་དགོས་ཏེ། ཏིང་ངེ་འཛིན་རྒྱལ་པོ་ལས། ཕྱི་མའི་དུས་ན་དགེ་སློང་ནི། །སྡོམ་པ་མེད་པ་མང་པོ་དག །མང་དུ་ཐོས་པ་དག་འདོད་འགྱུར། །ཚུལ་ཁྲིམས་བསྔགས་པ་

བརྗོད་བྱེད་ལ། །ཚུལ་ཁྲིམས་དོན་དུ་གཉེར་བ་མེད། །ཅེས་ཉིད་དེ་འཛིན་ཤེས་རབ་རྣམ་གྲོལ་གསུམ་ལའང་དེ་ལྟར་གསུངས་ནས། ཇི་ལྟར་སྐྱེས་བུ་ལ་ལ་དག །ཅན་དན་དག་ནི་འདི་འདྲ་སྟེ། །སྤོས་ཀྱི་རྣམ་པ་ཡིད་འོང་ཞེས། །ཙན་དན་དག་གི་ཡོན་ཏན་བརྗོད། །དེ་ནས་མི་གཞན་ལ་ལ་ཡིས། །དེ་ལྟར་བསྔགས་པ་བརྗོད་པ་ཡི། །ཙན་དན་ཙུང་ཟད་སྲེལ་ཏམ་ཞེས། །སྐྱེས་བུ་ལ་ལས་དེ་དྲིས་ན། །སྐྱེས་བུ་དེ་ལ་སླར་སྨྲ་བ། །གང་གིས་འཚོ་བར་བྱེད་པ་ཡི། །སྤོས་ཀྱི་བསྔགས་པ་བརྗོད་པ་དེ། །སྤོས་དེ་ང་ལ་མེད་ཅེས་སྨྲ། །དེ་བཞིན་རྣལ་འབྱོར་མི་བརྟེན་པ། །(༥༡བ)ཚུལ་ཁྲིམས་བསྔགས་པས་འཚོ་བ་དག །ཕྱི་མའི་དུས་ན་འབྱུང་འགྱུར་ཏེ། །དེ་དག་ལ་ནི་ཚུལ་ཁྲིམས་མེད། །ཅེས་ལྷག་མ་གསུམ་ལའང་དེ་དང་འདྲ་བར་གསུངས་པའི་ཕྱིར་རོ། །དུས་ཀྱི་དབང་གིས་མཚན་ཉིད་ཚང་བ་དཀའ་ནའང་། དཔུང་བཟང་གིས་ཞུས་པ་ལས། ཇི་ལྟར་འཕོར་ལོ་གཅིག་པའི་ཤིང་རྟ་ནི། །རྟ་དང་ལྡན་ཡང་ལམ་དུ་མི་འགྲོ་ལྟར། །དེ་བཞིན་བསྒྲུབ་པ་ཡི་ནི་གྲོགས་མེད་ན། །ལུས་ཅན་དངོས་གྲུབ་འཐོབ་པར་མི་འགྱུར་རོ། །དེ་བཞིན་བློ་ལྡན་གཟུགས་བཟང་གཙང་སྤྲ་ཆེ། །རིགས་ནི་བཙུན་ཞིང་ཆོས་ལ་གཞོལ་བ་དང་། །སྤོབས་པ་ཆེ་ཞིང་དཔའ་ལ་དབང་པོ་དུལ། །སྙན་པར་སྨྲ་ཞིང་སྦྱིན་ཕོད་སྙིང་རྗེ་ཅན། །བཀྲེས་དང་སྐོམ་དང་ཉོན་མོངས་བཟོད་པ་དང་། །བྲམ་ཟེ་དང་ནི་ལྷ་གཞན་མཆོད་མི་བྱེད། །སྒྲིན་ཅིང་གཟོ་ལ་བྱས་པ་གཟོ་བ་དང་། །དཀོན་མཆོག་གསུམ་ལ་དད་པ་གྲོགས་པོ་ཡིན། །དེ་ལྟའི་ཡོན(༥༢ན)ཏན་མ་ལུས་ལྡན་པ་དག །རྙེད་པའི་དུས་ན་ཤིན་ཏུ་དཀོན་པས་ན། །ཡོན་ཏན་ཕྱེད་དམ་བཞི་ཆ་བརྒྱད་ཆ་ཅན། །དེ་ལྟ་བུ་ནི་སྔགས་པའི་གྲོགས་པོར་བསྟེན། །ཞེས་གསུངས་པའི་ཕྱིར། སྟེན་བྱེད་སློབ་མ་ཡང་མཚན་ཉིད་ལྔ་ལྡན་དུ་གསུངས་པ་མཚན་ཉིད་ཚང་མ་ཚང་གི་སྐྱོན་ཡོན་ནི་རང་གི་རྒྱུད་ལ་བརྟགས་ནས་འདོར་ལེན་གྱིས་ཚང་བའི་རྒྱུ་ལ་འབད་དགོས་ཏེ། བྱང་ཆུབ་

སེམས་དཔའི་སོ་སོར་ཐར་པ་ལས། རང་གི་འདོད་པ་བཏང་སྟེ་མཁན་པོ་དང་སློབ་དཔོན་གྱི་གཞུང་ལ་རབ་ཏུ་གནས་པ་དང་། གུས་པར་བྱའོ། །ཞེས་དང་། བརྒྱད་སྟོང་པ་ལས། གལ་ཏེ་ཆོས་སྨྲ་བ་དག་ཆོས་འདོད་པ་དག་ལ་བརྙས་ཤིང་མི་སེམས་པ་ལྟར་ནའང་དེ་ལ་ཁྱོད་ཀྱིས་ཕྱིར་བསྒོ་བར་མི་བྱ་སྟེ། ལྷག་པར་ཡང་ཆོས་དོན་དུ་གཉེར་བ་དང་གུས་ཤིང་མི་སྐྱོ་བས་དེའི་ཕྱི་བཞིན་འབྲང་བར་བྱའོ། །ཞེས་གསུངས་སོ། །

དགེ(༥༢བ)བའི་བཤེས་གཉེན་བསྟེན་པའི་བསམ་པ་སྤྱིར་བསྟན་པ་ནི། སྡོང་པོ་བཀོད་པའི་མདོ་ལས། དགེ་བའི་བཤེས་གཉེན་ཡོངས་སུ་བཙལ་བ་ལ་ཡོངས་སུ་སྐྱོ་བ་མེད་པར་གྱིས་ཤིག །དགེ་བའི་བཤེས་གཉེན་ལྟ་བ་ལ་ངོམས་པ་མེད་པར་གྱིས་ཤིག །དགེ་བའི་བཤེས་གཉེན་གྱིས་བསྟན་པ་ལ་མཐུན་པར་འཛིན་པར་གྱིས་ཤིག །དགེ་བའི་བཤེས་གཉེན་གྱི་ཐབས་མཁས་པའི་སྤྱོད་པ་ལ་ཁོང་ཁྲོ་བ་མེད་པར་གྱིས་ཤིག །ཅེས་དང་། ཁུར་ཐམས་ཅད་བཀུར་བས་ཡོངས་སུ་མི་སྐྱོ་བའི་ཕྱིར་ས་ལྟ་བུའི་སེམས་དང་། མི་ཕྱེད་པའི་ཕྱིར་རྡོ་རྗེ་ལྟ་བུའི་སེམས་དང་། སྡུག་བསྔལ་ཐམས་ཅད་ཀྱིས་མི་བསྐྱོད་པའི་ཕྱིར་འཁོར་ཡུག་ལྟ་བའི་སེམས་དང་། ཞེས་པ་ནས། ཆོས་ཀྱི་རྒྱལ་པོའི་བཀའ་ལས་མི་འགལ་བར་བྱ་བས་རྒྱལ་བུ་གཞོན་ནུ་ལྟ་བུའི་སེམས་ཀྱིས་དགེ་བའི་བཤེས་གཉེན་ལ་བསྙེན་བཀུར་བར་བྱའོ། །(༥༣ན)རིགས་ཀྱི་བུ། ཁྱོད་ཀྱིས་བདག་ལ་ནི་ནད་པར་འདུ་ཤེས་བསྐྱེད་དོ། །དགེ་བའི་བཤེས་གཉེན་ལ་སྨན་པའི་འདུ་ཤེས་དང་། གདམས་ངག་ལ་ནི་སྨན་གྱི་འདུ་ཤེས་དང་། ནན་ཏན་ཉམས་སུ་བླངས་པ་ལ་ནི་ནད་འཚོ་བའི་འདུ་ཤེས་བསྐྱེད་པར་བྱའོ། །ཞེས་དང་། ཆོས་ཡང་དག་པར་སྡུད་པ་ལས། སངས་རྒྱས་ཆོས་རྣམས་དགེ་བའི་བཤེས་ལ་བརྟེན་ཏོ་ཞེས། །ཡོན་ཏན་ཀུན་གྱི་མཆོག་མངའ་རྒྱལ་བས་དེ་སྐད་གསུངས། །ཞེས་དང་། ད་ལྟར་བའི་སངས་རྒྱས་མངོན་སུམ་དུ་བཞུགས་པའི་ཏིང་ངེ་འཛིན་གྱི་མདོ་ལས། དེས་ཐམས་

ཅད་དུ་རང་ཉམས་དོར་ཏེ་དགེ་བའི་བཤེས་གཉེན་དེའི་བློ་བཞིན་དུ་འཇུག་པར་བྱའོ། །ཞེས་དང་། མཛའ་བ་མི་རྟག་པ་དང་ངོ་མི་རྟག་པ་སྤང་བ་དང་། ཞེས་དང་། བརྟག(པ༢བ)གཉིས་ལས། གཞན་གྱིས་བརྗོད་མིན་ལྷན་ཅིག་སྐྱེས། །གང་དུ་ཡང་ནི་མི་རྙེད་དོ། །བླ་མའི་དུས་ཐབས་བསྟེན་པ་དང་། །བདག་གི་བསོད་ནམས་ལས་ཤེས་བྱ། །ཞེས་གསུངས་པ་ལྟར་རོ། །

རྩ་བ་དད་པ་སྐྱུང་བ་འདི་ཡོན་ཏན་ཐམས་ཅད་ཀྱི་གཞིར་བཤད་པ་ནི། དཀོན་མཆོག་ཏ་ལ་ལའི་གཟུངས་ལས། དད་པ་སྔོན་འགྲོ་མ་ལྟར་སྐྱེད་པ་སྟེ། །ཡོན་ཏན་ཐམས་ཅད་བསྐྱུང་ཞིང་འཕེལ་བར་བྱེད། །དོགས་པ་སེལ་ཞིང་ཆུ་བོ་རྣམས་ལས་སྒྲོལ། །དད་པ་བདེ་ལེགས་གྲོང་ཁྱེར་མཚོན་བྱེད་ཡིན། །དད་པ་རྙོག་པ་མེད་ཅིང་སེམས་དང་བྱེད། །ང་རྒྱལ་སྤོང་ཞིང་གུས་པའི་རྩ་བ་ཡིན། །དད་པ་ནོར་དང་གཏེར་དང་རྐང་བའི་མཆོག །ལག་པ་བཞིན་དུ་དགེ་སྡུད་རྩ་བ་ཡིན། །ཞེས་དང་། ཆོས་བཅུ་པའི་མདོ་ལས། གང་གིས་འདྲེན་པ་ངེས་འབྱུང་ལ། །དད་པ་ཐེག་པའི་མཆོག་ཡིན་ཏེ། །(པ༤ན)དེ་ཕྱིར་བློ་དང་ལྡན་པའི་མི། །དད་པའི་རྗེས་སུ་འབྲངས་པ་བསྟེན། །མ་དད་པ་ཡི་མི་དག་ལ། །དཀར་པོའི་ཆོས་རྣམས་མི་སྐྱེས་ཏེ། །ས་བོན་མེ་ཡིས་ཚིག་པ་ལ། །མྱུ་གུ་སྔོན་པོ་ཇི་བཞིན་ནོ། །ཞེས་དང་། བརྒྱད་སྟོང་པ་ལས། རིགས་ཀྱི་བུ་དེ་ལྟ་བས་ན་ཁྱོད་ཀྱི་ཆོས་འདི་དག་ཉིད་ལ་རབ་ཏུ་འདོད་པས་གུས་པ་མཆོག་ཏུ་བསྐྱེད་པར་བྱ་སྟེ། རིགས་ཀྱི་བུ་དོན་དུ་གཉེར་བ་དང་འདོད་པ་ལ་ནི་བླ་ན་མེད་པ་ཡང་དག་པར་རྫོགས་པའི་བྱང་ཆུབ་རྙེད་པར་དཀའ་བ་མ་ཡིན་ནོ། །རིགས་ཀྱི་བུ་ཁྱོད་ཀྱིས་དགེ་བའི་བཤེས་གཉེན་ལ་ཤིན་ཏུ་གུས་པ་བསྐྱེད་པར་བྱའོ། །ཕངས་པར་བྱའོ། །རབ་ཏུ་ཕངས་པར་བྱའོ། །དགེ་བའི་བཤེས་གཉེན་གྱིས་ཡོངས་སུ་ཟིན་པའི་བྱང་ཆུབ་སེམས་དཔའ་སེམས་དཔའ་ཆེན་པོ་ནི་མྱུར་དུ་བླ་ན་མེད

པ་ཡང་དག་པར་རྫོགས་པའི་བྱང་ཆུབ་མངོན་པར་རྫོགས་པར་འཚང་རྒྱའོ། །(༥༨བ) ཞེས་དང་། དཔལ་རྡོ་རྗེ་འཇིགས་བྱེད་ཀྱི་རྒྱུད་རྟོག་པ་གསུམ་པ་ལས། དད་པ་དགེ་འདུན་དད་པ་མ། །དད་པ་བླ་མ་དད་པ་ཕ། །དད་པ་ལམ་ཆེན་དད་པ་གྲུ། །དད་པ་ཡིད་བཞིན་ནོར་བུ་སྟེ། །དད་པ་གསང་སྔགས་དངོས་གྲུབ་ཉིད། །དད་པ་བསོད་ནམས་ནོར་ཡིན་ཏེ། །དེ་ཡི་ཕྱིར་ན་སྔགས་པ་ཡིས། །རང་སེམས་དད་པ་བསྐྱེད་པའི་ཕྱིར། །གཞན་ལ་གུས་པས་མཆོག་ཏུ་འགྱུར། །ཞེས་དང་། ལག་ན་རྡོ་རྗེ་དབང་བསྐུར་བའི་རྒྱུད་ལས། གསང་བ་པའི་བདག་པོ། སློབ་དཔོན་ལ་སློབ་མས་ཇི་ལྟར་བལྟ་བར་བྱ་ཞེས་ན། སངས་རྒྱས་བཅོམ་ལྡན་ལ་ཇི་ལྟ་བ་བཞིན་དུའོ། །དེ་ཡི་སེམས་ནི་དེ་ལྟ་ན། །རྟག་ཏུ་དགེ་བ་སྐྱེ་བར་འགྱུར། །དེ་ནི་འཇིག་རྟེན་ཐམས་ཅད་ལ། །ཕན་པར་བྱེད་པའི་སངས་རྒྱས་འགྱུར། །ཞེས་དང་། ཀྱེ་རྡོར་ལས། སློབ་དཔོན་གྱིས་ནི་ཡོན་ཏན་བཟུང་། །སྐྱོན་ནི་ནམ་ཡང་བཟུང་མི་བྱ། །ཡོན་ཏན་བཟུང་ན་དངོས་གྲུབ་འཐོབ། །སྐྱོན་རྣམས་བཟུང(༥༥ན)ན་དངོས་མི་འགྲུབ། །ཅེས་ཡོན་ཏན་གྱི་ངོས་ནས་དད་པ་སྦྱངས་ན་རང་ལ་དངོས་གྲུབ་འབྱུང་བའི་རྒྱུར་འགྱུར་བས། འཇམ་དཔལ་རྩ་རྒྱུད་ལས། དད་པ་ལྡན་པའི་མི་དག་ལ། །སངས་རྒྱས་ལས་རྣམས་འགྲུབ་འགྱུར་ཏེ། །སྔགས་རྣམས་ཐམས་ཅད་ཕྱྭ་པར་དུ། །དད་པ་མེད་ན་མི་འགྲུབ་བོ། །ཞེས་དང་། ཚོམས་ལས། འཕགས་པ་བལྟ་བར་འདོད་པ་དང་། །དམ་ཆོས་ཉན་པར་དགའ་བ་དང་། །སེར་སྣའི་དྲི་མ་རྣམ་སྤངས་པ། །དེ་ནི་དད་པ་ཅན་ཞེས་བྱ། །ཞེས་དང་། དཀོན་མཆོག་བརྩེགས་པ་ལས། གང་དག་སངས་རྒྱས་བཀའ་དང་ཤེས་རབ་ཅན། །དེ་དག་དེ་བས་བསོད་ནམས་མང་དུ་འཕེལ། །དོན་དམ་ཐོབ་ཕྱིར་དད་པ་རྩ་བ་སྟེ། །དེ་ལྟ་བས་ན་ཐོས་ནས་ཡིད་གཉིས་སེལ། །ཞེས་དང་། དཀོན་མཆོག་སྤྲིན་ལས། བླ་བསྟེན་ན་དགེ་བ་འཕེལ་ཞིང་མི་དགེ་བ་འགྲིབ་པར་རྟོགས་པས་

མཁན་པོ་ཐོས་པ་ཆེ་བའམ(༥༥བ)ཆུང་བའམ་ཤེས་པའམ་མི་ཤེས་པའམ་ཚུལ་ཁྲིམས་འཆལ་པ་ལའང་སྟོན་པའི་འདུ་ཤེས་བསྐྱེད་དོ། །ཇི་ལྟར་སྟོན་པ་ལ་དགའ་བ་དང་དད་པ་ལྟར་མཁན་པོ་ལའང་དད་པ་དང་དགའ་བར་བྱའོ། །སློབ་དཔོན་རྣམས་ལ་ཞེ་ས་དང་རིམ་གྲོ་བསྐྱེད་དེ་དེ་ལ་བརྟེན་ནས་བྱང་ཆུབ་ཀྱི་ཚོགས་མ་རྫོགས་པ་རྫོགས་པར་འགྱུར། ཉོན་མོངས་མ་སྤངས་པ་ནི་སྤོང་བར་འགྱུར་སྙམ་སྟེ། དགའ་བ་དང་རངས་པ་འཐོབ་ཅིང་དགེ་བའི་ཆོས་ལ་དེ་དང་མཐུན་པར་སྤྱོད་ལ་མི་དགེ་བ་ལ་མི་མཐུན་པར་སྤྱོད་དོ། །ཞེས་དང་། དྲག་ཤུལ་ཅན་གྱིས་ཞུས་པ་ལས་ཀྱང་། ཁྱིམ་བདག་གལ་ཏེ་བྱང་ཆུབ་སེམས་དཔའ་ལུང་འདོད་པ་དང་ཁ་ཏོན་བྱ་བ་དོན་དུ་གཉེར་བས་སྦྱིན་པ་དང་ཚུལ་ཁྲིམས་དང་བཟོད་པ་དང་བརྩོན་འགྲུས་དང་བསམ་གཏན་དང་ཤེས་རབ་དང་ལྡན་པའམ་བྱང་ཆུབ་སེམས་དཔའི་ལམ་གྱི་ཚོགས་གསོག་པ་དང་ལྡན་པའི་ཚིག་བཞི་བའི་ཚིགས་སུ(༥༦ན)བཅད་པ་སུ་ལས་ཉན་ཏམ་ལུང་མནོས་སམ་བླངས་པའི་སློབ་དཔོན་དེ་ལ་དེས་ཆོས་ཀྱིས་གུས་པར་བྱའོ། །མིང་དང་ཚིག་དང་ཡི་གེ་ཇི་སྙེད་ཀྱི་བསྐལ་པར་གལ་ཏེ་སློབ་དཔོན་དེ་ལ་གཡོ་མེད་པར་རྙེད་པ་དང་བཀུར་སྟི་དང་མཆོད་པ་ཐམས་ཅད་ཀྱིས་རིམ་གྲོ་དང་བསྙེན་བཀུར་བྱས་ཀྱང་། ཁྱིམ་བདག་ད་དུང་དུ་སློབ་དཔོན་ལ་སློབ་དཔོན་དུ་གུས་པར་བྱ་བ་ཡོངས་སུ་རྫོགས་པ་མ་ཡིན་ན་ཆོས་མ་ཡིན་པའི་གུས་པས་ལྟ་ཅི་སྨོས། ཞེས་དང་། རྡོ་རྗེ་འཆང་གིས། མ་འོངས་པ་ན་ལོ་བརྒྱ་ཐ་མ་ཞེས་བྱ་བ་བསྟན་པ་ཉམས་དམའ་ཞིང་སྙིགས་མ་ལོ་ལྷག་པར་བདོ་བའི་དུས་ཤིག་འབྱུང་ལ། དེའི་ཚེ་གདུལ་བྱ་རྣམས་སྐལ་བ་ཤིན་ཏུ་དམན་པས་མཆོག་གི་སྤྲུལ་སྐུའི་རྣམ་པར་བསྟན་ན་མཐོང་མི་ནུས་ཀྱང་སེམས་ཕམ་མི་དགོས། དེ་སྐབས་ཀྱི་འགྲོ་བ་རྣམས་དང་སྐལ་བ་མཉམ་པར་ཐ་མལ་བའི་གཟུགས་ཀྱིས(༥༦བ)གཞན་དོན་བྱེད་པར་འགྱུར་བས་དུས་དེར་ཁྱེད་ཅག་ལ་བཤེས་གཉེན་གྱི་རྣམ་པ་གང་སྣང་བ་དེ་

ཉིད་རྡོ་རྗེ་འཆང་ང་ཡིན་སྙམ་དུ་ཞེས་པར་བྱོས་ལ་གུས་པ་བསྐྱེད་ཅིག་ཅེས་གསུངས་པ་ལྟར། བདག་གི་བཤེས་གཉེན་འདི་རྣམས་ཀྱང་སྐུའི་རྣམ་པ་ཐ་མལ་པར་བསྟན་པ་ཙམ་མ་གཏོགས། རྡོ་རྗེ་འཆང་གིས་སངས་རྒྱས་དངོས་སུ་མཐོང་བའི་སྐལ་མེད་རྣམས་རྗེས་སུ་བཟུང་བའི་ཕྱིར་དུ་དགེ་བའི་བཤེས་གཉེན་གྱི་རྣམ་པར་བསྟན་པ་ཡིན། བླ་མ་ཐ་མལ་བའི་རྣམ་པ་ཅན་གཅིག་གིས་སྟོན་པའི་མཛད་པ་ཐམས་ཅད། སྟོན་པར་མི་ནུས་སྤྲུལ་པའི་བཀོད་པ་དུ་མས་རྒྱལ་བའི་བསྟན་པ་ཡོངས་རྫོགས་ཀྱི་ཉམས་ལེན་ལ་སྦྱོར་བ་སྟེ། དཔེར་ན་རྗེས་སུ་མ་བཟུང་དགོས་པ་ལ་རབ་ཏུ་བྱུང་ཞིང་། ཆོས་དང་མཇལ་བ་སོགས་རྗེས་སུ་བཟུང་བའི་མངོན་རྟགས་སུ་མངོན། ཐུན་མོང་གི་སྣང་ཚོད་དུའང་མང་དུ་ཐོས་པ། ཉམས་ལེན་ལ་གཞོལ(༥༧ན)བ། ཚུལ་ཁྲིམས་དག་པ། དངོས་རྫས་ལ་ཆགས་ཞེན་ཆུང་བ། གསུང་འཇམ་ཞིང་ཐུགས་ཞི་བ་དམན་ལ་བརྩེ་བ་སོགས་ཡོན་ཏན་ཁྱད་པར་ཅན་མངའ་བ་དང་། ངེད་ཅག་གདུལ་བྱ་རྣམས་ཀྱི་དོན་མཛད་ལུགས་ལ་དཔག་ན། བཅོམ་ལྡན་འདས་ཀྱིས་བདག་འདུལ་བའི་ཕྱིར་བསམས་བཞིན་དུ་སྤྲུལ་པ་མཛད་པ་གོར་མ་ཆག །རང་དང་སྐལ་བ་མཉམ་པར་སྐྱོན་ལྡན་དུ་སྟོན་པ་མ་གཏོགས་རྗེས་སུ་འཛིན་པའི་ཐབས་མེད་པས་ཐ་མལ་བའི་རྣམ་པར་བསྟན་པ་སྐུ་དྲིན་ཆེ། སངས་རྒྱས་རྣམས་ཀྱིས་སེམས་ཅན་དུ་སྤྲུལ་ལ་ཕན་པའི་དོན་དུ་འགྱུར་ཕྱིན་བདུད་དང་ཞ་བོ་སོགས་སུའང་སྤྲུལ་བ་ཡོད་ན་ཐ་མལ་བའི་བཤེས་གཉེན་གྱི་གཟུགས་སུ་སྟོན་པ་ལྟ་ཅི་སྨོས་པའི་ཕྱིར་རོ། །དེ་ལྟར་ཡང་། ཡབ་སྲས་མཇལ་བའི་མདོ་ལས། བརྒྱ་བྱིན་ཚངས་པའི(༥༧བ)ཆ་བྱད་དང་། །ལ་ལར་བདུད་ཀྱི་ཆ་བྱད་ཀྱིས། །སེམས་ཅན་རྣམས་ཀྱི་དོན་མཛད་དེ། །འཇིག་རྟེན་རྣམས་ཀྱིས་རྟོགས་མི་ནུས། །བུད་མེད་ཆ་བྱད་སྤྱོད་པ་མཛད། །དུད་འགྲོའི་སྐྱེ་གནས་ན་ཡང་གདའ། །འདོད་ཆགས་མི་མངའ་ཆགས་པའི་ཚུལ། །འཇིགས་པ་མི་མངའ་འཇིགས་

པ་ལྟར། །ཚོངས་མེད་ཚོངས་པའི་ཚུལ་བསྟན་ནས། །སྨྱོས་པ་མ་ལགས་སྨྱོས་པའི་ཚུལ། །འ་བ་མ་ལགས་འ་བ་ལྟར། །རྣམ་པར་འཕྲུལ་བ་སྣ་ཚོགས་ཀྱིས། །སེམས་ཅན་རྣམས་ནི་འདུལ་བ་མཛད། །ཅེས་དང་། མདོ་ལས། ཡང་དག་པར་རྫོགས་པའི་སངས་རྒྱས་མྱ་ངན་ལས་འདའ་བར་ཉེ་བ་ན་ལྷ་ཕྱོགས་རི་ཤིན་ཏུ་མཐོ་བ་ཞེས་བྱ་བར་བཞུགས་ཏེ་འཁོར་མང་པོ་ལ་ཆོས་སྟོན་པའི་ཚེ། བྱང་ཆུབ་སེམས་དཔའ་མཐོང་བ་དོན་ཡོད་བྱ་བའི་ཐུགས་ལ། སངས་རྒྱས་མྱ་ངན(༥༨ན)ལས་འདས་རྗེས་བདག་ཅག་ལ་ཆོས་སྟོན་པ་མེད་སྙམ་པའི་རྟོགས་པ་བྱུང་བ། བཅོམ་ལྡན་འདས་མཁྱེན་ནས། ཀྱཻ་མཐོང་བ་དོན་ཡོད་ཀྱི། །ཕྱི་མའི་དུས་སུ་འབྱུང་བ་ན། །ང་ནི་དམན་པའི་ལུས་ཀྱིས་སྟོན། །ང་ནི་སློབ་དཔོན་གཟུགས་སུ་གནས། །ཞེས་དང་། ཀྱཻ་ཡེ་མཐོང་བ་དོན་ཡོད་ཀྱི། །སེམས་ཅན་རྣམས་ནི་སྨིན་པའི་ཕྱིར། །ང་ནི་སྐྱེ་དང་རྒ་བ་དང་། །ན་དང་འཆི་བར་རབ་ཏུ་སྟོན། །ཞེས་དང་། རྒྱུད་ལས། ལོ་བརྒྱ་ཐ་མར་གྱུར་པ་ན། །ང་ཉིད་སློབ་དཔོན་གཟུགས་སུ་འཛིན། །ང་ཡིན་སྙམ་དུ་ཡིད་ཆེས་ལ། །དེ་ཚེ་དེ་ལ་གུས་པ་བསྐྱེད། །ཅེས་དང་། མ་འོངས་ཐ་མའི་དུས་སུ་ནི། །ང་ནི་བྱིས་པའི་གཟུགས་སུ་གནས། །སྣ་ཚོགས་ཐབས་ཀྱིས་གཟུགས་སུ་སྟོན། །ཞེས་དང་། སློབ་དཔོན་དང་ནི་རྡོ་རྗེ་འཛིན། །ཐ་དད་པར་ནི་མི(༥༨བ)བརྟག་གོ། །ཕྱི་མའི་དུས་སུ་གྱུར་བ་ན། །ང་ཉིད་སློབ་དཔོན་གཟུགས་ཀྱི་སྐུ། །ཞེས་དང་། རྡོ་རྗེ་གུར་ལས། གང་ཉིད་རྡོ་རྗེ་སེམས་དཔའ་ཞེས། །དེ་ཉིད་སློབ་དཔོན་གཟུགས་སུ་འཛིན། །སེམས་ཅན་ཕན་གདགས་དམིགས་ནས་ནི། །ཐ་མལ་བ་ཡི་གཟུགས་སུ་གནས། །ཞེས་དང་། རྒྱུད་ལས། བླ་མ་སངས་རྒྱས་བླ་མ་ཆོས། །དེ་བཞིན་བླ་མ་དགེ་འདུན་ཏེ། །ཀུན་གྱི་བྱེད་པོ་བླ་མ་ཡི། །བླ་མ་དཔལ་ལྡན་ཧེ་རུ་ཀ །ཅེས་དང་། སཾ་པུ་ཊའི་རྒྱུད་ལས། ཡོན་ཏན་ཐམས་ཅད་རབ་རྫོགས་ཀྱང་། །བླ་མ་མེད་ན་སྲིད་མཐར་མིན། །སྐྱོ་བ་འཛིན་པ་མེད་པར་

ནི། །གྲུ་ཡིས་ཕ་རོལ་བརྒལ་མི་ནུས། །ཞེས་གསུངས་པའི་ཕྱིར་རོ། །

བླ་མའི་བཀའ་དྲིན་རྗེས་སུ་དྲན་པ་ནི། སྡོང་པོ་བཀོད་པ་ལས། གཞོན་ནུ་ནོར་བཟང་དགེ་བའི་བཤེས་གཉེན་རྣམས་ནི་བདག་ངན་སོང་ཐམས་ཅད(ཡ་ན)ལས་སྐྱོབ་པར་བྱེའོ། །དགེ་བའི་བཤེས་གཉེན་རྣམས་ནི་བདག་ཆོས་མཉམ་པ་ཉིད་རྟོགས་པར་བྱེད་པའོ། །དགེ་བའི་བཤེས་རྣམས་ནི་བདག་ལམ་བདེ་དང་མི་བདེ་བ་སྟོན་པའོ། །དགེ་བའི་བཤེས་གཉེན་རྣམས་ནི་བདག་ཀུན་ཏུ་བཟང་པོའི་སྤྱོད་པས་འདོམས་པའོ། །དགེ་བའི་བཤེས་གཉེན་རྣམས་ནི་བདག་ཐམས་ཅད་མཁྱེན་པའི་གྲོང་ཁྱེར་གྱི་ལམ་སྟོན་པའོ། །དགེ་བའི་བཤེས་གཉེན་རྣམས་ནི་བདག་ཐམས་ཅད་མཁྱེན་པའི་གནས་སུ་སྐྱེལ་བའོ། །དགེ་བའི་བཤེས་གཉེན་རྣམས་ནི་བདག་ཆོས་ཀྱི་དབྱིངས་ཀྱི་རྒྱ་མཚོར་འཇུག་པའོ། །དགེ་བའི་བཤེས་གཉེན་རྣམས་ནི་བདག་དུས་གསུམ་གྱི་ཤེས་བྱའི་རྒྱ་མཚོ་སྟོན་པའོ། །དགེ་བའི་བཤེས་གཉེན་རྣམས་ནི་བདག་འཕགས་པའི་ཚོགས་ཀྱི་དཀྱིལ་འཁོར་སྟོན་པའོ། །དགེ་བའི་བཤེས་གཉེན་རྣམས་ནི་བདག་གི་དཀར་པོའི་ཆོས་ཐམས་ཅད་འཕེལ(ཡ་བ)བར་བྱེད་པའོ། །ཞེས་རྗེས་སུ་དྲན་ཞིང་དུ་བར་བྱེད་ཅེས་དང་། འདི་ནི་བདག་གི་དགེ་བཤེས་ཆོས་སྨྲ་བ། །ཆོས་ཀུན་ཡོན་ཏན་ཡོངས་སུ་སྟོན་བྱེད་དེ། །བྱང་ཆུབ་སེམས་དཔའི་སྤྱོད་ལམ་ཡོངས་སྟོན་པ། །ཡིན་ཞེས་སེམས་གཅིག་བསམས་ནས་འདིར་འོངས་སོ། །འདི་དག་བསྐྱེད་པས་བདག་གི་མ་ལྟ་བུ། །ཡོན་ཏན་འོ་མ་ལྟུད་པས་མ་མ་འདྲ། །བྱང་ཆུབ་ཡན་ལག་ཡོངས་སུ་སྦྱོང་བ་ཡིན། །དགེ་བཤེས་འདི་ནི་གནོད་པ་རྣམ་པར་བཟློག །ཀ་ཤི་མཐར་བྱེད་སྨན་པ་ལྟ་བུ་སྟེ། །བདུད་རྩི་ཆར་འབེབས་ལྷ་དབང་བརྒྱ་བྱིན་འདྲ། །ཟླ་ཉ་ལྟ་བུར་དཀར་པོའི་ཆོས་ཀྱིས་རྒྱས། །ཞི་བའི་ཕྱོགས་སྟོན་ཉི་མ་གསལ་བ་འདྲ། །དགྲ་དང་གྲོགས་ལ་རི་བོ་འདྲ་བ་སྟེ། །རྒྱ་མཚོ་བཞིན་དུ་མི་འཁྲུག་སེམས་དང་ལྡན། །ཡོངས་སུ་སྐྱོད་དང་

མཉན་པ་འདྲ་བ་ཞེས། །དེ་འདྲའི་སེམས་ཀྱིས་ནོར་བཟང་འདིར་འོངས་སོ། །བྱང་ཆུབ་སེམས་དཔའ་བདག་གི་བློ་བསྐྱེད་པ། །འདི(༥༠ན)དག་བདག་བཤེས་སངས་རྒྱས་བསྟགས་པ་ཞེས། །དེ་ལྟར་དགེ་བའི་སེམས་ཀྱིས་འདིར་འོངས་སོ། །འཇིག་རྟེན་སྐྱོབ་པས་དཔའ་བོ་ལྟ་བུ་སྟེ། །དེད་དཔོན་མགོན་དང་སྐྱབས་སུ་གྱུར་བ་ཡིན། །འདི་དག་བདག་ལ་བདེ་སྟོབ་མིག་ཡིན་ཞེས། །དེ་འདྲའི་སེམས་ཀྱིས་དགེ་བཤེས་བསྙེན་བཀུར་བྱེད། །ཅེས་གསུངས་པ་ལྟར་རོ། །

མཉེས་པ་གསུམ་གྱིས་མཉེས་པར་བྱ་དགོས་པ་ནི། རང་རེའི་ཕལ་ཆེར་སྡིག་སྡུག་གཏམ་ངན་གྱིས་མི་ཚེ་སྐྱེལ་བར་བྱེད་པ་ཙམ་ལས་དགེ་སྦྱོར་སྣ་རེ་ཙམ་གྱི་སྐལ་བའང་མེད་འདུག་པ་ལ་བདག་ནི་བསྟན་པའི་སྙིང་རབ་ཏུ་བྱུང་སྟེ། ལུས་ལ་ཆོས་གོས་གྱོན། ངག་ནས་གསུང་རབ་ཀྱི་དོན་འཆད། ཡིད་ཀྱིས་ལམ་ཡོངས་སུ་རྫོགས་པའི་ཉམས་ལེན་བསྐྱངས་ནུས་པ། དབེན་པའི་རི་སུལ་དུ་དྲང་སྲོང་གི་སྤྱོད་ཚུལ་གྱིས་གནས་ཆོག་པ་འདི་བླ་མའི་བཀའ་དྲིན་ཡིན། འཇིག་རྟེན་ཕན་པ་ཉེར་འཚེ(༥༠བ)ལས་བསྐྱབས་པ་དང་། ཟས་གོས་ཡོ་བྱད་ཕྲན་ཚེགས་རེ་བྱིན་པ་དྲིན་ཆེ་བར་བརྩི་ན། འཁོར་བའི་སྡུག་བསྔལ་ཕྲ་རགས་ཐམས་ཅད་སེལ་ཞིང་གཏན་གྱི་བདེ་བ་བླ་ན་མེད་པ་སྦྱིན་པའི་གདམས་ངག་གི་ཉིང་ཁུ་སྟོལ་བའི་བཀའ་དྲིན་ནི་ལུས་ཀྱིས་བསྐལ་བར་མཆོད་ཀྱང་གཞལ་མི་ནུས་ཀྱང་། སྐྱེས་རབས་ལས། ཕན་པའི་ལན་དུ་མཆོད་པ་བྱ་བ་ནི། །བསྒོ་བའི་ཚིག་བཞིན་ཉམས་སུ་ལེན་པ་ཡིན། །ཞེས་གསུངས་པ་ལྟར་སྡོམ་གསུམ་དག་པ་གཞིར་བཟུང་ནས་ལམ་གྱི་ལུས་ཡོངས་སུ་རྫོགས་པའི་གནད་དོན་ལ་དཔྱད་འཇོག་ཟུང་འབྲེལ་གྱིས་ཉམས་སུ་ལེན་པས་བཀའ་བཞིན་སྒྲུབ་པའི་མཆོད་པས་མཉེས་པར་བྱའོ། །ཡེ་ཤེས་དམ་པའི་རྒྱུད་ལས། བསྐལ་བའི་སངས་རྒྱས་མཆོད་པ་བས། །བླ་མའི་བ་སྤུ་ཉག་གཅིག་ལ། །འབྲུ་མར་ཐིག་པ(༥༡ན)གཅིག་བྱུང་ན། །བསོད་ནམས་

ཕུང་པོ་ཁྱད་པར་འཕགས། །ཞེས་དང་། སྡོམ་འབྱུང་གི་རྒྱུད་ལས། མཆོད་པ་ཀུན་གྱི་ཐོག་མ་ནི། །བླ་མ་མཆོད་པ་བརྩམ་པར་བྱ། །དེ་མཉེས་པ་ལས་དངོས་གྲུབ་ནི། །ཀུན་མཁྱེན་ཉིད་ནི་ཐོབ་པར་འགྱུར། །ཞེས་དང་། རིན་པོ་ཆེའི་ཕུང་པོ་ལས། ཀུན་དགའ་བོ། གལ་ཏེ་བྱང་ཆུབ་སེམས་དཔའ་ཤིང་རྟའི་ནང་དུ་ཞུགས་ཏེ་འདོད་པའི་ཡོན་ཏན་ལྔས་རྩེ་དགའ་ཞིང་དགའ་མགུར་སྤྱོད་ལ་དེས་ཤིང་རྟ་འདྲེན་པ་གཞན་མེད་ན། ཀུན་དགའ་བོ་བྱང་ཆུབ་སེམས་དཔའ་དེའི་ཤིང་རྟ་ནི་དེ་བཞིན་གཤེགས་པའི་དབུ་ལ་ཡང་བསྐུར་རོ། །ཞེས་དང་། གསང་འདུས་ལེའུ་བཅུ་བདུན་པ་ལས། རིགས་ཀྱི་བུ། མདོར་བསྟན་ན་ཕྱོགས་བཅུའི་འཇིག་རྟེན་གྱི་ཁམས་ནས་སངས་རྒྱས་དང་བྱང་ཆུབ་སེམས་དཔའ་ཇི་སྙེད་འཁོད་ཅིང་འཚོ་སྐྱོང་བ་དེ་དག་ཐམས་ཅད་དུས་གསུམ་དུ(༦༧བ)ལྷགས་ནས་སློབ་དཔོན་དེ་ལ་དེ་བཞིན་གཤེགས་པ་ཐམས་ཅད་ཀྱིས་མཆོད་པས་ཡང་དག་པར་མཆོད་ནས་སངས་རྒྱས་ཞིང་དེ་དང་དེར་འགྲོ་ཞིང་ངག་རྡོ་རྗེའི་ཡི་གེ་ཡང་འདི་སྐད་དུ་འབྱིན་ཏོ། །བདག་ཅག་དེ་བཞིན་གཤེགས་པ་ཐམས་ཅད་ཀྱི་ཕའོ། །བདག་ཅག་དེ་བཞིན་གཤེགས་པ་ཐམས་ཅད་ཀྱི་མའོ། །ཞེས་བྱ་ན། བདག་ཅག་དེ་བཞིན་གཤེགས་པ་ཐམས་ཅད་ཀྱི་སྟོན་པའོ། །ཞེས་བྱ་བའི་བར་དུའོ། །ཞེས་དང་། སཾ་ཝུ་ཊ་ལས། གང་ཕྱིར་ཕྱོགས་བཅུའི་སངས་རྒྱས་དང་། །བྱང་ཆུབ་སེམས་དཔའི་བསོད་ནམས་བས། །སློབ་དཔོན་བ་སྤུའི་ཁུང་གཅིག་མཆོག །དེ་ཕྱིར་སློབ་དཔོན་མཆོད་བྱེད་པ། །སངས་རྒྱས་བྱང་ཆུབ་སེམས་དཔའ་གཟིགས། །ཞེས་གསུངས་པའི་ཕྱིར་རོ། །

དགེ་བའི་བཤེས་གཉེན་བསྟེན་པའི་ཕན་ཡོན་ནི། སྡོང་པོ་བཀོད་པའི་མདོ་ལས། རིགས་ཀྱི་བུ། (༦༢ན)བྱང་ཆུབ་སེམས་དཔའི་སྤྱོད་པ་ཐམས་ཅད་ཐོས་པ་ནི་དགེ་བའི་བཤེས་གཉེན་ལ་རག་ལས་པའོ། །བྱང་ཆུབ་སེམས་དཔའི་ཡོན་ཏན་ཡོངས་སུ་རྫོགས་

པར་བྱ་བ་ཐམས་ཅད་ནི་དགེ་བའི་བཤེས་གཉེན་ལས་བྱུང་བའོ། །བྱང་ཆུབ་སེམས་དཔའི་སྨོན་ལམ་གྱི་རྒྱུན་ཐམས་ཅད་ནི་དགེ་བའི་བཤེས་གཉེན་ལས་བྱུང་བའོ། །བྱང་ཆུབ་སེམས་དཔའི་དགེ་བའི་རྩ་བ་ཐམས་ཅད་ནི་དགེ་བའི་བཤེས་གཉེན་གྱིས་བསྐྱེད་པའོ། །ཞེས་དང་། རིགས་ཀྱི་བུ། དགེ་བའི་བཤེས་གཉེན་གྱིས་ཡང་དག་པར་ཟིན་པའི་བྱང་ཆུབ་སེམས་དཔའ་རྣམས་ནི་ངན་འགྲོར་མི་ལྟུང་ངོ་། །དགེ་བའི་བཤེས་གཉེན་གྱིས་བསམས་པའི་བྱང་ཆུབ་སེམས་དཔའ་རྣམས་ནི་བྱང་ཆུབ(༥༢བ)སེམས་དཔའི་བསླབ་པ་དང་འགལ་བར་མི་བྱེད་དོ། །དགེ་བའི་བཤེས་གཉེན་གྱིས་བསྲུངས་པའི་བྱང་ཆུབ་སེམས་དཔའ་རྣམས་ནི་འཇིག་རྟེན་ལས་མངོན་པར་འཕགས་པ་ཡིན་ནོ། །དགེ་བའི་བཤེས་གཉེན་ལ་བསྙེན་བཀུར་བྱས་པའི་བྱང་ཆུབ་སེམས་དཔའ་རྣམས་ནི་སྤྱོད་པ་ཐམས་ཅད་ལ་མི་བརྗེད་པར་སྤྱོད་པ་ཡིན་ནོ། །དགེ་བའི་བཤེས་གཉེན་གྱིས་ཡོངས་སུ་བཟུང་བའི་བྱང་ཆུབ་སེམས་དཔའ་རྣམས་ནི་ལས་དང་ཉོན་མོངས་པ་རྣམས་ཀྱིས་ཐུབ་པར་དཀའ་བ་ཡིན་ནོ། །ཞེས་དང་། རིགས་ཀྱི་བུ། དགེ་བའི་བཤེས་གཉེན་གྱིས་རྗེས་སུ་བསྟན་པ་ལ་ཞུགས་པའི་བྱང་ཆུབ་སེམས་དཔའ་ལ་སངས་རྒྱས་བཅོམ་ལྡན་འདས་རྣམས་ཀྱང་ཐུགས་མཉེས་པར་འགྱུར་རོ། །དགེ་བའི་བཤེས་གཉེན་གྱི་ཚིག་དང་མི་འགལ་བར་གནས་པའི་བྱང་ཆུབ་སེམས་དཔའ་ལ་ཐམས་ཅད་མཁྱེན་པ་ཉེ་བར་འགྱུར་རོ། །དགེ་བའི་བཤེས་གཉེན་གྱི་ཚིག་ལ་ཐེ་ཚོམ་མེད་པ་ལ་དགེ་བའི་བཤེས་གཉེན་རྣམས་ཉེ་བར་འགྱུར་རོ། །(༥༣ན)དགེ་བའི་བཤེས་གཉེན་ཡིད་ལ་བྱེད་པ་དང་མ་བྲལ་བ་ལ་དོན་ཐམས་ཅད་མངོན་དུ་འགྱུར་རོ། །ཞེས་པ་དང་། དེ་ལྟར་མདོར་ན་རིགས་ཀྱི་བུ་དགེ་བའི་བཤེས་གཉེན་གྱི་གདམས་ངག་ལ་ཞུགས་པའི་བྱང་ཆུབ་སེམས་དཔའ་རྣམས་ནི། ཡོན་ཏན་བྱེ་བ་ཁྲག་ཁྲིག་བརྒྱ་སྟོང་བརྗོད་དུ་མེད་པ་ཕྲག་བཅུ་ནི་འཛིན་པར་འགྱུར་རོ། །ཞེས་པ་ནས། སྒྲིབ་པའི་ཆོས་གྲངས་མེད་པ་

བརྒྱ་སྟོང་ཕྲག་བཅུ་ལས་ནི་ཡོངས་སུ་དག་པར་འགྱུར་རོ། །བདུད་གྲངས་མེད་པ་བརྒྱ་སྟོང་ཕྲག་བཅུ་ལས་ནི་ཡང་དག་པར་འདས་པར་འགྱུར་རོ། །ཆོས་ཀྱི་སྒོ་གྲངས་མེད་པ་བརྒྱ་སྟོང་ཕྲག་བཅུ་ལ་ནི་རབ་ཏུ་འཇུག་པར་འགྱུར་རོ། །ཚོགས་རྣམ་པར་དག་པའི་སྒོ་གྲངས་མེད་པ་བྱེ་བ་ཁྲག་ཁྲིག་བརྒྱ་སྟོང་ཕྲག་བཅུ་ནི་ཡོངས་སུ་རྫོགས་པར་འགྱུར་རོ། །སྤྱོད་པ་གྲངས་མེད་པ་བརྒྱ་སྟོང་ཕྲག་བཅུ་ནི་ཀུན་ནས་དག་པར་འགྱུར་རོ། །སྨོན་ལམ་ཆེན་པོ་གྲངས་མེད་པ་བརྒྱ་སྟོང་ཕྲག་བཅུ་ནི་མངོན་པར་འགྲུབ་པར་འགྱུར་རོ། །ཞེས་དང་། གསང་བ་བསམ་གྱིས་མི་ཁྱབ་པ་ལས། རིགས་ཀྱི(༥༣བ)བུའམ་རིགས་ཀྱི་བུ་མོ་དག་གིས་ཤིན་ཏུ་གུས་པས་བླ་མ་བསྟེན་པ་དང་བསྙེན་པ་དང་བསྙེན་བཀུར་བར་བྱའོ། །དེ་ལྟར་ན་དགེ་བའི་ཆོས་ཐོས་པས་བསམ་པ་དགེ་བ་དང་དེ་ལས་སྦྱོར་བ་དགེ་བར་འགྱུར་རོ། །དེས་དགེ་བའི་ལས་བྱེད་ཅིང་དགེ་བར་འགྲོ་བས་དགེ་བའི་གྲོགས་མགུ་བར་བྱེད་དོ། །དེ་ལས་སྡིག་པ་མི་བྱེད་ཅིང་དགེ་བ་བྱེད་པས་བདག་དང་གཞན་ལ་གདུང་བར་མི་བྱེད་དོ། །བདག་དང་གཞན་ལ་རྗེས་སུ་བསྲུང་བས་ནི་བླ་ན་མེད་པའི་བྱང་ཆུབ་ཀྱི་ལམ་རྫོགས་པར་བྱེད་པས་ལམ་ངན་པར་ཞུགས་པའི་སེམས་ཅན་རྣམས་ཀྱི་དོན་བྱེད་པར་འགྱུར་རོ། །དེ་བས་ན་བྱང་ཆུབ་སེམས་དཔས་བླ་མ་ལ་བརྟེན་ཏེ་ཡོན་ཏན་གྱི་ཚོགས་ཐམས་ཅད་རྫོགས་པར་བྱའོ། །ཞེས་དང་། སའི་སྙིང་པོའི་མདོ་ལས། དེས་ཐེན་པ་ནི་བསྐལ་བ་བྱེ་བ་དཔག་ཏུ་མེད་པར་ངན་འགྲོར་འཁྱམས་པར་འགྱུར་བའི་ལས་རྣམས་ཚེ་འདིར་རིམས་ལ་སོགས་པའམ་མུ་གེ་ལ་སོགས་པ་ལུས་དང(༥༤ན)སེམས་ལ་གནོད་པ་བྱུང་བས། བྱང་བར་འགྱུར་ཏེ་ཐ་ན་བརྒྱད་བཀག་གམ་རྫི་ལམ་ཙམ་གྱིས་ཀྱང་བྱང་པར་འགྱུར་རོ། །དེས་སངས་རྒྱས་བྱེ་བ་དཔག་ཏུ་མེད་པ་ལ་དགེ་བའི་རྩ་བ་བསྐྱེད་པ་སྦྱིན་པའམ་མཆོད་པའམ་བསླབ་པ་བཟུང་བ་རྣམས་སྔ་དྲོ་གཅིག་གིས་ཐེལ་གྱིས་གནོན་ཏོ། །བླ་མ་ལ་བསྙེན་བཀུར་

བྱེད་པ་ནི་ཡོན་ཏན་བསམ་གྱིས་མི་ཁྱབ་པ་དང་ལྡན་པའོ། །ཞེས་དང་། སངས་རྒྱས་ཀྱི་ཡོན་ཏན་རྣམ་པར་འཕྲུལ་བ་དཔག་ཏུ་མེད་པ་ཐམས་ཅད་ཀྱང་འདི་ལས་འབྱུང་བར་བལྟའོ། །དེས་ན་སངས་རྒྱས་ལ་བྱ་བ་ལྟར་བླ་མ་ལ་བསྟེན་པ་དང་བསྙེན་པ་དང་བསྙེན་བཀུར་བར་བྱའོ། །ཞེས་དང་། སྐྱེས་རབས་ལས། དམ་པ་རྣམས་ནི་སུས་ཀྱང་མི་སྲིད་སྟེ། །དུལ་བའི་ཚུལ་གྱིས་དགེ་བ་བསྟེན་པར་བྱ། །དེ་དང་ཉེ་ན་དེ་ཡི་ཡོན་ཏན་རྡུལ། །ཆེད་དུ་མ་བསྒོམས་པར་ཡང་གོས་པར་འགྱུར། །ཞེས་དང་། (༥༤བ)ཨ་ཏི་བཀོད་པའི་རྒྱུད་ལས། གསེར་དངུལ་ལ་སོགས་རྒྱུད་ལས་ནི། །སངས་རྒྱས་དཔག་ཏུ་མེད་པ་ཡི། །སྐུ་གཟུགས་གྲངས་མེད་བྱས་པ་བས། །བླ་མའི་སྐུ་འབག་སུས་བྲིས་པ། །འདི་ནི་བསོད་ནམས་ཁྱད་པར་འཕགས། །ཞེས་གསུངས་པ་ལྟར་རོ། །

བླ་མ་མ་བསྟེན་པའི་ཉེས་དམིགས་ནི། ད་ལྟར་གྱི་སངས་རྒྱས་མངོན་སུམ་པའི་ཏིང་ངེ་འཛིན་ལས། གལ་ཏེ་དེས་དེ་ལ་མནར་སེམས་སམ་ཐ་བའམ་སྡང་བའི་སེམས་ཀྱིས་གནས་ན་ཡོན་ཏན་འཐོབ་པ་ནི་གནས་མེད་དོ། །སྟོན་པའི་འདུ་ཤེས་མི་བསྐྱེད་ནའང་དེ་བཞིན་ནོ། །འདི་ལྟར་ཐེག་པ་གསུམ་པའི་གང་ཟག་དང་ཆོས་སྟོན་པའི་དགེ་སློང་ལ་གུས་པ་དང་། བླ་མའམ་སྟོན་པའི་འདུ་ཤེས་མི་བསྐྱེད་ན་དེ་དག་མ་ཐོབ་པའི་ཆོས་འཐོབ་པའམ་ཐོབ་པ་ཆུད་མི་ཟ་བ་ནི་གནས་མེད་དེ་མ་གུས་པས་ནི་ཆོས་ནུབ་པར་འགྱུར་བའི་ཕྱིར་རོ། །ཞེས་དང་། ལག་ན་རྡོ་རྗེ་དབང་བསྐུར་པའི་རྒྱུད་ལས། བཅོམ་ལྡན་འདས་གང་དག་སློབ་དཔོན(༥༥ན)ལ་བརྙས་པར་བགྱི་བ། དེ་དག་གི་རྣམ་པར་སྨིན་པ་ཇི་ལྟ་བུ་ལགས། བཅོམ་ལྡན་འདས་ཀྱིས་བཀའ་སྩལ་པ། ལག་ན་རྡོ་རྗེ་ལྷ་དང་བཅས་པའི་འཇིག་རྟེན་སྐྲག་པར་འགྱུར་གྱིས་དེ་སྐད་མ་སྨྲ་ཞིག །གསང་བ་པའི་བདག་པོ་འོན་ཀྱང་ཅུང་ཞིག་བརྗོད་པར་བྱའི། དཔའ་བོ་བསྒྲིམས་ཏེ་ཉོན་ཅིག །མཚམས་མེད་ལ་སོགས་མི་ཟད་པ། །དམྱལ་བ་གང་དག

ངས་བཤད་པ། །དེ་རྣམས་ཀྱི་ནི་གནས་སུ་བརྗོད། །དེར་ནི་བསྐལ་བ་མཐའ་ཡས་སོ། །དེ་ལྟ་བས་ན་རྣམ་ཀུན་ཏུ། །དེ་ལ་ནམ་ཡང་བརྟེན་མི་བྱ། །ཞེས་གསུངས། མི་དགེ་བའི་བཤེས་གཉེན་དང་སྡིག་པའི་གྲོགས་བསྟེན་པའི་ཉེས་དམིགས་ཀྱང་། དྲན་པ་ཉེ་བར་བཞག་པ་ལས། འདོད་ཆགས་དང་ཞེ་སྡང་དང་གཏི་མུག་ཐམས་ཅད་ཀྱི་གཞིར་གྱུར་པ་ནི། སྡིག་པའི་གྲོགས་པོ་སྟེ། དེ་ནི་དུག་གི་སྡོང་པོ་ལྟ་བུའོ། །ཞེས་དང་། སྒྱུ་ངན་ལས་འདས་པ་ལས། (༥༥བ)བྱང་ཆུབ་སེམས་དཔའ་ནི་གྲོགས་ངན་པ་ལ་འཇིགས་པ་ལྟར་གླང་པོ་ཆེ་སྨྱོས་པ་ལ་སོགས་པ་ལ་ནི་མ་ཡིན་ཏེ། འདི་ནི་ལུས་ཙམ་འཇིག་པར་བྱེད་ཀྱི་སྔ་མས་ནི་དགེ་བ་དང་སེམས་རྣམ་པར་དག་པ་གཉིས་ཀ་འཇིག་པར་བྱེད་དོ། །ཅེས་དང་། བདེན་པ་པོའི་ལེའུ་ལས། གང་དག་སྡིག་གྲོགས་སྤྲུལ་གྱི་སེམས་ཐྲིན་ཅིང་། །དགེ་བའི་བཤེས་ཀྱི་དུག་སྨན་རྣམ་སྤངས་པ། །དེ་དག་དམ་ཆོས་དཀོན་མཆོག་ཐོས་གྱུར་ན། །ཀྱི་མ་བག་མེད་གཡང་ས་ཆེ་ལས་ལྷུང་། །ཞེས་དང་། མཛའ་བཤེས་ཀྱི་ཚོམས་ལས། དད་པ་མེད་ཅིང་འཇུངས་པ་དང་། །རྫུན་དུ་སྨྲ་དང་ཕྲ་མ་ཅན། །མཁས་པར་བཤེས་པར་མི་བྱ་ཞིང་། །སྡིག་ཅན་མི་དང་འགྲོགས་མི་བྱ། །གལ་ཏེ་སྡིག་པ་བྱེད་པ་དག །སྡིག་མི་བྱེད་པར་བསྟེན་ན་ཡང་། །སྡིག་པ་བྱེད་པར་དོགས་སྐྱེ་ཞིང་། །མི་སྙན་པ་ཡང་འཕེལ་བར་འགྱུར། །བསྟེན་བྱ་མ་ཡིན་བསྟེན་པའི་མི། །དེ་ཡི་སྐྱོན་གྱིས་སྐྱོན་ཅན་འགྱུར། །(༥༥ན)དོང་བར་དུག་བསྐུས་མདའ་བཙུག་པས། །དུག་མ་བསྐུས་པའང་གོས་པ་བཞིན། །ཞེས་གསུངས་པའི་ཕྱིར་རོ། །དེ་དག་གི་དོན་བསྡུ་ན། ཆོས་དབྱིངས་དེ་བཞིན་ཉིད་རྣལ་མའི་ངང་ལས་གཡོ་བ་མེད་ཀྱང་། སངས་རྒྱས་རྣམས་ཀྱི་གཟུགས་ཀྱི་སྐུའི་འཕྲོར་བ་བཞིན་ལག་གི་རྣམ་པར་ཤར་བ་ནི་བླ་མ་ཡིན། དེའི་རིགས་ལས་སྐྱེས་པའི་སྲུབ་པ་པོ་རྣམས་ཀྱིས་རྟག་ཏུ་ཡི་དམ་དུ་བཟུང་བ་ལམ་གྱི་སྲོག་ཏུ་བྱས་ཏེ། གཏན་གྱི་མདུན་མའི་རྩ་བ་ཞིག་ངེས་

པར་ཚུགས་དགོས་ཏེ། ཨ་ཙཱ་རྱ་ནའི་རྒྱུད་ལས། དྲིན་དང་ལྡན་པའི་བླ་མ་དེ། །སྙིང་གི་དཀྱིལ་ལམ་སྤྱི་བོའི་གཙུག །ཡན་ལག་མཐིལ་དུ་གང་བཀོད་པ། །སངས་རྒྱས་སྟོང་གི་བྱིན་རླབས་ཅན། །གང་ཟག་དེ་ཡིས་སྟུད་པར་འགྱུར། །ཞེས་དང་། དམ་ཚིག་བཀོད་པའི་རྒྱལ་པོའི་རྒྱུད་ལས། མཚན་དང་དཔེ་བྱད་འབར་བའི་ལྷ། །བསྐལ་བ་འབུམ་དུ་བསྒོམ་པ་བས། །(༨༨བ)བླ་མ་དྲན་པའི་འབུམ་ཆར་མིན། །བསྙེན་སྒྲུབ་བཟླས་བརྗོད་ས་ཡ་བས། །བླ་མའི་གསོལ་ཚིག་ལན་གཅིག་དགའ། །རྫོགས་པའི་རིམ་པ་བསྐལ་བའི་བར་དུ་ནི། །འདུ་འཛི་གཡེངས་པ་སྤངས་ཏེ་བསྒོམ་པ་ལས། །བླ་མ་རང་སེམས་དཀྱིལ་དུ་དར་ཅིག་ཤར་བ་ཙམ། །འབུམ་ཕྲག་ཉི་ཤུའི་ཆར་ཡང་མི་ཕོད་དོ། །ཞེས་གསུངས་པ་ལྟར་རོ། །

གཉིས་པ་ལ་གཉིས། དལ་བའི་རྟེན་ལ་སྙིང་པོ་བླང་བའི་ཕྱིར་དུ་བསྐུལ་བ་དང་། སྙིང་པོ་ཇི་ལྟར་ལེན་པའི་ཚུལ་དངོས་སོ། །

དང་པོ་ནི། ལན་གཅིག་རྙེད་པའི་དལ་བའི་རྟེན་བཟང་འདི། །ཤིན་ཏུ་རྙེད་དཀའ་དོན་ཆེ་ཤེས་གྱུར་ནས། །ཉིན་མཚན་ཀུན་ཏུ་སྙིང་པོ་ལེན་པའི་བློ། །རྒྱུན་ཆད་མེད་པར་སྐྱེ་བར་བྱིན་གྱིས་རློབས། །ཞེས་བྱུང་། དེ་ལྟར་བཤེས་གཉེན་དམ་པ་ཚུལ་བཞིན་དུ་བསྟེན་པའི་སྐལ་ལྡན་གྱི་སྐྱེ་བོ་དེ་དམ་པའི་ཆོས་བསྒྲུབ་པ་ལ་ནང་ནས་བསྐུལ་བའི་རྒྱུ། དལ་འབྱོར་རྙེད་དཀའི་ཆོས(༨༩ན)སྐོར་ལ་བློ་སྦྱོང་བ་གལ་ཆེ་བས། རང་ཅག་རྣམས་ཀྱིས་ཚེ་རབས་ཐོག་མ་མེད་པ་ནས་ལས་ཉོན་གྱི་དབང་གིས་ངན་སོང་གསུམ་ལ་སོགས་པའི་མི་ཁོམ་པའི་གནས་སུ་གཏན་དུ་འཁྱམས་འཁྱམས་པ་ལས། སྐྱེས་བུ་དམ་པ་ལ་བཟང་འབྲེལ་བྱས་པ་ལ་སོགས་པའི་དགེ་བའི་ལས་དུ་མའི་རྟེན་འབྲེལ་འགྲིག་པ་ལས། ད་རེས་སྟེས་དབང་གིས་ལན་གཅིག་ཙམ་ཞིག་རྙེད་པའི་ཆོས་སྒྲུབ་པ་ལ་ཁོམ་པའི་དལ་བ་བརྒྱད་དང་། ཆོས་སྒྲུབ་པའི་ཕྱི་ནང་གི་ཆ་རྐྱེན་ཚང་བའི་འབྱོར་

བ་བཅུ་སྟེ་ཆོས་བཅོ་བརྒྱད་དང་ལྡན་པའི་རྟེན་བཟང་འདི། བགེགས་མང་པོའི་སྒོ་ནས་དང༌། ངོ་བོ་དང༌། རྒྱུ་དང༌། འབྲས་བུ་དང༌། དཔེའི་སྒོ་ནས་ཀྱང་ཤིན་ཏུ་རྙེད་དཀའ་བ་དང༌། རྟེན་འདི་ལ་མངོན་མཐོ་ལྷ་མིའི་གོ་འཕང་ཕྱི་དང༌། ལྷག་པར་མངོན་མཐོ་ཁྱད་པར་ཅན་རྡོ་རྗེ་ལུས་ཀྱི་རྒྱུ་དགེ་བ་བཅུ་ལ་སོགས་པ་དང༌། ངེས་ལེགས་ཐར་བ་དང་ཐམས་ཅད་མཁྱེན་པ་ཐོབ་པའི(༥༧བ)རྒྱུ་ལམ་བསླབ་པ་གསུམ་དང༌། བྱང་ཆུབ་ཀྱི་སེམས་དང་ཕ་རོལ་ཏུ་ཕྱིན་པ་དྲུག་ལ་སོགས་པའི་ཆོས་གང་བསྒྲུབ་ཀྱང་བདེ་བླག་ཏུ་བསྒྲུབ་ནུས་པས། འཛིག་རྟེན་གྱི་ཁམས་ཡིད་བཞིན་ནོར་བུས་གང་བ་བས་ཀྱང་ཆེས་ཤིན་ཏུ་དོན་ཆེ་བའི་ཚུལ་ཤེས་པར་གྱུར་ནས། བག་མེད་ཀྱི་དབང་དུ་སོང་སྟེ་ཚེ་འདིའི་ཆེད་གྲགས་སོགས་འཇིག་རྟེན་ཆོས་བརྒྱད་དང༌། གཉིད་དང་སྙུགས་པ་དང་ལེ་ལོ་ལ་སོགས་པའི་ཕྱི་ནང་གི་གཡེང་བས་དོན་མེད་དུ་ཆུད་སོས་སུ་མ་བཏང་བར། བག་ཡོད་པ་ལ་གནས་ཏེ་ཉིན་མཚན་ཀུན་ཏུ་རྒྱལ་བའི་བསྟན་པ་ལ་ཐོས་བསམ་དང་སྒོམ་སྒྲུབ་སོགས་ཀྱི་སྒོ་ནས། ལུང་རྟོགས་དམ་པའི་ཆོས་ཀྱི་སྙིང་པོ་དམ་པ་ལེན་པའི་བློ་བསྐྱེད་ནས། ཇི་ལྟར་བསམ་པའི་དོན་དེ་ཉིད་ལག་ལེན་ལ་གྲུས་པར་སྦྱོར་བ་དང༌། རྟག་པར་སྦྱོར་བའི་བརྩོན་འགྲུས་ཆེན་པོས་རྒྱུན་ཆད་པ་མེད་པར་དོན་ལྡན་དུ་བྱེད་པའི་ཐབས་ལ་འབད་དགོས་སོ། །དེ་ལྟར་ཡང༌། ཡོན་ཏན་རིན་པོ་ཆེ་སྡུད་པ་ལས། ཁྲིམས(༥༨ན)ཀྱིས་དུད་འགྲོའི་འགྲོ་བ་དུ་མའི་ངོ་བོ་དང༌། །མི་ཁོམ་བརྒྱད་སྤོང་དེ་ཡིས་དལ་བ་རྟག་ཏུ་རྙེད། །ཅེས་དང༌། མངལ་དུ་འཇུག་པ་ལས། མིར་སྐྱེས་ནའང་དེ་ལྟར་སྡུག་བསྔལ་མཐའ་ཡས་པ་དང་ལྡན་ཡང་གནས་མཆོག་ཡིན་པས་བསྐལ་བ་བྱེ་བར་ཡང་རྙེད་པར་དཀའོ། །ལྷ་དག་འཆི་ནའང་ལྷ་གཞན་དག་ཁྱོད་བདེ་འགྲོར་སྐྱེ་བར་གྱུར་ཅིག་བདེ་འགྲོ་ནི་མིའི་འགྲོ་བའོ། །ཞེས་དང༌། ལུང་གཞི་ལས། ངན་འགྲོ་ནས་ཤི་འཕོས་ཏེ་དེར་སྐྱེ་བ་ནི་ས་ཆེན་པོའི་རྡུལ་དང་དེ་ནས་བདེ་འགྲོར་སྐྱེ་

བ་ནི་སེན་མོའི་རྩེ་མོས་བླངས་པའི་རྡུལ་དང་འདྲ་ཞིང་། བདེ་འགྲོ་གཉིས་ཀ་ནས་ཤི་འཕོས་ཏེ་ངན་འགྲོར་འགྲོ་བ་ནི་ས་ཆེན་པོ་དང་། དེ་ནས་བདེ་འགྲོར་སྐྱེ་བ་ནི། ཕྱག་སེན་གྱི་རྩེ་མོས་བཞེས་པའི་རྡུལ་དང་འདྲ་བར་གསུངས་སོ། །གཞན་ཡང་། རབ་ཏུ་ཞི་བ་རྣམ་པར་ངེས་པའི་ཆོ་འཕྲུལ་གྱི་མདོ་ལས། (༥༢བ)བྱང་ཆུབ་སེམས་དཔའ་ལ་ཕོང་ཁྲོ་བའམ། བརྙས་པའི་སེམས་བསྐྱེད་པ་དེ་ཙམ་པ་དེ་སྙེད་ཀྱི་བསྐལ་པར་བྱང་ཆུབ་སེམས་དཔའ་དེས་སེམས་ཅན་དམྱལ་བ་རྣམས་སུ་གནས་པར་གོ་ཆ་བགོ་བར་བྱའོ། །ཞེས་གསུངས་པ་ལྟར། རྒྱུ་དགེ་བ་རེ་བྱེད་པ་བྱང་ཆུབ་སེམས་དཔའ་ལ་ཕོང་ཁྲོ་བ་ལྟ་བུ་སྐད་ཅིག་རེ་རེས་ཀྱང་བསྐལ་བར་མཐར་མེད་དུ་གནས་དགོས་པ་དང་སྡིག་པ་རྒྱུན་དུ་བྱེད་པས་བདེ་འགྲོའི་མིང་ཡང་མི་ཐོས་པའི་ཕྱིར་རྙེད་པར་དཀའ་སྟེ། འཕགས་པ་ཤེས་རབ་ཀྱི་ཕ་རོལ་ཏུ་ཕྱིན་པ་སྟོང་ཕྲག་བརྒྱ་པ་ལས། གྲོགས་པོ་དག་སངས་རྒྱས་འབྱུང་བ་ནི་དཀོན་ནོ། །མིར་སྐྱེ་བ་ཐོབ་པ་ནི་དཀོན་ནོ། །དལ་བ་ཕུན་སུམ་ཚོགས་པ་ནི་དཀོན་ནོ། །འཁོར་བ་ལས་ཐར་བ་ནི་དཀོན་ནོ། །དེ་ལྟ་ཡིན་གྱི་དལ་བ་འདི་དོན་མེད་པར་མ་བྱེད་ཞིག །མི་ཁོམ་པར་གྱུར་ཅིང་གསོར་མི་རུང་བར་འགྱུར་ཏ་རེ། ཞེས་དང་། འཕགས་པ་རྒྱ་ཆེར་རོལ་བ་ལས། མི་དང(༥༣ན)སངས་རྒྱས་འབྱུང་ཉིད་དཀའ། །དད་པའང་ཤིན་ཏུ་ཉིད་པར་དཀའ། །མི་ཁོམ་བརྒྱད་སྤང་ཉིད་པར་དཀའ། །ཆོས་ཉན་པ་ནི་གཙོ་བོ་ཡིན། །སངས་རྒྱས་འབྱུང་དང་དལ་བ་དང་། །དད་དང་དམ་ཆོས་ཉན་པ་དང་། །དེ་དག་ཐམས་ཅད་ད་ཉིད་ཀྱིས། །བག་མེད་མ་ལུས་རྣམ་པར་སྤོངས། །གལ་ཏེ་བསྐལ་བ་ཁྲག་ཁྲིག་ཏུ། །ཆོས་ཐོས་མི་འགྱུར་སྲིད་པ་དེ། །ཁྱོད་ཀྱིས་དེ་རིང་ཉིད་ཟིན་གྱིས། །བག་མེད་མ་ལུས་རྣམ་པར་སྤོངས། །ཞེས་དང་། དེ་བཞིན་གཤེགས་པ་འོད་དཔག་མེད་ཀྱི་ཞིང་བཀོད་ཀྱི་མདོ་ལས། བརྒྱ་ལམ་ལ་ནི་མི་ཡི་ལུས་ཉིད་ལ། །བརྒྱ་ལམ་ལ་ནི་སངས་རྒྱས་འབྱུང་བར་འགྱུར། །དད་

དང་ཤེས་རབ་ཡུན་རིང་རྙེད་པར་འགྱུར། །དེ་བས་དོན་ཐོབ་བྱ་ཕྱིར་བརྩོན་འགྲུས་བསྐྱེད། །ཅེས་དང་། འཕགས་པ་བཞི་པ་སྒྲུབ་པ་ཞེས་བྱ་བའི་མདོ་ལས། ལྷའི་བུ། བཞི་པོ(༦༩བ)འདི་དག་ནི་བྱང་ཆུབ་སེམས་དཔའ་རྣམས་ཀྱི་སྙིང་པོ་ཉིད་དོ། །བཞི་གང་ཞེ་ན། ཐོས་པ་ལས་ནན་ཏན་སྙིང་པོ་ཉིད་དང་། ལོངས་སྤྱོད་ལས་གཏོང་བ་སྙིང་པོ་ཉིད་དང་། ལུས་ལས་བླ་མ་བསྙེན་བཀུར་བ་སྙིང་པོ་ཉིད་དང་། སྲོག་ལས་དགེ་བའི་རྩ་བ་བསྐྱེད་པ་སྙིང་པོ་ཉིད་དེ་བཞི་པོ་འདི་དག་གོ། །ཞེས་ཆོས་སྒྲུབ་ནུས་པ། ཆོས་ཆེ་འདིར་བསྒྲུབ་དགོས་པ། ཆོས་ད་ལྟ་ཉིད་ནས་བསྒྲུབ་དགོས་པའི་ཚུལ་གྱིས་ནན་ཏན་འདོམས་པར་མཛད་པ་ལྟར་དལ་འབྱོར་གྱི་རྟེན་ལ་སྙིང་པོ་བླངས་ཏེ་དོན་ལྡན་དུ་བྱའོ། །བདེ་བ་སྒྲུབ་པ་དང་སྡུག་བསྔལ་སེལ་བའང་དམ་པའི་ཆོས་ཁོ་ན་ལ་རག་ལས་པས་དམ་པའི་ཆོས་ཞེས་བྱ་བའི་དོན་ཡང་། དགེ་སྡུག་གི་འབྲས་བུ་ཡོད་ཅེས་པའི་ཁྱད་པར་སྟོན་པས་ན་ཡོད་པའི་ཆོས་སམ་དམ་པའི་ཆོས་ཞེས་པ་ཡིན། ཆོས་བྱེད་པ་ནི། དགེ་བའི་ཆོས་ཀྱིས་སེམས་བརྟན་པར་བྱེད་པ་ཡིན་ཏེ། ཆོས་ཡང་དག་པར་སྡུད(༧༠ན)པ་ལས། ཆོས་ཆོས་ཞེས་བགྱི་བའི་ཆོས་གང་ལགས་པ་དེ་ནི་ཡུལ་ན་མི་གནས་ཕྱོགས་ན་མི་གནས་ཏེ། གཞན་དུ་ན་ཆོས་ནི་རང་གི་སེམས་ལ་རག་ལས་ཏེ། དེ་ལྟ་བས་ན་བདག་གི་སེམས་ཤིན་ཏུ་བཟུང་བ་དང་། ཤིན་ཏུ་མཐར་ཕྱུག་པ་དང་། ཤིན་ཏུ་མཉམ་པར་བཅོམས་པ་དང་། ཤིན་ཏུ་ཚར་བཅད་པར་བྱའོ། །དེ་ཅིའི་ཕྱིར་ཞེ་ན། སེམས་གང་ལ་ཡོད་པ་དེ་ལ་ཡོན་ཏན་དང་ཉེས་པ་རྣམས་ཡོད་ཀྱི། ཞེས་པ་ནས། དེ་ལྟ་བས་ན་ཆོས་ནི་སེམས་ལ་རག་ལས་བྱང་ཆུབ་ནི་ཆོས་ལ་རག་ལས་ཞེས་བགྱིའོ། །ཞེས་དང་། དཀོན་མཆོག་སྤྲིན་ལས། སེམས་ཉིད་དབང་དུ་གྱུར་ན་ཐམས་ཅད་དབང་དུ་འགྱུར་རོ། །ཞེས་དང་། ཚོམས་ལས། བདག་ཉིད་བདག་གི་མགོན་ཡིན་གྱི། །གཞན་ལྟ་སུ་ཞིག་མགོན་དུ་འགྱུར། །བདག་ཉིད་བདག་གི(༧༠བ)

མགོན་གྱུར་པའི། །མཁས་པ་དོན་རྣམས་ཐོབ་པར་འགྱུར། །ཞེས་དང་། འདའ་ཀ་ཡེ་ཤེས་ལས། སེམས་ནི་ཡེ་ཤེས་འབྱུང་བའི་རྒྱུ། །སངས་རྒྱས་གཞན་དུ་མ་ཚོལ་ཅིག །ཅེས་གསུངས་པའི་ཕྱིར་རོ། །

གཉིས་པ་ལ་གཉིས། ལམ་སྤྱིའི་རྣམ་བཞག་ལ་ངེས་པ་བསྐྱེད་པ་དང་། དེ་ལ་སྙིང་པོ་ལེན་པའི་ཚུལ་དངོས་སོ། །

དང་པོ་ནི། སངས་རྒྱས་ཀྱིས་ཇི་སྙེད་ཅིག་གསུངས་པ་ཐམས་ཅད་ནི་གནས་སྐབས་མངོན་མཐོ་དང་མཐར་ཐུག་ངེས་ལེགས་ཐོབ་པའི་ཐབས་སུ་གསུངས་པ་མ་ཡིན་པའི་སངས་རྒྱས་ཀྱི་གསུང་ནི་མེད་ལ། མངོན་མཐོ་ལྷ་མིའི་རྟེན་ཐོབ་པའི་ཐབས་སྡིག་སྤོང་དགེ་སྒྲུབ་ཙམ་དུ་མ་ཟད་ཉན་ཐོས་དང་། རང་སངས་རྒྱས་ཀྱི་ཐེག་པ་ལས་བརྩམས་ཏེ་ཇི་སྙེད་ཅིག་གསུངས་པ་ཐམས་ཅད་ནི་འཁོར་བ་ལས་གྲོལ་བའི་ཐར་བའི་བར། སྐྱེས་བུ་ཆུང་འབྲིང་ཐུན་མོང་བའི་ལམ་དང་། གསང་སྔགས(༢༧ན)ཀྱི་ཐེག་པ་ཆེན་པོ་དང་། ཕ་རོལ་ཏུ་ཕྱིན་པའི་ཐེག་པ་ཆེན་པོ་གཉིས་ནི་མཐར་ཐུག་ངེས་ལེགས་རྣམ་པ་ཐམས་ཅད་མཁྱེན་པའི་གོ་འཕང་བསྒྲུབ་པའི་ཐབས་ཏེ། སྐྱེས་བུ་ཆེན་པོའི་ལམ་སྤྱིའི་རྣམ་བཞག་ཡིན་ལ། དེ་གོ་རིམ་ཤིན་ཏུ་གཅེས་པར་གསུངས་པས་བློ་རིམ་གྱིས་བགྲི་དགོས་པ་ནི། འཕགས་པ་གཟུངས་ཀྱི་དབང་ཕྱུག་རྒྱལ་པོས་ཞུས་པ་ལས། ནོར་བུ་མཁན་ནོར་བུ་བཀྲུ་བ་གསུམ་དང་ཕྱི་བ་གསུམ་གྱིས་རིམ་གྱིས་ནོར་བུ་སྦྱོང་བའི་དཔེས་རྒྱལ་བས་ཀྱང་། མ་དག་པའི་སེམས་ཅན་གྱི་ཁམས་མཁྱེན་ནས་མི་རྟག་སྡུག་བསྔལ་སྟོང་བདག་མེད་མི་སྡུག་པ་ཡིད་འབྱུང་བ་དང་། ཆོས་འདུལ་བ་ལ་འཇུག་པར་བྱེད་དོ། །དེ་ཡི་འོག་ཏུ་སྟོང་ཉིད་དང་མཚན་མེད་དང་སྨོན་མེད་ཀྱི་གཏམ་གྱིས་དེ་བཞིན་གཤེགས་པའི་གཏམ་གྱི་ཚུལ་ཁོང་དུ་ཆུད་པར་བྱེད་དོ། །དེའི་འོག་ཏུ་ཕྱིར་མི་ལྡོག་པའི་འཁོར་ལོའི་གཏམ་དང་འཁོར་གསུམ་ཡོངས(༢༧བ)དག་གི་གཏམ་གྱིས་སེམས་

ཅན་དེ་དག་སངས་རྒྱས་ཀྱི་ཡུལ་ལ་འཇུད་པར་མཛད་དོ། །སེམས་ཅན་རྒྱུ་དང་རང་བཞིན་སྣ་ཚོགས་པ་དེ་དག་མཉམ་དུ་བཞུགས་ནས་དེ་བཞིན་གཤེགས་པའི་ཆོས་ཉིད་ཡོངས་སུ་ཆུད་པས་སྤྱིན་གནས་བླ་ན་མེད་པའོ་རྣམས་ཞེས་བྱའོ། །ཞེས་གསུངས་པ་ལྟར་ཐོད་ཀ་ཐོད་ཀའི་གདུལ་བྱ་ལ་ལྟོས་ཏེ་སངས་རྒྱས་ཀྱི་སར་འཁྲིད་པའི་ཐབས་ཐོ་ན་སྟེ་དེ་མཐར་ཐུག་ན་ཞི་སྒོ་གཉིས་པ་མེད་པའོ། །སྐྱེས་བུ་གསུམ་གྱི་ལམ་དུ་གསུང་རབ་ཐམས་ཅད་འདུས་པའི་ཚུལ་ཡང་། བཤད་བྱ་རྩ་བའི་མདོ་དང་མཚོན་ཙམ་སྦྱར་ན། ཡུམ་ཤེས་རབ་ཀྱི་ཕ་རོལ་ཏུ་ཕྱིན་པའི་མདོ་སྡེ་རིན་པོ་ཆེ་ནས། ཐེག་པ་ཆེན་པོའི་ལམ་འབྲས་བུ་དང་བཅས་པ་རྒྱས་པར་བཤད་པ་དེ། ཐམས་ཅད་ཀྱི་རྩ་བ་དགེ་བའི་བཤེས་གཉེན་ཚུལ་བཞིན་དུ་བསྟེན་པ་ལ་རག་ལས་སོ་ཞེས་འདོམས་པའི་ཕྱིར་རྒྱལ་སྲས་རྟག་ཏུ་ངུའི་རྟོགས་བརྗོད་བཤད(༧༢ན)པ། བྱང་ཆུབ་སྒྲུབ་པ་ལ་ཤེར་ཕྱིན་གྱི་མདོ་སྡེ་རིན་པོ་ཆེ་འདི་མེད་མི་རུང་དུ་གཟིགས་ནས་སླར་ཡང་ཡོངས་གཏད་མཛད་ཚུལ། འཁོར་རྣམས་དགའ་ནས་འཛིན་པར་དམ་བཅའ་བ་ནི་མདོའི་དོན་ས་བཅད་བཞིའི་སྒོ་ནས་དགོངས་པ་འགྲེལ་པར་མཛད་པ་ལྟར་ཡིན་ལ། ཐེག་པ་ཆེན་པོའི་ལམ་རྒྱས་པར་བསྟན་པ་ཡང་། མཁྱེན་གསུམ་བསྟན་པས་བསྒོམ་བྱའི་ཡུལ། སྦྱོར་བཞིའི་གཞུང་གིས་སྒོམ་ཚུལ། བསྒོམ་པའི་ལས་རྗེས་མཐར་ཐུག་གི་འབྲས་བུ་ནི་འབྲས་བུ་ཆོས་སྐུ་བསྟན་པའི་གཞུང་གིས་འཆད་དོ། །དེ་ཡང་དགེ་བའི་བཤེས་གཉེན་བསྟེན་ཚུལ་ནས་ཞི་ལྷག་གི་བར་ལམ་གྱི་རིམ་པ་ཆ་ཚང་བ་ཐུན་བཞིར་བསྡུས་ཏེ་སྒོམ་པ་རྣམ་རྫོགས་སྦྱོར་བའི་སྒོམ་ཚུལ་དང་། དེ་ལ་བསྒོམས་པས་དབང་བསྒྱུར་བ་ཐོབ་པ་ནི་རྩེ་སྦྱོར་དང་། དེ་གོ་རིམ་མཐར་ཆགས་སུ་སྒོམ་པ་མཐར་གྱིས་པའི་སྦྱོར་བ་དང་། དེ་ལྟར(༧༢བ)བསྒོམས་པའི་མཐར་བརྟན་པ་ཐོབ་པ་ནི་སྐད་ཅིག་མའི་སྦྱོར་བའི་སྒོམ་ཚུལ་ཡིན་ནོ། །དེས་མཁྱེན་གསུམ་གྱི་རྣམ་པ་སྒོམ་པར་འགྲོ་ཚུལ་ཡང་། དགེ་བའི་བཤེས་གཉེན་བསྟེན་

ཚུལ་ཆོགས་གསོག་སྒྲིབ་སྦྱོང་གིས་རང་རྒྱུད་སྨོད་ཙུང་དུ་བྱས་ཏེ། དལ་འབྱོར་རྙེད་དཀའ་བ་དང་དོན་ཆེ་ཚུལ་བསམ་ནས་རང་རྒྱུད་བསྐུལ། དེ་ནས་འཆི་བ་མི་རྟག་པ་དང་། ངན་སོང་དང་འཁོར་བའི་སྡུག་བསྔལ་དང་། དེའི་རྒྱུ་ལས་ཉོན་གཉིས་ཀྱི་ཁྱད་པར་ཤེས་ནས་ངེས་འབྱུང་སྒོམ་པ་ནི། གཞི་ཤེས་ཀྱི་རྣམ་པ་སྒོམ་པ་ཡིན་ལ། རྫོགས་བྱང་དོན་དུ་གཉེར་བའི་བསམ་པས་བྱམས་སྙིང་རྗེ་བྱང་ཆུབ་ཀྱི་སེམས་དང་སྟོང་ཉིད་རྟོགས་པའི་ཤེས་རབ་སྒོམ་པ་ནི། ལམ་ཤེས་ཀྱི་རྣམ་པ་སྒོམ་པར་མ་ཟད་རྣམ་མཁྱེན་གྱི་རྣམ་པ་ཉམས་སུ་ལེན་ཚུལ་ཡང་ཡིན། བྱང་ཆུབ་ལམ་གྱི་རིམ་པའི་ཉམས་ལེན་ལ་ངེས་པ་རྙེད་པ(༧༣ན)ལ། རྣམ་རྫོགས་སྦྱོར་བའི་སྐབས་ནས་བསྟན་པའི་མཚན་ཉིད་བཞི་པོ་ཤེས་པ་ཤིན་ཏུ་གལ་ཆེ་སྟེ། དེ་ཡང་ཤེར་ཕྱིན་གྱི་དོན་བྱང་ཆུབ་ལམ་གྱི་རིམ་པའི་ཉམས་ལེན་ཡོངས་སུ་རྫོགས་པའི་རྣལ་འབྱོར་སྒོམ་པའི་ཚོ། དེ་འདྲའི་རྣལ་འབྱོར་འདི་ལ་རྫོགས་པའི་བྱང་ཆུབ་ཀྱི་རྟོགས་རིགས་མཐའ་དག་སྐྱེད་པའི་ནུས་པ་ཡོད་པར་ཤེས་པ་ནི་ཤེས་མཚན། རྣལ་འབྱོར་འདི་ལ་རྫོགས་བྱང་ཐོབ་ནས་སེམས་ཅན་གྱི་མགོན་སྐྱབས་དཔུང་གཉེན་དུ་གྱུར་པ་སོགས་གཞན་དོན་མཐར་ཐུག་བྱེད་པའི་ནུས་པ་ཡོད་པར་ཤེས་པ་ནི་བྱེད་མཚན་དང་། དེ་འདྲའི་རྟོགས་པ་མཐར་ཐུག་དང་གཞན་དོན་མཐར་ཐུག་སྐྱེད་པའི་ནུས་པ་ལམ་གྱི་ལུས་ཡོངས་སུ་རྫོགས་པའི་རྣལ་འབྱོར་འདི་ལ་ཡོད་ཀྱི་ཉན་རང་གི་ལམ་ལ་དེ་འདྲའི་ནུས་པ་མེད་པའི་ཁྱད་པར་ཤེས་པ་ནི་ཁྱད་མཚན་དང་། དེ་འདྲའི་རྣལ་འབྱོར་སྒོམ་པའི་ཚེ་ལམ་སོ་སོའི(༧༣བ)ངོ་བོ་གང་ཡིན་པ་དང་། སྤངས་རྟོགས་ཇི་ལྟར་འགྲུབ་པ་སོགས་ལམ་ཡོངས་རྫོགས་འབྲས་བུ་དང་བཅས་པའི་ངོ་བོ་མ་ནོར་བར་ཤེས་པ་ནི་ངོ་བོ་ཉིད་མཚན་དུ་གསུངས་སོ། །དེས་ན་མདོའི་དོན་གླེང་གཞི་མཐོང་བ་བསྡུས་པ་ཡིན་ལ། མདོ་དངོས་ཀྱི་དོན་ཐོས་པ་བསྡུས་པ་ཡིན་པས་བྱང་ཆུབ་ལམ་གྱི་རིམ་པ་སྒོམ་པ་པོ་རྣམས་ཀྱིས་ལམ་གང་དང་གང་སྒོམ་

པའི་སྟོན་དུ་སྦྱོར་བའི་ཆོས་དྲུག་སྟོན་དུ་བཏང་བ་ནི་མཐོང་བ་བསྡུས་པའི་དོན་ཉམས་སུ་ལེན་པ་དང་། མདོ་ཡུམ་རྒྱས་འབྲིང་བསྡུས་གསུམ་དང་དེའི་དགོངས་འགྲེལ་གྱི་བསྟན་བཅོས་མངོན་པར་རྟོགས་པའི་རྒྱན་གྱི་མན་ངག་དང་དེ་མདོ་དང་སྦྱར་བའི་དགོངས་འགྲེལ་ལ་སོགས་པ་ཤིང་རྟ་ཆེན་པོ་རྣམ་གཉིས་རྗེས་འབྲངས་དང་བཅས་པའི་རྒྱ་བོད་ཀྱི་བླ་མ་དམ་པ་གོང་མ་རྣམས་ཀྱིས་དགོངས་འགྲེལ་གྱི་དོན་རྣམས་རིམ་པར་བསྒྲིགས་པ་ནི། རྗེ་ཐམས་ཅད་མཁྱེན་པའི(༧༨ན)བྱང་ཆུབ་ལམ་གྱི་རིམ་པ་ཆེ་འབྲིང་ཆུང་བ་རྣམས་ཡིན་ལ། དེ་རྣམས་ཐོས་བསམ་གྱིས་ངེས་པ་རྙེད་པར་བྱས་ལ་ཉམས་སུ་ལེན་པ་ཤིན་ཏུ་གལ་ཆེ་བར་གསུམ་ལྡན་རྡོ་རྗེ་འཛིན་པ་ཆེན་པོས་ཡང་ཡང་ནན་ཏན་དུ་འདོམས་པར་མཛད་དོ། །དེ་ལྟར་ཡང་ས་ཡི་སྙིང་པོ་འཁོར་ལོ་བཅུ་པའི་མདོ་ལས། ཆུ་ཕྲན་འབབ་པའི་མཐུ་ཡང་མེད་ན། །རྒྱ་མཚོ་ཆེན་པོ་ག་ལ་རྒྱབ་ནུས། །ཐེག་པ་གཉིས་ཀྱང་གོམས་མི་ནུས་ན། །ཐེག་པ་ཆེན་པོ་ག་ལ་སློབ་ནུས། །ཞེས་གསུངས་པ་ལྟར་རིམ་གྱིས་འཇུག་དགོས་སོ།། །།

གཉིས་པ་ལ་གསུམ་སྐྱེས་བུ་ཆུང་ངུ་དང་ཐུན་མོང་བའི་ལམ་གྱི་རིམ་པ་ལ་བློ་སྦྱོང་བ་དང་། སྐྱེས་བུ་འབྲིང་དང་ཐུན་མོང་བའི་ལམ་གྱི་རིམ་པ་ལ་བློ་སྦྱོང་བ་དང་། སྐྱེས་བུ་ཆེན་པོའི་ལམ་གྱི་རིམ་པ་ལ་བློ་སྦྱོང་བའོ། །

དང་པོ་ནི། ལུས་སྲོག་གཡོ་བ་ཆུ་ཡི་ཆུ་བུར་བཞིན། །(༧༨བ)མྱུར་དུ་འཇིག་པས་འཆི་བ་དྲན་པ་དང་། །ཤི་བའི་རྗེས་སུ་ལུས་དང་གྲིབ་མ་བཞིན། །དཀར་ནག་ལས་འབྲས་ཕྱི་བཞིན་འབྲངས་པ་ལ། །ངེས་པ་བརྟན་པོ་རྙེད་ནས་ཉེས་པའི་ཚོགས། །ཕྲ་ཞིང་ཕྲ་བ་རྣམས་ཀྱང་སྤོང་བ་དང་། །དགེ་ཚོགས་མཐའ་དག་སྒྲུབ་པར་བྱེད་པ་ལ། །རྟག་ཏུ་བག་དང་ལྡན་པར་བྱིན་གྱིས་རློབས། །ཞེས་པའི་གཞུང་འདི་བྱུང་། དེ་ལྟར་དལ་བའི་རྟེན་ལ་སྙིང་པོ་ལེན་འདོད་སྐྱེ་བ་ན་ཇི་ལྟར་བླངས་པའི་རིམ་པ་ནི། མི་

རྟག་སྡུག་བསྔལ་སྟོང་བདག་མེད་ལ་སོགས་པ་ནས་བཟུང་སྟེ་ས་མཐོན་པོ་ལ་གནས་པའི་རྒྱལ་སྲས་ཀྱི་སྤྱོད་པ་རླབས་པོ་ཆེའི་བར་གྱི་ལམ་གྱི་ངོ་བོ་དང་གོ་རིམ་དང་གྲངས་ངེས་རྣམས་ཐོས་བསམ་གྱིས་ངེས་པར་བྱས་ཏེ། གོ་རིམ་མ་འཆོལ་བར་སྒོམ་པས་ཉམས་སུ་བླངས་པ་གནད་ཆེ་བས། དེ་ལ་དལ་བའི་རྟེན་བཟང་ཐོབ་ཀྱང་ལུས་དང་སྲོག་ཕྱི་ནང་གི་རྐྱེན་དུ་མས་རང་སར་འདུག་ཏུ་མི་སྟེར་བར་འཆི་བའི(༧༥ན)ཕྱོགས་སུ་སྐད་ཅིག་རེ་རེ་ནས་གཡོ་ཞིང་འགྲོ་བས་ཡིད་བརྟན་དུ་མི་རུང་བ་ཡང་དཔེར་ན་ཆར་ཆུ་སོགས་ལ་ཆུ་བུར་འབྱུང་ཞིང་རྐྱེན་གྱིས་འཕྲལ་དུ་འཇིག་པར་འགྱུར་བ་བཞིན་ཡུན་རིང་དུ་གནས་པའི་མཐུ་མེད་པར་མྱུར་དུ་འཇིག་པས་ནམ་འཆི་ངེས་མེད་ཀྱི་འཆི་བ་མི་རྟག་པ་རྗེས་སུ་དྲན་པ་ཡང་དང་ཡང་དུ་བསྒོམས་པར་བྱས་ནས་ཕྱི་མར་མི་ཕན་པ་སྒྲུན་པ་འཕྱུར་བ་ལྟ་བུའི་ཚེ་འདིའི་ལུས་ལོངས་སྤྱོད་སོགས་འཇིག་རྟེན་གྱི་བྱ་བ་ལ་མ་ཆགས་པར་གཏན་གྱི་བདེ་བ་སྒྲུབ་པར་བྱེད་པའི་ཐབས་དམ་པའི་ཆོས་ཁོ་ན་ད་ལྟ་ཉིད་ནས་བྱ་དགོས་པར་ཐག་གཅད་པ་དང་། དེ་ལྟར་ཤི་བའི་རྗེས་སུ་རྣམ་པར་ཤེས་པ་མེད་དེ་མི་འགྲོ་བར་སྐྱེ་བ་བླང་དགོས་ལ། དེ་ཡང་ལུས་དང་དེའི་གྲིབ་མ་གཉིས་མཉམ་དུ་འགྲོ་བ་བཞིན་དུ་དཀར་པོ་དགེ་བའི་ལས་དང་ནག་པོ་སྡིག་པའི་ལས་གཉིས་བསགས་པ་པོ་གང་ཟག་དེའི་ཕྱི་བཞིན(༧༥བ)འབྲངས་ནས་དགེ་བ་བཅུའི་ལས་ཆུང་འབྲིང་ཆེ་བ་གསུམ་གྱིས་རིམ་པ་བཞིན་རྣམ་སྨིན་གྱི་འབྲས་བུ་བདེ་འགྲོ་མི་དང་འདོད་པའི་ལྷ་དང་ཁམས་གོང་མའི་ལྷར་སྐྱེ་བ་སོགས་དང་། རྒྱུ་མཐུན་གྱི་འབྲས་བུ་ཚེ་རིང་བ་དང་ནད་མེད་པ་སོགས་དང་། བདག་པོའི་འབྲས་བུ་གང་དུ་གནས་པའི་ས་ཕྱོགས་ཡིད་དུ་འོང་བ་འབྱུང་བ་ལ་སོགས་པ་ནས། རྣམ་པ་ཐམས་ཅད་མཁྱེན་པའི་གོ་འཕང་འཐོབ་པར་བྱེད་པའི་བར་འབྲས་བུ་བདེ་བ་འབྱུང་བ་དང་། ནག་པོ་མི་དགེ་བ་བཅུའི་ལས་ཆེ་འབྲིང་ཆུང་གསུམ་གྱིས་རིམ་པ་བཞིན་རྣམ་སྨིན་གྱི་འབྲས་བུ་དམྱལ་བ་དང་

དུད་འགྲོ་དང་ཡི་དྭགས་སུ་སྐྱེ་བ་དང་། དེ་དག་ལས་ཤི་འཕོས་ཏེ་མིར་སྐྱེ་ན་ཡང་། རྒྱུ་མཐུན་གྱི་འབྲས་བུ་ཚེ་ཐུང་བ་དང་ནད་མང་བ་དང་། གཞན་གྱི་སྲོག་གཅོད་པ་ལ་དགའ་བ་སོགས་དང་། བདག་པོའི་འབྲས་བུ་གང་དུ་གནས་པའི་ས་ཕྱོགས་ཡིད་དུ་མི་འོང་བར་འགྱུར་པ་ལ་སོགས་པའི(༧༨ན)སྡུག་བསྔལ་འབྱུང་བས། ལས་ངེས་པ། འཕེལ་ཆེ་བ། མ་བྱས་པ་དང་མི་འཕྲད་པ། བྱས་པ་ཆུད་མི་ཟ་བར་སྟོན་པ་ཐུགས་རྗེ་ཅན་གྱིས་གསུངས་པ་ལ་ཡིད་ཆེས་ཀྱི་ངེས་པ་བརྟན་པོ་རྙེད་པའི་སྒོ་ནས་རང་གི་རྒྱུད་ལ་སྔོན་ཐོག་མ་མེད་པ་ནས་བསགས་པའི་མི་དགེ་བ་ཡོད་པ་རྣམས་གཟུགས་སུ་འགྲུབ་ན་རི་རབ་དང་རྒྱ་མཚོ་ལས་ཀྱང་ཤིན་དུ་ཆེ་ཞིང་མང་བ་ཡོད་པའི་སྙིང་དུ་ཚེ་འདིར་ཡང་བག་མེད་དུ་བསགས་པའི་དབང་གིས་ངན་སོང་དུ་སྐྱེ་ན། དམྱལ་བར་ལྕགས་ཀྱི་ས་གཞི་མེ་རབ་ཏུ་འབར་བ་མིའི་མེ་ལས་བདུན་འགྱུར་བདུན་འགྱུར་གྱིས་ཚ་ཞིང་ཤིན་ཏུ་མི་ཟད་པའི་མེས་ལུས་ཐམས་ཅད་མར་མེའི་སྡོང་བུ་ལྟར་བསྲེག་པ་དང་། ཟངས་ཞུན་ཁོལ་མར་འཚེད་པ་དང་། ལུས་དང་མེ་དབྱེར་མེད་དུ་འགྱུར་བ་སོགས་དང་། གངས་རིས་བསྐོར་བའི་འཁྱགས་པའི་སྦུབས་སུ་གནས་པའི་ལུས་ཆུ་བུར་འབྱུང་ཞིང་བརྒྱ་སྟོང(༧༨བ)དུ་མར་འགས་པ་ལ་སོགས་པའི་སྡུག་བསྔལ་དང་། དུད་འགྲོར་གཅིག་ལ་གཅིག་ཟ་བ་དང་གསོད་པ་སོགས་པའི་སྡུག་བསྔལ་དང་། ཡི་དྭགས་སུ་ཟས་སྐོམ་མི་རྙེད་ཅིང་། རྙེད་ཀྱང་སྤྱོད་དབང་མེད་པ་དང་། སྤྱོད་པ་རྣམས་མེ་འབར་བ་ལ་སོགས་པའི་སྡུག་བསྔལ་ཏེ་དེ་ལྟ་བུའི་ངན་སོང་གསུམ་གྱི་སྡུག་བསྔལ་ཤུགས་དྲག་པོ་རྣམས་མིའི་ལོ་བྱེ་བ་དུང་ཕྱུར་བརྒྱ་སྟོང་དུ་མ་སོགས་ཡུན་རིང་དུ་མྱོང་བའི་ཚུལ་ལེགས་པར་བསམས་ཏེ་འཇིགས་ཤིང་སྐྲག་པའི་བློ་སྐྱེ་བ་ན། དེ་དག་ལས་སྐྱོབ་པའི་ནུས་པ་དཀོན་མཆོག་ལ་ཡོད་པར་ཡིད་ཆེས་ཀྱི་དད་པ་བསྐྱེད་དེ། དེང་ནས་བྱང་ཆུབ་མ་ཐོབ་ཀྱི་བར་དུ་ཁྱེད་རང་མཁྱེན་སྙམ་པའི་བློ་

ཡིད་ངེས་བསྒྱུར་གྱི་སྒོ་ནས་སྐྱབས་སུ་འགྲོ་བ་ནི་སངས་རྒྱས་ཀྱི་བསྟན་པ་ལ་འཇུག་པའི་སྒོ་ཆེན་པོ་ཡིན་ཞིང་། སྐྱབས་འགྲོ་ཚིག་ཙམ་མིན་པ་ཡོད་ན་མཐུ་ཕྱུལ་དུ་བྱུང་བ་ལ་བརྟེན་པ་ཡིན་པས་ཕྱི་ནང་གི་བར་ཆད་ཀྱིས་མི་བརྫི་བ་དང་ཡོན(༧༧ན)ཏན་གྱི་ཁྱད་པར་རྣམས་བསྐྱེད་སླ་ཞིང་ཉམས་དཀའ་བས་གོང་ནས་གོང་དུ་འཕེལ་བར་འགྱུར་བས་སྔར་བཤད་པ་ལྟར་འཛིགས་པ་དང་ཡོན་ཏན་དྲན་པ་སོགས་ཀྱི་སྒོ་ནས་སྐྱབས་སུ་བཟུང་ཞིང་དེའི་བསླབ་བྱ་ལས་མི་འདའ་བ་ལ་འབད་པ་དང་། མི་དགེ་བ་བཅུ་སོགས་ཉེས་པའི་ཚོགས་ཆེ་བར་མ་ཟད་ཕྲ་ཞིང་ཕྲ་བ་རྣམས་ཀྱང་རབ་ཀུན་སློང་ཙམ་ཡང་མི་སྐྱུ་བ་དང་། འཕྲིང་སྤྱོར་བའི་སྐབས་ནས་དང་། ཐ་ནའང་བྱས་པའི་རྗེས་སུ་འགྱོད་ཅིང་བཤགས་པ་དང་། ཕྱིན་ཆད་མི་བྱེད་སྙམ་པའི་སྡོམ་སེམས་སྐྱེད་པ་ཡན་ཆད་ཀྱིས་སྤྱོང་བ་དང་། དེ་དག་སྤོང་བའི་དགེ་བ་བཅུ་ལ་སོགས་པའི་དགེ་བའི་ཚོགས་མཐའ་དག་རང་གི་ནུས་ཚོད་ཀྱིས་བསྒྲུབ་ཅིང་མི་ནུས་པ་རྣམས་ཀྱང་མི་སྤོང་བར་ཐ་ན་ནམ་ཞིག་བསྒྲུབ་ནུས་པ་ཡོང་སྙམ་པའི་འདུན་པ་དང་སྨོན་ལམ་ཤུགས་དྲག་པོ་གདབ་པ་ཡན་ཆད་ཀྱིས་སྒྲུབ(༧༧བ)པར་བྱེད་པ་ལ་ཉིན་མཚན་གྱི་དུས་རྟག་ཏུ་དྲན་ཤེས་ཚུལ་མཐུན་གྱི་བག་ཡོད་པ་དང་ལྡན་པ་ཞིག་ངེས་པར་དགོས་སོ། །དེ་ལ་ སྣོད་བཅུད་ཀྱི་འཇིག་རྟེན་ཐམས་ཅད་མི་རྟག་པ་དང་། ཁྱད་པར་དུ་འཆི་བ་མི་རྟག་པ་མ་བསྒོམས་ན་སེམས་ཀྱིས་རྒྱལ་ཁམས་བསྐོར་ནས་ཚུལ་མིན་གྱི་རྟོག་པ་འོག་འགྱུའི་ངང་ལ་འབྱམས་པ་རང་གིས་མངོན་སུམ་གྱིས་གྲུབ་པས་ཆོས་རྣམ་དག་སྒྲུབ་པ་སྲིད་མཐའ་ཙམ་དུ་སྣང་བས། ཚོམས་ལས། འདི་ནི་བྱ་བ་བྱས་ཟིན་དོན་འདི་བྱས། །འདི་དག་བྱས་ནས་བདག་གིས་དེ་བྱའོ་ཞེས། །དེ་ལྟར་མི་འདི་ཡོངས་སུ་བཤོམས་པ་ན། །རྒ་དང་ནད་བཅས་འཆི་བས་མངོན་དུ་བཅོམ། །ཞེས་གསུངས་པ་ལྟར་ཡིན་པས་འདི་སྣང་གི་གཡེངས་པ་བཙན་ཆོད་དུ་སྤངས་ནས་ཆོས་རྣལ་མ་ཞིག་བྱས་ན་འཆི

བ་མི་རྟག་པ་བསྒོམ་པ་དང་འཁོར་བ་ལས་ཡིད་བྱུང་བ་ཕན་ཡོན་ཆེ་སྟེ་དེ་ལྟར་བསྒོམ་པ་ན་ཚེ་འདིའི་སྣང་ཞེན་ལས་བློ་ལོག་པ་ལས་དམ་པའི(༧༢ན)ཆོས་ཁོ་ན་དོན་དུ་གཉེར་བར་བྱ་དགོས་པར་ཐག་གཅོད་པར་བྱེད་སྟེ། རྒྱལ་པོ་གཙུག་རྒྱན་སྙིང་པོ་ལ་གདམས་པའི་ཐེག་པ་ཆེན་པོའི་མདོ་ལས། བཅོམ་ལྡན་འདས་ཀྱིས་བཀའ་སྩལ་པ། ཞིང་རྨོ་བ་ཐམས་ཅད་ཀྱི་ནང་ན་སྟོན་གྱི་ལོག་མཆོག་གོ། །རྗེས་ཐམས་ཅད་ཀྱི་ནང་ན་གླང་པོ་ཆེའི་རྗེས་མཆོག་གོ། །མི་རྟོག་རྣམས་ཀྱི་ནང་ན་པདྨ་དཀར་པོ་མཆོག་གོ། །འདུ་ཤེས་ཐམས་ཅད་ཀྱི་ནང་ན་མི་རྟག་པ་དང་འཆི་བའི་འདུ་ཤེས་མཆོག་གོ། །བསམ་པ་རྣམས་ཀྱི་ནང་དུ་འཁོར་བ་ལས་ཡིད་འབྱུང་བ་མཆོག་ཡིན་ཏེ་དེ་དག་གིས་ནི་ཁམས་གསུམ་གྱི་འདོད་པ་དང་མ་རིག་པ་དང་ང་རྒྱལ་ཐམས་ཅད་སེལ་ཏོ། །ཞེས་དང་། སྔོན་གྱི་འཇིག་རྟེན་རི་རབ་གླིང་ཁམས་ཀྱང་། །འཇིག་པའི་དུས་ཚེ་བསྐལ་བའི་མེ་བྱུང་ནས། །ཐལ་བའི་ལྷག་མ་ཙམ་ཡང་མི་ལུས་སོ། །ཆུ་དང་རླུང་གིས་འཇིག་པ་དེ་བཞིན་ནོ། །གཞན་ཡང་དབྱར་དྲོད་སྐྱེ(༧༢བ)ལ་དགུན་གྲང་སླེབ། །ལོ་ལེགས་ལོ་ཉེས་ཐབ་ཤོད་ངེས་པ་མེད། །ལོ་ཟླ་འདས་ཤིང་འཇིག་པའི་དུས་དང་ཉེ། །དེ་ལ་སོགས་པའི་མི་རྟག་མངོན་སུམ་ནི། །རྟག་པ་ཡིན་ན་ཅིའི་ཕྱིར་འགྱུར་ཞིང་འགྲོ། །ཞེས་དང་། བཅུད་ཀྱི་སེམས་ཅན་ཚེ་འདི་ཉིད་ལ་ཡང་། །ཉིན་ཞག་ལོ་ཟླ་རིམ་གྱིས་གཅོད་བྱེད་པས། །ཉིན་ཞག་འདས་ཤིང་འཆི་དང་ཕར་ཕར་ཉེ། །མི་ཤིར་འདོད་ཀྱང་རང་ལ་རང་དབང་མེད། །སྐྱེ་ཀ་ན་འཆི་རང་ཐག་རི་མོ་འདྲ། །འཆི་བདག་བདུད་ནི་སོ་བྱ་ཉ་སྡོད་འདྲ། །འཆི་བའི་རྐྱེན་ནི་བསམ་གྱིས་མི་ཁྱབ་སྟེ། །འཆི་རྐྱེན་མ་སོང་དངོས་པོ་གང་ཡང་མེད། །ལུས་འདི་ཟས་ཀྱིས་འཚོ་ཡང་བརྣངས་ནས་འཆི། །འཇིག་རྟེན་འདི་ན་ཆེ་ཆུང་ཕྱུག་དབུལ་ཀུན། །འཆི་བདག་དབང་དུ་མི་འགྱུར་གང་ཡང་མེད། །སྔ་མ་ཤི་བའི་མི་རྣམས་ཀུན་གྱིས་ཀྱང་། །རྟག་ཏུ་རེ་ནས(༧༣ན)བུ་དང་ནོར་

བསགས་ཀྱང་། །བུ་ནོར་ཕྱིར་ལུས་བདག་ལ་ཕན་པ་མེད། །རང་གི་དགེ་སྡིག་གཉིས་དང་འགྲོགས་ཏེ་འཆི། །ད་ལྟ་རང་རེ་གནས་པའི་རིང་འདི་ལའང་། །དགའ་བཤེས་གཉེན་འདུན་མཛའ་དང་མི་འཛའ་དང་། །ན་ཚོད་མཐུན་དང་རྒན་གཞོན་ཇི་སྙེད་ཅིག །ཤི་བ་མཐོང་ཞིང་ཐོས་པ་མ་ཡིན་ནམ། །ས་སྟེང་གནས་པའི་སེམས་ཅན་འདི་ཀུན་ཀྱང་། །ལོ་བརྒྱ་ཙུན་ཆད་སྟོད་ཀྱང་མ་ལུས་འཆི། །དེ་བས་རང་རེའང་འཆི་བའི་ཆོས་ཅན་ཡིན། །དེང་འཆི་སང་འཆི་སུས་ཀྱང་མི་ཤེས་ཏེ། །ཚོད་འཛིན་པ་ཡང་མི་འཇིགས་སྙིང་མེད་པས། །སང་ཕོད་དེང་སང་བདག་ཉིད་ཇི་ལྟར་འགྱུར། །འཆི་བའི་ཚེ་ན་ཕ་མ་བུ་ཚ་དང་། །ཕུ་ནུ་མཛའ་བཤེས་གྲན་འཕོལ་ནོར་ཀུན་ཀྱང་། །བདག་ཉིད་འཆི་བའི་ཕྱི་ན་འོང་མེད་པས། །སྡུག་བསྔལ(༧༠བ)སྐལ་ལེན་འགའ་ཡང་ཡོད་མ་ཡིན། །དེ་བས་སྐྱེས་ཀྱང་བདག་ཉིད་གཅིག་པུ་སྐྱེས། །ཐ་མ་འཆི་ཡང་བདག་ཉིད་གཅིག་པུ་འཆི། །སྐད་ཅིག་ཚེ་ལས་མཐུན་པ་ཉེ་གཞི་རྣམས། །མགྲོན་པོ་གནས་མཐུན་ཙམ་སྟེ་སོ་སོར་འགྲོ། །སྐད་ཅིག་ཙམ་ཡང་འབྲལ་བར་མི་ནུས་པའི། །གཉེན་དང་ནོར་རྫས་ཡུལ་མཁན་ཀུན་བོར་ནས། །བདག་ཉིད་གཅིག་པུས་འཇིགས་པའི་ལམ་དུ་འགྲོ། །ཅི་ཙམ་སྡིག་དང་བསྡོས་ནས་ནོར་བསགས་ཀྱང་། །སྡིག་པའི་རྣམ་སྨིན་སྡོངས་པ་བདག་ཉིད་འབུར། །བསགས་པའི་ནོར་ནི་འཕོད་དག་བུ་ཚས་འཕྲེར། །དེ་ཕྱིར་བསགས་པའི་ནོར་གྱིས་ཅི་ཞིག་ཕན། །བདག་ལ་ཤིན་ཏུ་འཕངས་པའི་ལུས་འདི་ཡང་། །ཤི་བའི་དུས་སུ་རྫས་ཞིག་བཞིན་དུ་འབོར། །ལྷན་ཅིག་སྐྱེས་པའི་ཤ་རུས་གཉིས་ཀྱང་དབྱེ། །དབང་མེད་བདག་ཉིད་གཅིག་པུ་འཁྱམས་ནས་ནི། །ལས་ཀྱི་དབང་གིས་གང་དུ་སྐྱེས(༧༠ན)གྱུར་ན། །དེ་བས་ལུས་ཀྱི་ཕྱིར་ནི་སྡིག་མི་བྱ། །ལུས་འདི་ས་གཏིང་འགྲོ་སྟེ་ཚོག་མི་ཤེས། །མི་གཙང་ལས་བྱུང་མི་གཙང་ཕུང་པོ་ཡིན། །ན་རྒ་འཆི་སོགས་སྡུག་བསྔལ་ཀུན་གྱི་གནས། །ཤི་ནས་ལུས་པོར་ས་ཡི་ཕྱོགས་ཙམ་

བཙོག །བྱ་དང་ཁྱི་སྤྱང་ལ་སོགས་རྣམས་ཀྱིས་ཟ། །བསྙེན་བཀུར་འབད་ཀྱང་འཆི་བདག་སྲིན་པོས་འཁྲོག །མཁས་པས་སྨོད་ཅིང་བླུན་པོ་ཆགས་པའི་གནས། །དེ་བས་མཁས་པ་སུ་ཞིག་ལུས་ལ་ཆགས། །ལུས་ཀྱི་ཕྱིར་ནི་ཡ་ངར་འཇུག་མི་བྱ། །འདི་ལ་སླ་ཇན་གོས་ཟས་སྦྱིན་ནས་སུ། །ཡུན་གྱི་ཕན་ཕྱིར་བསོད་ནམས་གསོག་ཏུ་གཞུག །ཅེས་དང་། ཚོམས་ལས་ཀྱང་། ལུས་འདི་རྫ་སྣོད་འདྲ་བར་རྟོགས་བྱ་ཞིང་། །དེ་བཞིན་ཆོས་རྣམས་སྨིག་རྒྱུ་འདྲར་ཤེས་ནས། །བདུད་ཀྱི་མེ་ཏོག་མཚོན་ནི་འདིར་གཅོད་པ། །འཆི་བདག་རྒྱལ་པོ་བལྟར་ཡང་མེད་པར་འགྲོ། །ཞེས(༥༠བ)དང་། ཀ་བ་མཐོང་ཞིང་ནད་ཀྱི་སྡུག་བསྔལ་དང་། །སེམས་དང་བྲལ་བའི་ཤི་བ་མཐོང་ནས་ནི། །བརྟན་པས་བཙོན་ར་འདྲ་བའི་ཁྱིམ་སྤངས་ཀྱི། །འཇིག་རྟེན་ཕལ་པས་འདོད་སྤངས་ནུས་རེ་སྐན། །ཞེས་དང་། སྐྱེས་རབས་ལས། རབ་ཏུ་བསྲིམས་ཀྱང་གནས་མི་ནུས། །གང་ལ་བཙོས་སུ་མི་ཉུང་བ། །འཇིགས་ཤིང་དངངས་པར་བྱས་པ་ཡིས། །དེ་ལ་ཕན་པ་ཅི་ཞིག་ཡོད། །དེ་ལྟར་འཇིག་རྟེན་ཆོས་ཉིད་ལ་བརྟགས་ན། །མི་རྣམས་སྡིག་པ་བྱས་པས་འཁྱོད་པར་འགྱུར། །དགེ་བའི་ལས་ཀྱང་ལེགས་པར་ཡོངས་མ་བྱས། །ཕྱི་མའི་ཚེ་ལ་སྡིག་བསྔལ་འབྱུང་དུ་དོགས། །འཆི་བར་འགྱུར་བའི་འཇིགས་པས་རྨོངས་པར་འགྱུར། །གང་ལས་བདག་གི་ཡིད་ནི་འཁྱོད་གྱུར་པ། །དེ་ཉིད་བདག་གིས་བྱས་པར་ཡོངས་མི་དྲན། །དཀར་པོའི་ལས་ཀྱང་རབ་ཏུ་གོམས་པར་བྱས། །ཆོས་ལ་གནས་ལ་འཆི་བས་སུ་ཞིག་འཇིགས། །ཞེས་དང་། (༥༡ན)ཤིང་རྟ་དག་གིས་གང་དུ་ས་ལ་ལམ་དྲངས་པ། །དེ་བཞིན་གཞན་དང་གཞན་ཡང་ལམ་དེར་གདོང་། །དེ་ལྟར་ཐོག་མའི་ལམ་ནི་བདེ་བ་འདི་བོར་ནས། །ཡང་དག་མ་ཡིན་ལམ་དུ་འཇུག་པར་བདག་མི་དགའ། །ཞེས་འཆི་བ་མི་རྟག་པ་བསྒོམས་ནས་ཚེ་འདི་བློས་གཏོང་བ་ནི་ཕུན་སུམ་ཚོགས་པ་ཐམས་ཅད་ཀྱི་སྒོ་ཡིན་ན་དེ་ཅི་ཞིག་བསྐྱེད་པ་ནི། ལམ་གཅིག་ཐོབ་པའི་

རྟེན་འདི་ངེས་པར་འཇིག་པ་དེ་འཇིག་པའི་རྟེན་དུ་གྱུར་པའི་ཆོས་ཉིད་དང་དེ་ཡང་རྐྱེན་གང་གིས་ཀྱང་བཟློག་ཏུ་མེད་དེ། ཡང་དག་པར་རྫོགས་པའི་སངས་རྒྱས་རྡོ་རྗེའི་སྐུ་བརྙེས་པ་དེ་ཡང་གདུལ་བྱ་བདག་འཛིན་ཅན་རྣམས་ཆོས་ལ་བསྐུལ་བའི་དབང་གིས། མྱ་ངན་ལས་འདའ་བར་བཞེད་པ་ན། ཤཱ་རི་བུ་འཁོར་བརྒྱད་ཁྲི་ལ་སོགས་པ་རྣམས་དང་། མོའུ་འགལ་གྱི་བུ་འཁོར་བདུན་ཁྲི་ལ་སོགས་པ་རྣམས་དང་། (༧བ)སྐྱེ་དགུ་བདག་མོ་ཆེན་མོ་འཁོར་ལྔ་བརྒྱ་ལ་སོགས་པ་རྣམས་མྱ་ངན་ལས་འདས། ཡང་དག་པར་རྫོགས་པའི་སངས་རྒྱས་གྲོང་ཁྱེར་རྩྭ་ཅན་གྱི་ཤིང་སཱ་ལ་ཟུང་གི་དྲུང་དུ་ཕེབས། ཀུན་ཏུ་རྒྱུ་རབ་བཟང་དགྲ་བཅོམ་པ་ལ་བཀོད། དེས་ཀྱང་སངས་རྒྱས་ཐུགས་རྗེ་ཅན་མྱ་ངན་ལས་འདའ་བ་མཐོང་མི་ཕོད་སྙམ་དུ་སྔོན་ལ་མྱ་ངན་ལས་འདས། དེ་བཞིན་གཤེགས་པ་གཟིམས་མལ་གྱི་ཐ་མ་ལ་བཞུགས་པ་ན། ཀུན་དགའ་བོས་ད་སྔ་སང་ནང་བར་དགེ་སློང་གི་དགེ་འདུན་གྱི་གུང་ལ་སངས་རྒྱས་བཞུགས་པ་མཐོང་བར་མི་འགྱུར་རོ་སྙམ་ནས་ས་ལ་འགྱེལ། སྲས་སྒྲ་གཅན་འཛིན་གྱིས་སངས་རྒྱས་མྱ་ངན་ལས་འདའ་བ་བལྟ་མ་བཟོད་པར་ཕྱོགས་བཅུའི་འཇིག་རྟེན་གྱི་ཁམས་རྣམས་སུ་རྫུ་འཕྲུལ་གྱིས་བྲོས་པས། ཞིང་དེ་དག་གི་སངས་རྒྱས་རྣམས་ཀྱིས་སངས་རྒྱས་ཤཱཀྱ་ཐུབ་པ་མྱ་ངན་ལས་འདའ་བ་ཁྱོད(༡༢ན)ལ་དགོངས་ནས་བཞུགས་འདུག་ཅེས་སེ་གོལ་གྱི་སྒྲས་བསྐྲད་ནས་སངས་རྒྱས་ཀྱི་དྲུང་དུ་བྱུང་བ་ན། སངས་རྒྱས་ཀྱིས་ཀུན་དགའ་བོ་དང་། སྲས་སྒྲ་གཅན་འཛིན་གཉིས་ཀྱི་ལག་པ་ཕྱག་གིས་བཟུང་ནས། འོད་སྲུངས་ཆེན་པོ་ལ། འདི་ནི་ངའི་ཉེ་གནས་ཡིན། འདི་ནི་ངའི་བུ་ཡིན་གསུངས་ནས་གཏད་དེ། སྐུའི་སྟོད་བསལ་ནས། དགེ་སློང་དག་དེ་བཞིན་གཤེགས་པའི་སྐུ་མཚན་དང་དཔེ་བྱད་ཀྱིས་སྤྲས་པ་ལ་ལྟོས་ཤིག །འདི་ནི་དེ་བཞིན་གཤེགས་པའི་སྐུ་ལ་བལྟ་བའི་ཐ་མའོ། །དགེ་སློང་དག་འདུས་བྱས་ཐམས་ཅད་མི་རྟག་སྟེ། འདི་ནི་དེ་བཞིན་

གཤེགས་པའི་གསུང་གི་ཐ་མའོ། །ཞེས་གསུངས་ནས་མྱ་ངན་ལས་འདའ་ཚུལ་བསྟན། དེའི་ཚེ་དགྲ་བཅོམ་པ་དབང་ཆེ་བ་ཁྲི་བརྒྱད་སྟོང་མྱ་ངན་ལས་འདས་པས་བཀའ་བསྡུས་དང་པོར་དགྲ་བཅོམ་པ་ལྔ་བརྒྱ་ལས་ལྷག་པ་མེད། (༤༢བ)དེ་བཞིན་དུ་བསྟན་པའི་གཏད་རབས་ཆེན་པོ་བདུན་དང་། ཤིང་རྟ་ཆེན་པོ་རྣམ་གཉིས་དང་འཛམ་གླིང་མཛེས་པའི་རྒྱན་དྲུག་ལ་སོགས་པའི་རྒྱ་གར་པཎྜི་ཏ་རྣམས་དང་། ཐེག་ཆེན་གྱི་སློབ་དཔོན་ལྔ་བརྒྱ་ལ་སོགས་པ་དང་། དེ་ལོ་ན་རེ་ལ་སོགས་པའི་གྲུབ་ཐོབ་ཆོས་རྒྱལ་ལོ་པཎ་ཇི་སྙེད་ཅིག་བྱོན་པ་ཐམས་ཅད་འཇིག་རྟེན་ཕ་རོལ་ཏུ་གཤེགས་ཟིན། བོད་འདིར་ཡང་། མཁན་སློབ་ཆོས་གསུམ། ཇོ་འབྲོམ་ཡབ་སྲས། རྗེ་ཐམས་ཅད་མཁྱེན་པ་ཡབ་སྲས་སོགས་སྔོན་གྱི་རྒྱལ་བློན་མཆོག་དམན་ཇི་སྙེད་ཅིག་བྱོན་པ་ཐམས་ཅད་འཇིག་རྟེན་ཕ་རོལ་ཏུ་གཤེགས་ཟིན་པ་ནས། རྩ་བའི་བླ་མ་གསུམ་ལྡན་རྡོ་རྗེ་འཛིན་པ་ཆེན་པོ་ཨ་ལགས་བླ་ཁོ་རིན་པོ་ཆེ་རྗེ་བཙུན་འཇིགས་མེད་འཕྲིན་ལས་རྒྱ་མཚོ་དཔལ་བཟང་པོའི་བར་ཞི་བར་གཤེགས(༤༣ན)ཟིན་པས་མི་རྟག་པའི་ཚོམས་ལས། གང་ཡང་སངས་རྒྱས་རང་སངས་རྒྱས། །སངས་རྒྱས་རྣམས་ཀྱི་ཉན་ཐོས་ཀྱང་། །སྐུ་ལུས་འདི་ནི་སྤོང་མཛད་ན། །སྐྱེས་བུ་ཕལ་བ་སྨོས་ཅི་དགོས། །ཞེས་གསུངས་པ་དང་། མདོར་ན་སྐྱེན་གང་གིས་ཀྱང་བཟློག་ཏུ་མེད་པར་མ་ཟད་ངེས་པར་འཆི་བ་ཡིན་ཏེ། ཚོམས་ལས། གང་དུ་གནས་ན་འཆི་བ་མི་ཚུགས་པའི། །ས་ཕྱོགས་དེ་ནི་ཡོད་པ་མ་ཡིན་ཏེ། །བར་སྣང་ལ་མེད་རྒྱ་མཚོའི་ནང་ན་མེད། །རི་བོ་རྣམས་ཀྱི་གསེབ་ཏུ་ཞུགས་ནའང་མིན། །ཞེས་དང་། བྱུང་དང་འབྱུང་བར་འགྱུར་བ་ཇི་སྙེད་པ། །ཀུན་གྱིས་ལུས་འདི་བཏང་ནས་འགྲོ་བ་དང་། །དེ་ཀུན་འཇིག་པར་མཁས་པས་རྟོགས་གྱིས་ཏེ། །ཆོས་ལ་གནས་ཀྱི་ངེས་པར་སྤྱོད་པ་སྤྱོད། །ཅེས་དང་། རྒྱལ་པོ་ལ་གདམས་པ་ལས། དཔེར་ན་ཕྱོགས་ནས་རི་ཆེན་པོ་སྲ་བ་བརྟན་པ་སྙིང(༤༣བ)པོ་དང་

ལྡན་པ་མ་ཞིག་པ་མ་འགས་པ་འཕན་མེད་པ་ཉིན་དུ་འཁྲིགས་པ་གཅིག་ཏུ་སྡུག་པོ་བཞི་གནམ་ལ་རེག་ཅིང་ས་རློག་སྟེ། རྩྭ་ཤིང་དང་ཤིང་གེལ་བ་དང་ཡལ་ག་དང་ལོ་མ་ཐམས་ཅད་དང་སེམས་ཅན་སྲོག་ཆགས་འབྱུང་པོ་ཐམས་ཅད་ཕྱེ་མར་འཐག་ཅིང་འོང་བ་ལ་ནི་མགྱོགས་པས་འབྲོས་པའམ་སྟོབས་ཀྱིས་བཟློག་པའམ་རྫས་དང་སྔགས་དང་སྨན་རྣམས་ཀྱིས་བཟློག་པར་སླ་བ་ནི་མ་ཡིན་ནོ། །རྒྱལ་པོ་ཆེན་པོ་དེ་བཞིན་དུ་འཇིགས་པ་ཆེན་པོ་བཞི་འདི་དག་འོང་སྟེ་དེ་དག་ལས་མགྱོགས་པས་འབྲོས་པའམ་སྟོབས་ཀྱིས་བཟློག་པའམ་ནོར་གྱིས་བཟློག་པའམ་རྫས་དང་སྔགས་དང་སྨན་གྱིས་བཟློག་པར་སླ་བ་ནི་མ་ཡིན་ནོ། །བཞི་གང་ཞེ་ན། རྒ་བ་དང་ན་བ་དང་འཆི་བ་དང་རྒུད་པའོ། །རྒྱལ་པོ་ཆེན་པོ། རྒ་བ་ནི་དར་ལ་བབ་པ་འཇོམས་ཤིང་འོང་། ན་བ་ནི་ནད་མེད་པ་འཇོམས་ཤིང་འོང་། རྒུད་པ་ནི་ཕུན(༤༥ན)སུམ་ཚོགས་པ་ཐམས་ཅད་འཇོམས་ཤིང་འོང་། འཆི་བ་ནི་སྲོག་འཇོམས་ཤིང་འོང་སྟེ། དེ་དག་ལས་ནི་མགྱོགས་པས་འབྲོས་པའམ་སྟོབས་ཀྱིས་བཟློག་པའམ་རྫས་དང་སྔགས་དང་སྨན་རྣམས་ཀྱིས་ཞི་བར་སླ་བ་ནི་མ་ཡིན་ནོ། །ཞེས་དང་། མངལ་དུ་འཇུག་པ་ལས། ད་ལྟ་ལེགས་པར་བདེ་བར་གནས་པར་ཡོངས་སུ་བསྲུངས་ན་དེ་རིང་ན་ལོ་བརྒྱའམ་ཅུང་ཟད་ཅིག་ལྷག་པར་འཚོའོ། །དེ་ལས་ཀྱང་ཕྱེད་གཉིད་ཀྱིས་ཁེབས་སོ། །ལོ་བཅུ་ནི་བྱིས་པའོ། །ལོ་ཉི་ཤུ་ནི་རྒས་པ་སྟེ། མྱ་ངན་དང་སྨྲེ་ངག་འདོན་པ་དང་སྡུག་བསྔལ་བ་དང་ཡིད་མི་བདེ་བ་དང་འཁྲུགས་པ་རྣམས་ཀྱིས་ཀྱང་བཅད། ལུས་ལས་བྱུང་བའི་ནད་རྣམ་པ་དུ་མ་བརྒྱ་ཕྲག་དུ་མས་ཀྱང་བཅད་དོ། །ཞེས་དང་། ཚོམས་ལས། དཔེར་ན་ཐགས་ནི་བཀྲངས་པ་ལ། །སྤུན་ནི་གང་དང་གང་བཟུག་པའི། །སྤུན་གྱི་གཉིང་ལ་འགྲོ་བ་ལྟར། །(༤༥པ)མི་རྣམས་སྲོག་ཀྱང་དེ་བཞིན་ནོ། །དཔེར་ན་ངེས་པར་བསད་པ་དག །གོམ་པ་གང་དང་གང་བོར་བས། །བསད་པའི་དྲུང་དུ་བསྙེན་པ་

ལྟར། །མི་རྣམས་སྲོག་ཀྱང་དེ་བཞིན་ནོ། །ཆུ་ཀླུང་དྲག་ཏུ་བབ་པའི་རྒྱུན། །ལྡོག་པ་མེད་པ་ཇི་ལྟ་བ། །དེ་བཞིན་མི་ཡི་སྲོག་འགྲོ་བ། །སླར་ཡང་ལྡོག་པར་འགྱུར་བ་མེད། །དཀའ་བ་ཉིད་དང་ཐུང་བ་དང་། །དེ་ཡང་སྡུག་བསྔལ་ལྡན་པ་དག །མྱུར་བར་ཕོ་ནར་འཇིག་འགྱུར་ཏེ། །ཆུ་ལ་དབྱུག་གུས་བྲིས་པ་བཞིན། །དཔེར་ན་ཕྱུགས་རྫི་དབྱུག་ཐོགས་ཀྱིས། །ཕྱུགས་རྣམས་གནས་སུ་ཕྱིན་བྱེད་ལྟར། །དེ་བཞིན་ན་དང་ན་བ་ཡིན། །མི་རྣམས་འཆི་བདག་དྲུང་དུ་སྐྱེལ། །ཞེས་དང་། རྒྱ་ཆེར་རོལ་བ་ལས། སྲིད་གསུམ་མི་རྟག་སྟོན་ཀའི་སྤྲིན་དང་འདྲ། །འགྲོ་བའི་སྐྱེ་འཆི་གར་ལ་བལྟ་དང་མཚུངས། །འགྲོ་བའི་ཚེ་འགྲོ་ནམ་མཁའི་གློག་འདྲ་སྟེ། །རི་གཟར་འབབ་ཆུ་འདྲ་བར་མྱུར་མགྱོགས་འགྲོ། །ཞེས་དང་། མི་ཡི་དཔའ(༥༥ན)བོ་ཐོག་མའི་མཚན་མོར་ནི། །གང་ན་འཇིག་རྟེན་མངལ་ན་གནས་གྱུར་པ། །དེ་ནས་བརྩམས་ནས་དེ་ནི་ཉིན་རེ་བཞིན། །འགྲོ་བཤོལ་མེད་པར་འཆི་བདག་དྲུང་དུ་འགྲོ། །ཞེས་དང་། བདེན་པ་པོའི་ལེའུ་ལས། རྒྱལ་པོ་ཆེན་པོ། འཚོ་བའི་ཡུན་ནི་ཐུང་ངོ་། །ཚེ་ཡི་ཚད་ནི་རིང་པོར་མི་ཐུབ་བོ། །ཕ་རོལ་ཏུ་བཞུད་འཚལ་ལོ། །ཚེའི་འདུ་བྱེད་ནི་རིའི་འབབ་ཆུ་ལྟར་མི་བརྟན་ཅིང་གཡོ་སྟེ། སྐད་ཅིག་ཀྱང་མི་གནས་ཀྱི་དེའི་སླད་དུ། རྒྱལ་པོ་ཆེན་པོ། ལས་ཀྱི་རྣམ་པར་སྨིན་པའི་དྲུངས་མི་འབྱུང་ཞིང་འཇིག་རྟེན་ཕ་རོལ་གྱིས་འཇིགས་པ་མཛོད་ཅིག །ཅེས་གསུངས་པ་ལྟར་འཆི་བདག་ངེས་པར་འོང་བས་ད་ལྟ་ཉིད་ནས་ཆོས་བྱེད་དགོས་སྙམ་དུ་བློ་ཐག་ཆད་དེ་བཅད་དགོས་ཏེ། སྐྱེས་རབས་ལས། ཀྱི་མའོ་འཇིག་རྟེན་ཉོན་མོངས་དག །གནས་པ་མི་བརྟན་དགའ་མི་འགྱུར། །ཀུ་མུ་ཏ་ཡི་དཔལ་འདི་ཡང་། །དྲན་པར(༥༥བ)བྱ་བ་ཉིད་དུ་འགྱུར། །འགྲོ་བ་འདི་ལྟ་བུར་ནི་འཁོད་པ་ལ། །སྐྱེ་བོ་འཇིགས་པ་མེད་པ་ངོ་མཚར་སྐྱེ། །ལམ་རྣམས་ཐམས་ཅད་འཆི་བདག་ཉིད་ཀྱིས་བཀག །དགོས་པ་མེད་པར་རབ་ཏུ་དགའ་ཞིང་སྤྱོད། །ན་དང་རྒ

དང་འཆི་བའི་གནོད་བྱེད་དགྲ། །མཐུ་ཆེན་དགག་ཏུ་མི་ནུས་ཡོད་བཞིན་ལ། །འཇིག་རྟེན་ཕ་རོལ་ཉམ་ངར་ངེས་འགྲོ་ན། །སེམས་ཤེས་སུ་ཞིག་འདི་ལ་དགའ་བར་སེམས། །ཞེས་དང་། ཚོམས་ལས། བསོད་ནམས་བྱས་ཤིང་སྡིག་པ་མ་བྱས་ལ། །དམ་པ་རྣམས་ཀྱིས་བསྟན་པའི་ཆོས་སྤྱོད་པས། །དེ་ནི་ནམ་ཡང་འཆི་བས་འཇིགས་མེད་དེ། །བརྟན་པའི་གྲུ་ཡིས་ཕ་རོལ་འགྲོ་བ་བཞིན། །ཞེས་གསུངས་པ་ལྟར་རོ། །ངེས་པར་འཆི་བར་མ་ཟད་ནམ་འཆི་བ་ལ་ངེས་པ་མེད་དེ། ཚོམས་ལས། སང་ཙམ་མི་འཆིའང་སུ་ཡིས་ཤེས། །དེ་རིང་ཉིད་ནས་བརྩོན་དེ་བྱ། །འཆི་བདག་སྡེ(༨༧ན)ཆེན་དེ་དག་ནི། །གང་དང་བཤེས་པ་ཡོད་མ་ཡིན། །ཞེས་དང་། ཚོམས་ལས། སྔ་དྲོ་སྐྱེ་བོ་མང་མཐོང་བ། །ཕྱི་དྲོ་ཁ་ཅིག་མཐོང་མི་འགྱུར། །ཕྱི་དྲོ་སྐྱེ་བོ་མང་མཐོང་བ། །སྔ་དྲོ་ཁ་ཅིག་མཐོང་མི་འགྱུར། །ཞེས་དང་། སྐྱེས་པ་བུད་མེད་མང་པོ་དག །དར་ལ་བབ་པའང་འཆི་འགྱུར་ན། །དེ་ལ་མི་འདི་གཞོན་ཞེས་ཏེ། །གསོན་པའི་གདེང་དྲོད་ཅི་ཞིག་ཡོད། །ཁ་ཅིག་མངལ་དུ་འཆི་བར་འགྱུར། །དེ་བཞིན་ཁ་ཅིག་བཙས་པའི་སར། །དེ་བཞིན་ཁ་ཅིག་གོག་ཙམ་ན། །དེ་བཞིན་ཁ་ཅིག་ཡོངས་རྒྱུག་ན། །ལ་ལ་རྒན་དང་ལ་ལ་གཞོན། །ལ་ལ་དར་ལ་བབ་པའི་མི། །རིམ་གྱིས་རབ་ཏུ་འགྲོ་འགྱུར་ཏེ། །འབྲས་བུ་སྨིན་པ་ལྟུང་བ་བཞིན། །ཞེས་དང་། སང་ཙམ་མི་འཆིའང་སུ་ཡིས་ཤེས། །དེ་རིང་ཉིད་ནས་བརྩོན་ཏེ་བྱ། །འཆི་བདག་སྡེ་ཆེན་དེ་དག་ནི། །གང་དང་བཤེས་པ་ཡོད་མ་ཡིན། །ཞེས་དང་། སང་དང་འཇིག་རྟེན་ཕྱི་མ་གཉིས། །སྔོན་དུ་གང་སྔ(༨༧བ)ཆ་མེད་པའི། །སང་གི་ཚེ་ལ་མི་འབད་པར། །ཕྱི་མའི་དོན་ལ་འབད་པར་རིགས། །ཞེས་གསུངས་པའི་ཕྱིར། འཆི་བའི་ཚེ་ཆོས་མ་གཏོགས་པ་གང་གིས་ཀྱང་མི་ཕན་པས་ཆོས་ལ་སྦྱོར་མི་བཟོད་པའི་རྐྱེན་དང་འཕྲད་པས་བྱ་ཐབས་མེད་པའི་དབང་དུ་མི་གཏོང་བར་ཆོས་རྣམ་དག་ཅིག་ངེས་པར་བྱ་དགོས་ཏེ། རྒྱལ་པོ་ལ་

གདམས་པ་ལས། དཔེར་ན་རི་དྭགས་ཀྱི་རྒྱལ་པོ། ཞེས་པ་ནས། སྐྱིགས་བུ་ནི་འབྱུང་། སྒྲ་ངར་ངར་པོ་ནི་ཐོན། སྨན་པས་ནི་བོར། སྨན་དང་ཁ་ཟས་དང་བཟའ་བ་དང་བཏུང་བ་ཐམས་ཅད་ཀྱིས་ནི་བློས་ལ་བོར་ཏེ། འགྲོ་བ་གཞན་དག་ཏུ་འགྲོ་བར་མལ་གྱི་ཐ་མལ་ནི་ཉལ། ཞེས་པ་ནས། ལས་ཀྱི་སྲིད་པ་ནས་ཡང་སྲིད་པ་ལ་ནི་འཇུག །གཅིག་པུ་གཉིས་སུ་མེད་ཅིང་གྲོགས་ནི་མེད། འཇིག་རྟེན་འདི་ནི་དོར། འཇིག་རྟེན་ཕ་རོལ་ཏུ་ནི་འགྲོ། སྐྱས་ཆེན་པོ་ནི་འདེགས། མུན་པ་ཆེན་པོར་ནི་ཞུགས། དགོན་པ་ཆེན་པོར་ནི་འགྲོ། (༤༧ན)རྒྱ་མཚོ་ཆེན་པོར་ནི་ཁྱེར། ལས་ཀྱི་རླུང་གིས་ནི་བདས། ས་ཕྱོགས་ངེས་པ་མེད་པའི་ས་ཕྱོགས་སུ་འགྲོ་བ་ན་ཆོས་མ་གཏོགས་པར་མགོན་གཞན་མེད་དོ། །རྒྱལ་པོ་ཆེན་པོ། ཆོས་ནི་དེའི་ཚེ་དེའི་དུས་ན་གླིང་ཆེན་པོ་དང་མགོན་དང་སྐྱབས་དང་དཔུང་གཉེན་དང་སྟོན་པར་འགྱུར་རོ། །ཞེས་དང་། ཆེད་དུ་བརྗོད་པའི་ཚོམས་ལས། ཆོས་ཀྱི་སྟོན་དུ་ཡིད་འགྲོ་སྟེ། །ཡིད་མགྱོགས་ཡིད་ནི་གཙོ་བོ་ཡིན། །ཇི་ལྟར་ཡིད་རབ་གདུག་པ་ཡིས། །སྨྲས་སམ་ཡང་ན་བས་ཀྱང་རུང་། །དེ་ཡིས་དེ་ནི་སྡུག་བསྔལ་ཐོབ། །འཁོར་ལོས་མགོ་བོ་བཅད་པ་བཞིན། །ཇི་ལྟར་ཡིད་རབ་དང་བ་ཡིས། །སྨྲས་སམ་ཡང་ན་བྱས་ཀྱང་རུང་། །དེ་ཡིས་དེ་ནི་བདེ་བ་ཐོབ། །གྲིབ་མ་རྗེས་སུ་འབྲང་བ་བཞིན། །ཞེས་དང་། དཀོན་མཆོག་སྤྲིན་ལས། འཇིག་རྟེན་སེམས་ཀྱིས་འཁྲིད་པ་སྟེ། །སེམས་ཀྱིས(༤༧བ)(བསོད་ནམས་སྟོབས་ཀྱི་རྟོགས་བརྗོད་ལས། བསོད་ནམས་བསགས་ན་བདེ་བར་འགྱུར། །དེ་ཕྱིར་མི་ནི་བསོད་ནམས་བྱ། །དེ་ཡང་ཡང་དང་ཡང་དུ་བྱ། །དེ་ཉིད་ལ་ནི་འདུན་པར་བྱ། །བསོད་ནམས་དལ་ནས་བྱེད་ན་ནི། །སྡིག་ལ་མངོན་པར་དགའ་བར་འགྱུར། །དེའི་ཕྱིར་དགེ་བ་མྱུར་ཏེ་བྱ། །སྡིག་པ་ལས་ནི་སེམས་ཀྱང་བཟློག །)སེམས་ནི་མི་མཐོང་ངོ་། །དགེའམ་འོན་ཏེ་སྡིག་ཀྱང་རུང་། །ལས་ནི་སེམས་ཀྱིས་གསོག་པར་བྱེད། །ཅེས་དང་། གལ་ཏེ་

བདེ་བ་ཀུན་འདོད་ན། །འདོད་པ་ཐམས་ཅད་ཡོངས་སུ་སྤོངས། །འདོད་པ་ཐམས་ཅད་ཡོངས་སྤངས་ན། །མཆོག་ཏུ་བདེ་བ་ཐོབ་པར་འགྱུར། །ཇི་སྲིད་འདོད་པའི་རྗེས་འབྲང་པ། །དེ་ཡི་བར་དུ་ངོམས་མི་འགྱུར། །དེ་ལ་གང་དག་ཤེས་རབ་ཀྱིས། །ལྡོག་བྱེད་དེ་དག་ཚིམ་པ་ཐོབ། །ཅེས་དང་། འདུལ་བ་ལུང་རྣམ་འབྱེད་ལས། སྤྱར་བར་དགེ་ལ་འཇུག་བྱ་ཞིང་། །སྡིག་ལས་སེམས་ཀྱང་བཟློག་པར་བྱ། །བསོད་ནམས་བུལ་བར་བྱེད་གྱུར་ན། །ཡིད་ནི་སྡུག་ལ་དགའ་བར་འགྱུར། །ཞེས་གསུངས་པ་དེའི་ཕྱིར་རང་ཅག་ལས་དང་པོ་བ་རྣམས་ལ་མེད་དུ་མི་རུང་བའི་ཆོས་ནི། ངན་འགྲོའི་སྐྱེ་བ་བཟློག་པའི་ཐབས་དགེ་སྡིག་གི་འདོར་ལེན་བྱེད་པ་ཁོ་ན་ཡིན་པས་ཚུལ་འདི་ལ་བརྩོན་པ་མི་ལྷོད་པ་ཞིག་ཅེས་ཀྱང་བྱའོ། །(༢༢ན)དེ་ལྟར་ཤི་བའི་འོག་ཏུ་ལས་དཀར་ནག་གིས་ཇི་ལྟར་འཕངས་པ་བཞིན་དུ་སྐྱེ་བར་འགྱུར་བའི་ཚུལ་ཡང་། རྒྱལ་པོ་གཟིགས་ཅན་སྙིང་པོ་ལ་གདམས་པའི་ཐེག་པ་ཆེན་པོའི་མདོ་ལས། བདག་གི་གྲོགས་ནི་དགེ་སྡིག་གཉིས་ལས་མེད། །དེ་ཡང་དགེ་བ་མཐོ་རིས་ཐར་པའི་རྒྱུ། །སྡིག་པ་ངན་སོང་སྡུག་བསྔལ་བྱུང་བའི་རྒྱུ། །ཞེས་གསུངས་པ་ལྟར་དགེ་བའི་ལས་ཀྱིས་བདེ་འགྲོ་དང་སྡིག་པའི་ལས་ཀྱིས་ངན་འགྲོར་སྐྱེ་དགོས་པས། རང་དབང་མེད་པར་ངན་འགྲོར་སྐྱེ་ན་ཇི་ལྟར་འགྱུར་ཚུལ་ནི། རྒྱལ་པོ་ལ་གདམས་པའི་མདོ་ལས། རྒྱལ་པོ་ཆེན་པོ། དེའི་ཚེ་འདི་སྙམ་དུ་སེམས་ཏེ། ཀྱི་ཧུད་གང་དུ་འགྲོ་བར་འགྱུར། ཕྱོགས་གང་དུ་འགྲོ་བར་འགྱུར། གང་དུ་ཡོངས་སུ་འཛིན་པ་བྱེད་པར་འགྱུར། བདག་གི་མ་ནི་སུ་ཞིག་འགྱུར་སྙམ་པ་ལས། དེས་སེམས་ཅན་དམྱལ་བར་སྐྱེ་བར་འགྱུར་ན། འདི་ལྟ་སྟེ། མནར(༢༢བ)མེད་པ་དང་ཚ་བ་དང་རབ་ཏུ་ཚ་བ་ལ་སོགས་པའི་སེམས་ཅན་དམྱལ་བ་རྣམས་སུ་ལོ་མང་པོ། ལོ་བརྒྱ་ཕྲག་མང་པོ། ལོ་སྟོང་ཕྲག་མང་པོར་སྡུག་བསྔལ་ཆེན་པོ། སྡུག་བསྔལ་མི་བཟད་པ། དྲག་པ་རྩུབ་པ། ཡིད་དུ་མི་འོང་

བའི་ཚོར་བ་མྱོང་སྟེ། ཇི་སྲིད་སེམས་ཅན་དམྱལ་བ་མྱོང་བར་འགྱུར་བའི་སྡིག་པ་མི་དགེ་བའི་ལས་ཡོད་པ་ཐམས་ཅད་དུ་ཟད་ཅིང་བྱང་པར་མ་གྱུར་བ། དེ་སྲིད་དུ་འཆི་བའི་འདུ་བྱེད་པར་མི་འགྱུར་རོ། །དེ་དུད་འགྲོའི་སྐྱེ་གནས་སུ་སྐྱེ་བར་མཐོང་བར་འགྱུར་ན། འདི་ལྟ་སྟེ། རྒྱ་མཚོ་ཆེན་པོའི་ནང་དུ་ཉ་ཆྭན་མེད་པ་ལ་སོགས་པའི་སྲོག་ཆགས་གཅིག་གིས་གཅིག་གསོད་པ་ལ་སོགས་པ་དང་། འཚེ་བ་དང་དབང་མེད་པར་སྐྱེའོ། །བདག་ཡི་དྭགས་ཀྱི་ནང་དུ་སྐྱེ་བར་མི་འགྱུར་རམ་སྙམ་ན། འདི་ལྟ་སྟེ། ལོ་མང་པོ། ལོ་བརྒྱ་ཕྲག་མང་པོ། ལོ་སྟོང་ཕྲག་མང་པོར་ཆུའི་སྒྲ་ཡང་མི་ཐོས་ན་མཐོང་བ་ལྟ་ཅི་སྨོས་པར(༥་ན)འགྱུར་རོ། །རྒྱལ་པོ་ཆེན་པོ། དེ་ལྟ་བས་ན་ཁྱོད་ཀྱིས་མི་རྟག་པར་བལྟ་ཞིང་ཟད་པ་དང་དེངས་པར་བལྟ་བར་བྱ་སྟེ་འཆི་བས་འཇིགས་སྐྲག་པར་བྱའོ། །ཞེས་གསུངས་པ་དང་། གྲང་བའི་དམྱལ་བ་ཡང་། སྐྱེས་རབས་ལས། མེད་པར་ལྟ་བ་ཚེ་རབས་ཕྱི་མ་ལ། །གནས་པ་དེ་ན་མུན་ནག་ བླུང་གྲང་ལྡན། །དེས་ནི་རུས་པའང་འཇིག་པའི་ནད་སྣོང་ན། །བདག་ལ་ཕན་འདོད་སུ་ཞིག་དེ་རུ་འཇུག །ཅེས་དང་། མདོ་ལས། དགེ་སློང་དག་དཔེར་ན་འདི་ན་ཡུལ་མ་ག་དྷའི་ཏིལ་གྱི་སྦྲུང་ཁལ་བརྒྱད་ཅུ་པ་ཞིག་ཏིལ་དག་གིས་ཕྱུར་བུར་བཀང་སྟེ། དེ་ནས་ལ་ལ་ཞིག་གིས་ལོ་བརྒྱ་འདས་ཤིང་ཏིལ་རེ་རེ་ཕྱར་ན་དགེ་སློང་དག་རིམ་པ་དེས་ན། ཡུལ་མ་ག་དྷའི་ཏིལ་གྱི་སྦྲུང་ཁལ་བརྒྱད་ཅུ་པ་དེ་མ་ལུས་པར་ཡོངས་སུ་ཟད་པར་འགྱུར་བ་ནི་ཆེས་མྱུར་གྱི་ཆུ་བུར་ཅན་དུ་སྐྱེས་པའི་སེམས་ཅན་རྣམས་ཀྱི་ཚེ་ཡོངས་སུ་གཏུགས་པར་ནི་ང་མི་སྨྲའོ། །དགེ་སློང(༥་བ)དག་ཆུ་བུར་ཅན་ཉི་ཤུ་ཇི་ལྟ་བ་དེ་བཞིན་དུ་ཆུ་བུར་རྡོལ་གཅིག་ཡིན་ནོ། །ཞེས་བྱ་བ་ནས། རྒྱས་པར་ནི་ཡང་དགེ་སློང་དག་པདྨ་ལྟར་གས་པ་ཉི་ཤུ་ཇི་ལྟ་བ་དེ་བཞིན་དུ་པདྨ་ལྟར་གས་པ་ཆེན་པོ་གཅིག་ཡིན་ནོ། །ཞེས་གསུངས་པའི་ཕྱིར། ཉེ་ཚེ་བའི་དམྱལ་བ་ནི། ཉིན་པར་ཚུལ་ཁྲིམས་ཡོན་

ཏན་ལྡན། །མཚན་མོ་བྱི་བོ་བྱེད་ལ་ཆགས། །དེ་ལས་འབྲས་བུ་བཟང་པོ་དང་། ། སྡིག་ཧོ་འདི་དག་སྤྱོད་བ་ཡིན། ཉིན་པར་གཞན་གྱི་སྲོག་གཅོད་ཅིང་། །མཚན་མོ་ཚུལ་ཁྲིམས་ཡོན་ཏན་ལྡན། །དེ་ལས་འབྲས་བུ་བཟང་པོ་དང་། །སྡིག་ཧོ་འདི་དག་སྤྱོད་བ་ཡིན། །ཞེས་པ་ལྟར་ངན་འགྲོའི་སྡུག་བསྔལ་སེམས་པ་ནི་དུས་ཐུང་ཟད་རེ་བསྒོམས་པས་ནི་ཅིར་ཡང་མི་འགྱུར་ཏེ། ལུང་གཞི་ལས། ཀུན་དགའ་བོའི་སྲིང་མོའི་བུ་གཉིས་རབ་ཏུ་བྱུང་ནས་སློག་ཏུ་བཙུག་པ་དང་དེ་ཞག་ཉུང་ཤས་ཤིག་བསླགས་ནས་ལེ་ལོས་མི་སློག་པ་དང་། མོའུ(༡༠ན)འགལ་གྱི་བུ་ལ་གཏད་པས་སྔར་བཞིན་དུ་བྱེད་ན། ཀུན་དགའ་བོས་མོའུ་འགལ་གྱི་བུ་ལ་འདི་གཉིས་ཡིད་འབྱུང་བར་གྱིས་ཤིག་ཅེས་བྱ་བས། མོའུ་འགལ་གྱི་བུས། ཉིན་མོ་སྤྱོད་དུ་འགྲོ་བའི་སར་འཁྲིད་ནས་སེམས་ཅན་དམྱལ་བ་སྤྱོད་ཏེ་གཅོད་པ་དང་གཤགས་པ་ལ་སོགས་པའི་སྒྲ་ཐོས་ནས་བལྟར་ཕྱིན་པ་དང་། གཅོད་པ་སོགས་ཀྱི་སྡུག་བསྔལ་མཐོང་ཞིང་དེ་ན་ལུགས་ཟངས་ཆེན་པོ་གཉིས་ཁོལ་བ་སྣང་ནས་འདིར་སུ་ཡང་མི་འཇུག་གམ་ཞེས་སྨྲས་པ་དང་། ཀུན་དགའ་བོའི་ཚ་བོ་གཉིས་རབ་ཏུ་བྱུང་ནས་ལེ་ལོས་དུས་འདའ་བར་བྱེད་པ་ཤི་ནས་འདིར་སྐྱེའོ་ཞེས་སྨྲས་པ་དང་། དེ་གཉིས་ཤིན་ཏུ་སྐྲག་ནས་གལ་ཏེ་ཤི་ན་ད་ལྟ་ཉིད་དུ་འཇུག་གོ་སྙམ་ནས་མོའུ་འགལ་གྱི་བུའི་སར་ཕྱིན་པ་དང་། ཇི་ལྟར་གྱུར་པ་རྣམས་བསྙད་དོ། །དེ་ནས་མོའུ་འགལ་བུས(༡༠བ)དགེ་ཚུལ་གཉིས་ལ་ཉེས་དམིགས་འདི་དག་དང་། གཞན་ཡང་ལེ་ལོ་ལས་བྱུང་བས་བརྩོན་འགྲུས་རྩོམས་ཤིག །ཅེས་གསུངས་པས་དེ་གཉིས་བརྩོན་འགྲུས་རྩོམ་ཞིང་ཟ་མ་ཟོས་པའི་གོང་དུ་དམྱལ་བ་དྲན་ན་ནི་ཟ་བར་མི་བྱེད་ལ། ཟས་ཟོས་ཟིན་པའི་འོག་ཏུ་དྲན་ན་ནི་སྐྱུག་པར་བྱེད་དོ། །ཡང་ཉིན་མོ་སྤྱོད་དུ་འགྲོ་བའི་གནས་གཞན་ཞིག་ཏུ་འཁྲིད་ནས་ཕྱོགས་གཅིག་ཏུ་ལྷ་དག་སྤྱོད་པའི་པི་ཝང་ལ་སོགས་པའི་སྒྲ་ཐོས་ནས་བལྟར་ཕྱིན་པ་དང་ལྷའི་བུ་མེད་པའི་གཞལ་མེད་ཁང་ལྷའི་

བུ་མོས་གང་བ་མཐོང་ནས། ལྷའི་བུ་མོ་འདུག་པའི་རྒྱུ་མཚན་དྲིས་པ་དང་། ཀུན་དགའ་བོའི་ཚ་བོ་གཉིས་རབ་ཏུ་བྱུང་ནས་བརྩོན་འགྲུས་རྩོམ་པས་དེ་གཉིས་ཤི་ནས་འདིར་སྐྱེའོ། །ཞེས་སྨྲས་པ། དེ་གཉིས་དགའ་ནས་མོའུ་འགལ་གྱི་བུ་ལ་སྨྲ་བ་དང་དགེ་ཚུལ་གཉིས་ཕན་ཡོན་འདི་དག་དང་གཞན་ཡང(༤༧ན)བརྩོན་འགྲུས་བརྩམས་པ་ལས་འབྱུང་བས་བརྩོན་འགྲུས་རྩོམས་ཤིག །ཅེས་གསུངས་པས་བརྩོན་འགྲུས་བརྩམས་པས། ལུང་ནོད་པ་ན་ཡང་དག་པར་ལྡན་པའི་ལུང་ལས་འབྱུང་བ་བདེ་འགྲོ་ནས་ངན་འགྲོར་སྐྱེ་བ་སྔར་ལྟར་དྲངས་པ་ལྟར་གསུངས་པ་ན། འཕགས་པ་བདག་ཅག་གིས། ཡང་ལྷ་མིའི་ནང་ནས་ཤི་འཕོས་ཏེ་ངན་སོང་གསུམ་དུ་སྐྱེ་དགོས་སམ། བཞིན་བཟང་གཉིས་འགྲོ་བ་ལྔའི་འཁོར་བར་ཇི་སྲིད་ཉོན་མོངས་པ་རྣམས་རྒྱུན་མ་ཆད་པ་དེ་སྲིད་དུ་ཟོ་ཆུན་བརྒྱུད་མོའི་ཚུལ་གྱིས་འཁོར་བར་བྱ་དགོས་སོ། །དེ་གཉིས་ཡིད་བྱུང་ནས་སླན་ཆད་ཉོན་མོངས་སྤྱོད་པར་མི་འགྱུར་བ་དེ་ལྟར་ཆོས་བཤད་དུ་གསོལ། ཞེས་ཞུས་པས་མོའུ་འགལ་གྱི་བུས་ཆོས་བསྟན་ནས་དགྲ་བཅོམ་པ་ཐོབ་པར་གསུངས་སོ། །དེའི་མན་ངག་ལ་སྟོན་པ་ཞལ་བཞུགས་པ་ནའང་དེ་ལས་ལྷག་པའི་གསུངས(༤༧བ)རྒྱུ་མེད་པ་ཡིན་ནོ། །མདོར་ན་ངན་འགྲོ་ལ་སོགས་པས་འཇིགས་པ་དང་། དཀོན་མཆོག་ལ་དེ་ལས་སྐྱོབ་པའི་ནུས་པ་ཡོད་པར་ཡིད་ཆེས་ཀྱི་བློ་སྐྱེས་པ་ན། མདོ་ཆེན་པོ་རྒྱལ་མཚན་དམ་པ་ལས། སངས་རྒྱས་ཆོས་དང་དགེ་འདུན་རྣམས། །དེ་དག་རྗེས་སུ་དྲན་བྱས་ན། །འཇིགས་དང་བག་ཚ་སྤུ་ལྡང་བ། །མེད་པར་འགྱུར་རོ་དགེ་སློང་དག །ཅེས་གསུངས་པ་དེ་རྩོམ་བྱེད་ཀྱི་སྐབས་འགྲོ་མོས་མནོ་ཙམ་མ་ཡིན་པར་རྣམ་དག་ཅིག་འོང་བ་ཚད་མ་རྣམ་འགྲེལ་ལ་ཐུག་པས། སྟོན་པ་ཚད་མའི་སྐྱེས་བུ་དང་བསྟན་པ་ཐར་འདོད་ཀྱི་འཇུག་ངོགས་སུ་མཐོང་ནས་དཀོན་མཆོག་གསུམ་ལ་སྐྱབས་སུ་བཟུང་སྟེ། འཕགས་པ་གཟུངས་ཀྱི་དབང་ཕྱུག་རྒྱལ་པོས་ཞུས་པའི་མདོ་ལས། བདེ་གཤེགས་སྐུ

ཡི་འཕྲིན་ལས་མཐའ་དང་དབུས་མ་མཆིས། །བླ་མེད་རྣམས་ཀྱི་གསུང་ཐུགས་སྤྱོད་ཡུལ་མཐའ་ཡས་པ། །དེ་ནི་སངས་རྒྱས་མཁྱེན་གྱི་སེམས་ཅན་གཞན་གྱིས་མིན། །(༨༢ན) དཔེར་ན་ནམ་མཁའི་མཐའ་མ་སྐྱེ་བོས་མི་རྙེད་བཞིན། །མཚུངས་མེད་སྤྱོད་པ་མཐའ་དབུས་མེད་པ་ཇི་བཞིན་དུ། །བྱང་ཆུབ་འཁོར་ལོ་དེ་བཞིན་འོན་ཏེ་མྱ་ངན་འདས། །ས་བོན་ཇི་བཞིན་དེ་ལྟར་འབྲས་བུ་འབྱུང་བ་ལྟར། །དེ་བཞིན་ཕྱོགས་བཅུར་རྒྱལ་བའི་གནས་ཀུང་ཚད་མ་མཆིས། །ཞེས་དང་། ཏིང་ངེ་འཛིན་རྒྱལ་པོ་ལས། ཁྱེད་ལ་བསྔོ་ཞིང་ཕོང་དུ་ཆུད་པར་བྱ། །ཇི་ལྟར་མི་དག་མང་དུ་རྟོག་བྱེད་པ། །དེ་ལ་གནས་པའི་རྟོག་པ་དེ་དག་གིས། །དེ་བཞིན་དུ་ནི་དེ་ལ་སེམས་གཞོལ་འགྱུར། །དེ་བཞིན་རྒྱལ་བ་ཡི་ནི་སྐུ་བྱད་དང་། །ཡེ་ཤེས་དཔག་ཏུ་མེད་པར་ཐུབ་དབང་དྲན། །རྟག་པར་རྗེས་སུ་དྲན་པར་བསྒོམ་བྱས་ན། །དེ་ལ་སེམས་གཞོལ་རབ་ཏུ་འབབ་པར་འགྱུར། །དེ་ནི་འཆག་འདུག་འགྲེང་ཞིང་གནས་པའི་ཚེ། །སྐྱེས་བུ་དམ་པའི་ཡེ་ཤེས་རབ་ཏུ་འདོད། །འཇིག་རྟེན་རྒྱལ་བ་བླ་མེད་བདག་འགྱུར་བར། །འདོད་པས་བྱང་ཆུབ་ཏུ་ཡང་སྨོན་ལམ་འདེབས། །(༨༢བ)ཞེས་དང་། ལུས་དང་ངག་དང་ཡིད་རབ་དང་བ་ཡིས། །རྟག་ཏུ་སངས་རྒྱས་དག་གི་བསྟགས་པ་བརྗོད། །དེ་ལྟར་ངེས་ནས་སེམས་ཀྱི་རྒྱུད་བསྒོམས་པས། །ཉིན་མཚན་དུ་ཡང་འཇིག་རྟེན་མགོན་པོ་མཐོང་། །ནམ་ཞིག་དེ་ནི་ན་ཞིང་མི་བདེ་དག །ཤི་ལ་ཐུག་པའི་སྡུག་བསྔལ་ཚོར་བྱུང་ན། །སངས་རྒྱས་ལ་ནི་དྲན་པ་མི་ཉམས་ཏེ། །སྡུག་བསྔལ་ཚོར་བས་འཕྲོགས་པར་ཡོངས་མི་འགྱུར། །ཞེས་གསུངས་པ་ལྟར་སངས་རྒྱས་དང་། ཆོས་ནི་ཆོས་ཡང་དག་པར་སྡུད་པ་ལས། གང་སངས་རྒྱས་བཅོམ་ལྡན་འདས་དེ་དག་ནི་ཡོན་ཏན་མཐའ་ཡས་མུ་མེད་པ་སྟེ། དེ་དག་ནི་ཆོས་ལས་སྐྱེས་པ། ཆོས་ཀྱི་བགོ་སྐལ་ལ་སྤྱོད་པ། ཆོས་ཀྱི་སྤྲུལ་པ། ཆོས་བདག་པོར་གྱུར་པ། ཆོས་ལས་བྱུང་བ། ཆོས་ཀྱི་སྤྱོད་ཡུལ། ཆོས་ལ་རྟོན་པ།

ཆོས་ཀྱིས་གྲུབ་པ་སྟེ། ཞེས་དང་། དགེ་འདུན་ནི་ཆོས་སྨྲ་བ། ཆོས་སྤྱོད་པ་བ། ཆོས་སེམས་པ། ཆོས་ཀྱི་ཞིང་། ཆོས་ལ་རྟེན་པ། ཆོས་ལ་མཆོད་པ། (༡༣ན)ཆོས་ཀྱི་བྱ་བ་བྱེད་པ། ཆོས་ཀྱི་སྤྱོད་ཡུལ་བ། ཆོས་སྤྱོད་པ། ཕུན་སུམ་ཚོགས་པ། རང་བཞིན་གྱིས་དྲང་བ། རང་བཞིན་གྱིས་དག་པ། སྙིང་རྗེ་བའི་ཆོས་ཅན། སྙིང་རྗེ་དང་ལྡན་པ། རྟག་ཏུ་དབེན་པའི་སྤྱོད་ཡུལ་བ། རྟག་ཏུ་ཆོས་ལ་གཞོལ་བ། རྟག་ཏུ་དཀར་པོ་སྤྱོད་པའོ་སྙམ་མོ། །ཞེས་བྱ་བ་ལ་སོགས་པའོ། །ཞེས་གསུངས་པ་ལྟར་མཆོག་གསུམ་ལ་ཡིད་ཆེས་ཀྱི་ངེས་ཤེས་རྙེད་པས་སྙིང་ཐག་པ་ནས་སྐྱབས་སུ་སོང་ཞིང་དེའི་བསླབ་བྱ་ལ་སློབ་ཙམ་ནས་སངས་རྒྱས་ཀྱི་བསྟན་པའི་ཆོས་སྒོར་ཞུགས་པ་དང་ཅི་བྱས་སངས་རྒྱས་ཀྱི་ཆོས་བྱ་བ་ཞིག་ཏུ་འགྱུར་བ་ཡིན་ནོ། །ཐར་བ་དང་ཐམས་ཅད་མཁྱེན་པའི་གོ་འཕང་སྒྲུབ་པ་ལ་སྐྱབས་གསུམ་ག་ངེས་པར་ཚང་དགོས་ཤིང་། དེ་ཡང་ནང་པན་ཚུན་གྱི་ངོ་བོའི་ཡོན་ཏན་རྣམས་སྐྱབས་སུ་འགྲོ་བ་པོས་རྗེས་སུ་དྲན་པ་སོགས་བསམ་སྦྱོར་གཉིས་ཀྱིས་མཆོག་གསུམ་སོ་སོར(༡༣བ)བྱ་བྱེད་ཚུལ་མི་འདྲ་བ་ཡོད་ཅིང་། དེ་ལ་བརྟེན་ནས་མཆོག་གསུམ་གྱི་འཕྲིན་ལས་འཇུག་ཚུལ་ལའང་ཁྱད་པར་མཆིས་པ་ལས། ཉན་རང་དང་བྱང་ཆུབ་སེམས་དཔའི་ཡོན་ཏན་ལ་དཔག་སྟེ་སངས་རྒྱས་ཀྱི་ཡོན་ཏན་བསྔོམ་པར་གསུངས་པ་དང་། ཉན་རང་བྱང་སེམས་རྣམས་ཀྱི་ཡོན་ཏན་དང་སངས་རྒྱས་ཀྱི་རྒྱུའི་ཡོན་ཏན་དྲན་པ་གཉིས་ཀར་འགྲོ་བ་དང་། སངས་རྒྱས་ཀྱི་སྐུ་གསུང་ཐུགས་ཀྱི་འཕྲིན་ལས་དང་བཅས་པའི་ཡོན་ཏན་རྣམས་ཀྱང་མོས་པས་སྤྱོད་པའི་ཡོན་ཏན་ལ་དཔག་ནས་དུས་གསུམ་གྱི་རྒྱལ་སྲས་གཞན་རྣམས་ཀྱང་ཚུལ་དེ་ལྟ་བུས་བྱང་ཆུབ་སྒྲུབ་པ་ཤ་སྟག་ཡིན་ཏེ། དམན་སྤོངས་བདག་ལྟ་བུ་ཡོན་ཏན་དངོས་སུ་མཐོང་བའི་སྐལ་བ་མེད་པ་རྣམས་མིག་ལམ་དུ་བླ་མ་ཐ་མལ་པའི་རྣམ་པ་དགག་མི་ཐུབ་ཀྱང་ཡིད་ངོར་སངས་རྒྱས་བྱང་སེམས་སུ་ཐག་གཅོད་ནས་ད་ལྟའི་ཐོས་བསམ

བསྒོམ་ཚུལ་འཆད(༡༢ན)ཉན་བྱ་ཚུལ་སོགས་ཐུན་མོང་སྔང་ཚོད་དུ་མཛད་པ་དཔེར་བྱས་ནས་སྐྱབས་གསུམ་དང་སངས་རྒྱས་ཀྱི་ཡོན་ཏན་བསྒོམ་དགོས་པའི་ཕྱིར་རོ། །དེ་ལྟར་ཡང་མདོ་སྡེ་རྣམས་ལས་ཆོས་མཐོང་བ། ཆོས་ཐོབ་པ། ཆོས་རིག་པ། ཆོས་རྟོགས་པ། སོམ་ཉི་བརྒལ་བ། ཐེ་ཚོམ་ལས་བརྒལ་བ། གཞན་གྱི་དྲིང་ལ་མི་འཇོག་པ། སྟོན་པས་བསྟན་པ་ལ་གཞན་གྱིས་མི་དཀྲི་བ། ཆོས་རྣམས་ལ་མི་འཇིགས་པ་འཐོབ་པ། ཞེས་དང་། དགྲ་བཅོམ་པ། ཟག་པ་ཟད་པ། ཉོན་མོངས་པ་མེད་པ། དབང་དུ་གྱུར་པ། སེམས་ཤིན་ཏུ་རྣམ་པར་གྲོལ་བ། ཤེས་རབ་ཤིན་ཏུ་རྣམ་པར་གྲོལ་བ། ཅང་ཤེས་པ། གླང་པོ་ཆེན་པོ། བྱ་བ་བྱས་པ། བྱེད་པ་བྱས་པ། ཁུར་བོར་བ། རང་གི་དོན་རྗེས་སུ་ཐོབ་པ། སྲིད་པར་ཀུན་ཏུ་སྦྱོར་བ། ཡོངས་སུ་ཟད་པ། ཡང་དག་པར་ཀུན་ཤེས་པས་སེམས་ཤིན་ཏུ་རྣམ་པར་གྲོལ་བ། སེམས(༡༢བ)ཅན་ཐམས་ཅད་ཀྱི་དབང་དམ་པའི་ཕ་རོལ་ཏུ་སོན་པ་ཐོབ་པ། ཞེས་དང་། དཀོན་མཆོག་སྤྲིན་ལས། ས་འདི་ལ་གནས་པའི་བྱང་ཆུབ་སེམས་དཔའ་ནི་སོ་སོའི་སྐྱེ་བོའི་ཁོངས་སུ་གཏོགས་ཀྱང་བྱིས་པའི་སྤྱོད་པ་ཐམས་ཅད་ལས་ཡང་དག་པར་འདས་པ། ཕྱོགས་བཅུའི་འཇིག་རྟེན་ཁམས་མུ་མེད་པ་སྣང་བར་བྱེད་པའི་འོད་ཀྱི་དཀྱིལ་འཁོར་དང་ལྡན་པ། སྐད་ཅིག་རེ་རེ་ལ་འཇིག་རྟེན་གྱི་ཁམས་གྲངས་མང་པོ་རྫུ་འཕྲུལ་གྱིས་འདའ་ནུས་པ། ཆོས་ཀྱི་སྒོ་གཏན་པ་མེད་པའི་མཆོད་སྤྲིན་གྱི་སྤྲིན་པ་གཏོང་བ་ལྷུར་ལེན་པ། འགྲོ་བའི་ཡིད་དང་མཐུན་པའི་བསམ་པ་ཐམས་ཅད་རྫོགས་པར་བྱེད་པ། ངན་འགྲོ་ལ་སོགས་པའི་སེམས་ཅན་མཐའ་ཡས་པ་སྐྱོབ་པ། སངས་རྒྱས་དཔག་ཏུ་མེད་པ་མཆོད་ཅིང་ཆོས་ཀྱི་སྒོ་འཛིན་ནུས་པ། ཏིང་ངེ་འཛིན་དང་གཟུངས་དང་རྣམ་པར་ཐར་བ་དང་མངོན་པར་ཤེས་པ་ལ་སོགས་པའི་ཡོན་ཏན་གྲངས་མེད་པས་རྣམ་པར་རོལ་བ། དཔེར་ན་འཁོར་ལོ་བསྒྱུར་བའི་རྒྱལ(༡༤ན)པོ་ལྷའི་ཁ་དོག་མ་ཐོབ་ལ་མིའི་ཁ་

དོག་ལས་འདས་པ་བཞིན་དུ་བྱང་ཆུབ་སེམས་དཔའ་འདི་ཡང་དོན་དམ་པའི་བྱང་ཆུབ་སེམས་དཔའི་ས་མ་ཐོབ་ཀྱང་འཇིག་རྟེན་དང་། ཉན་ཐོས་དང་རང་སངས་རྒྱས་ཀྱི་ས་ལས་འདས་པ། དེ་བཞིན་གཤེགས་པའི་སྐུ་མཐོང་བ་དང་གསུང་ཐོས་པ་པས་སྨྲ་ངན་ལས་འདས་པའི་སྐལ་བ་ཅན་དུ་འགྱུར་བ་དང་། ཐ་ན་ཞབས་འོག་ཏུ་ཚུད་པའི་སྲིན་བུ་རྣམས་ཀྱང་ཞག་བདུན་དུ་བདེ་བ་མཆོག་དང་ལྡན་ཞིང་ཚེ་འཕོས་ནས་ལྷར་སྐྱེ་བའོ། །ཞེས་དང་། མདོ་སྡེ་རྣམས་སུ་བཅོམ་ལྡན་འདས་དང་ཉན་རང་བྱང་སེམས་ཀྱི་ཡོན་ཏན་གྱི་མཆོག་དམན་ཤིན་ཏུ་རྒྱས་པར་གསུངས་པ་བཞིན་དོན་ལ་གནས་ཀྱང་། ལས་ཉོན་གྱི་སྒྲོག་ཏུ་ཚུད་པ་རྣམས་ལ་དགྲ་བཅོམ་པ་རྣམས་ངེས་པར་གཏན་གྱི་སྐྱབས་སུ་འོས་ཏེ། ཐོག་མེད་ནས་གོམས་པའི་ཉོན་མོངས་ཀྱི་ས་བོན་ཟད་པར་སྤངས་པས་སྐྱེ་ཤི་བརྒྱུད་པའི་འཁོར་བའི་འཇིགས་པ་ལས་གྲོལ། སྲིད་པའི་འཇིགས་པ་ལས་སྒྲོལ(༨༥བ)བའི་ཐབས་ཚང་ལ་མ་ནོར་བ་མཁྱེན། ཆགས་སྡང་གི་ཕྱོགས་སུ་མ་ལྷུང་བའི་སྙིང་རྗེ་སེམས་ཅན་ཐམས་ཅད་ལ་ཉེ་རིང་མེད་པར་འཇུག །གཞན་གྱི་དོན་སྒྲུབ་ནུས་ཤིང་གྲོང་དམ་གྲོང་རྡལ་གང་དུ་གནས་ཀྱང་ཉུང་སྟེ། ལུས་ཤིན་ཏུ་བསྡུངས་པ་དང་། དབང་པོ་རྣམས་བསྡམས་པ་དང་། དྲན་པ་ལ་ཤིན་ཏུ་གནས་པས་གྲོང་ལ་སོགས་པར་བསོད་སྙོམས་ལ་འཇུག་ཅིང་། གདུལ་བྱ་རྗེས་སུ་འཛིན་པའི་ཚེ། སྔོན་གྱི་བསོད་ནམས་དང་སྨོན་ལམ་གྱི་མཐུས་སྐུ་ལུས་མཐོང་བ་ཙམ་གྱིས་དགེ་བ་བཅུ་དང་བདག་མེད་པ་ལ་སོགས་པ་མངོན་མཐོ་ངེས་ལེགས་ཀྱི་ལམ་རྒྱུད་ལ་སྐྱེ་བར་འགྱུར་བ་དང་། ཞི་འགྲུས་པ་བཟློག་ཕྱིར་རྫུ་འཕྲུལ་གྱི་རྣམ་པ་དུ་མས་ཕ་རོལ་པོའི་ཡིད་འདུན་པར་བྱེད་ཅིང་དགེ་རྩ་ཁྱད་པར་ཅན་བསྐྱུན་པ་ལ་སོགས་པའི་སྒོ་ནས་གཞན་དོན་མཛད་པ་རྣམས་སངས་རྒྱས་ཀྱི་སའི་ཡོན(༨༦ན)ཏན་དང་ཁྱད་པར་འབྱེད་མི་ནུས་པའི་དོན་གཉིས་གྲུབ་པའི་རྣམ་ཐར་དཔག་པར་དཀའ་བའོ། །བཅོམ་

ལྷན་འདས་སྟོན་སློབ་པའི་གནས་སྐབས་སུ་དེད་དཔོན་བརྩོན་འགྲུས་ཆེན་པོར་གྱུར་བ་ན། རྒྱ་མཚོའི་དབུས་སུ་གྲུ་ཞིག་པའི་ཚེ་ཉེ་འཁོར་གྱི་ཚོང་བ་ལྔའི་སྲོག་བསྐྱབ་པའི་ཕྱིར་མཚོན་རྣོན་པོས་རང་ཉིད་སྲོག་དང་བྲལ་བར་བྱས་པའི་སྐུ་ལུས་ཚོང་བ་རྣམས་ལ་འཕྱུང་བཙུག་སྟེ་ཐར་བར་མཛད། བརྒྱ་བྱིན་མིག་བཟང་དུ་འཁྲུངས་ཚེ་འཛམ་བུ་གླིང་པ་རྣམས་ནད་སྣ་ཚོགས་ཀྱིས་ཉེན་པ་ན་ཀུ་ཏུའི་གྲོང་དང་ཉེ་བར་སྲོག་ཆགས་དེས་པའི་ཤ་ལ་སུས་ཟོས་པ་ནད་ལས་ཐར་པར་འགྱུར་ཚུལ་བསྒྲགས་པས་ཕྱོགས་བཞི་ནས་འདུས་པའི་ནད་པ་རྣམས་ཀྱིས་དེའི་ཤ་ལ་ཅི་ཙམ་ཟོས་ཀྱང་ཟད་པ་མེད་པར་བྱིན་གྱིས་བརླབས་ནས་ནད་ཞི་བར་བྱས། མཐར་བརྒྱ་བྱིན་གྱི་གཟུགས་ཀྱིས་ཐམས(༡༦བ)ཅད་བདེ་བ་ལ་དགོད་པ་དང་། སྤྲེའུ་རྒྱལ་པོར་འཁྲུངས་ཚེ་རྒྱལ་པོའི་དམག་གིས་སྤྲེའུ་རྣམས་ལ་མཚོན་ཆའི་ཆར་བབ་པའི་ཚེ། ཤིང་རྩེ་ནས་རི་ཞིག་གི་ཁར་མཆོངས་ཤིང་དེར་སྦྲ་ཐག་སྦྲ་བས་རང་གི་རྐང་བ་བཅིངས་ཏེ་སླར་མཆོངས་པས་ཤིང་ཐུ་གྲོ་རྡ་ཞིག་གི་ཡལ་གའི་རྩེ་མོར་སླེབས་པ་དམ་དུ་བཟུང་བའི་ལུས་ཀྱི་ཟམ་པའི་སྟེང་ནས་སྤྲེའུ་རྣམས་ཐར་བར་བྱས་ཏེ་སྲོག་བཏང་བ་དང་། རྒྱལ་བུ་ཐམས་ཅད་སྒྲོལ་དུ་གྱུར་བ་ན། ཉེ་འོག་གི་རྒྱལ་པོ་གཞན་གྱིས་མངགས་པའི་བྲམ་ཟེ་ལ་གླང་པོའི་མཆོག་སྦྱིན་པར་བཏང་རྐྱེན་གྱིས་རང་ཡུལ་ནས་སྤྱུགས་པའི་ལམ་དུ་ཤིང་རྟ་དང་མཐར་སྲས་དང་སྲས་མོ་བཙུན་མོ་བཅས་སློང་བ་རྣམས་ལ་ཞུམ་པ་མེད་པར་བཏང་བ་དང་། སྙིང་སྟོབས་ཆེན་པོར་གྱུར་བ་ན་སྟག་མོ་ལྟོགས་པ་ལ་ལུས་སྦྱིན་པར་བཏང་བ་དང་། དེད་དཔོན་ལེགས་པར་ཕ་རོལ་ཏུ་ཕྱིན་པར་འཁྲུངས་ཚེ་སྲོག་གཅོད་སྤངས་པའི་ཚུལ(༡༧ན)ཁྲིམས་ཀྱི་བདེན་པས་ཚོང་པ་རྣམས་རྒྱ་མཚོའི་གླིང་དུ་ཆུད་པའི་འཇིགས་པ་ལས་བསྐྱབས་པ་སོགས་དེ་བཞིན་གཤེགས་པའི་སྔོན་གྱི་སྐྱེས་རབས་རྣམས་སུ་དཀའ་བ་ཇི་ལྟར་སྤྱད་པའི་རྣམ་ཐར་མཐའ་ཡས་པ་རྣམས་རང་འདོད་ཀྱི་འཁྲི་བ་ཙུང་ཟད་ཙམ་ཡང་མེད་

པར་གཞན་དོན་ཁོ་ན་བསྒྲུབས་པས་དོན་གཉིས་མཐར་ཕྱིན་འགྲུབ་འགྱུར་བ་ངེས་པར་ཡ་མཚན་ཆེའོ་སྙམ་དུ་ཡང་ཡང་བསྒོམ་ན་སངས་རྒྱས་ཀྱི་རྒྱུའི་ཡོན་ཏན་དང་ཉན་རང་བྱང་ཆུབ་སེམས་དཔའི་དགེ་འདུན་གྱི་ཡོན་ཏན་དྲན་པ་གཉིས་ཀར་གསུངས་སོ། །བརྒྱ་བྱིན་དང་ལྷ་མི་དགྲ་ཅན་དང་ཏམ་བུ་རའི་ཆུང་མ་དབྱངས་ལྡན་མ་ལ་སོགས་པའི་འཇིག་རྟེན་རྣམས་ཀྱི་ཡོན་ཏན་ཡང་ངོ་མཚར་ཆེ་ནའང་ལྟ་བ་ཕྱིན་ཅི་ལོག་པ་ལ་སོགས་པའི་གཞན་དབང་དུ་གྱུར་བ་ལས་དུག་གསུམ་ཁ་བྲི་བ་ཙམ་ཡང་མེད་ལ། ཕྱི་རོལ་པའི་ལྷ་ཐམས་ཅད་ཀྱི་ཡོན་ཏན་ཐམས་ཅད་ཕྱོགས་གཅིག(༡༧བ)ཏུ་བསྡོམས་པས་རྒྱུན་ཞུགས་གཅིག་གི་ཡོན་ཏན་གྱི་བརྒྱ་དང་སྟོང་གི་ཆར་ཡང་མི་འགྲོ་བར་མདོ་ལས་གསུངས་སོ། །

སྟོན་པའི་ཡོན་ཏན་ལས་སྐུའི་ཡོན་ཏན་ནི། གསང་བ་བསམ་གྱིས་མི་ཁྱབ་པ་ལས། ཤར་ཕྱོགས་ཀྱི་སངས་རྒྱས་ཀྱི་ཞིང་དགྲ་འདུལ་བྱང་སེམས་ཤུགས་འཆང་ཞིག་འདིར་འོངས་ཏེ། བཅོམ་ལྡན་འདས་ཀྱི་སྐུ་ཚད་བལྟ་བའི་ཕྱིར་དུ་རང་ལུས་དཔག་ཚད་བརྒྱད་ཁྲི་བཞི་སྟོང་དུ་སྤྲུལ་ཏེ། སངས་རྒྱས་ཀྱི་སྐུ་དཔག་ཚད་འབུམ་ཕྲག་མང་པོའི་ཚད་ཅན་དུ་སོང་བས་ལྟ་བར་མ་ནུས་པར། རྫུ་འཕྲུལ་གྱིས་སྟེང་ཕྱོགས་སུ་སངས་རྒྱས་ཀྱི་ཞིང་གངྒཱ་ཀླུང་གི་བྱེ་མ་ཕྲག་བརྒྱ་འདས་པ་ན་པདྨ་ཅན་ཞེས་བྱ་བའི་ཞིང་སངས་རྒྱས་པདྨའི་དཔལ་གྱི་རྒྱལ་པོའི་སྙིང་པོ་བཞུགས་པའི་དྲུང་དུ་ཕྱིན་ཀྱང་གཙུག་ཏོར་གྱི་རྩེ་མཐོང་མ་ནུས་པ། སླར་འོངས་ནས་ཆེད་དུ་བརྗོད་པར་གསུངས་པ་དང་། མཚན་དཔེ་དང་བ་སྤུ་ཚུན་ཆད་ཀྱི་སྐུའི་ཆ་ཐམས་ཅད་ནས་རྣམ་རྟོག(༡༨ན)མེད་བཞིན་དུ་གདུལ་བྱ་གྲངས་ལས་འདས་པའི་ཁམས་དང་མཐུན་པའི་ཆོས་ཀྱི་སྒྲ་དབྱངས་འབྱུང་བ་དང་། སྟོན་པ་བྱ་རྒོད་ཕུང་པོ་རིར་བཞུགས་ཚེ་འཕགས་པ་མོའུ་འགལ་གྱི་བུས་གསུང་གི་ཚད་བལྟ་བའི་ཕྱིར་རྫུ་འཕྲུལ་གྱིས་ཞིང་འདིའི་ནུབ་ཕྱོགས་གླིང་བཞི་པའི་

འཇིག་རྟེན་གྱི་ཁམས་གཅིག་འདས་ཀྱང་གསལ་བར་ཐོས་པས། སངས་རྒྱས་དང་རང་གི་རྫུ་འཕྲུལ་གྱི་མཐུས་ནུབ་ཕྱོགས་སུ་སངས་རྒྱས་ཀྱི་ཞིང་གང྄ཱའི་ཀླུང་དགུ་བཅུ་རྩ་དགུའི་བྱེ་མ་སྙེད་ཀྱི་ཕ་རོལ་ཏུ་སངས་རྒྱས་འོད་ཟེར་གྱི་རྒྱལ་པོའི་ཞིང་ཁམས་འོད་ཟེར་རྒྱལ་མཚན་ཞེས་བྱ་བར་ཕྱིན་པ་ན་ཡང་སྟོན་པའི་དྲུང་དུ་ཉན་པ་བཞིན་ཐོས་སོ། །ཞེས་དང་། ཚེ་འཕོ་བ་ལུང་བསྟན་པའི་མདོ་ལས། ཤཱཀྱ་དགའ་སྐྱེས་བྱ་བ་ཞིག་ཤི་བའི་ཚེ་ཉེ་དུ་རྣམས་གོས་ལྷམ་གཏོད་པ་ཟེར་བ་དེ་བྱས་པར། སངས་རྒྱས་ཀྱིས(༨༢བ)དེས་ཚེ་འདས་ལ་མི་ཕན། དེ་གནོད་སྦྱིན་གཏོགས་འདོད་དང་དྲི་ཟ་ཁྲབ་བྱེད་བྱ་བ་གཤིན་པོའི་ཆ་བྱེད་དུ་རྫུས་ནས་འོང་བ་ཡིན་གསུངས་པ་ལ་ཡིད་མ་ཆེས་པས་དེ་དག་ལ་ཡིད་ཆེས་བསྐྱེད་པའི་ཕྱིར་ཤཱཀྱ་རྣམས་ཀྱི་ཁྱིམ་ནས་རང་རང་གི་མིང་བྱང་བཙུག་པའི་འབྲུའི་ཐུམ་པོ་རེ་ཁྱེར་ཤོག་གསུངས་པ་དང་། ཤཱཀྱ་རྣམས་ཀྱི་ཁྱིམ་ནས་རང་རང་གི་མིང་བྱང་བཙུག་པའི་འབྲུའི་ཐུམ་པོ་ད་ལྟར་ཁྱེར་འོང་བ་ཕྱོགས་གཅིག་ཏུ་སྤུངས་ན། གླང་པོ་ཆེའི་རྒྱབ་ཁལ་བརྒྱད་ཙམ་ལོངས་ཙམ་གྱི་ཕུང་པོ་ཆེན་པོར་གྱུར་བ་ལ། སངས་རྒྱས་ཀྱིས་སོ་སོར་ལུང་བསྟན་པ་རྣམས་གཅིག་ཀྱང་མ་འཁྲུལ་བར་བྱུང་བས་ཐམས་ཅད་མཁྱེན་པར་ཡིད་ཆེས་པར་གསུངས། འཛམ་བུ་གླིང་གི་རྩི་ཤིང་ནགས་ཚལ་ཐམས་ཅད་བསྲེགས་པའི་ཐལ་བ་རྒྱ་མཚོ་ཆེན་པོར་བླུགས་ཏེ་ཡུན་རིང་དཀྲུགས་པའི་རྡུལ་ཕྲན་རྣམས་ཀྱང་འདི་ནི་ས་ཕྱོགས་འདི་ལྟ(༨༣ན)བུར་ཡོད་པའི་ཤིང་འདི་ཞེས་བྱ་བའི་རྩ་བའི་རྡུལ་ལོ་ཞེས་དང་། འདི་ནི་གཞན་འདི་ཞེས་པའི་རྩེ་མོའི་རྡུལ་ལོ་ཞེས་མ་འདྲེས་པར་མཁྱེན་པའི་ཡེ་ཤེས་མངའ་བར་གསུངས་སོ། །སངས་རྒྱས་ཀྱི་སྐུ་གསུང་ཐུགས་ཀྱི་མཛད་པ་རྣམས་བྱེད་པ་པོ་རང་ལ་ཡོད་པའི་འཕྲིན་ལས་ཡིན་ལ། གདུལ་བྱའི་རྒྱུད་ཀྱི་དགེ་སེམས་སྣ་གཅིག་ཡན་ཆད་ཀྱི་དགེ་བ་དང་དེའི་འབྲས་བུ་བདེ་བས་མཚོན་པའི་འཕྲལ་ཕུགས་ཀྱི་ཕུན་སུམ་ཚོགས་པ་ཐམས་ཅད་ནི་བྱ་བ་ཡུལ་ལ་ཡོད་པའི་

འཕྲིན་ལས་ཡིན་པས་མདོ་སྡེ་རྣམས་ལས་སྟོན་འབྱུང་ལྟར། ཁྱིམ་བདག་དཔལ་གྱི་ལོ་བརྒྱ་ལོན་པས་རབ་ཏུ་བྱུང་བར་འདོད་པ་དགེ་རྩ་ཤིན་ཏུ་ཞན་པས་འཕགས་པ་ཤཱ་རིའི་བུ་སོགས་དགྲ་བཅོམ་པ་མང་པོས་མ་གནང་ཡང་སངས་རྒྱས་ཀྱིས་མོའུ་འགལ་གྱི་བུ་ལ་གཏད་ནས་ཐབས་མཁས་ཏུ་མས་རིམ་གྱིས་ཐར་བ(༡༡བ)ལ་བཀོད་པ་དང་། གཙུང་དགའ་བོ་བུད་མེད་ལ་ཆགས་པས་དུས་འདའ་བ་སྟོན་པས་ནན་གྱིས་རབ་ཏུ་བྱུང་ནས་ལྷ་དང་དམྱལ་བའི་གནས་སོགས་བསྟན་ཅིང་གདམས་ངག་སྒོམ་བཅུག་པས་དགྲ་བཅོམ་ཐོབ་པ་དང་། ལམ་ཕྲན་བ་དབང་པོ་ཤིན་ཏུ་རྟུལ་བོ་པས་བྲམ་ཟེའི་སློབ་དཔོན་གྱི་སིདྡྷ་ཞེས་པའང་ཡུན་རིང་སློབ་མ་ནུས་པ་དེ་བཅོམ་ལྡན་འདས་ཀྱིས་དགེ་འདུན་གྱི་མཆིལ་ལྷམ་ཕྱི་བར་བསྐུལ་ནས་སྒྲིབ་པ་སྦྱོང་བཅུག་སྟེ་རིམ་གྱིས་གཉིས་ཀའི་ཆ་ལས་གྲོལ་བར་མཛད་པ་དང་། སོར་ཕྲེང་ཅན་སློབ་དཔོན་ངན་པས་བསླུལ་ཏེ་ཞག་བདུན་གྱི་ཁོངས་སུ་མི་དགུ་བརྒྱ་གོ་དགུ་བསད་པའི་སྡིག་པོ་ཆེ་ཡིན་ཡང་། སངས་རྒྱས་ཀྱི་གདམས་ངག་བསྟན་ནས་སྒོམ་བཅུག་པས་མྱུར་འདས་ཐོབ་པ་སོགས་མདོ་ལས་བྱུང་བའི་ལོ་རྒྱུས་མཐའ་ཡས་ཤིང་། ད་ལྟའང་དབང་པོ་མཆོག་དམན་སུ་འདྲ་ཞིག་གིས་ཉམས་སུ་བླངས་ཀྱང་དོན་དུ་མི་འགྱུར་བ་མེད(༧༠༠ན)པའི་བྱང་ཆུབ་ལམ་གྱི་རིམ་པའི་གདམས་ངག་འདི་ལྟ་བུ་འཛིག་རྟེན་ན་གནས་པའང་རྒྱལ་བའི་འཕྲིན་ལས་ཆེན་པོར་ངེས་ཞེས་བླ་མ་རྗེ་རྗེ་འཆང་གིས་གསུངས། བཅོམ་ལྡན་འདས་ལ་ལྷ་དང་བཅས་པའི་འཇིག་རྟེན་ཐམས་ཅད་ཀྱིས་མཆོད་ཀྱང་དམན་ལ་ལྷག་པར་བརྩེ་བའི་ཚུལ་ནི་མཆོག་ཏུ་དད་པའི་གནས་ཁོ་ན་ཡིན་ཏེ། མདོ་ལས། ཁྱིམ་བདག་རྟོག་ལྡན་གྱི་བུ་ལེགས་འོང་ཞེས་པ་སྐྱེས་ཙམ་ནས་གནོད་པ་མང་པོ་བྱུང་ཞིང་མི་ནོར་ཐམས་ཅད་རིམ་གྱིས་ཟད། གར་སོང་ཡང་བཀྲ་མི་ཤིས་པས་ཉེ་འབྲེལ་རྣམས་ཀྱིས་ཀྱང་བོར། ཁོ་དང་ལྷན་ཅིག་ཕྱིན་པའི་སྲུང་པོ་རྣམས་ཀྱིས་ཟན་མི་སྙེད་པས་སྲུང་ཁྲུར་ཡང་མ་ཆུད། ཐད་

ཚད་ཀྱིས་བརྡེག་པས་ཤིན་ཏུ་ཉམ་ཐག་པ་ལ་སྟོན་པས་ལྷུང་བཟེད་ཀྱིས་ཕམ་ཕབ་གནང་སྟེ་ལས་ངན་སྦྱངས་བཅུག་ནས་རིམ་གྱིས་དགྲ་བཅོམ་པ་ལ་བཀོད་པ་དང་། ཁྱིམ་བདག་ཞིག་ལ་བུ་ཤིན་ཏུ་མི་སྡུག་པ་ཞིག(༧༠༠བ)བཙས་པ་ཙུང་ཟད་ཆེར་སྐྱེས་པ་ན་ཕ་མས་རང་ཁྱིམ་ནས་བསྐྲད། གྲོང་བའི་ལམ་སྲང་དུ་འཁྱམས་པ་ན་བྱིས་པ་རྣམས་ཁུ་ཚུར་སོགས་ཀྱིས་བརྡེག་ཅིང་། སྐྱིད་མོས་ཚལ་དུའང་མཐོང་ཚད་ཐམས་ཅད་ཀྱིས་འདྲེ་འོང་ཟེར་ནས་བརྡེག་པས་ཉིན་མོ་གབ་ཅིང་མཚན་མོ་དགའ་འདུན་པ་རྣམས་གྱིས་པའི་ཤུལ་དུ་ཟས་ཙུང་ཟད་བྲུལ་བ་ཙམ་གྱིས་འཚོ་བ་སྐབས་ཤིག་སྟོན་པ་ཉིད་དེ་ལས་ཀྱང་ཆེས་མི་སྡུག་པའི་གཟུགས་སུ་སྤྲུལ་ནས་འགྲོས་ཚུལ་མཛད་པ་སོགས་བསྟན་ཅིང་མཐུན་པའི་གཏམ་དང་ཟས་ཀྱིས་ཚིམ་པར་མཛད་མཐར་དངོས་ཀྱི་ཆོས་བསྟན་ནས་རྒྱུན་ཞུགས་དང་དགྲ་བཅོམ་པ་ལ་རིམ་གྱིས་བཀོད་པར་མཛད་པ་དང་། དགེ་སློང་ནད་པ་མལ་ནས་ལྡང་མ་ནུས་པ་བཤང་གཅིའི་ནང་དུ་འདུག་པ་ལ་སངས་རྒྱས་ཀྱིས་ནད་གཡོག་མཛད་པ་སོགས་སྙིང་རྗེ་ཆེན་པོས་རྟག་ཏུ་ཉམ་ཐག་པ་ལ་དགོངས་པའི་ལོ་རྒྱུས་མཐའ་ཡས་ཀྱང་མཛད་པ་རེ་རེ་གཉིས་རེ་ནས་གོམས་པར་བྱས་ཏེ་བརྗོད་ཀྱིས་མི་ལང(༧༠༧ན)བའི་མཛད་པ་རྣམས་ཡིད་ཡུལ་དུ་འཆར་བར་བྱས་པ་དང་། ཟང་ཟིང་གིས་ཕན་བཏགས་པ་ལ་ལྟ་བས་ཐམས་ཅད་ཀྱི་སྐྱབས་སུ་མི་འོས་ཀྱང་། སངས་རྒྱས་ནི་ཉོན་མོངས་བག་ཆགས་དང་བཅས་པ་སྤངས་པས་དགྲ་གཉེན་ལ་ཉེ་རིང་དང་ཟང་ཟིང་ཙམ་ལ་གཟིགས་པ་གཏན་མི་སྲིད་པ་མདོ་ལས། ལྷས་བྱིན་གྱིས། སངས་རྒྱས་ལ་ལོག་སྒྲུབ་མང་པོ་བྱས་མཐར་འགྲན་སེམས་ཀྱིས་སྨན་མར་སྲང་སུམ་ཅུ་རྩ་གཉིས་ཟོས་ཤིང་ཐུག་པ་འཐུངས་པས་མ་ཞུས་པའི་ནད་ཀྱིས་ཐེབས་ནས་འཆི་ལྡོག་བྱེད་པ་ན། བཅོམ་ལྡན་འདས་ཀྱིས་བྱ་རྒོད་ཕུང་པོའི་རི་ཕུག་ནས་ཕྱག་བརྐྱངས་པ་མགོར་བཞག་སྟེ། སྒྲ་གཅན་འཛིན་དང་ལྷས་བྱིན་གཉིས་ལ་བྱམས་ཐུགས་

མཉམ་པའི་བདེན་སྟོབས་གསུངས་པས་ནད་ལས་གྲོལ་བར་མཛད་དོ། །མི་འབྲུག་པོའི་དཔྱིད་ཟླ་ར་བའི་དཀར་ཚེས་བརྒྱད་ཀྱི་ཉིན། རྒྱལ་བྱེད་ཚལ་ནས། བཅོམ་ལྡན་འདས་ནམ་མཁའི་ངོས་ལ་གཤེགས(༡༠༡བ)ཏེ་ཆོ་འཕྲུལ་ཆེན་པོའི་འདུན་ཁང་དུ་ཕྱིན་ནས་བརྒྱ་བྱིན་གྱིས་བཤམས་པའི་སེང་ཁྲི་ལ་བཞུགས། ལྷའི་དབང་པོ་བརྒྱ་བྱིན་གྱིས་གཡོན་ནས་གུས་པས་མཆོད། སྟོང་གསུམ་གྱི་བདག་པོ་ཚངས་པ་ཆེན་པོས་གཡས་ནས་མཆོད། དེ་ནས་སངས་རྒྱས་ཀྱིས་རྒྱལ་པོ་གསལ་རྒྱལ་ལ་བཀའ་སྩལ་བ། ངེད་དང་མུ་སྟེགས་ཅན་ལྷན་ཅིག་རྫུ་འཕྲུལ་སྟོན་ཅིག །ཅེས་གསོལ་བ་འདེབས་པ་སུ་ཡིན། རྒྱལ་པོས་གསོལ་བ། བདག་ལགས་ཀྱི་བསྟན་དུ་གསོལ། སངས་རྒྱས་དེ་མ་ཐག་སེང་གེའི་ཁྲི་ན་མི་སྣང་བར་གྱུར་ཏེ་ཤར་ཕྱོགས་ཀྱི་སྟེང་གི་ནམ་མཁའ་ལ་འཕགས་ཏེ་སྤྱོད་ལམ་བཞི་མཛད་པ་དང་། མེའི་ཁམས་ལ་སྙོམས་པར་ཞུགས་པའི་འོད་ཟེར་དྨུག་འཕྱེད་པ་དང་ཟླུང་གི་འོད་ཆོ་འཕྲུལ་སྣང་ནས་མེ་འབར་སྟོད་ནས་ཆུ་རྒྱུན་གྲང་མོ་འབབ་པ་སོགས་ཕྱོགས་བཞིའི་ནམ་མཁར་རྫུ་འཕྲུལ་བཞི་རིམ་གྱིས་དང་དུས་མཉམ་རྣམ་པ་སྣ་ཚོགས་པ་བསྟན་ཏེ་སེང(༡༠༢ན)ཁྲི་ལ་བཞུགས་ཏེ་བཀའ་སྩལ་བ། རྒྱལ་པོ་འདི་ཉན་ཐོས་དང་ཐུན་མོང་བའི་རྫུ་འཕྲུལ་ཡིན་ནོ། །བླ་ན་མེད་པའི་ཆོ་འཕྲུལ་བསྟན་པར་གསོལ་བ་འདེབས་པ་སུ་ཡིན། རྒྱལ་པོས་བདག་ལགས་ཀྱི་བསྟན་དུ་གསོལ། སངས་རྒྱས་ཀྱིས་ཕྱག་གཡས་པ་ས་ལ་རེག་མ་ཐག་ཀླུ་རྣམས་ཀྱིས་པདྨ་པདྨའི་སྙིང་པོ་ལ་སྟོན་པ་བཞུགས། གཡས་གཡོན་དུ་པདྨ་དེ་འདྲ་མང་པོ་བྱུང་སྟེ་སངས་རྒྱས་རེ་རེ་བཞུགས་སོ། །ཚུལ་དེ་ལྟར་འོག་མིན་གྱི་བར་དུ་ཁྱབ་པར་བྱས་སོ། །སྤྲུལ་པའི་སངས་རྒྱས་དེ་རྣམས་ལས་ཁ་ཅིག་མེ་འབར། ཁ་ཅིག་ཆར་འབེབས། ཁ་ཅིག་གསལ་བར་མཛད། ཁ་ཅིག་གློག་འཁྱིན། ཁ་ཅིག་ཀུན་ཤེས་པ་ལུང་སྟོན། ཁ་ཅིག་ཞུ་བ་ཞུས། ཁ་ཅིག་ལན་འདེབས། ཁ་ཅིག་བཞེངས། ཁ་ཅིག་འཆག །ཁ་ཅིག་གཟིམས། ཁ་

ཅིག་བཞུགས། དེ་རྣམས་བྱིས་པ་གཞོན་ནུ་རྣམས་ཀྱིས་ཀྱང་སྒྲིབ་པ་མེད་པར་མཐོང་བར་བྱིན(༧༠༢བ)གྱིས་བརླབས་སོ། །དེ་མཐོང་ནས་རྒྱལ་པོ་ལ་སོགས་པ་འདུས་པ་མང་པོ་དང་། ནམ་མཁའི་དཀྱིལ་ན་འདུག་པའི་ལྷ་རྣམས་ཀྱིས་མིག་མི་འཛུམ་པར་བལྟ་ཞིང་ཕྱག་འཚལ། ཟ་རོལ་བརྡུང་། དུང་བསྒྲིལ་མ་འབུད། རོལ་མོ་སྣ་ཚོགས་བྱེད་ཅིང་གླུ་ལེན། ལ་ལས་གར་བྱེད། ཕྱོལ་སོང་རྣམས་ཀྱང་ཡིད་བདེ་བ་སྐྱེས་ནས་དད་མོས་སྐྱེས་ཏེ་རང་རིགས་ཀྱི་དགའ་བའི་སྒྲ་སྒྲོགས་ཤིང་ཐམས་ཅད་ཀྱང་མཆོད་པ་ལ་སྤྲོ་ཞིང་བརྩོན་པར་གྱུར་ཏོ། །ལྷ་རྣམས་ཀྱིས་ཀྱང་ལྷའི་རོལ་མོ་སྒྲོགས། མེ་ཏོག་ཨུཏྤ་ལ་དང་། ཀུ་མུ་ད་དང་། པུ་རིན་ཏི་ཀ་སོགས་དང་ཙནྡན་ལ་སོགས་པའི་ཕྱེ་མ་དང་། ལྷ་རྫས་ཀྱི་གོས་སྣ་ཚོགས་འཐོར་ཞིང་མཆོད་པ་བྱས་སོ། །སྟོན་པས་ཀྱང་། བརྩམ་པར་བྱ་ཞིང་དབྱུང་བར་བྱ། །སངས་རྒྱས་བསྟན་ལ་འཇུག་པར་བྱ། །འདམ་བུའི་ཁྱིམ་ལ་གླང་ཆེན་བཞིན། །འཆི་བདག་སྡེ་ནི་གཞོམ་པར་བྱ། །(༧༠༣ན)གང་ཞིག་རབ་ཏུ་བག་ཡོད་པས། །ཆོས་འདུལ་འདི་ལ་སྤྱོད་གྱུར་བ། །སྐྱེ་བའི་འཁོར་བ་རབ་སྤངས་ནས། །སྡུག་བསྔལ་ཐ་མར་བྱེད་པར་འགྱུར། །ཞེས་གསུངས། སྤྲུལ་བའི་སངས་རྒྱས་རྣམས་ཀྱིས་ཀྱང་མགྲིན་གཅིག་དབྱངས་གཅིག་གིས། ཇི་སྲིད་ཉི་མ་མ་ཤར་བ། །དེ་སྲིད་སྲིན་བུ་མེ་འཁྱེར་གསལ། །མཁའ་ལ་ཉི་མ་ཤར་བ་ན། །མོག་མོག་པོར་གྱུར་གསལ་མི་འགྱུར། །ཇི་སྲིད་དེ་བཞིན་གཤེགས་མ་བྱུང་། །རྟོག་གེ་ཅན་རྣམས་སྟོན་གསལ་ཏེ། །རྫོགས་པའི་སངས་རྒྱས་འཛིག་རྟེན་སྣང་། །རྟོག་གེ་མི་གསལ་དེ་མི་སློབ། །ཅེས་གསུངས། དེ་ནས་བཅོམ་ལྡན་འདས་ཀྱིས་བཀའ་སྩལ་བ། དགེ་སློང་དག་ཆོ་འཕྲུལ་ཆེན་པོ་མི་སྣང་བར་འགྱུར་གྱི་མཚན་མ་ཟུང་ཞིག །དེ་མ་ཐག་མི་སྣང་བར་འགྱུར་ཏོ། །དེ་ནས་རྒྱལ་པོ་གསལ་རྒྱལ་གྱིས། སྟོན་པས་ཆོ་འཕྲུལ་ཆེན་པོ་བསྟན་ཟིན་ཏེ་ད་ཁྱོད་ཀྱི་རེས་ལ་བབས་ཀྱི་མྱུར་བར་སྟོན(༧༠༣བ)ཅིག་བྱས་པས། རྫོགས་

བྱེད་ཀྱིས་ཅང་མི་སྨྲ་བར་ཕན་ཚུན་གྲུ་ཕྲུགས་བྱས་སོ། །རྒྱལ་པོས་ལན་གསུམ་དུ་སྟོན་ཅིག་ཅེས་ནན་གྱིས་བསྐུལ་བ་ཞིག་ལ་ཕན་ཚུན་གྲུ་ཕྲུགས་བྱས་ཏེ་ཅང་མ་ཟེར་བར་ཡུལ་ཡུལ་པོར་གྱུར། ཞུམ་ཞུམ་པོར་གྱུར་ནས་མགོ་སྨད་ཅིང་སྤོབས་པ་མེད་དེ་སེམས་ཁོང་དུ་ཆུད་ཅིང་འདུག་གོ། །དེ་ནས་བཅོམ་ལྡན་འདས་ཀྱིས་ཕྱག་སེང་ཁྲི་ལ་རེག་པས་སེང་ཁྲི་ལས་སྒྲ་ཆེན་པོ་ཞིག་བྱུང་མ་ཐག་སྲིན་པོ་ཆེན་པོ་ལྔ་ཐོན་ཏེ། སྟོན་པ་དྲུག་གི་ཁྲི་ཞིག་ཕྱག་ན་རྡོ་རྗེས་འབར་བའི་རྡོ་རྗེས་གཟས་ཏེ། རླུང་དམར་ཆར་དྲག་བབས་ཤིང་བསྐྲད་པས། དེ་དྲུག་སྐྱིངས་ཤིང་འཇིགས་སྐྲག་ནས་འབྱེད་ཅིང་བྲོས་ཏེ་རི་དང་ཚང་ཚིང་ནགས་ཚལ་རྣམས་སུ་བྲོས་སོ། །དེའི་ཚེ་བཅོམ་ལྡན་འདས་ཀྱིས་བཀའ་སྩལ་བ། འཇིགས་པས་སྐྲག་པའི་མི་རྣམས་ནི། །ཕལ་ཆེར་རི་དང་ནགས་ཚལ་དང་། །ཀུན་དགའ་དག་ནི་མཆོད་གནས་ཀྱི། །ལྗོན་ཤིང་རྣམས་ལ་སྐྱབས་སུ་འགྲོ། །(༧༠༨ན)སྐྱབས་དེ་མཆོག་གྱུར་མ་ཡིན་ལ། །སྐྱབས་དེ་ལ་ནི་བསྟེན་ནས་ཀྱང་། །སྡུག་བསྔལ་ལས་ནི་ཐར་མི་འགྱུར། །གང་ཞིག་སངས་རྒྱས་དང་། །ཆོས་དང་དགེ་འདུན་སྐྱབས་སོང་ལ། །སྡུག་བསྔལ་སྡུག་བསྔལ་ཀུན་འབྱུང་དང་། །སྡུག་བསྔལ་ཡང་དག་འདས་པ་དང་། །འཕགས་ལམ་ཡན་ལག་བརྒྱད་པ་ནི། །མྱ་ངན་འདས་པར་འགྲོ་འགྱུར་དང་། །འཕགས་པའི་བདེན་པ་བཞི་པོ་དག །ཤེས་རབ་ཀྱིས་ནི་ལྟ་བྱེད་པ། །སྐྱབས་དེ་གཙོ་བོ་ཡིན་པ་སྟེ། །སྐྱབས་དེ་མཆོག་ཏུ་གྱུར་བ་ཡིན། །སྐྱབས་དེ་ལ་ནི་བརྟེན་ནས་ཀྱང་། །སྡུག་བསྔལ་ཀུན་ལས་གྲོལ་བར་འགྱུར། །ཞེས་གསུངས། དེ་ལྟར་སྲིན་པོ་རྡོ་རྗེ་འཛིན་དང་བཅས་པས་སྟོན་པ་དྲུག་བཅོམ། སྟོན་པས་ཆོས་བསྟན་ནས་འཁོར་དགུ་ཁྲི་སྲིད་པ་ལས་བསྒྲལ་ཏེ་དགྲ་བཅོམ་པ་ལ་བཀོད། སླར་སྐུའི་བ་སྤུའི་བུ་ག་ནས་འོད་ཟེར་དང་སངས་རྒྱས་ནམ་མཁའི་ཁམས་ཁྱབ་པར་སྤྲུལ་བ་སོགས་མཐའ་ཡས་པའི་ཆོས་འཕྲུལ་ཆེན་པོ་བསྟན།

(༡༠༤བ)འགྲོ་བ་རྣམས་མངོན་མཐོ་ངེས་ལེགས་ཀྱི་ལམ་བཟང་པོ་དང་སྨིན་གྲོལ་གྱི་ལམ་བཟང་པོ་གསུམ་ཅི་རིགས་པར་བཀོད། ཐམས་ཅད་ཀྱང་དཀོན་མཆོག་གསུམ་ལ་གཞོལ་བར་མཛད་དེ་ཚེ་འཕྲུལ་ཆེན་པོའི་འདུན་ཁང་ནས་སྣར་ནམ་མཁའི་ངོས་ལ་བྱོན་ཏེ་འོད་འདོམ་གང་བ། འོད་ཟེར་མཐའ་ཡས་པ་ཤིན་དུ་མཛེས་པ་བལྟ་བས་མི་ངོམས་པའི་སྟོན་པ་འཕགས་པའི་ཚོགས་ཀྱིས་བསྐོར་ཏེ་རྒྱལ་བྱེད་ཚལ་གྱི་ཀུན་དགའ་ར་བ་ན་བཞུགས་སོ། །ཡང་སྟོན་པ་རྒྱལ་པོའི་ཁབ་ཏུ་གཤེགས་པ་ན་སེང་གེ་རལ་བ་ཅན་དང་གླང་ཆེན་ནོར་སྐྱོང་སོགས་རྫུ་འཕྲུལ་གྱིས་བཏུལ་བ་དང་། ཁྱིམ་བདག་དཔལ་སྦྱིན་གྱིས་བཅོམ་ལྡན་འདས་བསྐྱོད་བར་འདོད་ནས་མེ་དོང་ཆེན་པོ་བྱས་པ་མེ་ཏོག་གི་མཚོར་བསྒྱུར་ཞིང་དུག་དང་སྦྱར་བའི་ཞལ་ཟས་རྣམས་ཚིམ་པར་གསོལ་ཀྱང་མ་གནོད་པ་ལ་སོགས་པའི་ཕྱི་ནང་གི་འཇིགས་པ་ཐམས་ཅད་སྐྱོངས་པའི་ལོ་རྒྱུས་མཐའ་ཡས་པ་མདོ་ལས་གསུངས་པ་ལྟར། (༡༠༥ན)སངས་རྒྱས་བྱང་སེམས་ཀྱི་མཁྱེན་བརྩེ་ནུས་གསུམ་གྱི་ཡོན་ཏན་བསམ་གྱིས་མི་ཁྱབ་པ་མངའ་བ་རྣམས་རང་རེའི་མགོན་དུ་བཞུགས་པ་སྐལ་བ་ཤིན་ཏུ་བཟང་། རང་ངོས་ནས་མཆོག་གསུམ་ལ་བློ་བཀལ་ཏེ། སྐྱབས་གསུམ་གྱི་ཡོན་ཏན་ཤེས་པ། ཁྱད་པར་ཤེས་པ། ཁས་བླངས་པ། གཞན་དུ་མི་སྨྲ་བས། དེང་ནས་བྱང་ཆུབ་མ་ཐོབ་ཀྱི་བར་དུ་སྐྱབས་གཞན་མི་འཚོལ་བས། སྐྱིད་དུ་འཇུག་གམ། སྡུག་ཏུ་འཇུག་གམ། མཐོར་གཏོང་ངམ། ཅིར་འགྱུར་དཀོན་མཆོག་གསུམ་པོ་རང་མཁྱེན་སྙམ་དུ་སྐྱབས་སུ་འགྲོ་བའོ། །བཅོམ་ལྡན་འདས་ཀྱིས་ཀུན་དགའ་བོར་བཀའ་སྩལ་བ། རིགས་ཀྱི་བུའམ། རིགས་ཀྱི་བུ་མོ། དྲིན་ཤེས་པ་དང་དྲིན་བསབ་པ་ནི་དོན་རྣམས་པ་བཞི་ལ་ནན་ཏན་བྱའོ། །བཞི་གང་ཞེ་ན། དགེ་བའི་བཤེས་བསྙེན་བསྟེན་པ་དང་། སེམས་རྩེ་གཅིག་ཏུ་ཆོས་ཉན་པ་དང་། དོན་ཡིད་ལ་བྱེད་པ་དང་། ཇི་ལྟར་བསྟན་པ་བཞིན་དུ་སྒྲུབ་པའོ། །དེ་ལྟར་འཁོར་བ་དང་ངན་

སོང་གི་འཇིགས་པ་ལས་སྒྲོལ་བའི་སྐྱབས་གནས་བསླུ་བ་མེད་པ་སྐྱོན་ཀུན་ཟད་ཅིང་ཡོན་ཏན་མཐའ་དག་རྫོགས་པ་སྤངས་རྟོགས་མཐར་ཕྱིན་པའི་བདག་ཉིད་སངས་རྒྱས་བཅོམ་ལྡན་འདས་ལ་སྐྱབས་སྟོན་པ་པོར་བསྟེན་འདོད་པ་དང་རྗེས་སུ་མཐུན་པར་དང་པོའི་ལས་ཅན་རྣམས་ཀྱིས་བསྒྲུབ་པར་བྱ་བ་ལམ་སྟོན་པའི་དགེ་བའི་བཤེས(༧༠༥བ)གཉེན་ཚུལ་བཞིན་དུ་བསྟེན་པ་དང་། སྐྱབས་དངོས་མཐོང་སྤང་སྒོམ་སྤང་ཅི་རིགས་ལས་སྒྲོལ་བའི་འགོག་བདེན་རྣམ་བྱང་བདེན་པའི་རང་བཞིན་རྟོགས་པའི་ཆོས་མྱང་འདས་མངོན་དུ་བྱ་བར་སྨོན་པ་དང་མཐུན་པའི་བསྒྲུབ་པར་བྱ་བ་དམ་པའི་ཆོས་མདོའི་སྡེ་ལ་སོགས་པ་མཉན་པ་དང་། གང་ཡིད་ལ་བྱས་པས་ཉོན་མོངས་བཟློག་པའི་དམིགས་པ་ཡིད་ལ་བྱེད་པ་དང་ཐར་ལམ་ལ་ཞུགས་པའི་དགེ་འདུན་རྣམས་ཟླ་གྲོགས་སུ་བསྟེན་པར་འདོད་པ་དང་མཐུན་པའི་བསྒྲུབ་བྱ་ཐར་འདོད་རྣམས་དང་སྤྱོད་པ་མཚུངས་པར་སློབ་པའོ། །དབང་པོ་རྣམས་ཉོན་མོངས་པའི་གཡུལ་ལས་ཕྱིར་བཟློག་པ་དང་། སངས་རྒྱས་ཀྱི་བཅས་པའི་བསླབ་པའི་གཞི་ཅི་ནུས་སུ་ལེན་པ་དང་། སེམས་ཅན་ལ་སྙིང་བརྩེའི་བསམ་པས་གནོད་འཚེ་སྤོང་བ་དང་། ཉིན་མཚན་གྱི་དུས་སུ་དཀོན་མཆོག་མཆོད་པ་ལ་བརྩོན་ཞིང་སློབ་པར་བྱའོ། །དེ་ལྟར་མདོ་མྱ་ངན་ལས་འདས་པ་ལས། གང་ཞིག(༧༠༦ན)གསུམ་ལ་སྐྱབས་འགྲོ་བ། །དེ་ནི་ཡང་དག་དགེ་བསྙེན་ཏེ། །ནམ་དུའང་ལྷ་ནི་གཞན་དག་ལ། །སྐྱབས་སུ་སོང་བ་མ་ཡིན་ནོ། །དམ་པའི་ཆོས་ལ་སྐྱབས་འགྲོ་བ། །འཚེ་ཞིང་གསོད་པའི་སེམས་དང་བྲལ། །དགེ་འདུན་ལ་ཡང་སྐྱབས་འགྲོ་བ། །མུ་སྟེགས་ཅན་དང་འགྲོགས་པ་མིན། །ཞེས་དགག་སྒྲུབ་ཀྱི་བསླབ་བྱ་དང་། མདོ་སྡེ་རྣམས་སུ་སངས་རྒྱས་སྲས་དང་བཅས་པ་ལ་དད་པའི་སེམས་ཀྱིས་སྐུ་གསུང་ཐུགས་ཀྱི་རྟེན་བཞེངས་པ་དང་། ཕྱག་མཆོད་བསྐོར་བའི་ཕན་ཡོན་རྒྱ་ཆེར་བཀའ་སྩལ་བ་ཐམས་ཅད་ཀྱང་འདིའི་གདམས་ངག་ཏུ་གོ་དགོས་

པར་གསུངས་པས། མ་གུས་པ་དང་བརྙས་པ་སྤྱངས་པ་ཤིན་ཏུ་གལ་ཆེ་སྟེ། ལུང་རྣམ་འབྱེད་ལས། ཤེད་བུ་སེར་སྐྱས། སློབ་པ་དང་མི་སློབ་པའི་དགེ་འདུན་རྣམས་ལ་གླང་པོ་མགོ་ཅན་ཁྱོད་ཀྱིས་ཆོས་སམ་ཆོས་མ་ཡིན་པ་ཅི་ཤེས། ཞེས་པ་ལ་སོགས་པའི་ངན་སྨྲས་མི་འདྲ་བ་བཅོ་བརྒྱད(༡༠༨བ)བྱས་པས་མགོ་བརྙན་མི་འདྲ་བ་བཅོ་བརྒྱད་ཡོད་པའི་ཆུ་སྲིན་ཉའི་རིགས་སུ་སྐྱེས་ཏེ། སྟོན་པ་འོད་སྲུངས་ཀྱི་དུས་ནས། ཤཱཀྱའི་རྒྱལ་པོའི་བར་དུ་དུད་འགྲོར་བསྡད་པར་གསུངས་པ་དང་། ལུང་ཕྲན་ཚེགས་ལས། སྟོན་པ་འཁོར་བ་འཇིག་སྒྲ་ངན་ལས་འདས་པའི་རྗེས་སུ་རྒྱལ་པོ་མཛེས་ལྡན་གྱིས་མཆོད་རྟེན་ཆེན་པོ་ཞིག་བྱེད་དུ་བཙུག་པ་ན། གླ་མི་ཞིག་གིས་འདི་ལྟ་བུའི་མཆོད་རྟེན་ཆེན་པོ་བྱེད་དུ་གཞུག་པར་བརྩམས་པ། ནམ་ཚམ་ཟིན་པར་འགྱུར་མ་ཤེས་སོ། །ཞེས་ལན་གཉིས་སུ་འཕྲུས་པས་ཕྱིས་ལེགས་པར་ཟིན་པ་ན་འགྱོད་ནས་གླ་རྔན་གྱིས་གསེར་གྱི་དྲིལ་བུ་བྱེད་དུ་བཙུག་ནས་མཆོད་རྟེན་ལ་བཏགས་པས་མདོག་ངན་ཞིང་ལུས་ཆུང་བ་སྐད་སྙན་པའི་སྙན་པ་བཟང་ལྡན་དུ་སྐྱེས་པར་གསུངས་པ་དང་། ལྷག་བསམ་བསྐུལ་བ་ལས། ཡོན་ཏན་འདོད་པ་ནགས་ན་གནས་པ་ཡིས། །ཕ་རོལ་དག་གི་སྐྱོན་ལ་བརྟག་མི་བྱ། །བདག་ནི་ཁྱད་པར་འཕགས(༡༠༩ན)ཤིང་བདག་མཆོག་ཅེས། །དེ་སྙམ་དུ་ནི་སེམས་བསྐྱེད་མི་བྱའོ། །རྒྱགས་འདི་བག་མེད་ཀུན་གྱི་རྩ་བ་སྟེ། །དགེ་སློང་དམན་ལ་བརྙས་པར་ཡོངས་མི་བྱ། །བསྐལ་བ་གཅིག་གིས་ཐར་པ་ཐོབ་མི་འགྱུར། །འདི་ནི་བསྟན་པ་འདི་ལ་གོ་རིམ་ཡིན། །ཞེས་གསུངས་སོ། །དུས་རྟག་ཏུ་གུས་པས་མཆོད་པ་ལ་བརྩོན་ཞིང་བཟའ་བ་དང་བཅའ་བའི་ཕུད་ཀྱང་དབུལ་བ་ནི། ཏིང་ངེ་འཛིན་རྒྱལ་པོ་ལས། སངས་རྒྱས་བསོད་ནམས་ཀྱིས་ནི་ཟས་རྙེད་ཀྱང་། །དེ་ལས་བྱིས་པ་བྱས་པ་གཟོ་མི་འགྱུར། །ཞེས་མཆོད་པར་གུས་པའི་ཚུལ་ནི་དཔེར་ན་ཞིང་ས་གཞིན་པ་ཞིག་ལ་ས་བོན་འདེབས་དུས་སུ་མ་བཏབ་པར་ལྷུས་པ་

འདྲ་ན་དེ་ལྟར་འཇོག་མི་ཕོད་པ་ལྟར་འདི་ལྟར་འདི་ཕྱིའི་བདེ་ལེགས་ཐམས་ཅད་འབྱུང་བའི་ཞིང་ས་དམ་པ་དུས་བཞི་ཐམས་ཅད་དུ་རྒྱུན་ཆད་མེད་པར་བདེ་ལེགས་ཀྱི་ས་བོན་བཏབ་པས་ཚོག་པ་འདི་ལ་ཡང་དད་པའི་གཞོལ་གྱིས་བསོད་ནམས་ཀྱི་ཞིང་རྨེད་པར(༡༠༧བ)གྱུར་ཅིག ། ཅེས་མདོ་ལས་གསུངས་པ་ལྟར་ཞིང་དམ་པ་ལ་དགེ་རྩ་བསྐྲུན་པའི་མཐུ་ལས་ལམ་གྱི་རིམ་པ་རྣམས་ལ་བློའི་མཐུ་ཇེ་རྒྱས་སུ་འགྲོ་བས་མཉན་ན་ཚིག་མི་ཟིན། བསམས་ན་དོན་མི་གོ། བསྒོམས་ན་རྒྱུད་ལ་མི་སྐྱེ་བའི་བློའི་མཐུ་ཤིན་ཏུ་ཆུང་བའི་དུས་སུ་ཞིང་གི་མཐུ་ལ་བརྟེན་པ་མན་ངག་ཡིན་ནོ། །དེ་ལྟར་ཡང་། དམ་ཆོས་པདྨ་དཀར་པོ་ལས། བདེ་གཤེགས་སྐུ་གཟུགས་རྩིགས་ངོས་བྲིས་པ་ལ། །འཁྲུགས་བཞིན་པ་ཡིས་སེམས་ཀྱིས་མཆོད་ན་ཡང་། །དེ་དག་རིམ་གྱིས་སངས་རྒྱས་བྱེ་བ་མཐོང་། །མཆོད་རྟེན་དེ་ལ་གང་གིས་ཐལ་མོ་སྦྱར། །ཡོངས་སུ་ཚང་བའམ་ཐལ་མོ་ཡ་གཅིག་གམ། །ཡང་ན་མགོ་བོ་སྐད་ཅིག་བཏུད་པ་དང་། །གང་གིས་རང་བསྒྲིལ་གནས་པ་དེ་དག་ལ། །གཡེངས་པའི་སེམས་ཀྱིས་སངས་རྒྱས་ཕྱག་འཚལ་ཞེས། །ཚིག་གཅིག་ལན་འགའ་བརྗོད་པར་གྱུར་པ་ཡང་། །དེ་དག་ཀུན་གྱིས་བྱང་ཆུབ་མཆོག་འདི་ཐོབ། །དེ་བཞིན་གཤེགས་པ་རྣམས་མེ་ཏོག(༡༠༨ན)གཅིག་མཆོད་ན། །དེ་དག་ཐམས་ཅད་བྱང་ཆུབ་ཐོབ་པར་འགྱུར། །ཅེས་དང་། སྙིང་རྗེ་ཆེན་པོ་པདྨ་དཀར་པོ་ལས། ཁྱིམ་བདག་ཅིག་གིས་ཞིང་ས་གཤིན་པར་ས་བོན་གྲུང་པོ་བཏབ་སྟེ་དུས་སུ་ཆུས་བཅུས་ཤིང་སྐམ་པ་སོགས་ཀྱིས་ལེགས་པར་བསྲུངས་ནས། དུས་གཞན་ཞིག་ན་ཁྱིམ་པ་དེ་ཞིང་གི་དྲུང་དུ་སོང་སྟེ། ཀྱེ་ས་བོན་ཁྱོད་ས་བོན་དུ་མ་གྱུར་ཅིག །ས་བོན་ཁྱོད་མ་སྐྱེ་ཞིག །མ་འཕེལ་ཞིག །ང་ལ་འབྲས་བུ་མི་དགོས། ཞེས་ཟེར་ན། དེའི་ཚིག་གིས་ས་བོན་དེ་དག་ས་བོན་མ་ཡིན་པར་མི་འགྱུར་བ་བཞིན་དུ། སྲིད་པ་ལ་བསྟོད་ཅིང་སྲིད་པ་ལ་དགའ་བའི་སེམས་ཀྱིས་སངས་རྒྱས་ལ་ཡོན་ཕུལ་ནས་

དགེ་བའི་རྩ་བ་འདིས་བདག་ནམ་ཡང་མྱ་ངན་ལས་འདའ་བར་མ་འགྱུར་ཅིག་ཅེས་ཟེར་ཡང་དེས་མྱ་ངན་ལས་འདའ་བར་མི་འགྱུར་བའི་སྐབས་མེད་གོ་སྐབས་མེད་ཀྱི། སངས་རྒྱས་ལ་བསྙེན་པའི་དགེ་རྩ་དེ་དག་མི་འདོད་ཀྱང་འབྲས་བུ་མྱ་ངན་ལས(༧༠༨བ)འདས་པར་འགྱུར་རོ། །ཞེས་དང་། སངས་རྒྱས་ད་ལྟར་བཞུགས་པ་ལ་བསྙེ་སྐྱངས་བྱེད་པ་ལྟ་ཞོག་ཅེས་དང་། སྐུ་གདུང་གི་མཆོད་པ་བྱེད་པ་ལྟའང་ཞོག་ཀུན་དགའ་བོ། གང་དག་ཁ་ཅིག་ཐ་ན་རྨི་ལམ་ན་དེ་བཞིན་གཤེགས་པའི་མཆོད་རྟེན་མཐོང་ནས་སེམས་དང་བར་བྱེད་ན། ཞེས་པ་ནས། དེ་དག་ཐམས་ཅད་ཀྱི་འབྲས་བུ་ནི་མྱ་ངན་ལས་འདས་པ་ཡིན་ཏེ། ཐ་མ་མྱ་ངན་ལས་འདའ་བར་ང་སྨྲའོ། །ཞེས་དང་། དེ་ལྟར་སངས་རྒྱས་བསམ་མི་ཁྱབ། །སངས་རྒྱས་ཆོས་ཀྱང་བསམ་མི་ཁྱབ། །བསམ་མི་ཁྱབ་ལ་དད་བྱས་པའི། །རྣམ་པར་སྨིན་པའང་བསམ་མི་ཁྱབ། །ཅེས་དང་། རྫོགས་པའི་སངས་རྒྱས་བཞུགས་པའམ། །ཡོངས་སུ་མྱ་ངན་འདས་པ་ལ། །གང་གིས་ཐལ་མོ་གཅིག་བྱས་ལ། །ཞེས་པ་ནས། དེ་ཡིས་བྱང་ཆུབ་དམ་པ་ཐོབ། །ཅེས་དང་། འཆི་མེད་རྔ་སྒྲའི་གཟུངས་ལས། སངས་རྒྱས་བཅོམ་ལྡན་བསམ་མི་ཁྱབ། །དམ་པའི་ཆོས་ཀྱང་བསམ་མི་ཁྱབ། །འཕགས་པའི་དགེ་འདུན་བསམ་མི(༧༠༩ན)ཁྱབ། །བསམ་མི་ཁྱབ་ལ་དད་རྣམས་ཀྱི། །རྣམ་པར་སྨིན་པའང་བསམ་མི་ཁྱབ། །ཅེས་དང་། སྤྱན་རས་གཟིགས་ཀྱི་མདོ་ལས། བློ་གྲོས་རྣམ་པར་དག་པ། དེ་ལྟར་དེ་བཞིན་གཤེགས་པ་ཡོངས་སུ་དག་པ་ལ། སུ་ཞིག་མེ་ཏོག་དང་། ཕྲེང་བ་དང་། སྤོས་དང་། གདུགས་དང་རྒྱལ་མཚན་དང་བ་དན་དང་རོལ་མོའི་སྒྲ་དང་ཕྱག་པ་རྣམས་ཀྱིས་བསྙེ་སྐྱང་བྱེད་པ་དེའི་བསོད་ནམས་ཀྱི་ཕུང་པོའི་མཐའ་རྟོགས་པར་མི་ནུས་ཏེ། དེའི་མཐའ་ནི་ཐེག་པ་གསུམ་པོ་ལས་ཐེག་པ་གང་ཡང་རུང་བས་མྱ་ངན་ལས་འདས་པ་མཐར་ཕྱུག་པ་མ་གཏོགས་པར་བསོད་ནམས་ཀྱི་ཕུང་པོ་དེའི་ཕྱི་མའི་མཐར་གང་ཡང་ཟད་པར་མི་ནུས

སོ། །ཞེས་དང་། དེ་ལྟར་སངས་རྒྱས་དག་ལ་ཆུང་བ་ཡིས། །ཡོན་ཕུལ་རྣམ་པར་སྨིན་པ་འདི་དག་ཡིན། །འཁོར་ཆེ་དེ་ཡི་འབྲས་བུ་དེ་འདྲ་བ། །དེ་ཀུན་དཀོན་མཆོག་མཆོད་པ་ལས་བྱུང་བས། །ཞེས་དང་། འདུལ་བ་ལུང་གཞི་ལས། འདི་ན་སེམས་རབ་དང་བྱས་ནས། །གང་ཞིག་བཞུགས་དང་གང་ཞིག་ནི། །མྱ་ངན(༡༠༩ཁ)འདས་པ་མཆོད་བྱེད་པ། །བསོད་ནམས་མཉམ་སྟེ་ཁྱད་པར་མེད། །འདི་ལྟར་སངས་རྒྱས་བསམ་མི་ཁྱབ། །སངས་རྒྱས་ཆོས་ཀྱང་བསམ་མི་ཁྱབ། །བསམ་མི་ཁྱབ་ལ་དད་རྣམས་ཀྱི། །རྣམ་པར་སྨིན་པའང་བསམ་མི་ཁྱབ། །ཅེས་གསུངས་པ་ལྟར་རོ། །སྐྱོན་ཀུན་ཟད་ཅིང་ཡོན་ཏན་ཀུན་དང་ལྡན་པ་དེ་ཡང་དམ་པའི་ཆོས་བསྒྲུབས་པ་ལས་བྱུང་ཞིང་། ཆོས་དེ་ཡང་དགེ་འདུན་གྱིས་བསྒྲུབ་པ་ལ་རག་ལས་པའི་དཀོན་མཆོག་གསུམ་གྱི་ཡོན་ཏན་དྲན་ཏེ་སྙིང་ཐག་པ་ནས་ཡིད་ཆེས་ཀྱི་དད་པ་བསྐྱེད་དེ་སྐྱབས་སུ་འཛིན་པའི་སྐྱབས་འགྲོ་རྣམ་དག་ཅིག་རྒྱུད་ལ་མ་སྐྱེས་ན་ལྟ་བ་དང་བསྐྱེད་རྫོགས་སྒོམ་ཁྲུལ་སོགས་ཅི་བྱས་ཐམས་ཅད་སངས་རྒྱས་བསྟན་པ་འཛིན་པ་ཞེས་བྱ་བའི་གྲངས་སུ་མི་འགྲོ་ལ། སྐྱབས་འགྲོ་བཅོས་མིན་ཞིག་སྐྱེས་ཕྱིན་ཆད་དེས་ཟིན་པའི་བཤད་སྒྲུབ་གང་བྱས་ཐམས་ཅད་ལུང་རྟོགས་ཀྱི་བསྟན་པར་འགྱུར་བས་ན། སངས་རྒྱས་ཀྱི་བསྟན་པའི(༡༡༠ན)འཇུག་སྒོ་གཉིས་པ་དང་བྲལ་བ་ནི་སྐྱབས་འགྲོ་ཁོ་ནའོ། །དེ་ལྟར་བྱས་ན། འཕགས་པ་ཁྲིའུ་བཞིའི་ཏིང་ངེ་འཛིན་གྱི་མདོ་ལས། གང་དག་སངས་རྒྱས་སྐྱབས་སོང་བའི། །མི་རྣམས་དེ་དག་ཉེད་པ་ཡོད། །དེ་དག་བསྐལ་བ་སྟོང་རྣམས་སུ། །ཕྱིན་ཆད་ སྡུག་བསྔལ་བསྙེན་མི་འགྱུར། །ཞེས་དང་། གང་དག་སངས་རྒྱས་སྐྱབས་སོང་བ། །དེ་དག་ངན་འགྲོར་འགྲོ་མི་འགྱུར། །མི་ཡིས་ལུས་འདི་སྤངས་ནས་སུ། །དེ་དག་ལྷ་ཡི་ལུས་འཐོབ་བོ། །ཞེས་ཆོས་དང་དགེ་འདུན་ལ་ཡང་དེ་ལྟར་གསུངས་སོ། །དཀོན་མཆོག་གསུམ་ལ་སྐྱབས་སུ་བཟུང་ཞིང་དེའི་བསླབ་བྱ་དང་འགལ་བར་

མ་བྱས་ན། སྐྱབས་ཀྱིས་ཇི་ལྟར་སྐྱོབ་སྙམ་ན། ཚོམས་ལས། སྲིད་པའི་ཟུག་རྔུ་གཙོད་བྱེད་ལམ། །ངས་ནི་ཁྱེད་ཅག་རྣམས་ལ་བསྟན། །དེ་བཞིན་གཤེགས་པ་སྟོན་པ་སྟེ། །ཁྱེད་ཅག་རྣམས་ཀྱིས་བྱ་དགོས་སོ། །ཞེས་གསུངས་པ་ལྟར་སྐྱབས་དངོས་ཀྱི་གཙོ་བོ་ནི་ཆོས་དཀོན་མཆོག(༡༡༠བ)ཡིན་ལ། དེ་ཡང་བློ་བུར་དུ་བྱུང་བ་མ་ཡིན་པར། ལས་དང་པོ་པའི་དུས་ཀྱི་སྐྱོན་ཕྱོགས་རེ་ཙམ་སྤོང་བའི་སྤངས་པ་དང་། ཡོན་ཏན་ཕྱོགས་རེ་ཙམ་བསྒྲུབ་པའི་རྟོགས་པ་གཉིས་གོང་ནས་གོང་དུ་ཁྱད་ཞུགས་པས། མཐོང་ལམ་གྱི་སྐབས་སུ་སྒྲིབ་པ་ཀུན་བཏགས་སྤངས་པའི་དག་ཆ་འགོག་བདེན་ཐོབ་དགོས། དེ་ལ་སྐྱེས་བུ་ཆུང་ངུའི་སྐབས་ཀྱི་མི་དགེ་བཅུ་སྤངས་པའི་དག་ཆ་བརྣའི་འགོག་པ་དེ་ཐོབ་དགོས། དེ་རིམ་གྱིས་སྤངས་རྟོགས་ཀྱི་ཆ་རྣམས་ཡར་ངོའི་ཟླ་བ་ཚེས་པ་ནས་བཅོ་ལྔའི་བར་རྒྱས་པ་བཞིན་དུ་འཕེལ་ཏེ་མཐར་ཐུག་གི་སྐྱབས་དེ་མངོན་དུ་བྱེད་པ་ལ་ཉེ་རྒྱུ་གཏོང་བ་དེ་སྐྱབས་སུ་འགྲོ་བའམ་ཐོབ་པའི་དོན་ཡིན་ལ། དེ་ཐོབ་པ་ན་འཇིགས་པ་ཐམས་ཅད་ལས་གྲོལ་བའི་ཕྱིར་རོ། །

བདེ་ལེགས་ཐམས་ཅད་ཀྱི་རྩ་བ་ལས་འབྲས་ལ་ཡིད་ཆེས་ཀྱི་དད་པ་བསྐྱེད་པ་གལ་ཆེ་བས། ལས་འབྲས་སྤྱིར་བསམ་པ་ལ། ལས་ངེས་པ། ལས་འཕེལ་ཆེ་བ། ལས་མ་བྱས་པ་དང་མི་འཕྲད་པ། ལས(༡༡༡ན)བྱས་པ་ཆུད་མི་ཟ་བ་རྣམས་བསམ་པ་ནི། དགེ་མི་དགེའི་ལས་སྤྱི་ལས་བདེ་སྡུག་སྤྱི་དང་བདེ་སྡུག་གི་ཁྱད་པར་སྣ་ཚོགས་པ་རྣམས་ཀྱང་ལས་གཉིས་ཀྱི་ཁྱད་པར་སྣ་ཚོགས་པ་ལས་ཅུང་ཟད་ཀྱང་མ་འཆོལ་བར་སོ་སོར་བྱུང་བའི་ལས་འབྲས་ངེས་ཅན་ནམ་མི་བསླུ་བ་ལ་ངེས་པ་རྙེད་པ་ནི་ནང་པ་སངས་རྒྱས་ཐམས་ཅད་ཀྱི་ཡང་དག་པའི་ལྟ་བ་ཞེས་པ་དཀར་པོའི་ཆོས་ཀུན་གྱི་གཞིར་བསྔགས་པ་ཡིན་ཏེ། མདོ་དྲན་པ་ཉེ་བར་བཞག་པ་ལས། དགེ་དང་མི་དགེ་དག་གི་ལས། །བདག་གིས་བྱས་པའི་ལས་ཀུན་གྱིས། །འབྲས་བུ་ངེས་པར་སྤྱོད་འགྱུར་

ཏེ། །ལུས་ཅན་དག་དང་འབྲེལ་པ་ཡིན། །ཞེས་དང་། ཇི་ལྟར་གྲིབ་མ་མི་ཡི་རྗེས་འབྲང་ནས། །འདུག་ན་འདུག་ལ་འགྲོ་ལ་འགྲུལ་བ་ལྟར། །དེ་བཞིན་དགེ་དང་མི་དགེ་གྲིབ་མ་ལྟར། །ཞེས་དང་། ཕལ་པོ་ཆེའི་མདོ་ལས། ཕྱོགས་རྣམས་ཀུན་ཏུ་ཞིང་རྣམས་རྒྱ་མཚོ་སྣང་། །ལ་ལ་ཟླུམ་པོ་ལ་ལ་གྲུ་གསུམ་སྟེ། །དེ་བཞིན(༡༡༡བ)ལ་ལ་གྲུ་བཞི་ཕྱོགས་སུ་སྣང་། །ནོར་བུ་པདྨ་འཁོར་ལོ་ཡན་ལག་བརྒྱད། །ཀུན་ཀྱང་ལས་རྣམས་རྒྱ་མཚོའི་རྣམ་པར་བྲིས། །ཞེས་དང་། མདོ་སྡེ་ལས་བརྒྱ་ལས། ལུས་ཅན་རྣམས་ཀྱི་ལས་རྣམས་ནི། །བསྐལ་བ་བརྒྱར་ཡང་ཆུད་མི་ཟ། །ཚོགས་ཤིང་དུས་ལ་བབ་པ་ན། །འབྲས་བུ་སྨིན་པ་ཉིད་དུ་འགྱུར། །ཞེས་དང་། ལས་བྱས་ཤིང་བསགས་པ་ནི། ས་ལ་མི་སྨིན། རྫ་ལ་མི་སྨིན། ཟིན་པའི་ཕུང་པོ་འབའ་ཞིག་ལ་སྨིན་པར་འགྱུར་རོ། །ཞེས་དང་། འདུལ་བ་ལུང་ལས། དགེ་སློང་དག་ལས་བྱས་ཤིང་བསགས་པ་རྣམས་ནི་ཕྱི་རོལ་གྱི་སའི་ཁམས་ལ་རྣམ་པར་སྨིན་པར་མི་འགྱུར། ཆུའི་ཁམས་དང་མེའི་ཁམས་དང་རླུང་གི་ཁམས་ལ་རྣམ་པར་སྨིན་པར་མི་འགྱུར་ཏེ། ལས་དགེ་བ་དང་མི་དགེ་བ་བྱས་ཤིང་བསགས་པ་རྣམས་ནི་ཟིན་པའི་ཕུང་པོ་དང་ཁམས་དང་སྐྱེ་མཆེད་རྣམས་འབའ་ཞིག་ལ་རྣམ་པར་སྨིན་པར་འགྱུར་རོ། །ལས་རྣམས་བསྐལ་བ་བརྒྱར་ཡང་ནི། །ཆུད་མི་ཟ་བའང་ཚོགས་དང་དུས། །རྙེད་ན་ལུས་ཅན་རྣམས་ལ་ནི། །འབྲས་བུ་དག་ཏུ་འགྱུར་བ་ཉིད། །ཅེས་དང་། རྒྱུད་ལས། ཨེ་མ་བདེ་གཤེགས་སྙིང་པོ་ལས། །རང་གི་རྣམ་རྟོག་ལས་ཀྱི་སྤྲུལ། །ཆུད་མི་ཟ་སྟེ་ཞེས་དང་། སྡིག་པའི་ཚོམས་ལས། སྡིག་པ་ཆུང་ངུ་བྱས་པས་ཀྱང་། །འཇིག་རྟེན་ཕ་རོལ་འཇིགས(༡༡༢ན)ཆེན་དང་། །ཕུང་ཁྲོལ་ཆེན་པོ་བྱེད་འགྱུར་ཏེ། །ཁོང་པར་སོང་བའི་དུག་བཞིན་ནོ། །བསོད་ནམས་ཆུང་ངུ་བྱས་པས་ཀྱང་། །འཇིག་རྟེན་ཕ་རོལ་བདེ་ཆེན་འདྲེན། །དོན་ཆེན་དག་ཀྱང་བྱེད་འགྱུར་ཏེ། །འབྲུ་རྣམས་ཕུན་ཚོགས་སྨིན་པ་

བཞིན། །ཞེས་དང་། མཁའ་ལ་བྱ་དག་གནས་པ་དེའི། །གྲིབ་མ་ལྷན་ཅིག་འགྲོ་བ་བཞིན། །ལེགས་པར་བྱས་དང་ཉེས་པར་བྱས། །དེ་དག་འགྲོ་བའི་རྗེས་སུ་འབྲང་། །ཇི་ལྟར་ལམ་བརྒྱགས་ཉུང་བ་དག །ལམ་ཞུགས་སྡུག་བསྔལ་འགྲོ་བ་ལྟར། །དེ་བཞིན་ལས་བཟང་མ་བྱས་པའི། །སེམས་ཅན་དག་ནི་ངན་འགྲོར་འགྲོ། །ཇི་ལྟར་ལམ་རྒྱགས་མང་བསྡོགས་པ། །ལམ་ཞུགས་བདེ་བར་འགྲོ་བ་ལྟར། །དེ་བཞིན་ལས་བཟང་བྱས་པ་ཡི། །སེམས་ཅན་དག་ནི་བདེ་འགྲོར་འགྲོ། །ཞེས་དང་། སྡིག་པ་ཤིན་ཏུ་ཆུང་ངུ་ལའང་། །མི་གནོད་སྙམ་དུ་བརྙས་མི་བྱ། །ཆུ་ཡི་ཐིགས་པ་བསགས་པས་ཀྱང་། །སྣོད་ཆེན་ཁད་ཀྱིས་གང་བར་འགྱུར། །(༡༡༢བ)ཞེས་དང་། སྡིག་པ་ཆུང་བྱས་བདག་ཉིད་ཀྱི། །ཕྱི་བཞིན་མི་འོང་མ་སེམས་ཤིག །ཆུ་ཡི་ཐིག་པ་ལྷུང་བ་ཡིས། །སྣོད་ཆེན་གང་བ་དེ་བཞིན་དུ། །ཙུང་ཟད་བསགས་པའི་སྡིག་པས་ཀྱང་། །བྲེས་པ་རབ་ཏུ་གང་བར་འགྱུར། །དགེ་བ་ཆུང་བྱས་བདག་ཉིད་ཀྱི། །ཕྱི་བཞིན་མི་འོང་མ་སེམས་ཤིག །ཆུ་ཡི་ཐིག་པ་ལྷུང་བ་ཡིས། །བུམ་ཆེན་གང་བ་ཇི་བཞིན་དུ། །ཙུང་ཟད་བསགས་པའི་དགེ་བ་ཡིས། །བརྟན་པ་རབ་ཏུ་གང་པར་འགྱུར། །ཞེས་དང་། སྐྱེས་རབས་ལས། དགེ་དང་མི་དགེའི་ལས་རྣམས་གོམས་བྱས་པས། །མི་རྣམས་ལ་ནི་འདྲིས་པ་ཉིད་དུ་འགྱུར། །དེ་ལྟ་བུ་དག་ཆེད་དུ་མ་བསྒྲིམས་ཀྱང་། །ཚེ་རབས་གཞན་ན་རྨི་ལམ་བཞིན་དུ་སྤྱོད། །རབ་ཏུ་སྦྱིན་དང་ཚུལ་ཁྲིམས་ལ་སོགས་མ་བྱས་ཀྱང་། །རིགས་དང་གཟུགས་དང་ལང་ཚོའི་ཡོན་ཏན་རྣམས་དང་ནི། །སྟོབས་ནི་རབ་ཏུ་ཆེ་ཞིང་ནོར་རྣམས་ཕྱུག་ཀྱང་རུང་། །ཕྱི་མའི་ཚེ་ལ་སུ་ཡང་བདེ་བ་འཐོབ་མི་འགྱུར། །རིགས་ལ་སོགས་པ་དམའ་ཡང་སྡིག་ལ(༡༡༣ན)མ་ཆགས་ཤིང་། །རབ་ཏུ་སྦྱིན་དང་ཚུལ་ཁྲིམས་ལ་སོགས་ཡོན་ཏན་ལྡན། །དབྱར་གྱི་དུས་ན་འབབ་ཆུས་རྒྱ་མཚོ་གང་བ་བཞིན། །ཕྱི་མའི་ཚེ་ལ་ངེས་པར་བདེ་བ་རྒྱས་པར་

འགྱུར། །དགེ་དང་མི་དགེའི་ལས་ལས་འཇིག་རྟེན་ཕ་རོལ་ཏུ། །བདེ་དང་སྡུག་བསྔལ་འབྱུང་བར་རབ་ཏུ་ངེས་བྱས་ནས། །སྡིག་པ་སྤངས་ཏེ་དགེ་བའི་ལས་ལ་རབ་ཏུ་འབད། །དད་པ་མེད་པ་དག་ནི་ཇི་ལྟར་འདོད་པར་སྤྱོད། །ཅེས་དང་། རྒྱ་མཚོས་ཞུས་པ་ལས། བཅོམ་ལྡན་འདས། གང་གི་ཚེ་བསྐལ་བ་དང་པོར་རྒྱ་མཚོའི་ནང་ན་གནས་པ་དང་། གང་གི་ཚེ་དེ་བཞིན་གཤེགས་པ་འཁོར་བ་འཇིག་འཇིག་རྟེན་དུ་བྱུང་བ་དེའི་ཚེ་ནི་རྒྱ་མཚོ་ཆེན་པོའི་ནང་ན་ཀླུ་དང་ཀླུའི་བུ་དང་ཀླུའི་བུ་མོ་དག་ཉུང་བར་གྱུར་ཏེ་བདག་ཀྱང་འཁོར་ཉུང་བར་གྱུར། བཅོམ་ལྡན་འདས། ད་ནི་རྒྱ་མཚོ་ཆེན་པོའི་ནང་ན་ཀླུ་དང་ཀླུའི་བུ་དང་བུ་མོ་དག་ཀྱང་འདི་ལྟར་ཚད་མ་མཆིས་ཏེ་གྲངས་ཀྱིས་མཐའ་རྟོགས་པར་མི་ནུས་ལགས་ན། (༧༧༣བ)བཅོམ་ལྡན་འདས་འདི་ལ་རྒྱུ་ནི་གང་ལགས་རྐྱེན་ནི་གང་ལགས། བཅོམ་ལྡན་འདས་ཀྱིས་བཀའ་སྩལ་བ། ཀླུའི་བདག་པོ་གང་དག་ལེགས་པར་གསུངས་པའི་ཆོས་འདུལ་བ་ལ་རབ་ཏུ་བྱུང་ནས་ཚུལ་ཁྲིམས་དག་པ་ཡོངས་སུ་རྫོགས་པར་མ་བྱས་ཏེ། ཆོ་ག་ཉམས་པ་དང་འཚོ་བ་ཉམས་པ་དང་ཚུལ་ཁྲིམས་ཉམས་པ་ནི་ཡོངས་སུ་རྫོགས་པར་མ་བྱས་ལ། དེ་དག་གི་ལྟ་བ་ཡང་དྲང་པོར་གྱུར་ཏེ་སེམས་ཅན་དམྱལ་བ་རྣམས་སུ་ནི་མི་སྐྱེ་ཡི། ཤི་འཕོས་ནས་ཀླུའི་སྐྱེ་གནས་རྣམས་སུ་སྐྱེ་བར་གྱུར་ཏེ། ཞེས་དང་། མདོ་སྡེ་ལས། བཅོམ་ལྡན་འདས་ཀྱིས་ཏྲ་གྲ་ཀྵའི་གྲོང་དུ་ཕེབས་པའི་ཚེ། སེར་སྐྱ་ནས་དེར་བག་མར་བཏང་བའི་བུ་མོ་ཞིག་གིས་དད་པས་བསོད་སྙོམས་ཕུལ་བར་སངས་རྒྱས་ལེགས་སྐྱོན་ཞེས་པར་ལུང་བསྟན་པ་དེའི་ཁྱོ་བོ་ཁྲམ་ཟེ་ཞིག་ཡོད་པ་ཡིད་མ་ཆེས་པར། སྟོན་པའི་དྲུང་དུ་ཕྱིན་ནས་བཞོས་ཙམ་གྱི་སྐད་དུ་བརྙན་གསུང་ངམ་ཞུས་པར། བཅོམ་ལྡན་འདས་ཀྱིས་གྲོང(༧༧༤ན)དེའི་ཤར་ཕྱོགས་སུ་ཏྲ་གྲ་ཀྵའི་སྟོང་པོ་ཆེན་པོ་ཡལ་གའི་འོག་ནས་ཤིང་རྟ་ལྔ་བརྒྱ་མ་རེག་པར་སོང་ཆོག་པ་ཡོད་པ་དེའི་ས་བོན་ཡུངས་ཀར་གྱི་བཞི་ཆ་ཙམ་ལས་མེད་པ་དཔེར་

མཛད་ནས་ནང་གི་རྒྱུ་ཆུང་ངུ་ལས་འབྲས་བུ་ཆེན་པོ་འབྱུང་བ་ངས་མངོན་སུམ་དུ་མཐོང་བ་ཡིན་ནོ། །ཞེས་གསུངས་ཏེ་ཡིད་ཆེས་པར་བྱས་སོ། །ཡང་། ཕྲུ་གུ་ཆུང་ཆུང་ཞིག་གིས། སངས་རྒྱས་ལ་སྟོན་པ་འཛིགས་མི་དགོས། ངས་བསྒྲལ་གྱི་ཟེར་ནས་ཁོ་རང་རྩེད་མོ་བྱེད་ཟ་ཆུང་བརྟུངས་ནས་ལམ་སྣ་བྱས་པར་རང་སངས་རྒྱས་ཟ་སྒྲ་ཞེས་བྱ་བར་འགྱུར་བར་ལུང་བསྟན་པ་དང་། ཆོས་རྒྱལ་མྱ་ངན་མེད་སྔོན་བྱིས་པར་གྱུར་པས། སངས་རྒྱས་ཀྱི་ལྷུང་བཟེད་དུ་བྱེ་མ་ཕྱིར་གང་ཕུལ་བས་འཛམ་བུ་གླིང་གི་བདག་པོར་འགྱུར་བར་ལུང་བསྟན་པ་དང་། སྔོན་སངས་རྒྱས་རྣམ་གཟིགས་མྱ་ངན་ལས་འདས་ནས་ཉན་ཐོས་རྣམས་བཞུགས་པའི་སྐབས། ཁྱིམ་བདག་དབུལ་པོ་བཟའ(༧༧༤བ)མི་གཉིས་ཀྱིས་དད་པ་དྲག་པོས་བུམ་གསར་བ་ཆུ་གཙང་མས་གང་བའི་ནང་དུ་གསེར་གྱི་དོང་ཙེ་གཅིག་བཅུག །མི་ཡོང་གིས་ཁ་བཅད་དེ་དགེ་འདུན་ལ་ཕུལ་བས་ཚེ་རབས་ཐམས་ཅད་དུ་གཟུགས་བཟང་ཞིང་གསེར་གྱི་ཁ་མདོག་ཅན་དུ་གྱུར་བའི་མཐར་མཉན་ཡོད་དུ་ཁྱིམ་བདག་ཕྱུག་པོ་ཞིག་གི་བུ་གསེར་གྱི་ལྷ་ཞེས་བྱ་བར་གྱུར་བའི་ཁྱིམ་དུ་ཁྲིན་པ་ཞིག་བརྗོལ་བ་ལས་ཟས་གོས་སོགས་དགོས་འདོད་ཐམས་ཅད་ཡིད་བཞིན་དུ་འབྱུང་བ་བྱུང་། ཡུལ་ཙམ་པའི་བུ་མོ་གསེར་འོད་དང་ཁྱིའུ་གཉིས་ཁྱོ་ཤུག་བྱེད་སྐབས་ཀྱི་སྐབས། བཅོམ་ལྡན་འདས་ཀྱིས་ཆོས་བསྟན་ནས་རིམ་གྱིས་དགྲ་བཅོམ་པ་ཐོབ། ཡང་། རྣམ་གཟིགས་འདས་ནས་བསྟན་པའི་གཟུགས་བརྙན་གྱི་དུས། དགེ་སློང་ཞིག་གིས་གྲོང་ནས་བསོད་སྙོམས་བསླངས་ཏེ། གྲོགས་དགེ་སློང་སྲོང་བ་འགའི་འཚོ་བ་སྦྱར་བས་དེ་ཕྱིན་ཆད་ཚེ་རབས་ཐམས་ཅད་དུ་ལྷ་མིའི་ལོངས་སྤྱོད་ཟད་མི་ཤེས་པ་ཐོབ་པའི(༧༧༥ན)མཐར་ཀོ་ས་ལའི་ཁྱིམ་བདག་དན་བྱི་ལ་ཞེས་བྱ་བ་འདོད་རྒུ་ཐམས་ཅད་བསམ་པ་ཙམ་གྱིས་འབྱུང་བ་ཞིག་ཏུ་གྱུར་ནས། ཕྱིས་བཅོམ་ལྡན་འདས་ལས་རབ་ཏུ་བྱུང་སྟེ་དགྲ་བཅོམ་པ་ཐོབ། སངས་རྒྱས་འོད་སྲུངས་

ཀྱི་དུས་ན་དགེ་སློང་བསམ་གཏན་པ་ཞིག་འཆག་པའི་དྲུང་ན་ཤིང་ཨེ་ལའི་འདབ་ཀྱི་ཕུང་པོ་ཞིག་ཡོད་པའི་ལོ་མས་སྤྱི་བོ་ཤུད་པས་ཁོང་ཁྲོ་སྐྱེས་ཏེ། བཅོམ་ལྡན་འདས་ཀྱིས་གནོད་པ་ཅན་གྱི་ཁྲིམས་སུ་བཅའ་བ་འདི་ལྟ་བུ་མཛད་ཟེར་ནས་ལོ་མ་དེ་བཅད་པས་ཀླུ་ཨེ་ལ་འདབ་ཅེས་པ་སྤྱི་བོར་ཨེ་ལའི་འདབ་ཀྱི་ཕུང་པོ་སྐྱེས་པ་ཤིང་རླུང་གིས་བསྐྱུལ་དུས་རྩ་བ་ནས་རྣག་ཁྲག་མང་པོ་འཛག་པ་ཞིག་ཏུ་གྱུར་པས། སངས་རྒྱས་བྱམས་པ་མ་བྱོན་གྱི་བར་སྡོད་པར་གསུངས་པ་དང་། དགེ་སློང་སྤོང་བ་ཞིག་གིས་བསམ་གཏན་བསྒོམ་པར་བརྩམ་པ་ན། དགེ་སློང་མང་པོས་གསུང་རབ་བཀླགས་པའི་རྐྱེན་གྱིས་བྱུར་མ་བཏུབས་པས་ཁྲོས་ཏེ། འོད་སྲུངས་ཀྱི་དགེ་སློང(༡༡༥བ)འདི་དག་མཚན་ཐོག་ཐག་སྤྲེལ་བ་བཞིན་དུ་སྐད་འབྱིན་ཏོ་ཞེས་སྨྲས་པས་སྐྱེ་བ་ལྔ་བརྒྱར་སྤྲེལ་བར་སྐྱེ་བ་ལྟ་བུ་དང་། གཙུག་ཕུད་ཅན་འཁོར་བཅས་ཀྱིས་ཡབ་ཆོས་དང་ལྡན་པ་འགྲོངས་པ་དང་། འཕགས་པ་ཀཱ་ཏྱཱ་ཡ་ན་ས་ཕུང་གིས་གཡོགས་པའི་ལས་ཀྱིས་འབྲས་བུ་མཐོང་ཆོས་ལ་སྨིན་ཏེ། ཡུལ་སྒྲ་སྒྲོགས་པ་རྣམས་སའི་ཆར་གྱིས་ནོན་སྐབས་བློན་པོ་ཧི་རུ་ཀ་དང་བྷི་རུ་ཀ་གཉིས་ཀྱིས་ལས་མ་བྱས་པས་ཁྱིམ་དང་ཉེ་བའི་ཆུ་ཀླུང་ནས་རིན་པོ་ཆེས་གྲུ་བཀང་སྟེ་བྲོས་པས་ཐར་རོ། །འཕགས་སྐྱེས་པོས་སེར་སྐྱར་དམག་དྲངས་སྐབས། མོའུ་འགལ་གྱི་བུས་བདག་གིས་དེ་དཔུང་བཅས་ཁོར་ཡུག་གི་ཕ་རོལ་ཏུ་འཕངས་པ་སོགས་ཞུས་པར། སྟོན་པས་ཁྱོད་དེ་ལྟ་བུར་ནུས་མོད། ཤཱཀྱ་རྣམས་ཀྱི་ལས་ཆུད་མི་ཟ་ཚུལ་གསུངས། དེའི་དམག་གིས་ཤཱཀྱ་རྣམས་ཁ་བཏགས་པར་བརྩམས་པ་ན། ཁོའི་ཞང་པོ་ཤཱཀྱ་མིང་ཆེན་གྱིས་བདག་ཆུར་ནུབ་ནས(༡༡༦ན)ཕྱིར་མ་བྱུང་གི་བར་དུ་སུ་ཡང་མི་གསོད་པའི་ངོ་ཆེན་བྱས་ཏེ། ཤིང་གི་ཡལ་ག་རྫིང་དུ་ནུབ་པའི་འོག་ཏུ་ཞུགས་ནས་སྐྲོག་བཏང་བ་ཙུང་ཟད་འགྱངས་པའི་རིང་ལ། ལས་མ་བྱས་པ་རྣམས་ཕྱོགས་སོ་སོར་སོང་། ལས་བྱས་པ་རྣམས་གྲོང་ཁྱེར་གྱི་ཤར་སྒོ་ནས་ཕྱུང་སྟེ

ལྷོ་སྒོ་ནས་འཇུག །ལྷོ་སྒོ་ནས་ཕྱུང་སྟེ་ནུབ་སྒོ་ནས་འཇུག་པ་སོགས་ཀྱིས་སྣང་འདུས། མིང་ཆེན་ཤི་བ་ཤེས་འཕྲུལ་ཤཱཀྱ་བདུན་ཁྲི་བདུན་སྟོང་རེ་གཅིག་ལ་བསད་པ་དང་། བཅོམ་ལྡན་འདས་ཀྱིས་འཕགས་སྐྱེས་པོ་བློན་པོ་དང་བཅས་ཞག་བདུན་ནས་མེས་ཚིག་སྟེ་དམྱལ་བར་འགྲོ་བར་ལུང་བསྟན་པས་རྒྱལ་བློན་རྣམས་སྐྱིད་མོས་ཚལ་དུ་ཞག་བདུན་གྱི་རིང་མེ་མ་བུས་པར་སྤྱོད་རྒྱུའི་ཁུལ་བྱས་ཀྱང་ཞག་བདུན་པ་ལ་ཡུལ་ངན་ཞིག་བྱུང་བ་སངས་པའི་སྐབས། བཙུན་མོ་ཞིག་གིས་ཐུས་ཀྱི་སྟེང་མེ་ཤེལ་བཞག་ནས་རྒྱན་འདོགས་བཞིན་པའི(༡༡༨བ)ཚེ་མེ་ཤེལ་ལ་ཉི་འོད་ཕོག་སྟེ་ཐུས་ནང་ཚངས་ཅན་མེ་མཆེད་ནས་ཁང་བཟང་སོགས་འབར་བ་ན། འཕགས་སྐྱེས་པོ་བློན་པོ་དང་བཅས་འབྲོས་པར་བརྩམས་པ་ན། མི་མ་ཡིན་གྱིས་ར་བའི་སྒོ་བཅད་དེ་འོ་དོད་འབོད་བཞིན་དུ་ཚིག་ནས་མནར་མེད་དུ་སྐྱེ་བ་དང་། སྟོན་ཁྱིམ་བདག་གཅིག་གི་ཆུང་མ་ལ་བུ་ཆགས་པ་སངས་རྒྱས་ལ་བུ་ཡིན་ནམ་བུ་མོ་ཡིན། ལེགས་ཉེས་ཅིར་འགྱུར་ཞུས་པར། བུ་ཡིན། ལྷ་ཡི་བདེ་བ་ལ་ལོངས་སྤྱོད་དེ་དགྲ་བཅོམ་པར་འགྱུར་གསུངས། མུ་སྟེགས་པའི་སྟོན་པ་ཞིག་ལ་དྲིས་པས། དེ་བཞིན་དུ་འགྱུར་བར་མུ་སྟེགས་པས་ཤེས་ཀྱང་ལོག་པར་ལུང་བསྟན་ནས་བུ་འགྱུར་ཏེ་སྐྱེས་ན་བཀྲ་མི་ཤིས་པར་འགྱུར་ཞེས་བསྟན་པས། ཁྱིམ་བདག་གིས་ཆུང་མ་བརྡུངས་བརྡུངས་ནས་བསད་དེ་རོ་དུར་ཁྲོད་དུ་མེ་ལ་བསྲེག་པའི་ཚེ། སངས་རྒྱས་བྱོན་ནས་རོའི་ཁོག་པ་ནས་ཕྲུ་གུ་མེས་མ་ཚིག་པ(༡༡༩ན)བཞེས་པ་དེ་མེ་ལས་སྐྱེས་བྱ་བ་དགྲ་བཅོམ་པ་ཡན་ལག་འབྱུང་ཡིན། སྟོན་སངས་རྒྱས་རྣམ་གཟིགས་འཇིག་རྟེན་དུ་བྱོན་པའི་དུས་སུ་ཁྱིམ་བདག་ཕྱུག་པོ་ཞིག་ཏུ་གྱུར་ཏེ། སངས་རྒྱས་ལ་དབྱར་ཟླ་བ་གསུམ་བསྙེན་བཀུར་ཞུས་པར། རྒྱལ་པོ་མཛེས་ལྡན་གྱིས་ཁོ་རང་གིས་སངས་རྒྱས་ལ་བསྙེན་བཀུར་ཞུ་རྒྱུ་མ་བྱུང་བས། ཤིང་འཚོང་པ་བཀག་སྟེ་ཁྱིམ་བདག་ལ་ཤིང་མ་བྱུང་ཡང་། ཁྱིམ་བདག་ཙན་དན་འབའ་ཞིག་མེ་ལ་བུས་པས། རྗེས་

ནས་རྒྱལ་པོས་ཤིང་མ་བཀག་ཀྱང་ང་ལ་རྒྱལ་པོ་རང་མེ་ལ་བསྲེགས་ཀྱང་འདང་བའི་ཙན་དན་ཡོད་ཅེས་རྒྱལ་པོ་ཕྱིར་མི་ལྡོག་པའི་གང་ཟག་ལ་ཚིག་ངན་སྨྲས་པས་སྐྱེ་བ་དཔག་ཏུ་མེད་པར་ངན་སོང་དུ་མེར་བསྲེགས་པའི་སྡུག་བསྔལ་བསམ་གྱིས་ཁྱབ་པ་མྱོང་ནས། སྲིད་པ་ཐ་མའི་ཚེ་ཡང་མེར་བསྲེགས་ལྟ་བུ་ཡིན་ཏེ་ཏིང་ངེ་འཛིན་རྒྱལ་པོ་ལས། ཅི་འདྲ་བ་ཡི་ལས(༡༡༧བ)(མྱང་འདས་ལས། ཁྱིམ་བདག །གལ་ཏེ་སེམས་མ་བསྲུངས་ན་ལུས་དང་ངག་ཀྱང་བསྲུང་བར་མི་འགྱུར་གྱི། །སེམས་བསྲུངས་ན་ལུས་དང་ངག་ཀྱང་བསྲུང་བར་འགྱུར་རོ། །ལུས་དང་ངག་ལེགས་པར་མ་བསྲུངས་ན་སེམས་ཅན་དག་ངན་སོང་གསུམ་དུ་ལྟུང་བར་བྱེད་དོ། །ལུས་དང་ངག་བསྲུངས་ན་སེམས་ཅན་རྣམས་ལྷ་དང་མིའི་མྱ་ངན་ལས་འདས་པ་ཐོབ་པར་འགྱུར་རོ། །ལུས་ཀྱི་ལས་དང་ངག་གི་ལས་མཐོང་བས་ཡིད་ཀྱི་ལས་མཐོང་ངོ་། །ཞེས་བྱས་ཀྱང་། ཡིད་ཀྱི་ལས་ནི་མ་མཐོང་མོད་ཀྱི་རྫུན་དུ་སྨྲ་བ་ནི་མ་ཡིན་ཏེ། དེ་ནི་མཚན་མས་མཐོང་བ་ཞེས་བྱའོ། །)བྱས་པ། །འབྲས་བུ་དེ་འདྲ་ཉིད་དུ་འགྱུར། །ཞེས་གསུངས་པ་ལྟར་རོ། །

སོ་སོར་ཕྱེ་སྟེ་བསམ་པ་ལ། ནག་པོའི་ལས་འབྲས་བསྟན་པ་ནི། འཕགས་པ་གཟུངས་ཀྱི་དབང་ཕྱུག་རྒྱལ་པོས་ཞུས་པ་ལས། བར་དུ་གཅོད་པར་འགྱུར་བའི་ཆོས་བཅུ་སྟེ། བཅུ་གང་ཞེ་ན། འདི་ལྟ་སྟེ། མ་བྱིན་པར་ལེན་པ་དང་། འདོད་པ་ལ་ལོག་པར་གཡེམ་པ་དང་། རྫུན་དུ་སྨྲ་བ་དང་། ཕྲ་མ་དང་། ངག་རྩུབ་པོ་དང་། ཚིག་ཀྱལ་བ་དང་། བརྣབ་སེམས་དང་། གནོད་སེམས་དང་། ལོག་པར་ལྟ་བ་སྟེ་ཚུལ་བཞིན་མ་ཡིན་པ་ཡིད་ལ་བྱེད་པ་དང་ལྡན་པའི་ཀུན་ཏུ་སྦྱོར་བར་འགྱུར་བའི་ཆོས་རྣམས་རོ་མྱོང་བ་ལ་རྗེས་སུ་ལྟ་ཞིང་གནས་པ་དང་། ཕྱིན་ཅི་ལོག་དང་ལྡན་པ་དང་། སྒྲིབ་པས་ཀུན་ནས་དཀྲིས་པ་དང་། སྲིད་པ་དང་ལྟ་བ་ལ་མངོན་པར་ཞེན་པའི་ཟང་ཟིང་དང་བཅས་པ་དང་། ཕུང་པོ་དང་བཅས་པའི་ལུས་ཀྱི་ལས་དང་ངག་གི་ལས་དང་ཡིད་ཀྱི་ལས་ཇི་སྙེད་པ་དེ་དག་ཐམས་ཅད(༡༡༨ན)བར་དུ་གཅོད་པའི་

ཆོས་སུ་དེ་བཞིན་གཤེགས་པས་མཁྱེན་ཅིང་བར་དུ་གཅོད་པར་འགྱུར་རོ་ཞེས་དེ་བཞིན་གཤེགས་པ་དེ་བཞིན་དུ་ཡང་དག་པ་ཇི་ལྟ་བ་བཞིན་དུ་སྟོན་ནོ། འདི་དག་ནི་བར་དུ་གཅོད་པར་འགྱུར་བའི་ཆོས་རྣམས་སོ། །ཞེས་དང་། འཕགས་པ་བྱང་ཆུབ་སེམས་དཔའི་སྤྱོད་ཡུལ་གྱི་ཐབས་ཀྱི་ཡུལ་ལ་རྣམ་པར་འཕྲུལ་བ་བསྟན་པའི་མདོ་ལས། རྒྱལ་པོ་ཆེན་པོ། སྲོག་གཅོད་པས་ནི། སེམས་ཅན་དམྱལ་བར་འཕྲོད་པར་འགྱུར་རོ། །དུད་འགྲོའི་གནས་སུ་འཕྲོད་པར་འགྱུར་རོ། །གཤིན་རྗེའི་འཇིག་རྟེན་དུ་འཕྲོད་པར་འགྱུར་རོ། །དེ་ནས་གལ་ཏེ་མིའི་ནང་དུ་སྐྱེ་ན་ཡང་རྣམ་པར་སྨིན་པ་གཉིས་མངོན་པར་འགྲུབ་སྟེ། ཚེ་ཐུང་བ་དང་། ནད་མང་བའོ། །མ་བྱིན་པར་ལེན་པས་ནི། སེམས་ཅན་དམྱལ་བར་འཕྲོད་པར་འགྱུར་རོ། །དུད་འགྲོའི་སྐྱེ་གནས་སུ་འཕྲོད་པར་འགྱུར་རོ། །གཤིན་རྗེའི་འཇིག་རྟེན་དུ་འཕྲོད་པར་འགྱུར་རོ། །(༧༧༨བ)དེ་ནས་གལ་ཏེ་མིའི་ནང་དུ་སྐྱེ་ན་ཡང་རྣམ་པར་སྨིན་པ་གཉིས་མངོན་པར་འགྲུབ་སྟེ། ལོངས་སྤྱོད་ཆུང་བ་དང་ལོངས་སྤྱོད་ཐུན་མོང་ཅན་ཉིད་དོ། །འདོད་པ་ལ་ལོག་པར་གཡེམ་པས་ནི། སེམས་ཅན་དམྱལ་བར་འཕྲོད་པར་འགྱུར་རོ། །དུད་འགྲོའི་སྐྱེ་གནས་སུ་འཕྲོད་པར་འགྱུར་རོ། །གཤིན་རྗེའི་འཇིག་རྟེན་དུ་འཕྲོད་པར་འགྱུར་རོ། །དེ་ནས་གལ་ཏེ་མིའི་ནང་དུ་སྐྱེ་ན་ཡང་རྣམ་པར་སྨིན་པ་གཉིས་མངོན་པར་འགྲུབ་སྟེ། གཡོག་འཁོར་མི་སྲུན་པ་དང་འགྲན་ཟླ་དང་བཅས་པའི་ཆུང་མ་ཅན་དུ་འགྱུར་རོ། །རྫུན་དུ་སྨྲ་བས་ནི་སེམས་ཅན་དམྱལ་བར་འཕྲོད་པར་འགྱུར་རོ། །དུད་འགྲོའི་སྐྱེས་གནས་སུ་འཕྲོད་པར་འགྱུར་རོ། །གཤིན་རྗེའི་འཇིག་རྟེན་དུ་འཕྲོད་པར་འགྱུར་རོ། །དེ་ནས་གལ་ཏེ་མིའི་ནང་དུ་སྐྱེས་ན་ཡང་རྣམ་པར་སྨིན་པ་གཉིས་མངོན་པར་འགྲུབ་སྟེ། ཚིག་མི་བཙུན་པ་ཉིད་དང་མ་ངེས་པའི་སྤོབས་པ་ཉིད་དོ། །(གོང༧༧༩ན)བརྫུན་སེམས་ཀྱིས་ནི་སེམས་ཅན་དམྱལ་བར་འཕྲོད་པར་འགྱུར་རོ། །དུད་འགྲོའི་སྐྱེ་གནས་སུ་འཕྲོད་

པར་འགྱུར་རོ། །གཤིན་རྗེའི་འཇིག་རྟེན་དུ་འཁྲིད་པར་འགྱུར་རོ། །དེ་ནས་གལ་ཏེ་མིའི་ནང་དུ་སྐྱེས་ན་ཡང་རྣམ་པར་སྨིན་པ་གཉིས་མངོན་པར་འགྲུབ་སྟེ། ཚིག་མི་ཞེས་པ་ཉིད་དང་འདོད་པ་ཆེ་བ་ཉིད་དོ། །གནོད་སེམས་ཀྱིས་ནི་སེམས་ཅན་དམྱལ་བར་འཁྲིད་པར་འགྱུར་རོ། །དུད་འགྲོའི་སྐྱེ་གནས་སུ་འཁྲིད་པར་འགྱུར་རོ། །གཤིན་རྗེའི་འཇིག་རྟེན་དུ་འཁྲིད་པར་འགྱུར་རོ། །དེ་ནས་གལ་ཏེ་མིའི་ནང་དུ་སྐྱེས་ན་ཡང་རྣམ་པར་སྨིན་པ་གཉིས་མངོན་པར་འགྲུབ་སྟེ། མི་ཕན་པ་འཚོལ་བ་ཉིད་དང་གཞན་ལ་གནོད་པ་བྱེད་པ་ཉིད་དོ། །ལོག་པར་ལྟ་བས་ནི་སེམས་ཅན་དམྱལ་བར་འཁྲིད་པར་འགྱུར་རོ། །དུད་འགྲོའི་སྐྱེ་གནས་སུ་འཁྲིད་པར་འགྱུར་རོ། །གཤིན་རྗེའི་འཇིག་རྟེན་དུ་འཁྲིད་པར་འགྱུར་རོ། །དེ་ནས་གལ་ཏེ(གོང་༡༡(བ)མིའི་ནང་དུ་སྐྱེས་ན་ཡང་རྣམ་པར་སྨིན་པ་གཉིས་མངོན་པར་འགྲུབ་སྟེ། ལྟ་བ་ངན་པ་ཅན་དུ་འགྱུར་བ་དང་། གཡོ་སྒྱུ་ཅན་དུ་འགྱུར་བའོ། །རྒྱལ་པོ་ཆེན་པོ་དེ་ལྟར་ན་མི་དགེ་བ་བཅུའི་ལས་ཀྱི་ལམ་འདི་དག་གིས་ནི་སྡུག་བསྔལ་གྱི་ཕུང་པོ་ཆེ་ཞིང་ཚད་མ་མཆིས་པ་ཡང་དག་པར་འདུས་པར་འགྱུར་རོ། །ཞེས་དང་། སྲོག་གཅོད་ཀྱི་རྣམ་སྨིན་གྱི་འབྲས་བུ་ནི། མདོ་དྲན་པ་ཉེ་བར་བཞག་པ་ལས། གཞན་ཡང་བསྐྱེད་ནས་སོས་པ་ཡིན་པར་བཤད། །ཅེས་དང་། ཡོན་ཏན་དག་གིས་ཆེ་བ་ལ། །གནོད་པ་དྲག་པོ་བྱས་པའམ། །བླ་མ་ཕ་མ་བསད་བྱས་ན། །ངེས་པར་བསྐལ་བར་མཐར་མེད་འཚེད། །མི་དྲག་དེ་ནི་ལུས་ཅན་གྱི། །ཅུས་པ་དག་ཀྱང་ལྷག་པར་འགྱུར། །གང་ཕྱིར་བདེ་བའི་སྐབས་མེད་པ། །དེ་ཕྱིར་མཐར་མེད་ཡིན་པར་བཤད། །ཅེས་དང་། ལུས་ཅན་གང་དག་གཅིག་ལ་གཅིག །གནོད་པར་དགའ་བའི་གཡུལ་ངོར་གསོད། །སྡིག་ཅན་དེ་དག་སྡུག་བསྔལ་དང་། །ལྡན་པ་རལ་གྲི(འོག་༡༡(ན)སེམས་ཅན་སྐྱེ། །གང་ཕྱིར་དེ་ཡི་སེན་མོ་ནི། །ལྕགས་བྱས་འབར་རྣོ་དེ་དག་གིས། །གཅིག་གིས་གཅིག་གསོད་གང་

ཡིན་ཏེ། །རལ་གྲི་རྩེ་མོ་ཅན་དུ་བཤད། །ཅེས་དང་། ར་དང་ལུག་དང་ཕ་དག་དང་། །རི་བོང་བྱི་བ་རི་དྭགས་ཕག །གཞན་ཡང་བསྐྱེད་ནས་བསད་བྱས་ན། །ལུས་ཅན་བསྡུས་འཇོམས་འགྲོ་བར་འགྱུར། །གང་ཕྱིར་བསྡུས་ནས་དེ་འདོར་དང་། །ཡང་དག་སྲེག་པར་བྱེད་པས་ན། །དེ་ཡི་ཕྱིར་ན་བསྡུས་འཇོམས་ཏེ། །དེ་ལྟར་མིང་ནི་དོན་མཐུན་གྲགས། །ཞེས་དང་། ནགས་ལ་སོགས་པར་མེ་གཏོང་དང་། །ལས་དེ་དག་ལ་འཇུག་བྱེད་གང་། །སྐྱེ་དགུ་དེ་ནི་མེ་འབར་བའི། །ཚ་བར་དུ་ཞིང་བསྲེགས་པར་སྣང་། །གང་ཕྱིར་རྟག་ཏུ་མེས་གདུངས་པ། །དྲག་པོ་སྐྱེ་བ་དེ་ཡི་ཕྱིར། །འཇིག་རྟེན་དུ་ནི་ཚ་བའི་མིང་། །དེ་དང་མཐུན་པར་གྲགས་པ་ཡིན། །ཞེས་དང་། ཆུ་སྐྱེས་ཉ་ལ་སོགས་བསད་ན། །ཆུ་བོ་རབས(འོག་༡༡༩བ)མེད་འབར་བ་ཡི། །ཟངས་ཀྱི་ཁུ་བ་ཆུར་འགྲོ་ཞིང་། །མི་དེ་མེས་ཀྱང་བསྲེག་པར་འགྱུར། །ཞེས་དང་། དམྱལ་ཁྲིས་ཟ་ཞིང་འཐྲད་པ་དེ། །རྟག་ཏུ་རྗེན་ལ་དགའ་བ་གང་། །ཕོ་ནི་བྱེ་བར་དུ་ཞིང་ཡང་། །ཁྱི་ནི་ལྕགས་ཀྱི་མཆེ་བ་ཅན། །མི་བསྲུན་ཤིན་ཏུ་དབང་མེད་ཟ། །ཞེས་དང་། སེན་མོར་ཤིག་ལ་སོགས་བཙོམ་ན། །དེ་དག་ལུས་ནི་ཆེར་འགྱུར་ལ། །སྟོང་བརྒྱར་ཡང་དང་ཡང་དུ་ཞིང་། །བྲག་སྐོར་སོ་ཡིས་འཇོམས་པར་འགྱུར། །ཞེས་དང་། འབྲུ་ཡི་ནང་དུ་འཁོད་པ་ཡི། །སྲོག་ཆགས་མཐོང་ནས་འཇོམས་པ་གང་། །དེ་ནི་ལྕགས་ཀྱི་བརྟུན་ཤིང་གིས། །ཡང་ནས་ཡང་དུ་བརྟུང་བར་འགྱུར། །ཞེས་དང་། འདི་ནི་གང་གི་གཟུགས་ཅན་ལ། །གནོད་པ་རྣམ་པ་མང་བྱས་པ། །དེ་དག་ཡུན་རིང་འཁོར་ལོ་དང་། །རི་དང་ཐོ་བ་འབར་བས་གཞིར། །ཞེས་དང་། ཟས་ཀྱི་ཆེད་དུ་བརྩེ་མེད་པས། །སྲོག་ཆགས་བསད་ཅིང་བྱིན་བྱེད་གང་། །དེ་དག་ཤི(༡༢༠ན)ནས་ངེས་པར་ནི། །སྲིན་བུའི་བཟའ་དང་བཅའ་བར་འགྱུར། །རྒྱུ་མཐུན་གྱི་འབྲས་བུ་ལ་དེ་ཉིད་ལས། མཛེས་དང་སྐྱིན་པ་ཟ་བྱེད་རིམས། །ཡམས་དང་གཞན་ཡང་གང་དག་

ཡིན། །སེམས་ཅན་རྣམས་ནི་བསད་དང་བཅིང་། །བརྡེག་པར་བྱེད་པ་རྣམས་ལས་འབྱུང་། །ཞེས་དང་། བདག་འབྲས་ཡང་ཕྱི་རོལ་གྱི་ཡུལ་དུ་སྨིན་པའི་ཚུལ་ནི། དེ་ཉིད་ལས། དེ་ཡང་མ་དག་གཞན་དབང་གནས་སྐབས་འདིར། །སྲོག་གཅོད་པས་ནི་ས་ཕྱོགས་གཟི་བརྗིད་ཆུང་། །སྨན་ཤིང་ལོ་འབྲས་མེ་ཏོག་བཟའ་བཏུང་སོགས། །མཐུ་ཆུང་འཇུ་དཀའ་ཆེ་ལ་བར་དུ་གཅོད། །ཅེས་གསུངས། མ་བྱིན་ལེན་གྱི་རྣམ་སྨིན་གྱི་འབྲས་བུ་ནི་དེ་ཉིད་ལས། གང་གིས་ལྷ་དང་བྲམ་ཟེ་དང་། །བླ་མའི་རྫས་འཕྲོག་སྟུག་བསྔལ་བྱས། །གང་དག་བལྡམས་པ་འཕྲོག་བྱས་པ། །དེ་དག་དུ་འདོད་ཆེན་པོར་འགྲོ། །མེས་བསྲེག་པ་ནི་དགྲ་ཕྱིར་དང་། །དུ་འདོད་པ(༧༢༠བ)ཡང་ཆེ་ཕྱིར་དང་། །ཕྱི་ཆེ་དུ་འདོད་ཆེན་པོར་ཡིན། །ཞེས་དང་། གང་དག་གཞན་ཡང་ནོར་འཕྲོག་པ། །དེ་དག་ལྟུགས་ཀྱི་ཐོ་ལུམ་ནི། །ཚ་བ་དག་ཀྱང་ཟ་བ་དང་། །ཡང་དང་ཡང་དུ་ཟངས་སྐོལ་འཐུང་། །ཞེས་དང་། རྡོ་གཡོགས་ཅན་གང་སྦྱིན་པ་སྤྱངས། །བཟའ་དང་བཅའ་བ་འཕྲོག་བྱེད་པ། །དེ་དག་ཡི་དྭགས་ལུས་སྲུལ་པོ། །རོ་རྣམས་ཟ་བར་བྱེད་པར་སྐྱེ། །ཞེས་དང་། གང་ཞིག་གཞན་གྱི་ནོར་འཕྲོག་འདོད། །བྱིན་གྱིས་འགྱོད་པར་བྱེད་པ་དེ། །ཤི་ནས་མཆིལ་མ་སྐྱུག་པ་ལ། །ཟ་བར་བྱེད་པའི་ཡི་དྭགས་སྐྱེ། །ཞེས་གསུངས། ལོག་གཡེམ་གྱི་རྣམ་སྨིན་གྱི་འབྲས་བུ་ནི་དེ་ཉིད་ལས། གཞན་གྱི་བུད་མེད་འཕྲོག་པ་ལ། །འཇུབ་ནས་ཟ་བ་པོ་ནར་འགྱུར། །ཞེས་དང་། བྱིས་པ་བྱེད་པ་བཤལ་མ་ལི། །ལྕགས་ཀྱི་ཚེར་མ་རྩེ་མེ་འབར། །སོར་ནི་བཅུ་དྲུག་ཡོད་པ་ལ། །དུ་ཞིང་སྟོབས་ཀྱིས་འཛེག་པར་འགྱུར། །ཞེས་དང་། གང་ཞིག་གཞན(༧༢༧ན)གྱི་ཆུང་མ་ལ། །ཆགས་པའི་སེམས་ནི་མི་སེལ་དང་། །ཡན་ལག་མིན་ལ་ཆགས་བྱེད་པའི། །སྐྱེས་པ་དེ་ནི་བུད་མེད་འགྱུར། །ཞེས་དང་། རྒྱུ་མཐུན་གྱི་འབྲས་བུ་ཡང་། བསླབ་པའི་མདོ་ལས། སྐྱེ་བ་ལྔ་བརྒྱར་བུད་མེད་འགྱུར། །དེ་བཞིན་

དུ་ནི་མ་ཉིང་འགྱུར། །སྐྱུག་བྲོའི་མཛེ་ཅན་ཡང་ཡང་འགྱུར། །ལོག་པར་གཡེམ་པའི་ཉེས་པའོ། །རྫུན་དུ་སྨྲ་བའི་རྣམ་སྨིན་གྱི་འབྲས་བུ་ནི། དྲན་པ་ཉེ་བར་བཞག་པ་ལས། མེད་པར་ལྟ་བ་གང་ཞིག་གིས། །ཆོས་དང་ཆོས་མིན་ལོག་རྟེན་ཅིང་། །གཞན་དག་ལ་ནི་ཉོན་མོངས་སྤྱང་། །དེ་ནི་རབ་ཏུ་ཚ་བར་བསྲེག །མེ་ནི་རབ་ཏུ་དྲག་པོ་ཡིས། །དེ་འཁོར་སེམས་ཅན་རབ་ཚ་བྱེད། །ཚ་བ་ཕུལ་དུ་བྱུང་བ་དེས། །དེ་ཕྱིར་རབ་ཏུ་ཚ་བར་གསུངས། །ཞེས་དང་། གང་ཞིག་ཆོས་ཀྱི་རྟེགས་འཛིག་ཅིང་། །ཡང་དག་མ་ཡིན་ལམ་སྨྲ་བའི། །མི་དེ་དག་ནི་སྤུ་གྲིའི་སོས། །གཏམས(༡༢༡བ)པའི་ལམ་དུ་འགྲོ་བར་འགྱུར། །ཞེས་དང་། ཕྲ་མའི་རྣམ་སྨིན་ལ་དེ་ཉིད་ལས། གང་དག་ཁ་ཅིག་ཕྲ་མ་ཆེ། །ཁྲོ་ཞིང་རྐོད་པའི་ཆེད་བྱེད་ཅིང་། །དེ་ནི་ཤ་ཟ་མ་ཉུངས་ཉིད། །བཞིན་མི་སྡུག་པར་སྐྱེ་བར་འགྱུར། །ཞེས་དང་། ཚིག་རྩུབ་ཀྱི་རྣམ་སྨིན་ལ་དེ་ཉིད་ལས། ཤིན་ཏུ་ཁྲོ་ཞིང་གཏུམ་པ་དང་། །གཡོ་བྱེད་རྫུན་དུ་སྨྲ་བ་དང་། །གཞན་ལ་གནོད་བྱེད་དགའ་བ་ནི། །གཤིན་རྗེ་སྲིན་པོར་སྐྱེ་བར་འགྱུར། །གང་ཞིག་ཁྲམ་པས་མི་སྙན་སྨྲ། །འཚང་འབྲུ་བ་ནི་སྨྲ་བྱེད་པ། །ལས་དེས་ཤིན་ཏུ་ཡུན་རིང་པོར། །ཡི་དྭགས་ཁ་འབར་སྐྱེ་བར་འགྱུར། །གང་ཞིག་འཐབ་མོ་བྱེད་པ་དང་། །མ་ཆགས་སེམས་ནི་ཁྲོ་བྱེད་པ། །དེ་ནི་ཡི་དྭགས་མེ་འབར་མ། །སྲིན་བུ་སྡིག་སྦྲུལ་སྦྲེ་ཤིབ་ཟ། །ཞེས་གསུངས། ངག་བཀྱལ་གྱི་རྣམ་སྨིན་ལ་དེ་ཉིད་ལས། འདིར་ནི་ལུས་ཅན་གང་དག་གིས། །ལུས་དང་གང་ཡིད་ཉོན་མོངས་བྱེད། །(༡༢༢ན)གང་དག་ལྷང་འཇུག་གཞན་གཡོ་བྱེད། །མི་དེ་དག་ནི་དུ་འབོད་འགྲོ། །དེར་ནི་དྲག་པོའི་མེ་དག་གིས། །རྐུན་མི་ཆད་པར་བསྲེག་པ་ན། །གང་ཕྱིར་སྐད་ནི་དྲག་འབྱིན་པ། །དེ་ཕྱིར་དེ་དག་དུ་འབོད་ཡིན། །གང་ཞིག་རང་དོན་ཙམ་སྙོངས་ནས། །ཆོས་ལྡན་མི་ལྡན་བཤགས་བགྱིད་ན། །སེམས་ཅན་དམྱལ་པར་དུ་དུ་ཞིང་། །འཁོར་ལོས་མདོན་པར

གཟིར་བར་འགྱུར། །ཞེས་དང་། ལུང་རྣམ་འབྱེད་ལས། ངག་རྣམས་བསྲུང་ཞིང་ཡིད་ཀྱིས་རབ་བསྡམས་ཏེ། །ལུས་ཀྱི་མི་དགེ་བ་དག་མི་བྱེད་ཅིང་། །ལས་ལམ་གསུམ་པོའི་དེ་དག་རབ་སྦྱངས་ན། །དྲང་སྲོང་གསུངས་པའི་ལམ་ནི་ཐོབ་པར་འགྱུར། །ཞེས་གསུངས་པའི་ཕྱིར་རོ། །སྟོབས་ལྡན་གྱི་ལས་ཤིན་ཏུ་ཚབས་ཆེན་རྣམས་གཟབ་དགོས་ཏེ་མདོ་དྲན་པ་ཉེ་བར་བཞག་པ་ལས། སངས་རྒྱས་དང་ཆོས་དང་དགེ་འདུན་དག་ལས་ནི་ཆུང་ངུ་ཞིག་བླངས་ན་ཡང་ཆེན་པོར(༧༢༢བ)འགྱུར་ཏེ། སངས་རྒྱས་དང་ཆོས་དང་དགེ་འདུན་གྱི་མ་བྱིན་པར་བླངས་པ་དེ་དག་ལས་ཀྱང་རིམ་སུ་མཐུན་པ་སླར་ཕུལ་ན་སངས་རྒྱས་དང་ཆོས་ཀྱི་ནི་དག་པར་འགྱུར་ལ། དགེ་འདུན་གྱི་བརྐུས་པ་ནི་ཚོར་བ་མ་མྱོང་བར་དག་པར་འགྱུར་བ་མེད་དེ་ཞིང་ལྗི་བའི་ཕྱིར། གལ་ཏེ་ཞལ་ཏ་འདུ་བའི་སྣོ་ཞིག་ན་ནི་དེ་སེམས་ཅན་དམྱལ་བ་ཆེན་པོར་ལྟུང་ལ། གལ་ཏེ་ཞལ་ཏ་འདུ་བའི་སྣོ་ཞིག་མ་ཡིན་ན་ནི་དེའི་ནང་གི་བར་མནར་མེད་པའི་འཁོར་མུན་ནག་ཆེན་པོ་ལ་སོགས་པར་སྐྱེ་བར་འགྱུར་རོ། །ཞེས་དང་། ཆོས་མ་ཡིན་པ་ཆོས་སུ་སྨྲ་བ་དང་། ཆོས་ལ་ཆོས་མ་ཡིན་པར་སྨྲ་བ་གཉིས་ཀ་ཆོས་སྤོང་བའོ། །ཞེས་དང་། སྤུ་གྲི་རྣོན་པོ་དག་གིས་སུ། །རང་གི་ཡན་ལག་གཏུབས་པ་བླའི། །དགེ་འདུན་དག་ལ་བསྔོ་བྲིན་པ། །ཁྱིམ་པ་རྣམས་ལ་སྦྱིན་མི་བྱ། །མེ་ལྕེ་འབར་བ་ལྟ་བུ་ཡི། །ལྕགས་ཀྱི་ཐུ་ལུམ་ཟོས་པ་བླའི། །དགེ་འདུན་དག་ལས་གང་དེ་ནི། །(༧༢༣ན)དགེ་འདུན་གྱི་ལས་ལོངས་མི་སྤྱད། །ལྷུན་པོ་དང་ནི་འདྲ་བའི་མེ། །བླང་བ་བྱས་ཏེ་ཟོས་པ་བླའི། །ཁྱིམ་པར་འགྱུར་བས་དགེ་འདུན་གྱི། །ལོངས་སྤྱོད་པར་ནི་མི་བྱའོ། །ཐམས་ཅད་དབྱུང་བ་བྱས་པ་དང་། །གསལ་ཤིང་སྙིང་དུ་བཏིག་པ་བླའི། །ཁྱིམ་པར་གྱུར་བས་དགེ་འདུན་གྱི། །ལོངས་སྤྱོད་པར་ནི་མི་བྱའོ། །མེ་མདག་དག་གིས་གང་བ་ཡི། །གནས་ཁང་དེར་ནི་ཞུགས་པ་བླའི། །ཁྱིམ་པས་དགེ་འདུན་གནས་ཁང་དུ། །མཚན་མོ་གནས་

པར་མི་བྱའོ། །ཞེས་དང་། དད་པའི་སྟོབས་བསྐྱེད་པ་ལ་འཇུག་པའི་ཕྱག་རྒྱའི་མདོ་ལས། འགའ་ཞིག་ཁྲིས་ནས་ཕྱོགས་བཅུའི་སེམས་ཅན་ཐམས་ཅད་བཙོན་ར་མུན་ནག་ཏུ་བཙུག་པ་བས་ཁྲོས་ཏེ། བྱང་ཆུབ་སེམས་དཔའ་ལ་རྒྱབ་ཀྱིས་ཕྱོགས་ཏེ་འདུག་ནས་མ་ཏུངས་པ་འདི་མི་བལྟའོ་ཞེས་ཟེར་ན་སྡིག་པ་ཆེས་གྲངས་མེད་པ་བསྐྱེད་ཅེས་དང་། འདས་ཆེན་ལས། གཏི་མུག་ཅན་སྲང་བུ་ངར(༡༢༣བ)སྐབས་འབྱུར་བ་འབྱུང་མི་ནུས་པ་དང་འདྲ་བར་ཉེས་པ་ཆུང་ངུ་ལས་ཀྱང་འབྱུང་མི་ནུས་ཤིང་། འགྱོད་སེམས་མེད་པས་དགེ་བ་ལ་སྤྱོད་མི་ནུས་ལ། སྔོན་བཙལ་བས་སྔར་གྱི་དགེ་བ་དག་ཡོད་ཀྱང་སྡིག་པས་རྙེ་བར་བྱས་པས་ན་ད་ལྟ་རྣམ་སྨིན་མྱོང་བའི་རྒྱུ་ཡང་བསྒྱུར་ཏེ་དམྱལ་བ་ཤིན་ཏུ་ལྕི་བར་འགྱུར་རོ། །ཆུ་ཆུང་ངུར་ལན་ཚྭ་ཕུལ་གང་བཏབ་ན་བཏུང་བར་དཀའ་བ་བཞིན་ནོ། །གཞན་གྱི་དོང་ཚེ་གཅིག་ཆགས་པས་འཇལ་མི་ཡོད་པས་བཅིངས་དྲགས་ཏེ་སྡུག་བསྔལ་མྱོང་བ་དང་འདྲའོ། །ཡང་རྣམ་པ་ལྷས་ད་ལྟར་གྱི་རྣམ་པར་སྨིན་པ་ཡ་ང་བའང་སྨིན་པར་འགྱུར་ཏེ། གཏི་མུག་ཅན་དང་དགེ་བའི་རྩ་བ་ཆུང་བ་དང་སྡིག་པའི་ལས་ལྗི་བ་དང་འགྱོད་ཚངས་མ་བྱས་པ་དང་ཐོག་མར་དགེ་བ་མི་སྤྱོད་པའོ། །སེམས་ཅན་ཐམས་ཅད་ལ་བློ་བ་གཅིག་ཟས་གོས་ལ་སོགས་པ་བྱིན་པ་བས། སངས་རྒྱས་སྐད་ཅིག་ཙམ་རྗེས་སུ་དྲན་པའི་བསོད་ནམས(༡༢༥ན)ཀྱི་བཅུ་དྲུག་གི་ཆར་ཡང་མི་ཡོད། ཅེས་དང་། རྨད་དུ་བྱུང་བའི་ཆོས་ཀྱི་རྣམ་གྲངས་ལས། ཁང་བཟང་བཀོད་པ་ཕུན་སུམ་ཚོགས་པ་དང་ལྡན་པ་ཕྱོགས་བཞིའི་དགེ་འདུན་རྒྱུན་ཞུགས་ནས་རང་སངས་རྒྱས་ཀྱི་བར་ལ་ཕུལ་ཏེ་ཇི་སྲིད་འཚོའི་བར་བདེ་བའི་ཡོ་བྱད་ཐམས་ཅད་ཀྱིས་བསྙེན་བཀུར་བྱས་པ་བས་སངས་རྒྱས་ཀྱི་རིང་བསྲེལ་སྙིང་པོ་ཅན་གྱི་མཆོད་རྟེན་སྐྱུ་རུ་རའི་འབྲུ་ཚད་བཞེངས་པ་དང་། སྐུ་གཟུགས་ཚོན་གང་ཙམ་བཞེངས་པའི་བསོད་ནམས་ཀྱི་ཆར་ཡང་མི་ཡོད་ཅེས་དང་། ཕྲེང་བཞིའི་མདོ་ལས། གང་ལ་ཕན་

ཕྱིར་ང་ཡི་ཆོས། །ཆོས་བཞིན་བསྟན་པའི་མཆོད་འགྱུར་གྱི། །མེ་ཏོག་མར་མེ་བྱུགས་པ་ཡིས། །རྒྱལ་བ་ཡང་དག་མཆོད་མ་ཡིན། །ཞེས་སོགས་དམ་པའི་ཆོས་སྤོང་བའི་ཉེས་དམིགས་དང་དམ་ཆོས་འཛིན་པའི་ཕན་ཡོན་དང་སངས་རྒྱས་རྗེས་སུ་དྲན་པ་སོགས་ཀྱིས་ཤེས་སོ། །རིན་པོ་ཆེའི་ཕུང་པོ་ལས། (༡༢༤བ)སྟོང་གསུམ་གྱི་སེམས་ཅན་ཐེག་ཆེན་ལ་ཞུགས་ཏེ་འཁོར་བསྒྱུར་གྱི་རྒྱལ་སྲིད་དང་ལྡན་པ་རེ་རེས་ཀྱང་མར་མེའི་སྡོང་རྒྱ་མཚོ་ཙམ་ལ་སྙིང་པོ་རི་རབ་ཙམ་གྱི་མར་མེས་སངས་རྒྱས་ཀྱི་མཆོད་རྟེན་ལ་མཆོད་པ་ལས། བྱང་སེམས་ཁྱིམ་ནས་བྱུང་བར་མར་མེའི་སྙིང་པོ་འབྲུ་མར་གྱིས་བསྐུས་པ་མཆོད་རྟེན་གྱི་དྲུང་དུ་འཛིན་པའི་བསོད་ནམས་ཀྱི་བརྒྱའི་ཆར་ཡང་མི་ཕོད་ཅེས་དང་། ཚུལ་ཁྲིམས་འཆལ་བ་ཚར་གཅོད་པའི་མདོ་ལས། མི་དགེ་བཅུ་དང་ལྡན་པའི་མི་ཞིག་རྒྱུན་དུ་བར་ཆད་མེད་པར་ལོ་བརྒྱའི་བར་དུ་སྡིག་པ་བསགས་པ་ལས། དགེ་སློང་ཚུལ་ཁྲིམས་རལ་བས་དྲང་སྲོང་གི་རྒྱལ་མཚན་གྱིས་གཡོགས་ནས་དད་པས་བྱིན་པ་ལ་ཞག་གཅིག་ལོངས་སྤྱོད་ན་མི་དགེ་བ་ཆེས་མང་བར་གསུངས་པ་དང་། འཕགས་པ་སྡོམ་གསུམ་ལྡན་པ་ལས། ཁྱིམ་པ་ཐ་མལ་བས་མི་དགེ་བཅུ་འཛོལ་ཉོལ་དུ་སྤྱད་ནས་དམྱལ་བར(༡༢༥ན)སྐྱེས་པའི་སྡུག་བསྔལ་ལས་རབ་བྱུང་གིས་ཉེས་བྱས་གཅིག་བྱས་པས་དམྱལ་བར་སྐྱེས་པ་སྡུག་བསྔལ་ཆེ་བར་གསུངས་པ་དང་། མདོ་ལས། སྟོང་གསུམ་གྱི་སེམས་ཅན་སོ་སོ་ནས་མཆོད་རྟེན་རི་རབ་ཙམ་བྱས་པ་ལ། བསྐལ་བ་བྱེ་བ་སྙེད་དུ་མཆོད་པ་ལས། བྱང་ཆུབ་ཀྱི་སེམས་ཀྱིས་ཐམས་ཅད་མཁྱེན་པའི་སེམས་དང་མ་བྲལ་བས་མེ་ཏོག་གཅིག་ཙམ་ནམ་མཁར་འདོར་ན་བསོད་ནམས་མང་བར་གསུངས་པ་དང་། ཏིང་ངེ་འཛིན་རྒྱལ་པོ་ལས། གཅིག་ལ་གཅིག་ཀྱང་གནོད་སེམས་བྱས་ན་ནི། །དེ་ལ་ཚུལ་ཁྲིམས་ཐོས་པས་སྐྱོབ་མི་ནུས། །བསམ་གཏན་མི་སྐྱོབ་དགོན་གནས་སྐྱོབ་མི་ནུས། །སྦྱིན་པས་མི་སྐྱོབ་སངས་

རྒྱས་མཆོད་པས་མིན། །ཞེས་ཞིང་དང་རྟེན་དང་དངོས་པོ་དང་བསམ་པའི་སྒོ་ནས་སྟོབས་ཆེ་བར་གསུངས་པའི་ཕྱིར་རོ། །

དཀར་པོའི་ལས་འབྲས་བསྟན་པ(༡༢༥བ)ནི། འཕགས་པ་གཟུངས་ཀྱི་དབང་ཕྱུག་རྒྱལ་པོས་ཞུས་པ་ལས། ངེས་པར་འབྱུང་བའི་ལམ་གྱི་ཆོས་བཅུ་སྟེ། བཅུ་གང་ཞེ་ན་དེ་ལྟ་སྟེ། དགེ་བ་བཅུའི་ལས་ཀྱི་ལམ་རྣམས་ཡིན་ནོ། །དེ་དག་ཀྱང་གང་ཞེ་ན་འདི་ལྟ་སྟེ། སྲོག་གཅོད་པ་སྤོང་བ་དང་། མ་བྱིན་པར་ལེན་པ་སྤོང་བ་དང་། འདོད་པ་ལ་ལོག་གཡེམ་པ་སྤོང་བ་དང་། རྫུན་དུ་སྨྲ་བ་སྤོང་བ་དང་། ཕྲ་མ་སྤོང་བ་དང་། ངག་རྩུབ་པོ་སྤོང་བ་དང་། ཚིག་བཀྱལ་བ་སྤོང་བ་དང་། བརྣབ་སེམས་སྤོང་བ་དང་། གནོད་སེམས་སྤོང་བ་དང་། ལོག་པར་ལྟ་བ་སྤོང་བ་སྟེ་ངེས་པར་འབྱུང་བའི་ལམ་གྱི་ཆོས་བཅུ་པོ་འདི་དག་གོ། །ཞེས་དང་། རྒྱ་མཚོས་ཞུས་པ་ལས། དགེ་བའི་ཆོས་རྣམས་ཞེས་བྱ་བ་ནི། ལྷ་དང་མིའི་སྐྱེ་དགུའི་ཕུན་སུམ་ཚོགས་པའི་རྟེན་ནོ། །ཉན་ཐོས་དང་རང་སངས་རྒྱས་ཀྱི་བྱང་ཆུབ་ཀྱི་རྩ་བའི་རྟེན་ནོ། །བླ་ན་མེད་པ་ཡང་དག་པར་རྫོགས་པའི་བྱང་ཆུབ་ཀྱི་རྩ་བའི(༡༢༦ན)རྟེན་ནོ། །རྩ་བའི་རྟེན་ཀྱང་གང་ཞེ་ན། འདི་ལྟ་སྟེ། དགེ་བ་བཅུའི་ལས་རྣམས་ཏེ་ཞེས་དང་། ཀླུའི་བདག་པོ་དཔེར་ན་གྲོང་དང་གྲོང་ཁྱེར་དང་གྲོང་བརྡལ་དང་ལྗོངས་དང་ཡུལ་འཁོར་དང་རྒྱལ་པོའི་ཕོ་བྲང་ཐམས་ཅད་དང་། རྩྭ་དང་ཤིང་གེལ་བ་དང་སྨན་དང་ཤིང་ཐམས་ཅད་དང་ལས་ཀྱི་མཐའ་ཐམས་ཅད་དང་ས་བོན་གྱི་ཚོགས་ཐམས་ཅད་དང་ལོ་ཏོག་ཐམས་ཅད་སྐྱེ་ཞིང་ཚོ་བ་དང་ཤལ་བས་བཤལ་བ་དང་འབྱུང་བ་རྣམས་ནི་ས་ལ་གནས་ཏེ། དེ་དག་གི་གནས་ནི་ས་ཡིན་ནོ། །ཀླུའི་བདག་པོ་དེ་བཞིན་དུ་དགེ་བ་བཅུའི་ལས་ཀྱི་ལམ་འདི་དག་ནི་ལྷ་དང་མིར་སྐྱེ་བ་དང་སློབ་པ་དང་མི་སློབ་པའི་དགེ་སྦྱོང་གི་འབྲས་བུ་འཐོབ་པ་དང་རང་སངས་རྒྱས་ཀྱི་བྱང་ཆུབ་སེམས་དཔའི་སྤྱོད་པ་ཐམས་ཅད་

དང་སངས་རྒྱས་ཀྱི་ཆོས་ཐམས་ཅད་ཀྱི་གནས་ཡིན་ནོ། །ཞེས་དང་། སའི་སྙིང་པོའི་མདོ་ལས། དགེ་བའི་ལས་ལམ་བཅུ(༧༢༨བ)པོ་འདི་དག་གིས་སངས་རྒྱས་སུ་འགྱུར་གྱི། གང་ཇི་སྲིད་འཚོའི་བར་དུ་ཐ་ན་དགེ་བའི་ལས་ཀྱི་ལམ་གཅིག་ཙམ་ཡང་མི་བསྲུང་ལ། འོན་ཀྱང་ཚིག་འདི་སྐད་དུ་ང་ནི་ཐེག་པ་ཆེན་པོ་པ་སྟེ། ང་བླ་ན་མེད་པ་ཡང་དག་པར་རྫོགས་པའི་བྱང་ཆུབ་འཚོལ་ལོ། །ཞེས་ཟེར་ན་གང་ཟག་དེ་ནི་ཤིན་ཏུ་ཚུལ་འཆོས་པ་རྫུན་ཆེན་པོ་སྨྲ་བ་སངས་རྒྱས་བཅོམ་ལྡན་འདས་ཐམས་ཅད་ཀྱི་སྤྱན་སྔར་འཇིག་རྟེན་ལ་བསླུ་བར་བྱེད་པ་ཆད་པར་སྨྲ་བ་སྟེ། དེ་རྨོངས་བཞིན་དུ་འཆི་བའི་དུས་བྱེད་ཅིང་ལོག་པར་ལྟུང་བར་འགྱུར་རོ། །ཞེས་དང་། འཕགས་པ་ས་བཅུ་པའི་མདོ་ལས། གཙོ་མེད་སེམས་ལྡན་སྲོག་གཅོད་རྣམ་པར་ཀུན་སྤངས་ཤིང་། །མ་བྱིན་ལེན་དང་གཞན་གྱི་ཆུང་མ་དེ་བཞིན་སྤངས། །བདེན་དང་ལྡན་ཞིང་ཕྲ་མ་མི་སྨྲ་ཞེ་གཙོད་མེད། །གཞན་གྱི་ལོངས་སྤྱོད་འདོད་སེམས་བྲལ་ཞིང་བྱམས་སེམས་ལྡན། །དྲང་ཞིང་གཡོ་མེད་ཡང་དག་ལམ་དུ་རབ་ཏུ་ཞུགས། །གཡོ་མེད(༧༢༩ན)ཐབས་པོ་མེད་ཅིང་ཤིན་ཏུ་ངེས་པ་སྟེ། །རྟག་ཏུ་བག་ཡོད་སྟོན་པའི་སྤྱོད་པ་ཡོངས་སུ་སྲུངས། །སེམས་དམྱལ་བྱོལ་སོང་སྐྱེ་གནས་སྡུག་བསྔལ་ཇི་སྙེད་དང་། །གཤིན་རྗེའི་འཇིག་རྟེན་རིས་ན་ཡི་དྭགས་རྟག་ཏུ་ཡུས་འབར་བ། །དེ་དག་སྡིག་གྲོས་དགེ་བ་མིན་ལ་བརྟེན་པས་བྱུང་། །དེ་བས་དེ་སྤོངས་བདེན་པའི་ཆོས་དང་ལྡན་པར་བྱ། །མི་ཡི་ནང་དུ་སྐྱེ་བ་ཡིད་དུ་འོང་ལ་སོགས། །སྲིད་རྩེའི་བར་གྱི་ལྷ་ཡི་བསམ་གཏན་བདེ་བ་དང་། །རང་རྒྱལ་ཐེག་པ་དེ་བཞིན་ཉན་ཐོས་ཐེག་པ་དག །ཀུན་ཀྱང་དཀར་ལམ་བཅུ་པོ་བྱུང་བ་ཡིན་ཞེས་ཏེ། །དེ་ལྟར་ཤེས་ཤིང་རྟག་པར་མཁས་ལ་བག་ཡོད་པ། །ཤིན་ཏུ་བསྡམས་པའི་ཡིད་ཀྱིས་ཕ་རོལ་ཚུལ་རོལ་འགོད། །ཅེས་དང་། སྤྱན་རས་གཟིགས་ཀྱི་རྩ་བའི་རྒྱུད་པདྨ་དྲ་བ་ཅན་ལས། གསོད་དང་རྐུ་རྫུན་འཁྲིག་སྤྱོད་དང་། །ཚིག

རྩུབ་ཕྲ་མ་ངག་འཁྱལ་དང་། །བརྣབ་སེམས་གནོད་སེམས་ལོག་ལྟ་སྤྱོད། །(༡༢༧བ)ཐར་པའི་སྲོག་གཅོད་བཅུ་པོ་སྤོངས། །ཞེས་དང་། འཕགས་པ་བྱང་ཆུབ་སེམས་དཔའི་སྤྱོད་ཡུལ་གྱི་ཐབས་ཀྱི་ཡུལ་ལ་རྣམ་པར་འཕྲུལ་བ་བསྟན་པའི་མདོ་ལས། བསོད་ནམས་རྣམ་སྨིན་བདེ་བ་ལ། །ཇི་ལྟ་བསམ་པ་དེ་བཞིན་འགྲུབ། །མི་དང་ལྷར་ནི་སྐྱེ་བའམ། །གཟུགས་དང་གཟུགས་མེད་རྣམས་སུ་སྐྱེ། །ཞེས་དང་། སྲོག་གཅོད་པ་སྤངས་པས་ནི་ཚེ་རིང་པར་འགྱུར། མ་བྱིན་པར་ལེན་པ་སྤངས་པས་ནི་ལོངས་སྤྱོད་ཆེན་པོར་འགྱུར། འདོད་པ་ལ་ལོག་པར་གཡེམ་པ་སྤངས་པས་ནི་འགྲན་ཟླ་མ་མཆིས་པའི་ཆུང་མ་ཅན་དུ་འགྱུར། རྫུན་དུ་སྨྲ་བ་སྤངས་པས་ནི་སྐུར་པ་ཉུང་བར་འགྱུར། ཕྲ་མ་སྤངས་པས་ནི་འཁོར་མི་ཕྱེད་པ་དང་ལྡན་པར་འགྱུར། ངག་རྩུབ་པོ་སྤངས་པས་ནི་ཡིད་དུ་འོང་བའི་སྒྲ་ཐོས་པར་འགྱུར། ཚིག་ཀྱལ་བ་སྤངས་པས་ནི་ཚིག་བཙུན་པར་འགྱུར། བརྣབ་སེམས་སྤངས་པས་ནི་མི་ཟད་པའི་འདོད་ཆགས་མ་མཆིས་པར་འགྱུར། གནོད་སེམས་སྤངས་པས་ནི(༡༢༨ན)མི་ཟད་པའི་ཞེ་སྡང་མ་མཆིས་པར་འགྱུར། ལོག་པར་ལྟ་བ་སྤངས་པས་ནི་མི་ཟད་པའི་གཏི་མུག་མ་མཆིས་པར་འགྱུར། ཞེས་དང་། ས་བཅུ་པའི་མདོ་ལས། བཅུ་པོ་འདི་དག་འཁོར་བས་སྐྲག་ནས་སྙིང་རྗེ་དང་བྲལ་བར་གཞན་གྱི་སྒྲའི་རྗེས་འབྲངས་ནས་བསྒོམས་པས་ནི་ཉན་ཐོས་ཀྱི་འབྲས་བུ་འགྲུབ་བོ། །ཡང་སྙིང་རྗེ་མེད་པར་གཞན་གྱི་དྲིང་མི་འཇོག་ཅིང་རང་ཉིད་འཚང་རྒྱ་བར་འདོད་ནས་རྐྱེན་ཅིང་འབྲེལ་བར་འབྱུང་བ་ཤེས་པས་སྦྱངས་ན་ནི་རང་རྒྱལ་བ་འགྲུབ་བོ། །སེམས་རྒྱ་ཆེ་བས་སྙིང་རྗེ་དང་ཐབས་མཁས་པ་དང་སྨོན་ལམ་ཆེན་པོ་དང་སེམས་ཅན་ཐམས་ཅད་ཡོངས་སུ་མི་གཏོང་བ་དང་སངས་རྒྱས་ཀྱི་ཡེ་ཤེས་ཤིན་ཏུ་རྒྱས་པ་ལ་དམིགས་པས་སྦྱངས་ན་བྱང་ཆུབ་སེམས་དཔའི་ས་དང་ཕ་རོལ་ཏུ་ཕྱིན་པ་ཐམས་ཅད་འགྲུབ་བོ། །དེ་རྣམ་པ་ཐམས་ཅད་དུ་ཆེས་སྦྱངས་པ་ལས་ནི་སངས་

རྒྱས་ཀྱི་ཆོས་ཐམས་ཅད་འགྲུབ་བོ། །(༧༢༤བ)ཞེས་གསུངས་པ་ལྟར་རོ། །བྱེ་བྲག་ཏུ་རྣམ་མཁྱེན་སྒྲུབ་པའི་རྟེན་མཚན་ཉིད་ཚང་བ་ཞིག་རྙེད་ན་ས་ཚོད་ཤིན་ཏུ་ཆེ་བས། ཕུན་སུམ་ཚོགས་པའི་ཚེ། ཁ་དོག་རིགས་དབང་ཕྱུག་ཚིག་བཙུན་པ་དབང་ཆེ་བ། སྐྱེས་པ་སྟོབས་དང་ལྡན་པ་སྟེ་བརྒྱད་ཀྱིས་ཡུན་རིང་དུ་དགེ་བ་མང་པོ་བྱེད་པ་དང་། གདུལ་བྱ་དགའ་ནས་འདུ་བ་དང་གང་བསྒོ་བ་བསྒྲུབ་པ་སོགས་བྱུང་བས། དེ་དག་ཐོབ་པའི་རྒྱུ་ཡང་། འཕགས་པ་བྱང་ཆུབ་སེམས་དཔའི་སྤྱོད་ཡུལ་གྱི་ཡུལ་ལ་རྣམ་པར་འཕྲུལ་པ་བསྟན་པའི་མདོ་ལས། གུས་པར་དུས་སུ་ཟས་སྟོལ་བ། །སེམས་དང་དེ་ནི་ཕྱི་ཚེ་ལ། །གནས་བདུན་ཡང་དག་ཐོབ་པར་འགྱུར། །སྟོབས་དང་ཚེ་དང་ཁ་དོག་དང་། །བདེ་བ་དང་ནི་སྤོབས་པ་དང་། །རྟག་ཏུ་བདེ་འཁོར་སྐྱེ་བར་འགྱུར། །ཐ་མར་ཡང་སྲིད་མ་མཆིས་འཐོབ། །ཅེས་དང་། ང་རྒྱལ་སྤངས་པས་ནི་རིགས་མཐོན་པོར་སྐྱེ་བར་འགྱུར་རོ། །ཕོང་ཁྲོ་བ་སྤངས་པས་ནི(༧༥ན)གཟི་བྱིན་ཆེ་བར་འགྱུར་རོ། །སེར་སྣ་སྤངས་པས་ནི་ཕྱུག་པར་འགྱུར་རོ། །ཡན་ལག་མ་ཚང་བ་མེད་པར་སྟོལ་བས་ནི་ཐམས་ཅད་དང་ལྡན་པའི་སྐྱེས་བུར་འགྱུར་རོ། །ཞེས་དང་། འཕགས་པ་སེདྣེས་ཞུས་པའི་མདོ་ལས། ཆགས་པ་མེད་པས་དོན་རྣམས་འགྲུབ། །སེར་སྣ་མེད་པས་ལོངས་སྤྱོད་འཕེལ། །གང་དང་གང་དུ་སྐྱེ་བ་དེར། །ཕྲག་དོག་མེད་པས་དབང་ཆེར་གྲགས། །ཞེས་དང་། དེ་བཞིན་གཤེགས་པའི་གསང་བ་བསྟན་པའི་མདོ་ལས། ཆོས་དང་ལུས་སྲོག་འདོམ་པའི་ཚེ་ན་ལུས་སྲོག་ཡལ་བར་འདོར་གྱི་ཆོས་ཡལ་བར་མི་འདོར་བ་དང་། སེམས་ཅན་ཐམས་ཅད་ལ་འདུད་ཅིང་ང་རྒྱལ་འཕེལ་བར་མི་བྱེད་པ་དང་། སེམས་ཅན་ཉམས་ཆུང་གིས་གནོད་པ་བྱས་པ་ཐམས་ཅད་བཟོད་ཅིང་ཁོང་ཁྲོ་བར་མི་བྱེད་པ་དང་། སེམས་ཅན་རྣམས་ལ་ཁ་ཟས་བཟང་པོ་མཆོག་སྦྱིན་པ་དང་། སེམས་ཅན་འཇིགས་པ་རྣམས་ལ(༧༥བ)མི་འཇིགས་པ་སྦྱིན་པ་དང་། ནད་

པ་རྣམས་ཀྱི་ནད་ཡང་དག་པར་གསོ་བར་སྒྲོ་བ་དང་། སེམས་ཅན་དབུལ་ཕོངས་པ་རྣམས་ལ་ལོངས་སྤྱོད་སྦྱིན་པ་དང་། དེ་བཞིན་གཤེགས་པའི་མཆོད་རྟེན་ལ་རྡོ་ཐལ་བྱུག་པ་དང་། སེམས་ཅན་རྣམས་ཀུན་ཏུ་དགའ་བར་འགྱུར་བའི་ཚིག་སྒྲོག་པ་དང་། སེམས་ཅན་དབུལ་ཕོངས་པ་ཁུར་གྱིས་ཉམ་ཐག་པ་རྣམས་ཀྱི་ཁུར་ཁྱེར་བར་སྒྲོ་བ་སྟེ་ཕྱུག་ན་རྫོ་རྗེ་ལྟ་བུའི་སྟོབས་ཐོབ་པའི་རྒྱུ་བཅུ་གསུངས་པ་སོགས་ལ་ནན་ཏན་གྱིས་བསླབ་པའོ། །དེ་དག་རྒྱུ་གསུམ་དང་ལྡན་པ་རྣམ་སྨིན་ཕུལ་དུ་བྱུང་བ་ཡིན་ཀྱང་། རིགས་དང་གཟུགས་མཛེས་པ་དང་དབང་ཕྱུག་ཕུན་སུམ་ཚོགས་པ་སོགས་སྡིག་སྤྱོད་ རླབས་པོ་ཆེའི་རྒྱུར་འགྲོ་ཉེན་ཆེ་སྟེ། ས་ཡི་སྙིང་པོའི་མདོ་ལས། བཟོད་པ་མ་ཐོབ་ཀྱི་བར་དུ་གཙོ་བོའི་གནས་སུ་མི་འགྱུར་བའི་སྨོན་ལམ་འདེབས་པར་གསུངས་པ་ཡིན་པའི་ཕྱིར་རོ། །

དེ་ལྟར་བསམས་ནས་འཇུག་ལྡོག་བྱ(༧༣༠ན)བའི་ཚུལ་ནི། མྱ་ངན་ལས་འདས་པ་ཆེན་པོའི་མདོ་ལས། བདག་གི་ཕྱིར་དང་གཞན་གྱི་ཕྱིར་དག་ཏུ། །བདེ་བ་འདོད་ན་སྡིག་པ་མི་བྱ་སྟེ། །ཁྱིས་པ་བདེ་འདོད་གང་ཞིག་སྡིག་བྱེད་ན། །དེ་ཡི་འབྲས་བུ་སོ་སོར་མྱོང་བར་འགྱུར། །ཞེས་དང་། བདེ་བའི་འགྲོ་བ་གང་ཡང་ངུང་བ་ངན་འགྲོར་འགྲོ། །འདི་ན་སྨྲུལ་ནག་རྐེད་ནས་བཟུང་བ་ལྟར། །ཚོས་མིན་སྤྱོད་པ་དེ་དག་བརླག་པར་འགྱུར། །ཞེས་དང་། བསོད་ནམས་རྣམ་སྨིན་བདེ་བ་སྟེ། །མངོན་པར་བསམ་པས་འགྲོར་བར་བྱེད། །མྱུར་དུ་ཞི་བ་དམ་པ་ཡི། །མྱ་ངན་འདས་པ་ཐོབ་པར་འགྱུར། །བསོད་ནམས་བྱེད་པ་རྣམས་ལ་ནི། །གཞན་ལས་བྱུང་བའི་གནོད་པ་དང་། །ལྷ་དང་བདུད་ཀྱི་རིས་རྣམས་ཀྱིས། །བར་ཆད་བྱ་བར་མི་ནུས་སོ། །ཞེས་དང་། དྲན་པ་ཉེར་བཞག་གི་མདོ་ལས། ལུས་ཅན་ཐམས་ཅད་ལས་དག་གི། །རྗེས་འབྲངས་ལས(༧༣༠བ)ཀྱི་སྐྱེ་གནས་དང་། །ལས་ཀྱི་འབྲས་བུར་སྨྲེལ་ནས་སུ། །སྲིད་པ་

ཉམ་ངར་ཀུན་ཏུ་འཁྱམས། །གང་ཞིག་མི་དགེ་མི་ལེན་ཅིང་། །རྟག་ཏུ་དགེ་བའི་ལས་དགའ་བ། །ཟླ་འོད་དྲི་མ་མེད་པ་ལྟར། །རྣལ་འབྱོར་འགྲོ་བ་དེ་འདྲར་འགྱུར། །ཞེས་ལས་འབྲས་མི་བསླུ་བར་སྡིག་སྤོང་དགེ་སྒྲུབ་ལ་འཇུག་སྟེ་ཡིད་ཆེས་ཀྱི་དད་པ་སྐྱེད་ན་ནི་སྡིག་ལྟུང་ལས་གྲོལ་བར་གསུངས་ལ། དེ་ཡང་ངེས་པ་ཆེས་རྙེད་དཀའ་བས། སངས་རྒྱས་ཀྱི་གསུང་ཁོ་ན་ལ་བརྟེན་དགོས་ཏེ། ཏིང་ངེ་འཛིན་རྒྱལ་པོ་ལས། སྒྱུ་མ་ཆུ་བུར་སྨིག་རྒྱུ་གློག་འདྲ་ཞིང་། །ཆོས་རྣམས་ཐམས་ཅད་ཆུ་ཡི་ཟླ་བ་བཞིན། །ཤི་ནས་འཇིག་རྟེན་ཕ་རོལ་འགྲོ་བ་ཡི། །སེམས་ཅན་ཤེད་ལས་སྐྱེས་པ་མི་དམིགས་ཀྱང་། །ལས་རྣམས་ཆུད་པ་མེད་པར་མི་འགྱུར་ཏེ། །དཀར་ནག་ཇི་བཞིན་འབྲས་བུ་སྨིན་པར་ངེས། །རིགས་པའི་ཚུལ་གྱི(༧༣༧ན)སྒོ་འདི་བཟང་པོ་སྟེ། །ཕྲ་ཞིང་མཐོང་དཀའ་རྒྱལ་བའི་སྤྱོད་ཡུལ་ཡིན། །ཞེས་གསུངས་པ་ལྟར་དཀར་ནག་གི་རྒྱུ་འབྲས་རྣམས་ལ་ཡིད་ཆེས་རྣལ་མ་ཞིག་སྐྱེ་ན་ཆོས་ཐམས་ཅད་ཀྱི་གཞི་རྩའམ་རྩ་བ་ཚུགས་པ་ཡིན། སྔོན་ཆད་གཞན་སྐྱོན་ཁོ་ནར་རྟོག་པ་ཙམ་ལས། རང་གི་སྤྱོད་པ་ལ་ཆོས་དང་བསྟུན་པའི་དཔྱད་པ་བྱེད་རྒྱུར་བློ་ཁ་མ་ཕྱོགས་པ་སྡིག་པ་ལ་དང་གིས་གཞོལ་བས་མི་དགེ་བ་ཤ་སྟག་ཏུ་འགྱུར། སྔར་དགེ་སྡིག་གི་རྣམ་དབྱེ་ཇི་བཞིན་མ་ཤེས་པས་དགེ་བར་སྙམ་པ་རྣམས་སྡིག་པར་སོང་ནས་ངན་འགྲོའི་སྒོ་འབྱེད་པ་ཡིན། དེས་ན་ཕྱི་བཤོལ་གྱི་དབང་དུ་མ་བཏང་བར་ཉིན་མཚན་ཀུན་ཏུ་སྒོ་གསུམ་ལ་རྟོག་པ་ཞིག་གིས་ངན་འགྲོའི་སྒོ་གཅོད་པ་ཡིན་ཏེ། རྒྱ་མཚོས་ཞུས་པ་ལས། ཀླུའི་བདག་པོ། བྱང་ཆུབ་སེམས་དཔའ་རྣམས་ཀྱི་ཆོས་གཅིག་གིས་ངན་སོང་ངན(༧༣༧བ)འགྲོ་ལོག་པར་ལྟུང་བར་སྐྱེ་བ་ཡང་དག་པར་གཅོད་དོ། །ཆོས་གཅིག་པོ་གང་ཞེ་ན། འདི་ལྟ་སྟེ། བདག་ཇི་ལྟར་འགྱུར་ཅིང་ཉིན་མཚན་རྣམས་འདའ་ཞིང་འདུག་སྙམ་དུ་དགེ་བའི་ཆོས་རྣམས་ལ་སོ་སོར་རྟོག་པ་སྟེ་ཞེས་དང་། ཆོམས་ལས། བྱིས་པ་གང་ཞིག་བྱིས་པའོ་

ཞེས། །ཤེས་པ་དེ་འདིར་མཁས་པ་ཡིན། །ཐོས་པ་གང་ཞིག་མཁས་སེམས་པ། །དེ་ནི་བྲིས་པ་ཞེས་བརྗོད་དོ། །ཞེས་དང་། སྐྱེས་རབས་ལས། ནམ་མཁའ་དང་ནི་ས་གཞིའི་བར་ཡང་རིང་། །རྒྱ་མཚོའི་ཕ་རོལ་ཚུ་རོལ་འགྲམ་ཡང་རིང་། །ཤར་ནུབ་གཉིས་ཀྱི་རི་བར་དེ་བས་རིང་། །ཕལ་དང་དམ་པའི་ཆོས་ཀྱང་དེ་བས་རིང་། །ཞེས་གསུངས་པ་ལྟར་རང་རྒྱུད་ལ་སྦྱར་བའི་སྙིང་ནས་ཆོས་ངོས་བཟུང་བས། འབྲས་བུའི་དུས་སུ་ངན་འགྲོ་ལས་སྐྱོབ་པ་ལ་རྒྱུའི་དུས་ན་ཡིད་མི་དགེ་བ་ལ་འཇུག་པ་འཆོས་དགོས་པས་སོ། །དེ་ཡང་བདེན་པ་པོ་ཡི་ལེའུ་ལས། རྒྱལ་པོ་ཁྱོད་ནི་སྲོག་གཅོད་མ(༧༣༢ན)མཛད་ཅིག །སྐྱེ་བོ་ཀུན་ལ་སྲོག་ནི་རབ་ཏུ་ཕངས། །དེ་བས་ཡུན་རིང་ཚེ་བསྲུངས་སུ་འདོད་པས། །ཡིད་ཀྱི་དགུ་ལའང་སྲོག་གཅོད་མི་བསམ་མོ། །ཞེས་དང་། ཚོམས་ལས། ཁྱོད་ནི་སྡུག་བསྔལ་གྱིས་འཇིགས་ཤིང་། །ཁྱོད་ལ་སྡུག་བསྔལ་མི་སྡུག་ན། །མངོན་སུམ་དག་གམ་ལྐོག་ཏུའང་རུང་། །སྡིག་པ་ཅན་གྱི་ལས་མི་བྱ། །གལ་ཏེ་སྡིག་པའི་ལས་བྱས་སམ། །བྱེད་ཀྱང་རུང་སྟེ་ཁྱོད་ཀྱིས་ནི། །གོག་ཅེས་ལངས་ཏེ་བྲོས་བྱས་ཀྱང་། །སྡུག་བསྔལ་ལས་ནི་ཐར་མི་འགྱུར། །གང་དུ་གནས་ན་ལས་ཀྱིས་མི་ཚུགས་པའི། །ས་ཕྱོགས་དེ་ནི་ཡོད་པ་མ་ཡིན་ཏེ། །བར་སྣང་ལ་མེད་རྒྱ་མཚོའི་ནང་ན་མེད། །རི་བོ་རྣམས་ཀྱི་གསེབ་ཏུ་ཞུགས་ཀྱང་མིན། །ཞེས་དང་། བྲིས་པ་ཤེས་རབ་ཆུང་ངུ་དག །བདག་ལ་དགྲ་བཞིན་བྱེད་པ་ཡིས། །གང་ཞིག་འབྲས་བུ་ཚར་འགྱུར་བའི། །སྡིག་པའི་ལས་ནི་སྤྱོད་པར་བྱེད། །(༧༣༢བ)གང་དག་བྱས་པས་གདུང་འགྱུར་ཞིང་། །མཆི་མས་གདོང་གཡོགས་ངུ་བཞིན་དུ། །རྣམ་སྨིན་སོ་སོར་བརྟེན་པ་ཡིན། །ལས་དེ་དག་ནི་མ་བྱས་ལེགས། །གང་ཞིག་བྱས་ན་མི་གདུང་ཞིང་། །དགའ་ཞིང་ཡིད་ནི་བདེ་བ་ཡིས། །རྣམ་སྨིན་སོ་སོར་བརྟེན་པ་ཡི། །ལས་དེ་དག་ནི་བྱས་ན་ལེགས། །བདག་ཉིད་བདེ་བ་འདོད་པའི་ཕྱིར། །རྟོད་ཅིང་སྡིག

པའི་ལས་བྱས་པའི། །སྡིག་ལས་དེ་ཡི་རྣམ་སྨིན་དག །ང་ཞིང་ཉམས་སུ་མྱོང་བར་འགྱུར། །སྡིག་ལས་འཕྲལ་དུ་ངེས་པར་ནི། །མཚོན་བཞིན་གཅོད་པར་མི་བྱེད་ཀྱང་། །སྡིག་པའི་ལས་ཀྱིས་འགྲོ་བ་དག །ཕ་རོལ་ཏུ་ནི་མངོན་པར་འགྱུར། །གང་དུ་དེ་དག་རྣམ་སྨིན་ནི། །ཚ་བ་སོ་སོར་བསྙེན་པ་ཡི། །སྡིག་པའི་ལས་ཀྱིས་འགྲོ་བ་དག །ཕ་རོལ་ཏུ་ནི་ཤེས་པར་འགྱུར། །ལྕགས་ལས་གཡའ་ནི་ལངས་གྱུར་པ། །ལངས་པ་དེ་ནི་དེ་ཉིད་ཟད། །དེ་བཞིན་མ་བརྟགས་བྱས་པ་ཡིས། །རང་གི་ལས་ཀྱིས་ངན་འགྲོར(༧༣༣ན)འགྲོ། །ཞེས་གསུངས་པ་ལྟར་ཉེས་སྤྱོད་ལས་ལྡོག་པ་དང་། དགེ་བ་སྒྲུབ་པ་ལ་འཇུག་པའོ། །དེ་ལྟར་ཡང་། འཕགས་པ་སྤྲིན་པའི་ཕ་རོལ་ཏུ་ཕྱིན་པའི་མདོ་ལས། མངལ་ན་གནས་པ་ཡན་ཆད་ཀྱང་། །ཀུན་ལ་སྲོག་ནི་སྡུག་པའི་ཕྱིར། །བདག་གི་སྲོག་ཕངས་གང་ཡིན་པ། །དེ་ནི་སྲོག་ཆགས་གསོད་མི་བྱེད། །ཤིང་དང་བོང་བ་ཡན་ཆད་ལ། །གཞན་གྱི་བོར་བར་འགྱུར་བ་ཡང་། །གང་ལ་ཕན་པའི་ནོར་སྡུག་པ། །དེ་ནི་ནོར་ལ་འཕྲོག་མི་བྱེད། །བྲན་མོར་གྱུར་བ་ཡན་ཆད་ཀྱང་། །གཞན་གྱིས་བཞག་པར་གྱུར་བ་ལ། །གང་ལ་རང་གི་ཆུང་མ་སྡུག །དེ་ནི་ཆུང་མ་འཕྲོག་མི་བྱེད། །གང་ལ་བདེན་པར་སྨྲ་བ་སྡུག །ཤེས་རབ་ཅན་དེ་རྫུན་ཚིག་གིས། །ལུས་ཅན་རྣམས་ལ་སླུ་མི་འབྱིན། །གང་དག་སུ་ལའང་ཙུང་དག་ལ། །ཕྲ་མ་ངག་རྩུབ་མི་འདུག་པ། །དེ་ནི་ཕྲ་མ་མི་བྱེད་ཏེ། །རྩུབ་པོའི་ཚིག་ཀྱང་སྤང་བར་བྱེད། །ཀྱལ་བའི་ཚིག་དང(༧༣༣བ)བརྣབ་སེམས་གཉིས། །གང་ཞིག་བདག་ཉིད་མི་འདོད་པ། །དེ་ནི་ཀྱལ་བའི་ཚིག་མི་སྨྲ། །བརྣབ་སེམས་ཀྱང་ནི་སྤང་བར་བྱེད། །གནོད་སེམས་ལོག་པ་ལྟ་བ་གཉིས། །ཡོང་གི་མི་འདོད་གང་ཡིན་པ། །དེ་ནི་གནོད་སེམས་མི་བྱེད་དེ། །གང་ལའང་ལོག་པར་མི་འཇུག་གོ། །ཞེས་གསུངས་པ་ལྟར་རོ། །དེ་ལྟར་འབད་པས་ཀྱང་བག་མེད་པ་དང་ཉོན་མོངས་མང་བ་སོགས་ཀྱིས་ཉེས་པ་བྱུང་ན། ལྟུང་བ

བྱུང་བ་རྣམས་སྡོམ་གསུམ་སོ་སོའི་ཕྱིར་བཅོས་དང་། སྡིག་པ་བྱས་པ་རྣམས་སྟོབས་བཞིས་བཤགས་བསྡམས་ཀྱིས་ཕྱིར་བཅོས་པ་སྟེ། ཆོས་བཞི་བསྟན་པའི་མདོ་ལས། བྱམས་པ་བྱང་ཆུབ་སེམས་དཔའ་སེམས་དཔའ་ཆེན་པོ་ཆོས་བཞི་དང་ལྡན་ན་སྡིག་པ་བྱས་ཤིང་བསགས་པ་ཟིལ་གྱིས་གནོན་པར་འགྱུར་རོ། །བཞི་གང་ཞེ་ན་འདི་ལྟ་སྟེ། རྣམ་པར་སུན་འབྱིན་པ་ཀུན་སྤྱོད་པ་དང་། གཉེན་པོ་ཀུན་ཏུ་སྤྱོད་པ་དང་། ཉེས་པ་ལས(མྱང་འདས་ལས། གལ་ཏེ་ཞག་གསུམ་ཟན་མི་ཟ་བར་མཐོལ་ཞིང་བཤགས་ན་སྡིག་པའང་ལྷག་མ་མ་ལུས་པར་འབྱང་བར་འགྱུར་རོ། །)(༡༣༨ན)ལྡོག་པ་དང་། རྟེན་གྱི་སྟོབས་སོ། །ཞེས་དང་། མདོ་སྡེ་ལས་ཀྱི་མེ་ལོང་ལས། མི་དགེ་བྱས་པ་ཐམས་ཅད་ལ། །སུན་འབྱིན་པ་དང་རྟེན་གྱི་སྟོབས། །གཉེན་པོ་ཉེས་པ་ལས་ལྡོག་པའི། །སྟོབས་བཞིས་འཕྲལ་དུ་བཤགས་པར་བྱ། །ཞེས་དང་། འཕགས་པ་གསེར་འོད་དམ་པ་ལས། གང་གིས་བསྐལ་བ་སྟོང་རྣམས་སུ། །སྡིག་པ་ཤིན་ཏུ་མི་ཟད་བྱས། །ལན་གཅིག་རབ་ཏུ་བཤགས་པ་ཡིས། །དེ་དག་ཐམས་ཅད་བྱང་བར་འགྱུར། །ཞེས་དང་། དཔུང་བཟང་གིས་ཞུས་པ་ལས། སོ་ག་ནགས་མེ་མཆེད་པའི་མེ་ལྕེ་ཡིས། །མ་བསྒྲིམས་བཞིན་དུ་ཚང་ཚིང་ཀུན་བསྲེག་ལྟར། །བརླས་བརྗོད་མེ་ལ་ཚུལ་ཁྲིམས་རླུང་གིས་སྐྱར། །བརྩོན་འགྲུས་ཆེན་པོའི་མེ་ལྕེས་སྡིག་པ་བསྲེག །ཇི་ལྟར་གངས་ལ་ཉི་མའི་འོད་ཟེར་གྱིས། །གདུངས་ན་གཟི་བརྗིད་མི་བཟོད་འཇུ་བ་བཞིན། །ཚུལ་ཁྲིམས་ཉི་མའི་འོད་ཟེར་བརླས་བརྗོད་ཀྱིས། །གདུངས་ན(༡༣༨བ)(དྲན་པ་ཉེ་བར་བཞག་པ་ལས། ཉེན་མོ་གསོན་པར་ཤེས་པར་བྱ། །མཚན་མོ་འཆི་བ་དང་མཚུངས་སོ། །དེ་ཕྱིར་དེ་གཉིས་རྟོགས་བྱས་ལ། །ཡིད་ལ་ངེས་པར་ལེགས་པར་གྱིས། །ཞེས་དང་། སློ་ལ་ལས་ནི་ཚུལ་ཁྲིམས་འཆལ། །གཅིག་ཏུ་ཡོངས་སུ་མཐོལ་བ་དང་། །རྟག་ཏུ་སྡོང་བྱེད་བློ་ལྡན་པ། །སྐྱེ་བོ་དེ་ནི་མཐོ་རིས་འགྲོ། །ཞེས་དང་། མི་ཡིས་ས་ལ་སྐྱེས་ཕྱིན་འདིས། །དགེ་བའི་འགྲོ་བས་འགྲོ་བ་ཡིན། །ལྷ་རྣམས་དགའ་བ་མིན་པར་འདོད། །གང་

ཕྱིར་འབྲས་བུའི་ས་འདིར་འདོད། །ལས་ཀྱི་སར་ནི་མི་རྣམས་ཡིན། །འབྲས་བུའི་ས་ནི་ལྷ་ཡི་གནས། །འབྲས་ཀུན་ལས་ཀྱི་ལམ་ལས་ཡིན། །འབྲས་བུ་ཟད་པས་རྒྱུ་མེད་ཡིན། །)སྡིག་པའི་གདངས་ཀྱང་ཟད་པར་འགྱུར། །སྨན་ནག་སྨུག་ལ་མར་མེ་ཕྱུང་བ་ཡིས། །སྨན་ནག་མ་ལུས་སེལ་བར་བྱེད་པ་བཞིན། །ཚེ་རབས་སྟོང་ནས་བསགས་པའི་སྡིག་པའི་མུན། །བཟླས་བརྗོད་མར་མེས་མྱུར་དུ་སེལ་པར་བྱེད། །ཅེས་དང་། འདུལ་བ་ལུང་ལས། ཕྱིན་ཆད་སྡོམ་མམ། ཞེས་གསུངས་པའང་བཤགས་པ་ཚིག་ཙམ་དུ་འགྲོ་བ་ལ་དགོངས་པ་ཡིན་པས་ཕྱིན་ཆད་མི་བྱེད་པའི་སྡོམ་སེམས་གལ་ཆེ་སྟེ། སྡིག་ལྟུང་བཤགས་བསྡམ་ལ་ཉིན་མཚན་ཀུན་ཏུ་འབད་པ་དྲག་པོ་བྱས་ན་སྡིག་པ་དག་པའི་རྟགས་སོགས་ཡང་ཡང་བྱུང་ནས་རང་ཉིད་ངན་སོང་དུ་སྐྱེ་མི་དགོས་པར་རང་གིས་རང་ལུང་སྟོན་ཐུབ་པ་བྱུང་ངོ། མདོ་ལས། མི་ཟད་པ་ཡི་ལས་རྣམས་བྱས་པ་དག །བདག་ལ་རྣམ་པར་དམད་པས་སྲབ་པར་འགྱུར། །རབ་ཏུ་བཤགས་དང་བསྡམས་པ་བྱས་པ་ན། །དེ་དག་རྩད་ནས་འདོན་པར་ངས་བཤད་དོ། །(༧༣༥ན)ཞེས་དང་། དུས་ཀྱི་འཁོར་ལོའི་རྒྱུད་ལས། བླ་མ་འདས་པའི་ལོ་ཟླ་ཚེས་གྲངས་དག །ངེས་པར་བཟུང་སྟེ་མཆོད་པ་བྱས་གྱུར་ན། །བསྐལ་བར་བསགས་པའི་སྡིག་ཆེན་རབ་འཇོམས་ནས། །ཤིན་ཏུ་མི་ཟད་གཤེན་རྗེའི་གྲོང་ལས་ཐར། །ཞེས་དང་། དྲན་པ་ཉེར་བཞག་གི་མདོ་ལས། མེ་ཡིས་ཤིང་སྐམ་བསྲེག་པ་ལྟར། །སྡིག་པའི་ཆོས་རྣམས་རབ་བསྲེག་པ། །སྡིག་ལས་གྲོལ་ཞིང་ཉོན་མོངས་རྒྱལ། །ས་གསུམ་དག་ཏུ་རྣམ་པར་མཛེས། །ཞེས་དང་། སེལ་བུའི་ཚོམས་ལས། འདི་ན་གང་སྔོན་བག་མེད་ལས། །ཕྱིས་ནས་བག་དང་ལྡན་གྱུར་ཏེ། །སྤྲིན་བྲལ་ཉི་མ་ཟླ་བ་ལྟར། །འཇིག་རྟེན་འདི་ན་ཀུན་ཏུ་གསལ། །ཞེས་སྡིག་ལྟུང་ལས་གྲོལ་བར་གསུངས་པའི་ཕྱིར། དེ་ལྟར་བཤགས་བསྡམ་གྱིས་ལྷག་མེད་འདག་ཀྱང་དང་པོ་ནས་ཉེས་པས་མ་གོས་པའི་དག་པ་དང་བཤགས་པས་དག(༧༣༥བ)པ་

གཉིས་ཁྱད་པར་ཤིན་ཏུ་ཆེ་སྟེ། རྣམ་པར་འཐག་པ་བསྟུས་པའི་མདོ་ལས། བཅོམ་ལྡན་འདས། གལ་ཏེ་ལ་ལ་ཞིག་སྡིག་པའི་གྲོགས་པོའི་དབང་གིས་ཆོས་སྤོང་བ་འདི་ལྟ་བུ་འདི་བགྱིས་པར་གྱུར་ན། བཅོམ་ལྡན་འདས་དེའི་ཚེ་འདི་ཉིད་ལ་ཇི་ལྟར་ཐར་བར་འགྱུར། དེ་སྐད་ཅེས་གསོལ་བ་དང་། བཅོམ་ལྡན་འདས་ཀྱིས་འཇམ་དཔལ་གཞོན་ནུར་གྱུར་བ་ལ་འདི་སྐད་ཅེས་བཀའ་སྩལ་ཏོ། །འཇམ་དཔལ་གལ་ཏེ་ལོ་བདུན་གྱི་བར་དུ་ཉིན་གཅིག་ཅིང་དུས་གསུམ་དུ་ཉེས་པ་ལ་ཉེས་པར་བཤགས་ན་དེའི་འོག་ཏུ་བྱང་བར་འགྱུར་ཏེ། དེ་ཕྱིན་ཆད་ཉུང་ན་བསྐལ་བ་བཅུས་བཟོད་པ་འཐོབ་པར་འགྱུར་རོ། །ཞེས་དང་། ཚོམས་ལས། སྡིག་པ་བྱས་ཤིང་བསོད་ནམས་མ་བྱས་ལ། །ཆོས་དང་གོལ་ཞིང་ཆོས་མིན་ཐོབ་པའི་མི། །སྡིག་པའི་ལས་ཅན་འཆི་བས་འཇིགས་འགྱུར་ཏེ། །ཆུ་ཆེན་ནང(༧༣༨ན)དུ་གྲུ་རན་ཞིག་པ་བཞིན། །བསོད་ནམས་བྱས་ཤིང་སྡིག་པ་མ་བྱས་ལ། །དམ་པ་རྣམས་ཀྱི་ལུགས་ཀྱི་ཆོས་སྤྱད་པས། །དེ་ནི་ནམ་ཡང་འཆི་བས་འཇིགས་མེད་དེ། །བརྟན་པའི་གྲུ་ཡིས་ཕ་རོལ་འགྲོ་བ་བཞིན། །ཞེས་སྤང་བླང་གི་ཚུལ་གང་ཤེས་བག་ཡོད་ཀྱིས་ཉམས་སུ་བླང་དགོས་ཏེ་དེ་ཉིད་ལས། གལ་ཏེ་རིགས་བཅས་མང་དུ་སྨྲས་བྱས་ཀྱང་། །བག་མེད་མི་དག་དེ་ལྟར་བྱེད་མི་འགྱུར། །དཔེར་ན་ཕྱུགས་རྫིས་གཞན་གྱིས་ཕྱུགས་བགྲང་ལྟར། །དེ་དག་དགེ་སྦྱོང་སྐལ་བ་ཐོབ་མ་ཡིན། །གལ་ཏེ་རིགས་བཅས་ཉུང་ངུ་སྨྲ་བྱེད་ཀྱང་། །ཆོས་ཀྱི་རྗེས་སུ་ཆོས་ལ་སྤྱོད་པ་དང་། །འདོད་ཆགས་ཞེ་སྡང་གཏི་མུག་སྤོང་བྱེད་པ། །དེ་དག་དགེ་སྦྱོང་སྐལ་བ་ཐོབ་པ་ཡིན། །དགེ་སློང་བག་ཡོད་ལ་དགའ་ཞིང་། །བག་མེད་པ་ལ་འཇིགས་ལྟ་བས། །བདག་ཉིད་ངན་འགྲོ་ལས་དྲོན་ཏེ། །འདམ་རྫབ(༧༣༨བ)ལས་ནི་གླང་ཆེན་བཞིན། །བག་མེད་པ་ལ་འཇིགས་ལྟ་བས། །སྡིག་པ་ཐམས་ཅད་སྤྲུག་པར་བྱེད། །རླུང་གིས་ལྟོན་ཤིང་ལོ་མ་བཞིན། །ཀུན་ཏུ་སྦྱོར་བ་ཕྲ་རགས་

དག །སྲིག་སྐྱེ་མེ་ཡིས་རྩྭ་བཞིན་ནོ། །འདུ་བྱེད་ཉེར་ཞི་ཞི་བ་ཡི། །གོ་འཕང་མཆོག་ནི་སོ་སོར་རྟོགས། །ཞེས་དང་། ཟླ་བ་སྒྲོན་མེའི་མདོ་ལས། ཚུལ་ཁྲིམས་ཐོས་དང་གཏོང་དང་དེ་བཞིན་བཟོད། །དགེ་བའི་ཆོས་སུ་བརྗོད་པ་ཇི་སྙེད་པ། །ཀུན་གྱི་རྩ་བ་བག་ཡོད་དེ་ཡིན་ཏེ། །གཏེར་ཐོབ་བྱེད་ཅེས་བདེ་བར་གཤེགས་པས་བསྟན། །ཞེས་དང་། བག་ཡོད་འཆི་མེད་གནས་ཡིན་ཏེ། །བག་མེད་པ་ནི་འཆི་བའི་གནས། །བག་ཡོད་འཆི་བར་མི་འགྱུར་ཏེ། །བག་མེད་པ་ནི་རྟག་ཏུ་འཆི། །དེ་ཡི་ཁྱད་པར་དེ་རིག་པས། །མཁས་པ་རྣམས་ནི་བག་དང་བཅས། །བག་ཡོད་པ་ལ་རབ་དགའ་པ། །འཕགས་པའི་སྤྱོད་ཡུལ་དགའ་བ་ཡིན། །ཞེས་དང་། དཀོན་མཆོག་ཏ་ལ་ལ་ལས། བག་མེད(७३७ན)ཐམས་ཅད་དགྲ་བཅས་མྱ་ངན་ཅན། །ཇི་སྙེད་སུ་དག་བག་མེད་གནས་གྱུར་ན། །དེ་དག་འཆི་བདག་ཆུ་སྲིན་ཆེན་པོས་ཟིན། །ཞེས་དང་། གསང་བ་བསམ་གྱིས་མི་ཁྱབ་པའི་མདོ་ལས། གསང་བ་པའི་བདག་པོ། ཇི་ལྟར་དགེ་བའི་རྩ་བ་ཡོངས་སུ་ཉམས་པར་མི་འགྱུར་ཞེ་ན། གསང་བ་པའི་བདག་པོ། བག་ཡོད་པར་གནས་པའི་ལྷ་དང་མི་རྣམས་ནི་དགེ་བའི་རྩ་བ་ལས་ཡོངས་སུ་ཉམས་པར་མི་འགྱུར་རོ། །དེ་ལ་བག་ཡོད་པ་ནི་སེམས་རྗེས་སུ་བསྲུང་བ་དང་། ཡུལ་འདོར་བ་དང་། འདོད་པ་ལ་དགའ་བ་རྣམ་པར་སྤོང་བ་དང་། ཆོས་ཀྱི་དགའ་བ་བསྟེན་པ་དང་། འདོད་པ་ལ་རྣམ་པར་རྟོག་པ་དང་། གནོད་སེམས་ཀྱི་རྣམ་པར་རྟོག་པ་དང་། རྣམ་པར་འཚེ་བའི་རྣམ་པར་རྟོག་པ་རྣམས་ཀྱི་རྒྱུ་བ་མེད་པ་དང་། མི་དགེ་བ་རྣམས་དང་ཚུལ་བཞིན་མ་ཡིན་པ་ཡིད་ལ་བྱེད་པ་རྣམས་རྒྱུ་བ་མེད་པ་དང་། ཆགས་པ་དང་ཞེ་སྡང་དང་གཏི(७३७བ)མུག་རྣམས་ཀྱི་རྒྱུ་བ་མེད་པ་དང་། ལུས་དང་ངག་དང་ཡིད་ཀྱི་གནས་ངན་ལེན་རྣམས་ཀྱི་རྒྱུ་བ་མེད་པ་ནས་མཉམ་པའི་ཆ་དང་མཐུན་པར་འགྱུར་པའི་ཆོས་ཐམས་ཅད་ཀྱི་བར་གྱི་རྒྱུ་བ་མེད་པ་སྟེ་འདི་ནི་བག་ཡོད་པ་ཞེས་

བྱའོ། །ཞེས་གསུངས་པ་ལྟར་རོ།། །།

བཀའ་དྲིན་གཞལ་བར་དཀའ་བའི་གསུམ་ལྡན་རྗེ་རྗེ་འཛིན་པ་ཆེན་པོ་རྗེ་བཙུན་འཇིགས་མེད་འཕྲིན་ལས་རྒྱ་མཚོ་མཆོད། གཉིས་པ་སྐྱེས་བུ་འབྲིང་དང་ཐུན་མོང་བའི་ལམ་གྱི་རིམ་པ་ལ་བློ་སྦྱོང་བ་ནི། དེ་ལྟར་འཆི་བ་མི་རྟག་པ་དྲན་ནས་དགེ་སྡིག་ལ་བླང་དོར་ཚུལ་བཞིན་བྱེད་པའི་བར་ལ་འབད་པས་བདེ་འགྲོའི་གོ་འཕང་འཐོབ་མོད་ཀྱང་། མདོ་དྲན་པ་ཉེ་བར་བཞག་པ་ལས། གང་གིས་ལུས་ཅན་བཅིངས་པ་རྣམས། །ཚེ་རབས་གཞན་ནི་སྟོང་དག་ཏུ། །རྣམ་པར་ཆགས་པ་མང་པོའི་ལས། །རྣམ་གསུམ་ལུ་གུ་རྒྱུད་ཀྱིས་བཅིངས། །ཇི་ལྟར་སྦྲང་རྩི་དུག་དང(༡༣༨ན)ཟས། །འདྲེས་པ་ཡོངས་སུ་སྤྱོང་བར་བྱེད། །དེ་ལྟར་ལྷ་ཡི་བདེར་གཏོགས་པ། །མཐར་ནི་ལྟུང་བས་རྣམ་པར་སྤོངས། །ཞེས་གསུངས་པ་ལྟར། དེ་དག་འདུ་བྱེད་ཀྱི་སྡུག་བསྔལ་ལས་མ་འདས་ཤིང་། ལས་ཉོན་གྱི་འཆིང་བས་དམ་དུ་བཅིངས་པས་རང་དབང་མེད་པར་སླར་ཡང་ངན་འགྲོར་ངེས་པར་ལྟུང་བ་སོགས་ཁམས་གསུམ་འཁོར་བའི་བཙོན་རར་སྡུག་བསྔལ་གསུམ་གྱི་འཁྲུལ་འཁོར་གྱིས་རྒྱུན་མི་འཆད་པར་མནར་བ་ཡིན་པས། དེ་དག་གྲོལ་བའི་ཐར་བ་དོན་གཉེར་གྱི་བློ་བསྐྱེད་ནས་ཐར་བར་བགྲོད་པའི་ལམ་བསླབ་དགོས་སོ། །དེ་ལྟར་ཡང་བཅོམ་ལྡན་འདས་ཀྱིས་འཁོར་ལྔ་སྡེ་བཟང་པོ་ལ་བཀའ་སྩལ་པ། འདི་ནི་སྡུག་བསྔལ་འཕགས་པའི་བདེན་པའོ། །འདི་ནི་ཀུན་འབྱུང་འཕགས་པའི་བདེན་པའོ། །འདི་ནི་འགོག་པ་འཕགས་པའི་བདེན་པའོ། །འདི་ནི་ལམ་འཕགས་པའི་བདེན་པའོ། །ཞེས་ངོ་བོ་ལ་བརླས་པ་དང་། (༡༣༨བ)སྡུག་བསྔལ་ཤེས་པར་བྱ། ཀུན་འབྱུང་སྤང་བར་བྱ། འགོག་པ་མངོན་དུ་བྱ། ལམ་བསྒོམ་པར་བྱ། ཞེས་བྱེད་པ་ལ་བརླས་པ་དང་། སྡུག་བསྔལ་ཤེས་པར་བྱ་སྟེ་ཤེས་པར་བྱར་མེད། ཀུན་འབྱུང་

སྤང་བར་བྱ་སྟེ་སྤང་བར་བྱར་མེད། འགོག་པ་མངོན་དུ་བྱ་སྟེ་མངོན་དུ་བྱར་མེད། ལམ་བསྒོམ་པར་བྱ་སྟེ་བསྒོམ་པར་བྱར་མེད་ཅེས་བྱ་བ་འབྲས་བུ་དང་བཅས་པ་ལ་བཟླས་པ་དང་། འདི་ནི་སྡུག་བསྔལ་འཕགས་པའི་བདེན་པའོ། །ཞེས་ཚུལ་བཞིན་དུ་ཡིད་ལ་བྱེད་པ་ན་མིག་སྐྱེས་སོ། །ཤེས་པ་སྐྱེས་སོ། །རིག་པ་སྐྱེས་སོ། །བློ་སྐྱེས་སོ། །ཞེས་གསུངས་པ་ལྟར་མིག་སོགས་སྐྱེས་ཤིང་། དེ་བཞིན་དུ་བཟླས་པ་གཞན་གཉིས་ལ་དེ་འདྲ་བའི་བློ་བཞི་སྐྱེས་པས་ན་ཆོས་ཀྱི་འཁོར་ལོ་རྣམ་པ་བཅུ་གཉིས་སུ་བསྐོར་བར་མཛད་དོ། །འཕགས་པ་འཇམ་དཔལ་གྱི་མཚན་ཡང་དག་པར་བརྗོད་པ་ལས། བདེན་དོན་རྣམ་པ་བཅུ་གཉིས་ལྡན། །ཞེས་བཟླས་པ་རྣམ་པ་བཅུ་གཉིས་པོ(༧༥་ན)འདི་ཉིད་ལ་བྱེད་པས་མདོ་སྔགས་གཉིས་ཀ་འདྲ་བའི་ཕྱིར་རོ། །དེའི་དོན་ཉམས་སུ་ལེན་པ་ལ་དང་པོར་འཁོར་བ་སྤྱི་དང་བྱེ་བྲག་གི་སྡུག་བསྔལ་ལས་ཡིད་འབྱུང་དགོས་པས་ཁམས་གསུམ་འཁོར་བ་རང་ཤེས་དགོས། དེ་འཁོར་ལོ་དང་པོའི་དགོངས་འགྲེལ་མངོན་པའི་སྡོད་བཅུད་ཀྱི་འཇིག་རྟེན་ཧུ་ཕུང་ཁམས་སྐྱེ་མཆེད་སོགས་བཤད་པ་ལ་ཐུག་དགོས། དེ་ལས་ངེས་པར་འབྱུང་པའི་ཚུལ་ཁྲིམས་ལ་སློབ་ཚུལ་འདུལ་བའི་སྡེ་སྣོད་དགོངས་འགྲེལ་དང་བཅས་པའི་སྙིང་ནས་མཐའ་ཆོད་པར་ཤེས་དགོས་པ་ཡིན་ནོ། །

བཀའ་འཁོར་ལོ་དང་པོའི་དགོངས་དོན་རྒྱུ་འབྲས་ཀྱི་རིམ་པ་ལས་ལྡོག་སྟེ་གསུངས་པ་ལ་ཉམས་ལེན་གྱི་གནད་ཆེན་པོ་ཡོད་པ་ལྟར་ཉམས་སུ་ལེན་པ་ལ་གཉིས། ཐར་བ་དོན་གཉེར་གྱི་བློ་བསྐྱེད་པ་དང་། ཐར་བར་བགྲོད་པའི་ལམ་གྱི་རང་བཞིན(༧༥་བ)གཏན་ལ་དབབ་པའོ། །

དང་པོ་ནི། སྲིད་པས་མི་ངོམས་སྡུག་བསྔལ་ཀུན་གྱི་སྒོ། །ཡིད་བརྟན་མི་རུང་སྲིད་པའི་ཕུན་ཚོགས་ཀྱི། །ཉེས་དམིགས་རིག་ནས་ཐར་པའི་བདེ་བ་ལ། །དོན་གཉེར་

ཆེན་པོ་སྐྱེ་བར་བྱེད་གྱིས་ཐོབས། །ཞེས་བྱུང་། སྲིད་པའི་ཕུན་ཚོགས་ཇི་ཙམ་དུ་སྤྱད་ཀྱང་། སྔོམ་པས་གདུངས་པ་རྣམས་ཚྭ་ཆུ་ལ་རབ་ཏུ་འཐུངས་ཀྱང་ཆེས་ཆེར་ཡོངས་སུ་གདུངས་པ་ལྟར་འདོད་པས་མི་ངོམས་པར་མ་ཟད་སྲིད་པ་ཆེས་ཆེར་འཕེལ་ནས་བདེ་བ་དེས་ཆ་ཤས་ཙམ་དུ་ཡང་བསྙུན་དུ་མེད་པའི་སྡུག་བསྔལ་ཤུགས་དྲག་པོ་བརྒྱ་སྟོང་མང་པོ་ཡུན་རིང་དུ་མྱོང་བ་ཀུན་གྱི་སྔོར་གྱུར་པ། གློག་འཁྱུག་པ་བཞིན་སྐད་ཅིག་རེ་རེ་ལ་འཇིག་ཅིང་འགྱུར་འགྲོ་བས་ཙུང་ཟད་ཀྱང་ཡིད་བརྟན་དུ་མི་རུང་བ། སྨིག་རྒྱུ་ལ་ཆུར་འདུ་ཤེས་ཏེ་སློགས(༡༥༠ན)པ་ལྟར་སྡུག་བསྔལ་གྱི་རང་བཞིན་ཅན་ལ་བདེ་བར་ཕྱིན་ཅི་ལོག་ཏུ་འདུ་ཤེས་སྐྱེ་བའི་རྟེན་དུ་གྱུར་བ། སྲིད་པའི་ལུས་ལོངས་སྤྱོད་ལ་སོགས་པའི་ཕུན་སུམ་ཚོགས་པ་ཐམས་ཅད་ལ། ལས་དང་ཉོན་མོངས་དང་ནད་དང་འབྲས་དང་ཟུག་རྡུ་སོགས་སྡུག་བསྔལ་གྱི་ཕུང་པོ་སྣ་ཚོགས་པ་འབྱུང་བ་དང་། མི་འདོད་པ་དེ་དག་བརྒྱུད་མར་འགྱུར་བའི་གཞིར་གྱུར་པ་ལ་སོགས་པའི་ཉེས་དམིགས་རྣམས་ཐོས་བསམ་གྱི་ཤེས་པས་ལེགས་པར་རིག་ནས་ཡང་དང་ཡང་དུ་འདྲིས་པར་བྱེད་པའི་སྒོ་ནས་འཁོར་བ་མཐའ་དག་མེ་འབར་བ་ལྟ་བུར་མཐོང་བས་ངེས་པར་འབྱུང་འདོད་ཀྱི་བསམ་པས་ཕྱིར་ལྡོག་ཏུ་མེད་པའི་ཐར་བའི་བདེ་བ་ཕུན་སུམ་ཚོགས་པ་ལ་དོན་དུ་གཉེར་བའི་བློ་ཤུགས་དྲག་པོ་རྒྱུན་མ་ཆད་པར་བསྐྱེད་པ་ཞིག་ཐེག་པ་ཆེ་ཆུང་གི་ལམ་གང་དུ་འཇུག་ཀྱང་མེད་མི་རུང་བ་ངེས(༡༥༠བ)པར་དགོས་སོ། །

སྐྱེས་བུ་ཆུང་འབྲིང་གི་ངེས་འབྱུང་བསྐྱེད་པ་ལ། འཁོར་བའི་ཉེས་དམིགས་བསམ་དགོས་པས། དེ་ལ་སྡུག་བསྔལ་དང་ཀུན་འབྱུང་གི་སྒོ་ནས་བསམ་པ་ནི། ཡོན་ཏན་རིན་པོ་ཆེ་སྡུད་པ་ལས། མཁའ་ལ་རླུང་བརྟེན་དེ་ལ་ཆུ་ཡི་ཕུང་པོ་བརྟེན། །དེ་ལ་ས་ཆེན་འདི་བརྟེན་དེ་ལ་འགྲོ་བ་བརྟེན། །ཞེས་དང་། འཁོར་བར་ཆགས་པའི་ཡིད་དང་ལྡན་རྣམས་རྟག་ཏུ་འཁོར། །ཞེས་དང་། འཕགས་པ་རྒྱ་ཆེར་རོལ་པ་ལས། རྒྱལ་

པོ་ལྷ་ཡི་འདོད་པ་གང་ཡིན་དང་། །མི་ཡི་འདོད་པ་བཟང་པོ་གང་ཡིན་པའི། །འདོད་པ་དེ་དག་མི་གཅིག་གིས་ཐོབ་ཀྱང་། །དེ་ཡིས་ཚིམ་མེད་དེས་ཀྱང་ཡང་འཚོལ་ལོ། །ཞེས་དང་། རྒྱལ་པོ་གཟུགས་ཅན་སྙིང་པོ་ལ་གདམས་པའི་ཐེག་པ་ཆེན་པོའི་མདོ་ལས། བཅོམ་ལྡན་འདས་ཀྱིས་བཀའ་སྩལ་བ། འཁོར་བ་ལ་ནི་ནམ་ཡང་བདེ་བ་མེད། །བྱས་པ་ཐམས་ཅད་དོན་མེད་སྡུག་བསྔལ་རྒྱུ། །སྡུག(༡༧༧ན)བསྔལ་གཙོ་བོ་སྐྱེ་ཀ་ན་འཆི་བཞི། །དམྱལ་བར་སྐྱེས་ན་སྡུག་བསྔལ་དེ་འདྲའོ། །དམྱལ་སྲུང་དང་ནི་དམྱལ་བའི་མེ་མཐོང་ནས། །ཤིན་ཏུ་སྐྲག་སྔངས་ཚེ་དེ་ཆེར་འདེབས་ཤིང་། །རང་ལ་ངན་བགྲང་སྔོན་གྱི་སྡིག་པ་ལ། །ཤིན་ཏུ་འགྱོད་ཀྱང་ཕན་པ་ཅི་ཡང་མེད། །ལུས་འདི་ཤིན་ཏུ་ཆེ་ལ་གཞོན་ཤ་ཅན། །ཚོར་བ་ཆེ་ཞིང་དྲག་པོའི་ལུས་ཐོབ་ནས། །ཁ་ཅིག་རང་ལུས་མེ་ཡི་ཕུང་པོ་འབར། །ཁ་ཅིག་ལྕགས་མཁར་ཁང་བ་སྦྲུམ་མར་རྟུང་། །འགྲེ་ལྡོག་བྱེད་ཅིང་ཕྱོགས་ནི་ཀུན་ནས་སྲེག །ཁ་ཅིག་ལྕགས་ལས་བྱས་པའི་སྟོད་ཆེན་དུ། །ཁྲི་ཚུགས་འབྲུ་ཙུང་ཆུ་ཁོལ་བླུག་བཞིན་འཚེད། །ཁ་ཅིག་སོག་ལེས་འདྲ་ཞིང་བཏུན་ལ་རྟུང་། །ཁ་ཅིག་གནས་དང་ཁང་བར་སྲུང་ཞིང་སྲེག །མེ་མ་མུར་དང་ཐལ་ཚན་ཆུ་ལ་སོགས། །སྡུག་བསྔལ་མང་པོ་བསམ་གྱིས་མི་ཁྱབ་བོ། །མི་ཡི་ལོ་ནི་འཕུམ་དང་བརྒྱད་ཁྲི(༡༧༧བ)ལ། །དམྱལ་བ་ཁ་ཅིག་ལ་ནི་ཉིན་ཞག་གཅིག །དེ་ལ་སོགས་པའི་བསྐལ་བའི་བར་དུ་གནས། །ཤི་བར་དགའ་ཡང་འཆིར་ནི་མི་བཏུབ་བོ། །ལས་མ་ཟད་པ་ཁ་ཅིག་འཇིག་ཆགས་ཚེ། །འཇིག་རྟེན་བརྒྱུད་ཅིང་འཇིག་ཆགས་མེད་པར་སྐྱེ། །ཡི་དྭགས་སྐྱེས་པ་བཀྲེས་དང་སྐོམ་པས་གདུངས། །མགོ་བོ་རི་ཙམ་ཁ་ནི་ཁབ་མིག་ཙམ། །སྐེ་ཙ་རབ་ཕྲ་གསུས་པ་ཡུལ་ལྟོངས་ཙམ། །བཟའ་བཏུང་མཐོང་ཡང་གཞན་གྱིས་བསྲུངས་པ་དང་། །རྣག་ཁྲག་ངན་པ་སྐྱུགས་པ་བཞིན་དུ་མཐོང་། །ཁ་ཅིག་ཟོས་ཀྱང་ཁྲོ་ཆུ་ཁོལ་མར་འགྱུར། །བྱོལ་སོང་སྐྱེས་ན་གཅིག་ལ་གཅིག

ཟ་དང་། །རང་ལ་དབང་མེད་བཀོལ་བཏགས་རྗེག་འཚོག་དང་། །གཞན་གྱིས་གསོད་སོགས་གཏི་མུག་ཇོངས་པས་སྡུག །མིར་སྐྱེ་ན་ཡང་མངལ་ན་གནས་པའི་ཚེ། །མ་ནི་འགྲངས་ཚེ་ཕྲག་པ་བཙིར་བ་འདྲ། །བགྲེས་པའི་ཚེ་ལ་སྲྱིད་ལ་བཏང་བ་སྐམ། །དྲག་ཤུལ་བྱེད་ཚེ་གཏུན་ལ(༡༥༤ན)རྡུང་བ་སྐམ། །བཙས་པའི་ཚེ་ན་པགས་པ་བཤུས་ནས་ནི། །ཟྭིག་པའི་ཡོགས་ལ་དྲུད་པ་བས་ཀྱང་རྩུབ། །ཚ་འབྲུམ་བགྲེས་སྐམ་ཁང་ལག་ན་ནས་སྡུག །ཆེར་སྐྱེ་ན་ཡང་སོ་ནམ་བྲལ་ཕོངས་ནས། །ཉེ་དུ་བྲལ་དང་དགྲས་བཅོམ་བུ་ལོན་དང་། །བགྲེས་སྐམ་ཚ་གྲང་དོན་ལ་སོགས་པས་སྡུག །ཕོངས་པ་རྣམས་ཀྱང་བཙལ་ཐབས་མེད་ནས་སྡུག །ཡོད་པ་རྣམས་ཀྱང་འཚོ་སྐྱོང་མེལ་ཚེས་སྡུག །ཞིང་ཇོ་ཚོང་བྱེད་འདུ་བྱེད་ལས་ཀྱིས་སྡུག །དེ་ལ་སོགས་པའི་སྡུག་བསྔལ་བསམ་མི་ཁྱབ། །སྡུག་བསྔལ་གཞི་ནི་ཕལ་ཆེར་ལྟོ་རྒྱབ་གཉིས། །འཇིག་རྟེན་འདི་ཡི་བདེ་བའི་ལོངས་སྤྱོད་ཀྱང་། །ཕལ་ཆེར་ཕྱི་མའི་ངན་སོང་སྡུག་བསྔལ་རྒྱུ། །ལྷ་མིན་སྐྱེས་ན་ང་རྒྱལ་ཕྲག་དོག་དང་། །ཁྲོ་གཏུམ་འཐབ་རྩོད་ལ་སོགས་དབང་གིས་སྡུག །ལྷར་སྐྱེས་ཀྱང་ནི་འཆི་འཕོ་ལྟུང་བ་དང་། །འཆི་ལྟས་ལྔ་དང་འདུ(༡༥༤བ)བྱེད་དབང་གིས་སྡུག །ཉ་བ་ཡང་ནི་འདི་ལྟར་སྡུག་བསྔལ་ཏེ། །མགོ་དཀར་གཉེར་འདུས་གཞན་གྱིས་མཐོང་མི་སོས། །ཁ་སྣ་ཆུ་འཛག་ཁང་ལག་ཀུན་ཀྱང་འདར། །སེམས་ཀྱིས་དྲན་ཡང་ལུས་ལ་ཉམས་སྟོབས་མེད། །བུ་ཚ་ཀུན་ཀྱང་ཤི་ན་ཏུང་སྙམ་སེམས། །ཞལ་ཏ་བྱས་ཀྱང་མི་སྙན་དབང་ཡང་ཤོར། །ཁ་ཅིག་སྦྱིན་རྒན་ཤི་འཕྲེས་ཞེས་ཀྱང་ཟེར། །ཁ་ཅིག་བེར་དབྱུག་ཐོགས་ནས་རྡུང་བར་བྱེད། །དེ་ལྟར་མཐོང་ཐོས་ཤིར་འདོད་ཤིར་མ་བཏུབ། །ན་བ་རྣམས་ཀྱང་འདི་ལྟར་སྡུག་བསྔལ་ཏེ། །ལུས་ཀྱི་འབྱུང་ཆེན་བཞི་ནི་མ་སྙོམས་པས། །རླུང་མཁྲིས་བད་ཀན་འདུས་པས་ལུས་གདུང་སྟེ། །ལོངས་སྤྱོད་མཐོང་ཡང་འདི་ལ་འདོད་པ་མེད། །ལུས་ཀྱི་ཉམས་སྟོབས་ཤོར་

བས་ལྡང་མི་ནུས། །མཛེས་པའི་གཟི་མདངས་ཉོར་བས་ཡི་དྭགས་འདྲ། །འཆི་བ་རྣམས་ཀྱང་འདི་ལྟར་སྡུག་བསྔལ་ཏེ། །གཉེན་བཤེས་ཚོགས་ཀྱིས་ཚེ་དེ་འདེབས(༧༤༣ན)བྱེད་ཀྱང་། །དེ་ལ་ཉན་བལྟ་བསམ་པའི་ཡུལ་མེད་དེ། །གནད་གཅོད་པ་ནི་མཚོན་ཆས་གཏུབ་པ་འདྲ། །མཛའ་བ་མི་མཛའི་དོན་དུ་སྤར་བྱས་པའི། །དགེ་སྡིག་ལས་ནི་རྨི་ལམ་ཡུལ་བཞིན་སྣང་། །གཤིན་རྗེའི་ཕོ་ཉ་ཤིན་ཏུ་འཇིགས་པས་བསྐོར། །བྲིད་ཤ་ཐོན་ནས་ཀུན་ཏུ་བལྟས་བྱས་ཀྱང་། །མགོན་སྐྱབས་བྱེད་པ་སུ་ཡང་མ་མཐོང་ནས། །ཤིན་ཏུ་འཇིགས་བཞིན་ཀུན་ཏུ་ཡི་མུག་སྟེ། །བདག་ཉིད་གར་འགྲོ་གཏོལ་མེད་པར་དུ་འབྱུང་། །མི་རྟག་སྡུག་བསྔལ་མི་ཟད་ཡུན་རིང་འདི། །ཐོག་མ་མེད་ནས་ད་ལྟའི་བར་དུ་ཡང་། །འཕགས་ལམ་མ་ཐོབ་བར་དུ་རྟག་ཏུ་གདུང་། །ཞེས་དང་། ཀྱི་མ་འདུ་བྱས་རྟག་པ་མེད། །སྐྱེ་ཞིང་འགོག་པའི་ཆོས་ཅན་ཡིན། །སྐྱེ་བ་ཡོད་ན་འཆི་བ་ཡོད། །འདུ་བ་ཡོད་ན་འབྲལ་བ་ཡོད། །བསགས་པ་ཡོད་ན་འཛད་པ་ཡོད། །ལང་ཚོའི་མདོག་ཀྱང་ནད་ཀྱིས་འཕྲོག །འཚོ་བའི་ཚེ་ཡང་འཆི་བས་འཕྲོག །ཆགས་པར(༧༤༣བ)གྱུར་ན་སྡུག་བསྔལ་འཕེལ། །སྐྱོ་བར་བྱས་ན་ཐར་བར་འགྱུར། །ཞེས་དང་། མངལ་དུ་འཇུག་པ་ལས། མི་གཙང་བ་རྣམ་པ་མང་པོས་ཡོངས་སུ་གང་བའི་སྲིན་བུའི་རིགས་སྟོང་ཕྲག་མང་པོའི་གནས་ཤིན་ཏུ་དྲི་ང་བའི་སྒོ་གཉིས་དང་ལྡན་པ་ཉུས་པའི་བུ་ག་དང་ཁུང་བུ་དུ་མ་དང་ལྡན། གཅིན་དང་བཤང་པ་དང་བཤད་རྒྱུས་དང་རྐང་གི་ཚོགས་ཀྱི་ལྷན་ལྷིན་ཅན་དུ་ཕོ་བའི་འོག་ལོང་ཁའི་སྟེང་ན་ཁ་ནི་ཐལ་ཚོགས་ལ་བལྟས། རྒྱབ་ནི་ལྟོ་བའི་པགས་ལ་བསྟན་ཏེ། ཟླ་བ་རེ་རེ་བཞིན་ཟླ་མཚན་འབྱུང་བས་ནི་བཏྲ། མ་ཡིས་ཟས་ཀྱི་རྣམ་པ་སོའི་ཕྲེང་བ་གཉིས་ཀྱིས་ཞིབ་མོར་བྱས་ཤིང་མེད་པར་མིད་པ་ནས། འོག་ནས་ཁའི་རྒྱའི་དྲི་མ་དང་ཁ་ཆུས་བརླན་པ། སྟེང་ནས་བཤད་རྒྱུས་ཀྱིས་སྨྱུགས་པ་སྨྱུགས་པ་དང་འདྲ་བའི་ཟས་ཀྱི་རོ་ཁོང་ནས་

ལྟེ་བའི་བུ་ག་ནས་འཇུག་པས་ནི་བསྐྱེད་ཅིང་། ཉུར་ཉུར་པོ་དང་མེར་མེར་པོ་དང་ནར་ནར་པོ་དང་གོར་གོར་པོ་རྐང་ལག(༧༤༤ན)འགྱུས་པའི་ངོ་བོར་ཡོངས་སུ་འགྱུར་བར་འགྱུར་ཞིང་། ལག་པ་དང་རྐང་བ་དང་འགྲམ་པ་ནི་ཤ་མའི་སྡོད་ཀྱིས་དཀྲིས། སྣབས་ཕྱིས་བཞིན་དུ་དྲི་ང་བ་མནམ་པ་མི་བཟད་པ་མུན་ནག་འཁྲིང་བར་ནི་ཡན་མན་རྒྱུ། ཟས་ཀྱི་རོ་ཁ་བ་དང་སྐྱུར་བ་དང་རྩུབ་པ་དང་ལན་ཚ་བ་དང་ཚ་བ་དང་བསྐ་བ་མེ་སྟག་ལྟ་བུར་དག་གིས་ནི་རེག །སྲིན་གྲོལ་མ་བཞིན་མི་གཙང་བའི་ཁུ་བས་ནི་གསོ། མི་གཙང་བ་མྱགས་པ་རབ་ཏུ་འབར་བའི་འདམ་གྱི་ནང་དུ་ནི་སོང་། སྲོག་གི་དབང་པོ་ནི་མི་བརྟན། མའི་ལུས་ཀྱི་ནང་གི་མེས་ནི་ཀུན་ནས་གདུང་། ཀུན་ཏུ་གདུང་། ཡོངས་སུ་གདུང་། ཚ་ཀུན་ཏུ་ཚ་ཡོངས་སུ་ཚ། བསྲེག་ཀུན་ཏུ་བསྲེག་ཡོངས་སུ་བསྲེག་ཅིང་སྡུག་བསྔལ་གྱི་ཚོར་བ་ཆེན་པོ་དྲག་པ་རྩུབ་པ་མི་བཟད་པ་ཡིད་དུ་མི་འོང་བ་མྱོང་བར་འགྱུར་རོ། །ཇི་ལྟ་ཇི་ལྟར་དེའི་མ་གཡོ་བ་དང་ཀུན་ཏུ་གཡོ་བ་དང་། ཡོངས་སུ་གཡོ་བ་དེ་ལྟ་དེ་ལྟར་ཡང(༧༤༤བ)དེ་བཅིང་བ་ལྟས་བཅིངས་པ་དང་མེ་མ་མུར་གྱི་དོང་དུ་བཙུག་པ་ལྟ་བུར་སྡུག་བསྔལ་གྱི་ཚོར་བ་ཆེན་པོ་དྲག་པ་རྩུབ་པ་མི་བཟད་པ་ཡིད་དུ་མི་འོང་བ་དཔེ་བྱ་བར་དཀའ་བ་མྱོང་བར་འགྱུར་རོ། །དེ་ནས་དེ་ཡན་ལག་དང་ཉིང་ལག་ཐམས་ཅད་སྐྱེས་ནས་གཅིན་གྱི་གནས་ཏུལ་བ་ལྟུང་བ་འཁྲིང་བ་མི་བཟད་པ་དྲི་ང་བ་མནམ་པ་མུན་གནག་མཐོང་ན་ཤིན་ཏུ་འཇིགས་སུ་རུང་བ་ཕྱི་ས་དང་གཅིན་གྱིས་བསྙོགས་པ་དྲི་མི་ཞིམ་པའི་དྲི་མ་དང་ཁྲག་དང་ཆུ་སེར་ཅན་རྟག་ཏུ་འཛག་པའི་རྨའི་སྒོར་སྔོན་གྱི་ལས་ཀྱི་རྣམ་པར་སྨིན་པ་ལས་སྐྱེས་པའི་རླུང་གིས་རྐང་པ་ནི་གྱེན་དུ་བསྟན། མགོ་བོ་ནི་ཐུར་དུ་བསྟན། ལག་པ་གཉིས་བསྐུམས་པ་ན་རུས་པའི་འཁྲུལ་འཁོར་གཉིས་ཀྱིས་གཟིར། ཀུན་ཏུ་གཟིར་ཡོངས་སུ་གཟིར་ཞིང་། སྡུག་བསྔལ་གྱི་ཚོར་བ་ཆེན་པོ་དྲག་པ་རྩུབ་པ་མི་བཟད་པ་ཡིད་དུ་མི་འོང་བ་དག་གིས་ལུས་

ཀྱི་ཡན་ལག་རྨ་གསར་བ་ལྟ་བུ(༧༥༥ན)གཟེ་རེ་ཅན་ཐམས་ཅད་སྔོན་པོར་གྱུར་ལ་ལུས་ཀྱི་དབང་པོ་ཐམས་ཅད་ནི་ཚ། མངལ་གྱི་དྲི་མ་ཤིན་ཏུ་བཙོག་པས་ནི་ལུས་གཡོགས། སྐོམ་པས་མཆུ་དང་མགྲིན་པ་དང་སྙིང་ནི་བསྐམས་ཏེ། དོག་པ་དང་ཉམ་ང་བ་མི་ཟད་པར་གནས་པ་དེ་རྒྱུ་དང་རྐྱེན་གྱི་དབང་གིས་སྔོན་གྱི་ལས་ཀྱི་རྣམ་པར་སྨིན་པ་ལས་སྐྱེས་པའི་རླུང་གིས་ཕུལ་བ་ན་དཀའ་དཀའ་ལྟར་ཇི་ཞིག་ལྟར་ཏེ་འབྱུང་ངོ་། །དེ་བྱུང་མ་ཐག་ཏུ་ཕྱི་རོལ་གྱི་རླུང་རྨ་ལ་རེག་པ་ཅན་ལྟ་བུའམ་ལག་པའམ་གོས་ཀྱིས་རེག་ན་རལ་གྲིས་བཅད་པ་བཞིན་དུ་སྡུག་བསྔལ་གྱི་ཚོར་བ་ཆེན་པོ་དྲག་པ་རྩུབ་པ་མི་བཟད་པ་ཡིད་དུ་མི་འོང་བ་མྱོང་བར་འགྱུར་རོ། །ཞེས་དང་། རྒྱ་ཆེར་རོལ་བ་ལས། ན་བས་ན་བྱས་ན་ཚོད་ཡོལ་གྱུར་ན། །སྟོང་པོ་གནམ་ལྷགས་ཀྱིས་ནི་བཅོམ་པ་བཞིན། །ན་བས་འཕོགས(༧༥༥བ)ན་འཇིགས་བཅས་ཁང་རུལ་འདྲ། །ན་ལས་བྱུང་བ་ཐུབ་པ་མྱུར་དུ་སྒྲོས། །བུད་མེད་སྐྱེས་པའི་ཚོགས་རྣམས་ན་བས་སྐེམས། །འཁྲི་ཤིང་སྣ་ལའི་ནགས་ལ་རླུང་དམར་བཞིན། །ན་བས་བརྗོན་འགྲུས་རྩལ་དང་ཤུགས་འཕྲོག་སྟེ། །དཔེར་ན་སྐྱེས་བུ་འདམ་དུ་བྱིང་བ་བཞིན། །ན་བས་གཟུགས་སྡུག་གཟུགས་ནི་མི་སྡུག་བྱེད། །ན་བས་གཟི་བརྗིད་འཕྲོག་ཅིང་མཐུ་སྟོབས་འཕྲོག །ན་བས་བདེ་བ་འཕྲོག་ཅིང་བརླས་པར་བྱེད། །ན་བས་འཆི་བྱེད་ག་བས་མདངས་ཀྱང་འཕྲོག །ཅེས་དང་། ནད་བརྒྱ་མར་དང་ནད་ཐེབས་སྡུག་བསྔལ་གྱིས། །འགྲོ་བ་གཙེས་ཏེ་མི་ཡིས་རི་དྭགས་བཞིན། །ན་དང་ན་བས་བཅོམ་པའི་འགྲོ་སྟོས་ལ། །སྡུག་བསྔལ་ལས་ནི་འབྱུང་བ་མྱུར་ཤོད་ཅིག །དཔེར་ན་དགུན་སྨད་རླུང་དང་ཁ་བ་ཆེ། །རྩྭ་ཤིང་གེལ་བ་ནགས་སྨན་མདངས་ཀྱང་འཕྲོག །དེ་ལྟར་ནད་འདིས་འགྲོ་བའི་མདངས་འཕྲོག་ཅིང་། །དབང་པོ་གཟུགས(༧༥༦ན)དང་སྟོབས་ནི་ཉམས་པར་བྱེད། །ནོར་འབྲུ་ནོར་ཆེན་ཐ་མར་ཟད་པར་བྱེད། །ནད་ནི་རྟག་ཏུ་འགྲོ་བ་བརླས

པར་བྱེད། །གནོད་པ་བྱེད་ཅིང་སྡུག་བསྔལ་སྐྱང་བར་བྱེད། །ཡོངས་སུ་གདུང་བྱེད་མཁའ་ལ་ཉི་མ་བཞིན། །ཞེས་དང་། འཆི་དང་འཕོ་དང་འཆི་འཕོ་དུས་བྱེད་པ། །ཕངས་ཤིང་སྡུག་པའི་སྐྱེ་བོ་རྟག་ཏུ་འབྲལ། །ཕྱིར་མི་འོང་ཞིང་ཕྲད་པར་འགྱུར་མ་ཡིན། །ཤིང་ལས་ལོ་བྲུལ་འདྲ་ཞིང་ཀླུང་རྒྱུན་མཚུངས། །འཆི་བ་དབང་ཡོད་པ་དག་དབང་མེད་བྱེད། །འཆི་བ་འཕྲོག་བྱེད་ཆུ་བོས་ཤིང་དེད་བཞིན། །མི་ནི་གཉིས་མེད་གྲོགས་མེད་གཅིག་པུར་འགྲོ། །རང་ལས་འབྲས་བུ་ལྡན་པས་དབང་ཡང་མེད། །འཆི་བས་སྲོག་ཆགས་བརྒྱ་ཕྲག་མང་འཇོམས་ཏེ། །འབྱུང་པོའི་ཚོགས་ལ་རྒྱ་མཚོ་ཆུ་སྲིན་བཞིན། །ཀླུ་ལ་མཁའ་ལྡིང་སྦྲུལ་ཆེན་སེང་གེ་འདྲ། །ཅི་ཤིང་འབྱུང་པོའི་ཚོགས་ལ་མེ་དང་མཚུངས། །(༧༥༨བ)ཞེས་གསུངས་པ་ལྟར་རོ། །གཞན་ཡང་། ལུང་རྣམ་འབྱེད་ལས། འཕགས་པ་མོའུ་འགལ་གྱི་བུ་མ་ག་དྷར་བསོད་སྙོམས་ལ་བྱོན་པའི་ཚེ། ཁྱིམ་ཞིག་ན་ཁྱིམ་བདག་པང་དུ་བུ་ཐོགས་པ་ཞིག་གིས་ཉ་ཤའི་བྱ་ན་ཟ་ཞིང་། ཁྱི་མོ་ནག་མོ་ཞིག་མདུན་དུ་འདུག་པ་ལ་ཉའི་རུས་པ་འདོར་བ་གཟིགས་པ་ན། དེ་རྣམས་ཀྱི་སྔ་མ་གང་ཡིན་བརྟགས་ཏེ་ཡུལ་གཞན་ནས་འོང་བའི་སྐྱེས་བུ་མཁས་པ་ཞིག་དེར་འཁོད་པ་ལ་གདམས་པ། ཁྱིམ་བདག་འདིས་ཁ་ཟས་སུ་ཟ་བའི་ཉ་དེ་ནི་ཕོ་རང་གི་ཕ་ཡིན་ཏེ། ཁྱིམ་གྱི་རྒྱབ་ན་རྫིང་བུ་ཞིག་ཡོད་པ་ལས་ཉ་མང་པོ་བཙུས་ཤིང་ཟོས་པ་ཚེ་འཕོས་པ་དང་མཉམ་དུ་ཉ་རྣམས་ཀྱི་ནང་དུ་སྐྱེས་པ། བུ་འདིས་ལན་བརྒྱ་ཕྲག་དུ་མ་བཙུས་ཤིང་ཟོས་ཀྱང་སླར་ཡང་ཡང་སྐྱེ་བ་དང་། ཁྱི་མོ་དེ་ནི་ཕོ་རང་གི་མ་ཡིན་ཏེ། ཆགས་པས་ཟིལ་གྱིས་ནོན་པས་སུ་ལའང་སྦྱིན་པ་མ་བྱེད། ཚུལ(༧༥༩ན)ཁྲིམས་མ་བསྲུངས་པར་ཁྱིམ་ལ་ཆགས་བཞིན་ཚེ་འཕོས་ནས་ཁྱི་མོར་སྐྱེས་པ་ཕྱིས་སུའང་ཡང་ཡང་སྐྱེ་བར་འགྱུར་བ་དང་། པང་དུ་འདུག་པའི་བུ་ཆུང་འདིའི་ཆུང་མ་ལ་བྱི་བོ་བྱེད་པ་ཞིག་སྟེ། མཚན་མོ་ཞིག་ཁྱིམ་བདག་འདིས་གཡོ་ཐབས་ཀྱིས་བསད་པ་བུད་མེད་

འདི་ལ་ཆགས་པས་འདིའི་ཉམ་དུ་སྐྱེས་པ་ཡིན་ནོ། །ཞེས་དང་། དཔུང་བཟང་གིས་ཞུས་པ་ལས། རེ་ཞིག་ཅིག་ན་དགྲ་ཡང་མཛའ་བོར་གྱུར། །མཛའ་བོ་ཡང་ནི་དེ་བཞིན་དགྲར་ཡང་འགྱུར། །དེ་བཞིན་ཁ་ཅིག་ཀྱང་ནི་བར་མར་འགྱུར། །བར་མ་དེ་ཉིད་ཀྱང་ནི་དགྲ་བོར་འགྱུར། །དེ་བཞིན་མཛའ་བཤེས་འགྱུར་བར་རིག་ནས་ནི། །བློ་གྲོས་ལྡན་པས་ནམ་ཡང་ཆགས་མི་བྱ། །གཉེན་ལ་དགའ་བའི་སེམས་ཀྱི་རྣམ་རྟོག་དག །བཟློག་ནས་དགེ་ལ་ཅི་བདེར་གཞག་པར་བྱ། །ཞེས་དང་། བསགས་པ་ཀུན་གྱི་མཐའ་འཛད་ཅིང་། །མཐོན་པོ་རྣམས(༡༥༧བ)ཀྱི་མཐའ་ལྟུང་འགྱུར། །འཕྲད་པའི་མཐའ་ནི་འབྲལ་བ་སྟེ། །གསོན་པའི་མཐའ་ནི་འཆི་བ་ཡིན། །ཞེས་དང་། སྤྱོད་འཇུག་ལས། ཁྱོད་ཀྱི་འདོད་རྒྱུས་དོན་མེད་ཆུད་གཟན་པའི། །ལུས་ཀྱི་སྡོན་གྱི་མཐའ་གང་དྲན་བྱས་ཏེ། །དེ་རིང་བྱང་ཆུབ་ཡོངས་འཚོལ་བརྟུལ་ཞུགས་དང་། །བཅས་འདིར་བརྟུལ་ཞུགས་ཀྱིས་ནི་འདོད་པ་ཆོམ། །ཁྱོད་ཀྱི་འདོད་རྒྱུས་དོན་མེད་ཆུད་གཟན་པའི། །ལུས་ཀྱི་སྡོན་གྱི་མཐའ་གང་དྲན་བྱས་ཏེ། །གནྡྷའི་བྱེ་སྙེད་མཉེས་པར་མ་བྱས་ཤིང་། །འདི་འདྲའི་གསུང་གང་སངས་རྒྱས་ལས་མ་ཐོས། །ཞེས་དང་། ཡང་མདོ་ལས། དགེ་སློང་དག་དཔེར་ན་སྐྱེས་བུ་འགའ་ཞིག་གིས་ས་ཆེན་པོ་འདི་ལས་རྩྭ་ཤུག་གི་ཚོག་གུ་ཙམ་གྱི་རི་ལུ་བྱོགས་ཏེ། འདི་ནི་བདག་གི་མའོ། །འདི་ནི་བདག་གི་མ་དེའི་ཡང་མའོ། །ཞེས་འདོར་བར་བྱེད་ན། དགེ་སློང་དག་ས་ཆེན་པོ་འདིའི་འཛིམ་པ་ནི་ཆེས་སྨྲ་བར་འཛད་པར་འགྱུར་གྱི། མི་རྣམས་ཀྱི་མ་བརྒྱུད་པ་ནི་དེ་ལྟར་མ་ཡིན་ནོ། །ཞེས་གསུངས་པ་བཞིན(༡༥༨ན)མའི་ཐུག་མཐའ་མི་མངོན་པ་ལྟར་རང་གི་ལུས་ཀྱི་སྡོན་དང་ཕྱི་མའི་མཐའ་ཡང་མི་མངོན་ལ། འཁོར་བ་ན་སྡུག་བསྔལ་བསལ་བ་ལ་མ་ལྟོས་པའི་ངོ་བོ་ཉིད་ཀྱིས་བདེ་བ་ཡང་མེད་དེ། མངལ་དུ་འཇུག་པ་ལས། དགའ་བོ། འཆག་པ་དང་འདུག་པ་འགྲེང་བ་དང་ཉལ་

བའི་སྤྱོད་ལམ་དག་ཀྱང་སོ་སོ་སོ་སོར་སྡུག་བསྔལ་བར་རིག་པར་བྱ་སྟེ། བསམ་གཏན་པས་སྤྱོད་ལམ་དེ་དང་དེ་དག་གི་རང་བཞིན་བརྟགས་ན། གལ་ཏེ་འཆག་པས་ཉེ་མ་འདའ་བར་བྱེད་ཅིང་འགྲེང་བར་མི་བྱེད་འདུག་པར་མི་བྱེད་ཉལ་བར་མི་བྱེད་ན། དེས་འཆག་པ་དེ་ལ་སྡུག་བསྔལ་བ་ཁོ་ན་སོ་སོར་སྨྲང་བར་འགྱུར་ཞིང་དྲག་པ་ཉིད་དང་རྩུབ་པ་ཉིད་དང་མི་བཟད་པ་ཉིད་དང་ཡིད་དུ་མི་འོང་བ་ཉིད་སོ་སོར་སྨྲང་བར་འགྱུར་གྱི། འཆག་པ་དེ་ལ་བདེ་བའི་འདུ་ཤེས་འབྱུང་བར་ནི་མི་འགྱུར་རོ། །ཞེས་གསུངས་ཤིང་། སྤྱོད་ལམ་གཞན་གསུམ་ལ་ཡང(༧༤བ)དེ་ལྟར་གསུངས་ནས། དགའ་བོ། འོན་ཀྱང་སྤྱོད་ལམ་གྱི་སྡུག་བསྔལ་དེ་དང་དེ་རྒྱུན་བཅད་པའི་ཕྱིར་སྡུག་བསྔལ་གསར་བ་གཞན་དང་གཞན་འབྱུང་བ་ལ་བདེ་བའི་འདུ་ཤེས་འབྱུང་སྟེ། དགའ་བོ། འབྱུང་བ་ན་ཡང་སྡུག་བསྔལ་འདི་ཁོ་ན་འབྱུང་ལ། འགག་པ་ན་ཡང་སྡུག་བསྔལ་འདི་ཁོ་ན་འགག །འབྱུང་པ་ན་ཡང་འདུ་བྱེད་དག་ཉིད་འབྱུང་ལ། འགག་པ་ན་ཡང་འདུ་བྱེད་དག་ཉིད་འགག་གོ། །ཞེས་དང་། དྲན་པ་ཉེར་བཞག་གི་མདོ་ལས། སྲིད་པས་ཡོངས་སུ་བསླུས་བྱས་ཤིང་། །རྨོངས་པས་རྨོངས་པའི་སེམས་ཅན་དག །སྐྱེས་ཤིང་འཆི་བ་ཉམ་ང་བ། །འོག་ཏུ་འཇིག་རྟེན་འགྲོ་བར་འགྱུར། །མི་ཡུལ་ལས་ནི་དམྱལ་བར་འགྱུར། །དམྱལ་བ་ཡི་ནི་ལྷ་ཡུལ་དུ། །མི་ཉིད་ལས་ནི་དུད་འགྲོར་འགྱུར། །དེ་ནི་ཡི་དྭགས་འགྲོ་བར་འགྱུར། །སེམས་ཅན་འདོད་ཆགས་དབང་སོང་བ། །རང་གི་ལས་ཀྱི་འཁྲུལ་བ(༧༥་ན)འཁྲུལ། །གཏི་མུག་ཞགས་པས་བཅིངས་པ་དག །སྲིད་པའི་མཚོར་ནི་རྣམ་པར་འཁྱམས། །འཁོར་བ་མི་ནི་སྡུག་བསྔལ་འདི། །རྣམ་པ་སྣ་ཚོགས་གོམས་བྱས་ཏེ། །དེར་ནི་རྒྱུ་དེ་གོམས་པས་ན། །ཇི་ལྟར་མཆོག་ཏུ་སྐྱེ་མི་འགྱུར། །ལྷ་དག་བག་མེད་པ་ཡིས་ཉམས། །མི་དག་ཡོངས་སུ་འཚོལ་བས་ཉམས། །ཡི་དྭགས་བཀྲེས་དང་སྐོམ་པས་ཉམས། །དུད་འགྲོ་གཅིག་ལ་གཅིག་ཟའོ། །སེམས་ཅན་དམྱལ་

བ་དམྱལ་བའི་མེས། །ཡི་དྭགས་རྨོངས་པས་རྟག་ཏུ་ཉམས། །འཁོར་བ་ཁབ་ཀྱི་རྩེ་ཙམ་ཡང་། །བདེ་བ་ཉིད་ནི་ཙུང་ཟད་མེད། །རྨོངས་པའི་སེམས་ཀྱིས་སྐྱེ་བོ་དང་། །སྡུག་བསྔལ་ལས་ནི་བདེ་ལ་ཆགས། །སྡུག་བསྔལ་ལས་ནི་ཐར་བ་གང་། །གང་དག་ལམ་ནི་སྟོན་པ་མེད། །གང་དག་རྟག་ཏུ་ཆོས་མི་སྒྲུབ། །གང་དག་རྟག་ཏུ་བདེན་མི་སྒྲུབ། །བསམ་གཏན་རྟག་ཏུ་མི་སྒྲུབ་གང་། །(༧༤༩བ)དེ་དག་སྡུག་བསྔལ་བྲལ་མི་འགྱུར། །ཞེས་གསུངས་པ་ལྟར་ཡིན་པའི་ཕྱིར་ཏེ། དེ་ཡང་ཡིད་གཞན་དུ་མ་གཡེངས་པར་བསྒོམ་དགོས་ཏེ། ཐེག་པ་ཆེན་པོ་ལ་དད་པ་བསྒོམ་པའི་མདོ་ལས། རིགས་ཀྱི་བུ། རྣམ་གྲངས་འདིས་ཀྱང་འདི་ལྟར་བྱང་ཆུབ་སེམས་དཔའ་རྣམས་ཀྱི་ཐེག་པ་ཆེན་པོ་ལ་དད་པ་ཐེག་པ་ཆེན་པོ་ལས་འབྱུང་བ་གང་ཅི་ཡང་རུང་དེ་ཐམས་ཅད་ནི་རྣམ་པར་མ་གཡེངས་པའི་སེམས་ཀྱིས་དོན་དང་ཆོས་ཡང་དག་པར་བསམས་པ་ལས་བྱུང་བར་རིག་པར་བྱའོ། །ཞེས་སེམས་མ་གཡེངས་པར་སྡུག་བདེན་གྱི་ཉེས་དམིགས་བསམས་པའི་སྒོ་ནས་འཁོར་བ་ལ་ཞེན་ལོག་རྣལ་མ་ཞིག་མེད་མི་རུང་དུ་གཟིགས་ནས་འཇིག་པའི་མི་རྟག་པ། འགྱུར་བའི་མི་རྟག་པ། འབྲལ་བའི་མི་རྟག་པ། ཉེ་བའི་མི་རྟག་པ། ཆོས་ཉིད་ཀྱི་མི་རྟག་པ། སྐད་ཅིག་མའི་མི་རྟག་པ་སྟེ་དྲུག་པོ་ལྔའི་སྟེང་དུ་སྡུག་བསྔལ་གྱི(༧༥༠ན)སྡུག་བསྔལ། འགྱུར་བའི་སྡུག་བསྔལ། ཁྱབ་པ་འདུ་བྱེད་ཀྱི་སྡུག་བསྔལ་བསྣན་པས་བརྒྱད། ཉེར་ལེན་གྱི་ཕུང་པོ་ལྔ་ལས་དོན་གཞན་དུ་གྱུར་བའི་བདག་གི་སྟོང་བ་དང་ཉེར་ལེན་གྱི་ཕུང་པོ་ལྔའི་ངོ་བོར་གྱུར་བའི་རང་དབང་བའི་བདག་མེད་པ་སྟེ་བཅུ་པོ་འདིའི་སྒོ་ནས་སྡུག་བདེན་གྱི་ཉེས་དམིགས་བསྒོམ་པ་དང་། སྡུག་བསྔལ་བསྒོམ་པ་དངོས་ལ་འཁོར་བ་སྤྱི་དང་སོ་སོའི་སྡུག་བསྔལ་བསམ་པར་མདོ་སྡེ་རྣམས་སུ་ཡང་ཡང་བཀའ་སྩལ་བ་དེ་ཡིན་པའི་ཕྱིར་ཏེ། བྱང་ཆུབ་སེམས་དཔའི་སྡེ་སྣོད་ལས། འདོད་ཆགས་ཞེ་སྡང་དེ་བཞིན་གཏི་མུག་དང་། །མེ་གསུམ་དེ་

དག་ཤིན་ཏུ་མི་བཟད་པ། །དེས་ན་འཇིག་རྟེན་འདི་ཀུན་རབ་འབར་ཡང་། །ཕྱིས་པ་རིག་གནས་གཉིད་ལོག་ཁོང་མི་ཚུད། །སྐྱེ་༡དང་རྒ་༢དང་ན་༣དང་འཆི་བ་༤དང་། །(མྱ་ངན་༥དང་།) སྨྲེ་ངག་༦འདོན་ཅིང་སྡུག་བསྔལ་༧ཡིད་མི་བདེས༨། །(༡༥༠བ) (འཁྲུགས་པ་༩དང་། འཁོར་བ་༡༠དང་།) འཇིག་རྟེན་འདི་དག་གཅོས་པར་རིག་ནས་ནི། །ཆོས་རྣམས་ཀུན་ལ་གནས་པར་མ་བྱེད་ཅིག །ཅེས་གསུངས་པ་ལྟར་རོ། །དེ་ལྟར་འཁོར་བའི་ཉེས་དམིགས་བསམ་ནས་དེ་ལས་ཡིད་འབྱུང་བར་བྱས་ནས་འཁོར་བའི་རྒྱུ་ལ་རྟོག་པ་འབྱུང་བས། ཀུན་འབྱུང་གི་སྒོ་ནས་འཁོར་བའི་འཇུག་རིམ་བསམ་དགོས་པས་དེ་གང་ཞེ་ན། སྲིད་པ་དང་མ་རིག་པ་སོགས་ཀྱི་ཉོན་མོངས་པ་དང་། དེའི་དབང་གིས་འབྱུང་བའི་འཁོར་བར་འཕེན་བྱེད་ཀྱི་བསོད་ནམས་མ་ཡིན་པའི་ལས་དང་། བསོད་ནམས་དང་མི་གཡོ་བའི་ལས་ཀྱི་ཀུན་འབྱུང་རྣམས་སོ། །ཚུལ་མིན་ཡིད་བྱེད་ཀྱི་ཀུན་རྟོག་ནི་ཉོན་མོངས་པའི་རྒྱུ་ཡིན་ཞིང་། ལས་ཉོན་གཉིས་ལས་ཉོན་མོངས་གཙོ་བོ་ཡིན་པས། དེ་ལྟར་མི་རྟག་པ་ལ་རྟག་པར་འཛིན་པ་དང་། སྡུག་བསྔལ་བ་ལ་བདེ་བར་འཛིན་པ་སོགས་ཚུལ་མིན་ཡིད་བྱེད་ཀྱི་ཀུན(༡༥༡ན)རྟོག་དང་། སྲིད་འདོད་པའི་ཡོན་ཏན་ལྔ་དང་། ལྷག་པར་བུད་མེད་དང་ཆང་ལ་སྲེད་པའི་འདོད་ཆགས་དང་། རང་དང་རང་གི་མཛའ་བཤེས་ལ་གནོད་པ་བྱེད་པ་སོགས་ལ་སེམས་འཁྲུགས་པའི་ཞེ་སྡང་དང་། ལས་འབྲས་དང་དེ་ཁོ་ན་ཉིད་ལ་རྨོངས་པ་ལ་སོགས་པའི་གཏི་མུག་རྣམས་ཀྱི་ཉེས་དམིགས་དྲན་ཏེ་སྤོང་བ་གལ་ཆེའོ། །དེ་ལྟར་ཡང་འཕགས་པ་གང་པོས་ཞུས་པ་ལས། ཡང་དག་མ་ཡིན་ཀུན་རྟོག་པ། །དེ་ནི་འདོད་ལྷའི་རྩ་བ་ཡིན། །མཁས་པ་དག་ནི་མི་རྟོག་པས། །འདོད་ལྷ་དག་ནི་འགག་པར་འགྱུར། །ལོག་རྟོག་ལས་ནི་འདོད་ཆེན་སྐྱེ། །འདོད་ཆེན་ལས་ནི་ཉོན་མོངས་སྐྱེ། །ཡང་དག་དྲན་ལ་ཞེན་མེད་པས། །ཉོན་མོངས་ལྷག་མ་ཟད་པར་

འགྱུར། །ཞེས་དང་། འཕགས་པ་དེས་པས་ཞུས་པ་ལས། འདོད་པ་མི་རྟག་རྟག་ཏུ་སྨད་པ་སྟེ། །ཤིན་ཏུ་སྡུག་བསྔལ་བདེ་བ་འཇིག་པར་བྱེད། །རྟག་ཏུ་ངན་སོང་ས་རྣམས(༧༥༧བ)ཁྱིམ་དུ་འགྱུར། །སེམས་རྗོངས་གྱུར་པ་དག་གིས་རྟག་ཏུ་བསྟེན། །ཞེས་དང་། འདོད་བསྟེན་ཚུལ་ཁྲིམས་ཐོས་དང་གཏོང་བ་དང་། །དཀའ་ཐུབ་བརྟུལ་ཞུགས་རྣམས་ནི་འཇོམས་པ་སྟེ། །འདི་ལ་རྟག་ཏུ་བག་མེད་ཉེས་པ་འཕེལ། །དེ་ཕྱིར་ཐར་འདོད་རྟག་ཏུ་བུད་མེད་སྤོང་། །ཞེས་དང་། དྲན་པ་ཉེ་བར་བཞག་པ་ལས། གང་ཕྱིར་བུད་མེད་རྣམ་སྤངས་པ། །གཙིག་ལས་ཚུལ་ཁྲིམས་ཐམས་ཅད་ཡིན། །ཞེས་དང་། ནོར་མང་གིས་ནི་ཅི་ཞིག་བྱ། །རྒྱ་མཚོ་ལ་ནི་ཆུ་རྣམས་བཞིན། །གང་དག་ལ་ནི་ཚོག་མེད་པ། །མ་བསྒམས་དེ་དག་དབུལ་པོ་ཡིན། །གང་དག་འདོད་པ་རབ་འཕེལ་ཞིང་། །ཡང་ཡིད་ནི་སྐྱེ་འགྱུར་བ། །རྗོངས་པ་དེ་དག་ཚེ་འདི་དང་། །ཕ་རོལ་ཏུ་ཡང་དབུལ་པོར་འགྱུར། །ཞེས་དང་། འདུལ་བ་ལུང་གཞི་ལས། ས་འདི་རི་དང་བཅས་ཤིང་རྒྱ་མཚོར་བཅས། །རིན་ཆེན་ཀུན་དང་ལྡན་པ་བསྐྱངས་གྱུར་ཀྱང་། །མི་ནི་ནམ་ཡང་ངོམས་པར་མི་འགྱུར་ཏེ། །སོ་ག་ཚ་དུས་ཤིང་གིས་མེ་བཞིན་ནོ། །འདོད་པ་རྣམས་ནི་ཤ་འཕོན་འཕྲིལ་ཅེས་གསུངས། །མི་དབང་རྒྱལ་བར་དགའ་ཞིང་འདམ་རྫབ་འདྲ། །སྡུག་བསྔལ་དང་ནི་མྱ་ངན་འཛིགས་པ་ཡི། །(༧༥༨ན)རྩ་བའི་གཙོ་སྟེ་བློ་ངན་རྣམས་ཀྱིས་སྟེན། །ཞེས་དང་། འཕགས་པ་ཡུལ་འཁོར་སྐྱོང་གིས་ཞུས་པ་ལས། ཉོན་མོངས་གང་དག་ངན་འགྲོ་གཡང་སར་ལྟུང་བྱེད་པ། །སྡུག་པ་ཐམས་ཅད་དགྲ་དང་མཚུངས་ཏེ་རྗེས་མི་སྲུང་། །མི་མཁས་བྱིས་པའི་སྐྱེ་བོ་དེ་དག་བུད་མེད་དགའ། །བདུད་ཀྱི་ཞགས་པ་ཡོན་ཏན་འཆིང་བ་གཡང་ས་ཆེ། །རྟག་ཏུ་འཕགས་པའི་སྐྱེ་བོས་དེ་དག་དེ་ལྟར་སྨད། །སེམས་དམྱལ་ངན་འགྲོ་མྱ་ངན་རྩ་བ་ཅི་ཕྱིར་བསྟེན། །བུད་མེད་འདི་དག་པགས་པའི་གཟུགས་ཀྱིས་དགའ་བ་ཙམ། །བདག་

ནི་ཉུས་རྒྱུས་འཁྲུལ་འཁོར་མི་གཙང་དོན་མི་གཉེར། །ཁྲག་དང་གཅིན་དང་མི་གཙང་བ་དང་དྲི་མ་འཛག །གསལ་བ་དུར་ཁྲོད་འདྲ་ལ་ཇི་ལྟར་དགའ་བར་བགྱི། །ཞེས་དང་། ལྷུན་པོའི་རྩེ་ནས་རྒྱ་མཚོའི་ནང་དུ་མཆོང་སྤྲོ་ཡི། །བདག་འདིར་འདོད་པ་རྣམས་ཀྱིས་ཡིད་དགའ་དེ་ལྟ་མིན། །ཞེས་དང་། བད་སའི་རྒྱལ་པོ་འཆར་བྱེད་ཀྱིས་ཞུས་པ་ལས། (༧༥༢བ)བུད་མེད་གཞི་ལས་སྐྱེ་བ་ཡང་། །གསད་དང་བཅིང་བ་སྤྱོད་གྱུར་ཞིང་། །དམྱལ་སྲུངས་རྣམས་ཀྱིས་སྲེག་པ་དང་། །ངེས་པར་འཆི་བའང་སྤྱོད་བར་འགྱུར། །ཞེས་དང་། དྲན་པ་ཉེར་བཞག་གི་མདོ་ལས། ཞགས་པའི་ནང་ན་འདི་དམ་སྟེ། །འདི་ལྟར་བུད་མེད་ཞགས་པ་དམ། །འདི་ཡིས་བཅིངས་པའི་མི་རྣམས་ནི། །སྲིད་པའི་བརྩོན་རར་རྒྱུག་པར་བྱེད། །ཞགས་པས་མགུལ་བཅིངས་ཞགས་མིན་གྱི། །སྙིང་ཞགས་བུད་མེད་འདི་མི་ཟད། །སྙིང་གི་ཞགས་པས་བཅིངས་པ་ཡི། །མི་རྣམས་སྡུག་བསྔལ་སྐལ་བ་ཅན། །ཞགས་པ་སྲེག་ཅིང་གཏུབ་ཏུ་ཉུང་། །བུད་མེད་ཞགས་པ་བསྲེག་མི་ཉུང་། །དམྱལ་བ་ཡི་དྭགས་དུད་འགྲོའི་ནང་། །འགྲོ་ཞིང་རྗེས་སུ་འགྲོ་བར་བྱེད། །དེ་བཞིན་ལུས་མེད་སེམས་འདི་ལ། །བུད་མེད་ཞགས་པས་འཆིང་བར་བྱེད། །གང་གིས་སྐྱེ་བོ་འཆིང་བྱེད་པ། །ཞགས་པ་དེ་ནི་ཚད་བཟུང་ཉུང་། །བུད་མེད་ཀྱིས་ནི་འཆིང་བའི་ཚེ། །(༧༥༣ན)དེ་ནི་ཚད་བཟུང་མི་རིག་གོ། །འདིས་ནི་རེ་ཞིག་དགའ་བ་དང་། །ཀུན་ནས་ཐར་བར་དཀའ་བ་ཡི། །ཞགས་པས་བཅིངས་པའི་མི་རྣམས་ནི། །སྲིད་པའི་མཚོ་ལས་མི་གྲོལ་ལོ། །ཞགས་པས་མགུལ་ལམ་ལུས་གཅིག་ཅིག །འཆིང་བྱེད་གལ་ཏེ་འཆིང་མི་བྱེད། །བུད་མེད་ཞགས་པ་ཆེན་པོ་འདིས། །དབང་པོ་དྲུག་རྣམས་འཆིང་བར་བྱེད། །ཅེས་དང་། འཇམ་དཔལ་རྩ་རྒྱུད་ལས། སངས་རྒྱས་ཀྱིས་ནི་བུད་མེད་དག །མ་འདྲེས་སྡུག་བསྔལ་རྩ་བར་གསུངས། །ཉན་ཐོས་བྱང་ཆུབ་སེམས་དཔའ་དང་། །རང་རྒྱལ་ཐུབ་པས་དེ་བཞིན་

གསུངས། །ཞེས་དང་། དམ་པའི་དོན་ལ་བརྟེན་ན་ནི། །མི་རྟག་སྡུག་བསྔལ་སྟོང་པ་དང་། །དེ་བཞིན་དབྱིག་དུག་ཟུག་རྔུ་བཞིན། །བཟློས་པས་བུད་མེད་ལུས་སེམས་བྱ། །བློ་ངན་ཕུང་པོ་ལྷུགས་ཀྱུས་ཟིན། །འཁོར་བ་ལས་ནི་འབྱུང་མི་ནུས། །རྟག་ཏུ་བུད་མེད་ཆགས(༧༥༤བ)གྱུར་པ། །དེ་ལ་གྲུབ་པ་ཡོད་མ་ཡིན། །ཞེས་དང་། བདེན་པ་པོ་ཡི་ལེའུ་ལས། ཆང་དགའ་དགོས་པ་ཐམས་ཅད་ལ། །རྟག་ཏུ་བག་མེད་སྤྱོད་པར་འགྱུར། །མཁས་པ་རྣམས་ཀྱིས་སྨད་འགྱུར་ཞིང་། །འདི་དང་གཞན་དུ་རྣམ་པར་སྨོངས། །དེ་བས་སྐྱེས་བུ་མཁས་པ་ཡིས། །ཆང་ལ་དགའ་བ་སྤང་བར་བགྱི། །དེ་ནི་ཡོན་ཏན་འགྲིབ་པར་བགྱིད། །གཞན་དུའང་སྨོད་པར་བགྱིད་པ་ལགས། །ཞེས་དང་། དགའ་བ་ཅན་གྱི་མདོ་ལས། ཆང་འཐུང་བ་ལ་མངོན་པར་དགའ་བའི་མི། །བདག་ལ་ཕན་དང་གཞན་ལ་བདེ་མི་ནུས། །རྨོངས་དང་མདོག་ངན་བྱེད་པ་ཆང་ཡིན་ཏེ། །ཇི་ལྟར་ཏ་ལའི་དུག་བཞིན་དེ་མི་བཏུང་། །ཞེས་དང་། འདུལ་བ་ལུང་གཞི་ལས། བཅོམ་ལྡན་འདས་ཀྱིས་ངའི་ཉན་ཐོས་རྣམས་ཀྱིས་འདུལ་བ་ལ་བསླབ་པའི་གཞི་འདི་ལྟར་འདོན་པ་སྐྱེ་འབྲུའི་ཆང་དང་བཅོས་པའི་ཆང་དང་སྨྱོས་པར་གྱུར་པ་འཐུང་ན་ལྟུང་བྱེད་དོ། །འབྲུའི་ཆང(༧༥༥ན)ཞེས་བྱ་བ་ནི་ཆན་གྱི་བཏུང་བ་དང་། ཕྱེའི་བཏུང་བ་དང་། ཕབས་ཀྱི་བཏུང་བའོ། །བཅོས་པའི་ཆང་ཞེས་བྱ་བ་ནི་རྩ་བའི་ལྡུང་བ་དང་། སྡོང་བུའི་བཏུང་བ་དང་། འདམ་བུའི་བཏུང་བ་དང་། མེ་ཏོག་གི་བཏུང་བ་དང་། འབྲས་བུའི་བཏུང་བ་དང་། དེ་གཉིས་ཀ་བསྲེས་པ་ནི་འབྲུའི་ཆང་དང་བཅོས་པའི་ཆང་ཞེས་བྱའོ། །དེ་འཐུང་ན་ཞེས་བྱ་བ་ནི་མགུལ་དུ་མིད་ནའོ། །ལྟུང་བྱེད་དོ་ཞེས་བྱ་བ་ནི། སེམས་ཅན་དམྱལ་བ་དང་དུད་འགྲོ་དང་ཡི་དྭགས་དང་ངན་སོང་ངན་འགྲོ་ལོག་པར་ལྟུང་བ་དག་ཏུ་སྲེག་པར་བྱེད། འཚེད་པར་བྱེད། ལྟུང་བར་བྱེད་པའོ། །གཞན་ཡང་ཇི་སྲིད་དུ་ལྟུང་བ་དེ་མ་བཤགས་ཤིང་སོ་

སོར་མ་བཞག་ན་དགེ་བའི་ཆོས་རྣམས་ལ་སྒྲིབ་པར་བྱེད་པ་སྟེ། ལྟུང་བྱེད་དོ། །ཞེས་དང་། དགེ་སློང་དག་ང་སྟོན་པ་ཡིན་པར་ཁས་ལེན་པ་རྣམས་ཀྱིས་ཆང་མི་སྦྱིན་ཞིང་ཐ་ན་རྩྭ་མཆོག་གིས་ཀྱང་མི་བཏུང་ངོ་། །ཞེས་དང་། (༧༥༤བ)ཆང་འཐུང་དམྱལ་བ་དུ་འགོད་སྐྱེ། །སྦྱིན་མཁན་དེ་ཡི་འཁོར་དུ་སྐྱེ། །ཞེས་དང་། ཆང་འཐུང་བ་ནི་ཚ་བའི་དམྱལ་བར་ལྟུང་ཞིང་སྐྱེ་བར་འགྱུར་རོ། །དེར་ལྟུང་བའི་སེམས་ཅན་ནི་ལོ་སྟོང་ཕྲག་མང་པོར་འཚེད་པར་འགྱུར་རོ། །དེ་ནས་ཕྱིར་ཕྱུང་ནས་ཆུ་བོ་རབ་མེད་ཀྱི་ངོགས་སུ་བརྒྱུགས་པར་བྱེད་དོ། །གང་དུ་ཡང་འགྲོ་ས་མེད་པར་ཡང་ཡང་དུ་སྐྱེ་བར་བྱེད་དོ། །དམྱལ་བའི་སྲུང་མ་རྣམས་ཀྱིས་མཆིལ་པའི་ཉ་འདོན་པ་ལྟར་ལྕགས་བསྲེག་གི་ས་གཞི་ལ་རྫེབས་པར་བྱེད་དོ། །དེ་ནས་འདི་ལྟར་སྒྲོག་སྟེ། །ཀྱེ་སྐྱེས་བུ་ཁྱོད་ཅི་འདོད་ཟེར་བས། ཇོ་བོ་སྐོམ་འདོད་བྱས་པས། དམྱལ་བའི་བསྲུང་མ་དེས་མེ་འབར་བའི་ལྕགས་ཀྱུས་ཁ་ཕྱེ་སྟེ་ལྕགས་ཞུ་བའི་ཁུ་བ་ཁ་ནས་བླུག་པར་བྱེད་དོ། །དེ་ལ་དེས་མཆུ་སྲེག་གོ། །མགྲིན་པ་ཡང་སྲེག་གོ། །བྲང་ཡང་སྲེག་གོ། །རྒྱུ་མ་སྲེག་གོ། །སྙིང་སྲེག་གོ། །བཤང་ལམ་དུ་ལྕགས་ཁུ་རྒྱུ་མར་འཐོན་པར་བྱེད་ནས་སྡུག(༧༥༥ན)བསྔལ་དཔག་ཏུ་མེད་པ་མྱོང་བར་བྱེད་ཅིང་། དེའི་དུས་སུ་འཆི་བར་ནི་མི་འགྱུར་ཏེ། ཇི་སྲིད་ཀྱི་བར་དུ་སྡིག་པའི་ལས་ཀྱི་འབྲས་བུ་མྱོང་བར་བྱེད་དོ། །དེ་སྲིད་དུ་དེ་རྣམས་ཀྱི་རྣམ་པར་སྨིན་པ་ཚོར་བ་མྱོང་བར་བྱེད་དོ། །གལ་ཏེ་སྡུག་བསྔལ་དེ་དག་ལས་ཐར་ན་ཡང་། ཡི་དྭགས་དང་དུད་འགྲོ་དག་ཏུ་སྐྱེ་ལ། མིར་སྐྱེ་ནའང་ལས་ཀྱི་རྒྱུ་མཐུན་པ་དེས་ཤིན་ཏུ་དབུལ་བ་དང་ལམ་པོ་ཆེ་དང་བཞི་མདོ་སོགས་སུ་སྐྱེ་ཞིང་། མི་མདོག་ངན་པ་དང་། སོ་འབའ་ཞིག་སྣང་བ་དང་། རྐང་བ་རྫོལ་བ་དང་། ལུས་རྟག་ཏུ་བཀྲེས་པ་དང་། སྐོམ་པས་གདུངས་པ་དང་། བུ་དང་ཆུང་མ་དང་ཕ་དང་མ་དང་བཤེས་གཉེན་རྣམས་ཀྱིས་གཏང་བར་འགྱུར་རོ། །ཞེས་དང་། དྲན་པ་ཉེར་བཞག་

ལས། ཆང་ནི་དུག་གི་མཆོག་ཡིན་ཏེ། །ཆང་འཐུང་བ་ལ་བསྟན་པ་ནི། །དགེ་བའི་ཆོས་རྣམས་ཉམས་པར་གྱུར། །གང་གིས་རྟག་ཏུ་ཆང་བསྟེན་པ། །དེ་ཡི་བློ་ནི་མི་བརྟན་ཞིང་། །བློ་གཡོ(༧༥༥བ)བ་ལ་ཆོས་མེད་དེ། །དེ་ལྟ་བས་ན་ཆང་སྤོངས་ཤིག །ཉམས་བྱེད་ནང་ན་ཉམས་བྱེད་མཆོག །ཆང་གིས་འདོད་ཆགས་སྐྱེད་བྱེད་ཅིང་། །དེ་བཞིན་ཁྲོ་དང་གཏི་མུག་དག །ཡང་དང་ཡང་དུ་སྐྱེད་བྱེད་པས། །དེ་ལྟ་བས་ན་ཆང་སྤོངས་ཤིག །ཞེས་དང་། དོན་མེད་གཞི་ནི་ཆང་ཡིན་ཏེ། །སེམས་ཅན་དམྱལ་བ་བཞད་གད་པ། །དབང་པོ་ཐམས་ཅད་རྣམས་ཉམས་ཤིང་། །དོན་མེད་པ་ཡི་རྒྱུར་གྱུར་ཏོ། །ཚིག་ལ་ཤིན་ཏུ་དགའ་བ་དང་། །ཆགས་པ་དང་ནི་འཇིགས་པ་དང་། །ངག་གི་སྐྱོན་དང་རྨོན་པ་དང་། །ཚིག་རྩུབ་གཞི་ནི་དེ་ཡིན་ནོ། །ཆང་ནི་ཀུན་ཏུ་གཡེངས་པའི་ཡིད། །བྱ་དང་མི་བྱ་མི་ཤེས་པས། །མི་དེ་སྨྱུག་དང་མཚུངས་པ་ཡིན། །དེ་ལྟ་བས་ན་ཆང་སྤོངས་ཤིག །ཆང་གིས་གཡེངས་པའི་མི་དག་ནི། །གསོན་ཡང་ཤི་བ་དག་དང་མཚུངས། །གང་ཞིག་རྟག་ཏུ་གསོན་འདོད་པས། །རྟག་པར་ཆང་ནི་རྣམ་པར་སྤོངས། །ཆང་ནི་ཉེས་པ་ཀུན་གྱི་གཞི། །རྟག་པར་དོན་ཀུན་མེད(༧༥༦ན)པར་བྱེད། །ངན་སོང་གསུམ་གྱི་ཐེམ་སྐས་ཏེ། །མུན་ནག་གནས་ནི་ཆེན་པོ་ཡིན། །ཆང་ནི་སེམས་ཅན་དམྱལ་བར་འགྲོ། །དེ་བཞིན་ཡི་དྭགས་འཇིག་རྟེན་དང་། །ཆང་གི་སྐྱོན་གྱིས་བསླུ་བ་ཡིས། །ཡི་དྭགས་དུད་འགྲོ་རྣམས་སུ་འགྲོ། །དུག་གི་ནང་ན་དུག་ནི་ཆང་། །དེ་བཞིན་དམྱལ་བའི་ནང་ནས་དམྱལ། །ནད་ཀྱི་ནང་ན་ནད་མཆོག་ཡིན། །ཆང་ཞེས་མཁས་པ་རྣམས་ཀྱིས་བཤད། །བློ་དང་དབང་པོ་ཉམས་བྱེད་ཅིང་། །རིན་ཆེན་ཆོས་ནི་ཟད་བྱེད་པ། །མི་ཟད་ཆང་ནི་སྐྱེ་གནས་གཅིག །ཆང་ལ་བརྟེན་པའི་མི་དག་ནི། །ཆོས་རྣམས་ཀུན་གྱི་སྤུ་རེ་ཡིན། །ངོ་ཚ་མེད་པར་བྱེད་པའི་མཆོག །ཡང་བར་རྟག་ཏུ་ཉེ་བར་བསྟེན། །ཆང་གིས་འཕྲོག་པར་

འགྱུར་བའི་སེམས། །བྱ་བ་དང་ནི་མི་བྱ་བ། །མི་ཤེས་རྣམ་པར་མི་ཤེས་ཤིང་། །ཐམས་ཅད་མི་ཡིས་མི་ཤེས་སོ། །གང་ཞིག་ཆང་ལ་བསྟེན་བྱེད་པ། །སྐྱེ་བོ་རེ་འགའ་དགའ་བྱེད་ཅིང་། །(༧༥༨བ)རེ་འགའ་ཡོངས་སུ་གདུངས་བྱེད་པ། །རེ་འགའ་སྡིག་པ་བྱེད་པ་ཡིན། །བློ་ནི་ཤིན་ཏུ་རྨོངས་བྱེད་ཅིང་། །འཇིག་རྟེན་གཉིས་ནི་རྣམ་འཇིགས་བྱེད། །ཐར་བའི་ཆོས་ལ་མེ་ལྟ་བུར། །སྲིག་བྱེད་ཕོ་ན་ཆང་ཡིན་ནོ། །ཆང་འཐུང་བ་ཡིས་བསླུས་པ་དག །དེ་ནི་བྱེད་པ་དམན་པ་ཡིན། །མི་ཟད་སེམས་ཅན་དམྱལ་བར་ལྟུང་། །དོན་མེད་ཅི་ཞིག་ཡོངས་སུ་གདུངས། །འཐུང་བའི་ཚེ་ན་ཆང་ཞིམ་སྟེ། །རྣམ་སྨིན་ཚེ་ན་མཆོག་ཏུ་ཚ། །ཆང་ནི་དམྱལ་བར་འགྲོ་བར་བྱེད། །སྡིག་པའི་ཆོས་རྣམས་བྱེད་པ་ལ། །སེམས་གཡེངས་པ་དག་དགའ་བར་བྱེད། །ཕྱི་ནི་རྣམ་སྨིན་ཚ་བ་ཅན། །བློ་ངན་ཡོངས་སུ་གདུངས་པར་འགྱུར། །འདོད་པ་རྣམས་ལ་བློ་མི་གཏོང་། །འདོད་པ་མཆོག་ཏུ་བསླུ་བ་ཡིན། །འཁོར་བར་འཆིང་བ་དྲག་པོ་སྟེ། །སེམས་ཅན་དམྱལ་བ་ཀུན་གྱི་རྒྱུ། །གང་ཞིག་འདོད་པ་རྣམས་ལ་དགའ། །དེ་ཡི་སྡུག་བསྔལ་མཐའ་མེད་དོ། །འདོད་པའི་སྦྲུལ་གྱིས་ཟིན་པ་ལ། །བདེ(༧༥༩ན)བ་རྣམས་ཀྱང་ག་ལ་ཡོད། །ཅེས་དང་། འདས་པ་ཆེན་པོའི་མདོ་སྡེ་ལས་དེ་བཞིན་གཤེགས་པའི་དཔལ་གྱི་དམ་ཚིག་ཅེས་བྱ་བའི་མདོ་ལས། ཞེ་སྡང་ཁྲོས་པས་སྐྱེ་དགུ་བརླམས། །སེམས་ཀྱང་གཡེངས་འགྱུར་དེ་ཡིས་ན། །དགེ་བ་ཐམས་ཅད་མི་འཚོལ་ཞིང་། །བཟོད་བརླག་ལས་ལ་སྤྱོད་པར་བགྱིད། །མི་དགེ་བ་ལ་གནས་བགྱིད་པ། །ཕ་མ་དག་ལ་རིམ་གྲོ་ཆུང་། །གང་དག་མཚམས་མ་མཆིས་བགྱིས་པ། །དཀོན་མཆོག་གསུམ་ལ་བརྙས་པར་བགྱིད། །སྙིང་བརྩེ་སྙིང་རྗེ་མ་མཆིས་པ། །འཇིགས་བགྱིད་གཏུམ་པོ་དྲག་ཤུལ་ཅན། །ཁྲོ་སེམས་དབང་གིས་དེ་དག་ནི། །སེམས་དམྱལ་མནར་མ་མཆིས་པར་གནས། །སེམས་ཅན་འདི་དག་ཁྲོས་པའི་རྒྱུས། །གཅིག་ལ་གཅིག་ནི་

ཟ་བར་བགྱིད། །ཡང་དང་ཡང་དུ་ངན་སོང་དུ། །སྡུག་བསྔལ་དུ་མས་རབ་ཏུ་གཟིར། །ཞེས་དང་། ལྷའི་མདོ་ལས། ལྷ་དེས་ཚིགས་སུ་བཅད་པ་དེ་དག(༧༥༧བ)གསོལ་ཏོ། །མཚོན་ཆ་རྣོན་པོ་དེ་གང་ལགས། །ཏ་ལ་ཏ་ལའི་དུག་གང་ལགས། །རབ་ཏུ་འབར་བའི་མེ་གང་ལགས། །མུན་པ་རབ་གནས་དེ་གང་ལགས། །བཅོམ་ལྡན་འདས་ཀྱིས་བཀའ་སྩལ་པ། ཚིག་དུག་མཚོན་ཆ་རྣོན་པོ་ཡིན། །འདོད་ཆགས་ཏ་ལ་ཏ་ལའི་དུག །ཞེ་སྡང་རབ་ཏུ་འབར་བའི་མེ། །མུན་པ་རབ་གནས་མ་རིག་པ། །ཞེས་དང་། ཕྲུགས་ཀྱི་ཚོམས་ལས། འདོད་པ་ལྟ་བུའི་འདམ་རྫབ་མེད། །ཞེ་སྡང་ལྟ་བུའི་གནོད་མེད་དེ། །གཏི་མུག་ལྟ་བུའི་རྒྱ་མེད་དོ། །སྲིད་པ་ལྟ་བུའི་ཆུ་ཀླུང་མེད། །ཅེས་དང་། ཡང་མདོ་དྲན་པ་ཉེ་བར་བཞག་པ་ལས། ཉོན་མོངས་ས་ནི་དང་པོར་དར། །རྣམ་པར་སྨིན་པ་ཚ་བ་ཡིན། །དེ་དག་དོན་མེད་བྱེད་པས་ན། །དུག་དང་འདྲ་བ་སྤང་བར་བྱ། །ཞེས་གསུངས་པ་ལྟར་རོ། །

རྟེན་འབྲེལ་ཡན་ལག་བཅུ་གཉིས་ཀྱི་སྒོ་ནས་བསམ་པ་ནི། འཕགས་པ་ནམ་མཁའི་མཛོད་ཀྱིས་ཞུས་པའི་ཐེག་པ་ཆེན་པོའི་མདོ་ལས། རིགས་ཀྱི་བུ། དེ་ལ་ཇི་ལྟར(སྐྱུང་འདས་ལས། མ་རིག་པ་ནི་ཇི་བོ་ལྟ་བུ་སྟེ། སྐད་ཅིག་སྐད་ཅིག་ཏུ་གནོན་པར་བྱེད་པར་སེམས་ཅན་གྱིས་མ་ཚོར་བར་འཁོར་བ་ན་རྒྱུན་དུ་འཁོར་བར་འགྱུར་ཏོ། །དགའ་བོ། སེམས་ཅན་ཐམས་ཅད་ནི་མ་རིག་པ་འདིའི་དབང་གིས་འདོད་པའི་ཉོན་མོངས་པ་ལ་ཞུགས་ཏེ། བདག་ཏུ་ལྟ་བས་ཟིལ་གྱིས་མནན་ནས་ཉོན་མོངས་པ་ཇི་བོ་ལྟ་བུ་བརྒྱད་ཁྲི་བཞི་སྟོང་གིས་ལུས་བཀོལ་ཏེ་ལུས་ཞིག་ཀྱང་རང་དབང་དུ་མི་འགྱུར་རོ། །)(༧༥༨ན)ན་བྱང་ཆུབ་སེམས་དཔའ་ཆོས་ཀྱི་ཚུལ་ཟབ་མོ་ལ་རབ་ཏུ་ཞུགས་ཤིང་། ཉན་ཐོས་དང་རང་སངས་རྒྱས་ཐམས་ཅད་ཀྱི་རྟོགས་པར་དཀའ་བ་ཡིན་ཞེ་ན། རིགས་ཀྱི་བུ། ཟབ་མོ་ཞེས་བྱ་བ་ནི་རྟེན་ཅིང་འབྲེལ་བར་འབྱུང་བའོ། །རྟེན་ཅིང་འབྲེལ་བར་འབྱུང་བའི་ཚུལ་ནི་འདི་ལྟ་སྟེ། མ་རིག་པའི་

རྐྱེན་གྱིས་འདུ་བྱེད། འདུ་བྱེད་ཀྱི་རྐྱེན་གྱིས་རྣམ་པར་ཤེས་པ། རྣམ་པར་ཤེས་པའི་རྐྱེན་གྱིས་མིང་དང་གཟུགས། མིང་དང་གཟུགས་ཀྱི་རྐྱེན་གྱིས་སྐྱེ་མཆེད་དྲུག །སྐྱེ་མཆེད་དྲུག་གི་རྐྱེན་གྱིས་རེག་པ། རེག་པའི་རྐྱེན་གྱིས་ཚོར་བ། ཚོར་བའི་རྐྱེན་གྱིས་སྲེད་པ། སྲེད་པའི་རྐྱེན་གྱིས་ལེན་པ། ལེན་པའི་རྐྱེན་གྱིས་སྲིད་པ། སྲིད་པའི་རྐྱེན་གྱིས་སྐྱེ་བ། སྐྱེ་བའི་རྐྱེན་གྱིས་རྒ་ཤི་དང་། མྱ་ངན་དང་། སྨྲེ་ངག་འདོན་པ་དང་སྡུག་བསྔལ་བ་དང་ཡིད་མི་བདེ་བ་དང་འཁྲུགས་པ་རྣམས་སུ་འབྱུང་བར་འགྱུར་ཏེ། དེ་ལྟར་ན་སྡུག་བསྔལ་གྱི་ཕུང་པོ་ཆེན་པོ་འདི་འབའ་ཞིག་འབྱུང་བར་འགྱུར་རོ། །སེམས་ཅན་ཀུན་ནས་ཉོན་(མོངས་)པར་འགྱུར་བའི་རྒྱུ་གང་དང་རྐྱེན་གང་ཡིན་པ་དེ་ལ་བྱང་ཆུབ་སེམས་དཔའི་ཡེ་ཤེས་རབ་ཏུ་འཇུག་སྟེ་འདི་ནི་རྟེན་ཅིང་འབྲེལ་བར་འབྱུང་བའི་ཚུལ(༧༥༨བ)ཞེས་བྱའོ། །དེ་ལ་རྟེན་ཅིང་འབྲེལ་བར་འབྱུང་བ་འགག་པའི་ཚུལ་གང་ཞེ་ན། འདི་ལྟ་སྟེ། མ་རིག་པ་འགགས་པས་འདུ་བྱེད་འགག །འདུ་བྱེད་འགགས་པས་རྣམ་པར་ཤེས་པ་འགག །རྣམ་པར་ཤེས་པ་འགགས་པས་མིང་དང་གཟུགས་འགག །མིང་དང་གཟུགས་འགགས་པས་སྐྱེ་མཆེད་དྲུག་འགག །སྐྱེ་མཆེད་དྲུག་འགགས་པས་རེག་པ་འགག །རེག་པ་འགགས་པས་ཚོར་བ་འགག །ཚོར་བ་འགགས་པས་སྲེད་པ་འགག །སྲེད་པ་འགགས་པས་ལེན་པ་འགག །ལེན་པ་འགགས་པས་སྲིད་པ་འགག །སྲིད་པ་འགགས་པས་སྐྱེ་བ་འགག །སྐྱེ་བ་འགགས་པས་རྒ་ཤི་དང་མྱ་ངན་དང་སྨྲེ་སྔགས་འདོན་པ་དང་སྡུག་བསྔལ་བ་དང་། ཡིད་མི་བདེ་བ་དང་འཁྲུགས་པ་རྣམས་འགག་སྟེ་དེ་ལྟར་སྡུག་བསྔལ་ཕུང་པོ་ཆེན་པོ་འབའ་ཞིག་འགག་པར་འགྱུར་རོ། །དེ་ནི་རིགས་ཀྱི་བུ། རྟེན་ཅིང་འབྲེལ་བར་འབྱུང་བ་འགག་པའི་ཚུལ་ཞེས་བྱའོ། །སེམས་ཅན་རྣམས་རྣམ་པར་དག་པའི་རྒྱུ་གང་དང(༧༥༩ན)རྐྱེན་གང་ཡིན་པ་དེ་ལ་བྱང་ཆུབ་སེམས་དཔའི་ཡེ་ཤེས་རབ་ཏུ་འཇུག་སྟེ་དེ་ནི་ཆོས་ཀྱི་ཚུལ་ཟབ་

མོ་ལ་འཇུག་པ་ཞེས་བྱ་སྟེ་ཉན་ཐོས་དང་རང་སངས་རྒྱས་ཐམས་ཅད་ཀྱིས་མ་ཡིན་ནོ། །ཞེས་དང་། དཔུང་བཟང་གིས་ཞུས་པའི་རྒྱུད་ལས། གཏི་མུག་ལ་ནི་རྟེན་འབྲེལ་ལས་ཀྱིས་སོ། །ཞེས་དང་། སླུ་ལྗང་པའི་མདོ་ལས། རྟེན་འབྲེལ་ལེགས་པར་མཐོང་ན་སྔོན་དང་ཕྱི་མའི་མཐའ་དང་ད་ལྟར་བ་ལ་དམིགས་པའི་ལྟ་བ་ངན་པ་ཐམས་ཅད་བཟློག་པར་གསུང་བ་དང་། འདུལ་བ་ལུང་ལས། མཆོག་ཟུང་གཅིག་གི་ཀུན་སྤྱོད་ནི་དུས་དུས་སུ་འགྲོ་བ་ལྔར་རྒྱུ་བ་ཡིན་པས། དེ་དག་བརྒྱུས་ནས་འཛམ་བུ་གླིང་དུ་གཤེགས་ཏེ། འཁོར་བཞི་པོ་ལ་དེ་དག་གི་སྡུག་བསྔལ་རྣམས་བརྗོད་པར་མཛད་དོ། །གང་ལ་ལའི་ལྷན་ཅིག་གནས་པ་དང་ཚངས་སྤྱོད་ལ་མི་དགའ་བ་དེ་དག་དེས་ཁྲིད་དེ་མཆོག་ཟུང་གཅིག་གི་འདོམས་སུ་འཚོལ་བར་བྱེད(༧༥༩བ)ཅིང་། དེ་གཉིས་ཀྱང་དེ་དག་ལ་འདོམས་སོ། །གདམས་པ་ན་ཚངས་སྤྱོད་ལ་དགའ་ཞིང་གོང་དུ་ཁྱད་པར་ཡང་རྟོགས་པར་བྱེད་དོ། །དེ་སྟོན་པས་གཟིགས་ནས་ཀུན་དགའ་བོ་ལ་དྲིས་པས་རྒྱུ་མཚན་རྣམས་གསོལ་བ་དང་། ཐམས་ཅད་དུ་མཆོག་ཟུང་ལྟ་བུ་དག་མི་འབྱུང་བས་སྒོ་ཁང་དུ་འཁོར་བའི་འཁོར་ལོ་ཆ་ལྔ་པ་ཁོར་ཡུག་ཏུ་རྟེན་འབྲེལ་བཅུ་གཉིས་ལུགས་འབྱུང་དང་ལུགས་ལྡོག་ཀྱང་བྲིས་ཤིག་གསུངས་ནས་དེ་ནས་སྲིད་པའི་འཁོར་ལོ་བྲིས་པ་དང་། ཡང་རྒྱལ་པོ་གཟུགས་ཅན་སྙིང་པོས་རྒྱལ་པོ་ཨུ་ཏྲ་ཡ་ན་ལ་བྲིས་སྐུ་བསྐུར་བ་ན། འོག་ཏུ་རྟེན་འབྲེལ་བཅུ་གཉིས་ལུགས་འབྱུང་དང་ལུགས་ལྡོག་བྲིས་ནས་བསྐུར་བ་རྒྱལ་པོས་བཟུང་ནས། ནམ་ལངས་པའི་ཚེ་སྐྱིལ་མོ་ཀྲུང་བཅས་ཏེ་ལུས་དྲང་པོར་དྲན་པ་ཕྱོགས་པར་བཞག་སྟེ་རྟེན་འབྲེལ་བཅུ་གཉིས་ཀྱི་ཚུལ་གཉིས་ལ་རྣམ་པར་བལྟས་པས་འཕགས(༧༦༠ན)པའི་གོ་འཕང་ཐོབ་པ་གསུངས་སོ། །

གཉིས་པ་ནི། རྣམ་དག་བསམ་པ་དེ་ཡིས་དྲངས་པ་ཡི། །དྲན་དང་ཤེས་བཞིན་བག་ཡོད་ཆེན་པོ་ཡིས། །བསྟན་པའི་རྩ་བ་སོ་སོར་ཐར་བ་ལ། །སྒྲུབ་པ་སྙིང་པོར་

བྱེད་པར་བྱིན་གྱིས་རློབས། །ཞེས་འབྱུང་། གོང་དུ་བྱུང་བ་ལྟར་འཁོར་བའི་ཉེས་དམིགས་ལེགས་པར་མཐོང་ནས་དེ་ལས་ངེས་པར་འབྱུང་འདོད་ཀྱི་ཐར་བ་དོན་དུ་གཉེར་བའི་བློ་རྣམ་པར་དག་པའི་བསམ་པ་དེ་ཉིད་ཀྱིས་དྲངས་ཏེ་བསྟན་པའི་རྩ་བ་སོ་སོར་ཐར་པའི་སྡོམ་པ་མཆོག་བསྙེན་རྫོགས་ཀྱི་དངོས་པོ་ལྟ་བུ་ལེགས་པར་མནོས་ཏེ་བླང་དོར་གྱི་དམིགས་རྣམ་མ་བཟེད་པའི་དྲན་པ་དང་། རྟག་ཏུ་སྒོ་གསུམ་ལ་སོ་སོར་རྟོག་ཅིང་ལེགས་ཉེས་གང་ལ་འཇུག་པའི་བྱ་ར་བྱེད་པའི་ཤེས་བཞིན་དང་། རང་རྒྱུ་མཚན་དུ་བྱས་ནས་ཉེས་པ་ལ་འཛེམ་པའི་ངོ་ཚ་ཤེས་པ་དང་། གཞན་རྒྱུ་མཚན་དུ་བྱས(༧༨༠བ)ནས་ཉེས་པ་ལ་འཛེམ་པའི་ཁྲེལ་ཡོད་པ་དང་། ཉེས་སྤྱོད་ཀྱི་རྣམ་སྨིན་ལ་འཇིགས་ནས་བག་འཁུམ་པ་སོགས་ཀྱི་བག་ཡོད་པ་ཆེན་པོས། ཏིང་ངེ་འཛིན་དང་ཤེས་རབ་ཀྱི་བསླབ་པ་སོགས་ཡོན་ཏན་ཀུན་གྱི་འབྱུང་གནས་སུ་གྱུར་པའི་ཚུལ་ཁྲིམས་རྣམ་པར་དག་པ་སྲོག་གི་ཕྱིར་ཡང་མི་གཏོང་བར་ཚུལ་བཞིན་དུ་བསྲུངས་པ་ལ་སྙིང་པོར་བྱེད་པ་ཞིག་ངེས་པར་དགོས་སོ། །དེ་ལྟར་ཡང་ཇི་སྲིད་འཁོར་བ་ལ་ཞེན་ཅིང་ཆགས་པའི་དགའ་བ་ཡོད་པ་དེ་སྲིད་དུ་འཁོར་བར་འཁྱམས་དགོས་པ་ལ་འཇིགས་ཤིང་སྐྲག་པའི་བློ་བསྐྱེད་པ་དང་། འཁོར་བ་བཟློག་པ་ལ་ངེས་འབྱུང་གི་བསམ་པས་ཡང་དག་པའི་ལམ་དུ་ཞུགས་དགོས་པས། དེ་ལ་རྟེན་ཇི་ལྟ་བུས་འཁོར་བ་བཟློག་པ་ནི། ཕྱིར་དལ་འབྱོར་གྱི་རྟེན་དང་། ལྷག་པར་འཛམ་བུ་གླིང་བའི་མི་མངལ་སྐྱེས་ཁམས་དྲུག་ལྡན་གྱི་རྟེན་མཆོག་སྒྲུབ་པ་ལ་མྱུར་བར་གསུངས(༧༨༧ན)ཏེ། སྡོམ་འབྱུང་གི་རྒྱུད་ལས། གླིང་གསུམ་པོ་ཡི་མི་རྣམས་ནི། །ལོངས་སྤྱོད་ཆེན་པོའི་ཡང་དག་འཚོ། །རྣམ་རྟོག་མེད་ཅིང་རྣམ་དཔྱོད་མེད། །བླུན་རྨོངས་བྱེ་བྲག་མ་འབྱེད་པའི། །འཛམ་བུ་གླིང་དུ་ལེགས་སྐྱེས་པས། །ལས་ཀྱི་ས་པར་རབ་ཏུ་གྲགས། །ཞེས་དང་། འཇམ་དཔལ་རྩ་རྒྱུད་ལས། ངས་ནི་དུས་མཐའ་དུས་དེའི་ཚེ། །འཛམ་བུ

གླིང་བའི་མི་རྣམས་ལ། །ལྷག་པར་བྱིན་གྱིས་རློབ་ཅིང་བལྟ། །ཞེས་དང་། མཁའ་འགྲོ་རྒྱ་མཚོའི་རྒྱུད་ལས། འཛམ་བུ་གླིང་ནི་ཆེན་པོ་ཡི། །དུམ་པོ་བཅུ་གཉིས་ཀྱི་ནི་དབུས། །འཛམ་བུ་གླིང་ནི་ཆུང་ངུ་འདིར། །བདག་ནི་ཤཱཀྱའི་རིགས་རྗེས་འགྲོ། །ཞེས་དང་། གདན་བཞིའི་རྒྱུད་ལས། འཛམ་བུ་གླིང་དུ་ལེགས་སྐྱེས་པ། །དངོས་གྲུབ་ས་ཏུ་ཤེས་པར་བྱ། །གླིང་གསུམ་པོར་ནི་སྐྱེས་པ་ནི། །འབྲས་བུ་འབྱུང་བའི་བསོད་ནམས་གནས། །ཞེས་དང་། མདོ་ལས། སངས་རྒྱས་འབྱུང་དང་ཡུན་དུ(༧༦༧བ)གནས་པ་དང་། །དེ་བཞིན་བསྟན་ལ་དད་པ་ཐོབ་པར་དཀའ། །མི་ཡི་སྲིད་པ་རྙེད་པར་དཀའ་བས་ན། །རྒྱལ་བ་རྣམས་ཀྱི་བསྟན་ལ་ལེགས་བརྩོན་གྱིས། །ཞེས་དང་། གང་གི་བསྐལ་བ་བྱེ་བར་ཞིང་གཞན་དུ། །སེམས་ཅན་དམ་ཆོས་འཛིན་པར་འགྱུར་བ་ལས། །སུ་དག་ སྟ་ཉིད་གཅིག་ཙམ་མི་བརྗེད་དུ། །དེ་ནི་དེ་བས་མཁས་པའི་མཆོག་ཏུ་དགོངས། །ཞེས་གསུངས་པས་དུས་འདིར་བཟློག་དགོས་ལ། དེ་ཡང་། སྐྱེས་རབས་ལས། བཙོན་ར་འདྲ་བའི་ཁྱིམ་ལ་ནི། །ནམ་ཡང་བདེ་བར་མ་སེམས་ཤིག །ཕྱུག་གམ་ཡང་ན་དབུལ་ཡང་རུང་། །ཁྱིམ་ན་གནས་པ་གནོད་དུ་ཆེ། །གཅིག་ནི་བསྲུང་བའི་ཉོན་མོངས་ཅན། །གཉིས་པ་འཚོལ་བས་ཤ་ཐང་ངོ་། །ཕྱུག་གམ་ཡང་ན་དབུལ་བ་ཡང་། །གང་ན་བདེ་བ་མེད་གྱུར་པ། །དེ་ལ་དགའ་བ་རྫོངས་པ་ནི། །སྡིག་པའི་འབྲས་བུ་སྨིན་པ་ཉིད། །ཁྱིམ་པ་སོ་ནམ་བྱས་ན་ནི། །རྫུན་དུ་མི་སྨྲར་མི་རུང(༧༦༢ན)ཞིང་། །ཕ་རོལ་ཉེས་པ་བྱེད་པ་ལ། །ནན་ཏུར་མི་བྱར་མི་རུང་ངོ་། །གལ་ཏེ་ཆོས་སྤྱོད་ཁྱིམ་གྱི་སོ་ནམ་འཆོར། །ཁྱིམ་ལ་ཕྱོགས་ན་ཆོས་ཀྱང་ག་ལ་འགྲུབ། །ཆོས་ཀྱི་ལས་ནི་རབ་ཏུ་ཞི་བ་ཡིན། །ཁྱིམ་གྱི་དོན་ནི་དྲག་ཤུལ་ཅན་གྱིས་འགྲུབ། །དེ་བས་ཆོས་དང་འགལ་བའི་སྐྱོན་ཡོད་ཕྱིར། །བདག་ལ་ཕན་འདོད་སུ་ཞིག་ཁྱིམ་ན་གནས། །ཞེས་དང་། དྲེགས་དང་ང་རྒྱལ་གཏི་མུག་སྨྲུལ་གྱི་ཚང་། །རབ་ཏུ་ཞི་བ་དགའ་བའི་བདེ་

འཇིག་པ། །སྡུག་བསྔལ་མི་བཟད་མང་པོའི་གནས་གྱུར་ཁྲིམ། །ཁྱིང་དང་འདྲ་བར་སུ་ཞིག་གནས་པར་བྱེད། །ཅེས་གསུངས་པ་ལྟར། ཁྲིམ་པའི་སྐྱོན་དང་རབ་ཏུ་འབྱུང་བའི་ཡོན་ཏན་ཡང་ཡང་སེམས་ནས། དྲག་ཤུལ་ཅན་གྱིས་ཞུས་པ་ལས། བདག་ཀྱང་སྡུག་བསྔལ་གྱི་གནས་ཁྲིམ་གྱི་གནས་ནས་མངོན་པར་བྱུང་སྟེ། ནམ་ཞིག་ན་འདི་ལྟ་བུ་སྤྱོད་པར་འགྱུར། བདག་ཀྱང་ནམ་ཞིག་ན་དགེ་འདུན་གྱི་ལས་དང་། གསོ་སྦྱོང་གི(༧༨༢བ) དང་དགག་དབྱེའི་ལས་དང་འདུད་པའི་ལས་དེ་ལ་གནས་པར་འགྱུར་སྙམ་ནས། དེས་འདི་ལྟར་རབ་ཏུ་བྱུང་བའི་སེམས་ལ་དགའ་བར་བྱའོ། །ཞེས་བྱང་ཆུབ་སེམས་དཔའ་ཁྲིམ་ན་གནས་པས་དེ་ལྟར་སྨོན་པ་བྱ་བར་གསུངས་པ་དང་། རྒྱུད་རྡོ་རྗེ་ཕྲེང་བ་ལས། ཕྱི་རུ་ཉན་ཐོས་སྤྱོད་སྤྱོང་ཞིང་། །ནང་དུ་འདུས་པ་ལ་རབ་དགའ། །ཞེས་དང་། དུས་ཀྱི་འཁོར་ལོའི་རྒྱུད་ལས། གསུམ་ལས་དགེ་སློང་མཆོག་ཡིན་འབྲིང་། །དགེ་ཚུལ་ཞེས་བྱ་དེ་དག་ལས། །ཁྲིམ་ན་གནས་པ་ཐ་མའོ། །ཞེས་མདོ་སྔགས་གཉིས་ཀ་ནས་རབ་བྱུང་བསྔགས་པར་མ་ཟད། དགེ་ཚུལ་རྡོ་རྗེ་འཛིན་པ་སོགས་ཡོད་པའི་སར་ཁྲིམ་པ་རྡོ་རྗེ་འཛིན་པ་ལ་མཆོད་ཅིང་གུས་པ་བྱེད་པ་དཀོན་མཆོག་གསུམ་གྱི་དབུ་འཕང་སྨད་བྱེད་དུ་གསུངས་པས་བསྟན་པའི་རྩ་བ་སོ་སོར་ཐར་བ་ལ་རབ་ཏུ་བྱུང་བའི་རྟེན་མཆོག་ཏུ་གྱུར་བ་ལ་མཁས་པ་དག་གིས(༧༨༣ན)མངོན་པར་དགའ་བར་བྱ་སྟེ། འཕགས་པ་ཚེ་འཕྲུལ་ཆེན་པོ་བསྟན་པའི་མདོ་ལས། གང་དག་སྟོང་ཆེན་སེམས་ཅན་དེ་དག་ཀུན། །བྱང་ཆུབ་ཕྱིར་ནི་རབ་ཏུ་ཞུགས་གྱུར་ཅིང་། །མ་ཞུམ་སེམས་ཀྱིས་བསྐལ་པ་རྗོགས་པར་ནི། །བུ་དང་ཆུང་མའི་སྦྱིན་པ་བྱིན་པ་བས། །གང་གིས་བྱང་ཆུབ་ཕྱིར་ནི་སེམས་བསྐྱེད་ནས། །དེ་བཞིན་དུ་ནི་རྗེས་སུ་བསླབ་པ་དང་། །རབ་བྱུང་སེམས་ཀྱིས་གོམ་པ་གཅིག་བོར་བ། །དེ་ནི་དེ་བས་བསོད་ནམས་ཁྱད་པར་འཕགས། །གང་དག་སྟོན་ཆད་བྱུང་བའི་སངས་རྒྱས་དང་། །གང་དག་མ་བྱོན་འབྱུང་དང་བཞུགས་

པ་རྣམས། །དེ་དག་སྐྱོན་མང་ཁབ་ནི་མ་སྤངས་པར། །བླ་མེད་བྱང་ཆུབ་ཞི་བ་ཐོབ་པ་མེད། །རབ་བྱུང་དེ་བཞིན་གཤེགས་པ་ཐམས་ཅད་ཀྱིས། །རབ་ཏུ་བསྔོད་ཅིང་བསྔགས་ལ་བཀུར(༧༥༣བ)བ་སྟེ། །གང་ཞིག་སངས་རྒྱས་ཀུན་ལ་མཆོད་འདོད་པ། །རྒྱལ་བའི་བསྟན་ལ་རབ་བྱུང་གཟུང་བར་གྱིས། །གང་ཞིག་ཁྱིམ་གནས་རིན་ཆེན་ཁྱིམ་བརྒྱན་པའི། །གངྒཱའི་བྱེ་སྙེད་སངས་རྒྱས་ཞིང་བྱིན་དང་། །གང་ཞིག་རབ་བྱུང་ཉིན་དང་མཚན་གཅིག་ཏུ། །མི་རྟག་སྡུག་བསྔལ་བདག་མེད་སེམས་བྱེད་ན། །གང་ཞིག་རབ་བྱུང་བག་ཡོད་གྱུར་པ་ཡི། །བྱང་ཆུབ་སེམས་དཔའ་བྱང་ཆུབ་ཉེ་བ་དང་། །བདུད་ཀྱི་དཀྱིལ་འཁོར་ཤིན་ཏུ་བཅོམ་བྱས་ཤིང་། །དགེ་བའི་ཕྱོགས་ཀྱང་མི་འགྲིབ་འཕེལ་བ་ཡིན། །རབ་བྱུང་དེ་ནི་ལམ་ངན་སྤངས་པ་དང་། །ལས་ཀྱི་རྗེས་སུ་འཕགས་པའི་སྐྱེ་བོས་བསྔོད། །དེ་ན་དགེ་བ་ཆུད་ཟ་མ་ཡིན་ཞིང་། །དེ་ནི་ཡོངས་སུ་འཛིན་པ་སྤངས་པ་ཡིན། །ཁྱིམ་ལས་གྲོལ་བ་ཉོན་མོངས་མི་འཕེལ་ཞིང་། །ཉོན་མོངས་རྣམ་གྲོལ་བདུད་ཀྱི་འཆིང་བ་མེད། །རྣམ་གྲོལ་སེམས་ནི་བྱང་ཆུབ(༧༥༤ན)སྤྱོད་པ་སྤྱོད། །སྤྱོད་པ་དག་པས་བྱང་ཆུབ་རྙེད་མི་དཀའ། །ཞེས་གསུངས་པ་ལྟར་རོ། །

ལམ་ཇི་ལྟ་བུ་ཞིག་གིས་འཁོར་བ་བཟློག་པ་ནི། འཕགས་པ་གཟུངས་ཀྱི་དབང་ཕྱུག་རྒྱལ་པོས་ཞུས་པའི་མདོ་ལས། ངེས་པར་འབྱུང་བའི་ལམ་གྱི་ཆོས་བརྒྱད་དེ་བརྒྱད་གང་ཞེ་ན། འདི་ལྟ་སྟེ། ཡང་དག་པའི་ལྟ་བ་དང་། ཡང་དག་པའི་རྟོག་པ་དང་། ཡང་དག་པའི་ངག་དང་། ཡང་དག་པའི་ལས་ཀྱི་མཐའ་དང་། ཡང་དག་པའི་འཚོ་བ་དང་། ཡང་དག་པའི་རྩོལ་བ་དང་། ཡང་དག་པའི་དྲན་པ་དང་། ཡང་དག་པའི་ཏིང་ངེ་འཛིན་ཏེ་བརྒྱད་པོ་འདི་དག་གོ། །ཞེས་གསུངས་པ་ལྟར་འཕགས་ལམ་ཡན་ལག་བརྒྱད་ཀྱི་སྒོ་ནས་སོ། །དེ་དག་ཀྱང་བསྡུས་ན་ལྷག་པའི་བསླབ་པ་རིན་པོ་ཆེ་རྣམ་པ་གསུམ་དུ་འདུས་པས་དེ་གསུམ་ལ་གོ་རིམ་བཞིན་དུ་སློབ་དགོས་ཏེ།

ཚུལ་ཁྲིམས་ཀྱི་ཚོམས་ལས། མི་ནི་ཚུལ་ཁྲིམས(༧༤༤བ)ལ་གནས་ནས། །སེམས་དང་ཤེས་རབ་སྒོམ་པ་ལ། །བརྩོན་ཞིང་ངེས་ནས་དགེ་སློང་གིས། །སྡུག་བསྔལ་ཟད་པ་ཐོབ་པར་འགྱུར། །དེ་ཕྱིར་རྟག་ཏུ་ཚུལ་ཁྲིམས་དང་། །ཏིང་འཛིན་རྗེས་སུ་སྲུང་བ་དང་། །ལྷག་མཐོང་ལ་ནི་བསླབ་པ་དང་། །ཤེས་བཞིན་སོ་སོར་དྲན་པར་བྱ། །ཞེས་དང་། ཚངས་པས་ཞུས་པ་ལས། རྩ་བ་ཤིན་ཏུ་བརྟན་པ་དང་། །ཞི་བའི་སེམས་ལ་དགའ་བ་དང་། །འཕགས་པའི་ལྟ་དང་སྡིག་པའི་ལྟ། །ལྡན་པར་བྱ་ཞིང་བྲལ་བར་བྱ། །ཞེས་དང་། ཡན་ལག་དྲུག་དང་ལྡན་པ་དང་། །གནས་བཞི་དེ་དང་ལྡན་པ་དང་། །བཞི་པོ་ཡི་ནི་རྣམ་པ་བཞི། །རྟག་ཏུ་ཡེ་ཤེས་དག་པ་ཡིན། །ཞེས་གསུངས་པའི་ཕྱིར། དེ་དག་ཀྱང་འཕགས་པ་གཟུངས་ཀྱི་དབང་ཕྱུག་རྒྱལ་པོས་ཞུས་པའི་མདོ་ལས། ཚུལ་ཁྲིམས། དེ་ནི་ལུས་ཅན་ཀུན་གྱི་ཡིད་འོང་དགའ། །ལུས་དང་ངག་རྣམས་དང་ནི་ཡིད་དག་ཅིང་། །དེ་ཡི་རྣམ་པར(༧༤༥ན)ལྟུང་བ་ཀུན་ཆད་པ། །འདི་ནི་ཚུལ་ཁྲིམས་ལྡན་པའི་རྒྱན་ཡིན་ནོ། །ལྷ་མི་རྣམས་ཀྱི་ནང་དུ་མཁས་པ་སྐྱེ། །དེ་ཡི་སྨོན་ལམ་ཇི་ལྟར་འདོད་བཞིན་འགྲུབ། །ནན་ཏན་སྙིང་པོར་བྱེད་དང་ཡང་དག་ལྡན། །འདི་ནི་ཚུལ་ཁྲིམས་དག་པའི་རྒྱན་ཡིན་ནོ། །དེ་ཡི་ཏིང་འཛིན་སྐྱུ་མ་མ་ཡིན་ཏེ། །ཤེས་རབ་རྣམ་གྲོལ་དེ་བཞིན་ཡེ་ཤེས་མཐོང་། །དེ་ནི་མྱ་ངན་འདས་པ་སྐྱུ་མ་མིན། །འདི་ནི་ཚུལ་ཁྲིམས་དག་པའི་རྒྱན་ཡིན་ནོ། །ཞེས་དང་། ཏིང་ངེ་འཛིན། དེ་ནི་བྱམས་པས་སེམས་ཅན་ཀུན་ཁྱབ་བྱེད། །མཁས་པ་རྟག་ཏུ་དྲན་དང་གཉེན་པ་ཡིན། །གཡོ་ནི་མེད་ཅིང་སྐྱུ་མེད་བཙོས་པ་མེད། །གཏི་མུག་འདོད་སྤྱང་འཇིགས་པས་འགྲོ་མ་ཡིན། །དེ་ནི་སྒྲིབ་པ་ལྔ་པོ་རྣམ་པར་སེལ། །བག་ཡོད་གྱུར་ནས་རྗེས་སུ་དྲན་དྲུག་བསྒོམ། །བྱང་ཆུབ་ཡན་ལག་བདུན་དང་ལམ་སྒོམ་ཏེ། །མཐར་གྱི་དགུ་དང་ཏིང་འཛིན་བསམ་གཏན་བྱེད། །རྣལ་འབྱོར་པ་ནི་ཞི་གནས་ངེས་སེམས(༧༤༥བ)

སྦྱོར། །དེ་ནི་ཚུལ་བཞི་དགེ་བ་ཆུད་མི་གཟོན། །དབེན་དང་ཤིན་ཏུ་སྦྱངས་དང་སོ་སོར་རྟོག །འཕགས་པའི་རིགས་ལ་དབང་ནི་བསྒྱུར་བ་ཡིན། །ཞེས་དང་། ཤེས་རབ། ཆོས་རྣམས་ལ་ནི་ཐེ་ཚོམས་མེད་པར་འགྱུར། །དེ་ལ་ཀུན་ནས་ལྡང་དང་འཁྲོད་པ་མེད། །དེ་ལ་མ་རིག་གཏི་མུག་མུན་པ་མེད། །བདེན་པ་སྣང་བ་ཡོངས་སུ་ཤེས་པ་ཤེས། །ཚུལ་ཁྲིམས་དག་པ་དམིགས་པ་མེད་པ་སྟེ། །ཤེས་རབ་དམ་པ་བསམ་གཏན་ཏིང་འཛིན་དག །གཉིས་བསལ་ནས་ནི་རྣམ་པར་གྲོལ་བ་དག །ལྷག་པའི་ང་རྒྱལ་མེད་ཅིང་ཤེས་པ་དང་། །དུས་གསུམ་དག་ལ་ཡེ་ཤེས་མཐོང་མ་ཆགས། །འདོད་ཆགས་བྲལ་བའི་ཤེས་པས་ཆོས་ཀྱང་དག །དག་ནས་འདིར་ནི་དེ་ལ་རློམ་སེམས་མེད། །འདི་ནི་གང་དག་ཤེས་རབ་ལྡན་པའི་རྒྱན། །ཞེས་གསུངས་པ་ལྟར་རོ། །དེ་ལ་འཕགས་པ་ད་ལྟར་གྱི་སངས་རྒྱས་མངོན་སུམ་དུ་བཞུགས་པའི་ཏིང་ངེ་འཛིན་གྱི(༧༨༨ན)མདོ་ལས། གང་ལ་ཚུལ་ཁྲིམས་ཡོད་པ་དེ་ལ་ནི་ཏིང་ངེ་འཛིན་ཡོད་དོ། །གང་ལ་ཚུལ་ཁྲིམས་ཡོད་པ་དེ་ལ་ནི་ཤེས་རབ་འདི་ཡོད་དོ། །གང་ལ་ཚུལ་ཁྲིམས་ཡོད་པ་དེ་ལ་ནི་རྣམ་པར་གྲོལ་བ་འདི་ཡོད་དོ། །གང་ལ་ཚུལ་ཁྲིམས་ཡོད་པ་དེ་ལ་ནི་རྣམ་པར་གྲོལ་བའི་ཡེ་ཤེས་མཐོང་བ་འདི་ཡོད་དོ། །ཞེས་གསུངས་པ་ལྟར་ཚུལ་ཁྲིམས་ལ་བརྟེན་ནས་བསླབ་པ་གཞན་གཉིས་སོགས་དཀར་བའི་ཆོས་ཀུན་འབྱུང་བའི་ཕྱིར་ཚུལ་ཁྲིམས་ནི་རྩ་བ་ལྟ་བུ་ཡིན་པས། འདིར་ཚུལ་ཁྲིམས་ལ་བསླབ་ཚུལ་ཅུང་ཟད་བརྗོད་པ་ལ། ཐོག་མར་ཚུལ་ཁྲིམས་བསྲུང་བའི་ཕན་ཡོན་དང་། མ་བསྲུངས་པའི་ཉེས་དམིགས་བསམ་པ་གལ་ཆེ་བས། མྱ་ངན་ལས་འདས་པ་ཆེན་པོ་ལས། ཚུལ་ཁྲིམས་ནི་དགེ་བའི་ཆོས་ཐམས་ཅད་ཀྱི་ཐེམ་སྐས་སོ། །ཤིང་ལ་སོགས་པའི་རྩ་བ་ས་ཡིན་པ་ལྟར་རྩ་བའོ། །(༧༨༨བ)ཚོང་དཔོན་ཚོང་བ་ཐམས་ཅད་ཀྱི་ཐོག་མར་འགྲོ་བ་ལྟར་དགེ་བའི་ཆོས་ཐམས་ཅད་ཀྱི་ཐོག་མར་འགྲོ་བའོ། །བརྒྱ་བྱིན་གྱིས་

རྒྱལ་མཚན་བསྒྲེང་བ་ལྟར་ཆོས་ཐམས་ཅད་ཀྱི་རྒྱལ་མཚན་ནོ། །སྡིག་པ་ཐམས་ཅད་དང་ངན་སོང་གི་ལམ་གཏན་གཅོད་པའོ། །སྡིག་པའི་ནད་སོས་པས་སྨན་གྱི་སྡོང་བུ་ལྟ་བུའོ། །སྲིད་པའི་ཉམ་ང་བའི་བརྒྱགས་ཚོགས་སོ། །ཉོན་མོངས་པའི་དགྲ་འཇོམས་པའི་གོ་མཚོན་ནོ། །ཉོན་མོངས་པའི་སྦྲུལ་དགུག་པ་སེལ་བའི་རིག་སྔགས་སོ། །སྡིག་པའི་ཆུ་ལས་སྒྲོལ་བའི་ཟམ་པའོ། །ཞེས་དང་། ཚུལ་ཁྲིམས་ནི་དགེ་བའི་ཆོས་རྣམས་ཀྱི་རྩ་བ་དང་། ཆོས་ཐམས་ཅད་ཀྱི་རྒྱལ་མཚན་དང་སྡིག་པའི་ནད་སོས་པའི་སྨན་དང་། སྲིད་པ་ཉམ་ང་བའི་བརྒྱགས་དང་ཉོན་མོངས་པའི་དགྲ་འཇོམས་པའི་གོ་མཚོན་ལྟ་བུ་དང་། ཐེག་པ་གསུམ་གྱི་ཡོན་ཏན་ཐམས་ཅད་ཀྱི(༡༥༧ན)(དྲིན་ལན་བསབ་པ་ལས། སོ་སོར་ཐར་པའི་ཚུལ་ཁྲིམས་ནི། སངས་རྒྱས་ཀྱི་ཆོས་འཛིན་པ་འཁོར་རྣམ་པ་བདུན་འཇིག་རྟེན་ན་ཡོད་ཅིང་ཐེག་པ་རྣམ་གསུམ་གྱི་འབྲས་བུ་རྒྱུན་མི་ཆད་པར་བྱེད་པའི་གཞིར་འགྱུར་བ་ཡིན་གྱི། བསམ་གཏན་གྱི་ཚུལ་ཁྲིམས་དང་ཟག་པ་མེད་པའི་ཚུལ་ཁྲིམས་ནི་དེ་ལྟ་བུ་མ་ཡིན་ནོ། །དེ་བས་ན་ཁམས་གསུམ་ན་མཆོག་རབ་ཕུལ་དུ་གྱུར་བ་ཡིན་ནོ། །ཡང་བཅོམ་ལྡན་འདས་ཀྱིས་ཀུན་དགའ་བོ་དང་། བྱང་ཆུབ་སེམས་དཔའ་སེམས་དཔའ་ཆེན་པོ་རྣམས་ལ་འདི་སྐད་ཅེས་བཀའ་སྩལ་ཏོ། །ཁྱེད་རྣམས་ཇི་ལྟར་བསྟན་པ་བཞིན་དུ་ནན་ཏན་དུ་སྲོུད་ཅིག །)གཞི་རྟེན་དུ་གྱུར་བ་དང་། རྒྱལ་བ་སྲས་བཅས་རྣམས་ཐུགས་དགྱེས་པས་བསྔགས་པ་མཛད་ཅིང་དཀར་ཕྱོགས་སྐྱོང་བའི་ལྷ་རྣམས་ཀྱིས་བསྟོད་པ་དང་། སྡིན་པའི་གྲགས་པ་ཕྱོགས་བཅུར་འཕེལ་བའོ། །ཞེས་དང་། འདུལ་བ་ལུང་ལས། འདུལ་བ་འཛིན་པ་གནས་པའི་ས་ཕྱོགས་དེ་ངས་སྣང་བ་སྐྱེས་པ་དང་། གསལ་བ་སྐྱེས་པ་དང་། འོད་སྐྱེས་པར་མཐོང་། ཕྱོགས་དེར་ང་ཐུགས་ཁྲལ་ཆུང་ངུར་གནས། ཕྱོགས་དེ་ངས་སྟོངས་པ་མ་ཡིན་པར་མཐོང་ངོ་། །ཞེས་དང་། དགེ་སློང་ལ་རབ་ཏུ་གཅེས་པའི་མདོ་ལས། ལ་ལའི་ཚུལ་ཁྲིམས་བདེ་བ་སྟེ། །ལ་ལའི་ཚུལ་ཁྲིམས་སྡུག་བསྔལ་ཡིན། །ཚུལ་ཁྲིམས་ལྡན་པ་བདེ་བ་

སྟེ། །ཚུལ་ཁྲིམས་འཆལ་བ་སྡུག་བསྔལ་ལོ། །ཞེས་དང་། ཚུལ་ཁྲིམས་འདི་ནི་བདེ་བ་མཆོག །ཚུལ་ཁྲིམས་འདི་ནི་སངས་རྒྱས་རྒྱུ། །ཚུལ་ཁྲིམས་འདི(༡༥༧བ)ནི་རབ་མཆོག་ཡིན། །མིག་གི་འབྲས་བུ་བཞིན་དུ་སྲུངས། །སྲོག་ལ་བབ་ཀྱང་ཚུལ་ཁྲིམས་ནི། །གཏོང་བ་མི་མཁས་བླུན་པོ་ཡིན། །སྲོག་ཆད་ཕྱི་མར་སྐྱེ་བ་སྟེ། །ཚུལ་ཁྲིམས་ཕྱི་ནས་དེ་ལྟ་མིན། །དེ་བས་ཉེ་བར་འཁོར་སོགས་ཀྱིས། །འདི་ཉིད་ལ་ནི་རབ་ཏུ་བཟུང་། །ཞེས་དང་། ལུང་རྣམ་འབྱེད་ལས། གང་ཞིག་སྟོན་པ་ཐུགས་རྗེའི་བསྟན་པ་ལ། །ཡང་བར་སེམས་ཤིང་ཅུང་ཟད་འདའ་བྱེད་པ། །དེ་ནི་དེ་ལས་སྡུག་བསྔལ་གཞན་དབང་འཐོབ། །སླིག་ཚལ་བྲེགས་པས་ཨ་མྲའི་ཚལ་ཉམས་བཞིན། །འདི་ན་ལ་ལས་རྒྱལ་པོའི་ཆོག་ཆེན་ཡང་། །འདས་ན་ལན་འགའ་ཆད་པ་འཐོབ་མི་འགྱུར། །ཐུབ་པའི་བཀའ་ལུང་ཚུལ་མིན་འདས་བྱས་ན། །དུད་འགྲོར་འགྲོ་འགྱུར་ཨེ་ལའི་འདབ་ཀླུ་བཞིན། །ཞེས་དང་། ཚུལ་ཁྲིམས་ཡང་དག་པར་ལྡན་པའི་མདོ་ལས། དགེ་སློང་དག་སྲོག་དང་བྲལ་ཞིང་ཤི་བ་ནི་སླ་ཡི། ཚུལ(༡༥༨ན)ཁྲིམས་ཉམས་ཤིང་ཞིག་པ་ནི་དེ་ལྟ་མ་ཡིན་ནོ། །དེ་ཅིའི་ཕྱིར་ཞེ་ན། སྲོག་དང་བྲལ་ཞིང་ཤི་བས་ནི་སྐྱེ་བ་འདི་ཉིད་ཀྱི་ཚེ་ཟད་པར་འགྱུར་གྱི། ཚུལ་ཁྲིམས་ཉམས་ཤིང་ཞིག་པས་ནི་སྐྱེ་བ་འབུམ་ཕྲག་བརྒྱའི་བར་དུ་རིགས་དང་བྲལ་ཞིང་བདེ་བ་སྤངས་ཏེ་རྣམ་པར་ལྷུང་བ་ཆེན་པོ་ཉམས་སུ་མྱོང་བར་འགྱུར་རོ། །ཞེས་ཁས་བླངས་ནས་མ་བསྲུངས་ན་ཉེས་དམིགས་དང་ཕན་ཡོན་གཉིས་ཀའི་ཕྱོགས་སུ་འགྲོ་བ་དང་བདག་སྐྲ་བྲེགས་ཤིང་གོས་ངུར་སྨྲིག་བགོས་པ་ནི་དོན་མེད་དོ་སྙམ་དུ་ཡང་ཡང་བསམ་པར་བྱ་སྟེ། ཏིང་ངེ་འཛིན་རྒྱལ་པོ་ལས། སངས་རྒྱས་བསྟན་པ་འདི་ལ་རབ་འབྱུང་ནས། །སྡིག་པའི་ལས་རྣམས་ཤིན་ཏུ་སྤྱོད་པར་བྱེད། །ནོར་དང་འབྲུ་ལ་སྙིང་པོར་འདུ་ཤེས་ཤིང་། །བཞོན་དང་བ་གླང་ཤིང་ཏ་རྣམས་ལ་ཆགས། །གང་ལ་བསླབ་པའི་ནན་ཏན་མེད་པ(༡༥༨བ)རྣམས། །དེ་

དག་གིས་ཀྱང་ཅི་ཕྱིར་མགོ་བོ་བྲེགས། །ཞེས་དང་། དེ་ཡང་དང་པོ་ནས་མ་དག་ན་འཁོར་བ་ལས་མི་གྲོལ་བ་ཡིན་ཏེ། མི་ཞིག་ཆོམ་རྐུན་མང་པོས་རབ་གཙེས་ནས། །འཚོ་བར་འདོད་པས་བྲོས་ཤིང་འགྲོར་བཙལ་ན། །དེ་ཡི་རྐང་པ་འགྲོ་ཞིང་རྒྱུགས་མི་ནུས། །ཆོམ་རྐུན་དག་གིས་དེ་བཟུང་བཅོམ་པ་ལྟར། །དེ་བཞིན་ཚུལ་ཁྲིམས་ཉམས་པ་རྨོངས་པའི་མི། །འདུ་བྱས་དག་ལས་འབྲོས་པར་འདོད་མོད་ཀྱི། །ཚུལ་ཁྲིམས་ཉམས་པས་དེ་ཡང་འབྲོས་མི་ནུས། །ན་ཆ་འཆི་བ་དག་གིས་ཤིན་ཏུ་འཇོམས། །ཞེས་དང་། ཁྱིམ་པ་སྐྱ་བོའི་གོས་གྱོན་ལ། །ངས་ནི་བསླབ་པ་གང་བཤད་པ། །དེ་ཚེ་དགེ་སློང་དེ་དག་ལ། །བསླབ་པ་དེ་ཡང་མེད་པར་འགྱུར། །ཞེས་གསུངས་པའི་བསླབ་པ་ནི་དགེ་བསྙེན་ལ་གསུངས་པའི་བསླབ་པའི་གཞི་ལྔ་ཡོངས་སུ་རྫོགས་པར་བསྲུང་བ་དགེ་སློང་ལ་ཡང་མེད་པའི་དུས་ངན་ཞིག་འབྱུང་བར་བཅོམ་ལྡན་འདས་ཀྱིས(༧༨(ན)ལུང་བསྟན་པ་བཞིན་དུས་འདིར་འདུལ་བ་ཐེག་དམན་གྱི་ཆོས་སུ་བཟུང་ནས་ཐེག་པའི་ཡང་རྩེར་མཐོར་བསྙེགས་མི་བྱེད་པར་ངེས་པར་འབྱུང་བའི་ཚུལ་ཁྲིམས་ལ་སློབ་ཚུལ་འདུལ་བ་ལུང་སྡེ་བཞི་དགོངས་འགྲེལ་དང་བཅས་པ་ལ་མཐའ་ཆོད་པར་ཐོས་བསམ་གྱིས་ལེགས་པར་ཤེས་ནས་ལྷག་པའི་བསླབ་པ་སོ་སོར་ཐར་པའི་སྡོམ་པ་ལ་དང་པོར་སློབ་ཚུལ་ཁྲིམ་པ་རིགས་ཀྱི་བུ་དང་བུ་མོས་དགེ་བསྙེན་གྱི་སྡོམ་པ་སྲོག་དང་བསྡོས་ཏེ་བསྲུང་བ་ལས་གཞན་པའི་ཚུལ་ཁྲིམས་བསྲུང་ཐབས་མེད་ལ། སྡིགས་པ་ཁྱིམ་པས་སྡོམ་པ་གསུམ་དང་ལྡན་པ་ལ་བསྙེན་གནས་ཡན་ལག་བརྒྱད་དང་བསྲུང་བྱ་མཉམ་པའི་སྡོམ་པ་ཐེག་པ་གོང་འོག་དང་སྤྱན་རས་གཟིགས་དང་དོན་ཡོད་ཞགས་པའི་རྒྱུད་རྣམས་ལས་རྒྱས་པར་བཀའ་སྩལ་བ་ཡིན་པའི་ཕྱིར། དེ་ལྟར་ཡང་ལྷས་ཞུས་པའི་མདོ་ལས། བཅོམ(༧༨(བ)ལྡན་འདས་ཀྱིས་བཀའ་སྩལ་པ། ཀོ་ཤི་ཀ་བསྙེན་གནས་ཡན་ལག་བརྒྱད་པ་བསྲུངས་པས་ལྷའི་ལུས་ཐོབ་པ་ལྟ་ཅི་སྨོས། བླ་ན་

མེད་པའི་བྱང་ཆུབ་ཀྱང་ཐོབ་པར་འགྱུར་ཏེ། ཆོས་བརྒྱད་དག་དང་བཅོ་ལྔ་དང་། །ཆོ་འཕྲུལ་ཆེན་པོའི་ཟླ་བ་ལ། །བསྙེན་གནས་ཡན་ལག་བརྒྱད་བསྲུངས་པས། །དེ་ནི་སངས་རྒྱས་ཉིད་དུ་འགྱུར། །ཞེས་དང་། ཀུན་ཏུ་རྒྱུ་སེན་རིང་གིས་ཞུས་པའི་མདོ་ལས། བཅོམ་ལྡན་འདས་ལ་འདི་སྐད་ཅེས་གསོལ་ཏོ། །ཀྱེ་བཅོམ་ལྡན་འདས་ཀྱིས་སྔོན་ལས་ཅི་ཞིག་བསགས་ནས་བཅོམ་ལྡན་འདས་ཀྱི་སྐུ་རྡོ་རྗེའི་ལུས་དང་ལྡན་པ་གྱུར། ཞེས་པ་ནས་དབུའི་གཙུག་ཏོར་བལྟར་མི་མངོན་ཅིང་འཕགས་པར་གྱུར་ཞེས་པའི་བར་སོ་སོ་ནས་དྲི་བ་ཞུ་བ་ན། བཅོམ་ལྡན་འདས་ཀྱིས་བཀའ་སྩལ་པ། བྲམ་ཟེ་ཆེན་པོ། སྐུ་རྡོ་རྗེ་ལྟ་བུར་གྱུར་བ་འདི་ནི་ཚེ་རབས་སྔ་མའི་སྐྱེ་བར་སྲོག་གཅོད་པ་སྤངས་པ་ལས་དེའི་འབྲས་བུ་ཡིན་ནོ། །ཕྱག་གསེར་གྱི་འཁོར་ལོ་རྩིབས་སྟོང་དང་ལྡན་པས་བརྒྱན་ཅིང་། སོར་མོ་རིང་ལ་དྲ་བས་འབྲེལ་བར་གྱུར་པ་ནི། ཚེ་རབས་སྔ་མའི་སྐྱེ་བར་མ་བྱིན་ལེན་སྤངས་པ་དེའི་ཕན་ཡོན་ནོ། །དབང་པོ་ཡོངས(༡༧༠ན)སུ་ཚང་ཞིང་ལུས་རྒྱས་པར་གྱུར་པ་ནི། ཚེ་རབས་སྔ་མའི་སྐྱེ་བར་ལོག་གཡེམ་སྤངས་པས་དེའི་འབྲས་བུ་ཡིན་ནོ། །ལྗགས་ཞལ་གྱི་དཀྱིལ་འཁོར་ཁེབས་ཤིང་གསུང་ཚངས་པའི་དབྱངས་ལྟར་སྙན་པར་གྱུར་བ་ནི། ཚེ་རབས་སྔ་མའི་སྐྱེ་བར་རྫུན་སྨྲ་བ་སྤངས་པ་དེའི་འབྲས་བུ་ཡིན་ནོ། །དབང་པོ་ཡོངས་སུ་གསལ་ཞིང་ལྟ་བས་ཆོག་མི་ཤེས་པར་གྱུར་བ་ནི། ཚེ་རབས་སྔ་མའི་སྐྱེ་བར་འབྲུའི་ཆང་དང་བཙོས་པའི་ཆང་མྱོས་པར་འགྱུར་བ་བག་མེད་པ་སྤངས་པ་ལས་དེའི་འབྲས་བུ་ཡིན་ནོ། །ཚེམས་བཞི་བཅུ་ཚང་ཞིང་མཉམ་པ་ལ་དཀར་ཞིང་། ཞལ་ཟས་རོ་བྲོ་བའི་མཆོག་དང་ལྡན་པ་ཐོབ་པར་གྱུར་བ་ནི། ཚེ་རབས་སྔ་མའི་སྐྱེ་བར་དུས་མིན་ཁ་ཟས་སྤངས་པས་དེའི་འབྲས་བུ་ཡིན་ནོ། །སྐུ་ལ་ཚུལ་ཁྲིམས་ཀྱི་དྲི་ཞིམ་པོའི་སྤོས་ཀྱིས་སྐུ་ཡོངས་སུ་ཁྱབ་པར་གྱུར་བ་ནི། ཚེ་རབས་སྔ་མའི(༡༧༠བ)སྐྱེ་བར་ཕྲེང་བ་དང་། བྱུག་པ་དང་། ཁ་དོག་འཆང་བ་རྣམས་སྤངས་པའི་འབྲས་བུ་

ཡིན་ནོ། །སྐུ་མཚན་བཟང་པོ་ཐམས་ཅད་ཀྱིས་བརྒྱན་པར་གྱུར་པ་ནི། ཚེ་རབས་སྔ་མའི་སྐྱེ་བར་སྨྲ་དང་གར་དང་རྒྱན་རྣམས་སྤངས་པ་དེའི་འབྲས་བུ་ཡིན་ནོ། །ཆོས་ཀྱི་སྣན་གསུམ་ལ་ཡོངས་སུ་སྤྱོད་པར་གྱུར་བ་ནི། ཚེ་རབས་སྔ་མའི་སྐྱེ་བར་ཕྲི་སྣན་མཐོན་པོ་དང་ཕྲི་སྣན་ཆེན་པོ་སྤངས་པ་ལས་དེའི་འབྲས་བུ་ཡིན་ནོ། །དབུའི་གཙུག་ཏོར་བལྟར་མི་མངོན་ཞིང་འཕགས་པར་གྱུར་བ་ནི། ཚེ་རབས་སྔ་མའི་སྐྱེ་བར་ཆོས་དང་། དགེ་འདུན་དང་། བླ་མ་དང་། སློབ་དཔོན་དང་། མཁན་པོ་ཡོན་གནས་རྣམས་ལ་ཡན་ལག་ལྔས་ས་ལ་གཏུགས་ཏེ་ཕྱག་འཚལ་ནས་མཆོད་པ་ལས་དེའི་འབྲས་བུ་ཡིན་ནོ། །ཞེས་པ་ལྟར་ཕན་ཡོན་ཆེ་བ་དང་ལྷག་པར་ཡང་སྣ་འགའ་ཉིན་གཅིག་བསྲུང་ནའང་འབྲས་བུ་ཆེ་སྟེ། ཏིང་ངེ་འཛིན་རྒྱལ་པོ་ལས། བསྐལ་བ་བྱེ་བ་གངྒཱའི་བྱེ་སྙེད་དུ། །དད་པའི་སེམས(༡༧༡ན)ཀྱིས་ཟས་དང་སྣོམ་རྣམས་དང་། །གདུགས་དང་བ་དན་མར་མེའི་ཕྲེང་བ་ཡིས། །སངས་རྒྱས་བྱེ་བ་ཁྲག་ཁྲིག་རིམ་གྲོ་བྱས། །གང་གིས་དམ་ཆོས་རབ་ཏུ་འཇིག་པ་དང་། །བདེར་གཤེགས་བསྟན་པ་འགག་པར་འགྱུར་བའི་ཚེ། །ཉིན་མཚན་དུ་ནི་བསླབ་པ་གཅིག་སྤྱོད་པ། །བསོད་ནམས་འདི་ནི་དེ་བས་བྱེ་བྲག་འཕགས། །ཞེས་གསུངས་པ་ལྟར་ཕན་ཡོན་ཆེ་བར་མ་ཟད་རབ་བྱུང་དང་སྔགས་པ་ཁྲིམ་པ་ཐམས་ཅད་ཀྱིས་བསྲུང་དགོས་པ་ནི། དཔུང་བཟང་གིས་ཞུས་པའི་རྒྱུད་ལས། རྒྱལ་བ་ངས་བཤད་སོ་སོར་ཐར་པ་ཡི། །ཚུལ་ཁྲིམས་རྣམ་དག་འདུལ་བ་མ་ལུས་ལས། །སྔགས་པ་ཁྲིམ་པས་རྟགས་དང་ཆོ་ག་སྤང་། །ལྷག་མ་རྣམས་ནི་ཉམས་སུ་བླང་བར་བྱ། །ཞེས་འདུལ་བ་འབུམ་སྡེ་ཉམས་སུ་ལེན་ཚུལ་གསལ་བར་གསུངས་པ་དང་། སྔགས་ཀྱི་རྩ་བ་དང་པོར་ཚུལ་ཁྲིམས་ཏེ། །དེ་ནས་བརྩོན་འགྲུས་དང(༡༧༡བ)ནི་བཟོད་པ་དང་། །རྒྱལ་བ་ལ་ནི་དད་དང་བྱང་ཆུབ་སེམས། །གསང་སྔགས་དང་ནི་ལེ་ལོ་མེད་པའོ། །ཇི་ལྟར་མི་དབང་རིན་ཆེན་བདུན་ལྡན་པ། །སྐྱེ་བ་མེད་པར་སྐྱེ་

དགུ་འདུལ་བར་བྱེད། །དེ་བཞིན་སྤགས་པ་ཡན་ལག་འདི་བདུན་དང་། །ལྡན་པར་གྱུར་ན་སྡིག་པ་འདུལ་བར་བྱེད། །ཅེས་དང་། འཇམ་དཔལ་རྩ་རྒྱུད་ལས། ཐློས་པ་འདི་ལ་ཚུལ་ཁྲིམས་ཉམས། །དེ་ལ་གྲུབ་པ་མཆོག་མེད་ཅིང་། །གྲུབ་པ་འབྲིང་ཡང་ཡོད་མེད་དེ། །གྲུབ་པ་མཐའ་མའང་ཡོད་མ་ཡིན། །ཚུལ་ཁྲིམས་འཆལ་ལ་ཐུབ་དབང་གིས། །སྔགས་འགྲུབ་པར་ནི་མ་གསུངས་ཏེ། །མྱ་ངན་འདས་གྲོང་འགྲོ་བ་ཡི། །ཡུལ་དང་ཕྱོགས་ཀྱང་མ་ཡིན་ནོ། །བྱིས་པ་ངན་པ་འདི་ལ་ནི། །སྔགས་འགྲུབ་པར་ནི་ག་ལ་ཡོད། །སྐྱེ་བོ་ཚུལ་ཁྲིམས་འཆལ་འདི་ལ། །དེ་ལ་བདེ་འགྲོ་ག་ལ་ཡོད། །མཐོ་རིས་སུ་ཡང་མི་འགྱུར་ཞིང་། །བདེ་བ་མཆོག་ཏུ་མི་འགྱུར་ན། །རྒྱལ་བས་གསུངས་པའི་སྔགས་རྣམས་ནི། །འགྲུབ་པར་འགྱུར་བ་སྨོས་ཅི་དགོས། །(༡༧༢ན) ཞེས་གསུངས་པ་ལྟར་ཚུལ་ཁྲིམས་འདི་ཁོ་ན་དམ་པ་གོང་མས་ཕྱག་ལེན་ལ་བསྟར་བ་དང་། རྒྱལ་བའི་བསྟན་པ་རིན་པོ་ཆེ་ཡོད་མེད་ཀྱི་ཁྱད་པར་ཡང་བསྟན་པའི་རྩ་བ་སོ་སོར་ཐར་བའི་ཚུལ་ཁྲིམས་ལ་ལྟོས་པར་འདུལ་བ་ལུང་གཞི་ལས། བཙུན་པ་ཇི་ཙམ་གྱིས་ན་དམ་པའི་ཆོས་མཆིས་པ་ཞེས་བགྱི། ཇི་ཙམ་གྱིས་ན་ཞིག་པ་ཞེས་བགྱི། ཨུ་པ་ལི་ཇི་སྲིད་དུ་ལས་བྱེད་ཅིང་ནན་ཏན་བྱེད་པ་ཡང་ཡོད་པའི་བར་དུ་སྟེ། ལས་བྱེད་པ་ལ་ནན་ཏན་བྱེད་པ་ཡང་ཡོད་ན་དམ་པའི་ཆོས་ཡོད་པ་ཞེས་བྱའོ། །ལས་ཀྱང་མི་བྱེད་ལ་ནན་ཏན་བྱེད་པ་དག་ཀྱང་མེད་ན་དེ་ནི་དམ་པའི་ཆོས་ཞིག་པ་ཞེས་བྱའོ། །ཞེས་དང་། དྲན་པ་ཉེར་བཞག་གི་མདོ་ལས། ཚུལ་ཁྲིམས་ཐོག་མ་ཐ་མར་དགེ། །བདེ་བ་ཐམས་ཅད་རབ་ཏུ་འཇུག །སྐྱེས་བུ་ཚུལ་ཁྲིམས་ལྡན་པ་བསྔགས། །ཚུལ་འཆལ་དགའ་བ་བ་ལང་ཡིན། །ཚུལ་ཁྲིམས་འཆལ(༡༧༢བ)པའི་མི་རྣམས་ནི། །དུད་འགྲོ་རྣམས་དང་མཚུངས་པ་ཡིན། །བྱ་དང་མི་བྱ་མི་ཤེས་ཏེ། །དེ་བས་ཚུལ་ཁྲིམས་ཡང་དག་སྲུངས། །ཚུལ་ཁྲིམས་གོས་ཀྱིས་གང་གཡོགས་པ། །སྐྱེས་བུ་

དེ་ནི་གཡོགས་པ་ཡིན། །ཚུལ་ཁྲིམས་སྲུངས་པ་གང་ཡིན་པ། །གཅེར་བུ་དེ་ནི་ཕྱུགས་དང་མཚུངས། །ཞེས་དང་། རིག་ནས་ཚུལ་ཉིད་རྟག་ཏུ་སྤྱོད། །འདི་དང་གཞན་དུ་སྐྱིད་བྱེད་པ། །ཚུལ་ཁྲིམས་ལྟ་བུ་གང་ཡང་མེད། །ཅེས་དང་། ལྷའི་མདོ་ལས། རྣམ་རྟོག་ཆོམ་རྐུན་མཁས་པ་ཡིན། །ཚུལ་ཁྲིམས་དམ་པ་རྣམས་ཀྱི་ནོར། །གང་དག་ཚུལ་ཁྲིམས་ལོག་ལྟུང་བྱས། །དེ་དག་འཇིག་རྟེན་བསླུས་པ་ཡིན། །ཞེས་དང་། འདོད་ཆུང་བདེ་བར་ཤེས་པ་དང་། །ཆོག་ཤེས་དབང་ཕྱུག་དམ་པ་ཡིན། །ཁྲིམས་ལྡན་རྟག་ཏུ་རྣམ་པར་བརྒྱན། །ཚུལ་ཁྲིམས་ཉམས་པ་མཐོ་བརྩམ་ཡིན། །ཞེས་དང་། དགེ་སྦྱོང་གི་ཚོམས་ལས། ཇི་ལྟར་མདའ་ནི་བཟུང་ཉེ་བས། །ལག་པ་ཆོད་པར(༡༧༣ན)གྱུར་བ་ལྟར། །དགེ་སྦྱོང་བསྲུང་བ་བྱ་ཉེས་དང་། །དམྱལ་བར་ཉེ་བར་འཁྲིད་པར་བྱེད། །ཅེས་གསུངས་པ་ལྟར་རོ། །དེས་ན་ཚུལ་ཁྲིམས་ཀྱི་ཚོམས་ལས། བསྔགས་པར་འགྱུར་དང་ནོར་ཐོབ་དང་། །ཕ་རོལ་བདེ་འགྲོར་དགའ་འགྱུར་བའི། །བདེ་བ་གསུམ་པོ་དོན་གཉེར་བའི། །མཁས་པས་ཚུལ་ཁྲིམས་བསྲུང་བར་བྱ། །འཕགས་པ་མཐོང་བ་ཕུན་ཚོགས་དང་། །འཇིག་རྟེན་ཞི་བ་བརྟེན་འགྱུར་བའི། །གནས་གཞན་འདི་དག་མཐོང་བ་ཡིན། །མཁས་པས་ཚུལ་ཁྲིམས་བསྲུང་བར་བྱ། །ལུས་ལ་ཡོངས་སུ་གདུངས་མེད་པར། །ཚུལ་ཁྲིམས་ཀྱིས་ནི་བདེ་བ་འཐོབ། །མཚན་མོར་བདེ་བར་ཉལ་བ་དང་། །སད་པ་ན་ཡང་དགའ་བར་འགྱུར། །ཞེས་དང་། མེ་ཏོག་དྲི་ནི་ཇེ་ཕྱོགས་མིན་མི་འགྲོ། །ཙ་བ་བརྒྱ་སྤྱོས་ཙན་དན་རྣམས་ཀྱང་མིན། །དམ་པའི་དྲི་ནི་ཇེ་ཕྱོགས་མི་འགྲོ་སྟེ། །ཕྱོགས་རྣམས་ཀུན་ཏུ་མི་མཆོག་དྲི་ཡིས་ཁྱབ། །ཅེས་དང་། རྒྱ་སྤྱོས་ཙན་དན་གང་ཡིན་པའི། །(༡༧༣བ)དྲི་བསུང་འདི་ནི་ཆུང་ངུ་མ། །ཚུལ་ཁྲིམས་ལྡན་པའི་དྲི་བསུང་གང་། །དེས་ནི་འདི་དང་མཐོ་རིས་ཁྱབ། །དེ་ལྟར་བག་ཡོད་གནས་བྱ་ཞིང་། །ཚུལ་ཁྲིམས་རྣམ་པར་དག་པར་བྱ། །ཡང་དག་ཤེས་པས་རྣམ་གྲོལ་

ན། །བདུད་ཀྱི་ལམ་ནི་རྙེད་མི་འགྱུར། །འདི་ནི་བདེ་བར་འགྲོ་ལམ་སྟེ། །རྣམ་པར་དག་བྱེད་ལམ་འདི་ལ། །རབ་ཏུ་ཞུགས་ཏེ་སྒོམ་ནས་ཀྱང་། །བདུད་ཀྱི་འཆིང་བ་སྤང་བར་བགྱིས། །ཞེས་དང་། བག་ཡོད་པས་ཚུལ་ཁྲིམས་དག་པར་བྱ་བ་ལ་ཡོ་བྱད་མང་པོ་འཛིན་པ་དང་ཚོག་མི་ཤེས་པར་འཚོལ་བ་ནི་རབ་ཏུ་བྱུང་བའི་བྱ་བ་མ་ཡིན་ཏེ། གཞན་དུ་ན་ཁྱིམ་པ་ཕལ་བ་དང་ཁྱད་མེད་དུ་འགྱུར་བས་རྙེད་བཀུར་དང་འདུ་ཡོང་དང་ཉེ་དུ་དང་ཡོངས་སྤྱོད་འབད་མེད་བྱུང་ནའང་མི་བླངས་པ་སོགས་ལ་ཤིན་ཏུ་འབད་དགོས་ཏེ། ལྷག་བསམ་བསྐུལ་བ་ལས། བྱམས་པ་འདི་ལ་བྱང་ཆུབ་སེམས་དཔའ་ཆེན་པོས་རྙེད་པ་དང་བཀུར་སྟི་ནི་འདོད་ཆགས་བསྐྱེད་པ་ཡིན་པར་བརྟག་པར་བྱའོ། །རྙེད་པ་དང་བཀུར་སྟི་ནི་དྲན་པ་འཇོམས་པར་བྱེད་པར་བརྟག་པར་བྱའོ། །རྙེད་པ་དང་བཀུར་སྟི་ནི་རྙེད་པ་དང་མ་རྙེད་པས་ཁེངས་པ་དང་འདུད་པར་བརྟག་པར་བྱའོ། །དེ་བཞིན་དུ་སྦྱར་ཏེ། གཏི་མུག(༡༧༨ན)བསྐྱེད་པ་དང་། བདག་གི་དོན་སྒྲུབ་པས་ཁྱིམ་ལ་སེར་སྣ་བྱེད་པ་དང་། ཆགས་པ་བྱེད་པ་དང་། གཡོ་སྒྱུ་བྱེད་པ་དང་། འཕགས་པའི་རིགས་བཞི་ཡོངས་སུ་སྤོང་བས་ངོ་ཚ་མི་ཤེས་པ་དང་། ཁྲེལ་མེད་པ་བསྐྱེད་པ་དང་། སངས་རྒྱས་ཐམས་ཅད་ཀྱིས་མ་གནང་བ་དང་། ང་རྒྱལ་དང་རྒྱགས་པ་དང་དྲེགས་པ་བསྐྱེད་པ་དང་། བླ་མ་རྣམས་ལ་ཁྱད་དུ་གསོད་པ་དང་། བདུད་ཀྱི་ཕྱོགས་ཡིན་པ་དང་། གཅིག་ཏུ་བག་མེད་པའི་རྩ་བ་ཡིན་པ་དང་། དགེ་བའི་རྩ་བ་འཕྲོག་པ་དང་། གློག་དང་འཁོར་ལོ་དང་ལྕེ་འབབ་པ་ལྟ་བུ་དང་། སྤྱགས་པ་མང་པོས་སྤྱགས་པ་དང་། མཛའ་བཤེས་ཀྱི་ཁྱིམ་དང་སློང་མོ་སྟེར་བའི་ཁྱིམ་ལ་བལྟ་བ་དང་། ཡིད་མི་བདེ་བ་བསྐྱེད་པ་དང་། བློ་རྣམ་པར་འཁྲུལ་བར་བྱེད་པ་དང་། སྡུག་པའི་དངོས་པོ་རྣམ་པར་འགྱུར་བར་བྱེད་པའི་ཕྱིར་མྱ་ངན་བསྐྱེད་པ་དང་། དྲན་པ་ཉེ་བར་བཞག་པ་བཞི་བརྗེད་པར་བྱེད་པ་དང་། དཀར་

པོ་ཆོས་ཉམས་ཆུང་བར་བྱེད་པ་དང་། ཡང་དག་པ་སྤྱོང་བ་བཞི་ཡོངས(༡༧༤བ)སུ་ཉམས་པར་བྱེད་པ་དང་། རྫུ་འཕྲུལ་དང་མངོན་པར་ཤེས་པ་ཡོངས་སུ་ཉམས་པར་བྱེད་པ་དང་། སྔར་བཀུར་སྟི་བྱེད་ལ་ཕྱིས་བཀུར་སྟི་མི་བྱེད་པར་བྱེད་པ་དང་། མི་མཛའ་བ་དང་གནས་པར་བྱེད་པ་དང་། མཛའ་བོ་སྤོང་བ་དང་། ཕ་རོལ་སྲིད་པའི་སྐྱིད་ཚོང་མ་དང་འདྲ་བ་དང་། བསམ་གཏན་དང་ཚད་མེད་པ་སྤོང་བ་དང་། སེམས་ཅན་དམྱལ་བ་དང་། དུད་འགྲོའི་སྐྱེ་གནས་དང་། གཤིན་རྗེའི་འཇིག་རྟེན་དུ་ལྟུང་བར་བྱེད་པ་དང་། རྙེད་པ་དང་བཀུར་སྟི་ནི་ལྷས་བྱིན་དང་ལྷག་སྤྱོད་ཀྱི་ཚོ་ག་དང་མཐུན་པར་བརྟག་པར་བྱའོ། །བྱམས་པ་བྱང་ཆུབ་སེམས་དཔའ་རྙེད་པ་དང་བཀུར་སྟི་ལ་ཉེས་དམིགས་གང་བརྟག་པར་བྱ་བ་ནི་འདི་ལྟ་བུ་འདི་དག་གོ། །བརྟགས་ནས་འདོད་པ་ཆུང་བར་བྱའི་ཡོངས་སུ་གདུང་བར་ནི་མི་བྱའོ། །དེ་ཅིའི་ཕྱིར་ཞེ་ན། བྱམས་པ་འདོད་པ་ཆུང་བ་ལ་སྐྱོན་འདི་ལྟ་བུ་འདི་དག་མེད་པའི་ཕྱིར་ཏེ། དེའི་སངས་རྒྱས་ཆོས་རྣམས་ལ་བར་ཆད་མེད་པ་ཡིན། ཁྱིམ་པ་དང་རབ་ཏུ་བྱུང་བ(༡༧༥ན)དག་གི་ཡིད་འབྱུང་བར་མི་འགྱུར་བ་ཡིན། ལྷ་དང་མི་རྣམས་ཡོངས་དག་པར་བྱ་བའི་ཕྱིར་གནས་པས་རྗེས་སུ་བསྲུང་བར་འོས་པ་ཡིན། ངན་འགྲོ་ལོག་པར་ལྟུང་བ་ཐམས་ཅད་ཀྱིས་སྐྲག་པ་མེད་པ་ཡིན། སྡིག་པ་དང་བྲལ་བས་ཐྲེལ་གྱིས་མི་ནོན་པ་ཡིན། བདུད་ཀྱི་ཡུལ་ལ་ཡོངས་སུ་གྲོལ་བས་མི་འཕྲོགས་པ་ཡིན། སྡུག་བསྔལ་ཐམས་ཅད་ཀྱིས་མི་ཚུགས་པ་ཡིན། ལྷ་དང་མི་རྣམས་ཀྱིས་མངོན་པར་འདོད་པར་བྱ་བ་ཡིན། བསམ་གཏན་ལ་གོམས་པར་བྱེད་པར་གནས་པས་གསལ་བ་ཡིན། གཡོ་དང་སྒྱུ་སྤངས་པ་དང་འདོད་པའི་ཡོན་ཏན་ལྔ་ལ་སྐྱོན་དུ་བལྟ་བས་བག་ཡོད་པ་ཡིན། འཕགས་པའི་རིགས་བཞི་ལ་གནས་པས་ཇི་སྐད་སྨྲས་པ་དེ་བཞིན་དུ་བྱེད་པ་ཡིན། མཁས་པ་རྣམས་དང་ཚངས་པ་མཚུངས་པར་སྤྱོད་པ་རྣམས་ཀྱིས་འདོད་པ་ཡིན། བྱམས་པ། ཕན་

ཡོན་འདི་ལྟ་བུ་འདི་དག་ཤེས་པའི་བྱང་ཆུབ་སེམས་དཔའ་མཁས་པས(༡༧༥བ)རྙེད་པ་དང་བཀུར་སྟི་ཐམས་ཅད་འདུ་འཛི་རྣམས་ལས་བྱུང་། སྙིང་པོ་མེད་པའི་འདུ་འཛི་སུ་བྱེད་པ། །དེ་ནི་ལང་ལོང་སྤྱོད་ཅིང་མ་བསྔམས་ཡིན། །བྱིས་པ་དག་ནི་འཇིག་རྟེན་སྨྲ་ལ་དགའ། །བྱིས་པ་དེ་དག་མཆོག་གི་གཏམ་ལས་ཉམས། །ཞི་སྡང་འཕེལ་ཞིང་རྣམ་རྟོག་ཤས་ཀྱང་ཆེ། །ཉེས་པ་དེས་ན་དེ་ལ་མི་འཆགས་སོ། །ཞེས་དང་། དེ་ཡི་འདོད་ཆགས་ཤས་ནི་ཆེ་བར་སྐྱེ། །དེ་ནི་རོ་བྲོ་རྣམས་ལ་ཆགས་ཤིང་ཞེན། །དེ་ནི་ངན་ངོན་ཙམ་གྱིས་དགར་མི་འགྱུར། །ཉེས་པ་འདི་དག་ལས་ལ་དགའ་བའི་ཡིན། །ཞེས་དང་། གང་ལ་སྤྲོས་པའམ་རྩོད་པ་ཡོད་པ་ལས། །དཔག་ཚད་བརྒྱ་ཡི་ཕ་རོལ་འགྲོ་བ་མཆོག །གང་ན་ཉོན་མོངས་ཡོད་པ་དེ་དག་ཏུ། །ཡུད་ཙམ་ཞིག་ཀྱང་གནས་ཤིང་འདུག་མི་བྱ། །རབ་བྱུང་དོན་ཡོད་ཡོན་ཏན་འདོད་པ་རྣམས། །སྡང་བའི་སེམས་ཀྱིས་རྩོད་པ་མ་བྱེད་ཅིག །ཁྱིད་ལ་ཞིང་མེད་ཞིང་ལས་འཚོང་བྱ་མེད། །གང་དག་ནོར་ཕྱིར་འདི་དག་འབྱུང་བ་སྤྲོས། །ཁྱིད་ལ་ཆུང་མ(༡༧༦ན)བུ་དང་བུ་མོ་མེད། །ཁྱིམ་དང་གཉེན་གྱི་ཚོགས་ཀྱང་ཡོད་མ་ཡིན། །ཁྲན་པོ་ཁྲན་མོ་མེད་ཅིང་དབང་ཕྱུག་མེད། །ཅེས་དང་། གང་པོས་ཞུས་པའི་མདོ་ལས། བདག་ནི་དབང་ཕྱུག་མི་འཚོལ་གྱི། །གལ་ཏེ་རྙེད་ཀྱང་སྤོང་བར་བྱེད། །དེང་འདིར་སངས་རྒྱས་ཆོས་ཟབ་དང་། །ཚུལ་ཁྲིམས་རྣམ་དག་འབའ་ཞིག་འཚོལ། །ཞེས་དང་། ཟླ་བ་སྒྲོན་མེའི་མདོ་ལས། གང་ལ་རྟག་ཏུ་བདག་གིར་བྱེད་པ་མེད། །གང་ལ་ཡོངས་འཛིན་རྣམ་པ་ཀུན་ཏུ་མེད། །བསེ་རུ་ལྟ་བུར་འཇིག་རྟེན་འདིར་གནས་པ། །དེ་དག་ནམ་མཁའ་ལ་ནི་རླུང་ལྟར་འགྲོ། །ཞེས་དང་། ནམ་མཁའ་མཛོད་ཀྱི་མདོ་ལས། ཁྱིམ་དང་རྟེན་པ་ཀུན་སྤངས་ཏེ། །དོན་ཉུང་བ་དང་བགྱིད་ཉུང་བ། །བས་མཐའ་དགོན་པའི་སྤྱོད་ཡུལ་བ། །རི་དྭགས་བཞིན་དུ་འགྱུར་བར་གྱིས། །ཞེས་དང་། དགེ་སློང་གི་ཚོམས་

ལས། ལག་པ་ལེགས་བསྡམས་རྐང་པ་ལེགས་བསྡམས་དང་། །ཚིགས་རྣམས་ལེགས་བསྡམས་དབང་པོ་ལེགས་བསྡམས(༡༧༨བ)ཤིང་། །གཅིག་པུ་ནང་དུ་མཉམ་པར་འཇོག་ལ་དགའ། །ཚོག་ཤེས་དེ་ནི་དགེ་སློང་ཡིན་ཞེས་གསུངས། །ཞེས་དང་། དྲན་པ་ཉེ་བར་བཞག་པ་ལས། ཉི་མ་ཕྱེད་ནས་བསོད་སྙོམས་མཆོག །བསླངས་ནས་སང་གིར་མི་བྱེད་པར། །སྤྱོ་འགྲངས་ཙམ་གྱིས་ཚོག་བྱེད་པ། །དེ་ལྟ་བུ་ནི་དགེ་སློང་ཡིན། །ཞེས་གསུངས་པ་དང་། དབང་པོ་ལེགས་པར་བསྡམས་པ་ལ་བསླབ་པར་བྱའོ། །གལ་ཏེ་ལྟུང་བ་བྱུང་ན་ཡང་ཕྱིར་བཅོས་ཀྱིས་དག་པར་བྱ་བ་དང་རང་རྒྱུད་ལ་བརྟགས་ཏེ་མྱུར་དུ་བཤགས་དགོས་ཏེ། ཚངས་པས་ཞུས་པ་ལས། བསླབ་པ་ལ་ནི་བསྟེན་པར་བྱ། །དེ་ལ་སྙིང་ནས་ནན་ཏན་བྱ། །ཕྱིར་ཞིང་སྤྱང་བར་མི་བྱ་ཞིང་། །སྒྲོག་གི་ཕྱིར་ཡང་བཤིག་མི་བྱ། །རྟག་ཏུ་ནན་ཏན་གནས་པར་བྱ། །འདུལ་བ་ལ་ནི་འཇུག་པར་བྱ། །ཞེས་གསུངས་པ་ལྟར་འབད་པ་དང་། ལྟུང་བ་བྱུང་བ་ཡང་བཤགས་པས་ཚོག་སྙམ་ནས་ཕྱིན་ཆད་མི་བྱེད་པའི་སྡོམ་སེམས་མེད་པར་འཇུག་པ་ནི་དུག་ཟ་བ་དང་འདྲ་སྟེ། བྱམས་པ་སེང(༡༧༧ན)གེའི་སྒྲའི་མདོ་ལས། བྱམས་པ། ཕྱི་མའི་ཚེ་ཕྱི་མའི་དུས་ལྔ་བརྒྱ་ཐ་མ་ལ་བྱང་ཆུབ་སེམས་དཔའ་ཁྱིམ་ན་གནས་པ་དང་། རབ་ཏུ་བྱུང་བ་ཁ་ཅིག་དེ་དག་འདི་སྐད་ཅེས། སྡིག་པའི་ལས་ནི་ཉེས་པ་བཤགས་པས་མ་ལུས་པར་འཛད་པར་འགྱུར་རོ། །ཞེས་ཟེར་ཞིང་དེ་དག་སྡིག་པ་མངོན་པར་འདུ་བྱས་ནས་ཡང་བཤགས་པར་བྱའོ། །ཞེས་ལྟུང་བ་ལྷག་པར་འཕྱིན་པར་བྱེད་ཅིང་། ཕྱིས་སྡོམ་པ་འཛིན་པར་ནི་མི་བྱེད་པ་དག་འབྱུང་བར་འགྱུར་ཏེ། དེ་དག་ནི་འཆི་བའི་ལས་ཅན་ནོ་ཞེས་ང་སྨྲ་སྟེ། འཆི་བ་ཡང་གང་ཞེ་ན། འདི་ལྟ་སྟེ། དཔེར་ན་དུག་ཟ་བའི་མི་དེ་དང་འདྲ་བར་འཆི་བའི་དུས་བྱས་ནས་ལོག་པར་ལྟུང་བ་རྣམས་སུ་འགྲོ་བར་འགྱུར་བ་ཡིན་ནོ། །བྱམས་པ། འཕགས་པའི་ཆོས་འདུལ་བ་འདི་ལ་དུག་ཅེས་བྱ་བ་དེ་ནི་འདི་ལྟ

སྟེ། བསླབ་པའི་གཞི་ཇི་ལྟར་བཅས་པ་དག་ལས་འདའ་བར་བྱེད་པ་ཡིན་པས་ཁྱེད་ཅག་གིས་ནི་དུག་བཟའ་བར་མི་བྱའོ། །ཞེས(༡༧༧བ)གསུངས་པ་ལྟར་རོ། །བཅས་པ་རྣམས་ལ་བག་ཡངས་སུ་འཇུག་པ་དང་། ཁྱད་གསོད་དུ་མི་འགྱུར་བར་ལྟུང་བ་བྱུང་པའི་རྒྱུ་མི་ཤེས་པ་དང་། བག་མེད་པ་དང་། མ་གུས་པ་དང་། ཉོན་མོངས་མང་བའི་གཉེན་པོར་བསླབ་བྱ་རྣམས་ཉན་ནས་ཤེས་པ་དང་། དྲན་པ་དང་ཤེས་བཞིན་དང་ངོ་ཚ་ཤེས་པ་དང་ཁྲེལ་ཡོད་པ་སོགས་ཀྱིས་འཕགས་པའི་ནོར་དང་བག་ཡོད་པ་ལ་བསྟེན་པ་དང་། སྟོན་པ་དང་། དེའི་བཅས་པ་དང་ཚངས་པར་སྤྱོད་པ་རྣམས་ལ་གུས་པ་དང་ཉོན་མོངས་གང་ཤས་ཆེ་བ་བརྟགས་ཏེ་གཉེན་པོ་བསྟེན་པ་སོགས་ལ་བསླབ་པར་བྱའོ། །དེ་ལྟར་ཉེ་ཉོན་གྱི་གཉེན་པོ་དང་དྲན་ཤེས་སོགས་བསྟེན་ཚུལ་ཡང་ལྷག་བསམ་བསྐུལ་བ་ལས། གང་ཞིག་གཉིད་དང་རྨུགས་ལ་དགའ་འགྱུར་བ། །བད་ཀན་རླུང་དང་དེ་བཞིན་མཁྲིས་པ་རྣམས། །དེ་དག་དེ་ཡི་ལུས་ལ་ཤས་ཆེན་འབྱུང་། །དེ་ཡི་ཁམས་རྣམས་རབ་ཏུ་འཁྲུགས་པར་འགྱུར། །གང་ཞིག་རྨུགས་དང་གཉིད(༡༧༨ན)ལ་དགའ་འགྱུར་བ། །ཁ་ཟས་ཉེས་པས་ལྟོ་ནི་མ་དག་ཅིང་། །ལུས་ཀྱང་ལྕི་ལ་ཟོ་མདོག་བདེ་མ་ཡིན། །དེ་ཡི་ཚིག་ཀྱང་གསལ་བར་མི་འགྱུར་རོ། །གང་ཞིག་རྨུགས་དང་གཉིད་ལ་དགའ་འགྱུར་བ། །དེ་ནི་རྨོངས་ཤིང་ཆོས་ལ་འདུན་པ་ཉམས། །བྱིས་པ་ཡོན་ཏན་ཀུན་ལས་ཡོངས་སུ་ཉམས། །དཀར་པོ་ཉམས་ཤིང་མུན་པར་འགྲོ་བར་འགྱུར། །ཞེས་དང་། དྲན་པ་ཉེ་བར་བཞག་པ་ལས། ཉོན་མོངས་རྣམས་ཀྱི་གཞི་གཅིག་ནི། །ལེ་ལོ་ཡིན་ཏེ་གང་ལ་ཡོད། །གང་ལ་ལེ་ལོ་གཅིག་ཡོད་པ། །དེ་ལ་ཆོས་ཀུན་མེད་པ་ཡིན། །ཞེས་དང་། ཚོམས་ལས། བག་མེད་པ་ལ་སྦྱོར་བྱེད་པ། །སྐྱེ་བོ་བྱིས་པ་བསམ་བརྣག་ཡིན། །ཚོང་དཔོན་ནོར་རྣམས་བསྲུང་བ་ལྟར། །མཁས་པ་བག་དང་ལྡན་པར་བྱ། །ཞེས་དང་། གང་ཞིག་ཉིན་དང་མཚན་

རྣམས་སུ། །རྟག་ཏུ་ལུས་གཏོགས་དྲན་བྱེད་པ། །གཽ་ཏམ་མ་ཡི་ཉན་ཐོས་ཏེ། །ལེགས་པར་སད་པས་སད་པར་འགྱུར། །ཞེས་དང་། (༡༧༤བ)སྐྱེས་རབས་ལས། ལྷ་དབང་ཕྱིར་ཡང་ངོ་ཚ་བོར་ནས་ནི། །ཡིད་ལ་ཆོས་དང་འགལ་བ་བྱེད་པ་བས། །གྱོ་མོའི་སྣོད་ཐོགས་གོས་ངན་གྱོན་ནས་ནི། །དགྲ་བོའི་ཁྱིམ་དུ་འགྲོར་བ་མཐོང་ཡང་སླ། །ཞེས་དང་། འཕགས་པ་གཟུངས་ཀྱི་དབང་ཕྱུག་རྒྱལ་པོས་ཞུས་པའི་མདོ་ལས། དྲན་པ་དེ་དང་ཡང་དག་འདྲེས་པ་ནི། །ཉོན་ཆད་ལས་དགེ་ཟག་པ་ཆུད་མི་གཟོན། །ཕྲ་བ་སྡོ་བ་ཕུན་སུམ་ཚོགས་པ་སྟེ། །ཕྱི་ཕྱིར་ཞིང་ནི་ཡང་དག་སྒྲུབ་པར་བྱེད། །ཐོས་པའི་ཆོས་རྣམས་ལ་ནི་བརྗེད་པ་མེད། །རྣམ་པར་ངེས་པ་མྱུར་དུ་ཐོབ་པར་འགྱུར། །ཉེ་བར་ཞི་བའི་ཡུལ་རྣམས་ལས་ནི་སྤྲས། །དྲན་པ་ལྡན་པ་མི་དགེ་རྣམས་དང་བྲལ། །ཞེས་དང་། འདུལ་བ་ལུང་རྣམ་འབྱེད་ལས། ལུས་ངག་ཡིད་ཀྱི་སྡིག་པ་མི་བྱ་ཞིང་། །འཇིག་རྟེན་ཀུན་ལ་ཡོངས་འཛིན་འདོད་བྲལ་བ། །དྲན་དང་ལྡན་ཞིང་ཤེས་བཞིན་ཅན་གྱིས་ནི། །གནོད་དང་སྡུག་བསྔལ་གང་ཡང་བསྟེན་མི་བྱ། །ཞེས་དང་། ཀླུའི་རྒྱལ་པོ་མ་དྲོས་པས་ཞུས་པའི(༡༧༥ན)མདོ་ལས། བག་ཡོད་པ་ལ་དྲན་པ་བརྗེད་པ་མེད། །བག་ཡོད་པ་ལ་བློ་གྲོས་བརྗེད་པ་མེད། །བག་ཡོད་པ་ནི་རྟོགས་དང་མོས་པ་དང་། །ངོ་ཚ་ཤེས་དང་ཁྲེལ་ཡོད་མི་སྤྱོད་མེད། །དེ་ཕྱིར་དེ་བཞིན་གཤེགས་པའི་བསོད་ནམས་དང་། །ཤེས་རབ་དང་ནི་བག་ཡོད་འདི་ཐོས་ནས། །གང་དག་ཆོས་དང་ཆོས་ཉིད་རབ་གནས་པ། །སངས་རྒྱས་ཐམས་ཅད་ཅི་འདྲ་དེ་འགྱུར་རོ། །ཞེས་དང་། སོ་སོར་ཐར་བའི་མདོ་ལས། ཚེ་དང་ལྡན་པ་དག་ཀྱ་བ་དང་འཆི་བ་མངོན་པར་འོང་ཞིང་། སྟོན་པའི་བསྟན་པ་ཡང་འཇིག་པར་འགྱུར་བས་ཚེ་དང་ལྡན་པ་དག་གིས་བག་ཡོད་པའི་རྣལ་འབྱོར་དུ་བྱའོ། །དེ་བཞིན་གཤེགས་པ་དགྲ་བཅོམ་པ་ཡང་དག་པར་རྫོགས་པའི་སངས་རྒྱས་རྣམས་ཀྱི་བྱང་ཆུབ་དང་། གཞན་

ཡང་གང་དག་དེ་ལྟ་བུ་དང་མཐུན་པ་དགེ་བའི་ཆོས་བྱང་ཆུབ་ཀྱི་ཕྱོགས་དང་མཐུན་པ་རྣམས་ཀྱང་བག་ཡོད་པས་འཐོབ་བོ། །ཞེས་དང་། གཙུག་ན་རིན་པོ་ཆེས་ཞུས་པའི་མདོ་ལས། (༡༧༨བ)རིགས་ཀྱི་བུ། བྱང་ཆུབ་སེམས་དཔའ་བག་ཡོད་པ་ནི་བྱང་ཆུབ་ཀྱི་སྙིང་པོ་མཛེས་པར་བྱེད་པའོ། །དེ་ལ་བག་ཡོད་པ་གང་ཞེ་ན། འདི་ལྟ་སྟེ། ཇི་ཙམ་དུ་ཆོས་རྣམས་སྒྲུབ་པའོ། །ཆོས་རྣམས་སྒྲུབ་པ་ཡང་གང་ཞེ་ན། འདི་ལྟ་སྟེ། ཇི་སྐད་སྨྲ་བ་དེ་བཞིན་དུ་བྱེད་པ་སྟེ་འདི་ནི་བག་ཡོད་པ་ཞེས་བྱའོ། །ཞེས་པ་ནས། བག་ཡོད་པ་ནི་སྟོབས་ཏེ་སྟོབས་བཅུ་ཡོངས་སུ་རྫོགས་པར་བྱེད་པའོ། །བག་ཡོད་པ་ནི་ཟིལ་གྱིས་མི་ནོན་པ་སྟེ་མི་འཇིགས་པ་བཞི་ཡོངས་རྫོགས་པར་བྱེད་པར་འགྱུར་རོ། །བག་ཡོད་པ་ནི་ཡོན་ཏན་དང་ཡེ་ཤེས་དཔག་ཏུ་མེད་པའི་འབྱུང་གནས་ཏེ། སངས་རྒྱས་ཀྱི་ཆོས་ཐམས་ཅད་ཡོངས་སུ་རྫོགས་པར་འགྱུར་རོ། །བག་ཡོད་པ་ནི་སྤྱི་བོར་ཕྱིན་པ་སྟེ་ཐམས་ཅད་མཁྱེན་པའི་ཡེ་ཤེས་རྫོགས་པར་བྱེད་པར་འགྱུར་རོ། །ཞེས་དང་། འཕགས་པ་ཚངས་པ་ཁྱད་པར་སེམས་ཀྱིས་ཞུས་པའི་མདོ་ལས། གསོལ་བ། དེ་བཞིན་གཤེགས་པ་དང་ཉེ་བར་གནས་པ་གང(༡༨༠ན)ལགས། བཀའ་སྩལ་པ། གང་དག་སྲོག་གི་ཕྱིར་ཡང་བསླབ་པ་མི་འབྲལ་བ་རྣམས་སོ། །གསོལ་བ། དེ་བཞིན་གཤེགས་པ་ལ་རི་མོ་དང་བཅས་པ་གང་དག་ལགས། བཀའ་སྩལ་པ། གང་དབང་པོ་རབ་ཏུ་བསྡམས་ཏེ་གནས་པ་རྣམས་སོ། །གསོལ་བ། འཇིག་རྟེན་ན་ནོར་ཆེ་བ་གང་དག་ལགས། བཀའ་སྩལ་པ། གང་དག་འཕགས་པའི་ནོར་དང་ལྡན་པ་རྣམས་སོ། །ཞེས་དང་། བྱང་ཆུབ་སེམས་དཔའི་སྡེ་སྣོད་ལས། དད་པའི་ནོར་དང་ཚུལ་ཁྲིམས་ནོར། །ཁྲེལ་ཡོད་ངོ་ཚ་ཤེས་པའི་ནོར། །ཐོས་པའི་ནོར་དང་གཏོང་ནོར་དང་། །ཤེས་རབ་ཉིད་ནི་ནོར་བདུན་པ། །ནོར་གྱི་རྣམ་པ་འདི་དག་ནི། །མི་ཟད་པ་ཡི་གཏེར་བདུན་ཏེ། །སྟོད་མ་ཡིན་པར་རིག་ནས་ནི། །དེ་ནི་དེ་ལ་མི་སྟོན་

ནོ། །ཞེས་དང་། འཇམ་དཔལ་རྩ་རྒྱུད་ལས། གཟུགས་སྒྲ་ལ་སོགས་བཟང་པོ་ནི། །དེ་ལྟར་མཐོང་བས་ཆགས་གྱུར་ན། །(༧༤༠བ)འདོད་ཆགས་ཞི་བའི་དོན་གྱི་ཕྱིར། །དགེ་བ་མི་གཙང་བསྒོམ་པར་བྱ། །ལང་ཚོའི་རྣམ་པས་བརྒྱན་པ་ཡི། །བུད་མེད་གཟུགས་ནི་མཐོང་བ་ན། །མི་གཙང་དྲི་ངན་བསྒོམ་བྱ་ཞིང་། །ཤིན་ཏུ་སྨད་པ་རྣག་དང་གཅིན། །སྲིན་བུས་ཟོས་དང་དུར་ཁྲོད་གནས། །ལུས་ནི་མི་རྟག་སྡུག་བསྔལ་ཡིན། །ཞེས་དང་། འཕགས་པ་ཏིང་ངེ་འཛིན་རྒྱལ་པོ་ལས། མི་གཙང་བས་ནི་འདོད་ཆགས་རྟག་ཞི་གྱིས། །བཟོད་པའི་སྟོབས་ཀྱིས་ཞེ་སྡང་ཚར་གཅོད་ཅིག །ཤེས་རབ་སྟོབས་ཀྱིས་གཏི་མུག་གསལ་བར་གྱིས། །རྒྱལ་བས་བསྔགས་པའི་བྱང་ཆུབ་ཐོབ་པར་འགྱུར། །ལུས་ནི་སྙིང་པོ་མེད་ཅིང་དབུ་བ་འདྲ། །སྡུག་བསྔལ་ཏུལ་བ་དྲི་ངད་བསྒོམ་པར་གྱིས། །ཕུང་པོ་ཐམས་ཅད་གསེག་ཏུ་ཤེས་པར་གྱིས། །ཡེ་ཤེས་བླ་མེད་མྱུར་དུ་ཐོབ་པར་འགྱུར། །བདག་དང་སྐྱེས་བུ་དང་ནི་སྲོག་རྣམས་སུ། །ཕྱིག་པའི་ལྟ་བ་ནམ་ཡང་མ་འཛིན་ཅིག །ཆོས་རྣམས་ཐམས་ཅད་སྟོང་པར་ཤེས་པར་གྱིས། །(༧༤༡ན)བླ་མེད་བྱང་ཆུབ་མྱུར་དུ་རེག་པར་འགྱུར། །ཉེད་ལ་ཆགས་པར་ནམ་ཡང་མ་བྱེད་ཅིག །ཟས་རྣམས་མ་ཉེད་ན་ཡང་གདུང་མ་བྱེད། །བསྟོད་དང་སྨད་པ་དག་གིས་མ་གཡོ་བར། །རི་རབ་བཞིན་དུ་རབ་ཏུ་མི་འགྱུལ་གྱིས། །ཞེས་གསུངས་པ་ལྟར་ལ། ལྷག་པར་ཉོན་མོངས་དང་ཉེས་སྤྱོད་ཀུན་གྱི་གཞི་རྩ་གཏི་མུག་གི་གཉེན་པོར་ཡང་དག་པའི་ལྟ་བ་བསྐྱེད་པའི་ཆེད་དུ་འཁོར་འདས་ཀྱི་སྐྱོན་ཡོན་མཐའ་དག་རང་བཞིན་གྱིས་སྟོང་པའི་ངང་དུ་རོ་གཅིག་པར་བལྟ་བར་བྱ་སྟེ། འཕགས་པ་བྱང་ཆུབ་སེམས་དཔའི་སྤྱོད་པ་བསྟན་པའི་མདོ་ལས། མྱ་ངན་འདས་དང་འཁོར་བ་ལ། །ཐ་དད་དབྱེར་མེད་གཟུང་བར་གྱིས། །འདི་ལ་རྣམ་པ་ཐམས་ཅད་དུ། །བསྟན་དང་དབྲི་བ་ཅི་ཡང་མེད། །ཐ་དད་མེད་པའི་ཆོས་རྣམས་ལ། །མཁས་པ་རྣམས་ནི་རློམས་མི་འགྱུར། །བྱིས་

པ་རྣམས་ཀྱིས་ཐོབ་ཅིང་རྟེད། །བྱིས་པ་མྱ་ངན་འདས་པ་ཐོབ། །འཁོར་བ་ལ་ནི་དེ་ཀུན་ཆགས། །རྨོངས་སེམས(༡༦༡བ)བདུད་ཀྱི་འཆིང་བ་ཡིན། །གང་གིས་བློ་ཡིས་ངས་ཐོབ་སྙམ། །དེས་ནི་ཅི་ཡང་ཐོབ་པ་མེད། །ཅེས་དང་། སྐྱེ་དང་དེ་བཞིན་སྐྱེ་མེད་གཉིས་ནི་སྤྲོས་པ་སྟེ། །ཀུན་ཏུ་རྟོག་པའི་ས་དང་བདུད་ཀྱི་སྤྱོད་ཡུལ་ཡིན། །ལུས་ལ་སོགས་པའི་ཆོས་འཛིན་རྨོངས་སེམས་འདོད་པ་ཡི། །ལྷ་དང་ལྷ་མིན་འགྲོ་བ་རྣམས་ནི་འདིར་བརྟག་གོ། །ཞེས་དང་། བསླབ་པ་ཐམས་ཅད་རྣམ་འཇིག་པ། །བསླབ་པ་གང་ཡིན་དེ་བསླབ་མིན། །གང་ལ་བསླབ་པ་མེད་པ་དེ། །མཁས་པ་རྣམས་ཀྱི་བསླབ་པ་ཡིན། །ཞེས་དང་། འོད་སྲུངས་ཀྱིས་ཞུས་པའི་མདོ་ལས། འཇིག་པའི་ཚོགས་ལ་ལྟ་ལས་རྣམ་པར་གྲོལ་བའི་ཡིད། །དེ་འདིར་ང་དང་ང་ཡི་སྙམ་དུ་འགྱུར་བ་མེད། །སངས་རྒྱས་སྤྱོད་ཡུལ་སྟོང་པ་ཉིད་ལ་ལྷག་པར་མོས། །དེ་ཡི་ཚུལ་ཁྲིམས་དེ་ནི་མཉམ་པ་མེད་པའོ། །ཞེས་དང་། འཕགས་པ་དྲི་མ་མེད་པར་གྲགས་པས་བསྟན་པའི་མདོ་ལས། དྲི་མ་མེད་པར་གྲགས་པས་སྨྲས་པ། (༡༦༢ན)བཙུན་པ་ཉེ་བར་འཁོར། ཁྱོད་ཀྱིས་དགེ་སློང་འདི་གཉིས་ཀྱི་ལྟུང་བ་དེ་ཕྱིར་དམ་དུ་མི་བྱ། རྙོག་པ་ཅན་དུ་མི་བྱ་བར་འདི་གཉིས་ཀྱི་ལྟུང་བའི་འགྱོད་པ་སོལ་ཞིག །བཙུན་པ་ཉེ་བར་འཁོར། ལྟུང་བ་ནི་ནང་ན་ཡང་མི་གནས། ཕྱི་རོལ་ཏུ་ཡང་མི་འཕོ། གཉིས་ཀ་མེད་པར་ཡང་མི་དམིགས་སོ། །དེ་ཅིའི་ཕྱིར་ཞེ་ན། བཅོམ་ལྡན་འདས་ཀྱིས་བཀའ་སྩལ་པ། སེམས་ཀུན་ནས་ཉོན་མོངས་པས་སེམས་ཅན་ཀུན་ཉོན་མོངས་སོ། །སེམས་རྣམ་པར་བྱང་བས་རྣམ་པར་དག་པར་འགྱུར་རོ། །ཞེས་གསུངས་པའི་ཕྱིར་ཏེ། བཙུན་པ་ཉེ་བར་འཁོར། སེམས་ནི་ནང་ན་ཡང་མ་ཡིན། ཕྱི་རོལ་ན་ཡང་མ་ཡིན། གཉིས་ཀ་མེད་པར་ཡང་མི་དམིགས་སོ། །སེམས་ཇི་ལྟ་བར་ལྟུང་བའང་དེ་བཞིན་ནོ། །ལྟུང་བ་ཇི་ལྟ་བར་ཆོས་ཐམས་ཅད་ཀྱང་དེ་བཞིན་ཏེ། དེ་བཞིན་ཉིད་ལས་མི་འདའོ། །(༡༦༢བ)

ཞེས་དང་། འཕགས་པ་ཆོས་ཐམས་ཅད་འབྱུང་བ་མེད་པར་བསྟན་པའི་མདོ་ལས། བཅོམ་ལྡན་འདས་ཀྱིས་དེའི་ཚེ་ཚིགས་སུ་བཅད་པ་འདི་དག་བཀའ་སྩལ་ཏོ། །འདོད་ཆགས་ཞི་སྡང་འཁྲུགས་པ་མེད་ཚུལ་དུ། །གང་ཞིག་བྱང་ཆུབ་མཆོག་ཏུ་འཚང་རྒྱ་བར། །འདོད་པས་ཆོས་ཀུན་འདོད་ཆགས་རང་ཞི་ཞེས། །དེ་ལྟར་ཤེས་ན་དེ་ནི་རྒྱལ་བར་འགྱུར། །འདོད་ཆགས་མི་དམིགས་དེ་བཞིན་ཞེ་སྡང་དང་། །གཏི་མུག་འདི་ལ་ནམ་ཡང་མི་དམིགས་ཏེ། །ཆོས་རྣམས་ཀུན་ཀྱང་ནམ་མཁའ་འདྲ་བ་ཞེས། །དེ་ལྟར་གང་ཤེས་དེ་ནི་རྒྱལ་བར་འགྱུར། །ཞེས་དང་། འཕགས་པ་ཐེག་པ་ཆེན་པོའི་མན་ངག་ཅེས་བྱ་བའི་མདོ་ལས། འདོད་ཆགས་ཞེ་སྡང་གཏི་མུག་གང་། །ཉོན་མོངས་གང་དག་མཐའ་ཡས་པ། །གང་གིས་རྟོག་པའི་རྩ་བ་ལས། །བྱུང་བར་ཤེས་པ་ཕྱིར་མི་ལྡོག །འཁོར་བ་དང་ནི་མྱ་ངན་འདས། །བྱང་ཆུབ་ཞི་བར་བསྟན་པ་ཡང་། །ཐ་དད་མ་ཡིན་ཀུན(༧༤༣ན)མཉམ་པར། །ཁོང་དུ་ཆུད་པ་ཕྱིར་མི་ལྡོག །ཅེས་དང་། དགེ་བའི་རྩ་བ་ཡོངས་སུ་འཛིན་པའི་མདོ་ལས། བཅོམ་ལྡན་འདས་ཀྱིས་བཀའ་སྩལ་པ། གང་ཞིག་ཏུར་སྡིག་མི་འཛིན་ཅིང་། །གང་དག་སྡིགས་མ་མེད་གྱུར་བ། །ང་ཡི་བསྟན་ལ་རབ་བྱུང་བར། །བྱ་བའི་ཆོས་ནི་དེ་ཡིན་ནོ། །གང་དག་སྐྲ་དག་མ་བྲེགས་ཤིང་། །འཆིང་བ་ཐམས་ཅད་བཅད་གྱུར་ལ། །མ་བཅིང་བ་དང་མ་གྲོལ་བ། །འདི་ལ་རབ་ཏུ་བྱུང་བདེའོ། །གང་དག་བསླབ་ལ་མི་སློབ་པ། །བསླབ་པའང་འགོགས་པར་བྱེད་མ་ཡིན། །བསླབ་པ་ཀུན་ལ་བསླབ་པ་ཡིན། །འདི་ལ་རབ་ཏུ་བྱུང་བདེའོ། །གང་ཞིག་དམ་ཆོས་མི་འཛིན་ཅིང་། །ཆོས་རྣམས་ཐམས་ཅད་རྣམ་བསྒོམས་ལ། །ཆོས་ཀྱི་འདུ་ཤེས་བསལ་གྱུར་བ། །དེ་ནི་འདི་ལ་རབ་ཏུ་བྱུང་། །གང་ཞིག་བདག་ཅེས་མི་སེམས་ཤིང་། །གང་ཞིག་སེམས་ཅན་ཞེས་མི་སེམས། །དེ་ལ་ཞུམ་པ་ཉིད་མི་འབྱུང་། །(༧༤༣བ)ལུང་གཞི་ལས། དེ་ནས་བཅོམ་ལྡན་འདས་ཀྱིས་དགེ་སློང་རྣམས་ལ་

བཀའ་སྩལ་པ། དགེ་སློང་དག །འདི་ནི་ཚུལ་ཁྲིམས་ཡིན་ནོ། །འདི་ནི་ཏིང་ངེ་འཛིན་ཡིན་ནོ། །འདི་ནི་ཤེས་རབ་ཡིན་ནོ། །དགེ་སློང་དག །ཚུལ་ཁྲིམས་གོམས་པར་བྱས་ན། ཏིང་ངེ་འཛིན་ཡུན་རིང་དུ་གནས་པར་འགྱུར་རོ། །ཏིང་ངེ་འཛིན་གོམས་པར་བྱས་ན། ཤེས་རབ་ཡུན་རིང་དུ་གནས་པར་འགྱུར་རོ། །ཤེས་རབ་གོམས་པར་བྱས་ན། འདི་ལྟ་སྟེ། འདོད་ཆགས་དང་ཞེ་སྡང་དང་གཏི་མུག་དག་ལས་སེམས་ཡང་དག་པ་ཁོ་ནར་རྣམ་པར་གྲོལ་བར་འགྱུར་རོ། །དེ་ལྟར་སེམས་ནི་ཡང་དག་པ་ཁོ་ནར་རྣམ་པར་གྲོལ་བའི་འཕགས་པའི་ཉན་ཐོས་ཀྱིས་ནི་བདག་གི་ཟག་པ་ནི་ཟད་དོ། །ཚངས་པར་སྤྱོད་པ་ནི་བསྟེན་ཏོ། །བྱ་བ་ནི་བྱས་སོ། །འདི་ལས་སྲིད་པ་གཞན་མི་ཤེས་སོ། །ཞེས་ཡང་དག་པ་ཁོ་ནར་ཤེས་པར་འགྱུར་རོ། །)དེ་ལ་བྱང་ཆུབ་ཕྱིར་ཞུགས་པའོ། །གང་གིས་སེམས་ནི་བསྐྱེད་གྱུར་ལ། །ཆོས་གཞན་ཡང་ནི་མི་དམིགས་ཤིང་། །སེམས་ལ་འཛིན་པར་མི་བྱེད་པ། །དེ་ནི་ང་ལ་རབ་ཏུ་བྱུང་། །ཞེས་དང་། འཕགས་པ་ཤེས་རབ་ཀྱི་ཕ་རོལ་ཏུ་ཕྱིན་པ་སྟོང་ཕྲག་ཉི་ཤུ་ལྔ་པ་ལས། དེ་ལ་བྱང་ཆུབ་སེམས་དཔའ་སེམས་དཔའ་ཆེན་པོའི་བསླབ་པ་ཡོངས་སུ་མི་བཏང་བ་གང་ཞེ་ན། བསླབ་པ་ཐམས་ཅད་རྒྱུ་བ་མེད་པ་སྟེ། འདི་ནི་བྱང་ཆུབ་སེམས་དཔའ་སེམས་དཔའ་ཆེན་པོའི་བསླབ་པ་ཡོངས་སུ་མི་གཏང་བའོ། །ཞེས་གསུངས་པ་ལྟར་ཡིན་པའི་ཕྱིར་རོ། །དེ་ལྟར་མདོར་ན་འདོད་ཁམས་པ་བླང་དོར་མི་ཤེས་པ་རྣམས་ནི་བདེ་བའི་རྒྱུར་སྤྱོག་གཙོད་ཨ་བྱིན་ལེན་སོགས་སྡིག་པ་འབའ་ཞིག་བྱས་ནས་ངན་འགྲོར་འགྲོ་བའི་ལས་གསོག་ལ། དེ་ལ་ཉེས་དམིགས་སུ་བལྟས་ནས། བདེ་འགྲོ་ལྷ་མིའི་རྟེན་ལ་ཕྱི་རོལ་གྱི་ཡུལ་གཟུགས་སྒྲ་ལ་སོགས(༧༨ན)པའི་ཡོན་ཏན་རྣམས་ལ་ལོངས་སྤྱོད་པའི་བདེ་བ་ཉམས་སུ་མྱོང་བར་འདོད་ནས་དགེ་བ་བསྒྲུབས་པ་ལ་ཚེ་འདིའི་ཕྱིར་དུ་དམིགས་ན་ནི་བསོད་ནམས་མ་ཡིན་པའི་ལས་དང་འཇིག་རྟེན་ཕྱི་མའི་བདེ་བ་ལ་གཙོ་བོར་དམིགས་ན་ནི་བསོད་ནམས་ཀྱི་ལས་གསོག་སྟེ་མངོན་མཐོ་ལྷ་མིའི་གོ་འཕང་ཐོབ། འདོད་པའི་ཕྱི་རོལ་གྱི་ཡུལ་ལ་སྲེད་པ་ཁ་ཕྱིར་

བལྟའི་བདེ་བ་ནི་ཤིན་ཏུ་རགས་པས་ཉེས་དམིགས་སུ་བལྟས་ནས། ནང་ཏིང་ངེ་འཛིན་གྱི་བདེ་བ་ལ་ཞི་བར་ལྟ་བའི་ཞི་རགས་ཀྱི་རྣམ་པ་ཅན་གྱི་ཏིང་ངེ་འཛིན་ལས་སྐྱེས་པའི་ཚོར་བ་བདེ་བ་ལ་གཙོ་བོར་དམིགས་ན་ནི་བསམ་གཏན་གསུམ་པ་མན་ཆད་ནས་དང་པོའི་བར་དུ་སྐྱེ་བའི་མི་གཡོ་བའི་ལས་གསོག་ལ། བསམ་གཏན་གསུམ་པའི་སྐབས་སུ་དང་པོ་གཉིས་ཀྱི་སྐབས་རྟོག་དཔྱོད་མེ་ལྟ་བུ་དང་དགའ་བདེ་ཆུ་ལྟ་བུས་སེམས་གཡོ་བར་བྱེད(༧༨བ)པས་ན་རྣམ་རྟོག་རགས་པར་མཐོང་ནས་དེ་ལས་བསམ་གཏན་གསུམ་པ་ཞི་བར་བལྟ་བ་སྟེ་དང་པོར་གསུམ་པ་བསྒྲུབ། འདོད་པ་ལ་ཡང་ཆགས་པ་ལོག་ཅིང་ཚོར་བ་བདེ་བས་ཀྱང་ཡིད་སུན་ནས་ཚོར་བ་བཏང་སྙོམས་ཀྱི་དོན་དུ་ལས་འདུ་བྱེད་ན་ནི་བསམ་གཏན་བཞི་བ་ནས་སྲིད་རྩེའི་བར་དུ་སྐྱེ་བའི་མི་གཡོ་བའི་ལས་གསོག་སྟེ། སྲིད་རྩེའི་བར་བགྲོད་པ་ཡིན་པས་རང་གི་འོག་ས་ལ་ཆགས་བྲལ་བྱས་ནས་སྲིད་རྩེའི་དངོས་གཞི་ཐོབ་པ་ན་འཁོར་བའི་བདེ་བ་ལ་ལྟོས་ནས་དེ་ལས་བདེ་བ་ཆེ་བ་དང་རྒྱུན་རིང་བ་མེད་ཀྱང་ཉོན་མོངས་སྐྱེ་བ་གནས་པ་འཕེལ་བའི་ས་བོན་གཏན་ཆགས་པར་ཡོད་པས་སླར་རྐྱེན་དང་ཕྲད་པ་ན་ཉོན་མོངས་མངོན་གྱུར་དུ་སྐྱེ་ནས་སླར་ཡང་མནར་མེད་དུ་ལྷུང་ཡོང་བས་ཕུགས་ཡིད་གཏན་མི་རྟུང་ཞིང་། གནས་སྐབས་སེམས་དགེ་བ་ལ་བཀོལ་དུ་མི་རུང་བ(༧༥ན)མ་ཞི་ཞིང་མ་དུལ་བའི་རྣམ་པ་ཅན་གསེར་ལ་གཡའ་ཞུགས་པ་ལྟ་བུར་ཡོད་པ་ནི་ཁྱབ་པ་འདུ་བྱེད་ཀྱི་སྡུག་བསྔལ་ཡིན་ཏེ་སྣོད་བཅུད་ཀྱི་འཇིག་རྟེན་ཐམས་ཅད་སྡུག་བསྔལ་བདེན་པ་ཡིན། འཁོར་བ་སྤྱི་དང་སོ་སོའི་སྡུག་བསྔལ་བསམ་པས་འགྲོ་བ་ལྔ་པོ་རྣམས་སྡུག་བསྔལ་གསུམ་གྱི་མེ་རབ་ཏུ་འབར་བས་ཀུན་ཏུ་གདུངས་པར་མཐོང་ནས་སྲིད་པ་ལ་ཞེན་པ་གཏིང་ནས་ལོག་པས། དེའི་རྒྱུ་ཀུན་འབྱུང་འཁོར་བའི་འཇུག་རིམ་བསམས་ནས་ལས་ཉོན་གཉིས་སྤོང་དགོས་པས་དེ་ཐམས་ཅད་ཀྱི་རྩ་བ་མཐར་ཐུག་ན་བདག་ཏུ་འཛིན་

པའི་འཇིག་ལྟ་ལྷན་སྐྱེས་ལ་ཐུག་སྟེ། བདག་འཛིན་མ་སྤངས་ན་བདེ་བའི་གོ་སྐབས་ཅི་ཡང་མེད་པས་བདག་འཛིན་སྤང་དགོས། དེ་སྤང་བ་ལ་བདག་འཛིན་གྱི་ཞེན་ཡུལ་མེད་པར་རྟོགས་པའི་བདག་མེད་རྟོགས་པའི་ཤེས་རབ་དང་རྟོགས་ཟིན་གོམས་པར་བྱེད་དགོས་ཏེ། དེ་ལྟ་བུའི་ཤེས་རབ(༡༧༥བ)ཀྱི་བསླབ་པ་བསྒོམ་པ་ལ། དེའི་སྔོན་དུ་ཏིང་ངེ་འཛིན་གྱི་བསླབ་པ་བསྒོམ་དགོས། དེའི་སྔོན་དུ་ཚུལ་ཁྲིམས་ཀྱི་བསླབ་པ་བསྒོམ་དགོས་ཏེ། དེ་ཡང་འཁོར་བ་འདིར་ལས་ཉོན་གཉིས་ཀྱི་དབང་གིས་སྐྱེ་བ་ཞིག་བླངས་ཕྱིན་སྡུག་བསྔལ་གྱི་རང་བཞིན་ལས་མ་འདས་པ་ལ་ཡིད་བྱུང་། དེ་ལས་ཐར་འདོད་ཀྱི་བློ་དཔེར་ན་མེ་འབར་བའི་འོབས་ཏུ་ལྷུང་བ་དེའི་ནང་དུ་སྡོད་འདོད་ཀྱི་བློ་གཏན་ནས་མི་སྐྱེ་བ་དེ་འདྲའི་ཚོད་ཀའི་འཁོར་བའི་སྡུག་བསྔལ་མཐའ་དག་ལས་ཐར་འདོད་ཀྱི་བློ་བཅོས་མ་མ་ཡིན་པ་ཞིག་སྐྱེ་ན། དགེ་ཚུལ་གྱི་སྡོམ་པ་རྣམ་དག་སྐྱེ་བའི་ཚོད་ཡིན་ཏེ་ཉན་ཐོས་ཚོགས་ལམ་དུ་ཞུགས་པ་ཞེས་བྱ། སྡུག་བསྔལ་དེ་ལ་གཏིང་ནས་ཡིད་སུན་ནས། དེ་གང་གིས་བསྐྱེད་པའི་རྒྱུ་ཀུན་འབྱུང་ལས་ཉོན་གཉིས་ལ་དཀྲར་མཐོང་སྟེ། དེ་ལས་ངེས་པར་འབྱུང་འདོད་ཀྱི་བློ་ཤུགས་དྲག་ཅིག་སྐྱེ་ན། ངེས་འབྱུང་ལ་འདི་ནི་ངེས་པར(༡༧༦ན)འབྱུང་བ་དང་། འདིར་ངེས་པར་འབྱུང་བ་གཉིས་ཡོད་པས་འདི་ནི་ངེས་པར་འབྱུང་བ་སྡུག་ཀུན་གཉིས་ལས་ངེས་པར་འབྱུང་བ་དེ་ཡིན། དེ་བྱུང་ནས་ལས་ཉོན་གཉིས་ཀྱི་རྩ་བ་བདག་འཛིན་འགགས་པའི་འགོག་པ་མྱང་འདས་མངོན་དུ་བྱེད་འདོད་ཀྱི་བློ་བཅོས་མིན་ཤུགས་དྲག་དེ་འདྲ་འགྲོ་འཆག་ཉལ་འདུག་གི་སྐབས་ཐམས་ཅད་དུ་དྲན་ཐུར་རེ་སྡོད་པ་ཞིག་བྱུང་ན། འདིར་ངེས་པར་འབྱུང་བ་མྱང་འདས་ལ་ངེས་པར་འབྱུང་འདོད་ཀྱི་བློ་ངེས་འབྱུང་མཚན་ཉིད་ཚང་བ་སྐྱེ་བ་ཡིན། དེའི་ཚེ་དགེ་སློང་གི་སྡོམ་པ་རྣམ་དག་སྐྱེ་བའི་ཚོད་ཡིན། དེ་འདྲའི་ཚུལ་ཁྲིམས་ཤིག་བསྲུངས་ན་སྡུག་བསྔལ་ཐམས་ཅད་ལས་གྲོལ་བར་འགྱུར་བས། ངེས་པར་འབྱུང་བའི་

ཚུལ་ཁྲིམས་སྡུག་བསྔལ་སྤྱོང་ཞེས་པ་དེ་ཡིན། དེ་ཡང་འཁོར་བ་ལ་ཡིད་འབྱུང་བའི་ཤུགས་ཀྱིས་སྡོམ་པའི་བཅས་མཚམས་རྣམས་ལ་དྲན་ཤེས(༡༨༥བ)བཞིན་གྱིས། སེམས་རྟ་ཁ་ཐླན་དཀའ་བ་ལ། །མཐུན་པའི་གཟེར་རྡོན་བརྒྱ་པ་ཡི། །སྲིབ་ནི་སོ་སོར་ཐར་འདི་ཡིན་ཞེས་དབང་པོ་ལེགས་པར་བསྡམས་ནས་རྣམ་གཡེང་གི་དབང་དུ་མ་བཏང་བས། སེམས་རྣལ་དུ་གནས་ན་ཏིང་ངེ་འཛིན་རང་ཤུགས་ལ་སྐྱེ། ཏིང་ངེ་འཛིན་ཡོད་ན་མེ་ལོང་གཡའ་དག་པ་ལ་གཟུགས་བརྙན་འཆར་བ་བཞིན་དུ་འཇིག་ལྟའི་ཞེན་ཡུལ་མེད་པར་རྟོགས་པའི་ཤེས་རབ་དང་གིས་སྐྱེ་བས་འཇིག་ཚོགས་ལྟ་བ་གདོན་གྱི་རྩ་བ་སྤྱོང་བ་ཡིན། དེས་ན་སྲིད་པའི་ཕུན་ཚོགས་དོན་དུ་གཉེར་བ་ལྟ་ཞོག་གཏིང་ནས་ཡིད་བྱུང་སྟེ་བསམ་གཏན་དང་པོའི་ཉེར་བསྡོགས་ཙམ་ལ་བརྟེན་ནས་ལམ་བསླབ་པ་གསུམ་ལ་བརྩོན་པ་མགོའམ་གོས་ལ་བློ་བུར་དུ་མེ་ཤོར་བ་གསོད་པ་བས་ཀྱང་རིངས་པར་བརྩོན་འགྲུས་བརྩམས་ནས་བདུད་སྡིག་ཅན་གྱིས་འདི་ལ་བར་ཆད་གཏོང་དགོས་སྙམ་སྟེ་མིག་ཟུར་གྱིས་བལྟ་བཞིན་པའི(༡༨༦ན)ངང་ནས། བར་ཆད་གཏོང་མ་ནུས་པར་དགྲ་བཅོམ་པའི་གོ་འཕང་འཐོབ་པར་འགྱུར་བ་ཡིན་ནོ།། །།

མཁན་པོ་རིན་པོ་ཆེ་གསུམ་ལྡན་རྡོ་རྗེ་འཆང་རྗེ་བཙུན་བློ་བཟང་ལུང་རྟོགས་བསྟན་པའི་རྒྱལ་མཚན་དཔལ་བཟང་པོ་ལ་མཆོད། དེ་ལྟར་འཁོར་བ་ལ་ངེས་པར་འབྱུང་འདོད་དང་ཐར་བ་དོན་དུ་གཉེར་བས་ལམ་བསླབ་པ་གསུམ་ལ་བསླབས་ན་ཐར་བ་ཐོབ་མོད། འོན་ཀྱང་རང་གཞན་གྱི་དོན་ཉི་ཚེ་བར་ཟད་ཅིང་། མཐར་སངས་རྒྱས་ཀྱིས་བསླུལ་ནས་ཐེག་ཆེན་དུ་འཇུག་དགོས་པས་ན། བློ་དང་ལྡན་པ་རྣམས་ཀྱིས་ཐོག་མ་ནས་ཐེག་ཆེན་དུ་འཇུག་རིགས་ཏེ། ཐེག་པ་དེ་ནི་ཐབས་མཁས་སོགས་ཀྱི་བདག་ཉིད་ཀྱི་ཚོགས་གཞལ་དུ་མེད་པས་སེམས་ཅན་གཞལ་དུ་མེད་པ་ལ་ཕན་པ་

དང་བདེ་བའི་གོ་སྐབས་འབྱེད་ཅིང་། ཆེད་དུ་བྱ་བ་ཆེན་པོ་གསུམ་དུ་ངེས་པར་འབྱུང་བའི་ཐེག་པ་ཡིན་པའི་ཕྱིར་རོ། །དེ་ལྟར་ཡང་འཕགས་པ་ཤེས་རབ་ཀྱི་ཕ་རོལ་ཏུ་ཕྱིན་པ་བརྒྱད(༡༨༧བ)སྟོང་པ་ལས། རབ་འབྱོར་ཐེག་པ་ཆེན་པོ་ཞེས་བྱ་བ་འདི་ནི་གཞལ་དུ་མེད་པའི་ཚིག་བླ་དྭགས་སོ། །ཞེས་གསུངས། དེ་ལ་ཐེག་པ་ཆེན་པོ་ལ་འཇུག་པའི་སྒོ་དང་། སངས་རྒྱས་ཀྱི་ཆོས་ཐམས་ཅད་ཀྱི་རྩ་བའི་རྟེན་དང་། མྱུར་དུ་འཚང་རྒྱ་བར་བྱེད་པའི་ཐབས་ནི་བྱང་ཆུབ་ཀྱི་སེམས་ཁོ་ན་ཡིན་པས། དེ་བསྐྱེད་པ་ལ་སེམས་ཅན་ཐམས་ཅད་ཀྱི་རྒྱུད་ལ་སངས་རྒྱས་ཐོབ་པར་བྱེད་པའི་གཞི་རང་བཞིན་དུ་གནས་པའི་རིགས་དེ་བཞིན་གཤེགས་པའི་སྙིང་པོ་ཞེས་བྱ་བ་སེམས་ཀྱི་ཆོས་ཉིད་ངོ་བོ་ལ་དྲི་མས་ཅུང་ཟད་ཀྱང་མ་བསྣད་པའི་གདོད་མ་ནས་རྣམ་པར་དག་པ་ཉོན་མོངས་པའི་སྒྲིབས་ན་ཡོད་པ་དེ་དང་། རྒྱས་པར་འགྱུར་བའི་རིགས་སངས་རྒྱས་ཏུང་གི་སེམས་དེ་དག་སྦྱོང་བར་བྱེད་པ་སྐྱེས་བུ་ཆེན་པོའི་ཆོས་སྐོར་ལ་བློ་སྦྱོང་བའི་སྒོ་ནས་བྱང་ཆུབ་ཀྱི་སེམས་ལེགས་པར་བསྐྱེད་དེ་རྒྱལ་སྲས་ཀྱི་སྤྱོད་པ་ལ་སློབ་པ་གལ་ཆེ་སྟེ། འཕགས་པ་བྱམས་པས་ཞུས(༡༨༤ན)པའི་མདོ་ལས། བྱམས་པ། བྱང་ཆུབ་སེམས་དཔའ་ཆོས་གཅིག་དང་ལྡན་ན་ངན་སོང་ཐམས་ཅད་སྤོང་ཞིང་། སྡིག་པའི་གྲོགས་པོའི་ལག་ཏུ་མི་འགྲོ་ལ་མྱུར་དུ་བླ་ན་མེད་པ་ཡང་དག་པར་རྫོགས་པའི་བྱང་ཆུབ་མངོན་པར་རྫོགས་པར་འཚང་རྒྱ་སྟེ། ཆོས་གཅིག་གང་ཞེ་ན། འདི་ལྟ་སྟེ། ལྷག་པའི་བསམ་པ་ཕུན་སུམ་ཚོགས་པའི་བྱང་ཆུབ་ཀྱི་སེམས་ཏེ། བྱམས་པ། བྱང་ཆུབ་སེམས་དཔའ་ཆོས་གཅིག་པོ་དེ་དང་ལྡན་ན་ངན་སོང་ཐམས་ཅད་སྤོང་ཞིང་། སྡིག་པའི་གྲོགས་པོའི་ལག་ཏུ་མི་འགྲོ་ལ། མྱུར་དུ་བླ་ན་མེད་པ་ཡང་དག་པར་འཚང་རྒྱའོ། །ཞེས་དང་། འཕགས་པ་བྱམས་པའི་རྣམ་ཐར་ལས། རིགས་ཀྱི་བུ་འདི་ལྟ་སྟེ། དཔེར་ན་རྡོ་རྗེ་རིན་པོ་ཆེ་ནི་ཆག་ཀྱང་གསེར་གྱི་རྒྱན་ཁྱད་པར་དུ་འཕགས་པ་ཐམས་ཅད་ཟིལ་

གྱིས་གནོན་ཞིང་རྡོ་རྗེ་རིན་པོ་ཆེའི་མིང་ཡང་མི་འདོར་ལ། དབུལ་བ་ཐམས་ཅད་ཀྱང་རྣམ་པར་བཟློག་གོ། །(༧༩༤བ)རིགས་ཀྱི་བུ། དེ་བཞིན་དུ་རྣམ་པ་ཐམས་ཅད་མཁྱེན་པར་སེམས་བསྐྱེད་པའི་རྡོ་རྗེ་རིན་པོ་ཆེ་ནན་ཏན་དང་བྲལ་ཡང་ཉན་ཐོས་དང་རང་སངས་རྒྱས་ཀྱི་ཡོན་ཏན་གྱི་གསེར་གྱི་རྒྱན་ཐམས་ཅད་ཟིལ་གྱིས་གནོན་ཞིང་། བྱང་ཆུབ་སེམས་དཔའི་མིང་ཡང་མི་འདོར་ལ་འཁོར་བའི་དབུལ་བ་ཐམས་ཅད་ཀྱང་རྣམ་པར་བཟློག་གོ། །ཞེས་དང་། ལག་ན་རྡོ་རྗེ་དབང་བསྐུར་བའི་རྒྱུད་ལས། བྱང་ཆུབ་སེམས་དཔའ་ཆེན་པོ་གཟུངས་སྔགས་ཆེན་པོའི་དཀྱིལ་འཁོར་ཤིན་ཏུ་རྒྱ་ཆེ་བ་འདི་དང་ཤིན་ཏུ་ཟབ་པ་འདི་དང་གཏིང་དཔག་དཀའ་བ་དང་གསང་བ་བས་ཀྱང་ཆེས་གསང་བ་སེམས་ཅན་སྡིག་ཅན་རྣམས་ལ་བསྟན་དུ་མི་ཙུང་བ་འདི་ནི་ལག་ན་རྡོ་རྗེ་ཁྱོད་ཀྱིས་ཤིན་ཏུ་དཀོན་པ་ཞིག་སྨྲས་ཏེ། འདི་ནི་སྔོན་མ་ཐོས་ན་འདི་སེམས་ཅན་ཇི་ལྟ་བུ་དག་ལ་བཤད་པར་བྱ། ལག་ན་རྡོ་རྗེས་སྨྲས་པ། འཇམ་དཔལ། གང་དག་བྱང་ཆུབ(༧༩༩ན)ཀྱི་སེམས་བསྒོམ་པ་ལ་ཞུགས་པ་དང་། གང་གི་ཚེ་དེ་དག་གི་བྱང་ཆུབ་ཀྱི་སེམས་གྲུབ་པར་གྱུར་བ་དེའི་ཚེ། འཇམ་དཔལ་བྱང་ཆུབ་སེམས་དཔའི་སྤྱོད་པ་གསང་སྔགས་ཀྱི་སྒོ་སྤྱོད་པའི་བྱང་ཆུབ་སེམས་དཔའ་དེ་དག་ཡེ་ཤེས་ཆེན་པོར་དབང་བསྐུར་བའི་གཟུངས་སྔགས་ཀྱི་དཀྱིལ་འཁོར་དུ་གཞུག་པར་བྱ་ཡི། གང་གི་བྱང་ཆུབ་ཀྱི་སེམས་རྫོགས་པར་མ་གྱུར་བ་དེ་དག་ནི་གཞུག་པར་མི་བྱ་སྟེ། དེ་དག་ནི་དཀྱིལ་འཁོར་ཡང་བལྟར་མི་གཞུག་གོ། །དེ་དག་ལ་ནི་ཕྱག་རྒྱ་དང་གསང་སྔགས་ཀྱང་བསྟན་པར་མི་བྱའོ། །ཞེས་ཐེག་ཆེན་གཉིས་ཀར་འཇུག་པའི་སྒོ་གཅིག་པུ་དང་། འཕགས་པ་དེ་བཞིན་གཤེགས་པའི་སྙིང་པོའི་མདོ་ལས། ཇི་ལྟར་དྲི་ང་སྣད་པའི་འོས་རྣམས་ཀྱིས། །ཡོངས་སུ་དཀྲིས་པ་བདེ་བར་གཤེགས་པའི་གཟུགས། །རིན་ཆེན་བྱས་པ་རས་ཧྲུལ་དཀྲིས་པ་དེ། །ལམ་གྱི་བར་ན་བོར་ཏེ་འཁྲམས་གྱུར་བ། །ལྷ་ཡི་མིག་གིས་དེ་

ནི་མཐོང་ནས་སུ། །ལྷ་དེ(༡༩༩བ)གཞན་ཞིག་ལ་ནི་རབ་སྨྲས་པ། །འདི་ན་དེ་བཞིན་གཤེགས་པ་རིན་ཆེན་ཡོད། །རས་དུམ་ཐུམ་པོ་འདི་ནི་མྱུར་དུ་ཕྱེ། །དེ་བཞིན་ང་ཡི་ལྷ་མིག་དེ་འདྲ་བ། །དེས་ནི་སེམས་ཅན་འདི་དག་ཐམས་ཅད་ཀྱང་། །ཉོན་མོངས་དཀྲི་བས་དཀྲིས་ནས་རབ་སྡུག་བསྔལ། །འཁོར་བའི་སྡུག་བསྔལ་གྱིས་ནི་རྟག་གཙེས་མཐོང་། །ངས་ནི་ཉོན་མོངས་དཀྲིས་པ་ནང་དག་ལ། །རྒྱལ་བའི་སྐུ་ནི་མཉམ་པར་བཞག་གྱུར་ལ། །དེ་ནི་གཡོ་བ་མེད་ཅིང་མ་འགྱུར་ཡང་། །དེ་ཡང་མཐར་བྱེད་གང་ཡང་མེད་པར་མཐོང་། །ངས་མཐོང་དེ་ནས་སྐུལ་མ་བཏབ་པ་ནི། །བྱང་ཆུབ་མཆོག་ཏུ་གང་དག་ཞུགས་པ་ཉོན། །དེ་ལྟར་སེམས་ཀྱི་ཆོས་ཉིད་འདི་འདྲར་བརྟག །འདི་ནི་ཡོངས་སུ་དཀྲིས་པའི་རྒྱལ་བ་བཞུགས། །བདེ་བར་གཤེགས་ཀྱི་ཡེ་ཤེས་ཡོངས་གྲོལ་ནས། །གང་ཚེ་ཉོན་མོངས་ཐམས་ཅད་རབ་ཞི་བ། །དེ་ཚེ་འདི་ནི་སངས་རྒྱས་མིང་ཐོབ་སྟེ། །ལྷ་དང་མི་རྣམས་སེམས་ནི་རབ་ཏུ་དགའ། །ཞེས་གསུངས(༢༠༠ན)པ་ལྟར་རོ། །

དེས་ན། གསུམ་པ་ལ། སྐྱེས་བུ་ཆེན་པོའི་ལམ་གྱི་རིམ་པ་ལ་བློ་སྦྱོང་བ་ལ་གཉིས། ཐེག་ཆེན་གྱི་འཇུག་སྒོ་བྱང་ཆུབ་མཆོག་ཏུ་སེམས་བསྐྱེད་པའི་ཚུལ་དང་། སེམས་བསྐྱེད་ནས་སྤྱོད་པ་ལ་སློབ་པའི་ཚུལ་ལོ། །

དང་པོ་ནི། རང་ཉིད་སྲིད་མཚོར་ལྷུང་བ་ཇི་བཞིན་དུ། །མར་གྱུར་འགྲོ་བ་ཀུན་ཀྱང་དེ་འདྲ་བར། །མཐོང་ནས་འགྲོ་བ་སྒྲོལ་བའི་ཁུར་ཁྱེར་བའི། །བྱང་ཆུབ་སེམས་མཆོག་འབྱོངས་པར་བྱིན་གྱིས་རློབས། །ཞེས་བྱུང་། ཐོག་མར་སེམས་ཅན་ཐམས་ཅད་ལ་སེམས་སྐྱོམས་པ་བསྒྲུབས་ཏེ། རང་ཉིད་ལས་དང་ཉོན་མོངས་ཀྱི་དབང་གིས། གཏིང་མཐའ་མི་མངོན་པའི་འཇིགས་རུང་སྲིད་པའི་རྒྱ་མཚོར་ལྷུང་ནས་སྡུག་བསྔལ་གསུམ་གྱི་ཚ་སྲིན་མང་པོས་རྒྱུན་ཆད་མེད་པར་གཙེས་པ་ཇི་ལྟ་བ་དེ་བཞིན་དུ། ཡང་

དང་ཡང་དུ་མར་གྱུར(༢༠༠བ)ཅིང་གཞལ་དུ་མེད་པའི་དྲིན་གྱིས་བསྐྱངས་པའི་འགྲོ་བ་ཀུན་ཀྱང་སྲིད་པའི་མཚོར་ལྷུང་ནས་སྡུག་བསྔལ་གྱིས་མནར་བའི་ཚུལ་དེ་འདྲ་བློའི་མིག་གིས་ལེགས་པར་མཐོང་ནས་དེ་དག་གི་དྲིན་ལན་མཇལ་བའི་ཆེད་དུ་སེམས་ཅན་དེ་དག་ཐམས་ཅད་ཟག་པ་མེད་པའི་བདེ་བ་དང་འཕྲད་པར་བྱའོ། །སྡུག་བསྔལ་ཐམས་ཅད་དང་བྲལ་བར་བྱའོ། །བདེ་བ་དང་ལྡན་ཞིང་སྡུག་བསྔལ་དང་བྲལ་བ་ཞིག་བདག་གིས་བྱའོ་སྙམ་དུ་འགྲོ་བ་མཐའ་དག་སྡུག་ཀུན་ཕྲ་རགས་ལས་སྒྲོལ་བ་བདག་གི་ཁུར་དུ་འཁྱེར་བའི་ལྷག་པའི་བསམ་པ་ལེགས་པར་བསྐྱེད་དེ། དེའི་ཕྱིར་དུ་བདག་གིས་རྫོགས་པའི་སངས་རྒྱས་ཀྱི་གོ་འཕང་ཐོབ་པར་བྱའོ་སྙམ་པའི་སྨོན་པ་བྱང་ཆུབ་ཀྱི་སེམས་རིན་པོ་ཆེ་ཐེག་པ་ཆེན་པོའི་ལམ་གྱི་གཞུང་ཤིང་དང་། ཙ་བ་ལྟ་བུར་མཆོག་ཏུ་གྱུར་བ་དེ་ཉིད་སྐྱེས་བུའི་རྒྱལ་ཅི(༢༠༡བ)ཡོད་ཀྱིས་འབད་དེ་ཡང་དང་ཡང་དུ་འབྱོངས་པ་ཞིག་ངེས་པར་དགོས་སོ། །དེ་ཡང་འཕགས་པ་ཡུལ་འཁོར་སྐྱོང་གིས་ཞུས་པ་ལས། སྟོང་བ་ཞི་བ་སྐྱེ་བ་མེད་པའི་ཚུལ། །མི་ཤེས་པས་ནི་འགྲོ་བ་འཁྱམས་གྱུར་བ། །དེ་དག་ཐུགས་རྗེ་མངའ་བས་ཐབས་ཚུལ་དག །རིག་པ་བརྒྱ་དག་གིས་ནི་འཇུད་པར་མཛད་ཅེས་གསུངས། ནམ་མཁའི་མཐའ་ཁྱབ་ཀྱི་སེམས་ཅན་ཐམས་ཅད་ཆོས་རྣམས་ཀྱི་ཡིན་ཚུལ་དེ་ཁོ་ན་ཉིད་ཇི་ལྟ་བ་བཞིན་དུ་མ་ཤེས་པས་འཁོར་བར་འཁྱམས་པ་ཡིན། དེ་ཤེས་པར་བྱེད་པ་ལ་དེ་ཁོ་ན་ཉིད་ཀྱི་དོན་ཕྱིན་ཅི་མ་ལོག་པར་རིགས་པའི་རྣམ་གྲངས་དུ་མའི་སྒོ་ནས་གདུལ་བྱ་རྣམས་ལ་སྟོན་དགོས། དེ་ལ་གདུལ་བྱའི་ཁམས་དང་དབང་པོ་དང་བསམ་པ་དང་བག་ལ་ཉལ་ཇི་ལྟ་བ་བཞིན་དུ་མ་ཤེས་པར་ཆོས་བསྟན་ཀྱང་དོན་དུ་མི་འགྱུར། དེ་ཤེས་པ་ལ་ཡང་དག་པར་རྫོགས་པའི(༢༠༡བ)སངས་རྒྱས་ཀྱི་ཆོས་སྟོན་པའི་ཀུན་སློང་ཀུན་མཁྱེན་ཡེ་ཤེས་ཐོབ་དགོས། དེ་ནི་རྣམ་པར་སྣང་མཛད་མངོན་པར་བྱང་ཆུབ་པའི་རྒྱུད་ལས། ཐམས་ཅད་མཁྱེན་

པའི་ཡེ་ཤེས་དེ་ནི་སྙིང་རྗེའི་རྩ་བ་ལས་བྱུང་བ་ཡིན། བྱང་ཆུབ་ཀྱི་སེམས་ཀྱི་རྒྱུ་ལས་བྱུང་བ་ཡིན། ཐབས་ཀྱིས་མཐར་ཕྱིན་པ་ཡིན་ནོ། །ཞེས་དང་། འཕགས་པ་སྡོང་པོ་བཀོད་པ་ལས། རིགས་ཀྱི་བུ། བྱང་ཆུབ་ཀྱི་སེམས་ནི་སངས་རྒྱས་ཀྱི་ཆོས་ཐམས་ཅད་ཀྱི་ས་བོན་ལྟ་བུའོ། །ཞེས་དང་། འཕགས་པ་སེང་གེས་ཞུས་པའི་མདོ་ལས། བསླབ་པ་ཅི་འདྲ་བསླབ་པ་དང་། །སེམས་ནི་ཅི་འདྲ་བསྒོམས་པ་ཡིས། །ཐུབ་པ་ཆེན་པོ་ཁྱོད་འདྲ་བའི། །སྟོན་པ་ཐམས་ཅད་མཁྱེན་པར་འགྱུར། །སེམས་ཅན་མ་ལུས་ཐམས་ཅད་ལ། །མཉམ་པའི་སེམས་ཉིད་བསླབས་པ་དང་། །མཉམ་པར་སེམས་ནི་བསྒོམས་པས་ན། །ཐམས་ཅད་ཟིལ་གནོན་རྒྱལ་བར(༢༠༢ན)འགྱུར། །ཞེས་གསུངས་པ་ལྟར་རོ། །དེ་ལྟ་བུའི་སེམས་བསྐྱེད་མ་ཐག་སྡིག་ལྟུང་དཔག་མེད་དག་པ་དང་། ཚོགས་རླབས་པོ་ཆེ་སྤུད་པ་དང་། ལྷ་དང་མིར་བཅས་པའི་འཇིག་རྟེན་ཐམས་ཅད་ཀྱི་ཕྱག་བྱ་བའི་འོས་སུ་འགྱུར་བའི་རྒྱལ་སྲས་བདག་ཉིད་ཆེན་པོར་འགྱུར་བ་ཡིན་པའི་ཕྱིར་རོ། །དེས་ན་བློ་གྲོས་མི་ཟད་པས་བསྟན་པ་ལས། བཙུན་པ་ཤཱ་ར་དྭ་ཏིའི་བུ། གཞན་ཡང་བྱང་ཆུབ་སེམས་དཔའ་རྣམས་ཀྱི་སྙིང་རྗེ་ཆེན་པོ་མི་ཟད་དོ། །དེ་ཅིའི་ཕྱིར་ཞེ་ན། སྔོན་དུ་འགྲོ་བའི་ཕྱིར་རོ། །བཙུན་པ་ཤཱ་ར་དྭ་ཏིའི་བུ་འདི་ལྟ་སྟེ། དཔེར་ན་དབུགས་ཕྱི་ནང་དུ་རྒྱུ་བ་ནི་མིའི་སྲོག་གི་དབང་པོའི་སྔོན་དུ་འགྲོ་བ་ཡིན་ནོ། །དེ་བཞིན་དུ་བྱང་ཆུབ་སེམས་དཔའི་སྙིང་རྗེ་ཆེན་པོ་ནི་ཐེག་པ་ཆེན་པོ་ཡང་དག་པར་འགྲུབ་པའི་སྔོན་དུ་འགྲོ་བ་ཡིན་ནོ། །ཞེས་དང་། ག་ཡ་གཽ་རི་ལས། འཇམ་དཔལ། བྱང་ཆུབ་སེམས་དཔའ་རྣམས་ཀྱི་སྤྱོད་པའི(༢༠༢བ)རྩོམ་པ་ནི་ཅི། གནས་ནི་གང་། འཇམ་དཔལ་གྱིས་སྨྲས་པ། ལྷའི་བུ་བྱང་ཆུབ་སེམས་དཔའ་རྣམས་ཀྱི་སྤྱོད་པའི་རྩོམ་པ་ནི་སྙིང་རྗེ་ཆེན་པོའོ། །གནས་ནི་སེམས་ཅན་ནོ། །ཞེས་དང་། ཆོས་ཡང་དག་པར་སྡུད་པ་ལས། བཅོམ་ལྡན་འདས་ལ་བྱང་ཆུབ་སེམས་དཔའ་སྤྱན་རས་

གཟིགས་དབང་ཕྱུག་གིས་འདི་སྐད་ཅེས་གསོལ་ཏོ། །བཅོམ་ལྡན་འདས་བྱང་ཆུབ་སེམས་དཔས་ཆོས་རབ་ཏུ་མང་པོ་ལ་བསླབ་པར་མི་བགྱིའོ། །བཅོམ་ལྡན་འདས་བྱང་ཆུབ་སེམས་དཔས་ཆོས་གཅིག་རབ་ཏུ་བཟུང་ཞིང་རབ་ཏུ་རྟོགས་པར་བགྱིས་ན་སངས་རྒྱས་ཀྱི་ཆོས་ཐམས་ཅད་དེའི་ལག་ཏུ་མཆིས་པ་ལགས་སོ། །ཆོས་གཅིག་པུ་གང་ཞེ་ན། འདི་ལྟ་སྟེ། སྙིང་རྗེ་ཆེན་པོའོ། །སྙིང་རྗེ་ཆེན་པོས་ནི་སངས་རྒྱས་ཀྱི་ཆོས་ཐམས་ཅད་བྱང་ཆུབ་སེམས་དཔའ་རྣམས་ཀྱི་ལག་མཐིལ་དུ་མཆིས་པ་ལགས་སོ། །བཅོམ་ལྡན་འདས་དཔེར་བགྱི་ན་འཁོར་ལོས་བསྒྱུར་བའི་རྒྱལ་པོའི་འཁོར་ལོ་རིན་པོ་ཆེ(༢༠༣ན)དེ་གང་དུ་མཆིས་པ་དེར་དཔུང་གི་ཚོགས་ཐམས་ཅད་མཆིའོ། །བཅོམ་ལྡན་འདས་དེ་བཞིན་དུ་བྱང་ཆུབ་སེམས་དཔའི་སྙིང་རྗེ་ཆེན་པོ་གང་དུ་མཆིས་པ་དེར་སངས་རྒྱས་ཀྱི་ཆོས་ཐམས་ཅད་མཆིའོ། །བཅོམ་ལྡན་འདས་དཔེར་བགྱི་ན་སྲོག་གི་དབང་པོ་མཆིས་ན་དབང་པོ་གཞན་རྣམས་ཀྱང་མཆིས་པར་འགྱུར་རོ། །བཅོམ་ལྡན་འདས། དེ་བཞིན་དུ་སྙིང་རྗེ་ཆེན་པོ་མཆིས་ན་བྱང་ཆུབ་སེམས་དཔའི་ཆོས་གཞན་རྣམས་ཀྱང་འབྱུང་བར་འགྱུར་རོ། །བཅོམ་ལྡན་འདས་ཆོས་འདི་ནི་ཡང་དག་པར་བརྗོད་པ་ལགས་སོ། །ཞེས་དང་། བློ་གྲོས་རྒྱ་མཚོས་ཞུས་པ་ལས། བློ་གྲོས་རྒྱ་མཚོ། དཔེར་ན་ཚོང་དཔོན་ནམ་ཁྱིམ་བདག་ཅིག་ལ་བུ་གཅིག་པུ། འདོད་པ་སྡུག་པ་ཕངས་པ་ཡིད་དུ་འོང་བ་མཐོང་ན་མི་མཐུན་པ་མེད་པ་ཞིག་ཡོད་ལ་ཁྱེའུ་དེ་ཡང་བྱིས་པར་གྱུར་བས་མི་གཙང་བའི་དོང་དུ་ལྷུང་བར་འགྱུར་རོ། །དེ་ནས་ཁྱེའུ་དེའི་མ་དང་གཉེན་གྱིས་ཁྱེའུ་དེ་མི(༢༠༣བ)གཙང་བའི་དོང་དུ་ལྷུང་བ་དེ་མཐོང་ལ། མཐོང་ནས་ཀྱང་ཆེ་ངེ་ཆེན་པོས་འདེབས་ཤིང་མྱ་ངན་བྱེད་ལ་སྨྲེ་སྔགས་འདོན་ཏེ། མི་གཙང་བའི་དོང་དེར་ཞུགས་ནས་ཁྱེའུ་དེ་འདོན་པར་ནི་མི་བྱེད་དོ། །དེ་ནས་ཁྱེའུ་དེའི་ཕ་སྤྱོགས་དེར་སོང་སྟེ་དེས་བུ་གཅིག་པུ་དེ་མི་གཙང་བའི་དོང་དེར་ལྷུང་བར་མཐོང་ངོ་། །མཐོང་

ནས་ཀྱང་རིངས་པ་རིངས་པར་བརྟབས་པའི་ཚུལ་གྱིས་བུ་གཅིག་པུ་དེ་འདོན་པའི་བློས་སྲིད་པར་བྱས་ཏེ་སྐྱུག་བྲོ་བ་མེད་པར་མི་གཙང་བའི་དོང་དེར་བབས་ཏེ་བུ་གཅིག་པུ་ཕྱུང་བར་འགྱུར་ཏོ། །ཞེས་སེམས་ཅན་ཐམས་ཅད་སྡུག་བསྔལ་གྱིས་མནར་བ་ལ་མི་བཟོད་པའི་སྙིང་རྗེ་བུ་གཅིག་པུ་མི་གཙང་བའི་དོང་དུ་ལྷུང་བ་ལྟ་བུའི་བློ་ཚོད་དང་མཉམ་པ་ཉན་རང་ལའང་ཡོད་པར་གསུངས་པའི་ཕྱིར་རོ། །འཕགས་པ་ཤེས་རབ་ཀྱི་ཕ་རོལ་ཏུ་ཕྱིན་པ་སྟོང་ཕྲག་ཉི་ཤུ་ལྔ་པ་ལས། དེ་ལ་བྱང་ཆུབ་སེམས་དཔའ་སེམས་དཔའ་ཆེན་པོའི་སེམས་ཅན་ཐམས་ཅད་ལ་སེམས་མཉམ་པ་ཉིད(२०८ན)ཡོངས་སུ་སྦྱོང་བ་གང་ཞེ་ན། རྣམ་པ་ཐམས་ཅད་མཁྱེན་པ་ཉིད་དང་ལྡན་པའི་སེམས་བསྐྱེད་པས། ཚད་མེད་པ་བཞི་པོ་བྱམས་པ་དང་། སྙིང་རྗེ་དང་། དགའ་བ་དང་བཏང་སྙོམས་མངོན་པར་བསྒྲུབ་པ་འདི་ནི་བྱང་ཆུབ་སེམས་དཔའ་སེམས་དཔའ་ཆེན་པོའི་སེམས་ཅན་ཐམས་ཅད་ལ་སེམས་མཉམ་པ་ཉིད་ཡོངས་སུ་སྦྱོང་བའོ། །ཞེས་དང་། ཚེ་དང་ལྡན་པ་ཤཱ་རི་དྭ་ཏིའི་བུ། སེམས་ཅན་རྣམས་ལ་མར་འདུ་ཤེས་བསྐྱེད་པ་དང་། ཕར་འདུ་ཤེས་བསྐྱེད་པ་དང་། བདག་ཏུ་འདུ་ཤེས་བསྐྱེད་པ་དང་། བུར་འདུ་ཤེས་བསྐྱེད་པས་སེམས་ཅན་གྲངས་མེད་ཚད་མེད་པའི་དོན་བྱ་བ་དེ་ཡང་མི་དམིགས་པའི་ཚུལ་དུ་ནུས་པར་འགྱུར་རོ། །ཞེས་དང་། བུ་མོ་ཟླ་བ་མཆོག་གིས་ཞུས་པ་ལས། བདག་གིས་སྔོན་ཆད་ཁྱེད་རྣམས་ཐམས་ཅད་བསད། །བདག་ཀྱང་ཁྱེད་ཀྱིས་སྔོན་ཆད་གཤགས་ཤིང་གཏུབས། །ཀུན་ཀྱང་ཕན་ཚུན་དགྲ་དང(२०८བ)གསོད་པ་ཡིན། །ཁྱེད་ཅག་ཇི་ལྟར་འདོད་ཆགས་སེམས་ཀྱང་སྐྱེ། །ཞེས་ཆགས་སྣང་གིས་རིས་སུ་གཅོད་པ་འགོག་ན་བདེ་བླག་ཏུ་སྐྱེ་བར་གསུངས་པ་དང་། མདོ་ལས། སྔོན་ཡུན་རིང་པོ་འདས་པ་ནས་གང་དུ་ཁྱེད་མ་སྐྱེས་པ་དང་མ་སོང་བ་དང་མ་ཤི་བའི་ས་ཕྱོགས་དེ་ནི་ངས་མཐོང་བར་དཀའོ། །ཡུན་རིང་པོ་འདས་པ་ནས་སེམས་ཅན་གང་ཁྱེད་ཀྱི་ཕའམ་

མའམ་ཕུ་ནུའམ་སྲིང་མོའམ་སློབ་དཔོན་ནམ་མཁན་པོའམ་བླ་མའམ་བླ་མའི་གནས་ལྟ་བུར་མ་གྱུར་བ་དེ་ནི་ངས་མཐོང་བར་དཀའོ། །ཞེས་དང་། ཀླུའི་རྒྱལ་པོ་ཛ་སྒྲའི་ཚོགས་བཅད་ལས། རྒྱ་མཚོ་དང་ནི་རི་རབ་དང་། །ས་རྣམས་བདག་གི་ཁུར་མིན་གྱི། །བྱས་པ་མི་བཟོ་གང་ཡིན་པ། །དེ་ནི་བདག་གི་ཁུར་ཆེན་ཡིན། །མི་གང་སེམས་ནི་མི་ཤོད་ཅིང་། །བྱས་པ་བཟོ་དང་བྱས་པ་ཚོར། །བྱས་པ་ཆུད་གཟོན་མི་བྱེད་པ། །དེ་དག་མཁས་པས་རབ་ཏུ་བསྔགས། །ཞེས་དང་། འཕགས་པ་བརྒྱད་སྟོང(༢༠༥ན)པ་ལས། ཁོ་བོ་ནི་བྱང་ཆུབ་སེམས་དཔའ་སེམས་དཔའ་ཆེན་པོ་དཀའ་བ་སྤྱད་པ་སྤྱོད་པར་མི་འདོད་པ་དེ་གང་དཀའ་བ་སྤྱོད་པར་འདུ་ཤེས་པས་སྤྱོད་པ་དེ་ནི་བྱང་ཆུབ་སེམས་དཔའ་མ་ཡིན་ནོ། །དེ་ཅིའི་ཕྱིར་ཞེ་ན། ཞེས་པ་ནས། དེ་བས་ན་བྱང་ཆུབ་སེམས་དཔའ་སེམས་དཔའ་ཆེན་པོས་སེམས་ཅན་ལ་མར་འདུ་ཤེས་པ་དང་། ཕར་འདུ་ཤེས་པ་དང་། བུར་འདུ་ཤེས་པ་དང་། བུ་མོར་འདུ་ཤེས་པ་བསྐྱེད་པར་བྱ་སྟེ་ཇི་ལྟར་བདག་ཐམས་ཅད་དུ་ཐམས་ཅད་རྣམ་པ་ཐམས་ཅད་ཀྱི་ཐམས་ཅད་དུ་སྡུག་བསྔལ་ཐམས་ཅད་ལས་ཐར་བར་བྱ་བ་དེ་བཞིན་དུ་སེམས་ཅན་ཐམས་ཅད་ལ་ཡང་འདུ་ཤེས་འདི་ལྟར་བསྐྱེད་པར་བྱ་སྟེ། བདག་གིས་སེམས་ཅན་འདི་དག་ཐམས་ཅད་ཡོངས་སུ་མི་གཏོང་ངོ་། །བདག་གིས་སེམས་ཅན་འདི་དག་ཐམས་ཅད་སྡུག་བསྔལ་གྱི་ཕུང་པོ་དཔག་ཏུ་མེད་པ་ལས་ཐར(༢༠༥བ)པར་བྱའོ། །བདག་གི་ལུས་བརྒྱར་གཏུབ་ཀྱང་ཐ་ན་འདི་དག་ལ་གནོད་སེམས་ཀྱང་མི་བསྐྱེད་སྙམ་དུ་དེ་ལྟར་བྱང་ཆུབ་སེམས་དཔའ་སེམས་དཔའ་ཆེན་པོས་སེམས་བསྐྱེད་པར་བྱའོ། །གལ་ཏེ་སེམས་དེ་ལྟར་སྤྱོད་ན་དཀའ་བའི་འདུ་ཤེས་སུ་གནས་པ་མིན་ནོ། །ཞེས་དང་། བཅོམ་ལྡན་འདས་ཀྱིས་བཀའ་སྩལ་པ། རབ་འབྱོར་བྱང་ཆུབ་སེམས་དཔའ་སེམས་དཔའ་ཆེན་པོ་བླ་ན་མེད་པ་ཡང་དག་པར་རྫོགས་པའི་བྱང་ཆུབ་ཏུ་ངེས་པར་འབྱུང་བར་འདོད་

པས། སེམས་ཅན་ལ་མཉམ་པར་གནས་པར་བྱ། སེམས་ཅན་ཐམས་ཅད་ལ་སེམས་
མཉམ་པ་བསྐྱེད་པར་བྱ་སྟེ། མི་མཉམ་(པ་མེད་)པའི་སེམས་ཀྱིས་གཞན་ལ་དམིགས་
པར་བྱ། ཕན་པའི་སེམས་ཀྱིས་གཞན་ལ་དམིགས་པར་བྱ། དགེ་བའི་སེམས་ཀྱིས་
གཞན་ལ་དམིགས་པར་བྱ། ང་རྒྱལ་བཅག་པའི་སེམས་ཀྱིས་གཞན་ལ་དམིགས་པར་
བྱ། ཁྲོ་བ་མེད་པའི་སེམས་ཀྱིས་གཞན་ལ་དམིགས་པར་བྱ། ཚོགས(༢༠༨ན)མེད་པའི་
སེམས་ཀྱིས་གཞན་ལ་དམིགས་པར་བྱ། མཐོ་མཚམས་པ་མེད་པའི་སེམས་ཀྱིས་གཞན་
ལ་དམིགས་པར་བྱ། སེམས་ཅན་ཐམས་ཅད་ལ་མར་འདུ་ཤེས་པ་ཉེ་བར་བཞག་པར་
བྱ། ཕར་འདུ་ཤེས་པ་དང་། བུར་འདུ་ཤེས་པ་དང་། བུ་མོར་འདུ་ཤེས་པ་ཉེ་བར་
བཞག་པར་བྱ་སྟེ་གཞན་ལ་དམིགས་པར་བྱའོ། །རབ་འབྱོར། དེ་ལྟ་ན་བྱང་ཆུབ་
སེམས་དཔའ་སེམས་དཔའ་ཆེན་པོ་བླ་ན་མེད་པ་ཡང་དག་པར་རྫོགས་པའི་བྱང་ཆུབ་
མངོན་པར་རྫོགས་པར་འཚང་རྒྱ་བར་འདོད་པས་སེམས་ཅན་ཐམས་ཅད་ལ་དེ་ལྟར་
གནས་པར་བྱ། དེ་ལྟར་བསླབ་པར་བྱ་སྟེ་བདག་སེམས་ཅན་ཐམས་ཅད་ཀྱི་མགོན་དུ་
འགྱུར་བར་བྱའོ། །ཞེས་དང་། འཕགས་པ་ཏིང་ངེ་འཛིན་རྒྱལ་པོ་ལས། གཞོན་ནུ།
ཇི་ལྟར་བྱང་ཆུབ་སེམས་དཔའ་སེམས་དཔའ་ཆེན་པོ་ཐབས་ལ་མཁས་པ་ཡིན་ཞེ་ན།
གཞོན་ནུ། འདི(༢༠༨བ)ལ་བྱང་ཆུབ་སེམས་དཔའ་སེམས་དཔའ་ཆེན་པོས་སེམས་ཅན་
ཐམས་ཅད་དུ་ཉེ་དུའི་སེམས་ཉེ་བར་བཞག་པར་བྱ་སྟེ་སེམས་ཅན་ཐམས་ཅད་ཀྱི་དགེ་
བའི་རྩ་བ་དང་བསོད་ནམས་ཀྱི་ཕུང་པོ་ཅི་ཡོད་པ་ལ་བྱང་ཆུབ་སེམས་དཔའ་སེམས་
དཔའ་ཆེན་པོས་རྗེས་སུ་ཡི་རངས་པར་བྱ་སྟེ་ཉིན་ལན་གསུམ་མཚན་ལན་གསུམ་དུ་
སེམས་ཅན་ཐམས་ཅད་ཀྱི་དགེ་བའི་རྩ་བ་དང་། བསོད་ནམས་ཀྱི་ཕུང་པོ་ལ་རྗེས་སུ་
ཡི་རངས་ནས་ཐམས་ཅད་མཁྱེན་པ་ཉིད་ལ་དམིགས་པའི་སེམས་བསྐྱེད་པའི་དགེ་
བའི་རྩ་བ་དང་། ཐབས་ལ་མཁས་པ་ལས་བྱུང་བའི་བསོད་ནམས་ཀྱི་ཕུང་པོ་དེ་དང་

ལྡན་པས་མྱུར་དུ་ཏིང་ངེ་འཛིན་ཐོབ་ཅིང་མྱུར་དུ་བླ་ན་མེད་པ་ཡང་དག་པར་རྫོགས་པའི་བྱང་ཆུབ་ཏུ་མངོན་པར་རྫོགས་པར་འཚང་རྒྱའོ། །ཞེས་དང་། བྱེ་བ་ཁྲག་ཁྲིག་དཀྲིགས་པའི་ཞིང་དག་ན། །མཆོད་པ་རྣམ་མང་དཔག་མེད་ཇི་སྙེད་པ། །སྐྱེས་མཆོག(༢༠༧ན)རྣམས་ལ་དེ་ཡིས་རྟག་མཆོད་པས། །བྱམས་པའི་སེམས་ཀྱི་གྲངས་དང་ཆར་མི་ཕོད། །ཅེས་དང་། འཕགས་པ་ཡོན་ཏན་རིན་པོ་ཆེ་སྡུད་པ་ལས། སངས་རྒྱས་ཐེག་པ་དེ་ལ་ངེས་པར་འབྱུང་འདོད་གང་། །འགྲོ་བ་ཀུན་ལ་སེམས་སྙོམས་ཕ་མའི་འདུ་ཤེས་དང་། །ཕན་པའི་སེམས་དང་བྱམས་པའི་ཡིད་ཀྱིས་གདུལ་བྱ་ཞིང་། །ཐ་བ་མེད་ཅིང་དྲང་ལ་ཚིག་འཇམ་སྨྲ་བར་བྱེད། །ཤེས་རབ་ཕྱིན་མཆོག་སྤྱོད་པའི་རྣལ་འབྱོར་པ། །སྙིང་རྗེ་ཆེན་པོ་བསྐྱེད་ཅིང་སེམས་ཅན་འདུ་ཤེས་མེད། །དེ་ཚེ་མཁས་པ་འགྲོ་བ་ཀུན་གྱི་སྦྱིན་གནས་འགྱུར། །རྟག་ཏུ་ཡུལ་འཁོར་བསོད་ནམས་དོན་ཡོད་ཡོངས་སུ་སྤྱོད། །བྱང་ཆུབ་སེམས་དཔའ་གང་དག་ཡུན་རིང་འབྲེལ་བ་ཡི། །ལྷ་མི་ངན་སོང་གསུམ་གྱི་སེམས་ཅན་དགྲོལ་བའི་ཕྱིར། །ལམ་ཡང་ཕ་རོལ་སེམས་ཅན་ཁམས་ལ་སྟོན་འདོད་པས། །ཉི་མའི་དཀྱིལ་འཁོར་གང(༢༠༧བ)ཚེ་འོད་ཀྱི་དྲ་བ་འགྱེད། །དེ་ཚེ་སེམས་ཅན་ལས་བྱེད་བརྩོན་པ་དེ་བཞིན་དུ། །མཁས་པ་ཤེས་ཕྱིར་འཇིག་རྟེན་བྱང་ཆུབ་སེམས་བྱུང་ན། །ཡེ་ཤེས་ཀྱིས་ནི་སེམས་ཅན་ཡོན་ཏན་ཆོས་ཀུང་ལྡན། །ཞེས་དང་། བྱམས་པ་བསྒོམ་པའི་མདོ་ལས། དགེ་སློང་དག་གཞན་ཡང་བྱམས་པའི་ཕན་ཡོན་རྣམས་བཤད་པར་བྱའོ། །ཁ་ཟས་དུ་མ་ཐོབ་པ་དང་། །རང་གི་ཡུལ་དུ་ཉེ་བར་གནས། །མང་པོ་རྣམས་ན་འཚོ་བ་ནི། །གང་གིས་བྱམས་པ་མ་སྤངས་ནའོ། །གྲོང་བརྡལ་གང་གང་འགྲོ་བ་དང་། །གྲོང་ཁྱེར་རྒྱལ་པོའི་ཕོ་བྲང་དང་། །ཐམས་ཅད་དུ་ནི་མཆོད་པར་འགྱུར། །གང་གིས་བྱམས་པ་མ་སྤངས་ནའོ། །དེ་ལ་ཆོམ་རྐུན་མི་འབྱུང་ཞིང་། །དེ་ལ་རྒྱལ་པོ་གནོད་མི་བྱེད། །སེམས་ཅན་

ཐམས་ཅད་བཤེས་སུ་འགྱུར། །གང་གིས་བྱམས་པ་མ་སྤངས་ན་འོ། །ཞེས་དང་། འཕགས་པ་འཇམ་དཔལ་གྱི་ཞིང་གི་བཀོད་པ་ལས། བྱང་ཤར་གྱི་མཚམས་སངས་རྒྱས་དབང་ཕྱུག་ཆེན(༢༠༨ན)པོའི་རྒྱལ་པོའི་འཇིག་རྟེན་གྱི་ཁམས་སྟོང་གིས་བརྒྱན་པ་ཞེས་བྱ་བ་དེ་ན་དགེ་སློང་འགོག་པ་ལ་ཞུགས་པའི་བདེ་བ་བཞིན་དུ་སེམས་ཅན་རྣམས་བདེ་བ་དང་ལྡན་ནོ། །དེར་ལོ་བྱེ་བ་བརྒྱ་སྟོང་དུ་ཚངས་སྤྱོད་སྤྱད་པས་ནི་ཞིང་འདིར་ཐ་ན་སེ་གོལ་གཏོགས་པའི་ཡུད་ཙམ་དུ་སེམས་ཅན་ཐམས་ཅད་ལ་བྱམས་པའི་སེམས་བསྐྱེད་ན་དེ་སྔ་མ་ལས་བསོད་ནམས་ཆེས་མང་བ་བསྐྱེད་ན་ཉིན་མཚན་དུ་གནས་པ་ལྟ་ཅི་སྨོས། ཞེས་དང་། འཕགས་པ་སྡོང་བུ་བཀོད་པ་ལས། དེ་དག་ལ་བུ་གཅིག་པའི་འདུ་ཤེས་བསྐྱེད་པའི་ཕྱིར་རོ། །ཕ་མའི་འདུ་ཤེས་དང་། སྦྱིན་པའི་འདུ་ཤེས་དང་། དགེ་བའི་བཤེས་གཉེན་གྱི་འདུ་ཤེས་དང་། དཀོན་པའི་འདུ་ཤེས་དང་། དཀའ་བའི་འདུ་ཤེས་དང་། གཅེས་སྤྲས་སུ་བྱེད་པའི་འདུ་ཤེས་དང་། ཕན་འདོགས་པའི་འདུ་ཤེས་དང་། བྱང་ཆུབ་ཀྱི་ལམ་ཉེ་བར་སྟོན་པའི་འདུ་ཤེས་དང་། སྟོན་པའི་འདུ་ཤེས་བསྐྱེད་པའི་ཕྱིར། །ཞེས་དང་། དེ་ནས(༢༠༨བ)གཉིས་པ་ལས་ཀྱི་དང་པོ་པ། །ཐོག་མ་ཉིད་དུ་སེམས་ཅན་ཐམས་ཅད་ལ། །སེམས་བཅུ་ཉེ་བར་ཞོག་ཅིང་སློན་བྱེད་པ། །འདི་ནི་སྐྱོན་དང་བྲལ་བའི་གདམས་ངག་གོ། །ཕན་པའི་སེམས་དང་དེ་བཞིན་བདེ་བའི་སེམས། །སྙིང་རྗེ་སེམས་དང་དེ་བཞིན་བྱམས་པའི་སེམས། །བསྲུང་བའི་སེམས་དང་དེ་བཞིན་མཉམ་པའི་སེམས། །སློབ་དཔོན་སེམས་དང་དེ་བཞིན་སྟོན་པའི་སེམས། །སྡུག་པའི་སེམས་དང་དེ་བཞིན་ཕན་འདོགས་སེམས། །དེ་འདྲའི་སེམས་རྣམས་ཉེ་བར་བཞག་པ་ལ། །ཞེས་དང་། རིགས་ཀྱི་བུ། བྱང་ཆུབ་ཀྱི་སེམས་ནི་སངས་རྒྱས་ཀྱི་ཆོས་ཐམས་ཅད་ཀྱི་ས་བོན་ལྟ་བུའོ། །འགྲོ་བ་ཐམས་ཅད་ཀྱི་དཀར་པོ་རྣམ་པར་འཕེལ་བར་བྱེད་པས་ཞིང་ལྟ་བུའོ། །འཇིག་རྟེན་

ཐམས་ཅད་རབ་ཏུ་བརྟེན་པས་ས་ལྟ་བུའོ། །ཉོན་མོངས་པའི་དྲི་མ་ཐམས་ཅད་དག་པར་བྱེད་པས་ཆུ་ལྟ་བུའོ། །འཇིག་རྟེན་ཐམས་ཅད་རྟེན་པ་མེད་པས་རླུང་ལྟ་བུའོ། །ལྟ་བའི(༢༠་ན)ཉེ་བར་ལེན་པའི་རྩ་བ་ཐམས་ཅད་རབ་ཏུ་བསྲེགས་པས་མེ་ལྟ་བུའོ། །སེམས་ཅན་ཐམས་ཅད་ཀྱི་གནས་སྣང་བར་བྱེད་པས་ཉི་མ་ལྟ་བུའོ། །ཆོས་དཀར་པོའི་དཀྱིལ་འཁོར་ཡོངས་སུ་རྒྱས་པར་བྱེད་པས་ཟླ་བ་ལྟ་བུའོ། །ཆོས་ཀྱི་སྣང་བ་བྱེད་པས་སྒྲོན་མ་ལྟ་བུའོ། །མཉམ་པ་དང་མི་མཉམ་པ་ཡོངས་སུ་མཐོང་བར་བྱེད་པས་མིག་ལྟ་བུའོ། །ཐམས་ཅད་མཁྱེན་པའི་གྲོང་ཁྱེར་དུ་ཕྱིན་པར་བྱེད་པས་ལམ་ལྟ་བུའོ། །ཞེས་པ་ནས། རིགས་ཀྱི་བུ། མདོར་ན་སངས་རྒྱས་ཀྱི་ཆོས་ཐམས་ཅད་དང་སངས་རྒྱས་ཀྱི་ཡོན་ཏན་ཇི་སྙེད་དུ་བྱང་ཆུབ་ཀྱི་སེམས་ལ་ཡོན་ཏན་དང་ལེགས་པ་ཡོད་པར་ལྟའོ། །དེ་ཅིའི་ཕྱིར་ཞེ་ན། འདི་ལས་ནི་བྱང་ཆུབ་སེམས་དཔའ་ཐམས་ཅད་ཀྱི་སྤྱོད་པའི་དཀྱིལ་འཁོར་རབ་ཏུ་འབྱུང་སྟེ། འདས་པ་དང་མ་བྱོན་པ་དང་ད་ལྟར་བྱུང་བའི་སངས་རྒྱས་ཐམས་ཅད་ཀྱང་འདི(༢༠་བ)ལས་འབྱུང་ངོ་། །རིགས་ཀྱི་བུ། དེ་བས་ན་གང་གིས་བླ་ན་མེད་པ་ཡང་དག་པར་རྫོགས་པའི་བྱང་ཆུབ་ཏུ་སེམས་བསྐྱེད་པ་དེ་ནི་ཐམས་ཅད་མཁྱེན་པ་ཉིད་ཀྱི་སེམས་དང་། ལྷག་པའི་བསམ་པས་ཤིན་ཏུ་བཟུང་བས་ཡོན་ཏན་ཚད་མེད་ཕུན་སུམ་ཚོགས་པ་ཡིན་ནོ། །ཞེས་སོགས་དང་། རྒྱལ་བུ་སེང་གེས་ཞུས་པ་ལས། གང་གིས་བསྐལ་བ་དྲུག་སྟོང་དུ། །སངས་རྒྱས་ཞིང་རྣམས་ཐམས་ཅད་དུ། །རིན་ཆེན་རྣམས་ཀྱིས་གང་བྱས་ནས། །བྱང་ཆུབ་ཕྱིར་འདིར་བྱིན་པ་བས། །གང་གི་ཆོས་ཀྱི་རྣམ་གྲངས་འདི། །ཐོས་ནས་བྱང་ཆུབ་ཕྱིར་འཇུག་ན། །སྔར་སྨོས་པ་ཡི་བསོད་ནམས་ཀྱིས། །གྲངས་དང་ཆར་ཡང་མི་ཕོད་དོ། །ཞེས་དང་། དཔའ་བྱིན་གྱིས་ཞུས་པའི་མདོ་ལས། བྱང་ཆུབ་སེམས་ཀྱི་བསོད་ནམས་གང་། །དེ་ལ་གལ་ཏེ་གཟུགས་མཆིས་ན། །ནམ་མཁའི་ཁམས་ནི་ཀུན་བཀང་སྟེ། །དེ་

ནི་དེ་བས་ལྷག་པར་གྱུར། །གངྒཱའི་བྱེ་མའི་གྲངས་སྙེད(༢༧༠ན)ཀྱི། །སངས་རྒྱས་ཞིང་རྣམས་མི་གང་གིས། །རིན་ཆེན་དག་གིས་ཀུན་བཀང་སྟེ། །འཇིག་རྟེན་མགོན་ལ་ཕུལ་བ་བས། །གང་གིས་ཐལ་མོ་སྦྱར་བགྱིས་ཏེ། །བྱང་ཆུབ་ཏུ་ནི་སེམས་བཏུད་ན། །མཆོད་པ་འདི་ནི་ཁྱད་པར་འཕགས། །དེ་ལ་མཐའ་ནི་མ་མཆིས་སོ། །ཞེས་དང་། འཕགས་པ་མདོ་སྡེ་བསྐལ་བ་བཟང་པོ་ལས། དེ་ནས། བཅོམ་ལྡན་འདས་ཀྱིས་དེའི་ཚེ་ཚིགས་སུ་བཅད་པ་འདི་དག་བཀའ་སྩལ་ཏོ། །གང་གིས་བསྐལ་བ་བྱེ་བ་སྟོང་ཚང་བར། །སེམས་ཅན་ཀུན་ལ་བདེ་བ་བྱིན་པ་བས། །ལ་ལས་བྱང་ཆུབ་མཆོག་སེམས་གཅིག་བསྐྱེད་པ། །དེ་ཡི་བསོད་ནམས་དཔེར་ཡང་བཟོད་མི་འགྱུར། །ཕྱོགས་བཅུ་དག་ན་སེམས་ཅན་ཇི་སྙེད་པ། །དེ་དག་ཐམས་ཅད་རང་རྒྱལ་གྱུར་དེ་ལ། །བདེ་བ་ཀུན་གྱིས་བསྐལ་བར་བཀུར་བྱས་ཀྱང་། །འདི་ལྟར་བྱང་ཆུབ་མཆོག་ཙམ་བསོད(༢༧༠བ)ནམས་མེད། །འཇིག་རྟེན་སེམས་ཅན་ཀུན་སངས་རྒྱས་གྱུར་ཏེ། །དེ་དག་བསམ་པ་ཇི་བཞིན་བསྐལ་མཆོད་པས། །ལ་ལས་བྱང་ཆུབ་མཆོག་སེམས་གཅིག་བསྐྱེད་པ། །དེ་ཡི་བསོད་ནམས་དཔེར་ཡང་བཟོད་མི་འགྱུར། །ཞེས་དང་། འཕགས་པ་ཕུང་པོ་གསུམ་པའི་མདོ་ལས། བྱང་ཆུབ་ཀྱི་སེམས་དེས་ཁྱབ་པར་མ་གྱུར་པའི་ཆོས་ཀྱི་དབྱིངས་དེ་གང་ཡང་མ་མཆིས་སོ། །བྱང་ཆུབ་སེམས་བསྐྱེད་པའི་དགེ་བའི་རྩ་བའི་ཚོགས་དེས་དུས་གསུམ་དུ་མ་ཁྱབ་པ་ཅུང་ཟད་ཀྱང་མ་མཆིས་སོ། །ཞེས་དང་། མདོ་སྡེ་ཕལ་པོ་ཆེའི་སེམས་དང་པོ་བསྐྱེད་པའི་བསོད་ནམས་ཀྱི་ཕུང་པོའི་དཔེ་ཡང་དག་པར་བསགས་པ་ཚིགས་སུ་བཅད་པའི་ལེའུ་ལས། མཁས་པ་གང་ཞིག་འབྱམས་ལས་ཆོས་ཀྱི་དབྱིངས། །འགེངས་ཤིང་ཕྱོགས་བཅུའི་སངས་རྒྱས་ཞིང་དུ་འགྲོ་བ་ནི། །དེ་དག་ཁྲག་ཁྲིག་ཚུལ་རྣམས་བརྗོད་དུ་མེད་པ་ཡི། །སྣང་བ་རྙེད་པར་གནས་པའི་རྒྱལ་བའི་སྲས(༢༧༡ན)ཡིན་ནོ། །ཞེས་པ་ནས། འགྲོ་བའི་སེམས་དང་སྤྱོད་པ་ཤེས་ཤིང་

མཐོང་ཙུང་སྲིད། །ཞིང་ནམས་རྡུལ་དུ་བརླགས་ཏེ་བགྲང་བར་ནུས་ཀྱང་སྲིད། །བར་སྣང་སྐྲ་ཡིས་མཉམ་པར་གཞལ་བར་ནུས་སྲིད་ཀྱི། །བྱང་ཆུབ་སེམས་མཆོག་ཡོན་ཏན་མཐར་ཕྱིན་མི་ནུས་སོ། །འདི་ལས་དུས་གསུམ་སངས་རྒྱས་ཐམས་ཅད་འབྱུང་། །འདི་ལས་རྒྱལ་བས་བསྔགས་པའི་ལེགས་པ་ཐམས་ཅད་འབྱུང་། །འདིས་ནི་སེམས་ཅན་གཙོ་ལ་ཐེ་ཚོམ་མེད་པར་འགྱུར། །འདིས་ནི་འཇིག་རྟེན་ཀུན་གྱི་སྒྲིབ་པ་ཟད་པར་འགྱུར། །འདིས་ནི་ཞིང་ནམས་ཡོངས་སུ་དག་པའི་མཆོག་ཏུ་འགྱུར། །འདི་ལས་འཇིག་རྟེན་དམ་པ་ཤེས་དང་ལྡན་པ་འབྱུང་། །གང་ཞིག་ཕྱོགས་བཅུའི་རྒྱལ་བ་བལྟ་བར་འདོད་པ་དང་། །གང་ཞིག་ཕྱིན་དང་བསོད་ནམས་མི་ཟད་མཛད་འདོད་དང་། །གང་ཞིག་འགྲོ་བ་ཀུན་གྱི་སྡུག་བསྔལ་བཟློག(༢༧༧བ)འདོད་པ། །དེས་ནི་ཡོན་ཏན་མཐའ་ཡས་བྱང་ཆུབ་སེམས་བསྐྱེད་བྱ། །ཞེས་གསུངས་པ་ལྟར་རོ། །དེ་ལྟར་བྱམས་སྙིང་རྗེ་བྱང་ཆུབ་ཀྱི་སེམས་རིན་པོ་ཆེ་ཐོག་མར་སྐྱེ་དཀའ་ནའང་ཤིན་ཏུ་དོན་ཆེ་བས་ཚིགས་སུ་བཅད་པའི་དབྱངས་ཀྱིས་ཀྱང་སྨོན་པ་སོགས་སྒོ་དུ་མ་ནས་འབད་དགོས་ཏེ། འཕགས་པ་གསེར་འོད་དམ་པ་མདོ་སྡེ་དབང་པོའི་རྒྱལ་པོ་ལས། གསེར་འོད་དམ་པའི་ང་ཆེན་སྒྲ་ཡིས་ནི། །སྟོང་གསུམ་འཇིག་རྟེན་འཇིག་རྟེན་གསུམ་འདི་ན། །ངན་སོང་སྡུག་བསྔལ་གཤིན་རྗེའི་སྡུག་བསྔལ་དང་། །དབུལ་བའི་སྡུག་བསྔལ་སྡུག་བསྔལ་ཞི་བར་ཤོག །ང་བོ་ཆེ་ཡི་སྒྲ་སྐད་འདི་ཡིས་ནི། །འཇིག་རྟེན་ཚོང་ས་ཐམས་ཅད་ཞིར་གྱུར་ཅིག །ཇི་ལྟར་ཐུབ་དབང་འཇིགས་བྱེད་འཇིགས་ཞི་ལྟར། །སེམས་ཅན་འཇིགས་མེད་འཇིགས་དང་བྲལ་བར་ཤོག །ཇི་ལྟར་འཁོར་བར་ཀུན་མཁྱེན་ཐུབ(༢༧༨ན)དབང་པོ། །འཕགས་པའི་ཡོན་ཏན་ཀུན་དང་ལྡན་པ་ལྟར། །སྐྱེ་དགུ་ཏིང་འཛིན་བྱང་ཆུབ་ཡན་ལག་གི། །ཡོན་ཏན་ལྡན་ཞིང་ཡོན་ཏན་རྒྱ་མཚོར་འགྱུར། །ང་བོ་ཆེ་ཡི་སྒྲ་སྐད་འདི་ཡིས་ནི། །སེམས་ཅན་ཐམས་ཅད་ཚངས་པའི་

དབྱངས་ལྡན་གྱུར། །སངས་རྒྱས་བྱང་ཆུབ་དམ་པ་མཆོག་རེག་ཤོག །ཆོས་ཀྱི་འཁོར་ལོ་དགེ་བ་སྐོར་གྱུར་ཅིག །བསྐལ་བ་བསམ་གྱིས་མི་ཁྱབ་བཞུགས་པར་ཤོག །འགྲོ་ལ་ཕན་ཕྱིར་ཆོས་ཀྱང་སྟོན་གྱུར་ཅིག །ཉོན་མོངས་འཇོམས་འགྱུར་སྡུག་བསྔལ་སེལ་བར་ཤོག །འདོད་ཆགས་ཞེ་སྡང་གཏི་མུག་ཞི་གྱུར་ཅིག །སེམས་ཅན་གང་དག་ངན་སོང་སར་གནས་ཏེ། །ཙུས་པའི་ལུས་ལ་མེ་ལྟེ་རབ་འབར་བ། །དེ་དག་ཀུན་ཆེན་བསྒྲགས་པ་ཐོས་གྱུར་ཅིག །སྡུག་བསྔལ་ཐམས་ཅད་རབ་ཏུ་ཞི་གྱུར་ནས། །སངས་རྒྱས་ཕྱག་འཚལ་ལོ་ཞེས་ཚིག་ཐོས་ཤོག །སེམས་ཅན་ཀུན(༡༧༢བ)གྱི་ཚེ་རབས་བརྒྱ་དག་དང་། །ཚེ་རབས་སྟོང་ཕྲག་བྱེ་བར་སྐྱེ་དྲན་ཤོག །ཐུབ་པའི་དབང་པོ་རྟག་ཏུ་དྲན་གྱུར་ཅིག །དེ་དག་གིས་ནི་རྒྱ་ཆེན་གསུང་ཐོས་ཤོག །ཌ་བོ་ཆེ་ཡི་སྒྲ་སྐད་འདི་ཡིས་ནི། །སངས་རྒྱས་རྣམས་དང་རྟག་ཏུ་འགྲོགས་ཉིད་གྱུར། །སྡིག་པའི་ལས་རྣམས་རྣམ་པར་སྤོང་བར་ཤོག །བྱ་བ་དགེ་བ་རྣམས་ནི་སྤྱོད་གྱུར་ཅིག །མི་དང་ལྷ་དང་སྲོག་ཆགས་ཐམས་ཅད་ཀྱི། །དེ་དག་བསམ་དང་སྨོན་ལམ་གང་ཡིན་པ། །ཌ་བོ་ཆེའི་སྒྲ་སྐད་འདི་ཡིས་ནི། །དེ་དག་རྣམས་ཀྱི་རེ་བ་ཀུན་རྫོགས་ཤིག །སེམས་ཅན་གང་དག་སེམས་དམྱལ་མི་ཟད་སྐྱིད། །ལུས་ལ་མེ་ལྟེ་ཀུན་ཏུ་རབ་ཏུ་འབར། །སྐྱབས་མེད་མྱ་ངན་པཙས་ཤིང་ཡོངས་འཁྱམ་པ། །མི་རྣམས་དེ་དག་རབ་ཏུ་ཞི་བར་ཤོག །སེམས་དམྱལ་ཡི་དྭགས་མི་ཡི་འཇིག་རྟེན་ན། །སེམས་ཅན་སྡུག་བསྔལ་མི་བཟད་དྲག་པོ་གང་། །ཌ་བོ་ཆེ་ཡི་སྒྲ་སྐད་འདི་ཡིས་ནི། །དེ་དག(༡༧༣ན)རྣམས་ཀྱི་སྡུག་བསྔལ་ཀུན་ཞི་ཤོག །ཅེས་སོགས་བརྗོད་ཅིང་ངུ་བས་བསམ་ན་རང་རྒྱུད་ལ་ངེས་འབྱུང་གི་བསམ་པ་སྐྱེ་བའི་རྒྱུར་གྱུར་ལ་གཞན་སྙིང་དུ་བསམ་པས་བྱམས་སྙིང་རྗེ་སོགས་སྐྱེ་བའི་རྒྱུར་འགྱུར་རོ། །སེམས་བསྐྱེད་སྐྱེ་བའི་རྒྱུ་མང་ཡང་སྙིང་རྗེས་ནོན་ཏེ་རང་ཉིད་ཀྱིས་བསྐྱེད་པ་ནི་ཁྱད་པར་ཆེ་བར་ཡེ་ཤེས་ཕྱག་རྒྱའི་ཏིང་ངེ་འཛིན་ལས་བཀའ་སྩལ་པ་དང་། སྔོང

པོ་བཀོད་པའི་མདོ་ལྟར་སྨོན་འཇུག་གཉིས་སུ་གསུངས་པ་དང་། བདག་ཅག་གི་སྟོན་པ་ཛཱ་མཁན་གྱི་ཁྱིའུ་སྣང་བྱེད་དུ་གྱུར་པའི་ཚེ་ཤཱཀྱ་ཐུབ་པ་ཆེན་པོའི་དྲུང་དུ་ཐུགས་བསྐྱེད་ཚུལ་སྟར་བཀོད་ཟིན་པ་ལྟར་ཡིན་ལ། དྲིན་ལན་བསབ་པའི་མདོ་ལས། སྟོན་པ་ཐུབ་པའི་དབང་པོ་ཉིད། དམྱལ་བའི་ཤིང་རྟ་འདྲེན་པའི་གྲུད་དུ་འཁྲུངས་སྐབས་རང་བས་གཞན་གཅེས་པར་འཛིན་པའི་ཐུགས་ཀྱིས་ཟླ་བོ་མེའི་ཤིང་རྟ་འདྲེན་མ་ནུས་པ་ལ། དམྱལ་བའི་སྲུང(༢༧༣བ)མ་ཨ་བ་གླང་མགོས་གསལ་ཤིང་གིས་བསྣུན་པ་ཉམས་ཐག་པར་གྱུར་བའི་སྡུག་བསྔལ་རང་སྟེང་དུ་ལེན་པར་བརྩམས་པས་སྡིག་པ་ཟད་དེ་མཐོ་རིས་སུ་སྐྱེ་བར་གསུངས་པ་བཞིན་བདག་བས་གཞན་གཅེས་ཀྱི་ཐུགས་བསྐྱེད་ཚུལ་ལྟར་སེམས་བསྐྱེད་དགོས་པ་ཡིན་ནོ། །རང་ཅག་རྣམས་ཐོག་མ་མེད་པ་ནས་ད་ལྟའི་བར་རང་གཅེས་འཛིན་གྱི་དབང་དུ་གྱུར་ཏེ་འཇིག་རྟེན་གྱི་ཁམས་ན་ཕུན་སུམ་ཚོགས་པ་ཞིག་ཡོད་ཚད་ཐམས་ཅད་རང་གཅིག་པུས་ཐོབ་ན་སྙམ་པ་དང་། གྱོང་དང་བུབ་ཁ་ཐམས་ཅད་གཞན་ལ་འགེལ་བར་འདོད་པས་ཅི་ནུས་ཀྱིས་རང་དོན་སྒྲུབ་པའི་ཁྲུལ་ཀྱང་བདེ་བསྐྱེད་ཛེ་རིང་དང་སྡུག་བསྔལ་རྒྱུན་མི་འཆད་པའི་སྣང་ཚུལ་ཡང་བ་འདི་འདྲ་བྱུང་བ་ཡིན་ཞེས་རྗེ་བའི་བླ་མ་རྗེ་རྗེ་འཆང་གི་ཞལ་སྔ་ནས་གསུངས། དེ་ལྟར་ན་སེམས་ཅན་གྱི་ཞེན་འདི་གཅེས་པར་བཟུང་སྟེ། བསོད་ནམས་ཀྱི(༢༧༤ན)ས་བོན་བཏབ་ན་འཕྲལ་དང་ཡུན་གྱི་ལེགས་ཚོགས་ཐམས་ཅད་འབྱུང་པའི་གཞི་རྟེན་དང་། སེམས་ཅན་རྣམས་ཡལ་བར་དོར་ནས་ལོག་སྒྲུབ་བགྱིད་པ་རྒྱུད་པ་ཐམས་ཅད་འདྲེན་བྱེད་དུ་གསུངས་པས། ད་ཕྱིན་ཆད་གཞན་ཡལ་བར་འདོར་བའི་བསམ་པ་སྐད་ཅིག་ཀྱང་མི་བསྐྱེད་པར་སེམས་ཅན་རྣམས་རང་སྲོག་ལས་ཀྱང་གཅེས་པར་བཟུང་དགོས་སོ། །དེས་ན་གཞན་དོན་སྒྲུབ་པ་སྨོན་ལམ་གྱི་ཡུལ་དུ་བྱེད་པ་ཙམ་མ་ཡིན་པར་བདེ་མེད་སྡུག་བསྔལ་བརྒྱ་ཕྲག་གིས་གཙེས་པའི་མ་རྒན་སེམས་ཅན་རྣམས་ཀྱི་སྡུག

བསྡུལ་དང་སྡིག་པ་ཐམས་ཅད་རང་ཐོག་ཏུ་བླངས། རང་གི་བདེ་དགེ་ཐམས་ཅད་གཞན་ལ་བཏང་སྟེ་སེམས་ཅན་རྣམས་སྡུག་བསྔལ་དང་བྲལ་ཞིང་བདེ་བ་ཕུན་སུམ་ཚོགས་པ་དང་ལྡན་པ་ཞིག་བདག་གིས་བྱའོ། །དེའི་ཕྱིར་དུ་རྫོགས་པའི་སངས་རྒྱས་ཀྱི་གོ་འཕང་རིན་པོ་ཆེ་མྱུར་བ་ཉིད་དུ་ཐོབ་པར་བྱའོ(༡༧༤བ)ཞེས་དམ་བཅའ་བ་སྟེ། རང་སངས་རྒྱས་ནས་གདུལ་བྱ་ལ་ཆོས་བསྟན་པ་གདུལ་བྱས་ཉམས་སུ་བླངས་པ་ལ་བརྟེན་ནས་ཐོབ་ཡོང་རྒྱུའི་མི་གནས་པའི་མྱང་འདས་དེ་ལ་བཀོད་འདོད་ཀྱི་གཞན་དོན་དོན་གཉེར་དང་། དེའི་ཕྱིར་དུ་རང་གིས་བྱང་ཆུབ་ཐོབ་འདོད་ཀྱི་བྱང་ཆུབ་དོན་གཉེར་གྱི་འདུན་པ་དུ་རེ་བ་མཚུངས་ལྡན་གྱི་གཙོ་བོ་ཡིད་ཀྱི་རྣམ་ཤེས་ཁྱད་པར་ཞིག་ལ་སེམས་བསྐྱེད་ཅེས་པ་ཡིན་ལ། དེ་ཡང་སྨོན་པ་བཟུང་མ་བཟུང་གིས་སྨོན་འཇུག་གི་ཁྱད་པར་དུ་གསུངས་སོ། །དེ་ལྟར་བྱང་ཆུབ་ཀྱི་སེམས་བཅོས་མིན་ཞིག་མ་སྐྱེས་ན་མདོ་དང་སྔགས་ཀྱི་ཐེག་པ་ཆེན་པོའི་སྒོར་མ་ཚུད་པ་ནི་སྔར་ལྟར་དང་། སྐྱེས་བུ་གསུམ་གྱི་ལམ་གྱི་རིམ་པ་ལ་རིམ་བཞིན་རྩོལ་མེད་ཀྱི་མྱོང་བ་ཐོན་ནས་བདག་བས་གཞན་གཅེས་པའི་སེམས་བཅོས་མིན་སྐྱེ་བའང་ཡུན་རིང་པོར་འབད་པ་ཆེག་དྲིལ་གྱིས་གོམས་པ་དང་སྨོམ་པ་ཁོ་ན་ལ་རག་ལས་པ་ལ་དགོངས་ནས་བདག་ཅག་གི་སྟོན་པ་ཉམས་མེད་དེ་ཉིད་ཀྱི་བྲམ་ཟེ་རྒྱ་མཚོའི་རྟུལ་དུ་འཁྲུངས་ཚེ་སངས་རྒྱས་རིན་ཆེན་སྙིང་པོའི་དྲུང་དུ་ཐུགས་བསྐྱེད་པ་དང་། དེད་དཔོན་མཛའ་བོའི་བུ་མོར་འཁྲུངས་ཚེ། (༡༧༥ན)ནོར་བུ་ལྷོན་དུ་འགྲོ་བར་བརྩམས་པ་འགགས་པའི་རྐྱེན་གྱིས་མའི་མགོ་བར་རྡོག་པ་ཕུལ་ཏེ་རྒྱ་མཚོར་ཞུགས་པ་གྲུ་ཞིག་ནས་རྒྱ་མཚོའི་གླིང་ཞིག་ཏུ་ཐོན་དེ་གྲོང་ཁྱེར་བཞིར་བདེ་དགའ་ཡུན་རིང་སྤྱོད་མཐར་ལྕེ་ཕྱུགས་སུ་ལྕགས་ཀྱི་འཁོར་ལོ་བསྐོར་བ་མཐོང་བའི་ཚེ། ད་ཡང་མའི་མགོ་བོ་རྐང་པས་ཕུལ་བའི་ལས་ཀྱིས་འདིར་འཁྲིད་པ་ཡིན་ནམ་སྙམ་པ་དང་། ནམ་མཁའ་ལས་བཅིངས་པ་གྲོལ་བར་འགྱུར། གྲོལ་བ་

བཙིངས་པར་འགྱུར་ཞེས་པའི་སྒྲ་བྱུང་མ་ཐག་འཁོར་ལོ་དེ་མགོ་ཐོག་ཏུ་འཁོར་བས་སྡུག་བསྔལ་བཟོད་གླགས་མེད་པ་མྱོང་བ་དེའི་རྐྱེན་གྱིས་རང་འདྲའི་ལས་ངན་བསགས་པ་ཐམས་ཅད་ཀྱི་རྣམ་སྨིན་བདག་གིས་བཟོད་པར་བྱ་ཡི། གཞན་རྣམས་འདིར་སྐྱེ་བར་མ་གྱུར་ཅིག་སྙམ་དུ་དགོངས་མ་ཐག་འཁོར་ལོ་སྟེང་གི་ནམ་མཁར་འཕགས་ཤིང་། ཁོང་དགའ་ལྡན་གྱི་ལྷའི་རིས་སུ་འཁྲུངས་པ་དང་། རྒྱལ་པོ་པདྨར་འཁྲུངས་པའི་ཚེ། མངའ་ཞབས(༢༧༥བ)སུ་ནད་ཡམས་ཆེན་པོ་བྱུང་སྟེ་མི་མང་པོ་སྡུག་བསྔལ་གྱིས་ཉེན་པ་ལ་ཕན་གདགས་པའི་ཕྱིར། ཆུ་གླང་ཚློག་བྱེད་དུ་ཉ་རོ་ཧི་ཏར་བསམ་བཞིན་སྐྱེ་བ་བཞེས་ནས་ཡུལ་མི་རྣམས་ལ་ཤ་ཟ་བར་བཅུག་སྟེ་ནད་གསོས་ཤིང་དགེ་བ་ལ་བཀོད་པ་དང་། ཙུས་སྤྲུལ་ཆེན་པོར་འཁྲུངས་པའི་ཚེ་རྒྱ་མཚོར་གྲུ་ཞིག་པས་ཚོང་བ་ལྔ་བརྒྱ་འཆི་བ་ལ་ཐུག་པ་རྣམས་ཁུར་ནས་མཚོ་ལས་བསྒྲལ་བས་ཐང་ཆད་དེ་གཉིད་ལོག་པ་ན། སྲིན་བུ་བརྒྱད་ཁྲིས་ཁྲག་འཇིབ་པ་ཆུར་འཇུག་པའམ་འགྲེས་ན་སྲིན་བུ་རྣམས་འཆི་བར་དོགས་པས་བསམ་བཞིན་དུ་སྐུ་ཚེ་བཏང་བ་དང་། རྒྱལ་པོ་བྱམས་པའི་སྟོབས་སུ་གྱུར་ན་གནོད་སྦྱིན་ལྔར་ཁྲག་གིས་ཚིམ་པར་མཛད་པ་ལ་སོགས་པ་དེ་བཞིན་གཤེགས་པའི་སྐྱེས་རབས་རྣམས་སུ་འཇིག་རྟེན་ཕལ་བ་རྣམས་ཀྱིས་དོན་དུ་གཉེར་བྱའི་བདེ་དགའ་ཐམས་ཅད་མཆིལ་མའི་ཐལ་བ་བཞིན་དུ་དོར་ཞིང་ཐོས་པ་ཙམ་གྱིས་འཇིགས་པ་སྐྱེ་བའི་དཀའ(༢༧༦ན)ཐུབ་ཀྱི་སྤྱོད་པ་དུ་མར་པདྨའི་ཚལ་ལ་བྱུང་བ་ལྟར་སྤྲོ་བཞིན་བཞུགས་པའི་རྣམ་པར་ཐར་བ་ཇི་སྙེད་ཅིག་བསྟན་པ་ཐམས་ཅད་བདག་བས་གཞན་གཅེས་ཀྱི་སེམས་འདིའི་ཁྱད་པར་འཕགས་ཆོས་ཁོ་ན་ཡིན། བརྒྱུད་པའི་བཀའ་སྲོལ་འདི་བའི་བླ་མ་གོང་མ་རིམ་བྱོན་ཐམས་ཅད་བདག་བས་གཞན་གཅེས་ཀྱི་སེམས་འདི་ཉིད་ཐུགས་དམ་གྱི་མཐིལ་དུ་མཛད་ནས་མངོན་པར་རྫོགས་པའི་ཡོན་ཏན་རྒྱ་མཚོ་ལྟ་བུའི་གློང་རྫོལ་ཤ་སྟག་ཡིན་ལ། སེམས་དེ་རྒྱུད་ལ་མ་སྐྱེ་ན་གསང་

སྔགས་ཀྱི་ལམ་གྱི་སྣོད་དུ་ཡང་མི་རུང་ཞིང་། སངས་རྒྱས་བྱང་ཆུབ་སེམས་དཔའ་རྣམས་ཀྱིས་བསྐལ་བ་བརྒྱ་ཕྲག་དུ་མའི་བར། རྣམ་མཁྱེན་དུ་བགྲོད་པའི་ལམ་ཇི་ལྟ་བུ་ཡིན་སྙམ་དུ་རྨད་དུ་བྱུང་བའི་མཁྱེན་རབ་ཀྱིས་ཆེས་ཕྲ་བར་བྱས་ཏེ་ལམ་རྣམས་ལ་དགོངས་དཔྱད་ཞིབ་འཇུག་མཛད་པ་ན། བྱང་ཆུབ་ཀྱི་སེམས་འདི་ལས་ཕུལ་དུ་བྱུང་བ་གང་ཡང་མེད(༢༧༨བ)པ་དང་། འདི་ཉིད་འཚང་རྒྱ་བའི་ཐབས་དམ་པར་གཟིགས་པ་ཡིན་ཏེ། རྒྱུད་རྡོ་རྗེ་རྩེ་མོ་ལས། བསྐལ་བ་བརྒྱ་ཕྲག་རྟག་ཏུ་ནི། །ཇི་སྐྱེ་མངོན་པར་བརྩོན་བྱས་ཀྱང་། །གང་ཟག་བཞི་ནི་འཇིག་རྟེན་དུ། །བསྒྲུབས་ཀྱང་འགྲུབ་པ་ཉིད་མི་འགྱུར། །བྱང་ཆུབ་སེམས་ནི་མ་སྐྱེས་དང་། །ཐེ་ཚོམ་ལྡན་པ་ཉིད་དང་ནི། །བཀའ་བཞིན་དུ་ནི་མི་བྱེད་པ། །དད་པ་མེད་ཉིད་འགྲུབ་མི་འགྱུར། །ཞེས་གསུངས་པ་ལྟར་ཟབ་ཆོས་གཞན་ལ་མཐོ་བསྐེགས་བྱེད་པའི་འདུན་པ་བསྐྱུངས་ཏེ་བྱང་ཆུབ་ཀྱི་སེམས་རིན་པོ་ཆེ་འདི་ལ་བག་ཆགས་ཙམ་ཐེབས་བྱ་བར་འཇམ་མགོན་རྒྱལ་བ་གཉིས་པས་ནན་དུ་གདམས་སོ། །དེ་ལྟ་བུའི་སེམས་རིན་པོ་ཆེ་བཏང་ན་ཉེས་དམིགས་ཤིན་ཏུ་ཆེ་ཞིང་། སེམས་བསྐྱེད་མ་བཏང་ན་འདོད་ཡོན་ལྔ་སྤྱད་ཀྱང་ཚུལ་ཁྲིམས་ཀྱི་ཕར་ཕྱིན་དང་ལྡན་པ་སོགས་ཀྱང་། ཆོས་ཡང་དག་པར་སྡུད་པ་ལས། གལ་ཏེ་བསྐལ་པ་བྱེ་བར་དགེ་བའི་ལས་ལམ་བཅུ། །སྤྱོད་ཀྱང་རང་རྒྱལ(༢༧༩ན)དགྲ་བཅོམ་ཉིད་ལ་འདོད་བསྐྱེད་ན། །དེ་ཆེ་ཚུལ་ཁྲིམས་སྐྱོན་བྱུང་ཚུལ་ཁྲིམས་ཉམས་པ་ཡིན། །སེམས་བསྐྱེད་དེ་ནི་ཕས་ཕམ་པས་ཀྱང་ཤིན་ཏུ་ལྕི། །ཞེས་དང་། གལ་ཏེ་བྱང་ཆུབ་སེམས་དཔའ་འདོད་ཡོན་ལྔ་སྤྱོད་ཀྱང་། །སངས་རྒྱས་ཆོས་དང་འཕགས་པའི་དགེ་འདུན་སྐྱབས་སོང་སྟེ། །སངས་རྒྱས་འགྲུབ་བྱ་སྙམ་དུ་ཀུན་མཁྱེན་ཡིད་བྱེད་ན། །མཁས་པས་ཚུལ་ཁྲིམས་ཕ་རོལ་ཕྱིན་གནས་རིག་པར་བྱ། །ཞེས་དང་། ལུང་བསྟན་མ་ཐོབ་བྱང་ཆུབ་སེམས་དཔའ་གང་ཞིག་གིས། །ལུང་བསྟན་ཐོབ་ལ་སེམས་ཁྲོས་རྩོད་པ་རྩོམ་

བྱེད་ན། །ཐ་བ་སྐྱོན་དང་སེམས་ཀྱི་སྐད་ཅིག་ཇི་སྙེད་པ། །དེ་སྙེད་བསྐལ་བར་གཞི་ནས་གོ་ཆ་བགོ་དགོས་སོ། །ཞེས་དང་། སེམས་འདི་བཟང་བ་མིན་སྙམ་དྲན་པ་བསྐྱེད་བྱེད་ཅིང་། །སོ་སོར་འཆགས་པར་བྱེད་ཀྱང་ཕྱིས་ཀྱང་སྡོམ་བྱེད་ལ། །དགའ་བར་མི་བྱེད་དེ་ནི་སངས་རྒྱས་ཆོས(༢༡༧བ)འདིར་སློབ། །ཅེས་དང་། འཕགས་པ་དཀོན་མཆོག་བརྩེགས་པ་ལས། འོད་སྲུངས། བྱང་ཆུབ་སེམས་དཔའ་ཆོས་བཞི་དང་ལྡན་ན་བྱང་ཆུབ་ཀྱི་སེམས་བརྗེད་པར་འགྱུར་བ་སྟེ། བཞི་གང་ཞེ་ན། འདི་ལྟ་སྟེ། མཁན་པོ་སློབ་དཔོན་བླ་མ་སྦྱིན་གནས་ལ་བསླུ་བ་དང་། གཞན་ལ་འགྱོད་པ་ཉེ་བར་བསྒྲུབ་པ་དང་། ཐེག་པ་ཆེན་པོ་ལ་ཡང་དག་པར་ཞུགས་པའི་སེམས་ཅན་ལ་བསྔགས་པ་མིན་པ་མི་སྙན་པ་བརྗོད་པ་ཡིན་པ་དང་། ཚིགས་སུ་བཅད་པ་མིན་པ་བྱིན་པ་དང་སྒྱུ་དང་གཡོས་གཞོལ་ལ་ཉེ་བར་སྤྱོད་ཀྱི་ལྷག་པའི་བསམ་པས་མ་ཡིན་ནོ། །འོད་སྲུངས་བྱང་ཆུབ་སེམས་དཔས་ཆོས་བཞི་དང་ལྡན་ན་སྐྱེ་བ་གཞན་དུ་སྐྱེས་མ་ཐག་ཏུ་བྱང་ཆུབ་ཀྱི་སེམས་མངོན་དུ་འགྱུར་ཏེ། བྱང་ཆུབ་ཀྱི་སྙིང་པོ་ལ་འདུག་གི་བར་དུ་བར་མ་དོར་བརྗེད་པར་མི་འགྱུར་རོ། །བཞི་གང་ཞེ་ན། འདི་ལྟ་སྟེ། སྲོག་གི་ཕྱིར་རམ་ཐ་ན་བཞད་གད་ཀྱི་ཕྱིར་ཡང་ཤེས་བཞིན(༢༡༨ན)རྫུན་གྱི་ཚིག་མི་སྨྲ་བ་དང་། སྒྱུ་དང་གཡོ་མེད་པར་སེམས་ཅན་ཐམས་ཅད་ཀྱི་དྲུང་ན་ལྷག་པའི་བསམ་པས་གནས་པ་དང་། བྱང་ཆུབ་སེམས་དཔའ་ཐམས་ཅད་ལ་སྟོན་པའི་འདུ་ཤེས་བསྐྱེད་ཅིང་དེ་དག་གི་ཡང་དག་པའི་བསྔགས་པ་ཕྱོགས་བཅུར་བརྗོད་པ་དང་། སེམས་ཅན་རྣམས་ཡོངས་སུ་སྨིན་པར་བྱེད་པ་དེ་དག་ཐམས་ཅད་ཉི་ཚེའི་ཐེག་པ་མི་འདོད་པར་བླ་ན་མེད་པ་ཡང་དག་པར་རྫོགས་པའི་བྱང་ཆུབ་ཡང་དག་པར་འཛིན་དུ་འཇུག་པ་སྟེ་བཞི་འདི་དག་གོ། །ཞེས་དང་། འཕགས་པ་སེང་གེས་ཞུས་པ་ལས། སྐྱེ་བ་ཀུན་ཏུ་བྱང་ཆུབ་སེམས། །རྨི་ལམ་ན་ཡང་སེམས་འདི་ནི། །འདོར་མི་འགྱུར་ན་མ་ཉལ་ཆོ། །སྨོས་

ཅི་འཚལ་བར་གང་གིས་འགྱུར། །བཀའ་སྩལ་པ། གྲོང་ངམ་གྲོང་ཁྱེར་རྣམས་སུ་འམ། །གང་དུ་གནས་པའི་ཡུལ་རྣམས་སུ། །བྱང་ཆུབ་ལ་ནི་ཡང་དག་འཛུད། །(༢༧༨བ) དེས་ན་སེམས་འདོར་མི་འགྱུར་རོ། །ཞེས་དང་། འཕགས་པ་དཀོན་མཆོག་སྤྲིན་ལས། སྤྱོད་ལམ་ཐམས་ཅད་དུ་བྱང་ཆུབ་ཀྱི་སེམས་སྔོན་དུ་འགྲོ་བ་དང་དགེ་བ་ཅི་བྱེད་ཀྱི་སྔོན་དུ་བྱང་ཆུབ་ཀྱི་སེམས་གཏོང་བ་བྱས་ན་སྐྱེ་བ་གཞན་དུའང་སེམས་རིན་པོ་ཆེ་དང་མི་བྲལ་བ་ནི། ཇི་ལྟ་ཇི་ལྟར་མང་དུ་བརྟགས་ན་ཞེས་གསུངས་པ་ལྟར་རོ།། །།

བཀའ་དྲིན་བསམ་བརྗོད་ལས་འདས་པའི་གསུམ་ལྡན་རྡོ་རྗེ་འཆང་རྗེ་བཙུན་འཇིགས་མེད་རྒྱ་མཚོ་དཔལ་བཟང་པོ་མཆོད། གཉིས་པ་ལ་གཉིས། ཐེག་པ་ཆེན་པོ་སྤྱི་ལ་སློབ་ཚུལ་དང་། ཁྱད་པར་དུ་རྡོ་རྗེ་ཐེག་པ་ལ་སློབ་པའི་ཚུལ་ལོ། །

དང་པོ་ལ་གཉིས། སྤྱོད་པ་སྤྱི་ལ་སློབ་ཚུལ་དང་། ཁྱད་པར་དུ་ཕར་ཕྱིན་ཐ་མ་གཉིས་ལ་སློབ་པའི་ཚུལ་ལོ། །

དང་པོ་ནི། སེམས་ཙམ་བསྐྱེད་ཀྱང་ཚུལ་ཁྲིམས་རྣམ་གསུམ་ལ། །གོམས་པ་མེད་ན་བྱང་ཆུབ་མི་འགྲུབ་པར། །ལེགས་པར་མཐོང་ནས་རྒྱལ་སྲས་སྡོམ(༢༧༩ན)པ་ལ། །བརྩོན་པ་དྲག་པོས་སློབ་པར་བྱིན་གྱིས་རློབས། །ཞེས་འབྱུང་། དེ་ལྟར་སྨོན་པའི་སེམས་ཙམ་བསྐྱེད་ནའང་ཕན་ཡོན་ཆེ་མོད། འོན་ཀྱང་རྒྱལ་སྲས་ཀྱི་སྤྱོད་པ་རླབས་པོ་ཆེ་མཐའ་དག་གི་དོན་ཀུན་སྙིང་པོར་དྲིལ་བ་སྡོམ་པའི་ཚུལ་ཁྲིམས་དང་། དགེ་བ་ཆོས་སྡུད་པའི་ཚུལ་ཁྲིམས་དང་། སེམས་ཅན་གྱི་དོན་བྱེད་པའི་ཚུལ་ཁྲིམས་རྣམ་པ་གསུམ་ལ་དུས་ཡུན་རིང་པོའི་བར་དུ་ཡང་དང་ཡང་དུ་འདྲིས་པར་བྱས་ཏེ་ཤིན་ཏུ་གོམས་པར་བྱས་པ་ཞིག་མེད་ན་བླ་ན་མེད་པ་ཡང་དག་པར་རྫོགས་པའི་བྱང་ཆུབ་ཆེན་པོ་དེ་མི་འགྲུབ་ཅིང་། བྱང་ཆུབ་དེ་འགྲུབ་པ་ཡང་ཐེག་ཆེན་གྱི་ལམ་ལ་སློབ་པ་སྙིང་པོར་བྱེད་པ་ལ་རག་ལས་པར་ལེགས་པར་མཐོང་ནས། རྒྱལ་པའི་སྲས་

ཀྱི་སྡོམ་པ་བླངས་ཏེ་སྲོག་གི་ཕྱིར་ཡང་མི་བཏང་བར་འཇུག་པའི་བསླབ་བྱའི་རིམ་པ་རྩ་ལྟུང་བཅོ་བརྒྱད་དང་ཉེས་བྱས་ཞེ་དྲུག་སོགས་ཀྱིས་མ་གོས་པར་(༢༧༩བ)བསྲུང་ཞིང་། རང་རྒྱུད་སངས་རྒྱས་ཀྱི་ཆོས་སྨིན་པར་བྱེད་པ་ཕ་རོལ་ཏུ་ཕྱིན་པ་དྲུག་དང་། གཞན་གྱི་རྒྱུད་སྨིན་པར་བྱེད་པ་བསྡུས་པའི་དངོས་པོ་བཞི་སོགས་ཐབས་ཤེས་ཟུང་དུ་འབྲེལ་པའི་སྤྱོད་པ་རྨད་དུ་བྱུང་བ་རྣམས་ལ་རྟག་པར་སྦྱོར་བའི་དང་། གུས་སྦྱོར་བའི་བརྩོན་པ་དྲག་པོས་ཚུལ་བཞིན་དུ་སློབ་པ་མེད་མི་རུང་དུ་ངེས་པར་དགོས་སོ། །དེ་ལ་འཚང་རྒྱ་བ་ལ་སྒྲུབ་པ་སྙིང་པོར་བྱེད་དགོས་པ་ནི། ཀཱ་ཡ་གཱི་རི་ལས། བྱང་ཆུབ་ནི་སྒྲུབ་པ་སྙིང་པོར་བྱེད་པའི་བྱང་ཆུབ་སེམས་དཔའ་ཆེན་པོ་རྣམས་ཀྱིས་ཡིན་གྱི་ལོག་པར་སྒྲུབ་པ་སྙིང་པོར་བྱེད་པ་རྣམས་ཀྱིས་ནི་མ་ཡིན་ནོ། །ཞེས་དང་། འཕགས་པ་ཏིང་ངེ་འཛིན་རྒྱལ་པོ་ལས། དེ་བས་ན་སྒྲུབ་པ་སྙིང་པོར་བྱའོ། །དེ་ཅིའི་ཕྱིར་ཞེ་ན། གཞོན་ནུ། སྒྲུབ་པ་སྙིང་པོར་བྱེད་པ་ལ་བླ་ན་མེད་པ་ཡང་དག་པར་རྫོགས་པའི་བྱང་ཆུབ་རྙེད་པར་དཀའ་བ་མ་ཡིན་པའི་ཕྱིར་རོ། །ཞེས་གསུངས(༢༢༠ན)པ་ལྟར་ལ། སྒྲུབ་པ་ནི། འཕགས་པ་དྲི་མ་མེད་པར་གྲགས་པས་བསྟན་པ་ལས། བྱང་ཆུབ་སེམས་དཔའ་རྣམས་དག་གི། །མ་ནི་ཤེས་རབ་ཕ་རོལ་ཕྱིན། །ཕ་ནི་ཐབས་ལ་མཁས་པ་སྟེ། །འདྲེན་པ་རྣམས་ནི་དེ་ལས་སྐྱེ། །ཞེས་སོགས་གསུངས་པ་ལྟར་ཐབས་ཤེས་ཟུང་འབྲེལ་དུ་ཉམས་སུ་བླང་དགོས་པས། དེ་ལ་ཐབས་ནི་འཕགས་པ་བྱང་ཆུབ་སེམས་དཔའི་སྤྱོད་ཡུལ་གྱི་ཐབས་ཀྱི་ཡུལ་ལ་རྣམ་པར་འཕྲུལ་བ་བསྟན་པའི་མདོ་ལས། བྱང་ཆུབ་སེམས་དཔའ་དག་རྣམས་ཀྱི། །ཐབས་ཀྱི་ཡུལ་ནི་འདི་ཡིན་ཏེ། །ཡུལ་རྣམས་གང་ལ་གནས་གྱུར་ཀྱང་། །ཡུལ་རྣམས་ཀུན་ལ་འདང་སྣང་བ་ཡིན། །མྱ་ངན་འདས་པའི་མཆོར་བཀྲུས་ཀྱང་། །ཐབས་ཀྱིས་འཁོར་བའི་ཚུ་ལ་སྣང་། །ཐབས་ཀྱི་བསམ་པ་ཐོབ་པས་ན། །གཉིས་ཀའི་སྐྱོན་གྱིས་གོས་པ་མེད། །ཅེས་

གསུངས་པ་ལྟར་ལ། ཤེས་རབ་ནི། མདོ་དེ་ཉིད་ལས། (༢༢༠བ)དེ་ནི་ཉོན་མོངས་རྒྱ་མཚོར་ཞུགས་པ་ལ། །གྲུ་བཞིན་འཇིག་རྟེན་ཡང་དག་སྒྲོལ་བར་བྱེད། །དེ་ནི་གཏི་མུག་ཤིང་ཆེན་གཅོད་པ་ནས། །དག་ཅིང་མི་རྟོག་རལ་གྲི་རྣོ་དང་མཚུངས། །སྐྱོངས་པ་མེད་འགྱུར་ནོར་བུ་རིན་ཆེན་འདྲ། །དངོས་མིན་ཆོས་ཀྱི་མཚན་ཉིད་རྟོགས་པར་བྱེད། །སྟོང་བ་རང་དབང་བྱེད་ཅིང་རྟོག་མེད་པས། །དེ་ནི་སྲིད་དང་ཞི་ལ་མི་གནས་སོ། །ཞེས་གསུངས་པ་ལྟར་ཐེག་པ་ཆེན་པོ་བ་རྣམས་ཀྱིས་བསྒྲུབ་པར་བྱ་བ་ནི་མི་གནས་པ་མྱ་ངན་ལས་འདས་པ་ཡིན་ལ། དེ་ལ་འཁོར་བ་ལ་མི་གནས་པ་ནི། དེ་ཁོ་ན་ཉིད་རྟོགས་པའི་ཤེས་རབ་དང་དོན་དམ་པ་ལ་བརྟེན་པའི་ལམ་གྱི་རིམ་པ་དང་། ཟབ་མོ་ལམ་གྱི་རིམ་པ་ཞེས་པ་དང་། ཡེ་ཤེས་ཀྱི་ཚོགས་དང་ཤེས་རབ་ཀྱི་ཆ་ཞེས་པ་རྣམས་ཀྱིས་བསྒྲུབ་པ་ཡིན་ལ། ཞི་བ་མྱང་འདས་ལ་མི་གནས་པ་ནི་ཇི་སྙེད་པ་རིག་པའི་ཤེས་རབ་དང་ཀུན་རྫོབ་ཀྱི་བདེན་པ་ལ་བརྟེན་པའི་ལམ་གྱི་རིམ་པ་དང་། རྒྱ་ཆེ་བའི(༢༢༡ན)ལམ་དང་། བསོད་ནམས་ཀྱི་ཚོགས་དང་། ཐབས་ཀྱི་ཆ་ཞེས་པ་རྣམས་ཀྱིས་བསྒྲུབ་དགོས་པ་ཡིན་པའི་ཕྱིར་རོ། །དེ་སྐད་དུ་ཡང་གསང་བ་བསམ་གྱིས་མི་ཁྱབ་པའི་མདོ་ལས། ཡེ་ཤེས་ཀྱི་ཚོགས་ནི་ཉོན་མོངས་པ་ཐམས་ཅད་སྤོང་བར་འགྱུར་བ་ལགས་སོ། །བསོད་ནམས་ཀྱི་ཚོགས་ཀྱིས་ནི་སེམས་ཅན་ཐམས་ཅད་ཉེ་བར་འཚོ་བར་འགྱུར་བ་ལགས་སོ། །བཅོམ་ལྡན་འདས་དེ་ལྟར་ལགས་པས་བྱང་ཆུབ་སེམས་དཔའ་སེམས་དཔའ་ཆེན་པོས་བསོད་ནམས་དང་ཡེ་ཤེས་ཀྱི་ཚོགས་ལ་བརྩོན་པར་བགྱིའོ། །ཞེས་དང་། འཕགས་པ་ནམ་མཁའི་མཛོད་ལས། དེ་ཤེས་རབ་ཀྱི་ཤེས་པས་ནི་ཉོན་མོངས་པ་ཐམས་ཅད་ཡོངས་སུ་འདོར་རོ། །ཐབས་ཀྱི་ཤེས་པས་ནི་སེམས་ཅན་ཐམས་ཅད་ཡོངས་སུ་མི་གཏོང་ངོ་། །ཞེས་དང་། འཕགས་པ་དགོངས་འགྲེལ་ལས། སེམས་ཅན་གྱི་དོན་ལ(༢༢༡བ)ཤིན་ཏུ་མི་ཕྱོགས་པ་དང་འདུ་བྱེད་

མངོན་པར་འདུ་བྱ་བ་ཐམས་ཅད་ལ་ཤིན་ཏུ་མི་ཕྱོགས་པ་ནི་བླ་ན་མེད་པ་ཡང་དག་པར་རྫོགས་པའི་བྱང་ཆུབ་ཏུ་ངས་མ་བསྟན་ཏོ། །ཞེས་སོ། །དྲི་མ་མེད་པར་གྲགས་པས་བསྟན་པའི་མདོ་ལས། བྱང་ཆུབ་སེམས་དཔའ་རྣམས་ཀྱི་འཆིང་བ་ནི་གང་། ཐར་བ་ནི་གང་ཞེ་ན། ཐབས་མེད་པར་སྲིད་པར་འགྲོ་བ་ཡོངས་སུ་འཛིན་པ་ནི་བྱང་ཆུབ་སེམས་དཔའི་འཆིང་བའོ། །ཐབས་ཀྱིས་སྲིད་པའི་འགྲོ་བར་འགྲོ་བ་ནི་ཐར་བའོ། །ཐབས་ཀྱིས་མ་ཟིན་པའི་ཤེས་རབ་ནི་འཆིང་བའོ། །ཐབས་ཀྱིས་ཟིན་པའི་ཤེས་རབ་ནི་ཐར་བའོ། །ཤེས་རབ་ཀྱིས་མ་ཟིན་པའི་ཐབས་ནི་འཆིང་བའོ། །ཤེས་རབ་ཀྱིས་ཟིན་པའི་ཐབས་ནི་ཐར་པའོ། །ཞེས་དང་། ག་ཡ་གོ་རི་ལས། བྱང་ཆུབ་སེམས་དཔའ་རྣམས་ཀྱི་ལམ་ནི་མདོར་བསྡུས་ན་གཉིས་ཏེ། གཉིས་གང་ཞེ་ན་འདི་ལྟ་སྟེ། ཐབས་དང་ཤེས(༢༢༢ན)རབ་བོ། །ཞེས་པ་དང་། དཔལ་མཆོག་དང་པོ་ལས། ཤེས་རབ་ཀྱི་ཕ་རོལ་ཏུ་ཕྱིན་པ་ནི་མ་ཡིན་ནོ། །ཐབས་ལ་མཁས་པ་ནི་ཕ་ཡིན་ནོ། །ཞེས་དང་། འོད་སྲུངས་ཀྱིས་ཞུས་པའི་ལེའུ་ལས། འོད་སྲུངས། འདི་ལྟ་སྟེ། དཔེར་ན་བློན་པོས་ཟིན་པའི་རྒྱལ་པོ་རྣམས་དགོས་པ་ཐམས་ཅད་བྱེད་པ་དེ་བཞིན་དུ་བྱང་ཆུབ་སེམས་དཔའི་ཤེས་རབ་ཐབས་མཁས་པས་ཡོངས་སུ་ཟིན་པའང་སངས་རྒྱས་ཀྱི་མཛད་པ་ཐམས་ཅད་བྱེད་དོ། །ཞེས་དང་། གཙུག་ན་རིན་པོ་ཆེའི་མདོ་ལས། དེ་བྱམས་པའི་གོ་ཆ་བགོས་ཤིང་སྙིང་རྗེ་ཆེན་པོའི་གནས་ལ་གནས་ནས་རྣམ་པ་ཐམས་ཅད་ཀྱི་མཆོག་དང་ལྡན་པའི་སྟོང་བ་ཉིད་གང་ཞེ་ན། གང་སྦྱིན་པ་དང་མ་བྲལ་བ་དང་། ཚུལ་ཁྲིམས་དང་མ་བྲལ་བ་དང་། བཟོད་པ་དང་མ་བྲལ་བ་དང་། བརྩོན་འགྲུས་དང་མ་བྲལ(༢༢༢བ)བ་དང་། བསམ་གཏན་དང་མ་བྲལ་བ་དང་། ཤེས་རབ་དང་མ་བྲལ་བ་དང་། ཐབས་དང་མ་བྲལ་བ་དང་ཞེས་རྒྱས་པར་བཀའ་སྩལ་བ་དང་། རྣམ་པར་འཐག་པ་བསྡུས་པ་ལས། བྱམས་པ་བྱང་ཆུབ་སེམས་དཔའ་རྣམས་

ཀྱི་ཕ་རོལ་ཏུ་ཕྱིན་པ་དྲུག་ཡང་དག་པར་བསྒྲུབ་པ་འདི་ནི་རྫོགས་པའི་བྱང་ཆུབ་ཀྱི་ཕྱིར་ཡིན་ན། དེ་ལ་མི་ཧླུན་པོ་དེ་དག་འདི་སྐད་དུ་བྱང་ཆུབ་སེམས་དཔས་ཤེས་རབ་ཀྱི་ཕ་རོལ་ཏུ་ཕྱིན་པ་ཁོ་ན་ལ་བསླབ་པར་བྱ་ཡི། ཕ་རོལ་ཏུ་ཕྱིན་པ་ལྷག་མ་རྣམས་ཀྱིས་ཅི་ཞིག་བྱ་ཞེས་ཟེར་ཞིང་དེ་དག་ཕ་རོལ་ཏུ་ཕྱིན་པ་གཞན་དག་ལ་སུན་འབྱིན་པར་སེམས་སོ། །མ་ཕམ་པ། འདི་ཇི་སྙམ་དུ་སེམས། ཀ་ཤིའི་རྒྱལ་པོར་གྱུར་པ་གང་ཡིན་པ་དེས་ཕུག་རོན་གྱི་ཕྱིར་རང་གི་ཤ་ཁྲ་ལ་བྱིན་པ་དེ་ཤེས་རབ་འཆལ་བ་ཡིན་ནམ། བྱམས་པས་གསོལ(༢༢༣ན)བ། བཅོམ་ལྡན་འདས་དེ་ནི་མ་ལགས་སོ། །བཅོམ་ལྡན་འདས་ཀྱིས་བཀའ་སྩལ་པ། བྱམས་པ། ང་བྱང་ཆུབ་སེམས་དཔའི་སྤྱོད་པ་སྤྱོད་པ་ན་ཕ་རོལ་ཏུ་ཕྱིན་པ་དྲུག་དང་ལྡན་པའི་དགེ་བའི་རྩ་བ་གང་དག་བསགས་པའི་དགེ་བའི་རྩ་བ་དེ་དག་གིས་ང་ལ་གནོད་པར་གྱུར་ཏམ། བྱམས་པས་གསོལ་བ། བཅོམ་ལྡན་འདས་དེ་ནི་མ་ལགས་སོ། །བཅོམ་ལྡན་འདས་ཀྱིས་བཀའ་སྩལ་པ། མ་ཕམ་པ་ཁྱོད་ཀྱིས་བསྐལ་བ་དྲུག་ཅུར་སྦྱིན་པའི་ཕ་རོལ་ཏུ་ཕྱིན་པ་ཡང་དག་པར་བསྒྲུབས། བསྐལ་བ་དྲུག་ཅུར་ཚུལ་ཁྲིམས་ཀྱི་ཕ་རོལ་ཏུ་ཕྱིན་པ། བསྐལ་བ་དྲུག་ཅུར་བཟོད་པའི་ཕ་རོལ་ཏུ་ཕྱིན་པ། བསྐལ་བ་དྲུག་ཅུར་བརྩོན་འགྲུས་ཀྱི་ཕ་རོལ་ཏུ་ཕྱིན་པ། བསྐལ་བ་དྲུག་ཅུར་བསམ་གཏན་གྱི་ཕ་རོལ་ཏུ་ཕྱིན་པ། བསྐལ་བ་དྲུག་ཅུར་ཤེས་རབ(༢༢༣བ)ཀྱི་ཕ་རོལ་ཏུ་ཕྱིན་པ་ཡང་དག་པར་བསྒྲུབས་ན། དེ་ལ་མི་ཧླུན་པོ་དེ་དག་དེ་སྐད་དུ། ཚུལ་གཅིག་པོ་ནས་བྱང་ཆུབ་སྟེ་འདི་ལྟ་སྟེ་སྟོང་པ་ཉིད་ཀྱི་ཚུལ་གྱིས་སོ་ཟེར་ཏེ་དེ་དག་ནི་སྤྱོད་པ་ཡོངས་སུ་མ་དག་པར་འགྱུར་རོ། །ཞེས་དང་། ས་བཅུ་པ་ལས། ས་བཅུ་པོ་རེ་རེ་ལའང་སྦྱིན་པ་ལ་སོགས་པ་གཙོ་བོར་གྱུར་པ་རེ་རེ་ཡིན་ཀྱང་ལྷག་མ་རྣམས་ཀྱང་མི་སྤྱོད་པ་མ་ཡིན་ནོ། །ཞེས་དང་། ཀྱེ་རྒྱལ་སྲས་བྱང་ཆུབ་སེམས་དཔའི་ས་མི་གཡོ་བ་འདི་ལ་གནས་པའི་བྱང་ཆུབ་སེམས་དཔའ་ནི་སྔོན་གྱི་སྨོན་ལམ་གྱི་སྟོབས་

བསྐྱེད་པ་དང་། ཆོས་ཀྱི་སྒོའི་རྒྱུན་དེ་ལ་གནས་པ་དེ་ལ་སངས་རྒྱས་བཅོམ་ལྡན་འདས་རྣམས་དེ་བཞིན་གཤེགས་པའི་ཡེ་ཤེས་ཉེ་བར་བསྟན་པར་མཛད་དོ། །དེ་ལ་འདི་སྐད་ཅེས་ཀྱང་བཀའ་སྩལ་ཏོ། །རིགས་ཀྱི་བུ། ལེགས་སོ་ལེགས་སོ། །སངས་རྒྱས་ཀྱི་ཆོས་ཐམས་ཅད་རྗེས་སུ་རྟོགས་པར(༢༢༨ན)བྱ་བ་ལ་འདི་ནི་དོན་དམ་པའི་བཟོད་པའང་ཡིན་ན་འོན་ཀྱང་ངེད་ཀྱི་སྟོབས་བཅུ་དང་མི་འཇིགས་པ་ལ་སོགས་པ་སངས་རྒྱས་ཀྱི་ཆོས་ཕུན་སུམ་ཚོགས་པ་དེ་ཁྱོད་ལ་མེད་ཀྱི། སངས་རྒྱས་ཀྱི་ཆོས་ཕུན་སུམ་ཚོགས་པ་དེ་ཡོངས་སུ་བཙལ་བར་བྱ་བའི་ཕྱིར་བརྩོན་འགྲུས་རྩོམས་ཤིག །བཟོད་པའི་སྒོ་འདི་ཉིད་ཀྱང་མ་དོར་ཞིག །རིགས་ཀྱི་བུ། ཁྱོད་ཀྱིས་དེ་ལྟར་ཞི་བ་རྣམ་པར་ཐར་བ་ཐོབ་ཀྱང་བྱིས་པ་སོ་སོའི་སྐྱེ་བོ་མ་ཞི་བ་ཉོན་མོངས་པ་སྣ་ཚོགས་ཀུན་ཏུ་འབྱུང་བར་འགྱུར་བ་རྣམ་པ་སྣ་ཚོགས་ཀྱིས་དབྱེ་ན་སྡུག་བ་འདི་དག་ལ་སོམས་ཤིག །ཡང་རིགས་ཀྱི་བུ། སྔོན་སྨོན་ལམ་དང་སེམས་ཅན་གྱི་དོན་ཐོབ་པར་བྱ་བ་དང་ཡེ་ཤེས་ཀྱི་སྒོ་བསམ་གྱིས་མི་ཁྱབ་པ་དྲན་པར་གྱིས་ཤིག །ཡང་རིགས་ཀྱི་བུ། འདི་ནི་ཆོས་རྣམས་ཀྱི་ཆོས(༢༢༨བ)ཉིད་དོ། །དེ་བཞིན་གཤེགས་པ་རྣམས་བྱུང་ཡང་རུང་མ་བྱུང་ཡང་རུང་ཆོས་ཀྱི་དབྱིངས་འདི་ནི་གནས་པ་ཉིད་དེ་འདི་ལྟར་ཆོས་ཐམས་ཅད་སྟོང་པ་ཉིད་དང་ཆོས་ཐམས་ཅད་དམིགས་སུ་མེད་པའོ། །འདིས་ནི་དེ་བཞིན་གཤེགས་པ་རྣམས་ཉེ་ཚེ་རབ་ཏུ་དབྱེ་བར་བྱ་བ་མ་ཡིན་གྱི་ཉན་ཐོས་དང་རང་སངས་རྒྱས་ཐམས་ཅད་ཀྱིས་ཀྱང་རྣམ་པར་མི་རྟོག་པའི་ཆོས་ཉིད་འདི་འཐོབ་བོ། །ཡང་རིགས་ཀྱི་བུ། ངེད་ཀྱི་སངས་རྒྱས་ཀྱི་ཞིང་ཚད་མེད་པ་དང་ཡེ་ཤེས་མངོན་པར་བསྒྲུབ་པ་ཚད་མེད་པ་དང་འོད་ཀྱི་དཀྱིལ་འཁོར་ཚད་མེད་པ་དང་དབྱངས་ཀྱི་ཡན་ལག་རྣམ་པར་དག་པ་ཚད་མེད་པ་ལ་ལྟོས་ལ་ཁྱེད་ཀྱིས་ཀྱང་དེ་བཞིན་དུ་བསྒྲུབ་པ་བསྐྱེད་ཅིག །ཅེས་དང་། ཡང་དཔེར་ན་གྲུ་བོ་ཆེ་ནི་རྒྱ་མཚོར་ཞུགས་ནས་མཐུན་པའི་རླུང་གིས་བསྐྱོད་ནས་འགྲོ་བའི་

ཚེ་ཉི་མ་གཅིག་ལ་ཇི་ཙམ་ཆོད་པ་དེ་རྒྱ་མཚོར་མ་ཞུགས་པའི་སྔོན་དུ་ཆེད་དུ་འབད་ནས་བསྐྱོད་དགོས་པའི་ཚེ་ལོ་བརྒྱར་ཡང་མི་ཆོད་པ་དེ་བཞིན་དུ། ས་བརྒྱད་པར་སླེབས་ནས་འབད་པ་ཆེན་པོ་ལ་མི་ལྟོས་པར་ཡུད་ཙམ་ཞིག་ལ(༢༢༥ན)ཐམས་ཅད་མཁྱེན་པའི་ལམ་ཇི་ཙམ་གཅོད་པ་དེ་ཙམ་ནི། ས་མ་ཐོབ་པའི་སྔོན་དུ་བསྐལ་བ་འབུམ་དུ་ལམ་ལ་འབད་པས་ཀྱང་མི་ནུས་པར་གསུངས་པ་ལྟར་རོ། །དེ་ཡང་དམིགས་པ་ཡོད་མེད་ཀྱི་དོན་སོ་སོར་གོ་དགོས་པའི་ཚུལ་མདོ་ལས། སྦྱིན་སོགས་དྲུག་ལ་མངོན་པར་ཞེན་པ་བདུད་ཀྱི་ལས་སོ། །ཞེས་པ་དང་། ཕུང་པོ་གསུམ་པ་ལས། དམིགས་པར་ལྷུང་བས་སྦྱིན་པ་བྱིན་པ་དང་ཚུལ་ཁྲིམས་མཆོག་སྙེད་པ་དེ་ཐམས་ཅད་ནི་རྟོག་པའོ་ཡོངས་སུ་མི་རྟོག་པ་ནི་བྱང་ཆུབ་བོ། །ཞེས་གསུངས་པའི་ཕྱིར་དང་། གསང་བ་བསམ་གྱིས་མི་ཁྱབ་པ་ལས། རིགས་ཀྱི་བུ། འདི་ལྟ་སྟེ། དཔེར་ན་མེ་ནི་རྒྱུ་ལས་འབར་ཏེ་རྒྱུ་མེད་ན་ཞི་བར་འགྱུར་རོ། །དེ་བཞིན་དུ་དམིགས་པ་ལས་སེམས་འབར་གྱི་དམིགས་པ་མེད་ན་སེམས་ཞི་བར་འགྱུར་རོ། །དེ་ཐབས་ལ་མཁས་པའི(༢༢༥བ)བྱང་ཆུབ་སེམས་དཔའ་ཤེས་རབ་ཀྱི་ཕ་རོལ་ཏུ་ཕྱིན་པ་ཡོངས་སུ་དག་པས་དམིགས་པ་ཉེ་བར་ཞི་བར་ཤེས་ལ། དགེ་བའི་རྩ་བ་ལ་དམིགས་པའང་འབྱུང་བར་མི་བྱེད་ལ་ཕ་རོལ་ཏུ་ཕྱིན་པའི་དམིགས་པའང་འཛོག་པར་བྱེད་སྟོང་ཉིད་ཀྱི་དམིགས་པ་ལའང་སོ་སོར་རྟོག་ལ་སེམས་ཅན་ཐམས་ཅད་ལ་སྙིང་རྗེ་ཆེན་པོས་དམིགས་པ་ལའང་བལྟའོ། །ཞེས་གསུངས་པ་ལྟར་སྐྱེས་བུའི་དོན་གྱི་མཆོག་སངས་རྒྱས་བསྒྲུབ་པ་ལ་ཕྱོགས་རེར་མ་གྱུར་པར་ཚོགས་མཐའ་ཡས་པའི་འབྲས་བུ་རྒྱུའི་རྗེས་སུ་བྱེད་པ་རྟེན་འབྲེལ་གྱི་ཆོས་ཉིད་ཡིན་པའི་ཕྱིར་ཏེ། སྙིང་རྗེ་ཆེན་པོ་པདྨ་དཀར་པོ་ལས། ཉི་ཚེ་བས་ཉི་ཚེ་བ་འགྲུབ་པ་དང་མཐའ་དག་པས་མཐའ་དག་པ་འགྲུབ་པར་གསུངས་སོ། །དེ་བཞིན་གཤེགས་པ་སྐྱེ་བ་འབྱུང་བའི་མདོ་ལས། གང་དེ་བཞིན་གཤེགས་པ་

རྣམས་འབྱུང་བ་དེ་ནི་རྒྱུ་གཅིག(༢༢༨ན)པུས་མ་ཡིན་ནོ། །དེ་ཅིའི་ཕྱིར་ཞེ་ན། ཀྱེ་རྒྱལ་བའི་སྲས་དེ་བཞིན་གཤེགས་པ་རྣམས་ནི་ཡང་དག་པར་འགྲུབ་པའི་རྒྱུ་ཚད་མེད་པ་འབུམ་ཕྲག་བཅུས་ཡང་དག་པར་འགྲུབ་སྟེ། བཅུ་གང་ཞེ་ན། འདི་ལྟ་སྟེ། བསོད་ནམས་དང་ཡེ་ཤེས་ཀྱི་ཚོགས་ཚད་མེད་པས་མི་ངོམས་པ་ཡང་དག་པའི་རྒྱུ་དང་། ཞེས་རྒྱ་ཆེར་བཤད་པ་དང་། དྲི་མ་མེད་པར་གྲགས་པས་བསྟན་པ་ལས། ཀྱེ་གྲོགས་པོ་དག་དེ་བཞིན་གཤེགས་པའི་སྐུ་ནི་བསོད་ནམས་བརྒྱ་ལས་ངེས་པར་སྐྱེས་པའོ། །དགེ་བའི་ཆོས་ཐམས་ཅད་ལས་ངེས་པར་སྐྱེས་པའོ། །དགེ་བའི་ལམ་ཚད་མེད་པ་ལས་ངེས་པར་སྐྱེས་པའོ། །ཞེས་གསུངས་པའི་ཕྱིར་རོ། །འདི་ལྟ་བུའི་ཐབས་དང་ཤེས་རབ་ཕ་རོལ་ཏུ་ཕྱིན་པ་དྲུག་གིས་བསྡུས་པ་ལ། སློབ་པ་ནི་སངས་རྒྱས་སྒྲུབ་པའི་ཐབས་བྱང་སེམས་ཀྱི་བསླབ་པ་ལ་སློབ(༢༢༨བ)པ་ཡིན་པའི་ཕྱིར་བྱང་སེམས་བསྐྱེད་ནས་སེམས་ཅན་གྱི་དོན་བྱེད་པ་ལ་ས་ལྷུ་པའི་མདོ་ལས། དེ་དེ་ལྟར་སེམས་ཅན་ཡོངས་སུ་སྨིན་པར་བྱེད་པ་ལ། ནས་ཁྱད་ཀྱི་(པར་ཅན་གྱི་)ཆོས་ཡོངས་སུ་ཚོལ་བ་ལ་མངོན་པར་བརྩོན་པས་འཇིག་རྟེན་ན་ཡི་གེ་དང་བསྟན་བཅོས་དང་རྩིས་དང་རྒྱ་དང་། ཞེས་པ་ནས། གཞན་ཡང་གང་ལ་འཚེ་བ་མེད་པ་དང་ལྡན་པ་དང་སེམས་ཅན་ཕན་པ་དང་བདེ་བར་འགྱུར་བ་དེ་དག་སྙིང་རྗེ་དང་ལྡན་པས་མཐར་གྱིས་སངས་རྒྱས་ཀྱི་ཆོས་ལ་རབ་ཏུ་འགོད་པའི་ཕྱིར་མངོན་པར་སྒྲུབ་བོ་ཞེས་གསུངས་པ་ལྟར་ཅི་བྱེད་སེམས་ཅན་གྱི་དོན་དུ་མཐའ་ཡས་པའི་ཤེས་བྱ་ལ་སློབ་པ་ཡིན་ཏེ། འཕགས་པ་ཆོས་ཡང་དག་པར་སྡུད་པ་ལས། (༢༢༩ན)དེ་ལ་བྱང་ཆུབ་སེམས་དཔའ་རྣམས་ཀྱི་སྒྲུབ་པ་གང་ཞེ་ན། བཅོམ་ལྡན་འདས། བྱང་ཆུབ་སེམས་དཔའ་རྣམས་ཀྱི་ལུས་ཀྱི་ལས་གང་ཅི་ཡང་རུང་། ངག་གི་ལས་གང་ཅི་ཡང་རུང་། ཡིད་ཀྱི་ལས་གང་ཅི་ཡང་རུང་དེ་ཐམས་ཅད་ནི་སེམས་ཅན་ཐམས་ཅད་ལ་བལྟ་བས་འཇུག་གོ། །སྙིང་རྗེ་ཆེན་པོ་

སྟོན་དུ་འགྲོའོ། །སྙིང་རྗེ་ཆེན་པོའི་དབང་དུ་གྱུར་བའོ། །སེམས་ཅན་ཐམས་ཅད་ལ་ཕན་པའི་གནས་ཀྱི་རྒྱུའོ། །སེམས་ཅན་ཐམས་ཅད་ལ་ཕན་པ་དང་བདེ་བའི་ལྷག་པའི་བསམ་པ་ལས་བྱུང་ངོ་། །དེ་ཕན་པའི་བསམ་པ་འདི་ལྟ་བུས་འདུ་ཤེས་འདི་ལྟར་འགྱུར་ཏེ་གང་སེམས་ཅན་ཐམས་ཅད་ལ་ཕན་པ་སྒྲུབ་པ་དང་། བདེ་བ་བསྒྲུབ་པའི་སྒྲུབ་པ་དེ་བདག་གིས་སྒྲུབ་བོ་སྙམ་མོ། ཞེས་དང་། དེ་ལ་བྱང་ཆུབ་སེམས་དཔའི་སྒྲུབ་པའི་སྟོབས་གང་ཞེ་ན། (༢༢༧བ)བྱང་ཆུབ་སེམས་དཔའི་སྟོབས་ནི་རྣམ་པ་བཅུ་སྟེ། བཅུ་གང་ཞེ་ན། སྦྱིན་པ་སྒྲུབ་པ་དང་། ཚུལ་ཁྲིམས་སྒྲུབ་པ་དང་། བཟོད་པ་སྒྲུབ་པ་དང་། བརྩོན་འགྲུས་སྒྲུབ་པ་དང་། བསམ་གཏན་སྒྲུབ་པ་དང་། ཤེས་རབ་སྒྲུབ་པ་དང་། ཐབས་སྒྲུབ་པ་དང་། སྨོན་ལམ་སྒྲུབ་པ་དང་། སྟོབས་སྒྲུབ་པ་དང་། ཡེ་ཤེས་སྒྲུབ་པ་འདི་ནི་བྱང་ཆུབ་སེམས་དཔའི་སྒྲུབ་པ་རྣམ་པ་བཅུ་ཞེས་བྱའོ། །བྱང་ཆུབ་སེམས་དཔའ་རྣམས་ཀྱི་ཤེས་རབ་ཀྱི་ཕ་རོལ་ཏུ་ཕྱིན་པ་དང་ལྡན་པའི་སྒྲུབ་པ་གང་ཇི་སྙེད་པ་དེ་དག་ཐམས་ཅད་ནི་སྒྲུབ་པ་བཅུ་པོ་འདིའི་ནང་དུ་འདུས་པར་བལྟའོ། །དེ་ལ་བྱང་ཆུབ་སེམས་དཔའི་སྦྱིན་པ་སྒྲུབ་པ་གང་ཞེ་ན། ཤེས་པར་གྱུར་པ་ལྟ་ཅི་སྨོས་ཏེ། འདི་ནི་བྱང་ཆུབ་སེམས་དཔའི་སྦྱིན་པ་བསྒྲུབ་པ་ཞེས་བྱའོ། །ཞེས་སོགས་དང་། སྦྱིན་པས་ལོངས་སྤྱོད་ཆེན་པོ་ཐོབ་པར(༢༢༨ན)འགྱུར་རོ། །ཚུལ་ཁྲིམས་ཀྱིས་མཐོ་རིས་ཐོབ་པར་འགྱུར་རོ། །བཟོད་པས་མཛེས་པར་འགྱུར་རོ། །བརྩོན་འགྲུས་ཀྱིས་མངོན་པར་ཤེས་པ་མྱུར་བར་འགྱུར་རོ། །བསམ་གཏན་གྱིས་སེམས་ལས་སུ་རུང་བར་འགྱུར་རོ། །ཤེས་རབ་ཀྱིས་འཇིག་རྟེན་ཐམས་ཅད་ལས་མངོན་པར་འཕགས་པར་འགྱུར་རོ། །ཐབས་ཀྱིས་ཐམས་ཅད་ལས་འབྱུང་བར་འགྱུར་རོ། །སྨོན་ལམ་གྱིས་ཚེགས་མེད་པར་འགྱུར་རོ། །སྟོབས་ཀྱིས་མི་ཚུགས་པར་འགྱུར་རོ། །ཡེ་ཤེས་ཀྱིས་འཇིག་རྟེན་ཐམས་ཅད་སྟོན་པར་འགྱུར་རོ། །ཞེས་དང་། གཞན་ཡང་

རིགས་ཀྱི་བུ། བྱང་ཆུབ་སེམས་དཔའ་སྦྱིན་པའི་ཕ་རོལ་ཏུ་ཕྱིན་པས་ནི་ལག་ན་རིན་པོ་ཆེ་དང་ནམ་མཁའི་མཛོད་འཐོབ་བོ། །ཚུལ་ཁྲིམས་ཀྱི་ཕ་རོལ་ཏུ་ཕྱིན་པས་ནི་ངན་སོང་ཐམས་ཅད་ལས་ཤིན་ཏུ་འདས་པ་དང་། འཆི་འཕོ་བ་དང་སྐྱེ་བ་ལ་དབང་བ(༢༢༠བ)དང་རང་ཤེས་པའི་སེམས་འཐོབ་བོ། །བཟོད་པའི་ཕ་རོལ་ཏུ་ཕྱིན་པས་ནི་དེ་བཞིན་གཤེགས་པའི་སྐུ་མཚན་དང་དཔེ་བྱད་བཟང་པོས་ལེགས་པར་བརྒྱན་པ་བལྟ་བས་མི་ངོམས་པ་འཐོབ་བོ། །བརྩོན་འགྲུས་ཀྱི་ཕ་རོལ་ཏུ་ཕྱིན་པས་ནི་མངོན་པར་ཤེས་པ་མྱུར་བ་དང་། ཆོས་ཐམས་ཅད་དབང་བྱེད་པ་འཐོབ་བོ། །བསམ་གཏན་གྱི་ཕ་རོལ་ཏུ་ཕྱིན་པས་ནི་ལུས་དང་སེམས་ཡིད་དུ་འོང་བ་དང་། གཟུངས་དང་སྤོབས་པ་ཐ་དད་པ་དང་། ཉོན་མོངས་པའི་སྒྲུབ་པ་སྤོང་བ་འཐོབ་བོ། །ཤེས་རབ་ཀྱི་ཕ་རོལ་ཏུ་ཕྱིན་པས་ནི་མི་འཇིགས་པ་དང་སོ་སོར་ཡང་དག་པར་རིག་པ་བཞི་འཐོབ་བོ། །ཐབས་ཀྱི་ཕ་རོལ་ཏུ་ཕྱིན་པས་ནི་བྱ་སླ་བ་དང་། ལུས་དང་ངག་དང་ཡིད་ཀྱི་ལས་ཀྱི་མཐའ་ཁ་ན་མ་ཐོ་བ་མེད་པ་འཐོབ་བོ། །སྨོན་ལམ་གྱི་ཕ་རོལ་ཏུ་ཕྱིན་པས་ནི་སྐྱེ་བ་ཐམས་ཅད་དུ་སྐྱེ་བ་དྲན་པ་དང་ཇི་ལྟར་འདོད་པ་བཞིན་དུ་འགྲོ་བ་དང་ཇི་ལྟར་འདོད་པ(༢༢༥ན)བཞིན་དུ་དགའ་བར་འགྱུར་བ་འཐོབ་བོ། །སྟོབས་ཀྱི་ཕ་རོལ་ཏུ་ཕྱིན་པས་ནི་ཉོན་མོངས་པ་ཐམས་ཅད་དང་བདུད་དང་ཕས་ཀྱི་རྒོལ་བ་ཐམས་ཅད་ཀྱིས་མི་བཟི་བ་དང་འཇིག་རྟེན་ཐམས་ཅད་ལས་མངོན་པར་འཕགས་པ་འཐོབ་བོ། །ཡེ་ཤེས་ཀྱི་ཕ་རོལ་ཏུ་ཕྱིན་པས་ནི་ཕུང་པོ་དང་འཆི་བདག་དང་ཉོན་མོངས་པ་དང་ལྷའི་བུའི་བདུད་ལས་ཡང་དག་པར་འདས་པ་འཐོབ་པ་སྟེ་རིགས་ཀྱི་བུ་བྱང་ཆུབ་སེམས་དཔའ་རྣམས་ཀྱི་ཕ་རོལ་ཏུ་ཕྱིན་པ་དང་རབ་ཏུ་ལྡན་པས་ཆོས་ཡང་དག་པར་བརྗོད་དོ། །ཞེས་དང་། དེ་ལ་ཕ་རོལ་ཏུ་ཕྱིན་པ་དེ་དག་གི་ཁྱད་པར་བརྗོད་པ་ནི་འདི་ལྟ་སྟེ། སྦྱིན་པའི་རློམ་སེམས་མེད་པས་སྦྱིན་པའི་ཕ་རོལ་ཏུ་ཕྱིན་པ་སྟེ། རྒྱུན་

མི་འཆད་པར་བདོག་པ་ཐམས་ཅད་ཡོངས་སུ་གཏོང་བར་མི་བྱེད་པ་ཡང་མ་ཡིན་ནོ། །ཚུལ་ཁྲིམས་ཀྱི་རློམ་སེམས་མེད་པས(༢༥་བ)ཚུལ་ཁྲིམས་ཀྱི་ཕ་རོལ་ཏུ་ཕྱིན་པ་སྟེ་ཚུལ་ཁྲིམས་དང་བསླབ་པ་དང་སྦྱངས་པའི་ཡོན་ཏན་དང་ཡོ་བྱད་བསྔུངས་པ་ཐམས་ཅད་ལ་ནི་མི་འཇུག་པ་ཡང་མ་ཡིན་ནོ། །བཟོད་པའི་རློམ་སེམས་མེད་པས་བཟོད་པའི་ཕ་རོལ་ཏུ་ཕྱིན་པ་སྟེ་རྟག་ཏུ་བཟོད་པ་དང་ངེས་པ་ལ་ཡང་མི་འཇུག་པ་མ་ཡིན་ནོ། །བརྩོན་འགྲུས་ཀྱི་རློམ་སེམས་མེད་པས་བརྩོན་འགྲུས་ཀྱི་ཕ་རོལ་ཏུ་ཕྱིན་པ་སྟེ་རྒྱུན་མི་འཆད་པར་དགེ་བའི་རྩ་བ་ཐམས་ཅད་ཡང་དག་པར་མི་སྒྲུབ་པ་ཡང་མ་ཡིན་ནོ། །བསམ་གཏན་གྱི་རློམ་སེམས་མེད་པས་བསམ་གཏན་གྱི་ཕ་རོལ་ཏུ་ཕྱིན་པ་སྟེ། རྟག་ཏུ་ངེས་པར་སེམས་པ་ལྷུར་མི་ལེན་པ་ཡང་མ་ཡིན་ནོ། །ཤེས་རབ་ཀྱི་རློམ་སེམས་མེད་པས་ཤེས་རབ་ཀྱི་ཕ་རོལ་ཏུ་ཕྱིན་པ་སྟེ། རྟག་ཏུ་ཐོས་པ་འཚོལ་བ་ལ་མངོན་པར་མི་བརྩོན་པ་ཡང་མ་ཡིན་ནོ། །ཐབས་ཀྱི་རློམ་སེམས་མེད་པས་ཐབས་ཀྱི་ཕ་རོལ་ཏུ་ཕྱིན་པ་སྟེ། (༢༣༠་ན)མུ་སྟེགས་ཅན་གྱི་གནས་ཐམས་ཅད་དང་སེམས་ཅན་ཐམས་ཅད་ཀྱི་དགེ་བའི་བྱ་བ་རྩོམ་པ་རྣམས་ནི་མི་སྣང་བ་ཡང་མ་ཡིན་ནོ། །སྨོན་ལམ་གྱི་རློམ་སེམས་མེད་པས་སྨོན་ལམ་གྱི་ཕ་རོལ་ཏུ་ཕྱིན་པ་སྟེ། སེམས་ཅན་ཐམས་ཅད་ཀྱི་དགེ་བའི་རྩ་བ་དང་བདག་གི་དགེ་བའི་རྩ་བ་སྣ་ཚོགས་ཀྱི་སྒོ་ནས་སེམས་ཅན་ཐུན་མོང་དུ་བྱས་ཏེ་བླ་ན་མེད་པ་ཡང་དག་པར་རྫོགས་པའི་བྱང་ཆུབ་ཏུ་ཡོངས་སུ་མི་བསྔོ་བ་ཡང་མ་ཡིན་ནོ། །སྟོབས་ཀྱི་རློམ་སེམས་མེད་པས་སྟོབས་ཀྱི་ཕ་རོལ་ཏུ་ཕྱིན་པ་སྟེ། སྲིད་མེད་ཀྱི་བུ་དང་ལག་ན་རྡོ་རྗེའི་གཟུགས་རྣམས་ཀྱིས་ང་རྒྱལ་དང་རྒྱགས་པ་དང་དྲེགས་པས་ཁེངས་པའི་སེམས་ཅན་རྣམས་མི་འདུལ་བ་ཡང་མ་ཡིན་ནོ། །ཡེ་ཤེས་ཀྱི་རློམ་སེམས་མེད་པས་ཡེ་ཤེས་ཀྱི་ཕ་རོལ་ཏུ་ཕྱིན་པ་སྟེ། བཟོ(༢༣༠་བ)བའི་གནས་དང་སྦྱོར་བའི་གནས་དང་ལས་ཀྱི་གནས་ཐམས་ཅད་ལ་མི་འཇུག་པ་ཡང་མ་ཡིན་ཏེ་རིགས་ཀྱི་

བུ་འདི་ནི་བྱང་ཆུབ་སེམས་དཔའ་རྣམས་ཀྱི་ཕ་རོལ་ཏུ་ཕྱིན་པ་དང་ལྡན་པའི་ཆོས་ཡང་དག་པར་བརྗོད་པའོ། །གཞན་ཡང་རིགས་ཀྱི་བུ། རྣམ་པར་སྨིན་པ་ལ་ཡང་རེ་བ་མེད་ལ། རྣམ་པ་ཐམས་ཅད་ཀྱིས་དངོས་པོ་ཐམས་ཅད་ཡོངས་སུ་གཏོང་བའི་ཕྱིར་ཡང་བརྩོན་པ་དང་། ཚུལ་ཁྲིམས་ལ་ཡང་རྣམ་པར་མི་རྟོག་ལ་སྲོག་གི་ཕྱིར་ཡང་བསླབ་པ་མི་རལ་བ་དང་། མི་འཁྲུགས་པའི་སེམས་ཀྱང་ཡིན་ལ་གནོད་སེམས་ཀྱི་ཐ་བ་དང་ཞེ་སྡང་ཡང་མི་བསྐྱེད་པ་དང་། འདོད་པ་ཡང་མེད་ལ་དགེ་བའི་རྩ་བ་ཐམས་ཅད་སྡོམ་པ་དང་། རྣམ་པར་རྟོག་པ་ཡང་མེད་ལ་བསམ་གཏན་དང་མངོན་པར་ཤེས་པ་ཡང་ཀུན་ཏུ་ཚོལ་བ་དང་། ཆོས(༢༣༧ན)ཐམས་ཅད་ལ་ཐེ་ཚོམ་ཡང་མེད་ལ་ཐོས་པ་དང་བསམ་པ་དང་སྒོམ་པའི་སྦྱོར་བ་ཡང་ཀུན་ཏུ་ཚོལ་བ་དང་། ཆོས་ཐམས་ཅད་དོན་དུ་གཉེར་བ་ཡང་མེད་ལ་དགེ་བའི་རྩ་བ་སྣ་ཚོགས་ཐམས་ཅད་ལ་ཡང་དམིགས་པ་དང་། སེམས་གང་ལ་ཡང་མི་གནས་ལ་སྨོན་ལམ་ཐམས་ཅད་ཀྱང་མངོན་པར་སྒྲུབ་པ་དང་། ང་རྒྱལ་དང་དྲེགས་པ་ཡང་བཅོམ་ལ་སྲ་བ་རྡོ་རྗེ་ལྟར་མི་ཕྱེད་པའི་ལུས་ཀྱང་སྒྲུབ་པ་དང་། བསམ་གཏན་ཐམས་ཅད་ཀྱང་ཤེས་ལ་སློབ་དཔོན་དང་བླ་མ་ཐམས་ཅད་ཀྱང་ཀུན་ཏུ་ཚོལ་བ་འདི་ནི་རིགས་ཀྱི་བུ་བྱང་ཆུབ་སེམས་དཔའ་རྣམས་ཀྱི་ཕ་རོལ་ཏུ་ཕྱིན་པ་དང་ལྡན་པའི་ཆོས་ཡང་དག་པར་བརྗོད་པའོ། །ཞེས་གསུངས་པ་ལྟར་ལྷག་པའི་བསམ་པ་ཕུན་སུམ་ཚོགས་པ་དང་། དེས་འཕངས་པའི་ཕར་ཕྱིན(༢༣༧བ)བཅུའི་ཉམས་ལེན་དང་བཅས་པ་རྣམས་སོ། །དེ་བཅུ་པོ་ཡང་ཕྱིན་དྲུག་ཏུ་འདུ་བས། རང་གི་རྒྱུད་སྨིན་པར་བྱེད་པ་ཕ་རོལ་ཏུ་ཕྱིན་པ་དྲུག་ལ་སློབ་ཚུལ་ཡང་། གཏོང་བའི་སེམས་པ་དགེ་བའི་ཀུན་ནས་བསླངས་ཏེ་ལུས་ལོངས་སྤྱོད་དགེ་རྩ་རྣམས་ལ་སེར་སྣ་མེད་པར་བཏང་བའི་འབྲས་བུ་དང་བཅས་པ་གཏོང་བ་དེ་སྦྱིན་པ་དང་། གཞན་གནོད་གཞི་དང་བཅས་པ་ལས་ཕྱིར་ལྡོག་པ་སོགས་ཀྱིས་བསྡུས་པའི་

བསྲུང་བའི་སེམས་པ་དེ་ཚུལ་ཁྲིམས་དང་། གནོད་བྱེད་དང་སྡུག་བསྔལ་སོགས་ཀྱིས་མི་འཁྲུགས་ཤིང་ཆོས་ལ་མོས་པ་ཤིན་ཏུ་གནས་པའི་སེམས་པ་དེ་བཟོད་པ་དང་། དགེ་བའི་དམིགས་པ་ལ་མངོན་པར་སྤྲོ་བ་དེ་བརྩོན་འགྲུས་དང་། དགེ་བའི་དམིགས་པ་ལས་མི་གཡེངས་པར་གནས་པའི་སེམས་རྩེ་གཅིག་བསམ་གཏན་དང་། བརྟགས་པའི་དངོས་པོ་ཆོས་རབ་ཏུ་རྣམ་པར(༢༡༢ན)འབྱེད་པ་དེ་ཤེས་རབ་སྟེ། ཕྱིན་དྲུག་གང་གི་སྐབས་སུའང་རྒྱུའི་ཀུན་སློང་སེམས་བསྐྱེད་དང་། དངོས་གཞིའི་དུས་སུ་བདེན་སྟོང་སྒྱུ་མ་ལྟ་བུའི་བློ་དང་། མཇུག་ཏུ་བླ་མེད་བྱང་ཆུབ་ཏུ་བསྔོ་བས་ཟིན་པ་དང་། ཕྱིན་དྲུག་རེ་རེ་བྱེད་པའི་དུས་སུའང་ཉན་རང་གི་ཡིད་བྱེད་སྤོང་པའི་ཚུལ་ཁྲིམས་དང་། ཟབ་མོའི་ཆོས་ལ་མོས་ཤིང་གཞན་གྱི་གནོད་པ་བཟོད་པ་དང་། སྦྱིན་སོགས་དེ་དང་དེ་ལ་སྤྲོ་བའི་བརྩོན་འགྲུས་དང་། ཐེག་དམན་དང་མ་འདྲེས་པའི་སེམས་རྩེ་གཅིག་པའི་དགེ་བ་རྫོགས་བྱང་དུ་བསྔོ་བ་བསམ་གཏན་དང་། འཁོར་གསུམ་རྣམ་པར་མི་རྟོག་པའི་ཤེས་རབ་སྟེ་དྲུག་དྲུག་ཚང་བར་བྱས་ནས་སྦྱིན་སོགས་དེ་དང་དེ་ཉམས་སུ་བླངས་པར་བྱེད་པའི་བློའི་གོམས་པ་ཡོངས་སུ་རྫོགས་པ་ལས་ཕར་ཕྱིན་དུ་འགྱུར་བ་ཡིན་ནོ། །དེ་ལྟར་ཡང་། འཕགས་པ་ཤེས་རབ(༢༡༢བ)ཀྱི་ཕ་རོལ་ཏུ་ཕྱིན་པ་སྡུད་པ་ལས། བྱང་ཆུབ་སེམས་དཔའི་སྦྱིན་པས་ཡི་དྭགས་འགྲོ་བ་གཅོད། །དབུལ་བ་དང་ནི་དེ་བཞིན་ཉོན་མོངས་ཐམས་ཅད་གཅོད། །སྤྱོད་ཚེ་ལོངས་སྤྱོད་མཐའ་ཡས་རྒྱས་པ་ཐོབ་པར་འགྱུར། །སྦྱིན་པས་སྡུག་བསྔལ་གྱུར་པའི་སེམས་ཅན་ཡོངས་སྨིན་བྱེད། །ཁྲིམས་ཀྱིས་དུད་འགྲོའི་འགྲོ་བ་དུ་མའི་ངོ་བོ་དང་། །མི་ཁོམ་བརྒྱད་སྤོང་དེ་ཡི་དལ་བ་རྟག་ཏུ་རྙེད། །བཟོད་པས་གཟུགས་བཟང་དམ་པ་རྒྱ་ཆེན་ཐོབ་འགྱུར་ཏེ། །གསེར་མདོག་སྡུག་ཅིང་འགྲོ་བས་ལྟ་བའི་འོས་སུ་འགྱུར། །བརྩོན་འགྲུས་ཀྱིས་ནི་དཀར་པོའི་ཡོན་ཏན་འགྲིབ་མི་འགྱུར། །ཡེ་ཤེས་མཐའ་ཡས་རྒྱལ་བོའི་

བང་མཛོད་རྙེད་པར་འགྱུར། །བསམ་གཏན་གྱིས་ནི་འདོད་པའི་ཡོན་ཏན་སྤང་པ་འདོར། །རིག་དང་མངོན་པར་ཤེས་དང་ཏིང་འཛིན་མངོན་པར་སྒྲུབ། །ཤེས་རབ་ཀྱིས་ནི(༢༣༣ན)ཆོས་ཀྱི་རང་བཞིན་ཡོངས་ཤེས་ནས། །ཁམས་གསུམ་མ་ལུས་པ་ལས་ཡང་དག་འདའ་བར་འགྱུར། །ཞེས་དང་། སེར་སྣ་ཅན་ནི་ཡི་དྭགས་གནས་སུ་སྐྱེ་བར་འགྱུར། །ཇི་སྟེ་མིར་སྐྱེ་ན་ཡང་དེ་ཚེ་དབུལ་པོར་འགྱུར། །དེ་ཚེ་བྱང་ཆུབ་སེམས་དཔའ་སེམས་ཅན་དབུལ་ཤེས་ནས། །གཏོང་ལ་མོས་པར་འགྱུར་ཞིང་རྟག་ཏུ་ལྷུག་པར་གཏོང་། །ཆོས་རྣམས་རང་བཞིན་བདག་མེད་ཡ་མ་སྣར་ཤེས་ནས། །བདག་གི་ཤ་ཡང་གཏོང་ལ་ཞུམ་པའི་སེམས་མེད་ན། །དེ་ཚེ་ཕྱི་རོལ་དངོས་པོ་གཏོང་བ་སྨོས་ཅི་དགོས། །གལ་ཏེ་སེར་སྣ་བྱེད་པ་དེ་ནི་གནས་མེད་དོ། །བྱང་ཆུབ་སེམས་དཔའ་གང་ཞིག་ཤེས་རབ་མཆོག་བསྒོམས་ཏེ། །དེ་ལས་ལངས་ནས་གོས་པ་མེད་པའི་ཆོས་བརྗོད་ཅིང་། །དེ་ཡང་འགྲོ་བའི་དོན་དུ་བྱང་ཆུབ་རྒྱུར་བསྔོ་ན། །དགེ་བ་དེ་དང་མཉམ་པ་འཇིག(༢༣༣བ)རྟེན་གསུམ་ན་མེད། །ཅེས་དང་། ཚུལ་ཁྲིམས་ཀྱིས་ནི་ཞི་བ་འདོད་རྣམས་འཕགས་པར་འགྱུར། །སྟོབས་བཅུའི་སྤྱོད་ཡུལ་གནས་ཤིང་ཚུལ་ཁྲིམས་ཉམས་པ་མེད། །སྡོམ་པ་བྱ་བ་ཇི་སྙེད་ཀུན་གྱི་རྗེས་སུ་འཇུག །སེམས་ཅན་ཀུན་ལ་ཕན་ཕྱིར་དེ་ཡང་བྱང་ཆུབ་བསྔོ། །གལ་ཏེ་རང་རྒྱལ་དགྲ་བཅོམ་བྱང་ཆུབ་རིག་འདོད་ན། །ཚུལ་ཁྲིམས་འཆལ་ཅིང་མི་མཁས་དེ་བཞིན་སྤྱོད་པ་ཉམས། །འདོད་ཡོན་བརྩོན་ཡང་ཚུལ་ཁྲིམས་ཕ་རོལ་ཕྱིན་ལ་གནས། །གང་ལ་བདག་གི་འདུ་ཤེས་སེམས་ཅན་འདུ་ཤེས་མེད། །འདུ་ཤེས་འདོད་ཆགས་བྲལ་ལ་སྡོམ་མིན་ག་ལ་ཡོད། །གང་ལ་སྡོམ་དང་སྡོམ་པ་མ་ཡིན་རློམ་སེམས་མེད། །འདི་ནི་ཚུལ་ཁྲིམས་སྡོམ་པོར་རྣམ་པར་འདྲེན་པས་གསུངས། །ཞེས་དང་། ལུང་བསྟན་མ་ཐོབ་བྱང་ཆུབ་སེམས་དཔའ་གང་ཞིག་གིས། །ལུང་བསྟན་ཐོབ་ལ་སེམས་ཁྲོས་རྩོད(༢༣༤ན)པ་རྩོམ་བྱེད་ན། །ཐ་བ་སྐྱོན་ལྡན

སེམས་ཀྱི་སྐད་ཅིག་ཇི་སྙེད་པ། །དེ་སྙེད་བསྐལ་བར་གཞི་ནས་གོ་ཆ་བགོ་དགོས་སོ། །གལ་ཏེ་གཞན་ལས་ངན་བརྗོད་ཚིག་རྩུབ་ཐོས་གྱུར་ན། །བདག་བདེ་ཡིན་ཞེས་བྱང་ཆུབ་སེམས་དཔའ་མཁས་པ་གང་། །སུ་སྨྲ་སུ་ཐོས་གང་གིས་གང་ཞིག་གང་གི་ཕྱིར། །བཟོད་པའི་ཕ་རོལ་ཕྱིན་མཆོག་ལྡན་པ་མཛངས་པ་ཡིན། །གལ་ཏེ་སེམས་ཅན་ལ་ལས་ཅན་དན་ཕུར་མ་བླངས། །རབ་གུས་བྱང་ཆུབ་སེམས་དཔའ་ལ་ནི་ཞུག་བྱེད་ལ། །གཞན་ཞིག་མེ་མདག་མགོ་ལ་འཐོར་བྱེད་གཉིས་ཀ་ལ། །དེ་ཡིས་མཉམ་ཞིང་སྙོམས་པའི་སེམས་ནི་བསྐྱེད་པར་བྱ། །ཞེས་དང་། བྱང་ཆུབ་མཆོག་ཏུ་སེམས་བསྐྱེད་དང་པོ་ནས་བཟུང་སྟེ། །བྱང་ཆུབ་བླ་ན་མེད་པ་ཐོབ་པར་འགྱུར་གྱི་བར། །ཉིན་མཚན་གཅིག་ཙམ་དུ་ནི་ཡིད་ལ་སེམས་བྱེད་ན། །མཁས་པ་གསལ་བས(༢༣༤བ)བརྩོན་འགྲུས་བརྩམས་པར་རིག་པར་བྱ། །འགྲོ་བ་ཡོངས་སུ་སྨིན་པར་བྱས་ནས་དོན་བྱ་ཞེས། །གལ་ཏེ་ལུས་དང་ངག་དང་ཡིད་ཀྱིས་བརྩོན་བྱེད་ན། །བདག་ཏུ་འདུ་ཤེས་གནས་པས་ལེ་ལོར་འགྱུར་བ་སྟེ། །ཐམས་ཅད་མཁྱེན་པ་ཉིད་ལས་རིང་འགྱུར་གནམ་ས་བཞིན། །བྱང་ཆུབ་སེམས་དཔའ་གང་ཞིག་ཡུན་རིང་འཕོར་འདོད་ཅིང་། །སེམས་ཅན་དོན་དང་ཞིང་སྦྱོང་བརྩོན་པའི་རྣལ་འབྱོར་པ། །སྐྱོ་བའི་བློ་ནི་རྡུལ་ཙམ་སྐྱེ་བར་མི་འགྱུར་ན། །དེ་ནི་བརྩོན་འགྲུས་ཕ་རོལ་ཕྱིན་ལྡན་གཡེལ་བ་མེད། །ཅེས་དང་། ཤེས་རབ་མཆོག་ཐོབ་བསམ་གཏན་དག་ལ་གནས་པ་ནི། །གཟུགས་མེད་ཏིང་འཛིན་དམ་པ་བཞི་ཡང་ཉམས་སུ་སྤྱོད། །བསམ་གཏན་འདི་དག་བྱང་ཆུབ་དམ་པ་མཆོག་ལ་ཕན། །བྱང་ཆུབ་སེམས་དཔའ་ཟག་པ་ཟད་ཕྱིར་སློབ་པ་མིན། །འདི་ནི་ཡོན་ཏན་སོགས་ལ་གནས་ནས་མཚན་མ་མེད། །དེ་ལ་གནས་རྣམས་གལ་ཏེ་ལས(༢༣༥ན)ནི་ཞིག་གྱུར་ན། །བསམ་པ་ཇི་བཞིན་འདོད་པའི་ཁམས་སུ་ཡང་སྐྱེ་བའོ། །གཞན་ཡང་གཟུགས་དང་སྒྲ་དང་དེ་བཞིན་དྲི་དང་རོ། །རེག་དང་

འདོད་ཡོན་ལྔ་ལ་མངོན་པར་བརྩོན་གྱུར་ཀྱང་། །དགྲ་བཅོམ་རང་རྒྱལ་ཐེག་བྲལ་བྱང་ཆུབ་སེམས་དཀའ་ན། །དཔའ་པོ་རྟག་ཏུ་མཉམ་བཞག་ཡིན་པར་ཤེས་པར་བྱ། །ཞེས་དང་། ཤེས་རབ་མེད་ན་མིག་མེད་ཕ་རོལ་ཕྱིན་ལྔ་འདི། །དམིགས་བུ་མེད་པས་བྱང་ཆུབ་རེག་པར་ནུས་མ་ཡིན། །གང་ཚེ་ཤེས་རབ་ཀྱིས་ནི་རབ་ཏུ་ཟིན་གྱུར་པ། །དེ་ཚེ་མིག་ཉེད་གྱུར་ཅིང་འདི་ཡི་མིང་འཐོབ་བོ། །གང་ལ་གཟུགས་མིན་ཚོར་མིན་འདུ་ཤེས་མི་དམིགས་ཤིང་། །རྣམ་པར་ཤེས་པ་མ་ཡིན་སེམས་པ་མི་དམིགས་ལ། །ཆོས་ཀུན་སྐྱེ་མེད་སྟོང་པའི་ཚུལ་དུ་རབ་ཤེས་པ། །འདི་ནི་ཤེས་རབ་ཕ་རོལ་ཕྱིན་མཆོག་སྤྱོད་པ་ཡིན། །ཆོས་འཆད་པ་དང་ཉན་དང་བཤད་བྱ་གང་ཡིན་དང་། །(༢༣༥བ)འབྲས་བུ་ཐོབ་དང་རྒྱེན་རྒྱལ་དེ་བཞིན་འཇིག་རྟེན་མགོན། །མཁས་པ་གསལ་བས་ཐོབ་པའི་མྱ་ངན་འདས་གང་ཡིན། །དེ་ཀུན་སྒྱུ་མ་ལྟ་བུར་དེ་བཞིན་གཤེགས་པས་བསྟན། །ཞེས་དང་། འཕགས་པ་ཏིང་ངེ་འཛིན་རྒྱལ་པོ་ལས། འདི་ནི་ནོར་མང་རིགས་སུ་སྐྱེ་བར་འགྱུར། །སྐྱེས་ནས་དེ་ཡི་ཡིད་ནི་གཏོང་ལ་དགའ། །སྙིང་པོ་བླངས་ནས་འཆི་བའི་དུས་བྱེད་འགྱུར། །སེར་སྣ་མེད་པའི་ཕན་ཡོན་འདི་དག་ཡིན། །ཞེས་དང་། དེ་ལྟར་ཚུལ་ཁྲིམས་སྟོབས་ལ་གནས་པ་ན། །དེ་ཡི་སེམས་ནི་ཀུན་ནས་ལྡང་མི་འགྱུར། །ཉོན་མོངས་མེད་དེ་ཏིང་འཛིན་མྱུར་དུ་འཐོབ། །ཚུལ་ཁྲིམས་དག་པའི་ཕན་ཡོན་འདི་དག་གོ། །ཞེས་དང་། དེ་ཡི་ལུས་ལ་སུམ་ཅུ་གཉིས་མཚན་འབྱུང་། །དེ་ནི་ཕྱིར་ཡང་ལོག་ལྡང་འགྲོ་མི་འགྱུར། །ཤི་འཕོས་ནས་ནི་ཚངས་པའི་གནས་སུ་སྐྱེ། །བཟོད་ལ་གནས་པའི་ཕན་ཡོན་འདི་དག(༢༣༦ན)གོ། །ཞེས་དང་། མི་གཡེལ་བརྩོན་འགྲུས་བརྩམས་པ་ཡིས། །དཀར་པོའི་ཕྱོགས་ནི་ཉིན་མཚན་འཕེལ། །དེ་ལྟར་བརྩོན་འགྲུས་སྟོབས་ལྡན་པས། །རིང་པོར་མི་ཐོགས་བྱང་ཆུབ་འགྱུར། །ཞེས་དང་། འདོད་པའི་སྲིད་པ་འདོད་ཆགས་བྲལ། །བསམ་གཏན་བདེ་ལ་བསྙེན་བྱེད་དེ། །བདུད་ཀྱི་ཡུལ་ལས་དེ་

ཐར་ཅིང་། །སངས་རྒྱས་ཡུལ་ལ་དེ་གནས་སོ། །ཞེས་དང་། དེ་ལྟར་སངས་རྒྱས་ཡོན་ཏན་དེ་གནས་པས། །རང་རྒྱལ་རྣམས་དང་ཉན་ཐོས་རྣམས་ལ་ནི། །དེ་དག་ནམ་ཡང་སློན་པ་མི་བྱེད་དེ། །ཤེས་རབ་མོས་པའི་ཕན་ཡོན་འདི་དག་གོ། །འཕགས་པ་བྱང་ཆུབ་སེམས་དཔའི་སྤྱོད་ཡུལ་གྱི་ཐབས་ཀྱི་ཡུལ་ལ་རྣམ་པར་འཕྲུལ་བ་བསྟན་པའི་མདོ་ལས། དེ་ནས་བཅོམ་ལྡན་འདས་ཀྱིས་དེའི་ཚེ་ཚིགས་སུ་བཅད་པ་འདི་དག་བཀའ་སྩལ་ཏོ། །སྦྱིན་པ(༢༣༨བ)རྒྱ་ཆེན་མཚུངས་མེད་བྱིན་པ་དེ་དག་བྱང་ཆུབ་འགྲུབ་འགྱུར་ཞེས། །རྐང་ལག་མགོ་དང་དྲི་མེད་མིག་དང་རྐང་དང་དེ་བཞིན་ཉུས་པ་དང་། །ཕྱི་དང་ནང་གི་དངོས་པོ་ཐམས་ཅད་སེར་སྣ་མེད་པའི་བློས་ཀྱང་གཏོང་། །ཕྱིར་ཞིང་ཕན་ཡོན་མཐོང་བ་རྒྱ་ཆེན་སེམས་ལྡན་གང་དུའང་ལྟ་བ་མེད། །བདག་ནི་ལེགས་སྤྱོད་བཟང་པོ་རྫོགས་པར་འགྱུར་གྱི་མཆོག་ཏུ་སྐྱེ་བ་འགྱུར། །སངས་རྒྱས་དྲི་མེད་ལམ་འཕེལ་ཡོན་ཏན་སེར་སྣ་ཡོངས་སུ་སྤངས་པར་འགྱུར། །དབང་དང་ཕ་རོལ་ཕྱིན་པ་སོགས་ལ་རྫོགས་འགྱུར་སྦྱིན་འདི་རྒྱལ་བས་བསྔགས། །མཁས་པ་དེ་ལྟར་དུ་མར་རྟོག་ཅིང་དོན་ཀུན་གཏོང་ལ་དགའ་བར་བྱེད། །ཅེས་དང་། བདག་གི་ཉོན་མོངས་འཆིང་བ་ལྷོད་འགྱུར་ཞིང་། །བདག་ནི་ངན་འགྲོའི་སྒོ་བཅད་འགྱུར་རོ་ཞེས། །མཁས་པས་ཕན་ཡོན་ཡོངས་སུ་བསམ་བྱས་ལ། །ཚུལ་ཁྲིམས་གཡག་རྔ་བཞིན་དུ་བསྲུང་བར་བྱ། །སངས་རྒྱས(༢༣༩ན)རྗེས་དྲན་རྗེས་སུ་བདག་འཐུངས་ཤིང་། །བདེ་བར་གཤེགས་པས་རྟག་ཏུ་བསྔགས་འགྱུར་ལ། །བདག་གིས་བྱིན་རླབས་དོན་མེད་མི་འགྱུར་བ། །ཚུལ་ཁྲིམས་གནས་ལས་འགྱུར་ཞེས་ཚུལ་ཁྲིམས་བསྲུང་། །ཞེས་དང་། མཚན་གཟུགས་དཔེ་བྱད་བཟང་པོ་དག་བྱ་དང་། །ཚངས་པའི་གནས་སུ་འགྲོ་བར་སུ་འདོད་པ། །བརྩོན་འགྲུས་དམ་པ་དེ་ཡིས་བཟོད་སྟོབས་བསྐྱེད། །བཟོད་ལ་མོས་ན་ཐམས་ཅད་འབྱོར་བ་འགྱུར། །བདུད་ཀྱི་

སྤོབས་ནི་སྤོབས་མེད་བྱ་བ་ལ། །བཟོད་པ་འདྲ་བ་སྤོབས་ཟླ་གང་ཡང་མེད། །དེ་ནི་ཡོན་ཏན་ཀུན་གྱི་འབྱུང་གནས་ཏེ། །དེ་ཕྱིར་བཟོད་པའི་ཡོན་ཏན་དེ་བསྟེན་བྱ། །ཞེས་དང་། དྲང་སྲོང་སྲུས་པོ་གང་དག་བྱང་ཆུབ་མཆོག་འདོད་པ། །གྲུ་མཆོག་དེ་དག་རྣམས་ཀྱི་བརྩོན་འགྲུས་མ་ཞུམ་མཆོག །དེ་དག་སངས་རྒྱས་ཞིང་གི་བཀྲུར་ཡང་འགྲོ་བར་བྱེད། །དེ་དག་ཡུན་རིང་སྤྱད་པ་སྤྱོད་ཀྱང་སྐྱོ་བ་མེད། །སེམས(༢༣༧བ)ཅན་ཡོངས་སུ་སྨིན་པར་བྱ་ཕྱིར་བརྩོན་འགྲུས་ཅན། །དེ་དག་བསྐལ་བ་བརྒྱ་ཕྲག་མང་པོར་སྡུག་བསྔལ་བཟོད། །སྐྱེ་བོ་སྡུག་བསྔལ་དཔག་མེད་ཞི་བདེ་སྦྱིན་འདོད་པ། །ལེ་ལོ་མེད་པ་དེ་དག་བརྩོན་འགྲུས་མི་ཉམས་འདོད། །ཅེས་དང་། བྱང་ཆུབ་སེམས་དཔའ་གཟི་ལྡན་པ། །དེ་ཉིད་དེ་དག་བསམ་གཏན་ནི། །ཉོན་མོངས་ཐམས་ཅད་ཞི་ཕྱིར་དང་། །ཤིན་ཏུ་འཁྲུགས་མེད་དོན་ཕྱིར་ཡིན། །ཞི་བའི་ཞི་གནས་ངེས་པར་སེམས། །ཡུལ་ལ་རྟག་པར་དགའ་བ་མེད། །དེ་དག་བསམ་གཏན་ལས་སུ་རུང་། །ཇི་ལྟར་འདོད་བཞིན་དབང་དུ་སྒྱུར། །ཞེས་དང་། ཤེས་རབ་འཕགས་པ་འདི་ནི་སྣང་ལྟ་བུར། །རྟག་ཏུ་སྐྱེ་དགུ་རྣམས་ཀྱི་མུན་པ་སེལ། །སྲིད་དང་རྩོངས་པའི་རྩ་རྣམས་བསལ་བའི་ཕྱིར། །དགེ་བའི་ཡིད་ལ་ཐོང་གཞོལ་འདྲ་བ་ཡིན། །ཉོན་མོངས་རི་རྣམས་རྡུལ་དུ་རློག་པ་སྟེ། །ལྷ་མིན་སྣང་ལ་དབང་པོ་རྡོ་རྗེ་བཞིན། །མྱུ་ངན་འདས་ལམ་མཚོན་པ་ངེས་སྒྲོན་ཡིན། །དེ་ལ་མིག་ཅེས་ཐུབ་པ་ཟླ་བས་གསུངས། །ཞེས་གསུངས་པ་དང་། གཞན(༢༣༨ན)ཡང་སྦྱིན་པའི་ཕན་ཡོན་དང་ལས་དང་པོ་པའི་དམིགས་བསལ་དང་། སྤྱིར་ལོག་ལྟ་སོགས་ཀྱིས་དགེ་རྩ་འཇོམས་པ་དང་ཁྲོ་ཡུལ་བྱང་སེམས་མིན་ཀྱང་རབ་བྱུང་ཡིན་ན་གནོད་ཚུལ་སོགས་གལ་ཆེ་བ་རྣམས་ཀྱང་། ཟླ་བ་སྒྲོན་མེ་ལས། རུལ་བར་གྱུར་པའི་ལུས་འདི་དང་། །སྲོག་ཀྱང་གཡོ་བ་དབང་མེད་ཅིང་། །རྨི་ལམ་སྒྱུ་མ་འདྲ་བ་ལ། །བྱིས་པ་འདི་དག་ཆགས་པས་ན། །ཤིན་ཏུ་མ་རུངས་ལས་བྱས་

ཏེ། །ཞིག་པའི་དབང་དུ་སོང་བ་དང་། །མི་མཁས་འཆི་བདག་གཞོན་པས་སོང་། །དེ་དག་མི་ཟད་སེམས་དམྱལ་འགྲོ། །ཞེས་དང་། སྒོ་མཐའ་ཡས་པ་སྒྲུབ་པའི་གཟུངས་ལས། སེམས་ཅན་གང་དག་ཁ་ཅིག་རྩོད་འགྱུར་པ། །དེ་ཡི་གཞི་རྩ་ཡོངས་སུ་འཛིན་པ་སྟེ། །དེ་ལྟས་གང་ལ་སྲིད་པར་འགྱུར་བ་སྤོངས། །སྲིད་པ་སྤངས་པ་བྱས་ན་གཟུངས་སུ་འགྱུར། །ཞེས་དང་། སྐྱེས(༢༣༨བ)རབས་ལས། བདག་མེད་འཇིག་ལ་སྙིང་པོ་མེད་པའི་ལུས། །སྡུག་བསྔལ་དྲིན་མེད་རྟག་ཏུ་མི་གཙང་བའི། །ལུས་ཀྱིས་གཞན་ལ་ཕན་ཐོགས་འགྱུར་བ་ལ། །དགའ་བར་མི་འགྱུར་དེ་ནི་མཁས་མ་ཡིན། །ཞེས་དང་། བྱང་ཆུབ་སེམས་དཔའི་སོ་སོར་ཐར་པ་ལས། ཤཱ་རིའི་བུ་བྱང་ཆུབ་སེམས་དཔའ་ཁྱིམ་པ་གང་གིས་སངས་རྒྱས་ཀྱི་ཞིང་གནྒཱའི་ཀླུང་གི་བྱེ་མ་སྙེད་དག་རིན་ཆེན་སྣ་བདུན་གྱིས་རབ་ཏུ་བཀང་སྟེ་དེ་བཞིན་གཤེགས་པ་དགྲ་བཅོམ་པ་ཡང་དག་པར་རྫོགས་པའི་སངས་རྒྱས་རྣམས་ལ་དབུལ་བ་ཕུལ་བ་ལས་ཤཱ་རིའི་བུ་རབ་ཏུ་བྱུང་བར་གྱུར་བའི་བྱང་ཆུབ་སེམས་དཔའ་གང་གིས་ཚིག་གཅིག་པའི་ཚིགས་སུ་བཅད་པ་ཞིག་བསྟན་ན་འདི་ནི་དེ་བས་ཆེས་བསོད་ནམས་མང་དུ་བསྐྱེད་དེ། ཤཱ་རིའི་བུ་དེ་བཞིན་གཤེགས་པ་རབ་ཏུ་བྱུང་བས་ནི་ཟང་ཟིང་གི་སྦྱིན་པ་བྱ་བར་མ་གནང་ངོ་། །ཤཱ་རིའི(༢༥་ནབ)བུ་གལ་ཏེ་བྱང་ཆུབ་སེམས་དཔའ་ཆོས་གོས་གསུམ་ཡོངས་སུ་བཏང་སྟེ་སློང་བ་གཙོ་བོར་བྱེད་པར་གྱུར་ན་དེས་འདོད་པ་ཆུང་བ་བསྟེན་པ་མ་ཡིན་ནོ། །བདེན་པ་པོའི་ལེའུ་ལས། རིམ་གྲོར་བགྱིས་ཏེ་བསྔུལ་བས་ནི་གཉེན་ལ་སོགས་པས་རིམ་གྲོ་བགྱིད་པར་འགྱུར། ལག་བདར་ཏེ་བསྔུལ་བས་ནི་རིམ་གྲོ་བ་འཐོབ་པར་འགྱུར། དུས་སུ་བསྔུལ་བས་ནི་ལོངས་སྤྱོད་བརྟན་པ་དག་འཐོབ་པར་འགྱུར། མི་བདེ་བ་བཟོད་པས་བསྔུལ་པས་ནི་འཁོར་སྙིང་ཉེ་བར་འགྱུར། ཞེས་དང་། འཕགས་པ་ནམ་མཁའི་མཛོད་ཀྱི་མདོ་ལས། དུས་མ་ཡིན་པར་འདོད་པ་ནི་བདུད་ཀྱིས་ལས་

སོ། །ཞེས་དང་། ལྷ་སྤྱོད་ཀྱི་སྐབས་ལོག་ལྟ་ནི་མདོ་ལས། སྤྱོད་པ་ཉམས་པ་ནི་སླ་ཡི། །ལོག་པར་ལྟ་བ་ནི་མ་ཡིན་ནོ། །ཞེས་དང་། ལོག་པར་ལྟ་བ་ནི་མ་གཏོགས་སོ། །ཞེས(༢༧༥་བ)དང་། འཇམ་དཔལ་རྣམ་པར་རོལ་བའི་མདོ་ལས། བསྐལ་བ་བརྒྱར་བསགས་པའི་དགེ་རྩ་འཇོམས་པར་གསུངས་ལ། འཕགས་པ་ཡོད་པར་སྨྲ་བའི་གཞུང་ལས། དགེ་སློང་དག་དགེ་སློང་གིས་འདི་ལྟར་སྨྲ་དང་སེན་མོའི་མཆོད་རྟེན་ལ་ཡན་ལག་ཐམས་ཅད་ཀྱིས་ཕྱག་འཚལ་ཏེ་སེམས་དང་བར་བྱེད་པ་ལ་ལྟོས། བཙུན་པ་དེ་ལྟར་ལགས་སོ། །དགེ་སློང་དག་འདིས་ས་ཇི་ཙམ་ནོན་པའི་འོག་དཔག་ཚད་བརྒྱད་ཁྲི་བཞི་སྟོང་ན་གསེར་གྱི་འཁོར་ལོ་རྣམས་ལ་ཐུག་པའི་བར་ན་བྱེ་མ་ཇི་སྙེད་ཡོད་པ་དེ་སྙེད་དུ་དགེ་སློང་འདིས་འཁོར་ལོས་བསྒྱུར་བའི་རྒྱལ་སྲིད་སྟོང་འགྱུར་དུ་ལོངས་སྤྱོད་པར་འགྱུར་རོ། །ཞེས་བྱ་བ་དང་། དེ་ནས་ཚེ་དང་ལྡན་པ་ཉེ་བར་འཁོར་གྱི་བཅོམ་ལྡན་འདས་ག་ལ་བ་དེར་ལོགས་སུ་ཐལ་མོ་སྦྱར་བ་བཏུད་དེ་བཅོམ་ལྡན་འདས་ལ་འདི་སྐད་ཅེས་གསོལ་ཏོ། །བཅོམ་ལྡན་འདས(༢༨༠་ན)ཀྱིས་དགེ་སློང་གི་དགེ་བའི་རྩ་བ་དེ་ལྟ་བུར་ཆེ་བར་གསུངས་ན་བཅོམ་ལྡན་འདས་དགེ་བའི་རྩ་བ་དེ་དག་གང་དུ་ཟད་པ་དང་བསྲབས་པ་དང་ཡོངས་སུ་བྱང་བ་དང་ཡོངས་སུ་ཟད་པར་འགྱུར། ཉེ་བར་འཁོར་ཇི་ལྟར་ཚངས་པ་མཚུངས་པར་སྤྱོད་པ་ལ་རྨ་བྱུང་བ་དང་སྨེ་བར་བྱས་པ་དེ་ལྟ་བུ་ནི་ངས་མ་མཐོང་སྟེ། ཉེ་བར་འཁོར་དེས་དགེ་བའི་རྩ་བ་ཆེན་པོ་འདི་དག་བསྲབས་པ་དང་ཡོངས་སུ་ཟད་པར་འགྱུར་རོ། །ཉེ་བར་འཁོར་དེ་ལྟ་བས་ན་ཙི་ནས་འགལ་བ་ལའང་སེམས་ཀྱིས་གནོད་པར་མི་བྱ་ན། རྣམ་པར་ཤེས་པ་དང་བཅས་པའི་ལུས་ལ་ལྟ་ཅི་སྨོས་ཀྱང་ཅི་དགོས་ཞེས་འདོན་ནོ་ཞེས་དང་། སྐྱེས་རབས་ལས། ཁྲོ་བ་མེ་ཡིས་བཞིན་མདོག་ཉམས་གྱུར་ན། །རྒྱན་གྱིས་བརྒྱན་ཡང་བཟང་པོར་ཡོད་མི་སྣང་། །མལ་སྟན་བཟང་པོ་དག་ལ་ཉལ་གྱུར་ཀྱང་། །ཁྲོ་བའི་ཟུག་རྔུས་སེམས་ནི་

སྡུག་བསྔལ(༢༩༠བ)འགྱུར། །བདག་ལ་ཕན་པའི་དོན་གྲུབ་བརྗེད་འགྱུར་ཏེ། །ཁྲོ་བས་གདུངས་ནས་ལམ་ངན་འགྲོ་བར་བྱེད། །གྲགས་དང་དོན་གྲུབ་པ་ལས་ཉམས་པར་འགྱུར། །ཟླ་བ་མར་གྱི་ངོ་བཞིན་དཔལ་ཡང་ཉམས། །མཛའ་བཤེས་དག་གིས་རབ་ཏུ་གཙུགས་གྱུར་ཀྱང་། །ཁྲོ་བའི་མི་རིགས་གཡང་སར་ལྷུང་བར་འགྱུར། །ཕན་དང་གནོད་པར་སེམས་ལ་བློ་ཉམས་ནས། །ཕལ་ཆེར་འགལ་ཞིང་སེམས་ནི་རྨོངས་པར་འགྱུར། །ཁྲོ་བས་སྡིག་པའི་ལས་ནི་གོམས་བྱས་པས། །ངན་སོང་དག་ཏུ་ལོ་བརྒྱར་སྡུག་བསྔལ་སྤྱོད་། །གནོད་པ་ཆེན་པོ་བྱས་པས་ཤར་གཉེར་པའི། །དགྲས་ཀྱང་དེ་ལས་ལྷག་པ་ཅི་བྱར་ཡོད། །ཁྲོ་བ་འདི་ནི་ནང་གི་དགྲ། །བདག་གིས་དེ་ལྟར་ཤེས་ནས་ནི། །དེ་ཡི་མཐུ་ནི་འཕྲོ་བ་དག །སྐྱེས་བུ་སུ་ཞིག་བཟོད་པར་བྱེད། །ཅེས་དང་། དྲག་ཤུལ་ཅན་གྱིས་ཞུས་པ་ལས། ཤིང་བལ་གྱི་འདབ་མ་ལྟ་བུའི་སེམས་དང་བྲལ་བར་བྱའོ། །ཞེས་དང་། སྡོང་པོ་བཀོད་པ(༢༩༡ན)ལས། བུ་མོ་ཁྱོད་ཀྱིས་ཉོན་མོངས་ཐམས་ཅད་གཞོམ་པའི་ཕྱིར་ཐུབ་པར་དཀའ་བའི་སེམས་བསྐྱེད་པར་བྱའོ། །ཞེས་གསུངས་པ་ལྟར་གོམས་ན་དེ་དག་འོང་བ་དང་སེམས་ཤིན་ཏུ་བརྟན་ཚུགས་པའི་སྙིང་སྟོབས་དགོས་ཀྱི་སེམས་སྲབ་མོས་མི་འོང་ངོ་། །ཚོགས་ཆུང་ངུ་དང་སྡུག་བསྔལ་ཆུང་ངུས་བཟོད་པའི་ཕར་ཕྱིན་ཡོངས་སུ་རྫོགས་པར་བྱེད་ལ་ཡོན་ཏན་ཐམས་ཅད་འགྲུབ་པས་ལྷག་བསམ་བསྐུལ་བ་ལས། སྡུག་བསྔལ་ཀུན་དང་མུན་པ་སེལ་བྱེད་ཅིང་། །ངན་སོང་ཡོངས་སུ་སྤོང་བའི་གཞིར་གྱུར་པ། །སངས་རྒྱས་ཀུན་གྱི་བསྔགས་པའི་བརྩོན་འགྲུས་འཕགས། །གང་ཡིན་དེ་ནི་རྟག་ཏུ་བསྟེན་པར་གྱིས། །འཇིག་རྟེན་འདི་ན་བཟོ་གང་ཅི་ཡོད་དང་། །འཇིག་རྟེན་འདས་བཟོ་གང་དག་ཅི་ཡོད་པ། །བརྩོན་འགྲུས་བརྩམས་ལ་རྙེད་པར་མི་དཀའ་ན། །མཁས་པ་སུ་ཞིག་བརྩོན་འགྲུས་སྟོབས་ཀྱིས་སྐྱོ། །གང་དག་སངས་རྒྱས་བྱང་ཆུབ་བཞུགས་

གྱུར(༢༥༧བ)པ། །དེ་དག་རྒྱུགས་གཉིད་སྐྱོན་རྣམས་མཐོང་ནས་ནི། །རྟག་ཏུ་བརྩོན་འགྲུས་རྩོམ་ལ་གནས་པར་བྱེད། །འདི་ནི་ང་ཡིས་དེ་དག་བསྒྲུབ་བྱས་ཡིན། །ཞེས་གསུངས། བཅོམ་ལྡན་འདས་བདེན་པ་དང་ཡང་དག་པ་གསུང་གི་རྫུན་དང་ལོག་པ་མི་གསུང་བའི་ཚད་མའི་སྐྱེས་བུ་དེ་སྐད་བུ་སོགས་ཀྱིས་ཀྱང་བྱང་ཆུབ་འཐོབ་པར་གསུངས་ན་ཞུམ་པ་དགག་དགོས་པ་ཡིན་ཏེ། དཀོན་མཆོག་སྤྲིན་ལས། བྱང་ཆུབ་སེམས་དཔས་ནི་དེ་བཞིན་གཤེགས་པ་དགྲ་བཅོམ་པ་ཡང་དག་པར་རྫོགས་པའི་སངས་རྒྱས་གང་དག་མངོན་པར་རྫོགས་པར་སངས་རྒྱས་པ་དེ་དག་དང་། གང་དག་མངོན་པར་རྫོགས་པར་འཚང་རྒྱ་བར་འགྱུར་བ་དེ་དག་ཀྱང་ཚུལ་འདི་འདྲ་བ་དང་ལམ་འདི་འདྲ་བ་དང་བརྩོན་འགྲུས་འདི་འདྲ་བས་མངོན་པར་རྫོགས་པར་སངས་རྒྱས་མངོན་པར་རྫོགས་པར་འཚང་རྒྱ་མངོན་པར་རྫོགས་པར་འཚང་རྒྱ་བར་འགྱུར་ཞེས་བྱ་བ་ནས་དེ་བཞིན་གཤེགས་པ(༢༥༨ན)དེ་དག་ཀྱང་དེ་བཞིན་གཤེགས་པར་གྱུར་བ་ཤ་སྟག་ལས་མངོན་པར་རྫོགས་པར་སངས་རྒྱས་པ་མ་ཡིན་གྱི། བདག་ཀྱང་ཅི་ནས་བླ་ན་མེད་པ་ཡང་དག་པར་རྫོགས་པའི་བྱང་ཆུབ་མངོན་པར་རྫོགས་པར་འཚང་རྒྱ་བར་འགྱུར་བར་སེམས་ཅན་ཐམས་ཅད་དང་ཐུན་མོང་གི་བརྩོན་འགྲུས་དང་སེམས་ཅན་ཐམས་ཅད་ལ་དམིགས་པའི་བརྩོན་འགྲུས་ཀྱིས་བདག་གིས་ཀྱང་དེ་ལྟ་དེ་ལྟར་བརྩལ་ལོ་འབད་དོ། །ཞེས་གསུངས་པ་དང་། ཤེས་རབ་ཀྱི་ཕ་རོལ་ཏུ་ཕྱིན་པ་སྡུད་པ་ལས། གང་ཚེ་ཤེས་རབ་ཀྱིས་ནི་ཡེ་ཤེས་ཡོངས་སུ་ཟིན་གྱུར་པ། །དེ་ཚེ་མིག་རྙེད་གྱུར་ཅིང་འདི་ཡི་མིང་འཐོབ་བོ། །དཔེར་ན་རི་མོའི་ལས་ནི་ཡོངས་ཟིན་མིག་མེད་པ། །ཇི་སྲིད་མིག་མ་བྲིས་པར་ཟན་པ་མི་འཐོབ་བཞིན། །ཞེས་གསུངས་པ་ལྟར་ཡིན་པའི་ཕྱིར་ཏེ་དེ་བསྐྱེད་པའི་རྒྱུ་བླ་ན་མེད་པ། དྲི་མ་མེད་པའི་གསུང་རབ་དགོངས་འགྲེལ་དང་བཅས་པ་རྣམས་ཡང་དག་པའི་དགེ་བའི་བཤེས(༢༥༨བ)གཉེན་ལས་མང་དུ་ཐོས་པ་

གཅེས་པར་བཟུང་བ་ལས་སྐྱེས་ཤིང་། ཆོས་ཚུལ་བཞིན་དུ་བསྒྲུབ་པར་འདོད་པ་རྣམས་ལ་ལམ་གྱི་སྒྲོག་དམ་པ་ཆོས་རབ་ཏུ་རྣམ་འབྱེད་ཀྱི་ཤེས་རབ་ངེས་པར་དགོས་ཏེ། སྲིད་མེད་ཀྱི་བུས་ཞུས་པ་ལས། འདི་ལྟར་རིགས་ཀྱི་བུ་ཐོས་པ་དང་ལྡན་ན་ཤེས་རབ་འབྱུང་བར་འགྱུར་རོ། །ཤེས་རབ་དང་ལྡན་ན་ཉོན་མོངས་པ་རབ་ཏུ་ཞི་བར་འགྱུར་རོ། །ཉོན་མོངས་པ་མེད་པ་ལ་བདུད་ཀྱིས་སྐབས་ནི་མི་རྙེད་དོ། །ཅེས་གསུངས་སོ། །དེ་ལྟར་སྒྲུབ་པ་ལ་བསྟན་པ་ཡོངས་སུ་རྫོགས་པའི་གནད་ལ་ངེས་པ་ཆེན་པོ་རྙེད་དེ་རང་མྱུར་དུ་འཚང་རྒྱ་བ་ལ་སྒྲུབ་པ་སྙིང་པོ་ནན་ཏན་དགོས་པར་འགྱུར་རོ། །བསྟན་པ་ཡང་ལུང་སྒྲུབ་གཉིས་ལས་མེད་ལ། ལུང་གི་བསྟན་པ་ནི་སྒྲུབ་པ་བྱེད་ལུགས་ཤེས་པར་བྱེད་པ་ཡིན་པས་ཐོས་བསམ་གྱིས་གཏན་ལ་ཕབ་སྟེ་བཤད་པའི་སྒོ་ནས་འཛིན་ཅིང་། སྒྲུབ་པའི་བསྟན་པ་ནི་ཤེས་ནས་ལག་ལེན(༢༠༣ན)ལ་བཀོལ་བ་ཡིན་པས་ཉམས་སུ་བླངས་ཏེ་སྒྲུབ་པའི་སྒོ་ནས་འཛིན་པའི་སྒྲུབ་པ་མ་ནོར་བ་ཞིག་བྱེད་ན་དེ་ཉིད་བསྟན་འཛིན་གྱི་མཆོག་ཡིན་པའི་ཕྱིར་དང་། དེ་འཛིན་པ་ལ་ལུང་གི་བསྟན་པ་མ་ནོར་བར་གོ་བ་ལ་རག་ལས་པའི་ཕྱིར་རོ། །སྒྲུབ་པའི་གནས་དེ་ཉིད་ལ་ཐོས་བསམ་སྒོམ་གསུམ་ཡ་མ་བྲལ་བར་བྱས་ནས། གཅིག་གི་གེགས་གཅིག་གིས་བསལ། གཅིག་གྲོགས་གཅིག་འགྲོ་བས་ཕྱོགས་རེ་བར་མ་སོང་བའི་ལམ་གྱི་ཆ་ཡོངས་སུ་རྫོགས་པའི་བྱང་སེམས་ལས་དང་པོ་བའི་ཉམས་ལེན་ཤེས་རབ་ཀྱི་ཕ་རོལ་ཏུ་ཕྱིན་པའི་ལམ་གྱི་རིམ་པ་ལ་ངེས་པར་བསྟེན་དགོས་ཏེ་ཡུམ་གྱི་མདོ་ལས། བཅོམ་ལྡན་འདས་ཀྱིས་ཚེ་དང་ལྡན་པ་རབ་འབྱོར་ལ་འདི་སྐད་ཅེས་བཀའ་སྩལ་ཏོ། །རབ་འབྱོར་འདི་ལ་བྱང་ཆུབ་སེམས་དཔའ་སེམས་དཔའ་ཆེན་པོ་ལས་དང་པོ་བ་ཤེས་རབ་ཀྱི་ཕ་རོལ་ཏུ་ཕྱིན་པ་ལ་སློབ་པར་འདོད་པས(༢༠༣བ)དགེ་བའི་བཤེས་གཉེན་དག་ལ་བསྟེན་པར་བྱ། བསྙེན་པར་བྱ། བསྙེན་བཀུར་བྱའོ། །ཞེས་པ་ནས། དེ་ལ་འདི་སྐད་དུ་

རིགས་ཀྱི་བུ། ཕྱོད་ཚུར་ཤོག་སྦྱིན་པའི་ཕ་རོལ་ཏུ་ཕྱིན་པ་རྣལ་འབྱོར་དུ་གྱིས་ཤིག །ཅེས་པ་ནས། ལས་དང་པོ་བ་དགེ་བའི་བཤེས་གཉེན་དག་གིས་མཐར་གྱིས་ཤེས་རབ་ཀྱི་ཕ་རོལ་ཏུ་ཕྱིན་པ་ལ་གཞུག་པར་བྱའོ། །ཞེས་དང་། ཚངས་པ་ཁྱད་པར་སེམས་ཀྱིས་ཞུས་པའི་མདོ་ལས། གང་མཚན་མ་ཐམས་ཅད་ཡོངས་སུ་གཏོང་བ་དེ་ནི་སྦྱིན་པའི་ཕ་རོལ་ཏུ་ཕྱིན་པའོ། །གང་དམིགས་པ་ཐམས་ཅད་རབ་ཏུ་ཞི་བ་དེ་ནི་ཚུལ་ཁྲིམས་ཀྱི་ཕ་རོལ་ཏུ་ཕྱིན་པའོ། །གང་ཡུལ་རྣམས་ལ་རྨས་པར་མི་འགྱུར་བ་དེ་ནི་བཟོད་པའི་ཕ་རོལ་ཏུ་ཕྱིན་པའོ། །གང་ཆོས་ཐམས་ཅད་དབེན་པ་དེ་ནི་བརྩོན་འགྲུས་ཀྱི་ཕ་རོལ་ཏུ་ཕྱིན་པའོ། །གང་ཡིད་ལ་བྱེད་པ་ཐམས་ཅད་ལ་མི་འཇུག་པ་དེ་ནི་བསམ་གཏན་གྱི་ཕ་རོལ་ཏུ་ཕྱིན་པའོ། །གང་རང་བཞིན་གྱིས་མི་སྐྱེ་བའི(༢༩༩ན)ཆོས་ལ་བཟོད་པ་དེ་ནི་ཤེས་རབ་ཀྱི་ཕ་རོལ་ཏུ་ཕྱིན་པ་སྟེ། ཚངས་པ། དེ་ལྟར་དེ་བཞིན་གཤེགས་པ་མར་མེ་མཛད་ལས་ཕ་རོལ་ཏུ་ཕྱིན་པ་རྣམས་ཡོངས་སུ་རྫོགས་པར་བྱས་སོ། །ཞེས་དང་། འཕགས་པ་སངས་རྒྱས་ཀྱི་རྫུ་འཕྲུལ་གྱིས་རྣམ་པར་འཕྲུལ་པའི་ཆོ་འཕྲུལ་གྱི་མདོ་ལས། སྦྱིན་པ་མི་རྟོག་སྦྱིན་པར་བྱེད། །ཁྲིམས་སེམས་མེད་པར་ཚུལ་ཁྲིམས་སྲུང་། །རྟག་ཏུ་བཟོད་པ་སྒོམ་བྱེད་པ། །སེམས་ཅན་ལ་ཡང་གནས་པ་མེད། །སེམས་དང་ལུས་ནི་དབེན་པ་ཡིས། །རྟག་ཏུ་བརྩོན་འགྲུས་རྩོམ་པར་བྱེད། །རྟེན་མེད་བསམ་གཏན་ཕུན་སུམ་ཚོགས། །ཤེས་རབ་ཀྱིས་ནི་ཕ་རོལ་སོན། །སེམས་ཅན་རྣམས་ཀྱང་སྨིན་བྱེད་པ། །དེ་ནི་དམིགས་པས་གནས་པ་མེད། །ཞིང་ཡང་ཡོངས་སུ་སྦྱོང་བྱེད་ལ། །ལྷག་པར་འཛིན་པའང་ཡོད་མ་ཡིན། །དེ་ནི་སངས་རྒྱས་ཡེ་ཤེས་འཚོལ། །ཡི་གེ་རྣམས་ལའང་ཆགས་པ་མེད། །ཚད་མེད(༢༩༩བ)བསམ་གྱིས་མི་ཁྱབ་པའི། །སྟོང་པ་ཉིད་དང་མཚན་མེད་དང་། །སྨོན་པ་མེད་ལ་མོས་ན་ནི། །དེ་ལ་ཚད་ཀྱང་མེད་པར་འགྱུར། །ཞེས་དང་། འཕགས་པ་ཐབས་ལ་

མཁས་པའི་མདོ་ལས། རིགས་ཀྱི་བུ། གཞན་ཡང་བྱང་ཆུབ་སེམས་དཔའ་ཐབས་ལ་མཁས་པ་ནི་སྦྱིན་པ་སྦྱིན་པ་ན་ཕ་རོལ་ཏུ་ཕྱིན་པ་དྲུག་ཡོངས་སུ་རྫོགས་པར་བྱེད་དོ། །ཇི་ལྟར་ཡོངས་སུ་རྫོགས་པར་བྱེད་ཅེ་ན། འདི་ལ་བྱང་ཆུབ་སེམས་དཔའ་གང་གི་སློང་བ་མཐོང་ན་དེ་སེར་སྣའི་སེམས་ཚར་གཅོད་པར་བྱེད། གཏོང་བ་ཆེན་པོ་འཕེལ་བར་བྱེད་དེ། དེ་ནི་དེའི་སྦྱིན་པའི་ཕ་རོལ་ཏུ་ཕྱིན་པའོ། །གང་ཚུལ་ཁྲིམས་ཡང་དག་པར་བླངས་ནས་ཚུལ་ཁྲིམས་དང་ལྡན་པ་ལ་སྦྱིན་པར་བྱེད་པ་དང་། གང་ཚུལ་ངན་པ་ཅན་དེ་དག་ཚུལ་ཁྲིམས་འཛོག་པར་བྱེད་ཅིང་སྦྱིན་པར་བྱེད་པ་དེ་ནི་དེའི་ཚུལ་ཁྲིམས་ཀྱི་ཕ་རོལ་ཏུ་ཕྱིན་པའོ། །གང་བྱམས་པར་སེམས་པ་དང་། སེམས་མ་འཁྲུགས་པ་དང་ཕན་པར་སེམས(༢༥༥ན)པ་དང་། སེམས་རྩེ་གཅིག་པར་གྱུར་ན་སྦྱིན་པ་སྦྱིན་པར་བྱེད་པ་དེ་ནི་དེའི་བཟོད་པའི་ཕ་རོལ་ཏུ་ཕྱིན་པའོ། །གང་བཟའ་བ་དང་བཅའ་བ་དང་སྐྱང་བར་བྱ་བ་དེ་དག་ལ་ལུས་དང་ངག་དང་སེམས་འཛོག་ཅིང་འགྲོ་བ་དང་འོང་བར་བྱེད་པ་དེ་ནི་དེའི་བརྩོན་འགྲུས་ཀྱི་ཕ་རོལ་ཏུ་ཕྱིན་པའོ། །སྦྱིན་པ་བྱིན་ནས་གང་རྩེ་གཅིག་པ་དང་དབུགས་ཕྱིན་པར་མི་འཛིན་པ་དེ་ནི་དེའི་བསམ་གཏན་གྱི་ཕ་རོལ་ཏུ་ཕྱིན་པའོ། །གལ་ཏེ་སྦྱིན་པ་དེ་བྱིན་ནས་ཆོས་ཉིད་ལ་བརྟེན་ཏེ་འདི་སུས་བྱིན། འདི་སུས་ཟོས། སུ་ལ་རྣམ་པར་སྨིན་པར་འགྱུར་ཞེས་དེས་དེ་ལྟར་བརྟགས་ན། གང་གིས་སྦྱིན་པ་དང་། གང་ལ་རྣམ་པར་སྨིན་པ་སྨྱོང་བར་འགྱུར་བའི་ཆོས་གང་ཡང་མི་དམིགས་པ་དེ་ནི་དེའི་ཤེས་རབ་ཀྱི་ཕ་རོལ་ཏུ་ཕྱིན་པའོ། །རིགས་ཀྱི་བུ། དེ་ལྟར་ན་བྱང་ཆུབ་སེམས་དཔའ་ཐབས་ལ་མཁས་པས་སྦྱིན་པ་སྦྱིན་པར་བྱེད་པ་དེ་ནི་ཕ་རོལ་ཏུ་ཕྱིན་པ་དྲུག་ཡོངས་སུ(༢༥༥བ)རྫོགས་པར་བྱེད་དོ། །དེ་ནས་བཅོམ་ལྡན་འདས་ལ་བྱང་ཆུབ་སེམས་དཔའ་ཡེ་ཤེས་ཧླས་འདི་སྐད་ཅེས་གསོལ་ཏོ། །བཅོམ་ལྡན་འདས་དེ་འདྲ་བར་ཐབས་ལ་མཁས་ཏེ། སྦྱིན་པ་གང་གིས་

སེམས་ཅན་གཞན་དག་འཕོར་བ་ཡོངས་སུ་ལེན་པར་བགྱིད་པའི་སྦྱིན་པ་དེ་ཉིད་ཀྱིས་བྱང་ཆུབ་སེམས་དཔའ་སེམས་དཔའ་ཆེན་པོ་སངས་རྒྱས་ཀྱི་ཆོས་རྣམས་ལེན་པར་བགྱིད་པ་ངོ་མཚར་རོ། །བཅོམ་ལྡན་འདས་ཀྱིས་བཀའ་སྩལ་བ། དེ་དེ་བཞིན་ནོ། །རིགས་ཀྱི་བུ། ཇི་སྐད་སྨྲས་པ་དེ་བཞིན་ཏེ་བྱང་ཆུབ་སེམས་དཔའ་ཐབས་མཁས་པ་ནི་སྦྱིན་པ་ཉུང་ཡང་མང་པོར་བྱེད། སྦྱིན་པ་མང་པོ་དཔག་ཏུ་མེད་པར་བྱེད་དོ། །ཞེས་གསུངས་པ་ལྟར་རོ། །དེ་ལྟར་ཕ་རོལ་ཏུ་ཕྱིན་པ་དྲུག་ནི་དུས་གསུམ་གྱི་རྒྱལ་བ་སྲས་དང་བཅས་པ་རྣམས་ཀྱིས་སངས་རྒྱས་ཀྱི་སར་གཤེགས་པ་དང་གཤེགས་པར་འགྱུར་བའི་ལམ་ཡིན་པས་ཤིན་ཏུ་འབད་པར་བྱ་དགོས་ཏེ། ཡོན་ཏན་རིན་པོ(༢༩༨ན)ཆེ་སྡུད་པ་ལས། རྒྱལ་བ་འདས་དང་མ་བྱོན་ཕྱོགས་བཅུ་གང་བཞུགས་པ། །ཀུན་ལམ་ཤེས་རབ་ཕ་རོལ་ཕྱིན་པ་འདི་ཡིན་གཞན་མ་ཡིན། །ཕ་རོལ་ཕྱིན་འདི་བྱང་ཆུབ་མཆོག་ལ་ཞུགས་རྣམས་ཀྱི། །གསལ་དང་སྒྲོན་དང་སྣང་དང་སྟོན་མཆོག་ཡིན་ཞེས་བཤད། །ཅེས་གསུངས་པས་སོ། །

གཞན་རྒྱུད་སྨིན་པར་བྱེད་པ་བསྡུ་བའི་དངོས་པོ་བཞི་ལ་སློབ་ཚུལ་ནི། འཕགས་པ་ཤེས་རབ་ཀྱི་ཕ་རོལ་ཏུ་ཕྱིན་པ་སྟོང་ཕྲག་ཉི་ཤུ་ལྔ་པ་ལས། རབ་འབྱོར་འདི་ལྟར་བྱང་ཆུབ་སེམས་དཔའ་སེམས་དཔའ་ཆེན་པོ་དེ་དག་ནི་སྐྱེ་བོ་མང་པོ་ལ་ཕན་པ་དང་། སྐྱེ་བོ་མང་པོ་ལ་བདེ་བ་དང་། འཇིག་རྟེན་ལ་སྙིང་བརྩེ་བ་དང་། ལྷ་དང་མིའི་ཚོགས་སྐྱེ་བོ་ཕལ་པོ་ཆེའི་དོན་དང་། ཕན་པ་དང་བདེ་བའི་ཕྱིར་བླ་ན་མེད་པ་ཡང་དག་པར་རྫོགས་པའི་བྱང་ཆུབ་ཏུ་ཡང་དག་པར་འཇུག་སྟེ། དེ་དག་བྱང་ཆུབ་སེམས་དཔའི་སྤྱོད་པ་སྤྱོད་པའི་ཚེ། (༢༩༨བ)བསྡུ་བའི་དངོས་པོ་བཞིས་སེམས་ཅན་བརྒྱ་སྟོང་མང་པོ་ལ་ཕན་འདོགས་ཏེ། བཞི་གང་ཞེ་ན། སྦྱིན་པ་དང་། སྙན་པར་སྨྲ་བ་དང་། དོན་དུ་སྤྱོད་པ་དང་། དོན་མཐུན་པར་སྤྱོད་པ་སྟེ། དེ་དག་གིས་

སེམས་ཅན་རྣམས་དགེ་བ་བཅུའི་ལམ་ལ་ཡང་དག་པར་བསྐུལ་ལོ། །ཞེས་སོགས་དང་། འཕགས་པ་ཆོས་ཡང་དག་པར་སྡུད་པའི་མདོ་ལས། བཅོམ་ལྡན་འདས་དེ་ལ་བྱང་ཆུབ་སེམས་དཔའ་རྣམས་ཀྱི་དགའ་བར་བགྱི་བའི་ཆོས་བཞི་སྟེ། བཞི་གང་ཞེ་ན། ལན་དུ་ཕན་འདོགས་པ་ལ་མི་རེ་བའི་སྦྱིན་པ་དང་། སེམས་ཅན་ཐམས་ཅད་ལ་མཉམ་པའི་སེམས་ཀྱིས་སྙན་པར་སྨྲ་བ་དང་། སེམས་ཅན་ཐམས་ཅད་ཀྱི་དོན་མ་ལགས་པ་སེལ་ཞིང་དོན་སྒྲུབ་པའི་དོན་སྤྱོད་པ་དང་། སེམས་ཅན་ཐམས་ཅད་དགའ་བའི་བདག་ཉིད་ཀྱི་དོན་མཐུན་པ་སྟེ། ཆོས་བཞི་པོ་དེ་དག་ནི་བྱང་ཆུབ་སེམས་དཔའ་རྣམས་ཀྱི་དགའ(२८७ན)བར་བགྱིའོ། །ཞེས་གསུངས་པ་ལྟར་རོ། །རྒྱལ་བ་སྲས་བཅས་ཀྱི་སྤྱོད་པ་དེ་དག་ཀུང་ཚུལ་ཁྲིམས་རྣམ་པ་གསུམ་དུ་འདུ་བས། དེ་ལ་སྡོམ་པའི་ཚུལ་ཁྲིམས་ནི། ཆོས་ཡང་དག་པར་སྡུད་པའི་མདོ་ལས། བྱང་ཆུབ་སེམས་དཔའི་བསླབ་པ་དང་སྡོམ་པ་ཡང་དག་པར་འཛིན་པའི་ཚུལ་ཁྲིམས་ནི་ལུས་དང་ངག་དང་སེམས་ཡོངས་སུ་དག་པ་ཡོངས་སུ་རྫོགས་པར་བྱེད་དོ། །ཞེས་དང་། འཕགས་པ་ཤེས་རབ་ཀྱི་ཕ་རོལ་ཏུ་ཕྱིན་པ་སྟོང་ཕྲག་ཉི་ཤུ་ལྔ་པ་ལས། དེ་སེམས་ཅན་དེ་དག་ཉིད་ཀྱི་དོན་དུ་ཚུལ་ཁྲིམས་ངན་པའི་སྐབས་མི་བྱེད་དོ། །དེ་ཅིའི་ཕྱིར་ཞེ་ན། འདི་ལྟར་དེ་ནི་འདི་སྙམ་དུ་སེམས་ཏེ། བདག་བླ་ན་མེད་པ་ཡང་དག་པར་རྫོགས་པའི་བྱང་ཆུབ་ཏུ་ཡང་དག་པར་ཞུགས་ལ་སྲོག་གཅོད་པ་དང་། མ་བྱིན་པར་ལེན་པ་དང་། འདོད་པ་ལ་ལོག་པར་གཡེམ་པ་དང་། རྫུན་གྱི་ཚིག་སྨྲ་བ་དང་། (२८७བ)ཕྲ་མ་ཅན་དུ་གྱུར་པ་དང་། ཞེ་གཅོད་པའི་ཚིག་སྨྲ་བ་དང་། ཚིག་ཀྱལ་བ་ཅན་དུ་འགྱུར་བ་དང་། ཆགས་སེམས་ཅན་དུ་འགྱུར་བ་དང་། གནོད་སེམས་སུ་བྱེད་པ་དང་། ལོག་པར་ལྟ་བ་ཅན་དུ་འགྱུར་བ་དང་། ཡུལ་ལ་སློན་པ་དང་། ལྷ་དང་ཚངས་པ་དང་། ཉན་ཐོས་ཀྱི་ས་དང་རང་སངས་རྒྱས་ཀྱི་སར་སློན་པ་འདི་དག་ནི་བདག་ལ་ཚུལ་དང་མི་འདྲའོ་སྙམ་

སྟེ། རབ་འབྱོར་དེ་ལྟར་ཡོངས་སུ་རྫོགས་པའི་བྱང་ཆུབ་སེམས་དཔའ་ཆེན་པོ་ནི་ཚུལ་ཁྲིམས་ཀྱི་ཕ་རོལ་ཏུ་ཕྱིན་པ་ལ་སྤྱོད་པ་ཡིན་ནོ། །ཞེས་གསུངས་པ་ལྟར་མི་དགེ་བཅུ་དང་ཉན་རང་གི་ཡིད་བྱེད་སོགས་ལེགས་པར་སྡོམ་པར་བྱེད་པའོ། །དགེ་བ་ཆོས་སྡུད་ཀྱི་ཚུལ་ཁྲིམས་ནི། ཡོན་ཏན་རིན་པོ་ཆེ་སྡུད་པ་ལས། སྦྱིན་དང་ཚུལ་ཁྲིམས་བཟོད་དང་དེ་བཞིན་བརྩོན་འགྲུས་དང་། །བསམ་གཏན་ཤེས་རབ་བྱང་ཆུབ་ཡོངས་སུ་བསྔོ་པར་གྱིས། །བྱང་ཆུབ་ཕུང་པོར་ཞེན་ནས་མཆོག་འཛིན་མ་བྱེད་ཅེས། །(༢༤༧ན)དང་པོའི་ལས་ཅན་དེ་ལ་དེ་སྐད་བསྟན་པར་བྱ། །ཞེས་གསུངས་པ་ལྟར་ཕར་ཕྱིན་དྲུག་སོགས་ཀྱི་དགེ་བ་རང་རྒྱུད་ལ་མ་སྐྱེ་བ་བསྐྱེད་ཅིང་སྐྱེས་པ་རྣམས་མི་ཉམས་པར་གོང་དུ་སྤེལ་བར་བྱེད་པའོ། །སེམས་ཅན་དོན་བྱེད་ཀྱི་ཚུལ་ཁྲིམས་ནི། འཕགས་པ་ཤེས་རབ་ཀྱི་ཕ་རོལ་ཏུ་ཕྱིན་པ་བརྒྱད་སྟོང་པ་ལས། བདག་ཉིད་ཀྱང་སྡིག་པ་ཐམས་ཅད་ལས་ལྡོག་པ་ལ་གནས་པར་བྱ། སྦྱིན་པ་སྦྱིན་པར་བྱ། ཚུལ་ཁྲིམས་བསྲུང་བར་བྱ། བཟོད་པ་སྒོམ་པར་བྱ། བརྩོན་འགྲུས་བརྩམ་པར་བྱ། བསམ་གཏན་ལ་མཉམ་པར་བཞག་པར་བྱ། ཤེས་རབ་ཡོངས་སུ་རྒྱས་པར་བྱ། རྟེན་ཅིང་འབྲེལ་བར་འབྱུང་བའི་ལུགས་དང་མཐུན་པ་དང་ལུགས་དང་མཐུན་པ་མ་ཡིན་པ་བལྟ་བར་བྱ། གཞན་དག་ཀྱང་དེ་ལ་ཡང་དག་པར་བསྐུལ་བ་དང་དེའི་བསྔགས་པ་བརྗོད་པ་དང་། དེ་ལ་རྗེས་སུ་མཐུན་པའི་དགའ(༢༤༧བ)པར་བྱའོ། །དེ་བཞིན་དུ་བདེན་པ་ནས་བྱང་ཆུབ་སེམས་དཔའི་སྐྱོན་མེད་པར་འཇུག་པའི་བར་དང་། སེམས་ཅན་རྣམས་ཡོངས་སུ་སྨིན་པ་ལ་གནས་ནས་གཞན་དག་ཀྱང་དེ་ལ་ཡང་དག་པར་བསྐུལ་བར་བྱ། དེའི་བསྔགས་པ་བརྗོད་པ་དང་དེ་ལ་རྗེས་སུ་མཐུན་པས་དགའ་བར་བྱའོ། །དེ་ལྟར་འདོད་ཀྱང་དེ་ལྟར་སློབ་པ་ནི་སྒྲིབ་པ་མེད་པའི་རང་བཞིན་གྱི་བར་དུ་འགྱུར་རོ། །ཞེས་གསུངས་པ་ལྟར་སེམས་ཅན་རྣམས་ཀྱི་འདི་དང་ཕྱི་མའི་དོན་ཁ་ན་མ་ཐོ་བ་མེད་པར་ཇི་ལྟར་རིག་

པར་བསྒྲུབ་པའོ། །སེམས་དཔའི་སྤྱོད་པ་དེ་དག་ཐམས་ཅད་ཀྱང་། འཕགས་པ་ཤེས་རབ་ཀྱི་ཕ་རོལ་ཏུ་ཕྱིན་པ་སྡུད་པ་ལས། དེ་དག་ཐབས་ཀྱི་ཡོན་ཏན་ཤེས་རབ་ཡོངས་ཟིན་ན། །མཆོག་ཏུ་རྨད་བྱུང་བདེར་གཤེགས་བྱང་ཆུབ་མྱུར་དུ་རེག །ཅེས་གསུངས་པ་ལྟར་ཡིན་པའི་ཕྱིར་རོ།། །།

དམིགས་པ་མེད་པའི་ཐུགས་རྗེ་དང་ལྡན་པའི་གསུམ་ལྡན་རྡོ་རྗེ(༢༥༩ན)འཆང་རྗེ་བཙུན་ངག་དབང་ལེགས་བཤད་རྒྱ་མཚོ་དཔལ་བཟང་པོ་ལ་མཆོད། གཉིས་པ་ནི། བསམ་གཏན་གྱི་ཕར་ཕྱིན་གྱིས་བསྡུས་པའི་ཞི་གནས་དང་། ཤེས་རབ་ཀྱི་ཕར་ཕྱིན་གྱིས་བསྡུས་པའི་ལྷག་མཐོང་ལ་སློབ་ཚུལ་ཡིན་པས། དེ་འཆད་པར། ལོག་པའི་ཡུལ་ལ་གཡེངས་པ་ཞི་བྱེད་ཅིང་། །ཡང་དག་དོན་ལ་ཚུལ་བཞིན་དཔྱོད་པ་ཡི། །ཞི་གནས་ལྷག་མཐོང་ཟུང་དུ་འབྲེལ་བའི་ལམ། །མྱུར་དུ་རྒྱུད་ལ་སྐྱེ་བར་བྱིན་གྱིས་རློབས། །ཞེས་བྱུང་། དཔུང་བཟང་གིས་ཞུས་པའི་རྒྱུད་ལས། དེ་བཞིན་གཤེགས་པ་སོགས་སྙོམས་སུ་དམ་པས་བྱིན་གྱིས་བརླབ་པའི་གནས། ཞེས་གསུངས་པ་ལྟར། ཞི་གནས་ལྷག་མཐོང་བསྒོམས་པའི་ཕན་ཡོན་ལེགས་པར་བསམས་པའི་སྒོ་ནས་ཟས་གོས་སོགས་རྙེད་པར་སླ་པ་ལ་སོགས་པའི་ཡོན་ཏན་ལྔ་ལྡན་གྱི་གནས་སུ། རྟེན་གང་ཟག་འདོད་ཆུང་ཆོག་ཤེས། བྱ་བ་མང(༢༥༩བ)པོ་སྤོང་བ། ཚུལ་ཁྲིམས་རྣམ་པར་དག་པ། འདོད་པའི་རྣམ་རྟོག་སྤོང་བ་དང་། སྐྱེས་བུ་དམ་པ་ལ་བརྟེན་ནས་ཟབ་མོའི་ཆོས་ཉན་ཏེ། དེའི་དོན་ཚུལ་བཞིན་སེམས་པས་དེ་ཁོ་ན་ཉིད་རྟོགས་པའི་ལྟ་བ་བསྐྱེད་པ་སྟེ་ཞི་ལྷག་མྱུར་དུ་འགྲུབ་པའི་རྒྱུ་ཚོགས་ལ་བརྟེན་ནས། སྣང་ཚུལ་དང་གནས་ཚུལ་མི་མཐུན་པའི་རྫུན་པ་ལོག་པའི་ཡུལ་གཟུགས་སྒྲ་དྲི་རོ་རེག་བྱའི་ཆོས་རྣམས་འཕྲད་པ་ལ་བརྟེན་ནས་རྣམ་ཤེས་ཚོགས་དྲུག་སྐྱེ་བ་ལས་ཡིད་དུ་འོང་བ་དྲུག་ལ་ཆགས་པ་དང་། ཡིད་དུ་མི་འོང་བ་དྲུག

ལ་སྦྱང་བ་དང་། བར་མ་དྲུག་ལ་བདེན་ཞེན་གྱི་རྨོངས་པའང་སྐྱེས་ཏེ་དེ་དག་སྒྲུབ་པ་དང་དགག་པའི་ཆེད་དུ། སྒོ་གསུམ་གྱི་ལས་རྣམ་པ་མང་པོ་བསགས་ཤིང་གསོག་པར་འགྱུར། དེ་ལྟ་བུའི་ཕྱི་ནང་གི་གཟུང་བ་དང་འཛིན་པ་ལས་དང་ཉོན་མོངས་པའི་རྣམ་པར་གཡེངས་པ་སྣ་ཚོགས་ཀྱི་འཆིང་བ་དམ་པོས། ཐར་བར་དཀའ་བའི་འཁོར་བའི་བཙོན་རར་ཐོག་མ(༢༥༧ན)མེད་པ་ནས་ད་ལྟའི་བར་དུ་རབ་ཏུ་བཅིངས་ཏེ། མི་འདོད་པའི་སྡུག་བསྔལ་དྲག་པོ་དུ་མས་ཡང་དང་ཡང་དུ་མནར་བའི་ཚུལ་ཤེས་པར་བྱས་ནས། མཐོ་རིས་ཀྱི་བདེ་བ་ལའང་སྲིན་མོའི་གླིང་ལྟར་མཐོང་བའི་སྐྱོ་ཤས་ཀྱིས་ཡིད་བསྐུལ་ཏེ། སྟན་ཤིན་ཏུ་འཇམ་ཞིང་བདེ་བ་ལ་ལུས་ཀྱི་སྤྱོད་ལམ་བརྒྱད་དང་ལྡན་པས། དམིགས་རྟེན་སངས་རྒྱས་ཀྱི་སྐུ་དང་དེ་ཁོ་ན་ཉིད་ལྟ་བུ་ལ་བྱས་ནས། ཏིང་ངེ་འཛིན་སྒྲུབ་པ་ལ་མི་སྒྲོ་བའི་ལེ་ལོ་དང་། དམིགས་པ་བརྗེད་པ་དང་། བྱིང་རྒོད་བྱུང་བ་ངོས་མི་ཟིན་པ་དང་། ངོས་ཟིན་ཀྱང་གཉེན་པོ་འདུ་མི་བྱེད་པ་དང་། བྱིང་རྒོད་དང་བྲལ་བའི་ཚེ་གཉེན་པོ་ཧ་ཅང་འདུ་བྱེད་པ་སྟེ་ཉེས་པ་ལྔའི་ལེ་ལོའི་གཉེན་པོར་ཏིང་ངེ་འཛིན་གྱི་ཡོན་ཏན་ལ་ཡིད་ཆེས་ཀྱི་དད་པ་དང་། དེ་ལ་དོན་དུ་གཉེར་བའི་འདུན་པ་དང་། དེ་ལ་རྩོལ་བའི་བརྩོན་འགྲུས་དང་། བརྩོན་འགྲུས་ཀྱི་འབྲས་བུ་ཤིན་སྦྱངས་ཏེ་བཞི་དང་། དམིགས་པ(༢༥༧བ)བརྗེད་པ་སོགས་བཞིའི་གཉེན་པོར་རིམ་པ་བཞིན་དྲན་པ་དང་ཤེས་བཞིན་དྲན་པ་དང་འདུ་བྱེད་པའི་སེམས་དང་རྩོལ་བ་ལྷོད་ཤེས་པའི་འདུ་བྱེད་བཏང་སྙོམས་ཏེ་འདུ་བྱེད་བརྒྱད་བསྟེན་ཅིང་། གཞན་ཡང་ཞི་ལྷག་གི་མི་མཐུན་ཕྱོགས་ལུས་དང་ལོངས་སྤྱོད་ལ་ལྟ་བ་སོགས་གེགས་ལྔ་དང་། རྒོད་འགྱོད་སོགས་སྒྲིབ་པ་ལྔ་དང་། ཡིད་ལ་བྱེད་པའི་རྣམ་གཡེངས་སོགས་རྣམ་གཡེངས་ལྔ་རྣམས་སྤོང་བ་ཚུལ་བཞིན་དུ་བསྒོམ། དེ་ཡང་ཐོས་བསམ་དྲན་ཤེས་བརྩོན་འགྲུས་ཡོངས་སུ་འདྲིས་པ་སྟེ་སྟོབས་དྲུག་གིས། སེམས་འཛོག་པ། རྒྱུན་དུ་འཛོག་པ། གླན་

ཏེ་འཛོག་པ། ཉེ་བར་འཛོག་པ། དུལ་བར་བྱེད་པ། ཞི་བར་བྱེད་པ། རྣམ་པར་ཞི་བར་བྱེད་པ། རྩེ་གཅིག་ཏུ་བྱེད་པ། མཉམ་པར་འཛོག་པ་སྟེ་སེམས་གནས་པ་དགུ་རིམ་གྱིས་བསྒྲུབས་ཏེ་གོང་འཕེལ་དུ་སོང་བ་ལས་འཛོག་སྟོབས་ཀྱིས་དྲངས་པའི་ལུས་སེམས་ཤིན་ཏུ(༢༥༠ན)སྦྱངས་པ་ཁྱད་པར་ཅན་དང་ལྡན་པས་ཞི་གནས་ཐོབ་པར་འགྱུར། རང་ཅག་ལ་བདག་སྣང་བའི་ཚེ་ཕར་མིང་བཏས་བཏགས་ཙམ་དུ་མི་སྣང་བར་གདོད་མ་ནས་ཚུགས་ཐུབ་ཏུ་གྲུབ་པར་སྣང་བས་དེ་ལྟར་གྲུབ་པར་འཛིན་པར་ངར་འཛིན་གྱི་བློའི་ཡུལ་དགག་བྱ་དེ་ལེགས་པར་ངོས་བཟུང་ནས། དེ་ལྟར་གྲུབ་ན་བདག་དེ་གདགས་གཞི་ཕུང་པོ་ལྔའམ་ལུས་སེམས་གཉིས་དང་གཅིག་དང་ཐ་དད་གང་རུང་དུ་གྲུབ་པ་ལས་ལུས་ཕུང་སུམ་པ་མེད་པར་ཐག་ཆོད་ཅིང་། གལ་ཏེ་གཅིག་ཏུ་གྲུབ་ན་ཆ་མེད་པའི་གཅིག་ཏུ་འགྱུར་བས་གདགས་གཞི་ཕུང་པོ་ལྔ་པོ་གཅིག་ཏུ་འགྱུར་བའམ་བཏགས་ཆོས་བདག་དེ་ལྔར་འགྱུར་བ་སོགས་ཀྱི་སྐྱོན་ཡོད་པས་གཅིག་ཏུ་མ་གྲུབ། ཐ་དད་དུ་མ་གྲུབ་ན་གཏན་ནས་འབྲེལ་བ་མེད་པའི་ཐ་དད་དུ་འགྱུར་བས་ནམ་མཁའི་མེ་ཏོག་བཞིན་དུ་འདུས་མ་བྱས་པར་ཐལ་ཞིང་། (༢༥༠བ)ཕུང་པོ་ལས་ངོ་བོ་ཐ་དད་པར་ཡང་དམིགས་དགོས་པ་ལས་མི་དམིགས་པའི་ཕྱིར་ཐ་དད་དུ་མ་གྲུབ་པ་ལ་ངེས་པ་རྙེད་ཅིང་། དེ་བཞིན་དུ་བདག་གི་བ་དང་ཕུང་སོགས་ཀྱི་ཆོས་ལའང་སྦྱར་ཏེ་ཡང་དག་པ་དེ་ཁོ་ཉིད་ཀྱི་དོན་ལ་སོ་སོར་རྟོག་པའི་ཤེས་རབ་ཀྱིས་ཚུལ་བཞིན་དུ་དཔྱོད་པ་དང་། དཔྱད་པའི་མཐར་རྩེ་གཅིག་ཏུ་མཉམ་པར་བཞག་སྟེ། བསྒྲིམས་ཏེ་འཇུག་པ་དང་། ཆད་ཅིང་འཇུག་པ་དང་། ཆད་པ་མེད་པར་འཇུག་པ་དང་། རྩོལ་བ་མེད་པར་འཇུག་པའི་ཡིད་བྱེད་བཞིས་བསྐྱངས་པས་དཔྱད་སྟོབས་ཀྱིས་དྲངས་པའི་ལུས་སེམས་ཤིན་སྦྱངས་ཁྱད་པར་ཅན་དང་བཅས་པའི་ལྷག་མཐོང་ཐོབ་པར་འགྱུར། དེ་ལྟ་བུའི་ཞི་གནས་དང་ལྷག་མཐོང་ཟུང་དུ་འབྲེལ་བར་འཇུག་ཅིང་དེས་ངོ་དེར་རང་

བཞིན་གྱིས་སྟོང་བཞིན་དུ་སྣང་ངོར་སྒྱུ་མ་ལྟ་བུར་འཆར་བའི་སྣང་སྟོང་གཉིས་ཚོགས་ཀྱི་རྒྱལ་བའི་ལམ་བཟང་པོ་ལ་བསླབ་པར་བྱའོ། །(༢༥༧ན)

དེ་ལ་ཞི་ལྷག་བསྒོམས་པའི་ཕན་ཡོན་རྒྱུ་ཚོགས་དང་བཅས་པ་འཆད་པར། འཕགས་པ་མདོ་སྡེ་དགོངས་འགྲེལ་ལས། བྱམས་པ། ཡང་ཉན་ཐོས་ཀྱིའམ་བྱང་ཆུབ་སེམས་དཔའ་རྣམས་ཀྱིའམ་དེ་བཞིན་གཤེགས་པ་རྣམས་ཀྱི་དགེ་བའི་ཆོས་འཇིག་རྟེན་པའམ་འཇིག་རྟེན་ལས་འདས་པ་ཐམས་ཅད་ཀྱང་ཞི་གནས་དང་ལྷག་མཐོང་གི་འབྲས་བུར་རིག་པར་བྱའོ། །ཞེས་དང་། སྐྱེ་བ་བོ་ཡི་ལྷག་མཐོང་དང་། །ཞི་གནས་གོམས་པར་བྱས་ན་ནི། །གནས་ངན་ལེན་གྱི་འཆིང་བ་དང་། །མཚན་མའི་འཆིང་ལས་རྣམ་གྲོལ་འགྱུར། །ཞེས་དང་། དེ་ཕྱིར་རྩོད་དང་འདུ་འཛི་སྤྲོ་ལྡན་པ། །རྣམ་པར་སྤོངས་ཏེ་བརྩོན་འགྲུས་མཆོག་བྱས་ཏེ། །ལྷར་བཅས་འཇིག་རྟེན་བསྒྲལ་པར་བྱ་བའི་ཕྱིར། །རྣལ་འབྱོར་འདི་ལ་རབ་ཏུ་བརྩོན་པར་གྱིས། །ཞེས་དང་། ཏིང་ངེ་འཛིན་རྒྱལ་པོ་ལས། རྙོད་པ་མེད་ཅིང་ཤིན་ཏུ་དུལ(༢༥༧བ)པའི་སེམས། །སྤྱོད་དང་སྤྱོད་ལམ་དག་ལ་རབ་ཏུ་གནས། །ཞི་གནས་སྟོབས་ཀྱིས་བསྐྱོད་པ་མེད་འགྱུར་ཞིང་། །ལྷག་མཐོང་གིས་ནི་རི་དང་འདྲ་བར་འགྱུར། །ཞེས་དང་། སྡིག་པའི་གྲོགས་པོ་རྟག་ཏུ་རྣམ་པར་སྤངས། །དགེ་བའི་བཤེས་གཉེན་ལ་ཡང་བསྟེན་པར་བྱ། །འདུ་བ་སྤངས་ཏེ་ནགས་ཁྲོད་གནས་བཅའ་ཞིང་། །བྱམས་པའི་སེམས་ནི་རྟག་ཏུ་བསྒོམ་པར་བྱ། །ཚུལ་ཁྲིམས་དག་པ་རྟག་ཏུ་བསྲུང་བྱ་སྟེ། །སྦྱིངས་ལ་དགའ་བའང་རྟག་ཏུ་ཐོབ་པར་བྱ། །གཏོང་བ་དང་ནི་ཤེས་རབ་བསྟེན་བྱས་ན། །ཏིང་འཛིན་འདི་ནི་ཉེད་པར་དཀའ་མི་འགྱུར། །སུ་དག་སྙིང་པོ་མེད་པའི་ལུས་སྲོག་ལ། །ལྷག་པར་ཆགས་པ་ཡོད་པ་མ་ཡིན་པ། །དེ་དག་གིས་ནི་བདུད་ཀྱི་སྡེ་བཅོམ་སྟེ། །བྱང་ཆུབ་ཤིང་དྲུང་བྱང་ཆུབ་རབ་ཏུ་རྟོགས། །ཞེས་དང་། བློ་བ་དག་ལ་མ་ཞེན་མི་བརྐམ་

ཞིང་། །ཁྱིམ་རྣམས་ལ་ཡང་མ་ཆགས་ཕྲག་དོག་མེད། །བྱམས་ལ(༢༥༢ན)གནས་ཤིང་ཁྲོ་བ་མེད་པ་གང་། །དེ་ལ་ཏིང་འཛིན་འདི་ནི་རྙེད་མི་དཀའ། །བྱམས་པ་ལ་ནི་མཁས་པ་གནས་པར་འགྱུར། །སྙིང་རྗེ་དག་ལ་གནས་ཤིང་དགའ་སྤྱོད་དང་། །སྲིད་པ་ཀུན་ལ་རྟག་ཏུ་བཏང་སྙོམས་པ། །ཏིང་ངེ་འཛིན་བསྒོམས་བྱང་ཆུབ་རེག་པར་འགྱུར། །ཞེས་དང་། ད་ལྟར་གྱི་སངས་རྒྱས་མངོན་སུམ་དུ་བཞུགས་པའི་ཏིང་ངེ་འཛིན་གྱི་མདོ་ལས། སོ་སོར་ཐར་བར་བསླབ་པ་ངས་བཤད་གང་། །དེ་ཀུན་སློབ་པར་བྱེད་ཅིང་དགོན་པར་བསྟེན། །སྦྱངས་པའི་ཡོན་ཏན་དག་ལ་རྟག་སྤྱོད་ན། །ཏིང་འཛིན་འདི་ནི་རྙེད་པར་དཀའ་མི་འགྱུར། །མགྲོན་དུ་གཉེར་བ་ཐམས་ཅད་སྤངས་བྱས་ཏེ། །རོ་ལ་ཆགས་པའང་ཡོངས་སུ་སྤངས་བྱས་ཏེ། །གང་ལས་མཉན་ལ་སྟོན་པར་འདུ་ཤེས་ཤིང་། །མཉམ་ཞིང་མཚུངས་པའི་འདུ་ཤེས་ཉེ་བར་གཞོག །ཕྲག་དོག་འདོད་པ་ང་རྒྱལ་སྤངས་བྱས་ལ། །འདོད་ཆགས་ཞེ་སྡང་གཏི་མུག་སྤངས་བྱས་ཏེ། །བསམ(༢༥༢བ)གཏན་སྦྱོར་སེམས་ཡང་དག་བསྐྱེད་བྱས་ཏེ། །ཏིང་ངེ་འཛིན་འདི་ལ་ནི་འཇུག་པར་བྱ། །ཕྲག་དོག་མེད་ཅིང་འདོད་ཆགས་སྤངས་བྱས་ལ། །རབ་ཏུ་སྤམས་ཤིང་ཁྲོས་པ་སྤངས་བྱས་ཏེ། །རྒྱལ་བའི་སྐུ་ལ་དམིགས་པ་དག་བྱས་ནས། །ཏིང་ངེ་འཛིན་འདི་ལ་ནི་འཇུག་པར་བྱ། །བརྩོན་འགྲུས་མི་གཏོང་གཉིད་ཀྱིས་མི་ནོན་ཅིང་། །གཉེན་དང་མཛའ་དང་ལྷན་ཅིག་མི་འགྲོགས་ལ། །འཆགས་དང་ལྡན་ཞིང་མང་དང་གྲོགས་སྤངས་ཏེ། །ཏིང་འཛིན་རྟུལ་མེད་དེ་ནི་སྒོམ་པར་བྱོས། །ཞེས་དང་། འཕགས་པ་གཟུངས་ཀྱི་དབང་ཕྱུག་རྒྱལ་པོས་ཞུས་པའི་མདོ་ལས། འགྲོ་བའི་རྣམ་དག་འགྱུར་བའི་རྒྱུ་གཉིས་རྐྱེན་གཉིས་ཏེ། །གཞན་ལས་མཐུན་པའི་སྒྲ་ཐོས་པ་དང་ཐོས་ནས་ཀྱང་། །ཆོས་རྣམས་སྟོང་པར་ནང་དུ་ཚུལ་བཞིན་རྟོག་བྱེད་པ། །དེ་ནི་སྲིད་པའི་མཚོ་ལས་རྣམ་པར་སྒྲོལ་བར་འགྱུར། །ཞི་གནས་ལྷག་མཐོང་གཉིས་ཀ་

ཟུང་དུ་འབྲེལ་ལྡན་པ། །སྐོམ་པ་གང་དུའང་འགྲོ་བ་མེད་ཅིང་འོང་བ་མེད། །(༢༥༣ན)
དེ་ལ་སྐྱེ་མེད་འཆི་འཕོ་དང་ནི་རྟོག་མེད་དེ། །དེ་ནི་སྐྱོན་མེད་རེག་ཅིང་རྣམ་པར་
དག་པར་འགྱུར། །ཞེས་དང་། ངེས་པར་འབྱུང་བའི་ལམ་གྱི་ཆོས་གཉིས་ཏེ་གཉིས་
གང་ཞེ་ན། འདི་ལྟ་སྟེ། ཞི་གནས་དང་ལྷག་མཐོང་ངོ་། །ཞེས་དང་། ཆོས་ཡང་
དག་པར་སྡུད་པའི་མདོ་ལས། ཚངས་པ་ཆེན་པོ། གཞན་ཡང་གནས་པ་དང་སྤྱད་
པར་མི་བྱ་བའི་ཆོས་ནི་རྣམ་པ་བཅུ་ཡོད་དེ། ཏིང་ངེ་འཛིན་སྒོམ་པ་དག་སྤྱོད་པ་ངན་
པ་འདི་དག་ལས་འགའ་ཞིག་དང་ལྡན་ན་ཏིང་ངེ་འཛིན་ཡོངས་སུ་མི་འགྲུབ་པོ། །ཇི་
སྙེད་སྡར་གྲུབ་ན་ཡང་དེ་མ་ཐག་ཏུ་སྟོར་ཞིང་ཉམས་པར་འགྱུར་རོ། །བཅུ་གང་ཞེ་
ན། འདི་ལྟ་སྟེ། ལས་སུ་བྱ་བའི་དངོས་པོ་ལ་དགའ་ཞིང་ཆགས་པ་དང་། བྲེ་མོའི་
གཏམ་ལ་དགའ་ཞིང་ཆགས་པ་དང་། གཉིད་ཀྱིས་ལོག་པ་ལ་དགའ་ཞིང་ཆགས་པ་
དང་། ཟང་ཟིང་འཚོལ་བ་ལ་དགའ་ཞིང་ཆགས་པ་དང་། གཟུགས་བཟང་པོ་ལ་
དགའ་ཞིང་ཆགས་པ་དང་། སྒྲ་སྙན(༢༥༣བ)པ་ལ་དགའ་ཞིང་ཆགས་པ་དང་། དྲི་
ཞིམ་པོ་ལ་དགའ་ཞིང་ཆགས་པ་དང་། རོ་ཞིམ་པོ་ལ་དགའ་ཞིང་ཆགས་པ་
དང་། རེག་བྱ་འཇམ་པོ་ལ་དགའ་ཞིང་ཆགས་པ་དང་། རྟོག་པ་དང་དཔྱོད་པ་ལ་
དགའ་ཞིང་ཆགས་པའོ། །ཞེས་དང་། མདོ་ཆེན་པོ་སྟོང་བ་ཉིད་ལས་ཀྱང་། ཀུན་
དགའ་བོ། ངས་གང་ལ་ཀུན་ཏུ་དགའ་བ་དང་། མངོན་པར་དགའ་བའི་གཟུགས་
དེའི་རྣམ་པར་འགྱུར་བ་དང་གཞན་དུ་འགྱུར་བ་ལས་མྱ་ངན་དང་སྨྲེ་ངག་འདོན་པ་
དང་སྡུག་བསྔལ་བ་དང་ཡིད་མི་བདེ་བ་དང་འཁྲུགས་པ་དག་འབྱུང་བར་མི་འགྱུར་
བའི་གཟུགས་ནི་གཅིག་ཀྱང་ཡང་དག་པར་རྗེས་སུ་མ་མཐོང་ངོ་། །ཞེས་དང་། མངོན་
པར་འབྱུང་བའི་མདོ་ལས། དགེ་སློང་དག་འདི་ཐམས་ཅད་ནི་ཀུན་ཏུ་འབར་བ་ཡིན་
ནོ། །དགེ་སློང་དག་ཀུན་ཏུ་འབར་བ་དེ་ཅི་ཡིན་ཞེ་ན། དགེ་སློང་དག་མིག་དང་

གཟུགས་དང་མིག་གི་རྣམ་པར་ཤེས་པ་དང་། མིག་གི་འདུས་ཏེ་རེག་པ་ཀུན(༢༥༩ན)ཏུ་འབར་བ་ཡིན་ཞིང་མིག་གི་འདུས་ཏེ་རེག་པའི་རྐྱེན་གྱིས་ནང་གི་ཚོར་བ་བདེ་བའམ་སྡུག་བསྔལ་བའམ། བདེ་བ་ཡང་མ་ཡིན་སྡུག་བསྔལ་བ་ཡང་མ་ཡིན་པ་འབྱུང་བ་གང་ཡིན་པ་དེ་ཀུན་ཏུ་འབར་བ་ཡིན་ནོ། །དགེ་སློང་དག་རྣ་བ་དང་། སྣ་དང་ལྕེ་དང་ལུས་དང་ཡིད་དང་ཆོས་དང་། ཡིད་ཀྱི་རྣམ་པར་ཤེས་པ་དང་། ཡིད་ཀྱི་འདུས་ཏེ་རེག་པ་དེ་ཀུན་ཏུ་འབར་བ་ཡིན་ཞིང་། ཡིད་ཀྱི་འདུས་ཏེ་རེག་པའི་རྐྱེན་གྱིས་ནང་གི་ཚོར་བ་བདེ་བའམ་སྡུག་བསྔལ་བའམ་བདེ་བ་ཡང་མ་ཡིན་སྡུག་བསྔལ་བ་ཡང་མ་ཡིན་པ་འབྱུང་བ་གང་ཡིན་པ་དེ་ཡང་ཀུན་ཏུ་འབར་བ་ཡིན་ནོ། །གང་གིས་ཀུན་ཏུ་འབར་བ་འདོད་ཆགས་ཀྱི་མེ་དང་། ཞེ་སྡང་གི་མེ་དང་། གཏི་མུག་གི་མེས་ཀུན་ཏུ་འབར་བ་སྐྱེ་བ་དང་རྒ་བ་དང་འཆི་བ་དང་མྱ་ངན་དང་སྨྲེ་སྔགས་འདོན་པ་དང་། སྡུག་བསྔལ་བ་དང་། ཡིད་མི་བདེ་བ་དང་འཁྲུགས་པ་སྟེ། སྡུག་བསྔལ་གྱིས་ཀུན་ཏུ་འབར(༢༥༩བ)བའོ་ཞེས་སྨྲའོ། །ཞེས་དང་། དྲན་པ་ཉེར་བཞག་གི་མདོ་ལས། རྩེ་གཅིག་གྱུར་བའི་ཡིད་ཀྱིས་ནི། །དགེ་བའི་ལམ་ནི་སྒོམ་པར་བྱེད། །ཉི་མ་ཤར་བས་མུན་མེད་ལྟར། །མི་དགེ་ཆོས་རྣམས་འཇོམས་པར་བྱེད། །གང་གིས་ཡིད་ནི་རྩེ་གཅིག་པ། །རྟག་ཏུ་ཞི་ཞིང་མཉམ་བཞག་པས། །དུག་ལ་བྱ་ཁྱུང་ཇི་ལྟ་བར། །སྐྱོན་རྣམས་ལ་ནི་དེ་འཇིགས་མིན། །གཡོ་བར་འགྱུར་བའི་སེམས་འདི་ནི། །གླུང་ཆེན་ཤུགས་དང་ལྡན་པ་ཡིན། །འདུལ་མཁན་ཇི་བཞིན་འཛིན་པ་ཡིས། །ཇི་ལྟ་བུར་ནི་བརྟན་པས་འདུལ། །ཞེས་དང་། གང་གི་འཇིག་རྟེན་འདིར་འཇོམས་པའི། །འཇིགས་པ་ཆེན་པོ་དགྲ་པོ་དྲུག །རྒ་དང་ན་དང་འཆི་བདག་དང་། །འདོད་ཆགས་ལ་སོགས་དྲི་མ་གསུམ། །དགེ་བའི་རྫས་ནི་འཕྲོག་པ་ཡི། །རྐུན་མ་ཡང་ནི་ཡུལ་ལྔ་ཡིན། །དགྲ་རྣམས་གྲོགས་པོའི་གཟུགས་ཀྱིས་ནི། །སྲིད་པའི་ངམ་གྲོག་དག་ན་རྒྱུ། །བག་མེད་

པས་ནི་གང(༢༥༨ན)བའི་སེམས། །ཡུལ་རྣམས་ཀྱིས་ནི་འཕེལ་བར་བྱེད། །ཅེས་དང་། གང་དག་ལོག་པའི་དབང་སོང་བ། །སེམས་ཅན་ཡོངས་སུ་བསླུས་པ་ཡི། །སྐྱེས་བུ་བློ་ཞན་དེ་དག་ནི། །སེམས་ཅན་དམྱལ་བར་ཀུན་ཏུ་འགྲོ། །ཞེས་དང་། ཞི་བའི་ཐབས་ལ་འཇུག་པ་ནི། །སྤྲོས་མེད་ཞི་སྡང་སྤངས་པ་དང་། །འདོད་པ་སྤྱོད་པས་ཤིན་ཏུ་འདས། །བརྩོན་འགྲུས་བརྩམས་དང་ཚོག་ཤེས་དང་། །བསམ་གཏན་པ་འདིར་དགེ་སློང་བརྗོད། །འདོད་པས་གྲོལ་མིན་ཆགས་ཅན་གང་། །རྟག་ཏུ་ཟས་ལ་སྤྱོད་ལྡན་པ། །ལུས་ངག་བསྡམས་པའི་རྒྱན་མ་འདི། །འདིར་ནི་དགེ་སློང་མིན་པར་བརྗོད། །རྒྱུ་མཚན་སྟོན་པའི་སྦྱིན་པ་དང་། །རྒྱུ་སྐར་བགྲང་བའི་སེམས་ཁྲལ་ཅན། །རྒྱལ་པོ་བསྟེན་དང་བག་མེད་དང་། །འདིར་ནི་འདི་ལ་ནགས་འོས་མིན། །སྨན་པ་རི་མོའི་ལས་དེ་དང་། །དེ་བཞིན་ཐོས་ངན་སྔན་དངགས་སྦེབ། །འདྲེས་པར་གནས་དང་ཞབས་འབྲིང་བྱེད། །དགེ་སློང(༢༥༨བ)རབ་ཏུ་ཉམས་པར་འགྱུར། །བསམ་གཏན་སྒོམ་པ་ཞི་སྡང་ཞིང་། །ཚོགས་པ་འདུས་ལ་དགའ་བ་དང་། །རྙེད་དང་བཀུར་སྟི་ལ་ཆགས་པར། །བྱེད་པའི་དགེ་སློང་རབ་ཚུད་འཇལ། །གསེར་གྱི་ཁམས་དང་ཡང་དག་ལྡན། །གྲོགས་མང་ལ་ཡང་དགའ་བ་གང་། །གཞན་གྱི་རྙེད་ལ་ཆགས་པས་ཀྱང་། །དགེ་སློང་བསྟན་པ་ལས་ལྷུང་ངོ་། །གང་ཡང་ཚོགས་པ་རྣམ་སྤངས་ཤིང་། །སྡིག་པའི་ཚོགས་པ་མི་བསྟེན་པར། །ཁྱེ་དང་ཆུས་ཀྱང་ཚོག་ཤེས་པ། །དགེ་སློང་དེ་ནི་ནད་མེད་ཡིན། །འབར་བ་ལྷ་བུའི་ཡུལ་རྣམས་ནི། །འོངས་པ་ཐམས་ཅད་སྤོང་བར་བྱེད། །ནོར་བ་བཞིན་དུ་སྐྱོན་རྣམས་དག །དགེ་སློང་འདི་ནི་དགེ་སློང་བརྗོད། །ཅེས་དང་། གཉེན་བཤེས་ཚུལ་ནི་དགྲ་ཡིན་ཏེ། །མི་ཕན་ཕན་པའི་ཚུལ་གྱིས་ཁྲིད། །བཅོམ་ནས་མི་ཡི་འཇིག་རྟེན་ནས། །དེ་རིང་མུན་ནག་ཆེན་པོར་འགྲོ། །ཞེས་དང་། མེ་དང་དུད་ཤིང་རྣམ་དང་ནི། །རྒྱུ་

མཚོ་ལ་ནི་ཆུ་བོ་ལྟར། །སྲིད་ལྡན་འདོད་པས་ངོམས་པ་མེད། །(༢༥༥ན)དེ་ཕྱིར་འདོད་པ་ཞི་བ་མིན། །ཞེས་དང་། སྙིན་པའི་ཚོ་ན་ངར་ལ་དགའ། །རྣམ་པར་སྨིན་པ་མེ་དང་མཚུངས། །འདོད་ལས་བྱུང་བའི་དགའ་བ་ནི། །རྟག་ཏུ་སེམས་ཅན་དམྱལ་བར་འགྲོ། །ཞེས་དང་། ཁྱི་མ་ལེབ་ཀྱིས་འབར་བ་མཐོང་། །ཆོག་པའི་ཉེས་པ་མི་མཐོང་སྟེ། །དེ་ལྟར་འདོད་བསྐྱེད་དགའ་བ་ནི། །བློ་མེད་རྣམས་ཀྱིས་མཐོང་བར་འགྱུར། །ཞེས་དང་། ཐམས་ཅད་གནས་སྐབས་ཐམས་ཅད་དུ། །འདོད་པ་མེ་ལྕེ་འབར་བ་འདྲ། །དེ་དག་ཡིད་ལ་མ་བྱེད་ཅིག །དེ་ལྟ་བས་ན་འདོད་པ་ཆོག །ཅེས་དང་། འདོད་པ་དུག་དང་མེ་ལྟ་བུ། །རབ་ཏུ་བསྒྲིམས་ཏེ་སྤང་བར་གྱིས། །འདོད་པ་ཡོངས་སུ་སྤངས་བྱས་ཤིང་། །རྟག་ཏུ་ཐར་ལ་དགའ་བ་ནི། །ཉི་མ་ཤར་བས་མུན་མེད་ལྟར། །མི་དགེའི་ཆོས་རྣམས་འཇིག་པར་འགྱུར། །ཞེས་དང་། སེམས་ནི་སྐྱེ་དགུ་ཐམས་ཅད་ལ། །རྒྱལ་པོ་བཞིན་དུ་རབ་ཏུ་འཇུག །དེ་ཉིད་བརྟུལ་བས་དྲི་མེད་པའི། །མྱ་ངན་འདས་པ་རྟོགས(༢༥༥བ)པར་འགྱུར། །བདེ་དང་སྡུག་བསྔལ་བྱེད་པ་སེམས། །དེ་བརྟུལ་བ་ལས་བདེ་བ་འབབ། །ལས་རྣམས་རྣམ་པ་སྣ་ཚོགས་པ། །སེམས་ཀྱིས་འཕེན་པའི་རྗེས་སུ་འཇུག །དེ་ཕྱིར་སེམས་ནི་རྟག་ཏུ་སྲུངས། །དེ་བརྟུལ་བས་ཀུང་བདེ་བ་འབྱུང་། །ཞེས་དང་། སེམས་ནི་བྱམས་པར་བསྒོམ་བྱས་ཤིང་། །མཁས་པ་དྲང་པོའི་སེམས་ལྡན་ལ། །བསླབ་པའི་གཞི་ལ་ཉམས་མེད་པ། །མྱ་ངན་འདས་པ་ཡོང་མི་རིང་། །འཁོར་བའི་སྐྱེ་དང་རྒ་བ་དང་། །འཇིགས་ལས་ཁ་ནི་ཕྱིར་ཕྱོགས་ཤིང་། །བསམ་གཏན་ལྡན་ལ་བག་ཡོད་པ། །མྱ་ངན་འདས་པ་ཡོང་མི་རིང་། །མི་རྟག་སྟོང་བ་བདག་མེད་དང་། །བྱ་བའི་རྣམ་པ་ཤེས་པ་དང་། །བསམ་གཏན་འཕེལ་པའི་རྣམ་ཤེས་པ། །མྱ་ངན་འདས་པ་ཡོང་མི་རིང་། །ཞེས་དང་། ཇི་ལྟར་དབང་པོ་དུལ་ལ་གནས། །འདོད་ཆགས་དགྲ་ནི་བཟློག་པར་བྱེད། །དཔའ་བོ་

ཤེས་རབ་ཕྱིན་ལྡན་གང་། །དེ་ནི་ཞི་བའི་གནས་འཐོབ་པོ། །དགོན་པར(༢༥༨བ)གནས་ལ་དགའ་བྱེད་ཅིང་། །མཉམ་བཞག་ས་ལ་གནས་པ་ཡི། །མཁའ་སྤྲིན་རླུང་གིས་གཏོར་བ་ལྟར། །སྡིག་པའི་ཆོས་རྣམས་འཇིག་པར་བྱེད། །ཅེས་དང་། དཔའ་ལ་བོང་བ་གསེར་དུ་འདྲ། །སྨྲ་ངན་བྲལ་ཞིང་མཉམ་པར་བཞག །ཉོན་མོངས་འདོད་ཆགས་མ་འདྲིས་པ། །དེ་ནི་མཐའ་ཡས་སྐྱོ་འཐོབ་པོ། །ཞེས་དང་། སེམས་ཀྱི་ཚོམས་ལས། སེམས་ནི་གཡོ་ཞིང་རྫུན་པ་སྟེ། །རིང་དུ་འགྲོ་ཞིང་བཟློག་དཀའ་བ། །མདའ་མཁན་མེ་ཡིས་སྲོང་བ་ལྟར། །ཡིད་གཞུངས་པ་ཡིས་བསྲུང་བར་བྱ། །ཞེས་དང་། ཟས་ཀྱི་ཚོད་ཀྱང་ཤེས་པར་བྱ། །བས་མཐའ་དགོན་པར་གནས་བྱ་ཞིང་། །ལྷག་པའི་སེམས་ལ་རྣལ་འབྱོར་བྱ། །འདི་ནི་སངས་རྒྱས་བསྟན་པ་ཡིན། །སེམས་ཀྱིས་བརྟགས་ལ་མཁས་པ་དང་། །རབ་ཏུ་དབེན་པའི་རོ་ཉིད་དང་། །རབ་དྲན་སེམས་པའི་འབྲས་སྐྱོང་ཅན། །ཟང་ཟིང་མེད་པའི་དགའ་བ་སྐྱོང་། །(༢༥༨ན)(༢༥༨བ)གང་ཞིག་ཡིད་གཞུངས་སེམས་དགའ་དབེན་གནས་པས། །རྟག་ཏུ་རང་གི་ལུས་ཀྱི་སྤྱོད་ལམ་དང་། །སྨྲ་དང་ཡིད་ནི་སྲུང་བར་བྱེད་པ་དེ། །སྨྲ་ངན་སྤོང་ཞིང་སྡུག་བསྔལ་འཐོབ་མི་འགྱུར། །མ་སྲུང་བ་ཡི་སེམས་དང་ནི། །ལོག་པར་ལྟ་བར་བཅོམ་པ་དང་། །གཉིད་དང་རྨུགས་པས་ཟིལ་ནོན་པ། །བདུད་ཀྱི་དབང་དུ་འགྲོ་བར་འགྱུར། །དེ་བས་སེམས་ནི་བསྲུང་བྱས་ཏེ། །ཡང་དག་ལྟ་བས་མདུན་བདར་ཞིང་། །ཡང་དག་ཀུན་རྟོག་སྤྱོད་ཡུལ་ཅན། །ཡང་དག་བསྐྱེད་དང་འཇུག་པ་ཤེས། །གཉིད་དང་རྨུགས་པ་ཟིལ་ནོན་པའི། །དགེ་སློང་སྡུག་བསྔལ་ཟད་པ་འཐོབ། །ཞེས་དང་། འཕྲུ་བའི་ཚོམས་ལས། བདག་དང་མཐུན་པར་སྤྱོད་པ་ཡི། །གྲོགས་བཟང་ཉིད་པར་མི་འགྱུར་ན། །བྱིས་པ་གྲོགས་སུ་མི་འགྱུར་བས། །གཅིག་པུས་སྤྱོད་པ་བརྟན་པར་བྱ། །ཞེས་དང་། མཛའ་བཤེས་ཀྱི་ཚོམས་ལས། ཉེས་དང་མཁས་དང་མི་མཛའ་སླའི། །(༢༥༧ན)བྱིས་པ་རྣམས་

དང་མཛའ་མི་ཉུང་། །བྱིས་པ་རྣམས་དང་མཛའ་བྱེད་པ། །སེམས་ཅན་དམྱལ་བར་འཁྲིད་པར་བྱེད། །ཅེས་དང་། བྱིས་པ་བསྟེན་པ་སྡུག་བསྔལ་ཞིང་། །རྣམ་པ་ཀུན་ཏུ་དགྲ་འདྲ་བས། །བྱིས་པ་མི་ཐོས་མི་མཐོང་ཞིང་། །མ་བསྟེན་འགྱུར་བ་ཉིད་ཉུང་ངོ། །ཞེས་དང་། འདུལ་བ་ལུང་འབྱེད་ལས། བཅོམ་ལྡན་འདས་ཀྱིས་དགེ་སློང་རྣམས་ལ་བཀའ་སྩལ་པ། དགེ་སློང་དག་དགོན་པ་དང་། ཤིང་དྲུང་དང་། ཁྱིམ་སྟོང་པ་དང་། རི་སུལ་དང་། རི་ཕུག་དང་། རྩྭ་སྤྱིལ་དང་། བླ་གབ་མེད་པ་དང་། དུར་ཁྲོད་དང་། ནགས་ཁྲོད་དང་། རི་དྲུང་དང་། བས་མཐའི་གནས་མལ་འདི་དག་ཏུ་བསམ་གཏན་གྱིས་ཤིག་དགེ་སློང་དག་བག་ཡོད་པར་བསྒྲུབས་ལ་ཕྱིས་འགྱོད་པར་མི་འགྱུར་བར་གྱིས་ཤིག་འདི་ནི་གདམས་ངག་དང་རྗེས་སུ་བསྟན་པ་ཡིན་ནོ། །ཞེས་གསུངས་པ་ལྟར་ལ། དེ་ལྟར་ཕྱི་ནང་གི་འདུ་འཛིས་དབེན(༢༥༧བ)པའི་དགོན་པ་ལ་གནས་པའི་ཕན་ཡོན་ནི། འཕགས་པ་འཇམ་དཔལ་གྱི་ཞིང་བཀོད་ཀྱི་མདོ་ལས། ཤཱ་རིའི་བུ། དགོན་པ་ལ་གནས་པ་ལྷུར་ལེན་པའི་བྱང་ཆུབ་སེམས་དཔའ་ནི་ཡོན་ཏན་གྱི་ཕན་ཡོན་བཅུ་ཡོངས་སུ་འཛིན་ཏོ། །བཅུ་གང་ཞེ་ན། གང་འདི་འདུ་འཛི་རྣམ་པར་སྤང་བ་དང་། རབ་ཏུ་དབེན་པ་ལ་བརྟེན་པ་དང་། དེ་བསམ་གཏན་ལ་སེམས་དམིགས་པར་འགྱུར་བ་དང་། བྱ་བ་མང་པོར་མི་འགྱུར་བ་དང་། སངས་རྒྱས་རྣམས་འདོད་པ་དང་། དེའི་ལུས་བདེ་བ་དང་མི་འབྲལ་བ་དང་། དེའི་ཚངས་པར་སྤྱོད་པ་དེ་བར་ཆད་དུ་མི་འགྱུར་བ་དང་། ཚོགས་ཆུང་ངུས་ཧིང་ངེ་འཛིན་འཐོབ་པ་དང་། དེས་ཚིག་དང་ཡི་གེ་བསྟན་པ་རྣམས་ཆུད་མི་ཟ་བ་དང་། ཇི་ལྟར་ཐོས་པའི་ཆོས་རྣམས་ཀྱི་དོན་རབ་ཏུ་ཤེས་པ་སྟེ། ཤཱ་རིའི་བུ། དགོན་པ་ལ་གནས་པ་ལྷུར་ལེན་པའི་བྱང་ཆུབ་སེམས་དཔའ་ནི་ཡོན་ཏན་གྱི་ཕན་ཡོན་བཅུ་པོ་དེ་དག་ཡོངས་སུ་འཛིན་ཏོ། །(༢༥༨ན)ཞེས་གསུངས་པ་ལྟར་རོ། །མི་མཐུན་ཕྱོགས་ཀྱི་གེགས་ལྟ་སོགས་

ཀྱང་། འཕགས་པ་མདོ་སྡེ་དགོངས་འགྲེལ་ལས། བཅོམ་ལྡན་འདས། བཅོམ་ལྡན་འདས་ཀྱིས་གེགས་རྣམ་པ་ལྔ་གསུངས་པ་གང་ལགས་པ་དེ་དག་ལས་དུ་ནི་ཞི་གནས་ཀྱི་གེགས་དག་ལགས། དུ་ནི་ལྷག་མཐོང་གི་གེགས་དག་ལགས། དུ་ནི་གཉིས་ཀའི་གེགས་དག་ལགས། བྱམས་པ། ལུས་དང་ལོངས་སྤྱོད་ལ་ལྟ་བ་ནི་ཞི་གནས་ཀྱི་གེགས་ཡིན་ནོ། །འཕགས་པའི་གཏམ་འདོད་པ་བཞིན་མ་ཐོབ་པ་ནི་ལྷག་མཐོང་གི་གེགས་ཡིན་ནོ། །འདྲེས་པར་གནས་པ་དང་ཅུང་ཟད་ཙམ་གྱིས་ཆོག་པར་འཛིན་པ་ནི་དེ་གཉིས་ཀའི་གེགས་ཡིན་ཏེ། དེ་ལའང་གཅིག་གིས་ཀྱང་སྦྱོར་བར་མི་བྱེད་དོ། །གཅིག་ཤོས་ཀྱིས་ནི་སྦྱོར་བ་མཐར་ཐུག་པར་མི་འགྱུར་རོ། །བཅོམ་ལྡན་འདས། སྒྲིབ་པ་ལྔ་པོ་གང་ལགས་པ་དེ་དག་ལགས་པ་དེ་དག་ལས་དུ་ནི་ཞི་གནས་ཀྱི་སྒྲིབ་པ་དག་ལགས། (༢༥༨བ)དུ་ནི་ལྷག་མཐོང་གི་སྒྲིབ་པ་དག་ལགས། དུ་ནི་གཉིས་ཀའི་སྒྲིབ་པ་དག་ལགས། བྱམས་པ། རྒོད་པ་དང་འགྱོད་པ་ནི་ཞི་གནས་ཀྱི་སྒྲིབ་པ་ཡིན་ནོ། །རྨུགས་པ་དང་གཉིད་དང་ཐེ་ཚོམ་ནི་ལྷག་མཐོང་གི་སྒྲིབ་པ་ཡིན་ནོ། །འདོད་པ་ལ་འདུན་པ་དང་གནོད་སེམས་ནི་གཉིས་ཀའི་སྒྲིབ་པ་ཡིན་ནོ། །བཅོམ་ལྡན་འདས། ཇི་ཙམ་གྱིས་ན་ཞི་གནས་ཀྱི་ལམ་ཡོངས་སུ་དག་པ་ལགས། བྱམས་པ། གང་གི་ཚེ་རྨུགས་པ་དང་གཉིད་རབ་ཏུ་ཆོམས་པར་འགྱུར་བའོ། །བཅོམ་ལྡན་འདས། ཇི་ཙམ་གྱིས་ལྷག་མཐོང་གི་ལམ་ཡོངས་སུ་དག་པ་ལགས། བྱམས་པ། གང་གི་ཚེ་རྒོད་པ་དང་འགྱོད་པ་ལེགས་པར་རབ་ཏུ་ཆོམས་པར་འགྱུར་བའོ། །བཅོམ་ལྡན་འདས། བྱང་ཆུབ་སེམས་དཔའ་ཞི་གནས་དང་ལྷག་མཐོང་ལ་ཞུགས་པས་རྣམ་པ་དུ་དག་གིས་སེམས་གཡེངས་པར་འཚལ་བར་བགྱི་ལགས། བཀའ་སྩལ་པ། བྱམས་པ། རྣམ་པ་ལྔས་ཏེ། ཡིད་ལ་བྱེད་པའི་རྣམ་པར་གཡེང(༢༥༩ན)བ་དང་། ཕྱི་རོལ་ཏུ་སེམས་རྣམ་པར་གཡེང་བ་དང་། ནང་དུ་སེམས་རྣམ་པར་གཡེང་བ་དང་། མཚན་མའི་རྣམ་པར་གཡེང་བ་

དང་། གནས་ངན་ལེན་གྱི་རྣམ་པར་གཡེང་བའོ། །ཁྱམས་པ། གལ་ཏེ་བྱང་ཆུབ་སེམས་དཔའ་ཐེག་པ་ཆེན་པོ་དང་ལྡན་པའི་ཡིད་ལ་བྱེད་པ་བཏང་སྟེ། ཉན་ཐོས་དང་རང་སངས་རྒྱས་དང་ལྡན་པའི་ཡིད་ལ་བྱེད་པར་རབ་ཏུ་ལྷུང་ན་དེ་ནི་ཡིད་ལ་བྱེད་པའི་རྣམ་པར་གཡེང་བ་ཡིན་ནོ། །གལ་ཏེ་ཕྱི་རོལ་གྱི་དམིགས་པ་རྣམས་ལ་སེམས་རྣམ་པར་འཕྲོ་བར་གཏོང་ན་དེ་ནི་ཕྱི་རོལ་ཏུ་སེམས་གཡེང་བ་ཡིན་ནོ། །གལ་ཏེ་རྒུགས་པ་དང་གཉིད་ཀྱིས་བྱིང་བའམ། སྙོམས་པར་འཇུག་པའི་རོ་མྱང་བའམ། སྙོམས་པར་འཇུག་པའི་ཉོན་མོངས་པ་གང་ཡང་རུང་བས་ཉོན་མོངས་པར་གྱུར་ན། གལ་ཏེ་ཕྱི་རོལ་གྱི་མཚན་མ་ལ་བརྟེན་ནས་ནང་གི་ཏིང་ངེ་འཛིན་གྱི་སྤྱོད་པའི་མཚན་མ་ཡིད་ལ་བྱེད་ན་ནི་མཚན་མའི་རྣམ་པར་གཡེང་བ་ཡིན་ནོ། །(༢༥༩བ)གལ་ཏེ་ནང་གི་ཡིད་ལ་བྱེད་པ་ལ་བརྟེན་ནས་བྱུང་བའི་ཚོར་བ་ལ་གནས་ངན་ལེན་གྱི་ལུས་ཀྱིས་ངའོ་སྙམ་དུ་རློམ་སེམས་སུ་བྱེད་ན་དེ་ནི་གནས་ངན་ལེན་གྱི་རྣམ་པར་གཡེང་བ་ཡིན་ནོ། །ཞེས་གསུངས་པ་ལྟར་ངེས་བཟུང་སྟེ་གཉེན་པོ་བསྟེན་ནོ། །དེ་དག་གི་དམིགས་པ་ལ་མང་དུ་གསུངས་ཀྱང་སངས་རྒྱས་ཀྱི་སྐུ་ལ་སེམས་འཛིན་པ་ནི་སངས་རྒྱས་རྗེས་སུ་དྲན་པ་དང་། བསགས་སྦྱངས་དང་སྔགས་ཀྱི་ལྷའི་རྣལ་འབྱོར་བསྒོམ་པ་ལ་ཁྱད་ཆེ་བ་སོགས་དགོས་པ་མང་དུ་ཡོད་པས་དེ་ལ་བྱའོ། །དེ་ལ་ད་ལྟར་གྱི་སངས་རྒྱས་མངོན་སུམ་དུ་བཞུགས་པའི་ཏིང་ངེ་འཛིན་གྱི་མདོ་ལས། གསེར་མདོག་བསོད་ནམས་བརྒྱ་ཡི་མཚན་མངའ་ལ། །མཛེས་ཤིང་ཀུན་ནས་ཡོངས་སུ་རྒྱས་པར་གྱུར། །གསེར་གྱི་གཟུགས་བཞིན་དུ་ནི་བལྟ་སྡུག་པའི། །བསོད་ནམས་མཆོག་མཚན་སངས་རྒྱས་དྲན་པར་གྱིས། །སངས་རྒྱས་འདས་པའམ་ཡང་ན་མ་བྱོན་པ། །ཐལ་མོ(༢༦༠ན)སྦྱར་ཏེ་རྗེས་སུ་དྲན་པར་གྱིས། །མི་མཆོག་གང་དག་ད་ལྟར་བཞུགས་པ་ཡང་། །དེ་དག་མཆོད་ཕྱིར་བདེ་གཤེགས་དྲན་པར་གྱིས། །ཞེས་དང་། ཏིང་ངེ་འཛིན་རྒྱལ་པོ་ལས།

གསེར་གྱི་ཁ་མདོག་ལྟ་བུའི་སྐུ་ལུས་ཀྱིས། །འཇིག་རྟེན་མགོན་པོ་ཀུན་ཏུ་མཛེས་པ་སྟེ། །དམིགས་པ་དེ་ལ་གང་གིས་སེམས་འཇུག་པ། །བྱང་ཆུབ་སེམས་དཔའ་དེ་མཉམ་བཞག་ཅེས་བྱ། །ཞེས་གསུངས་པ་ལྟར་རོ། །ཡང་སམྦྷུ་ཊའི་རྒྱུད་བརྟག་པ་དང་པོའི་རབ་བྱེད་གཉིས་པ་ལས། འདུན་པའི་ཏིང་ངེ་འཛིན་སྤོང་བའི་འདུ་བྱེད་དང་ལྡན་པའི་རྫུ་འཕྲུལ་གྱི་རྐང་པ་དབེན་པ་ལ་གནས་པ། འདོད་ཆགས་དང་བྲལ་བའི་འགོག་པ་ལ་གནས་པ། ཡང་དག་པར་སྤོང་བས་ཡོངས་སུ་བསྒྱུར་བ་སྟེ། འདུན་པ་དེ་ཤིན་ཏུ་ཞུམ་པ་དང་། གཟེངས་མཐོང་བ་མ་ཡིན་པར་བསྒོམ་པ་དང་། ཞེས་བརྩོན་འགྲུས་དང་དཔྱོད་པ་དང་ཏིང་ངེ་འཛིན་གསུམ་ལ་ཡང་དེ་ལྟར(༢༥༠བ)གསུངས་པ་དང་། དེ་ཁོ་ན་ཉིད་ཀྱི་དོན་ལ་དམིགས་པ་ཡང་ས་ཡི་སྙིང་པོ་འཁོར་ལོ་བཅུ་པའི་མདོ་ལས། ཆོས་ཀྱི་སྣོད་དུ་འགྱུར་བར་འདོད་པ་དག །ཉོན་མོངས་ཐམས་ཅད་ཡོངས་སུ་བཅད་པར་བྱ། །ཡང་དག་སྟོང་བ་ཉིད་ལ་སྒོམས་ཞུགས་ན། །དངོས་པོ་གང་ཡང་བྱ་བར་དཀའ་བ་མེད། །སྲིད་པའི་བཅིངས་པ་ཐམས་ཅད་བཅད་པའི་ཕྱིར། །སྒོམས་པར་འཇུག་པ་ནན་ཏན་བརྩོན་པར་བྱ། །ཏིང་འཛིན་ཡོན་ཏན་དག་དང་ལྡན་པས་ན། །གདོན་མི་ཟ་བར་དཔག་དཀའི་ཤེས་རབ་ཐོབ། །ཅེས་གསུངས་པ་ལྟར་ཡིན། དེ་ལ་དམིགས་ནས་སེམས་གནས་དགུའི་སྒོ་ནས་སྒྲུབ་ཚུལ་ཡང་མདོ་ཆེན་པོ་སྟོང་པ་ཉིད་ཆེན་པོ་ལས། ཀུན་དགའ་བོ། དེ་ལྟ་བས་ན་དགེ་སློང་ཡང་གྱི་མ་བདག་ཕྱི་སྟོང་པ་ཉིད་ཀྱི་ལུས་ཀྱིས་མངོན་སུམ་དུ་ནས་བསྒྲུབས་ཏེ་གནས་པར་བྱའོ་ཞེས་འདོད་པར་གྱུར་ན། ཀུན་དགའ་བོ། དགེ་སློང་དེས་ནང་ཁོ་ནར་བཞག་པར་བྱ། ཡང་དག་པར་བཞག་པར་བྱ། བསྡུས་ཏེ་བཞག་པར་བྱ། (༢༥༡ན)ཉེ་བར་བཞག་པར་བྱ། དུལ་བར་བྱ། ཞི་བར་བྱ། ཉེ་བར་ཞི་བར་བྱ། རྒྱུད་གཅིག་ཏུ་བྱ་ཞིང་ཏིང་ངེ་འཛིན་དུ་བྱའོ། །ཞེས་དང་། དེ་ལ་དགེ་སློང་དབེན་པ་ལས་སྐྱེས་པའི་དགའ་བ་དང་། བདེ་

བས་ལུས་དེ་ཉིད་མངོན་པར་ནླན་པར་བྱེད། ཡོངས་སུ་ཆོམ་པར་བྱེད་ཅིང་ཡོངས་སུ་ཁྱབ་པར་བྱེད་དེ། དེའི་ལུས་ཐམས་ཅད་ལ་འདི་ལྟ་སྟེ། དབེན་པ་ལས་སྐྱེས་པའི་དགའ་བ་དང་བདེ་བས་ཁྱབ་པར་མ་གྱུར་བ་དང་། ཁྱབ་པར་མ་བྱས་པ་ཅུང་ཟད་ཀྱང་མེད་དོ། །ཞེས་གསུངས་པ་ལྟར་རོ། །ལྷག་མཐོང་གི་རྒྱུ་ཚོགས་དང་སྐྱོང་ཚུལ་བརྗོད་ཟིན་པ་ལྟར་ཡིན་ལ། ལྷག་པར་དེ་ཁོ་ན་རྟོགས་པའི་ལྟ་བ་བསྐྱེད་དེ་བདག་མེད་པའི་དོན་དེར་སོ་སོར་རྟོག་པའི་ལྷག་མཐོང་གི་དཔྱད་སྒོམ་གཙོ་བོར་བྱེད་དགོས་པར་ཏིང་ངེ་འཛིན་རྒྱལ་པོ་ལས། གལ་ཏེ་ཆོས་ལ་བདག་མེད་སོ་སོར་རྟོག །སོ་སོར་དེ་བརྟགས་གལ་ཏེ་བསྒོམ་པ་ནི། །དེ་ནི(༢༦༧བ)མྱ་ངན་འདས་ཐོབ་འབྲས་བུའི་རྒྱུ། །རྒྱུ་གཞན་གང་ཡིན་དེས་ནས་ཞི་མི་འགྱུར། །ཞེས་གསུངས་པ་ལྟར་ཞི་གནས་ཀྱིས་རྩེ་གཅིག་ཏུ་བསྒོམ་པའི་དོན་དེ་ལྷག་མཐོང་གི་དཔྱད་པའི་སྒོ་ནས་གཏིང་ཚུགས་པར་བྱེད་པ་གལ་ཆེ་བས། དེ་རྟོགས་པའི་ཤེས་རབ་ཀྱི་ཕན་ཡོན་དང་། དེ་མེད་པའི་ཉེས་དམིགས་བསམས་ཏེ། གང་ཟག་དང་ཆོས་ཀྱི་བདག་མེད་གཏན་ལ་ཕབ་སྟེ་སྒོམ་ཚུལ་དང་། སྒྱུ་མ་ལྟ་བུར་འཆར་ཚུལ་སོགས་མདོར་བསྡུས་འཆད་པར་ཤེས་རབ་ཀྱི་ཕ་རོལ་ཏུ་ཕྱིན་པ་སྟོང་ཕྲག་ཉི་ཤུ་ལྔ་པ་ལས། བཅོམ་ལྡན་འདས། ཤེས་རབ་ཀྱི་ཕ་རོལ་ཏུ་ཕྱིན་པ་ནི་སངས་རྒྱས་ཀྱི་ཆོས་སྐྱེ་བ་སྟེ། བྱང་ཆུབ་སེམས་དཔའ་ཆེན་པོ་རྣམས་ཀྱི་མའོ། །ཞེས་དང་། ལྷའི་བུ་དག་བྱང་ཆུབ་སེམས་དཔའ་སེམས་དཔའ་ཆེན་པོ་གང་མི་དམིགས་པའི་ཚུལ་གྱིས། ཤེས་རབ་ཀྱི་ཕ་རོལ་ཏུ་ཕྱིན་པ་འདི་དང་མ(༢༦༨ན)བྲལ་བ་དེ་ནི། དེ་བཞིན་གཤེགས་པ་ཉིད་དུ་བཟུང་བར་བྱའོ། །ཞེས་དང་། རབ་འབྱོར་གཉིས་ཀྱི་འདུ་ཤེས་ཅན་ལ་ནི་ཆུང་ངུ་ན་མཐུན་པའི་བཟོད་པ་ཡང་མེད་ན་གཟུགས་ཡོངས་སུ་ཤེས་པར་འགྱུར་བ་ལྟ་ག་ལ་ཡོད་ཅེས་སོགས་དང་། བཅོམ་ལྡན་འདས་ཀྱིས་བཀའ་སྩལ་པ། ཤཱ་རི་དྭ་ཏིའི་བུ། ཅི་གཟུགས་ཀྱི་དངོས་པོ་གང་ལ་བྱིས་པ་སོ་སོའི་

སྐྱེ་བོ་རྣམས་མངོན་པར་ཞེན་པར་གྱུར་བ་དེ་ལྟ་བུ་ཡོད་དམ། ཡོད་པར་འགྱུར་ཏམ། གསོལ་བ། བཅོམ་ལྡན་འདས། ཕྱིན་ཅི་ལོག་མ་གཏོགས་པར་དེ་ནི་མ་ལགས་སོ། །ཞེས་དང་། ཆོས་དེ་དག་ཐམས་ཅད་ནི་འཇིག་རྟེན་ཐ་སྙད་དུ་ཉེ་བར་བཟུང་སྟེ་བཏགས་པ་ཡིན་གྱི་དོན་དམ་པ་ནི་མ་ཡིན་ནོ། །ཞེས་དང་། ཤེས་རབ་ཀྱི་ཕ་རོལ་ཏུ་ཕྱིན་པ་ཁྲི་བརྒྱད་སྟོང་པ་ལས། ཀུན་དགའ་བོ། བསླབ་པ་གང་ཇི་སྙེད་ཡོད་པའི་བསླབ་པ་དེ་དག་ཐམས་ཅད་ཀྱི་ནང་ན་ཤེས་རབ(༢༥༢བ)ཀྱི་ཕ་རོལ་ཏུ་ཕྱིན་པའི་བསླབ་པ་འདི་ནི་མཆོག་ཅེས་བྱའོ། །ཐུ་བོ་དང་། རབ་དང་། རབ་མཆོག་དང་། གྱ་ནོམ་པ་དང་། བླ་ན་མེད་པ་དང་། གོང་ན་མེད་པ་ཞེས་བྱའོ། །ཞེས་དང་། བཅོམ་ལྡན་འདས། བྱང་ཆུབ་སེམས་དཔའི་སྐྱོན་ནི་གང་ལགས། སྐྱོན་མ་མཆིས་པ་ནི་གང་ལགས། བཀའ་སྩལ་པ། རབ་འབྱོར། དམིགས་པ་ཐམས་ཅད་ནི་བྱང་ཆུབ་སེམས་དཔའ་སེམས་དཔའ་ཆེན་པོའི་སྐྱོན་ནོ། །དམིགས་པ་མེད་པ་ཐམས་ཅད་ནི་སྐྱོན་མེད་པ་ཡིན་ནོ། །ཞེས་དང་། འཕགས་པ་བརྒྱད་སྟོང་པ་ལས། ཤཱ་རིའི་བུ། ཆོས་དེ་དག་ནི་བྱིས་པ་སོ་སོའི་སྐྱེ་བོ་ཐོས་པ་དང་མི་ལྡན་ཡང་ཅི་ལྟར་མངོན་པར་ཆགས་པ་དེ་བཞིན་དུ་ཡོད་པ་མ་ཡིན་ནོ། །ཞེས་དང་། ཤེས་རབ་ཀྱི་ཕ་རོལ་ཏུ་ཕྱིན་པ་སྡུད་པ་ལས། བསླབ་པ་འདི་ནི་འདྲེན་པའི་བསླབ་པ་ཡོངས་བརྗོད་པ། །བསླབ་པ་ཇི་སྙེད་ཀུན་གྱི་མཆོག་དང་གོང་ན་མེད། །མཁས་པ་གང་ཞིག་བསླབ་ཀུན་ཕ་རོལ་འགྲོ་འདོད་པས། །(༢༥༣ན)སངས་རྒྱས་བསླབ་པ་ཤེས་རབ་ཕ་རོལ་ཕྱིན་འདིར་སློབ། །ཅེས་དང་། སངས་རྒྱས་སྲས་དང་ཉན་ཐོས་རང་རྒྱལ་ལྷ་རྣམས་དང་། །འགྲོ་བ་ཀུན་གྱི་བདེ་སྐྱིད་ཆོས་རྣམས་ཇི་སྙེད་པ། །དེ་ཀུན་ཤེས་རབ་ཕ་རོལ་ཕྱིན་པ་མཆོག་ལས་འབྱུང་། །ཤེས་རབ་ནམ་ཡང་ཟད་པ་མེད་ཅིང་འཕེལ་བ་མེད། །ཅེས་དང་། དཔེར་ན་དོགས་པའི་འདུ་ཤེས་ཀྱིས་ནི་དུག་ལངས་པ། །དུག་དེ་ཕོང་དུ་སོང་བ་མེད་ཀྱང་

བཀྲོལ་བར་འགྱུར། །དེ་བཞིན་བྱིས་པ་བདག་དང་བདག་གིར་ཁས་ལེན་པ། །བདག་དེར་འདུ་ཤེས་ཡང་དག་མིན་རྟོག་སྐྱེ་ཞིང་འཇིག །ཇི་ལྟར་འཛིན་པ་དེ་ལྟར་ཀུན་ནས་ཉོན་མོངས་བསྟན། །བདག་དང་བདག་གིར་མི་དམིགས་རྣམ་པར་བྱང་བར་གསུངས། །འདི་ལ་གང་ཡང་ཉོན་མོངས་རྣམ་དག་འགྱུར་མེད་པར། །བྱང་ཆུབ་སེམས་དཔས་ཤེས་རབ་ཕ་རོལ་ཕྱིན་པ་རྟོགས། །ཞེས་དང་། བདག་ཅི་འདྲ་བ་དེ་འདྲར་སེམས་ཅན་ཐམས་ཅད་ཤེས། །(༢༥༣བ)སེམས་ཅན་ཐམས་ཅད་ཅི་འདྲ་དེ་འདྲར་ཆོས་ཀུན་ཤེས། །སྐྱེ་བ་མེད་དང་སྐྱེ་བ་གཉིས་ཀར་མི་རྟོག་པ། །འདི་ནི་ཤེས་རབ་ཕ་རོལ་ཕྱིན་མཆོག་སྤྱོད་པ་ཡིན། །ཞེས་དང་། དཀོན་མཆོག་འབྱུང་གནས་ཀྱི་མདོ་ལས་ཀྱང་། ལོག་པར་རྟོག་ལ་ཆགས་པའི་དབང་གིས་སུ། །འདིར་ནི་འགྲོ་བ་འདི་ཀུན་རབ་ཏུ་འཁྲུལ། །མི་གང་ཞིག་གིས་ཞི་བའི་ཆོས་རིག་པ། །དེས་ནི་རབ་བྱུང་དེ་བཞིན་གཤེགས་པ་མཐོང་། །ཞེས་དང་། གང་གིས་ཚུལ་བཞིན་ཆོས་རྣམས་རབ་རྟོགས་པ། །མཁས་པ་དེ་དག་རྒྱལ་བའི་རིགས་ཀྱང་འཛིན། །བདེ་བར་གཤེགས་པའི་བསྟན་པ་དེས་བཟུང་སྟེ། །བྱང་ཆུབ་དམ་པ་མཆོག་ཏུ་འཚང་ཡང་རྒྱ། །ཞེས་དང་། བད་སའི་རྒྱལ་པོ་འཆར་བྱེད་ལ་གདམས་པའི་ཐེག་པ་ཆེན་པོའི་མདོ་ལས། བཅོམ་ལྡན་འདས་ཀྱིས་བཀའ་སྩལ་པ། རྒྱལ་པོ་ཆེན་པོ་དགྲ་འདི་ནི་ཆུང་ངུ་ཡིན་ཏེ། རྒྱལ་པོ་ཆེན་པོ། འདི་མ་ཡིན་པའི་དགྲ་ཆེན་པོ་ཤར་གཉེར་བ་ཞིག་ཡོད(༢༥༤ན)དོ། །རྒྱལ་པོས་གསོལ་བ། དགྲ་དེ་གང་ལགས། བཅོམ་ལྡན་འདས་ཀྱིས་བཀའ་སྩལ་པ། དགྲ་ཆེན་པོ་བདག་ཏུ་འཛིན་པ་ཞེས་བྱ་བ་ཞིག་ཡོད་དོ། །རྒྱལ་པོས་གསོལ་བ། དགྲ་དེ་ཇི་ལྟ་བུ་ལགས། བཤད་དུ་གསོལ། བཅོམ་ལྡན་འདས་ཀྱིས་བཀའ་སྩལ་པ། རྣམ་རྟོག་བདག་ཏུ་འཛིན་པའི་དགྲ་ཆེན་པོ། །འདི་ནི་རྒྱུ་བཞིན་དངོས་པོ་མེད་བཞིན་དུ། །ཐོག་མ་མེད་ནས་བདག་ལ་གནས་ནས་ནི། །བདག་གི་ཆོས་སྐུ་ཡིད་བཞིན་རིན་

ཆེན་དེ། །བཟོད་མའི་མུ་ནས་དགྲ་ཡིས་བཀུས་ནས་སུ། །མཚན་མོའི་ཚང་ཚིང་གསེབ་ཏུ་སྦས་ནས་བདག །ད་དུང་འཆིང་ཞིང་འཁོར་བར་འཁྲམས་ཏུ་འཇུག །འཇིག་རྟེན་དགྲ་ནི་བསད་ནི་ནོར་འཕྲོག་ཙམ། །དེ་ལ་བཟོད་བྱས་བསོད་ནམས་རྫོགས་ཀྱང་རྫོགས། །དགྲ་འདིས་ཞི་བདེ་ཐར་པའི་སྲོག་ཀྱང་གཅོད། །དེ་བརྟེན་བསོད་ཉམས་འཁོར་བར་འདམ་དུ(༢༧༤བ)འཆིང་། །རྒྱལ་པོས་གསོལ་བ། དགྲ་དེ་དང་ཇི་ལྟར་འཐབ་པར་བགྱི། བཅོམ་ལྡན་འདས་ཀྱིས་བཀའ་སྩལ་པ། རྣམ་རྟོག་དགྲ་ལ་རྒོལ་བའི་ཤོམ་ར་ཡང་། །དད་པས་སྦྱིན་དང་ཚུལ་ཁྲིམས་མཁར་བརྩིགས་ཏེ། །དགེ་བའི་དཔུང་བྱས་བཟོད་པའི་གོ་གྱོན་ལ། །བརྩོན་འགྲུས་ལྕགས་ཐོགས་བསམ་གཏན་གཞུ་བརྡུངས་ཏེ། །བདག་མེད་སྟོང་པའི་མདའ་ཡིས་བདག་འཛིན་བསད། །རྒྱལ་པོས་གསོལ་བ། བདག་མེད་པ་ཞེས་པ་དེ་བཤད་དུ་གསོལ། བཅོམ་ལྡན་འདས་ཀྱིས་བཀའ་སྩལ་པ། གང་ཟག་བདག་མེད་རྒྱལ་པོ་མཉན་པར་གྱིས། །གང་ཟག་ལྷ་ཕུང་རྒྱུན་ཡིན་ཅི་ཕྱིར་ན། །རྒྱུ་ནི་ལས་དང་ཉོན་མོངས་པས་གང་ནས། །འབྲས་བུ་ཕུང་པོར་ཟག་སྟེ་དེ་ཡི་བདག །བདག་ནི་སེམས་ཅན་སོ་སོའི་ལུས་འདི་ལ། །ང་དང་བདག་ཏུ་བཟུང་ནས་ཆགས་གྱུར་ཏེ། །བདག་ནི་ན་དང་ཤི་བཀྲེས་གྲང་གིས་ངོགས། །བསྟོད་ན་དགའ་ཞིང་སྨད་ན་མི་དགའ་སྟེ། །དེ་ལ(༢༧༥ན)དམིགས་ནས་མུ་སྟེགས་ལྟ་རྣམས་འཇུག །ངའམ་བདག་དེ་ཡོད་པ་མ་ཡིན་ཏེ། །ཕུང་པོ་འདི་ལ་བཏགས་ནས་འཁྲུལ་བ་ཡིན། །མིང་ནི་བདག་མ་ཡིན་ཏེ་བཏགས་པ་ཙམ། །ལུས་ནི་བདག་མ་ཡིན་ཏེ་ཤ་རུས་རྣམས། །འབྱུང་ཆེན་འདུས་པ་ཕྱི་རོལ་རྩིག་པ་འདྲ། །སེམས་ཀྱང་བདག་མ་ཡིན་ཏེ་དངོས་པོ་མེད། །ཆོས་ལ་བདག་མེད་རྒྱལ་པོ་མཉན་པར་གྱིས། །ཆོས་ནི་གཟུགས་སོགས་དངོས་པོ་ཐམས་ཅད་ཡིན། །བྱེད་པ་མེད་ལ་མཚན་ཉིད་འཛིན་ཕྱིར་རོ། །དེ་དག་ལོག་རྟོག་མཚན་མར་བཅས་པ་དང་། །ལྟ་མིན་མཐུན་

པ་ཡིན་ཏེ་དེ་མེད་དོ། །ཅི་ཕྱིར་ཞེ་ན་ཕྱི་ནང་ཆོས་འདི་ལ། །དངོས་འདི་སྤྱངས་ནས་སྟོང་ཉིད་མི་བཙལ་གྱིས། །སྣང་བ་ཉིད་ན་སྟོང་བ་ཉིད་ཡིན་ཕྱིར། །གཞིག་ཙམ་མི་རྟག་ཙམ་ལ་སྟོང་མིང་བཏགས། །སྣང་ལ་རང་བཞིན་མེད་པར་ཅི་མཐོང་ན། །ཡོད་མེད་དབུས་དང་གསུམ་དུ་མི་གནས་ཏེ། །ཡོད་པར་གྲུབས་པར་འཁོར་བ་མྱ་ངན་འདས། །(༢༧༥བ)འཁོར་བའི་རང་བཞིན་ཡུལ་སེམས་རྣམ་གཉིས་ཏེ། །ཡུལ་འདི་དངོས་པོ་མེད་པར་འདི་ལྟར་བརྟག །རང་སྣང་རྟུལ་བཤིག་རྟུལ་ཡང་ཆས་བཞིག་མེད། །དངོས་སྣང་ཐམས་ཅད་སེམས་ཡིན་རྨི་ལམ་བཞིན། །སེམས་ཀྱང་ཁ་དོག་དབྱིབས་སོགས་རྣམས་དང་བྲལ། །དེས་ན་འཁོར་བ་སྟོང་བཞིན་བདག་མེད་དོ། །འཁོར་བ་མེད་པས་མྱ་ངན་འདས་པའང་མེད། །ཡོད་པ་མ་གྲུབ་པས་ན་མེད་པའང་མེད། །མཐའ་གཉིས་མེད་ཕྱིར་དབུས་ཀྱང་མེད་པ་ཡིན། །དེ་ལྟར་རྒྱལ་པོས་བདག་མེད་བསྒོམ་བྱས་ན། །བདག་འཛིན་འཁོར་བ་རྩད་ནས་ཆོད་པར་འགྱུར། །ཞེས་དང་། བདག་ཅེས་བྱ་བ་བདུད་ཀྱི་སེམས། །ཁྱོད་ནི་ལྟ་བར་གྱུར་བ་ཡིན། །འདུ་བྱེད་ཕུང་པོ་འདི་སྟོང་སྟེ། །འདི་ལ་སེམས་ཅན་ཡོད་མ་ཡིན། །ཇི་ལྟར་ཡན་ལག་ཚོགས་རྣམས་ལ། །བརྟེན་ནས་ཤིང་རྟར་བརྗོད་པ་ལྟར། །དེ་བཞིན་ཕུང་པོ་རྣམས་བརྟེན་ནས། །ཀུན་རྫོབ་སེམས་ཅན་ཞེས་བྱའོ། །ཞེས་དང་། (༢༧༨ན)ཟབ་ཞི་སྤྲོས་བྲལ་འོད་གསལ་འདུས་མ་བྱས། །བདུད་རྩི་ལྟ་བུའི་ཆོས་ཤིག་ཁོ་བོས་རྙེད། །སུ་ལ་བསྟན་ཀྱང་གོ་བར་མི་ནུས་པས། །མི་སྨྲ་ནགས་ཀྱི་ཚལ་དུ་གནས་པར་བྱ། །ཞེས་དང་། མ་དྲོས་པས་ཞུས་པའི་མདོ་ལས། གང་ཞིག་རྐྱེན་ལས་སྐྱེས་པ་དེ་མ་སྐྱེས། །དེ་ལ་སྐྱེ་བའི་རང་བཞིན་ཡོད་མ་ཡིན། །རྐྱེན་ལ་རག་ལས་གང་དེ་སྟོང་པར་བཤད། །གང་ཞིག་སྟོང་ཉིད་ཤེས་ཏེ་བག་ཡོད་ཡིན། །ཞེས་ཁྱད་ཆོས་ལྔ་ལྡན་གྱི་སྟོང་ཉིད་དང་རྟེན་འབྱུང་གི་དོན་རྒྱུ་འབྲས་ཀྱི་རྟེན་འབྲེལ་ཙམ་ལ་མི་བྱ་བར་མཐའ་བྲལ་

སྟོང་བ་ཉིད་ཀྱི་དོན་དང་། རྒྱུ་རྐྱེན་ལ་བརྟེན་ནས་སྐྱེས་པ་དེ་རང་བཞིན་གྱིས་མ་བསྐྱེད་པའི་དོན་དང་། རང་བཞིན་གྱིས་མ་སྐྱེ་བ་དེ་རྟེན་འབྱུང་གི་དོན་དུ་ཇེ་བདག་ཉིད་ཆེན་པོས་གསལ་བར་གསུངས་པ་དང་། ལང་ཀར་གཤེགས་པ་ལས། བློ་གྲོས་ཆེན་པོ་རང་བཞིན་གྱིས་མ་སྐྱེས་པ་ལ་དགོངས་ནས་ངས་ཆོས་ཐམས་ཅད་མ་སྐྱེས་པའོ་ཞེས་གསུངས་སོ། །ཞེས་དང་། རིན་པོ་ཆེ་བསགས(༢༥༥བ)པ་བསྟན་པའི་མདོ་ལས། ཀུན་ནས་ཉོན་མོངས་པའམ་རྣམ་པར་བྱང་བ་དེ་ནི་བརྟེན་ནས་འབྱུང་བའི་དོན་ཏེ་མ་མཆིས་པའི་དོན་ནོ། །མ་མཆིས་པའི་དོན་ནི་བརྟེན་ནས་འབྱུང་བའི་དོན་དུ་མཁས་པ་རྣམས་ཀྱིས་རྟོགས་ཏེ། ཞེས་དང་། ཏིང་ངེ་འཛིན་རྒྱལ་པོ་ལས། ཐམས་ཅད་ཚིག་མེད་ཡི་གེ་མེད། །གདོད་ནས་ཞི་ཞིང་དྲི་མེད་དོ། །ཆོས་རྣམས་དེ་ལྟར་སུས་ཤེས་པ། །དེ་ནི་གཞོན་ནུ་སངས་རྒྱས་བརྗོད། །ཅེས་དང་། ཇི་ལྟར་སྨིག་རྒྱུ་དྲི་ཟའི་གྲོང་ཁྱེར་དང་། །སྒྱུ་མ་ཇི་བཞིན་རྨི་ལམ་ཇི་ལྟ་བུར། །མཚན་མ་སྒོམ་པ་ངོ་བོ་ཉིད་ཀྱིས་སྟོང་། །ཆོས་རྣམས་ཐམས་ཅད་དེ་བཞིན་ཤེས་པར་གྱིས། །ཇི་ལྟར་ནམ་མཁའ་དྭངས་པར་ཟླ་ཤར་བ། །དེ་ཡི་གཟུགས་བརྙན་དྭངས་པའི་མཚོར་སྣང་སྟེ། །ཟླ་བ་ཆུ་ཡི་ནང་དུ་འཕོས་པ་མེད། །ཆོས་ཀུན་མཚན་ཉིད་དེ་འདྲར་ཤེས་པར་གྱིས། །ཇི་ལྟར་མི་དག་ནགས་རིའི་ཁྲོད་འདུག་ནས། །གླུ་ལེན་སྨྲ་དང་རྗོད་དང་ངུ་བ་ལས། །བྲག་ཆ་ཐོས་ཀྱང་སྣང་བ་མེད་པ་ལྟར། །ཆོས་རྣམས་ཐམས་ཅད་དེ(༢༥༧ན)བཞིན་ཤེས་པར་གྱིས། །གླུ་དང་རོལ་མོ་དེ་བཞིན་ངུ་བ་ཡང་། །དེ་ལ་བརྟེན་ནས་བྲག་ཆ་འབྱུང་མོད་ཀྱི། །སྒྲ་ལ་དབྱངས་དེ་ནམ་ཡང་ཡོད་མ་ཡིན། །ཆོས་རྣམས་ཐམས་ཅད་དེ་བཞིན་ཤེས་པར་གྱིས། །ཇི་ལྟར་རྨི་ལམ་ན་ཡང་འདོད་བསྟེན་པ། །སྐྱེས་བུ་སད་པར་གྱུར་ནས་མི་མཐོང་སྟེ། །བྱིས་པ་ཤིན་ཏུ་འདོད་ལ་ཆགས་ཤིང་ཞེན། །ཆོས་རྣམས་ཐམས་ཅད་དེ་བཞིན་ཤེས་པར་གྱིས། །སྒྱུ་མ་བྱེད་པ་དག་གིས་

གཟུགས་སྤྲུལ་ཏེ། །རྟ་དང་གླང་པོ་ཤིང་རྟ་སྣ་ཚོགས་བྱས། །དེ་ལ་ཇི་ལྟར་སྣང་བ་གང་ཡང་མེད། །ཆོས་རྣམས་ཐམས་ཅད་དེ་བཞིན་ཤེས་པར་གྱིས། །ཇི་ལྟར་བུ་མོ་གཞོན་ནུའི་རྨི་ལམ་ན། །བུ་ཕོ་བྱུང་ཞིང་ཤི་བ་དེས་མཐོང་ནས། །བྱུང་ནས་དགའ་ཞིང་ཤི་ནས་མི་དགའ་ལྟར། །ཆོས་རྣམས་ཐམས་ཅད་དེ་བཞིན་ཤེས་པར་གྱིས། །ཇི་ལྟར་མཚན་མོ་ཆུ་ཡི་ཟླ་བ་དག །དྭངས་ཤིང་རྙོག་པ་མེད་པའི་ཆུ་ནང་སྣང་། །ཆུ་ཟླ་སྟོང་བ་གསོག་སྟེ་གཟུང་དུ་མེད། །ཆོས(༢༨༧བ)རྣམས་ཐམས་ཅད་དེ་བཞིན་ཤེས་པར་གྱིས། །ཇི་ལྟར་སོས་ཀའི་ཉི་མ་ཕྱེད་དུས་ན། །སྐྱེས་བུ་སྐོམ་པས་གདུངས་ཤིང་འགྲོ་བ་ཡིས། །སྨིག་རྒྱུ་དག་ལ་ཆུ་ཡི་ཕུང་པོར་མཐོང་། །ཆོས་རྣམས་ཐམས་ཅད་དེ་བཞིན་ཤེས་པར་གྱིས། །སྨིག་རྒྱུ་ལ་ཡང་ཆུ་ནི་ཡོངས་མེད་ན། །སེམས་ཅན་རྨོངས་པ་དེ་ལ་འཐུང་འདོད་དེ། །མི་བདེན་ཆུ་ནི་བཏུང་བར་ཡོངས་མི་ནུས། །ཆོས་རྣམས་ཐམས་ཅད་དེ་བཞིན་ཤེས་པར་གྱིས། །ཇི་ལྟར་ཆུ་ཤིང་རློན་པའི་སྡོང་པོ་ལ། །སྙིང་པོ་འདོད་ཕྱིར་སྐྱེས་བུས་དེ་གཤེགས་ཀྱང་། །ནང་དང་ཕྱི་རོལ་ཀུན་ལ་སྙིང་པོ་མེད། །ཆོས་རྣམས་ཐམས་ཅད་དེ་བཞིན་ཤེས་པར་གྱིས། །ཞེས་དང་། ཡང་དེ་ཉིད་ལས། དེའི་ཚེ་ཐོག་མེད་སྟོབས་བཅུ་ལྡན་པ་ཡི། །རྒྱལ་བ་དེས་ནི་ཏིང་འཛིན་མཆོག་འདི་འཆར། །སྲིད་པའི་འགྲོ་བ་རྨི་ལམ་ལྟ་བུ་སྟེ། །འདི་ལ་མི་སྐྱེ་སུ་ཡང་འཆི་བ་མེད། །སེམས་ཅན་མི་དང་སྲོག་ཀྱང་མི་རྙེད་དེ། །ཆོས(༢༨༨ན)འདི་རྣམས་ནི་དབུ་བ་ཆུ་ཤིང་འདྲ། །སྒྱུ་མ་ལྟ་བུ་ནམ་མཁའི་གློག་འདྲ་སྟེ། །ཆུ་ཡི་ཟླ་བ་འདྲ་ཞིང་སྨིག་རྒྱུ་བཞིན། །མི་དགའ་འཇིག་རྟེན་འདིར་ཡང་ཤི་ནས་ནི། །འཇིག་རྟེན་གཞན་དུ་འཕོ་ཞིང་འགྲོ་མེད་ཀྱང་། །ལས་བྱས་རྣམས་ནི་ནམ་ཡང་ཆུད་མི་ཟ། །འཁོར་བ་ན་ཡང་དཀར་ནག་འབྲས་བུ་སྨིན། །རྟག་པར་མ་ཡིན་ཆད་པར་མི་འགྱུར་ཏེ། །ལས་བསགས་མེད་ཅིང་གནས་པ་དག་ཀྱང་མེད། །དེ་ཡང་བྱས་ན་རེག་པར་མི་འགྱུར་མིན། །གཞན་

གྱིས་བྱས་པ་ཚོར་བར་འགྱུར་བའང་མེད། །ཅེས་གསུངས་པ་ལྟར། བླང་དོར་རྒྱུ་འབྲས་ཀྱི་རིམ་པ་དང་། གཞི་ལམ་འབྲས་བུའི་རྣམ་བཞག་ཐམས་ཅད་འགལ་འདུ་མེད་པར་རང་ལུགས་སུ་བཞག་ཚོག་པའི་ཟབ་མོ་དབུ་མའི་ལྟ་བ་ཇེ་ཉིད་ཀྱི་རིང་ལུགས་རི་བོ་དགེ་ལྡན་པའི་བཀའ་སྲོལ་དྲི་མ་མེད་པ་ཡང་མདོ་དེ་དག་དང་འཕགས་པ་ཡབ་སྲས་ཀྱི་དགོངས་པ་འཁྲུལ་བ་མེད་པ་ཡིན་ནོ། །དེ་ལྟར་བཅོམ་ལྡན་འདས་ཀྱི(༢༥༨བ)བཀའ་ཐམས་ཅད་ནི་སྣང་བ་རྟེན་འབྲེལ་དང་སྟོང་བ་རྟེན་འབྲེལ་གཉིས་ཅི་རིགས་པར་སྟོན་པ་ལས་མ་འདས་པས། ཆོས་ཀྱི་ཕུང་པོ་ཐམས་ཅད་གང་དུ་གཞོལ་ཞིང་འབབ་པའི་ཡུལ་ནི་ཟབ་མོ་རྟེན་ཅིང་འབྲེལ་བར་འབྱུང་པ་བདག་མེད་པའི་དེ་ཁོ་ན་ཉིད་དང་། སྲིད་པ་ཕྲ་རགས་ཀྱི་འཇིགས་པ་མཐའ་དག་ལས་ཡིད་སྐྱོབ་བྱེད་ཀྱི་མཆོག་ཏུ་གྱུར་བ་རྟེན་འབྱུང་གི་དེ་ཁོ་ན་ཉིད་རྟོགས་པའི་མཐའ་བྲལ་གྱི་ཤེས་རབ་དེ་ཉིད་ཡིན་ཏེ། ཏིང་ངེ་འཛིན་རྒྱལ་པོ་ལས། འཇིག་རྟེན་ཁམས་ནི་སྟོང་ཕྲག་ཏུ། །ང་ཡི་ཆོས་རྣམས་གང་གསུངས་པ། །ཡི་གེ་ཐ་དད་དོན་གཅིག་སྟེ། །ཡོངས་སུ་བསྒྲག་པར་ནུས་མ་ཡིན། །དངོས་པོ་གཅིག་ནི་བསམ་བྱས་ན། །དེ་དག་ཐམས་ཅད་སྒོམ་གྱུར་ཏེ། །སངས་རྒྱས་ཀུན་གྱི་ཆོས་མང་པོ། །ཇི་སྙེད་རབ་ཏུ་བསྟན་པ་རྣམས། །ཆོས་རྣམས་ཀུན་གྱི་བདག་མེད་ཡིན། །ཞེས་དང་། ཇི་ལྟར་ཁྱོད་ཀྱིས་བདག་གི་འདུ་ཤེས་ནི། །ཤེས་པ་དེ་བཞིན་ཀུན་ལ་བློ་སྦྱར་བྱ། །ཆོས(༢༥༩ན)རྣམས་ཐམས་ཅད་དེ་ཡི་ངོ་བོ་ཉིད། །རྣམ་པར་དག་པ་ནམ་མཁའ་ལྟ་བུ་ཡིན། །གཅིག་གིས་ཀྱང་ནི་ཐམས་ཅད་ཤེས། །གཅིག་གིས་ཀྱང་ནི་ཐམས་ཅད་མཐོང་། །ཇི་སྙེད་མང་པོ་བཤད་བྱས་ཀྱང་། །དེ་ལ་དྲེགས་པ་སྐྱེ་བ་མེད། །ཅེས་དང་། ཤེས་རབ་ཀྱི་ཕ་རོལ་ཏུ་ཕྱིན་པའི་སྙིང་པོ་ལས། དེ་ལྟ་བས་ན་ཤེས་རབ་ཀྱི་ཕ་རོལ་ཏུ་ཕྱིན་པའི་སྔགས། རིག་པ་ཆེན་པོའི་སྔགས། བླ་ན་མེད་པའི་སྔགས། མི་མཉམ་པ་དང་མཉམ་པའི་སྔགས། སྡུག་

བསྔལ་ཐམས་ཅད་རབ་ཏུ་ཞི་བར་བྱེད་པའི་སྔགས། ཞེས་ཆོས་གཅིག་གི་ཆོས་ཉིད་རྟོགས་ན་གཞན་རྟོགས་སླ་བ་དང་སྔོན་དུ་གང་ཟག་གི་བདག་མེད་བསྒོམ་དགོས་པར་གསུངས་ལྟར་རོ།། །།

རྩ་བའི་བླ་མ་ཁྱབ་བདག་ཕྱག་ན་པད་དཀར་འཆང་ངུར་སྨྲིག་གར་གྱིས་རོལ་བ་དཔལ་བཟང་པོར་མཆོད། ཐུགས་བརྩེ་བ་ཆེན་པོས་དུས་དང་རྣམ་པ་ཀུན་ཏུ་རྗེས་སུ་གཟུང་དུ་གསོལ།

དེ་ལྟ(༢༧༨བ)བུའི་ཐབས་ཤེས་ཁྱད་པར་ཅན་དང་ཡ་མ་བྲལ་བའི་ཡང་དག་པའི་ལྟ་བ་དེ་སྔགས་ཀྱི་རྩ་བར་འགྲོ་བ་ནི་དཔེར་ན་རྨང་གཞི་བདེ་བ་ལ་མཁར་བརྩིགས་པ་ལྟ་བུར་འབྱུང་བ་ཡིན་ཏེ། འཇམ་དཔལ་རྩ་རྒྱུད་ལས། ཆོས་གཅིག་ཡང་དག་པར་བསམས་ན་བྱང་ཆུབ་སེམས་དཔའ་སེམས་དཔའ་ཆེན་པོའི་སྔགས་འགྲུབ་པར་འགྱུར་ཏེ། གཅིག་པོ་གང་ཞེ་ན། འདི་ལྟ་སྟེ། ཆོས་ཐམས་ཅད་སྤྲོས་པ་མེད་པའི་རྣམ་པར་རྗེས་སུ་མཐོང་བའོ། །ཞེས་གསུངས་པ་ལྟར་ཡུལ་རྟེན་འབྱུང་གི་དེ་ཁོ་ན་ཉིད་མཐར་ཐུག་པ་དང་། ཡུལ་ཅན་མཐར་ཐུག་པ་དོན་དམ་འོད་གསལ་གྱི་ཡེ་ཤེས་ལ་ཐུག་པ་ཡིན་ཏེ། བཤད་རྒྱུད་རྡོ་རྗེ་འཕྲེང་བ་ལས། ཆོས་ཕུང་བརྒྱད་ཁྲི་བཞི་སྟོང་ཁྱབ། །མདོ་བསྡུས་ཆོས་ཀྱི་ཕྱག་རྒྱའོ། །ཞེས་ཆོས་ཀྱི་ཕུང་པོ་ཐམས་ཅད་འདི་ལ་གཞོལ་བར་གསུངས་པ་ཡིན་པའི་ཕྱིར། །དེས་ན་བསྟན་པའི་སྙིང་པོ་དེ་ཉིད་ཉམས་སུ་བླང་བར་བྱའོ། །

གཉིས་པ་ཁྱད་པར་དུ་རྡོ་རྗེ(༣༠༠ན)ཐེག་པ་ལ་བསླབ་པའི་ཚུལ་ལ་ལྔ། རྒྱུད་སྣོད་རུང་དུ་བྱེད་པའི་དབང་ནོད་པ། སྣོད་རུང་དུ་གྱུར་ནས་དམ་ཚིག་དང་སྡོམ་པ་དག་པར་བྱ་བ། དམ་ཚིག་ལ་གནས་ནས་གསང་སྔགས་ཀྱི་ལམ་ཟབ་མོ་སྒྲུབ་པ།

དེ་ལྟ་བུའི་མདོ་སྔགས་ཀྱི་ལམ་བཟང་སྒྲུབ་པ་ལ་བར་ཆད་ཞི་བར་གསོལ་བ་གདབ་པ། ལམ་བཟང་དེ་ལ་བརྟེན་ནས་སྐུ་གསུམ་གྱི་གོ་འཕང་མྱུར་དུ་ཐོབ་པར་སྨོན་ལམ་གདབ་པའོ། །

དང་པོ་ནི། ཐུན་མོང་ལམ་སྦྱངས་སྣོད་དུ་གྱུར་བ་ན། །ཐེག་པ་ཀུན་གྱི་མཆོག་གྱུར་རྡོ་རྗེའི་ཐེག །སྐལ་བཟང་སྐྱེ་བོའི་འཇུག་ངོགས་དམ་པ་དེར། །བདེ་བླག་ཉིད་དུ་འཇུག་པར་བྱིན་གྱིས་རློབས། །ཞེས་པས་སྟོན་ནོ། །དེ་ལྟར་མདོ་སྔགས་གཉིས་ཀའི་ཐུན་མོང་བའི་ལམ་རྣམས་ལ་རིམ་གྱིས་ལེགས་པར་སྦྱངས་པས། རང་གི་རྒྱུད་སྣོད་རུང་དུ་གྱུར་བ་ན། ཉན་རང་དང་ཐེག་ཆེན་གྱི་ཕར་ཕྱིན་ཐེག་པ་ཀུན་ལས། འབྲས་བུ་སངས་རྒྱས་ཀྱི་གནས་དང་། སྐུ་དང་། ལོངས་སྤྱོད་དང་། མཛད་པ་རྣམས(༣༠༠བ)ལམ་དུ་བྱེད་པའི་སྒོ་ནས་ཤིན་ཏུ་མཆོག་ཏུ་གྱུར་བ། ཆོས་གཞན་ལས་ཆེས་དཀོན་ཅིང་རྙེད་དུ་བྱུང་བའི་ཐབས་དུ་མས་ཚོགས་གཉིས་མྱུར་དུ་རྫོགས་པར་བྱེད་པས། རྡོ་རྗེ་འཆང་གི་གོ་འཕང་ཆེས་མྱུར་དུ་སྟེར་བའི་ཉེ་ལམ་ཟབ་མོ། ཐུན་མོང་མ་ཡིན་པའི་ཐབས་ཤེས་དབྱེར་མི་ཕྱེད་པའི་རྡོ་རྗེའི་ཐེག་པ་སྙིང་རྗེ་ཆེན་པོས་ཡིད་ཆེས་ཆེར་བསྐྱོད་པས་དྲིན་ཅན་མ་རྣམས་འཁོར་བ་སྡུག་བསྔལ་གྱི་རྒྱ་མཚོ་ཆེན་པོ་ལས་སྒྲོལ་བར་བྱེད་པ་ལ་ཤིན་ཏུ་རིངས་པར་ཆས་པའི་རིན་པོ་ཆེ་ལྟ་བུའི་གདུལ་བྱ་སོགས་སྐལ་བ་བཟང་པོ་དང་ལྡན་པའི་སྐྱེས་བུ་དམ་པ་རྣམས་ཀྱི་འཇུག་ངོགས་དམ་པར་གྱུར་བ་དེར་སྐྱེས་བུའི་རྩལ་ཅི་ཡོད་ཀྱིས་གདོན་མི་ཟ་བར་འཇུག་པར་བྱ་ཞིང་། དེའི་མཇུག་སྒོ་ཡང་རྒྱུད་སྡེ་རིན་པོ་ཆེ་ནས་བཤད་པའི་ཆུ་ཅོད་པན་སོགས་ཀྱི་དབང་རྣམ་པར་དག་པ་དེ་ཡིན་པས། རྡོ་རྗེ་སློབ་དཔོན་མཚན་ཉིད་དང་ལྡན་པ་རབ་ཏུ་མཉེས་པར་བྱས་པའི(༣༠༡ན)དྲུང་དུ་གསང་སྔགས་ཀྱི་ལམ་འཆད་ཉན་དང་སངས་རྒྱས་ཀྱི་སྐུ་གསུམ་སྒོམ་པ་སོགས་ལ་དབང་བར་བྱེད་པའི་རྒྱུད་སྨིན་བྱེད་ཀྱི་

དབང་བསྐུར་ཐབ་མོ་ཐོད་པའི་སྒོ་ནས་བདེ་སླག་ཉིད་དུ་འཇུག་པར་བྱེད་དགོས་སོ། །དེ་ལ་གསང་སྔགས་རྡོ་རྗེ་ཐེག་པ་འབྱུང་བ་ཤིན་ཏུ་དཀོན་ཏེ། དཔལ་གསང་བ་འདུས་པའི་རྩ་རྒྱུད་ལས། དེ་ནས་ཕྱག་ན་རྡོ་རྗེ་དེ་བཞིན་གཤེགས་པ་ཐམས་ཅད་ཀྱི་བདག་པོས་དེ་བཞིན་གཤེགས་པ་ཐམས་ཅད་དང་བྱང་ཆུབ་སེམས་དཔའ་དེ་དག་ལ་བཀའ་སྩལ་པ། བཅོམ་ལྡན་འདས་དེ་བཞིན་གཤེགས་པ་ཐམས་ཅད་སྟོན་བྱུང་བ་ན་བརྗོད་ཀྱིས་མི་ལང་བའི་ཡང་བརྗོད་ཀྱིས་མི་ལང་བའི་སངས་རྒྱས་ཀྱི་ཞིང་རྡུལ་ཕྲ་རབ་ཏུ་ཕྲ་བ་དང་མཉམ་པའི་བསྐལ་བ་ཡང་འདས་ནས་གང་བཅོམ་ལྡན་འདས་དེ་བཞིན་གཤེགས་པ་དགྲ་བཅོམ་པ་ཡང་དག་པར་རྫོགས་པའི་སངས་རྒྱས་མར་མེ་མཛད་འདས་པ་ནས། ཐུབ་པ་ཆེན་པོ་འོད་སྲུངས(༣༠༧བ)མངོན་པར་རྫོགས་པར་སངས་རྒྱས་པའི་བར་གྱིས་ཀྱང་མ་གསུང་ངོ་། །དེ་ཅིའི་ཕྱིར་ཞེ་ན། བཅོམ་ལྡན་འདས་གསང་བ་ཆེན་པོའི་གནས་ཀྱི་དོན་བཤད་པ་དེ། དེའི་ཚེ་དེའི་དུས་ན་སེམས་ཅན་རྣམས་ལ་སྐལ་བ་མེད་པའི་ཕྱིར་རོ། །འོན་ཀྱང་བཅོམ་ལྡན་འདས་དེ་བཞིན་གཤེགས་པ་ཐམས་ཅད་ཀྱི་གསང་བ་འདུས་པ་འདི་ལ་སྐད་ཅིག་ཐང་ཅིག་ཡུད་ཙམ་གྱིས་སངས་རྒྱས་ཀྱི་བྱང་ཆུབ་རྫོགས་པར་བྱེད་དོ། །གཏྣའི་ཀླུང་གི་བྱེ་མ་དུ་མ་སྙེད་ཀྱི་བསྐལ་བར་བྱང་ཆུབ་སེམས་དཔའ་རྣམས་ཀྱིས་འབད་ཅིང་བཙལ་ཀྱང་བྱང་ཆུབ་ཐོབ་པར་མི་འགྱུར་བ་དེ། གསང་བ་འདུས་པ་ལ་མངོན་པར་དགའ་བའི་བྱང་ཆུབ་སེམས་དཔའ་ཚེ་འདི་ཉིད་ལ་དེ་བཞིན་གཤེགས་པ་རྣམས་ཀྱི་སངས་རྒྱས་ཞེས་བྱ་བའི་གྲངས་སུ་འགྲོའོ། །ཞེས་གསུངས་པའི་གསང་སྔགས་རྡོ་རྗེ་ཐེག་པ་ནི། རྒྱུད་རྡོ་རྗེ་རྩེ་མོ་ལས། ཅིའི་ཕྱིར་རྡོ་རྗེ་སེམས་དཔའ་ཡིན། །བྱང་ཆུབ་མཆོག་གི(༣༠༨ན)ཡེ་ཤེས་གང་། །དེ་ནི་རྡོ་རྗེར་ངེས་པར་བརྗོད། །ཡེ་ཤེས་རྡོ་རྗེ་ལས་བྱུང་བ། །དེ་ནི་རྡོ་རྗེ་སེམས་དཔར་བརྗོད། །ཅེས་ཐབས་དང་ཤེས་རབ་དབྱེར་མེད་པར་སྦྱོར་བའི་རྡོ་རྗེ་སེམས་དཔའི་རྣལ་འབྱོར་ནི་རྡོ་

རྗེ་སྐྱེ་ཐེག་པ་ཡང་དེའོ། །འདུས་པའི་རྒྱུད་ཕྱི་མ་ལས། དབང་པོ་དང་ནི་ཡུལ་རྣམས་ནི། །རྐྱེན་གྱིས་གང་དང་གང་བྱུང་ཡིད། །ཡིད་དེ་མན་ཞེ་བྱ་བར་བཤད། །ཏྲ་ནི་སྐྱོབ་པར་བྱེད་པའི་དོན། །འཇིག་རྟེན་སྤྱོད་ལས་རྣམ་གྲོལ་བར། །གང་བཤད་དམ་ཚིག་སྡོམ་པ་སྟེ། །རྡོ་རྗེ་ཀུན་གྱིས་བསྲུང་བ་ནི། །སྔགས་ཀྱི་སྤྱོད་པ་ཞེས་བཤད་དོ། །ཅེས་གསུངས་པ་དང་། དེ་ལ་འདིས་འགྲོ་བ་རྒྱུའི་ཐེག་པ་དང་། འདིར་འགྲོ་བ་འབྲས་བུའི་ཐེག་པ་གཉིས་ཡོད་པས། ཐེག་དམན་རྣམས་མཐའ་གཅིག་ཏུ་གེགས་སུ་མི་བཟུང་སྟེ། དམ་ཚིག་པད་དཀར་ལས། སངས་རྒྱས་ཡེ་ཤེས་རབ་ཏུ་རྟོགས་བྱའི་ཕྱིར། །ཐབས་འདི་རང་བྱུང་གི་ནི་མཛད(༣༠༢བ)གྱུར་གྱི། །དེ་དག་རྣམས་ལ་ཁྱེད་ཅག་སངས་རྒྱས་སུ། །འགྱུར་རོ་ཞེས་ནི་ནམ་ཡང་མི་གསུང་ངོ་། །ཅིའི་ཕྱིར་ཞེ་ན་སྐྱོབ་པ་དུས་ལ་གཟིགས། །ཞེས་དང་། སངས་རྒྱས་ཡེ་ཤེས་རབ་ཏུ་རྟོགས་བྱའི་ཕྱིར། །འཇིག་རྟེན་དུ་ནི་མགོན་པོ་གཅིག་པོ་འབྱུང་། །ཐེག་པ་གཅིག་སྟེ་ཐེག་པ་གཉིས་པ་མེད། །སངས་རྒྱས་ཐེག་པ་དམན་པས་འཁྲིད་མི་མཛད། །གང་ལ་སངས་རྒྱས་རང་བྱུང་བདག་ཉིད་གང་། །རབ་ཏུ་གནས་ཤིང་རྟོགས་ལམ་གང་ཅི་འདྲ། །སྟོབས་དང་བསམ་གཏན་རྣམ་པར་ཐར་དང་དབང་། །དེ་ཉིད་ལ་ནི་སེམས་ཅན་རྣམས་བཀོད་དེ། །བྱང་ཆུབ་རྟུལ་བྲལ་ཁྱད་པར་ཅན་རེག་ནས། །གལ་ཏེ་ང་ཡིས་ཐེག་པ་དམན་པ་ལ། །སེམས་ཅན་འགའ་ཞིག་བཀོད་པར་གྱུར་ན་ཡང་། །ང་ལ་སེར་སྣའི་ཉེས་གྱུར་ལེགས་མ་ཡིན། །ཐེག་པ་གཅིག་སྟེ་གཉིས་པ་ཡོད་མ་ཡིན། །གསུམ་པ་ནམ་ཡང་ཡོད་མིན་འཇིག་རྟེན་ན། །སྐྱེས་བུ་མཆོག(༣༠༣ན)རྣམས་ཐབས་ཀྱི་ཐེག་པ་གང་། །སྣ་ཚོགས་ཉེ་བར་སྟོན་པར་མཛད་མ་གཏོགས། །ཞེས་དང་། བདེན་པ་པོའི་ལེའུ་ལས། འཇམ་དཔལ་ངས་སེམས་ཅན་རྣམས་ལ་ཆོས་གང་དང་གང་བསྟན་པ་དེ་དག་ཐམས་ཅད་ནི་འདི་ལྟ་སྟེ། ཐམས་ཅད་མཁྱེན་པའི་ཡེ་ཤེས་ཐོབ་པར་བྱ་བའི་ཕྱིར་བྱང་ཆུབ་

ལ་གཞོལ་བ། ཐེག་པ་ཆེན་པོ་ལ་འབབ་པ། ཐམས་ཅད་མཁྱེན་པ་ཉིད་སྒྲུབ་པ། ཡུལ་གཅིག་ཡང་དག་པར་ཕྱིན་པར་བྱེད་པ་སྟེ་དེ་བས་ན་ང་ལ་ཐེག་པ་ཐ་དད་པ་རྣམ་པར་དགོད་པ་མེད་དོ། །ཞེས་དང་། འཇམ་དཔལ་མཚན་བརྗོད་ལས། ཐེག་པ་གསུམ་ལས་ངེས་འབྱུང་ལ། །ཐེག་པ་གཅིག་གི་འབྲས་བུར་གནས། །ཞེས་དང་། སཱུ་ཏ་ལས། གང་ཕྱིར་ཆོས་ནི་དུ་མ་ནི། །ཆུ་བོའི་རྒྱུན་ནི་རྒྱ་མཚོ་ལྟར། །ཐར་བ་འདི་ནི་གཅིག་པུ་ཉིད། །མང་པོ་དམིགས་པར་མི་འགྱུར་རོ། །ཞེས་གསུངས་པ་ལྟར་ལ། རྒྱུ་འབྲས་ཀྱི་ཐེག་པ་གཉིས་ཀྱི་རྣམ་གྲངས་ཡང་། འཕགས(༡༠༣བ)པ་གསང་བ་ལུང་བསྟན་པའི་མདོ་ལས། རྒྱུ་ལ་སྦྱོར་བ་རྒྱུ་ཡི་ཆོས། །འཁོར་ལོ་རབ་ཏུ་བསྐོར་བྱས་ནས། །འབྲས་བུ་ཐེག་པ་ཉེ་ལམ་ཞིག །ཅེས་དང་། ཤིན་ཏུ་བགྲང་མེད་བསྐལ་བ་ཅུ། །སངས་རྒྱས་རྣམས་ཀྱི་གང་མཁྱེན་པ། །སྔགས་པ་རྣམས་ཀྱིས་དུས་གཅིག་ན། །སྐད་ཅིག་ལ་རྫོགས་བྱང་ཆུབ་ཐོབ། །ཅེས་ཕར་ཕྱིན་ཐེག་པ་ལ་ལྟོས་ན། སྐད་ཅིག་ཙམ་ཞེས་པའམ་ཤིན་ཏུ་མྱུར་བའི་དོན་ནོ། །དཔུང་བཟང་གིས་ཞུས་པའི་རྒྱུད་ལས། གསང་སྔགས་མདོ་སྡེའི་ཚུལ་དུ་བཤད་ཀྱི་ཉོན་ཞེས་སྡེ་སྣོད་གསུམ་དང་ཐེག་པ་གསུམ་ནི་དངོས་ཀྱི་དོན་ལ་ཁྱད་མེད་དུ་གསུངས་པ་དང་། རྡོ་རྗེ་གུར་གྱི་ལེའུ་དང་པོ་ལས། གལ་ཏེ་སྟོང་བ་ཐབས་ཡིན་ན། །དེ་ཚེ་སངས་རྒྱས་ཉིད་མི་འགྱུར། །རྒྱུ་ལས་འབྲས་བུ་གཞན་མེད་ཕྱིར། །ཐབས་ནི་སྟོང་བ་ཉིད་མ་ཡིན། །ལྟ་བ་རྣམས་ལས་ལོག་རྣམས་དང་། །བདག་ཏུ་ལྟ་བ་འཚོལ་རྣམས་ཀྱི། །བདག(༡༠༤ན)ཏུ་འཛིན་པ་བཟློག་པའི་ཕྱིར། །རྒྱལ་བ་རྣམས་ཀྱིས་སྟོང་པར་བསྟན། །དེ་ཕྱིར་དཀྱིལ་འཁོར་འཁོར་ལོ་ཞེས། །བདེ་བའི་ཐབས་ཀྱི་སྡོམ་པ་སྟེ། །སངས་རྒྱས་ང་རྒྱལ་རྣལ་འབྱོར་གྱིས། །སངས་རྒྱས་ཉིད་ཡུན་རིང་མི་འགྱུར། །སྟོན་པ་སུམ་ཅུ་རྩ་གཉིས་མཚན། །མངའ་བདག་དཔེ་བྱད་བརྒྱད་བཅུར་ལྡན། །དེ་ཕྱིར་ཐབས་དེས་བསྒྲུབ་བྱ

སྟེ། །ཐབས་ནི་སྟོན་པའི་གཟུགས་ཅན་ནོ། །ཞེས་གསུངས་པ་ལྟར་སྟོང་པ་ཉིད་སྒོམ་པ་ཙམ་ཞིག་ཐབས་སུ་འདོད་པ་དགག་པ་དང་། དེ་བསྟན་པའི་དགོས་པ་དང་། ཐུན་མོང་མ་ཡིན་པའི་ཐབས་ཆེ་བ་དང་བཅས་པ་དང་། ཐབས་དེས་བསྒྲུབ་དགོས་པའི་རྒྱུ་མཚན་རྣམས་ཤིན་ཏུ་གསལ་བར་བསྟན་ཅིང་སངས་རྒྱས་ཐམས་ཅད་མཐར་ཐུག་པ་ལ་བརྟེན་ནས་ཡེ་ཤེས་བརྙེས་པ་ཤ་སྟག་ཡིན་ཏེ། གསང་བ་སྤྱི་རྒྱུད་ལས། སྐུ་གསུམ་ཐུགས་ཀྱི་རྡོ་རྗེ་ཅན། །དུས་གསུམ་འབྱུང་བའི(༣༠༤བ)སངས་རྒྱས་རྣམས། །རྡོ་རྗེ་སྔགས་ཀྱི་མཐུ་ཡིས་ནི། །ཡེ་ཤེས་མཉམ་ཉིད་ཡང་དག་བརྙེས། །ཞེས་གསུངས་པ་ལྟར་རོ། །སྔགས་ཀྱི་ལམ་ཉན་ཅིང་བསྒོམ་པ་ལ་དབང་བསྐུར་བ་ཐོབ་པ་ངེས་པར་དགོས་ཏེ། ཕྱག་ཆེན་ཐིག་ལེའི་རྒྱུད་ལས། དང་པོར་རེ་ཞིག་གང་ཚེ་སློབ། །ལན་གཅིག་དབང་རྣམས་ཀྱིས་ནི་བསྐུར། །དེ་ཚེ་གསང་ཆེན་བཤད་པའི་མི། །ངེས་པར་སྣོད་དུ་གྱུར་བའོ། །དབང་མེད་ན་ནི་དངོས་གྲུབ་མེད། །བྱེ་མ་བཙིར་ལ་མར་མེད་ལྟར། །གང་ཞིག་རྒྱུད་ལུང་ང་རྒྱལ་གྱིས། །དབང་བསྐུར་མེད་པར་འཆད་བྱེད་པ། །སློབ་དཔོན་སློབ་མ་ཤི་མ་ཐག །དངོས་གྲུབ་ཐོབ་ཀྱང་དམྱལ་བར་འགྲོ། །དེ་བས་འབད་པ་ཐམས་ཅད་ཀྱིས། །བླ་མ་ལས་ནི་དབང་དོན་ཞུས། །ཞེས་དང་། རྒྱུད་རྡོ་རྗེ་ཕྲེང་བ་ལས། དབང་བསྐུར་བ་ནི་གཙོ་བོ་སྟེ། །དངོས་གྲུབ་ཐམས་ཅད་རྟག་ཏུ་གནས། །ང་ཡིས་ཇི་བཞིན་དོན་བཤད་ཀྱིས། །དེ་ཕྱིར་ཐོག་མར་ཡང་དག(༣༠༥ན)ཉོན། །ཐོག་མར་སློབ་མ་གང་གི་ཚེ། །བློ་ལྡན་ཡང་དག་དབང་བསྐུར་ན། །རྫོགས་པའི་རིམ་པའི་རྣལ་འབྱོར་ལ། །དེ་ཡི་ཚེ་ན་སྣོད་དུ་འགྱུར། །ཡང་དག་དབང་བསྐུར་གྱིས་དབེན་ན། །སྒྲུབ་པོ་རྒྱུད་ཀྱི་དོན་ཤེས་ཀྱང་། །སློབ་དཔོན་སློབ་མ་མཚུངས་པར་ནི། །མི་བཟད་དམྱལ་བ་ཆེན་པོར་འགྲོ། །དུག་ནི་སྔགས་ཀྱིས་འཛོམས་པ་བཞིན། །སྔགས་ཀྱི་དག་བྱེད་བཅུད་ལེན་བྱེད། །དེ་བཞིན་སློབ་མ་དབང་སོགས་

ཀྱིས། །དཔེར་ན་པི་ཝང་སྦྱོར་ཀུན་ཚོགས། །རྒྱུད་དང་བྲལ་ན་རྟུང་མི་ཐུང་། །དེ་བཞིན་དབང་དང་བྲལ་ན་ནི། །སྔགས་དང་བསམ་གཏན་འགྲུབ་མི་འགྱུར། །རྨོངས་པ་གང་ཞིག་དབང་མེད་པར། །བདག་ནི་དབང་བསྐུར་ཞེས་སྨྲ་བ། །ཇི་སྲིད་སངས་རྒྱས་བཞུགས་ཀྱི་བར། །སློབ་མར་བཅས་ཏེ་དམྱལ་བར་འགྲོ། །ཞེས་དང་། རྡོ་རྗེ་གུར་ལས། དཀྱིལ་འཁོར(༣༠༥བ)དུ་ནི་མ་ཞུགས་དང་། །དབང་བསྐུར་མེད་པའི་རྣལ་འབྱོར་པ། །གང་གིས་རབ་གནས་མ་མཐོང་ཞིང་། །གང་ཞིག་སྦྱིན་སྲེག་མ་བྱས་ན། །འཇིག་རྟེན་འདི་དང་གཞན་དུ་ཡང་། །དེ་ལ་དངོས་གྲུབ་མཆོག་ཉིད་མེད། །ཅེས་གསུངས་པ་ལྟར་ལ། གསང་སྔགས་ཀྱི་ལམ་འཆད་ཉན་བྱེད་པ་ལ་དཔོན་སློབ་ཕན་ཚུན་ལེགས་པར་བརྟགས་ནས་བྱེད་པ་གལ་ཆེ་སྟེ། ཕྱག་ཆེན་ཐིག་ལེའི་རྒྱུད་ལས། ཇི་ལྟར་བསྲེག་ལ་སོགས་པའི་གསེར། །ཇི་ལྟར་མཁས་པས་རིན་པོ་ཆེ། །ཇི་ལྟར་བདེ་ལྡན་བུ་མོ་ནི། །དེ་ལྟར་སློབ་མ་བརྟག་པར་བྱ། །དེ་བས་ཐམས་ཅད་རབ་འབད་དེ། །ཕན་ཚུན་སོ་སོར་བརྟག་པར་བྱ། །དེ་ལྟ་མིན་ན་སྐྱོན་དུ་འགྱུར། །ནམ་ཡང་དངོས་གྲུབ་ཐོབ་མི་འགྱུར། །ཞེས་དང་། བཤད་རྒྱུད་རྡོ་རྗེ་ཕྲེང་བ་ལས། ཇི་ལྟར(༣༠༦ན)རིན་ཆེན་བརྡར་བ་དང་། །གསེར་ནི་བསྲེག་དང་བཅས་པས་བརྟག །དེ་བཞིན་དུ་ནི་སློབ་མ་ཡང་། །ལོ་ནི་བཅུ་གཉིས་བར་དུ་བརྟག །དེ་ཕྱིར་ཕན་ཚུན་དེ་ལྟ་བུས། །དུས་ཀུན་དུས་ནི་དེ་ལྟར་བརྟག །གཞན་དུ་བགེགས་ནི་འབྱུང་འགྱུར་ཏེ། །དངོས་གྲུབ་འཇོམས་ཤིང་སྡུག་བསྔལ་སྟེར། །ཇི་ལྟར་སེང་གེའི་འོ་མ་ནི། །ས་ཡི་སྣོད་དུ་བཞག་མི་བྱ། །དེ་བཞིན་རྣལ་འབྱོར་ཆེན་པོའི་རྒྱུད། །སྣོད་མིན་ལ་ནི་སྦྱིན་མི་བྱ། །སློབ་མ་སྐད་ཅིག་དེ་ལ་འཆི། །འདི་དང་ཕ་རོལ་དུ་ནི་ཕུང་། །སྣོད་མིན་མན་ངག་རབ་བཤད་ན། །སློབ་དཔོན་དངོས་གྲུབ་ཉམས་པར་འགྱུར། །ཞེས་གསུངས་པས་སོ། །དེ་ལྟར་ན་རྡོ་རྗེ་སློབ་དཔོན་མཚན་དང་ལྡན་པ་ལ་བརྟེན་དགོས

པས། དེ་ནི་སྒྱུ་འཕྲུལ་དྲ་བའི་རྒྱུད་ལས། རེ་ཞིག་དང་པོར་དངོས་གྲུབ་ནི། །སློབ་དཔོན(༣༠༨བ)རྗེས་སུ་འབྲང་ཡིན་པས། །སློབ་དཔོན་མེད་པར་གྱུར་ན་ནི། །དངོས་གྲུབ་ཐོབ་པར་མི་འགྱུར་བས། །སློབ་དཔོན་མཚན་ཉིད་བཤད་པར་བྱ། །ཞེས་དང་། བཤད་རྒྱུད་རྡོ་རྗེ་ཕྲེང་བ་ལས། ཞི་བ་ལ་སོགས་ལས་ལ་བྱུང་། །སྔགས་དང་རྣལ་འབྱོར་ཚོ་ག་ཤེས། །དེ་ནི་བླ་མར་མངོན་པར་སྔགས། །ཚུལ་ཁྲིམས་དག་ཅིང་སྦྱིན་པར་གཏོང་། །བཟོད་དང་བརྩོན་འགྲུས་མཆོག་དང་ལྡན། །ཉིན་དང་མཚན་དུ་སྒོམ་ལ་ཞེན། །ཤེས་རབ་ལྡན་ཞིང་བཟོ་ལ་མཁས། །སློབ་མའི་ཕྱིར་ནི་ཡོན་ཏན་ཚོགས། །དཔལ་ལྡན་སློབ་དཔོན་ཞེས་ནི་བརྗོད། །ནང་གི་གསང་འདུས་ལ་རབ་དགའ། །ཕྱི་རོལ་ཉན་ཐོས་ཀྱི་སྤྱོད་པ། །དེ་ལྟའི་མན་ངག་རིམ་པ་ཡིས། །སློབ་མ་རྣམས་ལ་རྗེས་སུ་བསླབས། །དེ་ནི་སྟོན་པར་ཡོངས་སུ་ཤེས། །ཞེས་གསུངས་པ་ལྟར་མཆོག་ཐུན་མོང་གི་དངོས་གྲུབ་ཀྱི་རྩ་བ་བཤེས་གཉེན་དམ་པ་ཚུལ་བཞིན་དུ་བསྟེན་པ་ལ་རག(༣༠༧ན)ལས་པའི་ཕྱིར། དབང་གང་ལས་ཐོབ་པའི་རྡོ་རྗེ་སློབ་དཔོན་ནི། མན་ངག་སྙེ་མའི་སྙེ་མ་ལྔ་པ་ལས། རྡོ་རྗེ་ནི་བྱང་ཆུབ་ཀྱི་སེམས་ཡིན་ལ་དེའི་རང་བཞིན་གྱིས་འཇིག་རྟེན་དང་འཇིག་རྟེན་ལས་འདས་པའི་སྤྱོད་པ་སྟོན་པ་ནི་རྡོ་རྗེ་སློབ་དཔོན་ཏེ་བླ་མའོ། །ཞེས་དང་། གསང་འདུས་ལེའུ་བདུན་པ་ལས། རིགས་ཀྱི་བུ་མདོར་བསྟན་ན། ཕྱོགས་བཅུའི་འཇིག་རྟེན་གྱི་ཁམས་ན་སངས་རྒྱས་དང་བྱང་ཆུབ་སེམས་དཔའ་ཇི་སྙེད་འཕོད་ཅིང་འཚོ་སྐྱོང་བ་དེ་དག་ཐམས་ཅད་དུས་གསུམ་དུ་ལྷགས་ནས་སློབ་དཔོན་དེ་ལ་དེ་བཞིན་གཤེགས་པ་ཐམས་ཅད་ཀྱིས་མཆོད་པས་ཡང་དག་པར་མཆོད་ནས་སངས་རྒྱས་ཀྱི་ཞིང་དེ་དང་དེར་འགྲོ་ཞིང་ངག་རྡོ་རྗེའི་ཡི་གེ་ཀྱང་འདི་སྐད་དུ་འབྱིན་ཏོ། །བདག་ཅག་དེ་བཞིན་གཤེགས་པ་ཐམས་ཅད་ཀྱི་ཕའོ། །བདག་ཅག་དེ་བཞིན་གཤེགས་པ་ཐམས་ཅད་ཀྱི་མའོ། །ཞེས་པ་ནས། བདག་

ཅག(༡༠༧བ)དེ་བཞིན་གཤེགས་པ་ཐམས་ཅད་ཀྱི་སྟོན་པའོ། །ཞེས་བྱ་བའི་བར་དུའོ། །ཞེས་དང་། བླ་མེད་ཀྱི་རྒྱུད་རྡོ་རྗེ་སྙིང་པོ་རྒྱན་ལས། ཕྱིར་བཟློག་གཉིས་ཀྱི་ཆོ་ག་དང་། །གསང་དང་ཤེས་རབ་ཡེ་ཤེས་དང་། །ཁ་སྦྱོར་འབྱེད་པའི་ཆོ་ག་དང་། །གཏོར་མ་རྡོ་རྗེ་བཟླས་པ་དང་། །དྲག་ཤུལ་སྒྲུབ་པའི་ཆོ་ག་དང་། །རབ་ཏུ་གནས་དང་དཀྱིལ་འཁོར་སྒྲུབ། །གསང་བའི་དེ་ཉིད་བཅུ་ཡིན་ནོ། །དཀྱིལ་འཁོར་ཏིང་འཛིན་ཕྱག་རྒྱ་དང་། །ལྟངས་སྟབས་འདུག་སྟངས་བཟླས་བརྗོད་དང་། །སྦྱིན་སྲེག་མཆོད་པ་ལས་སྦྱོར་དང་། །སླར་སྡུད་པ་ནི་རྣམ་པ་ནི། །ཕྱི་ཡི་དེ་ཉིད་བཅུ་ཡིན་ནོ། །ཞེས་དང་། རྡོ་རྗེ་གུར་གྱི་ལེའུ་བརྒྱད་པ་ལས། རྡོ་རྗེ་སློབ་དཔོན་མཚན་ལྡན་ཉིད། །དེ་ཡིས་ཉེ་བར་བསྟན་པའི་ཐུགས། །སྒྲུབ་པ་པོ་ལ་འགྲུབ་པོ་ཀྱེ། །བརྟན་ཞིང་ཟབ་མོའི་ཆོས་དང་ལྡན། །རིག་པའི་གནས་རྣམས་ཀུན་ལ་མཁས། །སྦྱིན་སྲེག་དཀྱིལ་འཁོར(༡༠༨ན)ཐུགས་ཤེས་ཤིང་། །རབ་གནས་གཏོར་མ་ཕ་རོལ་སོན། །དེ་ཉིད་བཅུ་པ་རྣམ་པར་རིག །ཉན་ཐོས་སྤྱོད་པ་སྐྱོང་བྱེད་ཅིང་། །སྔགས་ཀྱི་ཐེག་པའི་རིམ་པར་གུས། །གཟུགས་ལྡན་མཐོང་ན་དགའ་བ་དང་། །དཀྱིལ་འཁོར་འདྲི་མཁས་བཟླས་པར་ལྡན། །རྩ་བའི་ལྟུང་བ་རབ་འཇོམས་ཤིང་། །སྔགས་དང་རྒྱུད་ཀྱི་རབ་སྦྱོར་གྱིས། །འཇིག་རྟེན་རྣམས་ལ་བདེ་སྟེར་བ། །དེ་འདྲའི་བླ་མ་དངོས་བྱས་ནས། །གང་གིས་ཀྱང་ནི་སྨད་མི་བྱ། །ཞེས་དང་། འཇམ་དཔལ་རྩ་རྒྱུད་ལས། སངས་རྒྱས་བསྟན་པ་རིན་ཆེན་སྒྲོན། །འབར་བའི་སྟོད་ནི་དཀའ་ཐུབ་ཅན། །ཏུར་སྐྲིག་འཛིན་པ་ཤཱཀྱའི་སྲས། །དགེ་སློང་རྣམས་ནི་གཙོར་འདོད་ཕྱིར། །ཞེས་དང་། རྒྱུད་རྡོ་རྗེ་ཕྲེང་བ་ལས། གང་གིས་ཏུར་སྐྲིག་མཐོང་བ་ཡིས། །ལྷ་མིན་ས་ཡི་འོག་ཏུ་བྲོས། །(༡༠༨བ)གདུག་པ་ཕྱིག་པར་བྱེད་པའི་མཆོག །དགེ་སློང་རྡོ་རྗེ་འཛིན་པ་བྱ། །ཞེས་གསུངས་པ་ལྟར་སོ་སོར་ཐར་པ་ནི་བསྟན་པའི་རྩ་བ་ཡིན་པས་དེ་ཤེན

ཏུ་གཙོ་བོར་མཛད་པ་དང་དགེ་སློང་རྡོ་རྗེ་འཛིན་པ་ཡོད་བཞིན་དུ་ཁྱིམ་པ་རྡོ་རྗེ་འཛིན་པ་བསྟེན་ན་བསྟན་པའི་དབུ་འཕང་སྨད་པ་ཡིན་ཏེ། དུས་ཀྱི་འཁོར་ལོའི་རྒྱུད་ལས། ས་ཐོབ་མ་གཏོགས་སློབ་དཔོན་ནི། །ཁྱིམ་གནས་གང་ཚེ་མཆོད་བྱེད་པ། །དེ་ཚེ་སངས་རྒྱས་ཆོས་དང་ནི། །དགེ་འདུན་རྣམས་ལ་གུས་མེད་འགྱུར། །ལྷ་ཁང་སོགས་ཀྱི་རབ་གནས་སོགས། །རྟགས་ཅན་གྱིས་ནི་རྟག་ཏུ་བྱ། །གནས་གཅིག་དག་ན་གསུམ་ཡོད་ན། །ཁྱིམ་པ་གོས་དཀར་ལྡན་པས་མིན། །ཞེས་གསུངས་པ་ལྟར་རྡོ་རྗེ་སློབ་དཔོན་དང་སློབ་མ་ལེགས་པར་གསུངས་པའི་ཆོས་འདུལ་བའི་བསླབ་པ་ལ་ཚུལ་བཞིན་དུ་སློབ་པའི་སྔགས་ཀྱི་སྡོམ་ལྡན་དགེ་སློང་ནི་སྔགས་སྒྲུབ་པའི་ལམ་གྱི་རྟེན(༣༠ན)མཆོག་ཏུ་གྱུར་བ་ལ་བསྟེན་པར་བྱའོ། །བསྟེན་པར་མི་འོས་པ་ནི། རྡོ་རྗེ་མཁའ་འགྲོའི་རྒྱུད་ལས། གང་ཡང་ཁྲོ་དང་གཡོ་སྒྱུ་ཅན། །ངག་ནི་ཤིན་ཏུ་རྩུབ་པ་དང་། །ཡོན་ཏན་དག་གིས་ཚིག་ཤེས་པ། །དེ་ནི་བླ་མར་བསྟེན་མི་བྱ། །ཞེས་གསུངས་པ་ལྟར་རོ། །སློབ་མའི་མཚན་ཉིད་ནི། སྒྱུ་འཕྲུལ་དྲ་བའི་རྒྱུད་ལས། དགེ་དང་སྡོམ་ལ་དགའ་བ་དང་། །རྟག་ཏུ་བླ་མ་ལ་གུས་དང་། །རྒྱུན་དུ་ལྷ་རྣམས་མཆོད་བྱེད་པའི། །ཡོན་ཏན་ལྡན་ན་སློབ་མ་ཡིན། །ཞེས་དང་། གསང་བ་སྤྱི་རྒྱུད་ལས། སློབ་མ་ཡན་ལག་མ་ཉམས་དང་། །ལྷག་པར་ཡོན་ཏན་ལྡན་པ་དང་། །ནད་མེད་རིགས་ནི་བཙུན་པ་དང་། །དད་ཅིང་བརྟུལ་ཞུགས་ལྡན་པ་དགོན། །དགོན་མཆོག་གསུམ་ལ་གང་དད་ཅིང་། །ཐེག་པ་ཆེན་པོའི་ལུགས་ལ་དགའ། །བསོད་ནམས་འདོད་པའི་སེམས་ཅན་ནི། །ཆེན་པོ་དེ་དག་མདོར་བཟུང་ངོ་། །བདེ་གཤེགས་གསང་སྔགས་སྒྲུབ་པ(༣༠བ)ལ། །དོན་གཉེར་བརྩོན་པ་སློབ་མ་ནི། །གཟུགས་ངན་ཡོན་ཏན་མི་ལྡན་ཡང་། །བློ་དང་ལྡན་པས་རབ་གཞུག་བྱ། །ཞེས་དང་། རྣམ་སྣང་མངོན་བྱང་ལས། སློབ་མ་དད་ཅིང་རིགས་བཙུན་པ། །དེ་བཞིན་དགོན་མཆོག་གསུམ་ལ་

དད། །ཟབ་མོ་ཡི་ནི་བློ་དང་ལྡན། །སྤྲོ་བ་ཆེ་ཞིང་སེར་སྣ་མེད། །དཔའ་ལ་ཡི་དམ་ལྡན་པ་ནི། །བཅུའམ་བརྒྱད་དམ་བདུན་ནམ་ལྔ། །གཅིག་གཉིས་བཞི་ལས་ལྷག་ཀྱང་རུང་། །དཔྱད་མི་དགོས་པས་བཟུང་བར་བྱ། །ཞེས་གསུངས་པ་ལྟར་རོ། །

ཚུལ་བཞིན་དུ་མ་བསྟེན་པའི་ཉེས་དམིགས་ནི། གུར་གྱི་ལེའུ་བརྒྱད་པ་ལས། གཡོ་དང་སྒྱུ་ཡི་རབ་སྦྱོར་བས། །བསྙེན་བཀུར་ལོག་པའི་གསལ་བྱེད་ན། །གློ་ཁྲག་མཛེ་ནད་ནད་ཆེན་གྱིས། །ཤི་ནས་དམྱལ་ལ་སོགས་པར་འགྲོ། །ཞེས་དང་། དཔལ་མཆོག་གི་དུམ་བུ་དང་པོ་ལས། སངས་རྒྱས་ཀུན་མཚུངས་བླ་མ་ཡི། །སློབ་དཔོན་ལ་ནི་གང་སྨད་པ། །དེ་ནི་སངས(༢༧༠ན)རྒྱས་ཀུན་སྨད་པས། །རྟག་ཏུ་སྡུག་བསྔལ་ཐོབ་འགྱུར་ཏེ། །རིམས་དང་དུག་དང་སྦྲུར་དུག་དང་། །མཁའ་འགྲོ་རྣམས་ཀྱིས་གཙེས་པ་དང་། །གདོན་དང་ལོག་འདྲེན་གཏུམ་པོ་ཡིས། །བསད་ནས་སེམས་ཅན་དམྱལ་བར་ལྟུང་། །ཞེས་གསུངས་པ་ལྟར་ཡིན་པས་ཤིན་ཏུ་གཟབ་དགོས་སོ། །མ་གུས་པ་དག་ཕྱིར་དུ་ལུས་སྲོག་ལོངས་སྤྱོད་ཡོན་དུ་འབུལ་བས་ཀྱང་མཉེས་པར་བྱས་ཏེ་སངས་རྒྱས་དངོས་སུ་བལྟ་བར་བྱ་དགོས་ཏེ། སམྦུ་ཊའི་བརྟག་པ་གཉིས་པའི་རབ་བྱེད་དང་པོ་ལས། རང་གི་བུ་དང་བུ་མོ་དང་། །བྲན་ཕོ་བྲན་མོ་སྲིང་མོ་ཉིད། །ཕྱག་འཚལ་ནས་ནི་དབུལ་བར་བྱ། །བདག་གི་དངོས་པོ་ཐམས་ཅད་ཀྱིས། །བློ་དང་ལྡན་པས་བླ་མར་དབུལ། །དེ་རིང་ཚུན་ཆད་བདག་བྲན་དུ། །ཁྱོད་ལ་བདག་ནི་འབུལ་ལགས་ཞེས། །དེ་ལྟར་ཞུས་པ་བྱས་གྱུར་པས། །གང་ཕྱིར(༢༧༠བ)བསྐལ་བ་བྱེ་བ་ནི། །གྲངས་མེད་པར་ཡང་རྙེད་དཀའ་བའི། །སངས་རྒྱས་ཉིད་ཀྱང་རྩོད་ལྡན་ལ། །ཚེ་འདི་ཉིད་ལ་སྟེར་བར་བྱེད། །ཅེས་དང་། དཔལ་གསང་བ་འདུས་པའི་ལེའུ་བཅུ་བདུན་པ་ལས། བཅོམ་ལྡན་འདས་དེ་བཞིན་གཤེགས་པ་ཐམས་ཅད་ཀྱི་སྐུ་དང་གསུང་དང་ཐུགས་རྡོ་རྗེ་གསང་བ་འདུས་པས་མངོན་པར་དབང་བསྐུར་བའི་སློབ་དཔོན་ལ་དེ་

བཞིན་གཤེགས་པ་ཐམས་ཅད་དང་བྱང་ཆུབ་སེམས་དཔའ་ཐམས་ཅད་ཀྱིས་ཇི་ལྟར་བལྟ་བར་བགྱི། རིགས་ཀྱི་བུ། བྱང་ཆུབ་ཀྱི་སེམས་རྡོ་རྗེ་དང་མཉམ་ཞིང་རྣམ་པ་གཉིས་སུ་དབྱེར་མེད་དོ། །ཞེས་གསུངས་པ་ལྟར་སྟོན་པ་རྡོ་རྗེ་འཆང་དང་རིགས་ལྔའི་སངས་རྒྱས་དངོས་སུ་བལྟ་བར་བྱ་སྟེ། རྡོ་རྗེ་མཁའ་འགྲོའི་ལེའུ་སོ་གཉིས་པ་ལས། སངས་རྒྱས་ཀུན་གྱི་རང་བཞིན་སྐུ། །ཡན་ལག་བྱང་ཆུབ་སེམས་དཔའ་སྟེ། །བ་སྤུ་རྣམས་ནི་དགྲ་བཅོམ(༣༡༡ན)ཉིད། །སྤྱི་གཙུག་རིགས་ལྔའི་སངས་རྒྱས་ཏེ། །འཇིག་རྟེན་པ་ནི་ཞབས་ཀྱི་གདན། །འོད་ཟེར་གནོད་སྦྱིན་གསང་བ་སོགས། །དེ་ལྟར་ཡོན་ཏན་རང་བཞིན་ལུས། །རྣལ་འབྱོར་ཅན་གྱིས་དེ་ལྟར་བལྟ། །ཞེས་གསུངས་པ་ལྟར་བལྟས་པས་དངོས་གྲུབ་རྒྱས་པའི་རྒྱུ་བྱེད་ཅིང་བླ་མ་ལས་དངོས་གྲུབ་འགྲུབ་ཚུལ་ནི། རྡོ་རྗེ་གུར་གྱི་ལེའུ་བཅོ་ལྔ་པ་ལས། འགྲོ་བའི་སྟོན་པ་སློབ་དཔོན་དེ། །སངས་རྒྱས་ཀུན་གྱིས་བསྟོད་བྱས་པ། །བདག་ཅག་གིས་ནི་ཕ་དང་མར། །འདི་ལྟར་དེ་ནི་ཡིད་ལ་བསམ། །དེ་ཅིའི་ཕྱིར་ཞེ་ན། དེ་བཞིན་གཤེགས་པ་རྣམས་ཀྱིས་གསུངས་པ། རྡོ་རྗེ་སེམས་དང་སངས་རྒྱས་དང་། །རྡོ་རྗེ་ཆོས་དང་གཟི་བརྗིད་དང་། །རྟ་ཡི་རྒྱལ་པོའི་དངོས་གྲུབ་ནི། །གང་ཕྱིར་དེས་ནི་དཀའ་བ་མིན། །མིག་སྨན་དང་ནི་རྐང་མགྱོགས་དང་། །རལ་གྲི་དང་ནི་ས་འོག་འགྲུབ། །རིལ་ལུ་དང་ནི་མཁའ་སྤྱོད་ཉིད། །མི་སྣང་བ་དང་(༣༡༡བ)བཅུད་ཀྱིས་ལེན། །གང་ཕྱིར་དེ་ནི་རྡོ་རྗེ་ཅན། །མཉེས་པར་བྱས་པས་མྱུར་དུ་འཐོབ། །དེ་ཕྱིར་སློབ་དཔོན་མདུན་བྱོན་ནས། །དེ་བཞིན་གཤེགས་རྣམས་ཕྱག་འཚལ་ལོ། །ཞེས་གསུངས་པ་དང་། བླ་མའི་འཁོར་དང་རྫས་ལ་ཡང་ཇི་ལྟར་ལྟ་བ་ནི་རང་གི་སྲོག་ལ་འཕངས་པར་བལྟས་ནས་མི་ཉམས་པར་སྲུང་སྟེ་ཀུན་སྤྱོད་དག་པར་བྱ་བ་གལ་ཆེ་སྟེ་རྡོ་རྗེ་སྙིང་པོ་རྒྱན་གྱི་རྒྱུད་ལས། མདུན་འགྲོ་བ་དང་རྐང་པ་བཀྲུང་། །ཡང་དག་ཉིད་དུ་མི་བྱའོ། །མགོ་ཐོད་བཅིང་དང་མཆོན་

བྱུག་པ། །བླ་མའི་དྲུང་དུ་མི་བྱའོ། །ཞེས་དང་། མཚན་མོ་དང་ནི་ཆུ་ཀ་ལ་དང་། །གཙང་རོང་དག་ཏུ་གནས་གྱུར་ན། །བཀའ་ལུང་གཉེར་དུ་འགྲུམ་པའི་ཕྱིར། །མདུན་དུ་འགྲོ་བ་ཉེས་མི་འགྱུར། །ཞེས་དང་། དེ་བས་བླ་མའི་ཞབས་དྲུང་དུ། །བག་མ་བཞིན་དུ་ངོ་ཚ་སྲུང་། །སྒོ་དང་རྒོད་པ་ལུད་པ་སོགས། །ཁ་ལ་ལག་པས་བཀབ་ནས་སུ། །(༡༧༢ན)ཤིན་ཏུ་འཛམ་པར་སྨྲ་བར་བྱ། །ཞེས་དང་། ལས་ནི་གང་དང་གང་བྱེད་པའམ། །མཉམ་པ་ལ་སོགས་འདོད་དེ་ལ། །གཟུང་ཕྱིར་ཐལ་མོ་མ་ཤིག་པར། །གནས་ནས་ལངས་ཏེ་མཐོང་ཡུལ་དུ། །རྒྱབ་ཀྱིས་ཕྱོགས་པར་མི་བྱའོ། །ཞེས་དང་། སམྦུ་ཊ་ལས། གང་ཞིག་བྱིན་པ་དེ་དང་དེ། །ཕྱག་བྱས་ནས་ནི་འབུལ་ཞིང་བླང་། །ཞེས་དང་། རྡོ་རྗེ་སྙིང་པོ་རྒྱན་གྱི་རྒྱུད་ལས། དེ་བས་ཐབས་ནི་ཐམས་ཅད་ཀྱིས། །རྡོ་རྗེ་འཛིན་པ་བླ་མ་མཆོག །རྗེས་སུ་མཐུན་པས་མཉེས་པར་བྱ། །དེ་མཉེས་སངས་རྒྱས་ཐམས་ཅད་མཉེས། །ཞེས་གསུངས་པ་དེའི་ཕྱིར་སྒོ་གསུམ་གྱི་དངོས་པོ་ཐམས་ཅད་ཀྱིས་བླ་མ་རྡོ་རྗེ་སློབ་དཔོན་མཉེས་པར་བྱའོ། །དེས་དེ་ལ་དབང་བསྐུར་བ་ལ། བརྟག་གཉིས་ཀྱི་རྒྱུད་ལས། དཀྱིལ་འཁོར་བདག་པོ་བཟླས་པ་འབུམ། །དཀྱིལ་འཁོར་པ་ཡི་དེ་བཞིན་ཁྲི། །ཞེས་དང་། རྡོ་རྗེ་སྙིང་པོ་རྒྱན་གྱི་རྒྱུད(༡༧༢བ)ལས། གསང་སྔགས་སྔགས་ཚད་གང་ཡིན་པ། །ཐམས་ཅད་སྒྲིབ་སྡིག་དག་གིས་སྐྱོང་། །ཞེས་དང་། སྡོམ་འབྱུང་ལས། རྫོགས་ལྡན་ལ་ནི་བཟླས་བྱ་ཅིག །གཉིས་འགྱུར་གསུམ་ལྡན་ལ་བཟླས་བྱ། །སུམ་འགྱུར་གཉིས་ལྡན་ལ་རབ་བརྗོད། །རྩོད་ལྡན་བཟླས་པ་བཞི་འགྱུར་རོ། །ཞེས་དང་། རྒྱུད་སྡེ་འོག་མ་ལ། ལེགས་གྲུབ་ཀྱི་རྒྱུད་ལས། བཙོ་ལྔ་མན་ཆད་གྲངས་རྣམས་ལ། །ཕྱིར་ནི་ཡི་གེ་དུ་ཡོད་པ། །དེ་སྙེད་འབུམ་ཕྲག་བཟླས་བརྗོད་བྱ། །ཡི་གེ་སུམ་ཅུ་རྩ་གཉིས་ལ། །བཟླས་བརྗོད་གསུམ་འབུམ་བྱ་བར་བཤད། །དེ་བས་ཡི་གེ་མང་བ་ལ། །སྟོན་དུ་བསྙེན་པ་ཁྲི་བྱའོ། །ཞེས་དང་། མ་

བསྡམས་པ་དང་མི་གཙང་བ། །གང་དག་བཟླས་པ་བྱེད་པ་ནི། །བཟླས་པའི་གྲངས་ནི་བཤད་པ་ལ། །མཁས་པས་དེ་དག་མི་སྤྱར་གྱི། །ཞེས་དང་། ཟློས་པས་བཟླས་བརྗོད་ཟིན་པ་དང་། །རིགས་ཀྱི་ཡུམ་དང་བདག་པོ་ལ། །ཉི་ཤུ་རྩ་གཅིག་བཟླས་བརྗོད་ནི། །(༢༧༣ན)བྱས་པས་རྟག་ཏུ་བསྲུང་པར་བྱ། །ཞེས་གསུངས་པ་ལྟར་ལྷག་པའི་ལྷའི་བསྙེན་པ་ཚད་ལྡན་ཁ་སྐོང་སྦྱིན་སྲེག་དང་བཅས་པ་ངེས་པར་བྱས་ཏེ། ལྷས་གནང་བ་ཐོབ་པའམ་ལྷ་དང་བླ་མས་མ་བཀག་པ་ཞིག་དགོས་སོ། །ཇི་ལྟར་དབང་བསྐུར་བའི་སྟ་གོན་དང་དངོས་གཞི་མཇུག་ཆོག་དང་བཅས་པ་གཞན་དུ་ཤེས་དགོས་ལ། འདིར་ཟབ་མོ་ལམ་གྱི་སྟོད་དུ་སྒྲུབ་པར་བྱེད་པའི་དབང་གི་ཉེར་བསྡོགས་དམ་པ་ཤིན་ཏུ་དག་པ་ན་ཁྱད་ཆེ་བས། འཇམ་དཔལ་རྩ་རྒྱུད་ལས། དང་པོའི་ཐུན་གྱི་རྨི་ལམ་གང་། །བད་ཀན་ལས་འབྱུང་ཤེས་པར་བྱ། །གཉིས་པར་གང་བྱུང་མཁྲིས་པ་སྟེ། །འཇིག་རྟེན་ལ་ཡོད་སྨྲད་པ་ཡིན། །གསུམ་པ་རླུང་བྱུང་ཤེས་པར་བྱ། །བཞི་བ་བདེན་པར་འབྱུང་བ་ཡིན། །ཞེས་དང་། གསང་བ་སྤྱི་རྒྱུད་ལས། ཀུ་ཤ་བཏིང་བའི་ས་གཞི་ལ། །ཤར་ཕྱོགས་སྟེས་བལྟས་ཉལ་དུ་གཞུག །ཞེས་དང་། རྨི་ལམ་དགེའམ(༢༧༣བ)མི་དགེ་བ། །ནངས་པར་ང་ལ་རབ་ཏུ་ཟློས། །སྡིག་པ་ལས་ཀུན་བྱེད་པས་གཞོམ། །སློབ་དཔོན་ལ་ནི་མི་དགེ་བའི། །ལྟས་དག་མཐོང་ན་སྤངས་ནས་ནི། །ཞིང་སྐྱོང་མཁའ་འགྲོ་ཐམས་ཅད་ལ། །གཏོར་མ་ཆོ་ག་བཞིན་དུ་སྦྱིན། །ཡི་གེ་བརྒྱ་པས་བསྙེན་བྱས་ཤིང་། །བསྲུང་བའི་འཁོར་ལོ་ཀུན་ཏུ་སྤྱད། །དཔའ་བོ་ཞལ་གྱི་སྔགས་ལ་སོགས། །ཐམས་ཅད་ཀྱང་ནི་བཟླས་བྱས་ཏེ། །གོ་ཆས་བདག་ཉིད་བསྲུང་བ་དང་། །དཔའ་པོ་རྣལ་འབྱོར་མ་རྣམས་ལ། །གསོལ་གདབ་རྒྱན་སོགས་ང་རྒྱལ་བླང་། །མེ་ཡི་ལས་ལ་ཀུན་བརྩོན་པས། །བགེགས་རྣམས་ཐམས་ཅད་ཤེས་པར་བྱ། །ཞེས་དང་། བུ་ཚུར་ཤོག་ཅིག་ཐིག་ཆེན་པོ། །གསང་སྔགས་སྤྱོད་ཚུལ་ཆོ་ག

ནི། །ཁྱོད་ལ་ཡང་དག་བཤད་པར་བྱ། །ཁྱོད་ནི་ཚུལ་ཆེན་སྣོད་ཡིན་གྱི། །སྐུ་གསུང་ཐུགས་ཀྱི་རྡོ་རྗེ་ཅན། །དུས་གསུམ་འབྱུང་བའི་སངས་རྒྱས་རྣམས། །རྡོ་རྗེ་སྤྱགས་ཀྱི་མཐུ་ཡི་ནི། །ཡེ་ཤེས་མཉམ་ཉིད་ཡང་དག་བརྙེས། །(༣༧་ན)ཞེས་གསུངས་པ་ལྟར། བླ་མ་ཐུགས་བརྙེས་པས་ཟིན་ཏེ་དགྱེས་བཞིན་དུ་རྗེས་སུ་བཟུང་ཞིང་། སྡོམ་པ་གསུམ་གྱི་དང་པོ་གཉིས་དང་ཐ་མ་ལ། བསྐུར་རྒྱུའི་དབང་མང་ཉུང་གི་ཁྱད་པར་ཡང་། བྱ་རྒྱུད་ལ། ཆུ་ཅོད་པན་གྱི་དབང་གཉིས། སྤྱོད་རྒྱུད་ལ། དེ་གཉིས་དང་རྡོར་དྲིལ་མིང་གི་དབང་ལྔ། རྣལ་འབྱོར་རྒྱུད་ལ། རིག་པའི་དབང་ལྔའི་སྟེང་དུ་རིགས་ལྔའི་སྡོམ་པ་བཟུང་བ་ལ་བསྐུར་བའི་དབང་རྡོ་རྗེ་སློབ་དཔོན་གྱི་དབང་དང་བཅས་པ་དྲུག །བླ་མེད་ལ། བུམ་དབང་། གསང་དབང་། ཤེར་དབང་། ཚིག་དབང་བཞིའོ། །བུམ་དབང་ལ། ཆུ། ཅོད་པན། རྡོ་རྗེ། དྲིལ་བུ། མིང་། སྤྱགས་དབང་། ལུང་བསྟན་དང་དབུགས་འབྱིན། རྡོ་རྗེའི་བརྟུལ་ཞུགས། སྤྱོད་པའི་བརྟུལ་ཞུགས། ཕྱིར་མི་ལྡོག་པ་རྡོ་རྗེ་སློབ་དཔོན་གྱི་དབང་། རྗེས་གནང་གི་དབང་སྟེ་བཅུ་གཅིག་ཏུ་དབྱེ་བས་དབང་བཅུ་བཞིར་གསུངས་སོ། །དེ་ལྟར་ཡང་། ཡེ་ཤེས་ཐིག་ལེའི་རྒྱུད(༣༧་བ)ལས། རྒྱུད་གསུམ་གྱི་རིམ་པ་ཡང་། དབང་དྲུག་དབྱེ་བ་བསྟན་པའོ། །ཆུ་ཡི་དབང་བསྐུར་དབུ་རྒྱན་དག །བྱ་བའི་རྒྱུད་ལ་རབ་ཏུ་གྲགས། །རྡོ་རྗེ་དྲིལ་བུ་དེ་བཞིན་མིང་། །སྤྱོད་པའི་རྒྱུད་ལ་རབ་ཏུ་གསལ། །ཕྱིར་མི་ལྡོག་པ་ཡི་ནི་དབང་། །རྣལ་འབྱོར་རྒྱུད་དུ་གསལ་བར་བྱས། །དེ་ནི་དྲུག་གི་བྱེ་བྲག་དབང་། །དེ་ནི་སློབ་དཔོན་དབང་ཞེས་བྱ། །བདུན་ནི་བྱེ་བྲག་ཏུ་ནི་ཡོད། །ཅེས་དང་། གསང་བ་འདུས་པའི་རྒྱུད་ཕྱི་མ་ལས། དབང་བསྐུར་དབྱེ་བ་རྣམ་པ་གསུམ། །རྒྱུད་འདི་ལ་ནི་རབ་ཏུ་གྲགས། །བུམ་པའི་དབང་ནི་དང་པོ་སྟེ། །གཉིས་པ་གསང་བའི་དབང་བསྐུར་བ། །ཤེས་རབ་ཡེ་ཤེས་གསུམ་པ་སྟེ། །དེ་ལྟར་དེ་བཞིན་བཞི་པ་ཡང་། །ཞེས་

དང་། བཤད་རྒྱུད་རྡོ་རྗེ་ཕྲེང་བ་ལས། དང་པོའི་དབང་ནི་གཙོ་བོ་སྟེ། །གཉིས་པ་གསང་བའི་མིང་ཅན་ནོ། །གསུམ་པ་ཀུན་ནས་སྦྱོར་བ་སྟེ། །བཞི་བ་དོན་གཉིས་དམ་པའོ། །གཙོ་བོའི་དབྱེ་བ་བཅུ་གཅིག་སྟེ། །བཅུ་གཉིས་པ་ནི་གསང་དབང་ངོ་། །(༣༧༥ན) བཅུ་གསུམ་པ་ནི་ཡང་དག་སྦྱོར། །བཅུ་བཞི་པ་ནི་དོན་དམ་སྟེ། །དབང་བསྐུར་རེ་རེ་ས་རེའོ། །རྣམ་པ་གསུམ་ནི་རྒྱུ་ཡི་དབང་། །བཞི་བ་འབྲས་བུར་ཤེས་པར་བྱ། །ཞེས་དབང་བཅུ་བཞི་གསུངས་པ་ལྟར་རོ། །བྱ་སྤྱོད་གཉིས་ལ་རིགས་ལྔའི་སྡོམ་པ་བཟུང་བ་ལ་བསྐུར་བའི་སློབ་དཔོན་གྱི་དབང་མེད་ཀྱང་། འཁོར་ལོ་དྲུང་སོགས་སྦྱིན་པའི་སྒོ་ནས་བྱ་སྤྱོད་རང་གི་རྒྱུད་འཆད་པ་དང་། དཀྱིལ་འཁོར་བྲིས་ཏེ་དབང་བསྐུར་བ་སོགས་བྱར་རུང་བ་རྗེས་སུ་གནང་བ་ལ་སློབ་དཔོན་གྱི་དབང་ཞེས་ཐ་སྙད་བཏགས་པའི་སློབ་དཔོན་གྱི་དབང་ཡོད་དེ། གསང་བ་སྤྱི་རྒྱུད་ལས། དེ་ནས་འདི་སྐད་བསྒོ་བར་བྱ། །དེ་ནི་དཀྱིལ་འཁོར་སློབ་དཔོན་གྱུར། །ཕྱོགས་དང་རྒྱུད་ཀྱང་འཛིན་པར་གྱུར། །སངས་རྒྱས་བྱང་ཆུབ་སེམས་དཔའ་དང་། །ལྷ་རྣམས་ཀྱང་ནི་ཀུན་གྱིས་བསྐུར། །སེམས་ཅན་རྣམས་ལ་སྙིང་བརྩེའི་ཕྱིར། །ཁྱོད་ཀྱི་དཀྱིལ་འཁོར་ཚ་ག་བཞིན། །ནན་ཏན་བསྐྱེད་དེ་བྲི་བར་བྱ། །སྒྲུབ་པ་པོ་ཡང་རྒྱུད་ལ(༣༧༥བ) སྦྱོར། །ཞེས་དང་། རྣམ་སྣང་མངོན་བྱང་གི་རྒྱུད་ལས། དེ་ནས་ཕང་པའི་བར་འོག་ཏུ། །ཆོས་ཀྱི་འཁོར་ལོ་བཞག་པར་བྱ། །དེ་ནས་ལག་པ་གཡས་པར་ཡང་། །ཤིན་ཏུ་བཟང་པོའི་དུང་བྱིན་ཏེ། །ཆོས་ཀྱི་དུང་ནི་བླ་མེད་པ། །ཀུན་ཏུ་རྒྱས་པར་བྱས་ནས་སུ། །དེ་རིང་ཕྱིན་ཆད་འཇིག་རྟེན་ལ། །སྐྱོབ་པ་རྣམས་ཀྱི་འཁོར་ལོ་བསྐོར། །སོམ་ཉི་ཡིད་གཉིས་མི་བྱ་ཞིང་། །དོགས་པ་མེད་པའི་སེམས་ཀྱིས་ཁྱོད། །འཇིག་རྟེན་འདི་ལ་རབ་ཏུ་ཤོད། །དེ་ལྟར་བྱས་ན་སངས་རྒྱས་ལ། །ཕན་འདོགས་བྱས་པ་གཟོ་ཞེས་བྱ། །རྡོ་རྗེ་འཛིན་པ་དེ་ཀུན་ཡང་། །ཁྱོད་ལ་རྣམ་པ་ཀུན་

ཏུ་སྨྲང་། །ཞེས་དང་། གུར་གྱི་ལེའུ་བཙོ་ལྔ་པ་ལས། དང་པོར་ཆུ་ཡི་དབང་ཡིན་ཏེ། །ཞེས་པ་ནས། འདི་དག་དབང་ཆོག་རིམ་པའོ། །ཞེས་གསུངས་པ་ལྟར་ཡིན་ལ། དེ་ལྟར་ཚུལ་དང་མཐུན་པའི་དབང་བསྐུར་ཟབ་མོ་ཐོབ་པའི་ཕན་ཡོན་ནི། གསང་བ་སྤྱི་རྒྱུད་ལས། དབང་བསྐུར་དང་པོ་ཐོབ་པ་ནི། །སངས་རྒྱས(༢༧༨ན)རྣམས་ཀྱིས་དགོངས་པར་འགྱུར། །དེའི་སྲས་གསང་སྔགས་སྤྱོད་པ་ལ། །བརྟེན་པ་རྣམས་ཀྱིས་བསྐུར་བར་འགྱུར། །རིག་སྔགས་གསང་སྔགས་མང་པོ་དང་། །འཕགས་པ་སྤྱན་རས་གཟིགས་དབང་དང་། །དཔའ་བོ་རྡོ་རྗེ་འཛིན་པ་དག །ཉིད་ཀྱི་བྱིན་གྱིས་བརླབ་པར་འགྱུར། །དེ་ཡི་སྲུར་ན་སྒྲུབ་པ་པོ། །ལས་རྣམས་ཐམས་ཅད་འགྲུབ་པར་འགྱུར། །དེ་ནི་ཅིས་ཀྱང་མི་ཚུགས་ཤིང་། །ལྷ་རྣམས་ཀྱིས་ཀྱང་མཆོད་པར་འགྱུར། །འཁོར་བ་ན་ནི་འཁོར་བ་ན། །དེ་ནི་ངན་སོང་ལྟུང་མི་འགྱུར། །ཡན་ལག་ཉམས་དང་དབུལ་བ་དང་། །སྨད་པ་རྣམས་སུ་སྐྱེ་མི་འགྱུར། །ཚེ་རབས་དྲན་ཞིང་ལོངས་སྤྱོད་ཆེ། །ཚུལ་ཁྲིམས་ལྡན་ཞིང་གཟུགས་ཀྱང་བཟང་། །རྟག་ཏུ་ལྷ་དང་མི་རྣམས་ཀྱི། །མཐོ་རིས་རྣམས་སུ་སྐྱེ་བར་འགྱུར། །དེ་ཡི་བསོད་ནམས་མཐུ་ཡི་ནི། །སངས་རྒྱས་བྱང་ཆུབ་ལས་མི་ལྡོག །དེས་ནི་རིང་པོ་མི་ཐོགས་པར། །བྱང་ཆུབ་མཆོག་ནི་རྗོགས(༢༧༨བ)པར་འགྱུར། །དེ་ལ་སོགས་པའི་ཡོན་ཏན་ནི། །མང་པོ་རྒྱ་ཆེན་དག་དང་ལྡན། །ཞེས་གསུངས་པ་ལྟར་རོ། །

གཉིས་པ་སྡོམ་ཅང་དུ་གྱུར་ནས་དམ་ཚིག་དང་སྡོམ་པ་དག་པར་བྱ་བ་ནི། དེ་ཚེ་དངོས་གྲུབ་རྣམ་གཉིས་སྒྲུབ་པའི་གཞི། །རྣམ་དག་དམ་ཚིག་སྡོམ་པར་གསུངས་པ་ལ། །བཅོས་མ་མིན་པའི་ངེས་པ་རྙེད་གྱུར་ནས། །སྲོག་དང་བསྡོས་ཏེ་སྲུང་བར་བྱིན་གྱིས་རློབས། །ཞེས་དང་། དབང་བསྐུར་ཟབ་མོ་མནོས་པ་དེའི་ཚེ་ལྷ་དང་བླ་མ་དཔང་དུ་གསོལ་ནས་ཇི་ལྟར་ཁས་བླངས་པའི་དམ་ཚིག་དང་སྡོམ་པ་རྣམས་རྣམ་

པར་དག་པར་བྱ་བ་དེ་སྔགས་ལམ་ཟབ་མོ་རྒྱུད་ལ་སྐྱེ་བ་དང་། མཆོག་ཐུན་མོང་གི་དངོས་གྲུབ་རྣམ་པ་གཉིས་སྒྲུབ་པའི་གཞི་དང་རྟེན་དུ་མེད་མི་རུང་བར་རྒྱུད་སྡེ་རིན་པོ་ཆེ་དུ་མ་ནས་ནན་ཏན་དུ་གསུངས་པ་ལ། གཞན་གྱིས་བཀྲིར་མི་རུང་བའི་བཙོས་མ་མ་ཡིན་པའི་ངེས་པ་བརྟན་པོ་ལེགས་པར་སྐྱེད་པར(༣༡༧ན)གྱུར་ནས་རྒྱུད་སྡེ་འོག་མ་ནས་འབྱུང་བའི་དམ་ཚིག་རྣམས་དང་། གོང་མ་གཉིས་ནས་འབྱུང་བའི་རིགས་ལྔའི་དམ་ཚིག་བཅུ་དགུ་དུས་དྲུག་ཏུ་བསྐྱང་བ་དང་། རྩ་ལྟུང་བཅུ་བཞི། སྦོམ་པོ་བརྒྱད་སྤང་བ་ལ་སོགས་པའི་རྩ་བ་དང་ཡན་ལག་གི་དམ་ཚིག་དང་སྡོམ་པ་རྣམས་སྲོག་དང་བསྡོས་ཏེ་ཚུལ་བཞིན་དུ་བསྲུང་བ་ཞིག་ངེས་པར་དགོས་སོ། །དེ་ལྟར་ཡང་། བདེ་མཆོག་རྩ་རྒྱུད་ལས། ཤིན་ཏུ་མཉམ་བཞག་སྒྲུབ་པ་པོས། །རྟག་ཏུ་དམ་ཚིག་བསྐྱངས་པར་བྱ། །དམ་ཚིག་ཉམས་པས་དཀྱིལ་འཁོར་དུ། །དབང་བསྐུར་དངོས་གྲུབ་ཐོབ་མི་འགྱུར། །ཞེས་དང་། ས་ར་ཧས་ཐོད་པའི་འགྲེལ་བར་དྲངས་པའི་གསང་བ་མཛོད་ཀྱི་རྒྱུད་ལས། དབང་བསྐུར་ཡང་དག་སྦྱིན་ལྡན་ན། །སྐྱེ་དང་སྐྱེ་བར་དབང་བསྐུར་འགྱུར། །དེ་ཡི་སྐྱེ་བ་བདུན་ལ་ནི། །མ་སྒོམ་པར་ཡང་དངོས་གྲུབ་ཐོབ། །གང་ལ་སྒོམ་པ་དང་ལྡན་ཞིང་། །(༣༡༧བ)གལ་ཏེ་དམ་ཚིག་སྡོམ་ལ་གནས། །སྐྱེ་འདིར་ལས་དབང་གིས་མ་གྲུབ། །སྐྱེ་བ་གཞན་དུ་དངོས་གྲུབ་ཐོབ། །རེ་ཞིག་དམ་ཚིག་ཉམས་པ་ལ། །དངོས་གྲུབ་ཐོབ་པ་ལྟ་ཞོག་གི། །མི་ཡི་སྐྱེ་བའང་རྙེད་པར་དཀའ། །ཞེས་དང་། རྒྱུད་རྡོ་རྗེ་རྩེ་མོ་ལས། གཞན་དུ་དམ་ཚིག་ལས་ཉམས་ན། །ཉམས་པ་པ་བདུད་ཀྱིས་གཟུང་བར་འགྱུར། །དེ་ནས་སྡུག་བསྔལ་མྱོང་འགྱུར་ཞིང་། །ཐུར་དུ་བལྟས་ཏེ་དམྱལ་བར་འགྲོ། །ཞེས་དང་། རྡོ་རྗེ་སྙིང་པོ་རྒྱན་གྱི་རྒྱུད་ལས། དེ་ལས་སྔགས་པ་ཡོངས་འདས་ན། །ངེས་པར་བདུད་དང་འཕྲད་པར་འགྱུར། །ནད་དང་སྡུག་བསྔལ་འཕེལ་འགྱུར་ཏེ། །བསྐྱར་མེད་སྤྱིའུ་ཚུགས་དམྱལ་བར་འགྲོ། །སྦོམ་པོ་ལྟུང་བྱེད་ཉེས་

དམིགས་ཀྱང་། །དེ་དང་འདྲ་བར་ཤེས་པར་བྱ། །ཞེས་གསུངས་པའི་ཕྱིར་རོ། །

དེ་ལ་བསྲུང་བྱ་དམ་ཚིག་དང་སྡོམ་པའི་སྐོར་ལ། རྒྱུད་སྡེ་བཞིའི་དབང་གང་ཐོབ་ཀྱང་མདོ་སྔགས་གཉིས་ཀའི་འཇུག(༣༧༨ན)སྒོ་ཐུན་མོང་བ་བྱང་སེམས་ཀྱི་སྡོམ་པ་ངེས་པར་བཟུང་བ་ཡིན་ཏེ། དཔལ་སཾ་པུ་ཊ་དང་རྡོ་རྗེ་མཁའ་འགྲོ་དང་རྡོ་རྗེ་རྩེ་མོ་རྣམས་སུ། བྱང་ཆུབ་སེམས་ནི་བླ་ན་མེད། །དམ་པ་བདག་གིས་བསྐྱེད་པར་བགྱི། །ཚུལ་ཁྲིམས་ཀྱི་ནི་བསླབ་པ་དང་། །དགེ་བའི་ཆོས་ནི་སྡུད་པ་དང་། །སེམས་ཅན་དོན་བྱེད་ཚུལ་ཁྲིམས་གསུམ། །སོ་སོར་བརྟན་པོར་བདག་གིས་བཟུང་། །ཞེས་དང་། རྡོ་རྗེ་གུར་གྱི་ལེའུ་བཅུ་གཉིས་པ་ལས། བདག་གིས་བྱང་ཆུབ་མཆོག་སེམས་བསྐྱེད། །ཨེ་མའོ་སེམས་ཅན་ཀུན་དོན་གཉེར། །བྱང་ཆུབ་སྤྱོད་མཆོག་མཛད་བཞིན་སྤྱད། །འགྲོ་ལ་ཕན་ཕྱིར་སངས་རྒྱས་ཤོག །ཅེས་གསུངས་པ་ལྟར་བྱང་ཆུབ་ཏུ་སེམས་བསྐྱེད་ནས་ཚུལ་ཁྲིམས་རྣམ་པ་གསུམ་ལ་སློབ་དགོས་པར་མ་ཟད་ཕྱིན་དྲུག་གི་སྤྱོད་པ་ཡང་མདོ་དང་མཐུན་པའི་ཕྱིར་ཏེ། རྒྱུད་རྡོ་རྗེ་རྩེ་མོ་ལས། ཕ་རོལ་ཕྱིན་དྲུག་སྤྱོད་པ་ལ། །(༣༧༨བ)གོ་རིམ་བཞིན་དུ་བསླབ་པར་བྱ། །སེམས་ཅན་གྱི་ནི་དོན་ལྡན་པས། །བྱང་ཆུབ་སེམས་དཔའི་སྤྱོད་པ་སྤྱད། །ཅེས་གསུངས་པ་ལྟར་བྱང་ཆུབ་སེམས་དཔའི་སྡོམ་པ་བཟུང་བ་ཡིན་པས། རྩ་ལྟུང་བཅོ་བརྒྱད་དང་། ཉེས་བྱས་བཞི་བཅུ་ཞེ་དྲུག་བསྲུང་དགོས་ཏེ་གསང་བ་སྤྱི་རྒྱུད་ལས། དེ་ཡི་ནུབ་མོ་ཅི་ནུས་པར། །དེ་བཞིན་སྡོམ་པ་འཛིན་དུ་གཞུག །ཅེས་དང་། རྣམ་སྣང་མངོན་བྱང་གི་རྒྱུད་ལས། བཅོམ་ལྡན་འདས། བྱང་ཆུབ་སེམས་དཔའ་རྣམས་ལ་དགེ་བ་བཅུའི་ལས་ཀྱི་ལམ་འདི་རྣམས་ཀྱི་སྡོམ་པ་ཉམས་པ་དང་ཤིན་ཏུ་རྩ་བ་ནས་ཆད་པར་གྱུར་བ་དང་། བཅོམ་ལྡན་འདས། བྱང་ཆུབ་སེམས་དཔའ་རྒྱལ་སྲིད་ཀྱི་དབང་ཕྱུག་དང་ཁྱིམ་པ་བུ་དང་བུ་མོ་དང་ཉེ་དུ་དང་སྣག་གི་གཉེན་མཚམས་རྣམས་ཀྱིས་ཡོངས་སུ་

བསྐོར་ཞིང་ལྷ་དང་མིའི་བདེ་བ་མྱོང་བར་བགྱིད་ཀྱང་ཇི་ལྟར་ལྟུང་བར་མི་འགྱུར་བ་བཤད་དུ་གསོལ། གསང་བ་པའི་བདག་པོ་དེའི་ཕྱིར་ཉོན་ལ་ལེགས་པར་རབ་ཏུ་ཡིད་ལ་ཟུངས་ཤིག(༡༧༤ན)དང་། བྱང་ཆུབ་སེམས་དཔའ་རྣམས་ཀྱི་འདུལ་བའི་ལྟུང་བ་རྣམ་པར་ངེས་པ་ལ་མཁས་པས་བཤད་དོ། །གསང་བ་པའི་བདག་པོ། དེ་ལ་བྱང་ཆུབ་སེམས་དཔའ་རྣམ་པ་གཉིས་ཏེ། གཉིས་གང་ཞེ་ན། འདི་ལྟར་ཁྱིམ་པ་དང་རབ་ཏུ་བྱུང་བའོ། །དེ་ལ་བྱང་ཆུབ་སེམས་དཔའ་ཁྱིམ་པ་ནི་ཁྱིམ་ན་གནས་ཤིང་བསླབ་པའི་གཞི་བཟུང་སྟེ། ཐབས་དང་ཚུལ་སྣ་ཚོགས་ཀྱིས་རྒྱལ་སྲིད་ལ་དབང་བྱེད་དོ། །གསང་བ་པའི་བདག་པོ། དེ་ལ་བྱང་ཆུབ་སེམས་དཔའ་ཡུལ་དང་དུས་ཀྱི་དབང་གིས་ཐམས་ཅད་མཁྱེན་པ་ཉིད་ཐོབ་པར་འདོད་པ་ནི་འདི་ལྟར་ཐབས་ཀྱིས་ཡོངས་སུ་ཟིན་པར་སླུ་དང་རོལ་མོ་དང་མིག་འཕྲུལ་ལ་སོགས་པའི་རྣམ་པ་སྣ་ཚོགས་སྟོན་ཅིང་ཐབས་དང་ཚུལ་དེ་དང་དེ་དག་གིས་བསྡུས་པའི་དངོས་པོ་བཞིས་སེམས་ཅན་རྣམས་ཡོངས་སུ་སྡུད་དོ། །དེ་ཡང་བླ་ན་མེད་པ་ཡང་དག་པར་རྫོགས་པའི་བྱང་ཆུབ་འདོད་པའི་ཕྱིར་རོ། །དེ་ལ་སྲོག་གཅོད་པ་དང་། མ་བྱིན་པར་ལེན་པ་དང་། འདོད་པས་ལོག་པར(༡༧༤བ)གཡེམ་པ་དང་། རྫུན་དུ་སྨྲ་བ་དང་། ལོག་པར་ལྟ་བ་རབ་ཏུ་སྤངས་པ་ཡིན་ཏེ། བྱང་ཆུབ་སེམས་དཔའ་ཁྱིམ་པས་བསླབ་པའི་གཞི་དེ་ལྔ་བཟུང་ནས་བསླབ་པ་ཇི་སྐད་བསྟན་པ་རྣམས་ལ་སློབ་ཅིང་དང་བས་སྟོན་གྱི་དེ་བཞིན་གཤེགས་པ་རྣམས་ཀྱི་རྗེས་སུ་བསླབ་པར་བྱའོ། །འདུས་མ་བྱས་པའི་ཚུལ་ཁྲིམས་ཀྱི་ཕུང་པོ་བླ་ན་མེད་པ་དེ་བཞིན་གཤེགས་པས་བསྟགས་པ་ལ་གནས་ཏེ་འདུས་བྱས་ཀྱི་ཚུལ་ཁྲིམས་ལ་ཐབས་དང་ཤེས་རབ་ཀྱིས་ཡོངས་སུ་ཟིན་པར་སྤྱོད་ཅིང་། ལྟུང་བའི་རྩ་བ་བཞི་ནི་སྲོག་གི་ཕྱིར་ཡང་ཡོངས་སུ་ཉམས་པར་མི་བྱའོ། །བཞི་གང་ཞེ་ན། དམ་པའི་ཆོས་སྤོང་བ་དང་། བྱང་ཆུབ་ཀྱི་སེམས་གཏོང་བ་དང་། སེར་སྣ་བྱེད་པ་དང་། སེམས་

ཅན་ལ་གནོད་པ་བྱེད་པའོ། །དེ་ཅིའི་ཕྱིར་ཞེ་ན། འདི་དག་ནི་ཐབས་དང་ཤེས་རབ་ཏུ་མི་ལྡན་པ་དང་རང་བཞིན་གྱིས་ཉོན་མོངས་པ་ཅན་ཏེ་སླར་གསོར་མི་རུང་བའོ། །ཞེས་རབ་བྱུང་གི་བསླབ་པ་མ་གསུངས་པར་ཁྱིམ་པའི་བསླབ་པ་བཤད་པ་ནི་རྟེན་དེ་གཉིས་ཀའི་བྱང་ཆུབ(༢༢༠ན)སེམས་དཔའི་སྡོམ་པ་གཙོད་པའི་རྩ་ལྟུང་ནི་འདྲ་བས་རྩ་བ་ནས་ཆད་པར་གསུངས་པ་དང་། སྡོམ་པ་གང་ཡང་མི་སྲུང་ན་དཀྱིལ་འཁོར་དུ་འཇུག་པ་ཙམ་ཞིག་བྱེད་ཀྱི་ཆུ་དབང་སོགས་ཡེ་མི་བསྐུར་བས་སོ་ཐར་ནི་སྡོམ་པ་ཐམས་ཅད་ཀྱི་རྩ་བ་དང་བསླབ་པ་ཀུན་གྱི་གཞི་ཡིན་ནོ། །ཆུ་དབང་སོགས་བསྐུར་རུང་བའི་བྱང་སེམས་ཀྱི་སྡོམ་པའི་བསླབ་བྱ་ནི། ནམ་མཁའི་སྙིང་པོའི་མདོ་སྡེ་ལས། དཀོན་མཆོག་གསུམ་གྱི་དཀོར་འཕྲོག་པ། །ཕམ་པ་པ་ཡི་ལྟུང་བར་འདོད། །དམ་པའི་ཆོས་ནི་སྤོང་བྱེད་པ། །གཉིས་པར་ཐུབ་པས་གསུངས་པ་ཡིན། །ཚུལ་ཁྲིམས་འཆལ་བའི་དགེ་སློང་ལའང་། །ངུར་སྨྲིག་འཕྲོག་དང་བརྡེག་པ་དང་། །བཙོན་རར་འཇུག་པར་བྱེད་པ་དང་། །རབ་ཏུ་བྱུང་ལས་འབེབས་པ་དང་། །སྲོག་བྲལ་བྱེད་པ་གསུམ་པ་ཡིན། །མཚམས་མེད་ལྔ་པོ་བྱེད་པ་དང་། །ལོག་པར་ལྟ་བ་འཛིན་པ་དང་། །གྲོང་ལ་སོགས་པ་འཇིག་པ་ལ། །རྩ་བའི་ལྟུང་བར་རྒྱལ་བས་གསུངས། །(༢༢༠བ)ཞེས་དང་། མདོ་ལས། བློ་སྦྱོང་མ་བྱས་སེམས་ཅན་ལ། །སྟོང་པ་ཉིད་ནི་བརྗོད་པ་དང་། །སངས་རྒྱས་ཉིད་ལ་ཞུགས་པ་རྣམས། །རྫོགས་པའི་བྱང་ཆུབ་བཟློག་པ་དང་། །སོ་སོར་ཐར་པ་ཡོངས་སྤངས་ཏེ། །ཐེག་པ་ཆེ་ལ་སྦྱོར་བ་དང་། །སློབ་པའི་ཐེག་པས་ཆགས་ལ་སོགས། །སྤོང་བར་འགྱུར་བ་མིན་ཞེས་འཛིན། །ཕ་རོལ་དག་ཀྱང་འཛིན་འཇུག་དང་། །རང་གི་ཡོན་ཏན་བརྗོད་པ་དང་། །རྙེད་པ་དང་ནི་བཀུར་སྟི་དང་། །ཚིགས་བཅད་རྒྱུ་ཡིས་གཞན་སྨོད་དང་། །བདག་ནི་ཟབ་མོ་བཟོད་པའོ་ཞེས། །ལོག་པ་ཉིད་ནི་སྨྲ་བ་དང་། །དགེ་སྦྱོང་ཆད་པས་གཅོད་འཇུག་དང་། །དཀོན་

མཆོག་གསུམ་གྱི་སྦྱིན་བྱེད་དང་། །སྦྱིན་པ་ལེན་པར་བྱེད་པ་དང་། །ཞི་གནས་དོར་བར་བྱེད་པ་དང་། །ཡང་དག་འཇོག་གི་ཡོངས་སྤྱོད་རྣམས། །དེ་དག་རྩ་བའི་ལྟུང་བ་སྟེ། །སེམས་ཅན་དམྱལ་བ་ཆེན་པོའི་རྒྱུ། །ཞེས་དང་། ཐབས་ལ་མཁས་པའི་མདོ་ལས། རིགས་ཀྱི་བུ། གཞན་ཡང་། བྱང་ཆུབ་སེམས་དཔའ་སོ་སོར་ཐར་པའི་བསླབ་པ་སློབ་ཅིང་། བསྐལ་བ་བརྒྱ་སྟོང(༣༢༧ན)དུ་རྩ་བ་དང་འབྲས་བུ་ཟ་བར་གྱུར་ལ། སེམས་ཅན་རྣམས་ཀྱིས་ལེགས་པར་སྨྲས་པ་དང་ཉེས་པར་སྨྲས་པ་ལ་བཟོད་ཀྱང་། ཉན་ཐོས་དང་རང་སངས་རྒྱས་དང་ལྡན་པའི་ཡིད་ལ་བྱེད་པས་གནས་ན་འདི་ནི་བྱང་ཆུབ་སེམས་དཔའི་ལྟུང་བ་ལྕི་བའོ། །ཞེས་རྩ་ལྟུང་དང་ཉེས་བྱས་སོགས་སྨྲུང་ལ། རྣལ་འབྱོར་རྒྱུད་ཡན་ཆད་ལ་རྡོ་རྗེ་སློབ་དཔོན་གྱི་དབང་བསྐུར་ཉུང་བའི་སྟགས་སྡོམ་བཟུང་བས་རྩ་ལྟུང་བཅུ་བཞི་དང་། སྡོམ་པོ་བརྒྱད་སོགས་བསྲུང་བ་དང་རིགས་ལྔའི་དམ་ཚིག་སྤྱི་དང་བྱེ་བྲག་རྣམས་སུ་ཉིན་མཚན་དུས་དྲུག་ཏུ་དྲན་པ་ལ་སོགས་པ་རྣམས་ལ་ཤིན་ཏུ་འབད་པར་བྱ་སྟེ། བཤད་རྒྱུད་རྡོ་རྗེ་རྩེ་མོ་ལས། སྲོག་གཅོད་ཀྱུ་དང་འཁྲིག་པ་དང་། །རྫུན་དང་སྨྱོས་བྱེད་རྣམ་པར་སྤང་། །ཁྱིམ་པའི་སྡོམ་པ་ལ་གནས་ནས། །དེ་ཚེ་རིག་པའི་རྒྱལ་པོ་བསྒྲུབ། །གལ་ཏེ་དེ་ནི་རབ་བྱུང་གྱུར། །སྡོམ་པ་གསུམ་ལ་ཡང་དག་གནས། །སོ་སོར་ཐར་དང་བྱང་ཆུབ་སེམས། །རིག་འཛིན་སྡོམ་པ་མཆོག་ཡིན་ནོ། །ཞེས་དང་། (༣༢༧བ)དེ་ལས་གཞན་པ་བཅུ་བཞི་ནི། །ཕས་ཕམ་པར་ནི་རབ་ཏུ་བཤད། །སྤང་ཞིང་དོར་བར་མི་བྱ་སྟེ། །རྩ་བའི་ལྟུང་བ་ཞེས་བཤད་དོ། །ཉིན་དང་མཚན་མོ་ལན་གསུམ་དུ། །ཉིན་རེ་བཞིན་ནི་བཟླ་བར་བྱ། །གང་ཚེ་ཉམས་གྱུར་རྣལ་འབྱོར་བ། །ཁ་ན་མ་ཐོ་སྦོམ་པོར་འགྱུར། །ཞེས་དང་། གཤིན་རྗེ་གཤེད་ནག་པོའི་རྒྱུད་ལས། སློབ་དཔོན་ལ་ནི་བརྙས་མི་བྱ། །བདེ་གཤེགས་བཀའ་ལས་འདའ་མི་བྱ། །དེ་བཞིན་སྤུན་ལ་ཁྲོས་པ་དང་། །ཉེས་པ་

བསྒྲགས་པར་མི་བྱའོ། །བྱང་ཆུབ་སེམས་ཀྱང་བཏང་མི་བྱ། །བདག་གཞན་ཆོས་ལ་སྨད་མི་བྱ། །སེམས་ཅན་ལ་ནི་བྱམས་པ་དག །ནམ་ཡང་བཏང་བར་མི་བྱའོ། །ཡོངས་སུ་མ་སྨིན་སེམས་ཅན་ལ། །གསང་བ་དག་ནི་བསྟན་མི་བྱ། །བདག་སོགས་ཕུང་པོ་བརྙས་མི་བྱ། །ཁྲོང་པའི་ཆོས་ནི་སུན་མི་གདོན། །གདུག་ལ་བྱམས་པ་རྟག་ཏུ་བཏང་། །ཆོས་ལ་ཚད་ནི་གཞལ་མི་བྱ། །སེམས་ཅན་དད་པ་ཅན་མི་བསླུ། །རྟག་ཏུ་དམ་ཚིག་བསྟེན་པར་བྱ། །བུད་མེད་ཤེས་རབ་རང་བཞིན་ལ། །སྨོད་པ་ཉེས་པ་དེ་བཞིན་ནོ། །རྣལ་འབྱོར་སྤྱོད(༢༢༢ན)མོས་རྒྱུ་མི་བྱ། །རྣལ་འབྱོར་སྤང་བར་མི་བྱ་སྟེ། །རྟག་པར་རྒྱུན་དུ་གསང་སྔགས་བཟླ། །རྟག་ཏུ་དམ་ཚིག་ལ་སོགས་བསྟེན། །གལ་ཏེ་བག་མེད་བྱུང་གྱུར་ཏེ། །བླ་མ་དམ་ཚིག་ལ་གནོད་ན། །དེས་ནི་དཀྱིལ་འཁོར་བྲིས་བྱས་ལ། །བདེ་གཤེགས་རྣམས་ལ་ཉེས་པ་བཤགས། །སྙིང་རྗེ་ཅན་གྱིས་མི་བརྟག་པར། །དད་པས་བླ་མའི་དམ་ཚིག་སྲུང་། །ཞེས་གསུངས་པ་ལྟར་ལ་བླ་མ་ཡང་། གང་ཞིག་དམ་ཆོས་ཀློག་པ་དང་། །འཆད་དང་མན་ངག་སྟོན་པ་དང་། །དབང་བསྐུར་བ་དང་ལས་བྱེད་པ། །སློབ་དཔོན་ཞེས་ནི་བཤད་པ་ཡིན། །ཞེས་གསུངས་པ་ལྟར་དབང་བསྐུར་བ་སོགས་རེ་རེ་དང་ལྡན་པ་དང་། གསུམ་ལྡན་ལ་ཁྱད་པར་མེད་དེ། དགྲ་ནག་གི་དཀའ་འགྲེལ་དུ་སློབ་དཔོན་ངོས་འཛིན་པའི་སྐབས་སུ་རྒྱུད་དྲངས་པ་ལས། ཚིགས་བཅད་གཅིག་ཙམ་ཉན་པ་ལ། །གང་གིས་བླ་མར་མི་འཛིན་པ། །ཁྱི་ཡི་སྐྱེ་བ་བརྒྱར་སྐྱེས་ནས། །རྨི་ཤ་ཅན་དུ་སྐྱེ་བར་འགྱུར། །ཞེས་གསུངས་པ་ལྟར་རྩ་ལྟུང་དང་པོ་ཇི་ལྟར་བྱུང་བའི་ཚུལ་ཡུལ་དེ་ལ་བྱ་བ་ཅི་འདྲ་བ་ཞིག་བྱས་པས་རྩ་ལྟུང་དུ་གྱུར་ཏེ་དངོས་གྲུབ་ཐམས་ཅད་འཕྲོག་ཅིང་ངན་འགྲོ་ཤིན་ཏུ་ཉམ་ང་བའི་སྡུག་བསྔལ་གྱི་རྩ་བར་གྱུར་བའི་ཚུལ་དེ་ལ་ངེས་པ་བརྟན་པོ་རྙེད་པར་རག་ལས་ཏེ་དེ་ཚིག་ཙམ་དུ་འགྲོ་བས་གཞན་ཐམས་ཅད་ཚིག་ཙམ་དུ་འགྱུར་བས་ཤིན་ཏུ་གཟབ་དགོས་

སོ། །རྡོ་རྗེ་སྙིང་པོ་རྒྱན་གྱི(༢༢༢བ)རྒྱུད་ལས། དམ་ཚིག་མི་ལྡན་རིག་མ་བསྟེན། །ཚོགས་ཀྱི་འཁོར་ལོར་རྩོད་པར་བྱེད། །གསང་བའི་ཆོས་ནི་སྟོན་པ་དང་། །དད་ལྡན་རྣམས་ལ་གཞན་དུ་སྟོན། །ཉན་ཐོས་ནང་དུ་ཡུན་རིང་གནས། །སྨོད་མི་ཊུང་ལ་གསང་བ་བསྟན། །ཁ་ན་མ་ཐོ་སྡོམ་གྱུར་ཏེ། །སྔགས་པ་དེ་ཡི་དམ་སྡོམ་ཟད། །ཟད་པས་འགྲུབ་པར་ཡོངས་མི་འགྱུར། །དེ་བས་ཉེན་རེ་ལན་གསུམ་དུ། །ཁ་ཏོན་བྱས་ཀྱང་བཟླག་པར་བྱ། །ཞེས་གསུངས་པ་ལྟར་རོ། །གཞན་ཡང་བྱ་སྤྱོད་ཀྱི་དམ་ཚིག་ནི། གསང་བ་སྤྱི་རྒྱུད་ལས། དེ་ནས་བླ་མ་སློབ་མ་རྣམས། །མ་གཡེངས་ལེགས་པར་བཀོད་ནས་སུ། །ཤེས་རབ་ཕ་རོལ་ཕྱིན་བཟླགས་ཏེ། །དམ་ཚིག་འདི་ལ་བསྒོ་བར་བྱ། །དེ་རིང་ཕྱིན་ཆད་ཁྱེད་རྣམས་ཀྱིས། །སངས་རྒྱས་ཆོས་དང་དགེ་འདུན་དང་། །བྱང་ཆུབ་སེམས་དཔའ་རྣམས་དང་ནི། །རིག་སྔགས་གསང་སྔགས་ཚོགས་རྣམས་ལ། །དད་པས་རབ་ཏུ་བསྟེན་པར་བྱ། །ཏག་པར་ཕྱག་རྒྱ་ཆེན་པོ་ལ། །ཁྱད་པར་དུ་ནི་མོས་པར་བྱ། །དམ་ཚིག་ཅན་དང་མཛའ་བོ་དང་། །བླ་མ་ལ་ཡང་གུས་པར་བྱ། །ལྷ་རྣམས་ཀུན་ལ་སྡང་མི་བྱ། །(༢༢༣ན)དུས་མཚམས་ཏག་ཏུ་མཆོད་པར་བྱ། །སྟོན་པ་གཞན་གྱི་གཞུང་མི་མཆོད། །ཏག་ཏུ་སློ་བུར་མགྲོན་མཆོད་བྱ། །སྲོག་ཆགས་རྣམས་ལ་བྱམས་པའི་སེམས། །རབ་ཏུ་བཏན་པ་ཉེ་བར་བཞག །ཐེག་པ་ལ་ནི་དགའ་རྣམས་ཀྱི། །བསོད་ནམས་དག་ལ་ནན་ཏན་བསྐྱེད། །བཟླས་བརྗོད་བྱེད་ལ་འབད་པ་ཡི། །གསང་སྔགས་སྤྱོད་ལ་བརྩོན་པར་བྱ། །གསང་སྔགས་རྒྱུད་ལས་བསྟན་པ་ཡི། །དམ་ཚིག་རྣམས་ཀྱང་བསྲུང་བར་བྱ། །དམ་ཚིག་མེད་པ་རྣམས་ལ་ནི། །སྔགས་དང་ཕྱག་རྒྱ་མི་སྦྱིན་ནོ། །ཞེས་དང་། དཔུང་བཟང་གིས་ཞུས་པའི་རྒྱུད་ལས། ཤ་ཆང་ཀེའུ་དང་ཙོང་དང་སྒོག་རྫོག་དང་། །འབྲུ་མར་ཏིལ་དང་ལ་ཕུག་སུ་ར་ན། །འབྱུང་པོའི་ཟས་དང་ལྷ་བཤོས་གཏོར་མ་དང་། །ཀུ་ལང་མཆོད་བྱས་གཏོར་

མ་མི་ཟ་འོ། །ངས་ནི་སྔགས་པས་ཁ་ཟས་དཀར་གསུམ་དང་། །རྩ་བ་སྟོང་བུ་འབྲས་བུ་ཚོད་མ་དང་། །ཞོ་དང་ནས་དང་འོ་མ་མར་དག་དང་། །འབྲུ་མར་ཚོགས་མ་དར་བ་འོ་དཀོན་དང་། །ཐུག་པ་དག་ནི་བཟའ་བཏུང་ཡིན་པར་གསུངས། །ཞེས་དང་། (༣༢༣བ)ལེགས་གྲུབ་ཀྱི་རིག་སྔགས་ཀྱི་འདུལ་བ་རིམ་པར་ཕྱེ་བ་ལས། དེ་ནས་གཞན་ཡང་འགའ་ཞིག་ལ། །གནས་ན་ཟློས་པ་པོ་རྣམས་ཀྱིས། །དངོས་གྲུབ་མྱུར་དུ་ཐོབ་འགྱུར་བའི། །གསང་སྔགས་བཟློས་པའི་འདུལ་བ་བཤད། །སྒྲུབ་ཆོས་གསང་སྔགས་ཐམས་ཅད་དང་། །ལྷ་རྣམས་དང་ནི་ཐམས་ཅད་དང་། །ཟློས་པ་བདག་ཉིད་ཆེན་པོ་ལ། །མཁས་པས་ཞེ་སྡང་མི་བྱའོ། །མཁས་པས་གསང་སྔགས་ཚོ་ག་དང་། །གསང་སྔགས་རང་བཟོར་མི་བྱའོ། །རང་བཞིན་ངན་པའི་མི་དག་ལ། །བརྙས་པར་ཡང་ནི་མི་བྱའོ། །བླ་མ་དཀྱིལ་འཁོར་སྟོན་པ་ནི། །སྤྱོད་པ་ངན་པར་གྱུར་ན་ཡང་། །ངག་གམ་ཡང་ན་ཡིད་ཀྱིས་སུ། །ནམ་ཡང་སྨད་པར་མི་བྱའོ། །མཁས་པས་རིག་ངན་(སྔགས་)དག་ལ་ནི། །ཁྲོས་ནས་ནན་ཏན་བཅིང་བ་དང་། །བཅས་པ་དང་ནི་ཚར་གཅོད་དང་། །དྲག་སྤྱོད་དེ་དང་དེ་མི་བྱ། །གཞན་གྱིས་རྗེས་སུ་མ་གནང་བར། །གསང་སྔགས་བཟུང་བར་མི་བྱ་སྟེ། །བསྙེན་བཀུར་མ་བྱས་པ་ལ་ཡང་། །ཚོ་ག་ཤེས་པས་སྔགས་མི་སྦྱིན། །(༣༢༤ན)རྒྱུད་ཤེས་མཁས་པས་གསང་སྔགས་དང་། །ཕྱག་རྒྱ་ཚོ་ག་ཞིབ་མོ་དང་། །རྒྱུད་དང་དཀྱིལ་འཁོར་བཤད་པ་དག །དཀྱིལ་འཁོར་མ་ཞུགས་པར་མི་སྦྱིན། །མཚོན་ཆ་འདྲ་བ་ཐམས་ཅད་དང་། །དེ་བཞིན་སེམས་ཅན་འདྲ་བ་དང་། །ཕྱག་རྒྱ་སྣ་ཚོགས་ཐམས་ཅད་དག །བཟའ་བར་མི་བྱ་འགོམས་མི་བྱ། །སྒྲུབ་པ་པོ་ནི་བློ་ལྡན་གྱིས། །སྨན་རྣམས་སྨོད་པར་མི་བྱ་སྟེ། །མི་གཙང་བས་ཀྱང་རེག་མི་བྱ། །རྐང་པས་ཀྱང་ནི་མི་འགོང་ངོ་། །ཐེག་པ་ཆེན་པོ་པ་དག་དང་། །ཤེས་རབ་ཅན་གྱིས་བརྩད་མི་བྱ། །བྱང་ཆུབ་སེམས་དཔའ་མཐུ་ཆེན་

དག །ཐོབ་ནས་སུན་ཀྱང་མི་དབྱུང་ངོ་། །སྡིགས་ཀྱི་སྒྲུབ་པ་པོ་དག་དང་། །ལྷན་ཅིག་ནམ་ཡང་འགྲན་མི་བྱ། །ཉེས་པ་ཆུང་ངུ་དག་ལ་ནི། །ཁྲོས་ནས་དྲག་ཤུལ་སྤྱད་མི་བྱ། །ཟློས་པ་ཆོ་ག་ལ་གནས་པས། །སློ་གར་རྩེད་མོ་མི་བྱ་སྟེ། །མཛེས་པར་བྱ་ཕྱིར་འཕྲེང་བ་དང་། །ཁ་དོག་འཆང་བར་མི་བྱའོ། །འགོམས་པ་དང་ནི་མཆོང་བ་དང་། །རྒྱུགས་པ་དང་ནི(༡༡༤བ)ཙབ་རྡལ་དང་། །ལུས་ལས་བྱུང་བའི་གནས་ངན་ལེན། །ཐམས་ཅད་ཡོངས་སུ་སྤང་བར་བྱ། །བདེན་པའི་ཚོས་ལ་གནས་པ་ཡིས། །ཡོག་པ་གཏུམ་དང་འགྱུར་དང་རྩུབ། །དབྱེན་གྱི་ཚིག་ཀྱང་སྤང་བར་བྱ། །དོན་མེད་གཏམ་ཡང་མི་བྱའོ། །མུ་སྟེགས་ཅན་དང་གནས་པ་དང་། །རྩོད་པ་དག་ཀྱང་མི་བྱ་ཞིང་། །གདོལ་བ་ལ་སོགས་རིགས་ངན་དང་། །གསང་སྔགས་ཟློས་པ་སྨྲ་མི་བྱ། །ཟློ་ཅན་བཟླས་བརྗོད་བྱེད་པ་ན། །སྔགས་གཡོགས་གཅིག་པུ་མ་གཏོགས་པར། །གཞན་དང་ལྷན་ཅིག་དགོས་མེད་པར། །འགའ་དང་ཡང་ནི་སྨྲ་མི་བྱ། །འབྲུ་མར་དག་གིས་ལུས་མི་བསྐུ། །ཏིལ་ཡང་ཟ་བར་མི་བྱའོ། །ལ་ཕུག་སྔོག་པ་ཚ་དག་དང་། །བཙའ་སྐྱུར་ནམ་པ་ཐ་དད་དང་། །ཏིལ་གྱི་ཚུང་པེང་ལ་ཏུ་དང་། །དེ་བཞིན་མ་ཤའི་སྲན་ཆན་དག །དངོས་གྲུབ་འདོད་པས་རྣམ་པར་སྤང་། །ཡོག་འདྲེན་དག་གི་ཟས་ཀུན་དང་། །གཏོར་མའི་ཁ་ཟས་ཐམས་ཅད་དང་། །ཀྲི་པ་ཏ་དང་འོ་ཐུག་དང་། །གསང(༡༡༥ན)སྔགས་ཟློས་པས་རྣམ་པར་སྤང་། །ཤིང་རྟ་ལ་སོགས་བཞོན་པ་དང་། །པདྨ་ལ་སོགས་བརྫི་མི་བྱ། །ཁ་ཟས་ལྷག་མ་བོར་བ་ལ། །ཐང་པས་ཀྱང་ནི་རེག་མི་བྱ། །སྡིག་པའི་ཚོ་ག་ཐམས་ཅད་དང་། །ལྷམ་དང་གདུགས་དག་འཆང་བ་དང་། །ལུས་ཀྱི་བྱི་བྱད་ཐམས་ཅད་དག །གསང་སྔགས་ཟློས་པས་རྣམ་པར་སྤང་། །ཐང་བས་ཐང་པ་ཉེད་པ་དང་། །ལག་པས་ལག་པ་མཉེ་མི་བྱ། །གཤང་གཅི་དག་ནི་ཆུར་མི་དོར། །དེ་དང་ཉེ་བར་དོར་མི་བྱ། །སྙིམ་པ་ཁོ་ནར་མི་བཟའ

སྟེ། །འཕར་བའི་སྟོད་དུ་བཟའ་མི་བྱ། །ཡོ་མའི་རྒྱབ་ཏུའང་མི་བཟའ་ཞིང་། །མཁས་པའི་ཆགས་པའི་ཟས་མི་བྱ། །ཁྲི་རྣམས་དང་ནི་ཁྲིའུ་དག་ལ། །སློབ་པ་བློ་ལྡན་མི་གཙང་ལ། །གཞན་དང་ཉལ་བར་མི་བྱ་སྟེ། །གན་རྐྱལ་ཁ་སྦུབ་ཏུ་ཡང་མིན། །ཡང་དང་ཡང་དུ་མི་བཟའ་སྟེ། །ཏ་ཙང་ཆུང་དང་ཆེར་མི་བཟའ། །མི་བཟའ་བར་ཡང་གནས་མི་བྱ། །གང་དག་རྟོགས་པའང་མི་བཟའོ། །ངོ་མཚར་རྣམས(༣༢༥བ)ལ་དགའ་མི་བྱ། །ལྟད་མོ་ཀུན་ལ་མི་བལྟ་ཞིང་། །བུད་མེད་ཡུལ་ལ་འཛོལ་ཉོག་ལ། །ཞེན་པའི་སེམས་ཀྱིས་ཆགས་མི་བྱ། །སྔགས་ཟློས་ཚོ་ག་ལ་གནས་པས། །ལུས་དང་ངག་དང་ཡིད་ཀྱིས་ཀྱང་། །ཟས་དང་དེ་བཞིན་སྤྱོད་པ་ལ། །མ་བསམས་པར་ནི་ཡོངས་མི་བྱ། །སྔགས་ཟློས་ཁྲིམ་པ་མཁས་པ་ཡིས། །ཁ་དོག་བསྒྱུར་བའི་གོས་མི་བགོ། །དེ་བཞིན་ཉིད་དང་དྲི་མ་ཅན། །གོས་གཅིག་པར་ནི་ཡོངས་མི་བྱ། །བདག་ལ་སྨད་པར་མི་བྱ་ཞིང་། །རང་ལ་མི་དགའ་མི་བྱ་སྟེ། །སྐྱོ་བར་ཡང་ནི་མ་གྱུར་དང་། །ནད་ཀྱིས་འགོང་བར་མི་བྱའོ། །བཀའ་ལན་བསྐྱལ་བ་མ་གཏོགས་པར། །བདག་གི་གསང་སྔགས་བཏང་མི་བྱ། །གཏི་མུག་བློ་ནི་མི་སྨད་ཅིང་། །ཁྲིམ་པ་ལྷོད་པར་མི་བྱའོ། །ཡིད་ནི་གཞན་དུ་མ་གྱུར་དང་། །བསམ་པ་མང་པོ་མ་ཡིན་དང་། །མི་གཙང་ཆགས་པའི་སེམས་མེད་པར། །ཟློས་པ་པོ་ནི་གསང་སྔགས་འདོན། །གདོན་གྱི་ལས་རྣམས་མི་བྱ་ཞིང་། །སྲུང་དང་སྐར་ཟློག་མི་བྱའོ། །རང་གི་སྔགས་སེམས(༣༢༦ན)གཞན་གྱིས་ཀྱང་། །ཟློས་པས་དུག་གི་ལས་མི་བྱ། །སློབ་པ་ལ་དགོས་མ་གཏོགས་པར། །གསང་སྔགས་གཞན་དུ་སྤྱད་མི་བྱ། །འཁྲུན་པ་དང་ནི་སད་ཕྱིར་ཡང་། །བདག་གི་གསང་སྔགས་མི་སྦྱོར་རོ། །བློ་ལྡན་གྱི་ནི་དུས་གསུམ་བཟླས། །དུས་གསུམ་དུ་ནི་ཁྲུས་བྱས་ཏེ། །ཞེས་དང་། སློབ་པ་པོ་ནི་ཚེས་བརྒྱད་དང་། །བཅུ་བཞི་དང་ནི་བཅོ་ལྔ་དང་། །ཆོ་འཕྲུལ་གྱི་ནི་ཟླ་ཕྱེད་ལ། །ཁྱད་པར་དུ་ནི་མཆོད་པར་བྱ། །བཟླས་

བརྗོད་སྦྱིན་སྲེག་མཆོད་པ་དང་། །དེ་བཞིན་སྡོམ་པ་བཟུང་བ་དང་། །ཁྱད་པར་དུ་
ཡང་བསོད་ནམས་ལ། །གུས་ཤིང་མངོན་པར་བརྩོན་པར་བྱ། །ཞེས་དང་། འདི་བྱ་
འདི་ནི་མི་བྱའོ་ཞེས། །རིག་སྔགས་འདུལ་ལས་སྨོས་པ་དང་། །བསླབ་པའི་སྡོམ་པ་
ཉིད་ལ་ཡང་། །བློས་པས་རྟག་ཏུ་རྣམ་པར་བསམ། །རང་གི་བདེ་ལ་ཆགས་པ་
དག །ཉིན་མཚན་དུ་ནི་སྤང་བར་བྱ། །འདི་དག་བྱས་ནས་འདི་བྱའོ་ཞེས། །མི་
གཡེལ་བར་ནི་གྱུར་བར་བྱ། །ཉིན་པར་བག་མེད་བྱས་པ་དག །མཚན་མོ་སོ་སོར་
བཤགས(༣༢༨བ)པར་བྱ། །ནུབ་མོ་བྱས་པའང་ནང་པར་བཤགས། །ལེགས་པར་བྱས་
ལ་མངོན་དགར་བྱ། །བཟླས་བརྗོད་སྦྱིན་སྲེག་གཙང་སྦྲ་བྱ། །རིག་སྔགས་མཆོག་དང་
རང་སྡོམ་དང་། །རིག་སྔགས་འདུལ་བ་དག་ལ་ཡང་། །སློབ་པ་པོ་ནི་ནན་ཏན་
གནས། །ཞེས་དང་། དཀྱིལ་འཁོར་ལེགས་པར་མ་མཐོང་བར། །གང་ཞིག་ཅི་སྟེ་
སྔགས་བཟླས་ནས། །དེ་ནི་དངོས་གྲུབ་ཐོབ་མི་འགྱུར། །ཤི་ནས་ངན་སོང་ལྟུང་བར་
འགྱུར། །སྔགས་དང་ཕྱག་རྒྱ་ཆོ་ག་ལ། །གང་ཞིག་དེ་ལ་སྟོན་པ་སྤང་། །དེ་ནི་དམ་
ཚིག་ཉམས་གྱུར་ནས། །ངུ་འབོད་སེམས་ཅན་དམྱལ་བར་འགྲོ། །ཞེས་དང་། ཇི་
སྐད་བཤད་པའི་དམ་ཚིག་རྣམས། །གལ་ཏེ་ཉམས་པར་གང་གྱུར་པ། །དེ་ནི་རང་
གི་སྙིང་པོའི་སྔགས། །གཅིག་འབུམ་དུ་ནི་བཟླས་བརྗོད་བྱ། །ཡང་ན་སེམས་སྦྱོངས་
མེད་པའི་གཟུངས། །སྟོང་དུ་བཟླས་བརྗོད་བྱས་ཀྱང་རུང་། །ཡང་ན་ཞི་བའི་སྦྱིན་
སྲེག་བྱ། །ཡང་ན་དཀྱིལ་འཁོར་དུ་ཡང་གཞུག །ཞེས་དང་། རྣམ་སྣང་མངོན་བྱང་
ལས། དེ་ལ་དམ་ཚིག་བསྟན་པར་བྱ། །དེ་རིང་ཕན་ཆད་བུ་ཁྱོད(༣༢༩ན)ཀྱིས། །དམ་
པའི་ཆོས་དང་བྱང་ཆུབ་སེམས། །སྲོག་གི་ཕྱིར་ཡང་ད་ཕྱིན་ཆད། །ཡོངས་སུ་གཏང་
བར་མི་བྱའོ། །ཁྱོད་ཀྱིས་སེར་སྣ་དང་ནི་གང་། །སེམས་ཅན་གནོད་པ་མི་བྱའོ། །དམ་
ཚིག་འདི་དག་སངས་རྒྱས་ཀྱིས། །བརྟུལ་ཞུགས་བཟང་པོ་ཁྱོད་ལ་བཤད། །ཇི་ལྟར་

རང་གི་སྲོག་སྲུང་བ། །དེ་ལྟར་ཁྱོད་ཀྱིས་འདི་དག་སྲུངས། །ཞེས་དང་། སྡོམ་འབྱུང་གི་རྒྱུད་ལས། ཅི་སྟེ་དངོས་གྲུབ་མཆོག་འདོད་ན། །སྲོག་ནི་ཡོངས་སུ་གཏོང་ཡང་སླ། །འཆི་བའི་དུས་ལ་བབ་ཀྱང་སླ། །རྟག་ཏུ་དམ་ཚིག་བསྲུང་བར་བྱ། །ཞེས་གསུངས་པ་ལྟར་དམ་ཚིག་དང་སྡོམ་པ་རྣམས་སྲོག་དང་བསྡོས་ཏེ་བསྲུང་བ་ཤིན་ཏུ་གལ་ཆེའོ། །

གསུམ་པ་དམ་ཚིག་ལ་གནས་ནས་གསང་སྔགས་ཀྱི་ལམ་ཟབ་མོ་སྒྲུབ་པ་ནི། དེ་ནས་རྒྱུད་སྡེའི་སྙིང་པོ་རིམ་གཉིས་ཀྱི། །གནད་རྣམས་ཇི་བཞིན་རྟོགས་ནས་བརྩོན་པ་ཡིས། །ཐུན་བཞིའི་རྣལ་འབྱོར་སྤྱོད་ལས་མི་གཡེལ་བར། །དམ་པའི་གསུང་བཞིན་སྒྲུབ་པར་བྱིན་གྱིས་རློབས། །ཞེས་བྱུང་། དམ་ཚིག་དག་པར(༣༢༧བ)བསྲུང་བ་དེ་ནས། སྟོན་པ་ཕུན་སུམ་ཚོགས་པ་རིགས་བརྒྱའི་ཁྱབ་བདག་རྡོ་རྗེ་འཆང་ཆེན་པོས། གནས་ཕུན་སུམ་ཚོགས་པ་རྡོ་རྗེ་བཙུན་མོའི་བྷ་ག་ལ་སོགས་པར། འཁོར་ཕུན་སུམ་ཚོགས་པ་རྣལ་འབྱོར་པ་དང་རྣལ་འབྱོར་མའི་དབང་ཕྱུག་བརྗོད་ཀྱིས་མི་ལང་བའི་དབུས་སུ། ཆོས་ཕུན་སུམ་ཚོགས་པ་རྒྱུད་ཐམས་ཅད་ཀྱི་རྒྱལ་པོ་དཔལ་ལྡན་གསང་བ་འདུས་པ་སོགས་རྒྱུད་སྡེ་རིན་པོ་ཆེ་རྣམ་པ་བཞི་གསུངས་པ་རྣམས་ཀྱི་གཙོ་བོའི་དོན་མཐའ་དག་བསྡུས་པའི་སྙིང་པོ་རྒྱུད་སྡེ་འོག་མ་གསུམ་ལ་མཚན་མ་དང་བཅས་པ་དང་། མཚན་མ་མེད་པའི་རྣལ་འབྱོར་དང་། བླ་མེད་ལ་བསྐྱེད་པའི་རིམ་པ་དང་རྫོགས་པའི་རིམ་པ་གཉིས་ཀྱི་གནད་ཀྱི་དོན་རྣམས་རྒྱུད་སྡེ་ལས་བཤད་པ་ཇི་ལྟ་བ་བཞིན་དུ་ཐོས་བསམ་གྱི་ཤེས་རབ་ཀྱིས་ཕྱིན་ཅི་མ་ལོག་པར་ལེགས་པར་རྟོགས་ནས། དེ་ལྟ་བུའི་ལམ་ཟབ་མོ་དེ་རྒྱུན་མི་འཆད་པའི་བརྩོན་པ་དྲག་པོ་ཡིས། ཐོ་རངས་དང་། སྔ་དྲོ་དང་། ཕྱི་དྲོ་དང་། སྲོད་ཀྱི་ཐུན་བཞིར(༣༢༨ན)སྒོམ་སྒྲུབ་ཀྱིས་ཚུལ་བཞིན་དུ་ཉམས་སུ་བླངས་པའི་རྣལ་འབྱོར་སྤྱོད་པ་ལས་སྐད་ཅིག་ཀྱང་མི་གཡེལ་

བར་རྩ་བའི་རྒྱུད་ཀྱི་དོན་བཤད་པའི་རྒྱུད་ཀྱིས་བཀྲལ་བ་ལྟར་ཡང་དག་པར་རྟོགས་ནས་ཐུགས་ཉམས་སུ་བསྟར་བས་གོ་འཕང་མཐོན་པོར་གཤེགས་པ་མཁས་ཤིང་གྲུབ་པ་བརྙེས་པའི་དམ་པ་གོང་མ་རྣམས་ཀྱིས་རང་གིས་ཇི་ལྟར་མངོན་དུ་གྱུར་བའི་ལམ་དེ་དག་སྐལ་ལྡན་གྱི་གདུལ་བྱ་གཞན་ལ་ཐུགས་བརྩེ་བས་འདོམས་པར་མཛད་པའི་གདམས་ངག་ཁྱད་པར་ཅན་མདོར་བྱས་རིམ་ལྔ་སྤྱོད་བསྡུས་སྒྲོན་མ་སོགས་ལས་ཇི་ལྟར་གསུངས་པ་བཞིན་དུ་ལུས་དང་སྲོག་ལ་ཡང་མི་བལྟ་བར་སྒྲུབ་པ་སྙིང་པོར་བྱེད་པ་ཤིན་ཏུ་གལ་ཆེའོ། །དེ་ལ་དཔལ་གསང་བ་འདུས་པའི་རྒྱུད་ཕྱི་མ་ལས། རྒྱུད་ནི་རྒྱུན་ཞེས་བྱ་བར་གྲགས། །རྒྱུན་དེ་རྣམ་པ་གསུམ་འགྱུར་ཏེ། །གཞི་དང་དེ་བཞིན་རང་བཞིན་དང་། །མི་འཕྲོག་པ་ཡིས་རབ་ཕྱེ་བ། །(༣༢༨བ)རྣམ་པ་རང་བཞིན་རྒྱུ་ཡིན་ཏེ། །དེ་བཞིན་མི་འཕྲོག་འབྲས་བུའོ། །གཞི་ནི་ཐབས་ཞེས་བྱ་བ་སྟེ། །གསུམ་གྱིས་རྒྱུད་ཀྱི་དོན་བསྡུས་པའོ། །ཞེས་གསུངས་པ་ལྟར་བརྗོད་བྱ་དོན་གྱི་རྒྱུད་ལ་གཞིའམ་ཐབས་སམ་ལམ་གྱི་རྒྱུད་དང་། རང་བཞིན་ནམ་རྒྱུའི་རྒྱུད་དང་། མི་འཕྲོག་པའམ་འབྲས་བུའི་རྒྱུད་གསུམ་དང་། དེ་དག་བརྗོད་བྱར་བྱེད་པའི་གསུང་རབ་ནི་རྗོད་བྱེད་ཚིག་གི་རྒྱུད་དོ། །

སྔགས་ལ་འཇུག་པའི་སྒོ་མི་འདྲ་བར་འཇོག་པའི་ཁྱད་པར་ངོས་བཟུང་བ་ནི། གུར་གྱི་བཅུ་གསུམ་པ་ལས། དམན་པ་རྣམས་ལ་བྱ་བའི་རྒྱུད། །བྱ་མེད་རྣལ་འབྱོར་དེ་ལྟག་ལའོ། །རྣལ་འབྱོར་མཆོག་ནི་སེམས་ཅན་མཆོག །རྣལ་འབྱོར་བླ་མེད་དེ་ལྟག་ལའོ། །ཞེས་དང་། བདེ་མཆོག་རྩ་རྒྱུད་ལས། མདོ་སྡེ་བྱ་བ་སྤྱོད་པ་དང་། །རྣལ་འབྱོར་གསང་མཐའི་དབྱེ་བ་ཉིད། །ཅེས་གསུངས་པ་ལྟར། བྱ་རྒྱུད། སྤྱོད་རྒྱུད། རྣལ་འབྱོར་རྒྱུད། རྣལ་འབྱོར་བླ་ན་མེད་པའི་རྒྱུད་དེ་རྣམ་པ་བཞི་ཡོད་ཅིང་། དེ་དག་གི་ཁྱད་པར་ལ་ལྷའི་རྣལ་འབྱོར་དེ(༣༧་ན)བྱེད་པ་ན། ཁྲུས་དང་གཙང་སྦྲ་སོགས་

ཕྱིའི་བྱ་བ་ལ་གཙོ་བོར་ལྟོས་པས་ན་བྱ་རྒྱུད། ཕྱིའི་བྱ་བ་ཏ་ཙམ་མང་པོ་ལ་ལྟོས་མི་དགོས་པར་ཕྱིའི་བྱ་བ་དང་ནང་གི་ཏིང་ངེ་འཛིན་གཉིས་ཆ་མཉམ་པར་སྤྱོད་པ་ཙམ་ལ་ལྟོས་པས་ན་སྤྱོད་རྒྱུད། ཕྱིའི་བྱ་བའང་ཅུང་ཟད་ལྟོས་ཤིང་ནང་གི་རྣལ་འབྱོར་གཙོ་བོར་གྱུར་པས་རྣལ་འབྱོར་རྒྱུད། རྣལ་འབྱོར་བ་ལས་གོང་ན་གཞན་མེད་པས་ན་རྣལ་འབྱོར་བླ་ན་མེད་པའི་རྒྱུད་དུ་འཇོག་སྟེ། དེ་ནི་རྒྱུད་སྡེ་བཞི་ག་ལ་གྲགས་པའི་མིང་འདོགས་ཀྱི་སྟེང་ནས་བཤད་ལ་དེ་ཐེག་པ་སོ་སོར་ཡང་མ་ཡིན་ལ། ལྷའི་རྣལ་འབྱོར་སོགས་ལམ་གྱི་ཁྱད་པར་མི་འདྲ་བ་ཙམ་གྱིས་ཀྱང་མ་ཡིན་པར་རྒྱུད་སྡེ་བཞིའི་མཚན་དོན་བླ་མེད་ཀྱི་གཞུང་ནས་འབྱུང་བ་ཡིན་ཏེ། ཁ་སྦྱོར་ལས། རྒོད་དང་ལྟ་དང་ལག་བཅངས་དང་། །གཉིས་གཉིས་འཁྱུད་དང་རྣམ་པ་བཞི། །སྲིན་བུའི་ཚུལ་གྱིས་རྒྱུད་བཞིར་གནས། །ཞེས་གསུངས་པ་ལྟར་སླུབ་པ་པོས་དབང་པོ། དམན་འབྲིང་མཆོག་དང་། ཤིན་ཏུ་མཆོག་ཏུ་གྱུར་པའི་དབྱེ་བས་ལྷའི་ང་རྒྱལ་གྱིས་བསྒོམས་པའི(༣༢༥་བ)ལྷ་མོ་སོགས་དང་ཕན་ཚུན་བལྟ་བ་དང་། རྒོད་པ་དང་། ལག་བཅངས་སམ་འཁྱུད་པ་དང་། གཉིས་གཉིས་སྦྱོར་བས་ཆགས་པ་ལམ་དུ་བྱེད་ཚུལ་གྱིས་བྱ་རྒྱུད་དང་། སྤྱོད་རྒྱུད། རྣལ་འབྱོར་རྒྱུད། རྣལ་འབྱོར་བླ་མེད་ཀྱི་རྒྱུད་བཞིར་གསུངས་པ་འདོད་ཆགས་ལས་བྱུང་པའི་ལམ་གྱིས་འདོད་ཆགས་ཟད་པར་བྱེད་པའི་རྒྱུད་བཞིར་དབྱེ་བ་ཙམ་སྟེ། རྡོ་རྗེ་སྙིང་པོ་རྒྱན་གྱི་རྒྱུད་ལས། འདི་ནི་གཉིས་པོ་འཁྱུད་པ་ཡི། །རྒྱུད་ཀྱི་དབྱེ་བ་བསྟན་པའོ། །དེ་བཞིན་དུ་ནི་ལག་བཅངས་དང་། །རྒོད་དང་བལྟས་པས་ཤེས་པར་བྱ། །ཞེས་གསུངས་པ་ལྟར་རོ། །

བླ་མེད་རྒྱུད་གཉིས་སུ་ཕྱེ་བའི་མཚན་འདོགས་ལུགས་ནི། སྡོམ་འབྱུང་ལས། རྣལ་འབྱོར་རྒྱུད་རྣམས་ཀུན་གྱི་ཚད། །ཕྱེ་བ་ཕྲག་ནི་དྲུག་ཏུ་ངེས། །དེ་བཞིན་རྣལ་འབྱོར་མ་རྒྱུད་གྲངས། །ཕྱེ་བ་ཕྲག་ནི་བཅུ་དྲུག་གྲགས། །ཞེས་གསུངས་པ་ལྟར་བུ་ནི་

བྱ་ཕོ་མོ་གཉིས་སྤྱི་མིང་སྔོས་ལ་བཏགས་པ་ལྟར་རྣལ་འབྱོར་རྒྱུད་ཅེས་སྤྱི་མིང་སྔོས་ལ་བཏགས་པའོ། །དེ་ལ་ཕ་རྒྱུད་མ་རྒྱུད་ཀྱི་ཐ་སྙད་མཛད་པ་ནི། རྡོ་རྗེ་སྙིང་པོ་རྒྱན་གྱི་རྒྱུད་ལས། མཁའ་འགྲོ་མ(༣༣༠ན)དང་མཁའ་འགྲོ་ཕ། །རྒྱུད་རྣམས་ཀུན་གྱི་ཕྱི་མོ་སྟེ། །ཞེས་གསུངས་པ་ལྟར་ཕ་མའི་རྒྱུད་གཉིས་ཡོད་ལ། རྣལ་འབྱོར་གྱི་དོན་ནི། འདུས་པ་ཕྱི་མ་ལས། ཐབས་དང་ཤེས་རབ་སྙོམས་འཇུག་པ། །རྣལ་འབྱོར་ཞེས་ནི་བཤད་པ་ཡིན། །ཞེས་དང་། དང་པོའི་སངས་རྒྱས་ལས། ཐབས་ཀྱི་ལུས་ཀྱིས་རྣལ་འབྱོར་མིན། །ཤེས་རབ་གཅིག་པུས་འགྱུར་མ་ཡིན། །ཐབས་དང་ཤེས་རབ་སྙོམས་འཇུག་པ། །དེ་བཞིན་གཤེགས་པས་རྣལ་འབྱོར་གསུངས། །ཞེས་གསུངས་པ་ལྟར་ཐུན་མོང་མ་ཡིན་པའི་ཐབས་བདེ་བ་ཆེན་པོ་དང་། ཤེས་རབ་སྟོང་པ་ཉིད་རྟོགས་པའི་བློ་གཉིས་ཟུང་དུ་འཇུག་པའི་རྣལ་འབྱོར་ལ་བྱེད་པས་བླ་མེད་ཀྱི་རྒྱུད་ཐམས་ཅད་ཐབས་ཤེས་གཉིས་མེད་ཀྱི་རྒྱུད་ཡིན་ནོ། །དེས་ན་ཕ་རྒྱུད་མ་རྒྱུད་ཀྱི་འཇོག་བྱེད་ནི། མཁའ་འགྲོ་རྒྱ་མཚོའི་རྒྱུད་ལས། རྣལ་འབྱོར་རྣམས་ལ་རྒྱུད་རྒྱལ་དུ། །དེ་དང་དེ་ཡི་ཚིག་དབྱེ་ཤེས། །འོད་གསལ་སྒྱུ་མ་དག་གིས་ནི། །སྒྱུ་མ་འཇིག་རྟེན་ལ་བཤད་དོ། །ཞེས་གསུངས་པ་ལྟར། སྣང་ཕྱོགས་ཐབས་ཀྱི(༣༣༠བ)ཆ་སྒྱུ་མའི་སྐུ་སྒྲུབ་ཚུལ་རྩལ་དུ་བཏོན་ནས་འཆད་པས་དེ་ཕ་རྒྱུད་དང་། རྡོ་རྗེ་གུར་ལས། བཅོམ་ལྡན་འདས། ཇི་ལྟར་ན་རྣལ་འབྱོར་མའི་རྒྱུད་ཀྱི་མཚན་རབ་ཏུ་འཇུག་པ་ལགས། རྡོ་རྗེ་འཛིན་གྱིས་གསུངས་པ། ཤེས་རབ་ཕ་རོལ་ཕྱིན་པའི་ཐབས། །འདི་ནི་རྣལ་འབྱོར་མར་བརྗོད་དོ། །ཕྱག་རྒྱ་ཆེན་པོ་རབ་སྦྱོར་བས། །གང་ཞིག་དེ་ཉིད་ལ་འཇུག་པ། །རྣལ་འབྱོར་མ་ཡི་རྒྱུད་ཅེས་བྱ། །ཞེས་གསུངས་པ་ལྟར། སྟོང་ཕྱོགས་ཤེས་རབ་ཀྱི་ཆ་བདེ་སྟོང་དབྱེར་མེད་ཀྱི་ཕྱག་རྒྱ་ཆེན་པོ་སྒྲུབ་ཚུལ་རྩལ་དུ་བཏོན་ནས་འཆད་པའི་རྒྱུད་དེ་མ་རྒྱུད་དུ་གསུངས་སོ། །བླ་མེད་ཀྱི་རྒྱུད་ཐམས་ཅད་ཐབས་ཤེས་གཉིས་མེད་དུ་སྦྱོར་ཚུལ་ཡང་

དེ་ཀུན་གྱི་ཐོག་མར་ཨེ་ཝཾ་གྱི་ཡི་གེ་གཉིས་དངོས་སུ་ཡོད་པའམ་མེད་པ་ལའང་དེ་གཉིས་ཀྱི་ངེས་དོན་ཡོད་དགོས་ཚུལ་ཤེས་ཏེ་རྒྱས་གདབ་དགོས་སོ། །དེ་ལྟར་ཡང་འདུས་པའི་བཤད་རྒྱུད་ལྷའི་དབང་པོས་ཞུས་པ་ལས། བརྒྱ་བྱིན་གྱིས་གསོལ་བ། ཅི་ཕྱིར་འདི་སྐད་ཅེས་བྱ་འདི། །གང་(༣༣༧ན)ཕྱིར་དང་པོར་རབ་ཏུ་སྦྱར། །འདི་ཅི་བདེ་གཤེགས་གསུང་ཡིན་ནམ། །ཉན་ཐོས་ཀྱིས་བཤད་ཡིན་ནམ་ཅི། །བདག་གི་སོམ་ཉི་འདི་དག་ཀུན། །སྲིད་མཐར་ཕྱིན་པས་བསལ་དུ་གསོལ། །དམ་ཆོས་ཡོན་ཏན་སྨྲ་བ་ཡིས། །ལྷ་ཡི་དབང་པོའི་ཚིག་གསན་ནས། །དེ་ནས་ལེགས་སོ་ཞེས་བྱིན་ཏེ། །བཅོམ་ལྡན་འདས་ཀྱིས་འདི་སྐད་གསུངས། །གང་ཕྱིར་ཐམས་ཅད་གཟིགས་པ་ཡིས། །དང་པོར་འདི་སྐད་ཅེས་གསུངས་པ། །དེ་ནི་གོ་རིམ་ཇི་བཞིན་དུ། །ལྷ་ཡི་དབང་པོས་མཉན་པར་གྱིས། །ཆོས་ཀྱི་ཕུང་པོ་བརྒྱད་ཁྲི་དང་། །བཞི་སྟོང་གིས་ནི་གྲངས་སྙེད་ཀྱི། །ཀུན་གྱི་གཞི་དང་ཕ་མ་ནི། །ཡི་གེ་གཉིས་སུ་དེ་བཞིན་བསྟན། །ཡི་གེ་ཨེ་ནི་མར་གྱུར་ལ། །ཝ་ནི་ཕ་ཞེས་བྱ་བར་གྲགས། །ཐིག་ལེ་དེར་ནི་སྦྱོར་བ་སྟེ། །སྦྱོར་དེ་ཤིན་ཏུ་རྨད་བྱུང་བའོ། །ཨེ་ནི་པདྨ་ཞེས་བཤད་ལ། །ཝ་ནི་རྡོ་རྗེ་ཉིད་ཡིན་ནོ། །ཐིག་ལེ་དེར་ནི་ས་བོན་ཏེ། །དེ་ལས་འགྲོ་བ་གསུམ་རྣམས་སྐྱེ། །ཨེ་ནི་ཤེས་རབ་(༣༣༧བ)ཉིད་གྱུར་ལ། །ཝ་ནི་རབ་དགའི་བདག་པོའོ། །ཐིག་ལེ་མི་ཤིགས་དེ་ཉིད་དེ། །དེ་ལས་ཡི་གེ་ཉིད་ཀྱང་སྐྱེ། །ཆོས་ཀྱི་ཕྱག་རྒྱ་ཡི་གེ་གཉིས། །དེ་ཉིད་ཤེས་པ་གང་གིས་ཤེས། །དེ་ནི་སེམས་ཅན་ཐམས་ཅད་ལ། །ཆོས་ཀྱི་འཁོར་ལོ་བསྐོར་བྱེད་འགྱུར། །འགྲོ་བ་གང་གིས་ཡི་གེ་གཉིས། །མི་ཤེས་རྟག་ཏུ་འདོན་པ་དག །དེ་ནི་སངས་རྒྱས་ཆོས་རྣམས་ལ། །ཕྱི་རོལ་སྦྱོར་སྤྱངས་ཐུབ་པ་བཞིན། །ཨེ་ཝཾ་ཡིག་གཉིས་སྐྱུར་མ་ལ། །ཐམས་ཅད་མཁྱེན་པ་དེར་ཞུགས་པས། །དམ་ཆོས་སྟོན་པའི་ཐོག་མར་ནི། །ཨེ་ཝཾ་དེ་ཕྱིར་རབ་ཏུ་བཤད། །དེ་བས་བརྒྱ་བྱིན་ལྷ་ཡི་བདག །གལ་ཏེ་རྟག་པའི་གནས་

འདོད་ན། །ཡིག་གཉིས་སྒྲུ་མ་དྲན་བྱ་ཞིང་། །དམ་པའི་ཆོས་ལ་བླ་མར་གྱིས། །ཞེས་གསུངས་པ་ལྟར་རོ། །རྒྱུད་སྡེ་སོ་སོ་དགོངས་འགྲེལ་དང་བཅས་པ་རྣམས་དང་ཁྱད་པར་དུ་བཤད་རྒྱུད་རྡོ་རྗེ་ཕྲེང་བ་ལས། དཔལ་ལྡན་འདུས་པ་བརྙ་ཙམ་གང་། །རྣལ་འབྱོར་བླ་ན་མེད་རྒྱུད་དུ། །ཐུབ་པ་ཆེན་པོས་ཆོས་ཕུང་པོ། །བརྒྱད་ཁྲི་དང་ནི་བཞི་སྟོང་ངོ་། །ཞེས་རྒྱུད་སྡེ་ཀུན་གྱི་རྩ་བ་དང(༣༣༢ན)མདོ་སྡེ་ཀུན་གྱི་ཟ་མ་ཏོག་ཏུ་འགྱུར་པའི་དཔལ་ལྡན་གསང་བ་འདུས་པའི་རྒྱུད་ཀྱི་རྡོ་རྗེ་ཚིག་གི་དོན་མཐའ་དྲུག་ཚུལ་བཞིའི་རྒྱ་ཡིས་བཏབ་སྟེ་གནས་པ་དེ་ཉིད། རྒྱ་བོད་ཀྱི་དམ་པ་གོང་མ་རྣམས་ཀྱི་དགོངས་འགྲེལ་དང་བཅས་པ་ལ་ཐོས་བསམ་གྱི་ཤེས་རབ་ཀྱིས་ངེས་པར་བྱས་ཏེ་བསྒོམ་པར་བྱ་དགོས་ཏེ། རྡོ་རྗེ་སྙིང་པོ་རྒྱན་གྱི་རྒྱུད་ལས། དེ་ནས་ཡང་ནི་བཤད་བྱ་བ། །དངོས་ཀུན་ཚོ་ག་ཤེས་མེད་ན། །སྒྲུབ་པོ་དངོས་གྲུབ་འབྱུང་མི་འགྱུར། །དེ་ཕྱིར་དེ་ནི་བརྟུལ་ཞུགས་བསྟན། །ཞེས་སོགས་དང་། ཀུན་སྤྱོད་ཀྱི་རྒྱུད་ལས། དངོས་པོ་གང་དང་གང་གིས་ནི། །མི་རྣམས་ལ་ནི་ཡང་དག་སྦྱོར། །དེ་ཡིས་དེ་ཡི་དངོས་འགྱུར་ཏེ། །སྣ་ཚོགས་གཟུགས་ཅན་ནོར་བུ་འདྲ། །ཞེས་དང་། སཾ་ཧྰུ་ཏ་ལས། མདོར་བསྡུས་པས་ནི་སངས་རྒྱས་ཉིད། །བསྐལ་བ་བྱེ་བ་གྲངས་མེད་པས། །ཇི་སྲིད་སངས་རྒྱས་གང་ཐོབ་པ། །གང་གིས་དམ་པའི་བདེ་བས་ཁྱོད། །སྐྱེ་བ་འདིར་ནི་ཐོབ་པར་འགྱུར། །ཞེས་ལམ་གཞན་གྱིས་བསྐལ་བ་དུ་མར་འབད་ཀྱང་འཐོབ་དཀའི་སངས(༣༣༢བ)རྒྱས་དེ། ཚེ་གཅིག་ལ་འགྲུབ་པ་ནི་དམ་པ་སྐྱེ་མཆོག་གི་བདེ་བས་ཡིན་པར་གསུངས་པ་དེ། མདོ་ལུགས་ཀྱི་འཁོར་བའི་གཞི་རྩ་མཐར་ཐུག་བདེན་འཛིན་དུ་གསུངས་པ་དེ་དྲུངས་འབྱིན་བྱེད་བདེན་སྟོང་མངོན་སུམ་དུ་རྟོགས་པའི་ཤེས་རབ་ཡིན་ལ། རྒྱུད་འདིར་བདེན་འཛིན་དུ་མ་ཟད་དེའི་བཞོན་པའི་རླུང་ཡང་སྲིད་པའི་རྩ་བར་གསུངས་པས། དེ་དྲུངས་འབྱིན་པ་ལ་བདེན་མེད་མངོན་སུམ་རྟོགས་པའི་སེམས་

རགས་པ་ཙམ་གྱིས་མི་ཆོག་པར་རླུང་དབུ་མར་ཞུགས་གནས་ཐིམ་གསུམ་བྱས་པ་ལས་བྱུང་བའི་ལྷན་སྐྱེས་ཀྱི་བདེ་བའི་སྒོ་ནས་སྟོང་ཉིད་མངོན་སུམ་དུ་རྟོགས་པའི་བདེ་སྟོང་སྦྱོར་བའི་ལམ་ལ་སྙིང་པོར་བྱས་པ་ཡིན་ནོ། །དེ་ལྟ་བུའི་གསང་སྔགས་ཀྱི་ལམ་ཟབ་མོ་ཉམས་སུ་བླང་བ་ལ། གང་གིས་ཉམས་བླངས་པའི་རྟེན་ནི། ཐུན་མོང་བའི་ལམ་གྱིས་རྒྱུད་སྦྱངས་ཤིང་། དབང་བསྐུར་བ་ཐོབ་ནས་དམ་ཚིག་དང་སྡོམ་པ་ལ་གནས་ཏེ་བླ་མ་ལས་ལྷག་པའི་ལྷ་དེ་བསྒྲུབ་པར་གནང་བ་ཐོབ་ཅིང་ལམ་གྱི་གནད་ཤེས་པའི་སྐྱེས་བུ་གཅིག་དགོས་ཤིང་། ལྷག་པར་བླ་མ་མཉེས་ཏེ་རྗེས་སུ(༣༣༣ན)གནང་བ་ཐོབ་པ་གལ་ཆེ་སྟེ། ལེགས་གྲུབ་ཀྱི་རྒྱུད་ལས། བླ་མ་ཡོངས་སུ་གུས་པ་ལས། །དུས་མཚམས་དག་གམ་ཚེས་གཞན་ལ། །རིག་སྔགས་བཏགས་ནས་བྱིན་པ་དག །ཚོ་ག་བཞིན་དུ་གུས་པར་ནོད། །སློབ་མས་ལེགས་པར་ནོད་པ་དེ། །རིང་པོར་མི་ཐོགས་འགྲུབ་པར་འགྱུར། །མ་བསྙེན་པར་ཡང་དེ་ལ་དེ། །རྟག་ཏུ་འགོ་ཞིང་ཉེ་བར་གནས། །ཞེས་དང་། བསམ་གཏན་ཕྱི་མའི་རྒྱུད་ལས། ལུང་དང་མན་ངག་དོན་མེད་པར། །གང་ཞིག་ལམ་གཞན་འཇུག་པ་དེ། །བསྐལ་བ་དང་ནི་བརྒྱ་རུ་ཡང་། །སྔགས་ལས་དངོས་གྲུབ་མི་འཐོབ་བོ། །ཞེས་དང་། སྤྱན་རས་གཟིགས་ཀྱི་རྒྱུད་པདྨ་དྲྭ་བ་ཅན་ལས། རིག་སྔགས་རྗེས་གནང་མེད་པ་ནི། །བསྒྲུབས་ཀྱང་འབྲས་མེད་ངལ་བ་སྟེ། །འདྲེན་པ་མེད་པའི་ཤིང་རྟ་ནི། །འཁོར་ལོ་བཟང་ཡང་གང་དུ་ཕྱིན། །ཞེས་དང་། དཔལ་རྡོ་རྗེ་འཇིགས་བྱེད་ཀྱི་རྒྱུད་ལས། དེ་ནས་སྦྱིན་པ་དམ་ཚིག་མ་ཉམས་པ་དང་། རྣམ་པར་རྟོག་པ་མེད་པ་དང་། དམ་པའི་བརྟུལ་ཞུགས་ཅན། དཔའ་བོ་བླ་མ་ལ་གུས་པ་དུལ་བ་ཅན་དེ་བཞིན་གཤེགས་པའི་བསྟན་པ་ལ་ངེས་པར(༣༣༣བ)འཛིན་པ། རྒྱུད་སྲས་པ། མི་ཁྲོ་བ། སྙིང་རྗེ་དང་ལྡན་པ། བཟླས་པ་དང་བསམ་གཏན་ལ་ཕྱོགས་པ། རྣམ་པར་སྨིན་པ་ལ་འཛེམ་པ། འདི་ལྟ་བུའི་

ཡོན་ཏན་ཁྱད་པར་ཅན་གྱི་སློབ་མ་བཟང་པོ་སྟེ། དཀྱིལ་འཁོར་དམ་པ་དཔལ་རྡོ་རྗེ་འཇིགས་བྱེད་ཆེན་པོའི་རྒྱུད་སྤྱིན་ནོ། །སྙིང་རྗེ་ཆེན་པོས་ཡིད་བརླན་པ། །རྣམ་པར་རྟོག་པ་མེད་རབ་ཏུ་བརྟན་པ་བརྟགས་ལ། ཤིན་ཏུ་དག་པར་གྱུར་པ་ན། བླ་མས་དེ་ལྟ་བུའི་སློབ་མ་ལ་རྡོ་རྗེ་འཇིགས་བྱེད་ཆེན་པོའི་རྒྱུད་སྦྱིན་ནོ། །ཞེས་གསུངས་པ་ལྟར་གསང་བ་མན་ངག་སྦྱིན་པའི་ཡུལ་སོགས་གཟབ་པ་གལ་ཆེ་བའོ། །གང་དུ་ཉམས་སུ་བླང་བའི་གནས་ནི། ལེགས་གྲུབ་ཀྱི་རྒྱུད་ལས། སངས་རྒྱས་རྣམས་དང་དེའི་སློབ་མ། །བསྐལ་བ་ཆེན་པོར་བཞུགས་བཞུགས་པ། །བསོད་ནམས་ཅན་གྱི་གནས་གང་ཡང་། །དེ་ཡང་ཡོངས་སུ་འགྲུབ་པར་བསྒྲགས། །ཞེས་དང་། གང་དང་གང་ན་སངས་རྒྱས་ཀྱི། །བསྟན་པ་རྣམས་ནི་མཆོད་པ་ཡི། །ཡུལ་དེ་དངོས་གྲུབ་ཕྱིར་གསུངས་ཏེ། །གཞན་དག་ཡོན་ཏན་ཆུང་ཞེས་བྱ། །ཞེས(༤༤༩ན)དང་། བསམ་གཏན་ཕྱི་མ་ལས། དབེན་པའི་སྐྱིད་མོས་ཚལ་དང་ངོགས། །ཕུག་དང་རི་བོ་ནགས་ཚལ་དུ། །བརྟུལ་ཞུགས་གནས་སམ་སྡོམ་པ་ཡི། །སྔགས་པས་བསམ་གཏན་བྱེད་ཅིང་གནས། །ཞེས་དང་། ངན་སོང་སྦྱོང་རྒྱུད་ལས། མཚན་མ་གཅིག་པ་ལ་སོགས་སམ། །ཡང་ན་ཕྱུག་ན་རྡོ་རྗེའི་གནས། །དེ་བཞིན་གཤེགས་པའི་ཕོ་བྲང་ངམ། །རིང་བསྲེལ་བརྟན་པའི་མཆོད་རྟེན་དུ། །ལྷ་རྣམས་ཐམས་ཅད་ཚོ་ག་བཞིན། །སྒྲུབ་པ་པོ་ཡིས་རྟག་ཏུ་བསྒྲུབ། །ཞེས་དང་། དཔལ་གསང་བ་འདུས་པའི་རྩ་རྒྱུད་ལས། དགོན་པ་ཆེན་པོའི་ས་ཕྱོགས་དང་། །རབ་ཏུ་རྣམ་པར་དབེན་པ་དང་། །རི་བོ་ནགས་འདབ་ཆུ་ངོགས་སུ། །རྟག་ཏུ་དངོས་གྲུབ་ཐོབ་པར་འགྱུར། །ཞེས་དང་། བདེ་མཆོག་གི་རྩ་རྒྱུད་ལས། རི་བོ་ཚང་ཚིང་སྨན་ལྗོངས་སམ། །ཆུ་བོ་ཆེན་པོའི་ངོགས་དག་དང་། །གདོད་ནས་གྲུབ་པའི་དུར་ཁྲོད་དུ། །དེར་ནི་དཀྱིལ་འཁོར་བྲི་བར་བྱ། །ཞེས་དང་། དཔལ་རྡོ་རྗེ་འཇིགས་བྱེད་ཆེན་པོའི་རྩ་རྒྱུད་ལས། དེ་ལ་ཐོག་མར་

སྔགས(༢༢༨བ)པས་ཡིད་དུ་འོང་བའི་གནས་གང་ཡང་རུང་བར་གནས་ལ། དགོས་པ་ཐམས་ཅད་བསྒྲུབ་པར་བྱའོ། །དེ་ལ་གནས་གསུངས་པ་ནི་དུར་ཁྲོད་དམ། ཆུ་ཀླུང་གི་འགྲམ་མམ། ཤིང་གཅིག་གམ། མཚན་མ་གཅིག་གམ། བཞི་མདོའམ། རིའི་རྩེ་མོའམ། ཁང་པའམ། འཐབ་མོའི་གནས་སམ། གྲོང་ཁྱེར་རམ། ནགས་ཁྲོད་དམ། གྲོང་བར་ལ་སོགས་པའི་གནས་རྣམས་སུ། སྔགས་པ་གནས་ཏེ། འཇིགས་བྱེད་ཆེན་པོའི་རྒྱུད་འདིར་དབང་བསྐུར་བའི་རྣལ་འབྱོར་བས། ཞེས་གསུངས་པ་ལྟར་རོ། །

ཇི་ལྟར་ཉམས་སུ་ལེན་པའི་ཚུལ་ལ། རྣམ་སྣང་མངོན་བྱང་ལས། ཡེ་ཤེས་ རླབས་པོ་ཆེའམ་ནི། །ཡང་ན་མངོན་ཤེས་ལྔ་པོ་དང་། །སྔགས་འཆང་འགྱུར་མེད་དངོས་གྲུབ་དང་། །ཚེ་རིང་གཞོན་ནུར་གྱུར་པ་གང་། །གལ་ཏེ་ཐོབ་པར་འདོད་ན་ནི། །ཇི་སྲིད་འདི་ནི་མ་བསྙེན་པར། །དེ་སྲིད་ཐོབ་པར་མི་འགྱུར་རོ། །ཞེས་དང་། ལེགས་གྲུབ་ཀྱི་རྒྱུད་ལས། རིགས་དང་རང་བཞིན་མཐུ་རྣམས་དང་། །ལས་ཀྱང་རྣམ་པར་དཔྱད་ནས་ནི། །རང་གི་ཡིད་དང་མཐུན་པ་ཡི། །གསང་སྔགས་ལ་ནི་བསྙེན་པ་བརྩམ། །(༢༢༥ན)ཞེས་གསུངས་པ་ལྟར་བསྙེན་པ་བྱེད་པ་གལ་ཆེ་བས། དེ་ལ་ཐོག་མར་ཁྲུས་བྱེད་ཚུལ་ནི། འཇམ་དཔལ་རྩ་རྒྱུད་ལས། རྒྱུད་རྣམས་ཀུན་ལ་བརྟགས་པ་ཡི། །གཙང་སྦྲ་ལྔ་ཡི་ཚིག་གསུངས། །ལུས་ཀྱི་དག་དང་ངག་དག་དང་། །ཡིད་ཀྱི་དག་པ་ཡིན་པར་བསྟན། །བཞི་བ་བདེན་པའི་དག་པ་སྟེ། །ཆུ་ཡི་དག་པ་ལྔ་པར་བཤད། །ཅེས་དང་། རྒྱུད་རྡོ་རྗེ་རྩེ་མོ་ལས། སྒྲུབ་པ་པོ་ཡི་ཚིག་ལ། །གོས་གསུམ་དག་ཀྱང་བཟེ་བར་བྱ། །དང་པོ་གོས་སུ་བཤད་པ་ནི། །སྟོམ་པ་རྣམས་ལ་གནས་པ་དང་། །སྒྲུབ་པའི་ཚིག་དག་པའོ། །གཉིས་པ་ཁྲིལ་ཡོད་ངོ་ཚ་ཤེས། །གསུམ་པ་ཐུབ་པའི་གོས་རྣམས་ཏེ། །གོས་གསུམ་དུ་ནི་ཡོངས་སུ་བསྒྲགས། །ཉིན་རེ་བཞིན་ནི་ཅི་ནུས་པར། །ཁྲུས་བཞི་རབ་ཏུ་སྦྱོར་བར་བྱ། །རྣལ་འབྱོར་ཇི་ལྟར་བཀྲུས་པ་དག །གོ་རིམ་

རབ་ཏུ་བཤད་པར་བྱ། །སྡོམ་པ་གསུམ་ལ་གནས་པ་ནི། །དང་པོའི་ཁྲུས་སུ་བརྗོད་པ་ཡིན། །གཉིས་པ་ཡི་ནི་ཁྲུས་བཤད་པ། །བཤགས་དང་གསོལ་བ་བཏབ་སོགས་པའོ། །ཕྱག་རྒྱ་དཀྱིལ་བ་གསུམ་པའོ། །བཞི་པ་ཆུ་སྐྱེ་ཕྱི་མའོ། །(༣༣༥བ)ལུས་ཀྱི་ཚོ་ག་འདི་རྣམས་ཀྱིས། །མཁས་པ་རྣམས་ནི་དེ་བཞིན་བགྱི། །ཞེས་དང་། ཁྲུས་ཀྱི་ལས་ནི་ཇི་ལྟར་བྱ། །མི་དགེ་བཅུ་ནི་སྤངས་ནས་སུ། །དགེ་བ་བཅུ་ནི་སྟེན་བྱེད་ཅིང་། །འབྱུང་པོ་རྣམས་ལ་ཕན་འདོགས་པ། །ནང་གི་བདག་ཉིད་ཁྲུས་སུ་འདོད། །བདག་ཉིད་རབ་ཏུ་དག་བྱའི་ཕྱིར། །བདག་ཉིད་ཕྱག་རྒྱས་རྒྱས་གདབ་ཅིང་། །ཕྱག་རྒྱ་ཐམས་ཅད་ཡང་དག་ཅིང་། །རྣལ་འབྱོར་པ་ཡི་ཁྲུས་སུ་འདོད། །གསང་བའི་སྦྱོད་ལྡན་ཁས་ལེན་པ། །ཆུ་ཡི་ཁྲུས་ནི་བྱ་བ་སྟེ། །ལས་ནི་རྣམ་པར་དག་པའི་ཁྲུས། །རྡོ་རྗེ་སློབ་དཔོན་དག་གིས་བྱ། །ཞེས་དང་། བཤད་རྒྱུད་རྡོ་རྗེ་ཕྲེང་བ་ལས། ཙན་དན་ག་བུར་ གླ་རྩི་ཡི། །ཆུ་ཡིས་ཀྱང་ནི་ཁྲུས་བྱས་ཏེ། །དད་པས་ཆུ་ནི་འཆང་བ་ཡིས། །སེམས་ཀྱི་དྲི་མ་རྣམ་པར་འབྲུད། །ཅེས་གསུངས་པ་ལྟར་ཕྱི་ནང་གི་ཁྲུས་སོགས་བྱའོ། །

ཇི་ལྟར་བསྙེན་པ་བྱེད་པའི་ཚུལ་ནི། རྒྱུད་སྡེ་འོག་མ་ལ། སློབ་དཔོན་སངས་རྒྱས་གསང་བས་རྣམ་འཇོམས་ཀྱི་འགྲེལ་བར་དྲངས་པའི་རྣམ་འཇོམས་ཀྱི་རྒྱུད་རྒྱས་པ་ལས། དང་པོར་ཁྲུས་བྱས་རྣལ་འབྱོར་བས། །རྡོ་རྗེ(༣༣༦ན)གདན་ལ་གནས་ནས་ནི། །མཆོད་དང་གསོལ་བས་ལྷ་དྲུག་བསྒོམ། །སྟོང་པ་ཡི་གེ་སྒྲ་གཟུགས་དང་། །ཕྱག་རྒྱ་མཚན་མ་དྲུག་ཡིན་ཏེ། །ཞེས་གསུངས་པ་ལྟར་ལྷ་དྲུག་གིས་བསྒོམ་པ་དང་། །དཔུང་བཟང་གིས་ཞུས་པའི་རྒྱུད་ལས། སྔགས་ཀྱི་རྩ་བ་དང་པོར་ཚུལ་ཁྲིམས་ཏེ། །དེ་ནས་བརྩོན་འགྲུས་དང་ནི་བཟོད་པ་དང་། །རྒྱལ་བ་ལ་ནི་དད་དང་བྱང་ཆུབ་སེམས། །གསང་སྔགས་དང་ནི་ལེ་ལོ་མེད་པའོ། །ཅི་ལྟར་མི་དབང་ཡན་ལག་བདུན་ལྡན་པ། །སྐྱོ་བ་མེད་པར་སྐྱེ་དགུ་འདུལ་བར་བྱེད། །དེ་བཞིན་སྔགས་པ་ཡན་ལག་དེ་བདུན་

དང་། །ལྡན་ན་དངོས་གྲུབ་དམ་པའང་ཐོབ་པར་འགྱུར། །དང་པོ་བཟླས་བརྗོད་པལ་ཆེར་བྱས་ནས་སུ། །དེ་ཡི་འོག་ཏུ་འདིར་ནི་སྦྱིན་སྲེག་བྱ། །སྦྱིན་སྲེག་དག་གིས་གསང་སྔགས་མཆོག་མྱུར་རྩོལ། །ཡིད་དུ་འོང་བའི་འདོད་པ་སྦྱིན་པར་མཛད། །ཅེས་དང་། བཟླས་བརྗོད་བྱེད་ཚེ་མི་མྱུར་མི་དལ་ཞིང་། །སྒྲ་ཆེར་མི་བྱ་ཧ་ཅང་ཆུང་བས་མིན། །སྨྲ་བཞིན་མ་ཡིན་གཞན་དུ་གཡེངས་བཞིན་མིན། །གུག་སྐྱེད་ཀླད་ཀོར་ཚེག་རྣམས་ཉམས་པར་མིན། །(༣༣༨བ)ཇི་ལྟར་ཆུ་ཀླུང་ཉིན་མཚན་རྟག་ཏུ་ནི། །རྒྱུན་མི་འཆད་པར་འབབ་པར་འགྱུར་བ་ལྟར། །དེ་བཞིན་ཕྱག་བཅས་བཟླས་དང་བརྟུལ་ཞུགས་ཀྱིས། །བསོད་ནམས་ལུས་ཅན་ལ་ནི་འཕེལ་བར་འགྱུར། །ལེ་ལོ་འདོད་ཆགས་མི་དགར་ལྡན་པའི་སེམས། །གང་དང་གང་དུ་གཡོ་ཞིང་རྒྱུ་བ་དག །དེ་དང་དེ་ནས་མྱུར་དུ་བཟློག་ནས་ནི། །གསང་སྔགས་ཡི་གེ་མཆོག་ལ་ལེགས་པར་སྦྱར། །སྔ་རེར་བལྟ་ཞིང་རྣམ་པར་རྟོག་པ་སྤོང་། །ནམ་ཞིག་བསྒྲོད་ཀྱང་རྣམ་པར་མི་གཡོ་བ། །དེ་ཚེ་དམིགས་ལ་གནས་པ་ཐོབ་པ་སྟེ། །སེམས་ནི་ལས་སུ་རུང་བར་འགྱུར་བར་ངེས། །རྩེ་གཅིག་སེམས་དང་ལྡན་པའི་མི་རྣམས་ལ། །ཡིད་ལས་བྱུང་བའི་དགའ་བ་རབ་ཏུ་སྐྱེ། །དགའ་བས་ལུས་ནི་ཤིན་ཏུ་སྦྱངས་པ་ཐོབ། །ལུས་སྦྱངས་པས་ནི་བདེ་བའི་སྐལ་ལྡན་འགྱུར། །ལུས་བདེ་རྩེ་གཅིག་སེམས་དང་ཏིང་འཛིན་གྱིས། །དེ་ཚེ་བཟླས་བརྗོད་ཐོགས་པ་མེད་པར་འགྱུར། །ཞེས་དང་། དཔེར་ན་དབྱར་གྱི་དུས་ན་ཆར་སྤྲིན་དག །སྐྱེ་བོའི་སྐལ་བཞིན་ཆར་བ་ལེགས་པར་འབེབས། །དེ་བཞིན་མི་ཡི(༣༣༩ན)སྐལ་བ་གཟིགས་ནས་ནི། །འདོད་པ་བཞིན་དུ་གསང་སྔགས་དངོས་གྲུབ་སྩོལ། །ཡུལ་དང་དུས་དང་ཚོ་ག་ལས་རྣམས་དང་། །སྡིག་པ་སྦྱངས་ཤིང་བསོད་ནམས་བསགས་པ་དང་། །གུས་དང་བཟླས་བརྗོད་ཀུན་ལ་གཟིགས་ནས་ནི། །དེ་དག་གསང་སྔགས་འབྲས་བུ་རྣམ་པར་སྩོལ། །ཅི་ཙམ་སྡིག་པ་མང་པོས་

རབ་གང་ཞིང་། །ཇི་ཙམ་ལས་དཀར་བསོད་ནམས་མ་བསགས་དང་། །ཇི་སྲིད་ཚོ་ག་མེད་པར་བརླས་བྱས་པ། །དེ་སྲིད་སྔགས་པས་དངོས་གྲུབ་མི་འཐོབ་བོ། །ཞེས་དང་། ཁྱོད་ཀྱིས་ཇི་སྐད་གསུངས་པ་དེ་བཞིན་དུ། །མི་ཡིས་ལེགས་པར་སྤྱོད་པ་བགྱིས་ན་ནི། །དེ་དག་མྱུར་དུ་དབུལ་བའི་མུན་བསལ་ནས། །ཉི་མ་བཞིན་དུ་ཤིན་ཏུ་འབར་བར་འགྱུར། །ཞེས་དང་། བསམ་གཏན་ཕྱི་མ་ལས། བྱང་ཆུབ་སེམས་དང་དེ་ཉིད་གསུམ། །གལ་ཏེ་ཤེས་ན་དངོས་གྲུབ་སྟོད། །དེ་དག་ལེགས་པར་མི་ཤེས་ན། །ཁྱོད་ཀྱིས་དངོས་གྲུབ་ཅི་ཞིག་ཐོབ། །ཅེས་དང་། གསང་སྔགས་མི་གནས་དངོས་གྲུབ་སྟེ། །(༣༣༧བ)སྒྲ་གནས་རྣལ་འབྱོར་སྟེར་བར་དྲན། །སྒྲ་མཐར་ཐར་བ་སྟེར་བ་ཉིད། །འདི་དག་དེ་ཉིད་གསུམ་པོ་ཡིན། །ཞེས་སོགས་དང་། རིག་སྔགས་དེ་ཉིད་མ་ལུས་དང་། །བདག་གི་དེ་ཉིད་ཚོ་ག་དང་། །བཟླས་བརྗོད་དེ་ཉིད་ཚོག་ཤེས་དང་། །མིས་ནི་དངོས་གྲུབ་ཐོབ་པར་འགྱུར། །ཞེས་གསུངས་པ་ལྟར་ཡིན་པའི་ཕྱིར་རོ། །

རྣལ་འབྱོར་བླ་མེད་ལ། དཔལ་གསང་བ་འདུས་པའི་རྒྱུད་ཕྱི་མ་ལས། སངས་རྒྱས་རྣམས་ཀྱིས་ཆོས་བཤད་པ། །རིམ་པ་གཉིས་ལ་ཡང་དག་གནས། །བསྐྱེད་པ་ཡི་ནི་རིམ་པ་དང་། །རྫོགས་པ་ཡི་ནི་རིམ་ཉིད་དོ། །ཞེས་བསྐྱེད་རིམ་དང་རྫོགས་རིམ་གཉིས་སུ་གསུངས་ཏེ། རྒྱུ་མཚན་གང་གིས་ན་རྒྱུད་དེ་ཉིད་ལས། ཐུན་མོང་མཆོག་གི་དབྱེ་བ་ཡིས། །བསྙེན་པ་རྣམ་པ་གཉིས་སུ་འདོད། །ཐུན་མོང་བ་ནི་རྡོ་རྗེ་བཞི། །མཆོག་ནི་ཡན་ལག་དྲུག་གིས་སོ། །ཞེས་གསུངས་པ་ལྟར་ཐུན་མོང་དང་མཆོག་གི་དངོས་གྲུབ་སྒྲུབ་བྱེད་ཀྱི་ཐབས་གཉིས་སུ་ངེས་པའི་ཕྱིར་ཏེ། ཐུན་མོང་མཆོག་གི་དོན་ཡང་། རྒྱུད་དེ་ཉིད་ལས། མི་སྣང་ལ་སོགས་དངོས་གྲུབ་ནི། །ཐ་མལ་བ་ཞེས་བཤད་པ་ཡིན། །(༣༣༨ན)སངས་རྒྱས་ཉིད་སྒྲུབ་སངས་རྒྱས་ཀྱིས། །དངོས་གྲུབ་མཆོག

ཅེས་གསུངས་པ་ཡིན། །ཞེས་གསུངས་པ་ལྟར་རོ། །

དེ་ལ་བསྐྱེད་པའི་རིམ་པ་དང་། རྫོགས་པའི་རིམ་པའི་བསྙེན་སྒྲུབ་གཉིས་ལས། པ་རྒྱུད་བསྐྱེད་རིམ་གྱིའི་ཚིགས་བཞིས་གསུངས་ཏེ། འདུས་པ་ཕྱི་མ་ལས། རྣལ་འབྱོར་རྒྱུད་ནི་ཐམས་ཅད་དུ། །རྣལ་འབྱོར་པ་ཡིས་རྟག་པར་བརྟགས། །བསྙེན་པའི་ཚོ་ག་དང་པོ་སྟེ། །ཉེ་བར་སྒྲུབ་པ་གཉིས་པ་ཡིན། །སྒྲུབ་པ་ཡང་ནི་གསུམ་པ་སྟེ། །སྒྲུབ་པ་ཆེན་པོ་བཞི་པའོ། །ཞེས་གསུངས་པ་ལྟར་ལ། དེ་ཡང་རྡོ་རྗེ་གུར་ལས། བླ་མ་རྡོ་རྗེ་ཅན་མཆོད་ནས། །བདུན་པོ་རྣམ་པར་དག་པར་བྱ། །བྱང་ཆུབ་ཏུ་ནི་སེམས་བསྐྱེད་ནས། །ཨོཾ་ཤཱུནྱ་ཏ་ཛྙཱ་ན་བཛྲ་སྭ་བྷཱ་ཝ་ཨཏྨ་ཀོ྅ཧཾ། ངོ་བོ་ཉིད་དང་བྲལ་ཕྱིར་སྟོང་པ་སྟེ། །དེ་བཞིན་རྒྱུ་དང་བྲལ་བས་མཚན་མ་མེད། །རྟོག་པ་རྣམས་དང་བྲལ་ཕྱིར་དངོས་པོ་ནི། །མ་ལུས་སྨོན་པ་ལས་ནི་ངེས་པར་གྲོལ། །ཞེས་དང་། ཁ་སྦྱོར་ལས། དང་པོར་སྟོང་ཉིད་རྣམ་བསམས་པས། །ལུས་ཅན་རྣམས་ཀྱི་དྲི་མ་བཀྲུ། །(༣༣༨བ) ཞེས་དང་། རྡོ་རྗེ་གུར་ལས། ཐ་མལ་རྣམ་པ་གཞོམ་དོན་དུ། །ཡང་དག་བསྒོམ་པར་རབ་སྔགས་ཀྱི། །ཞེས་དང་། དཔལ་གསང་བ་འདུས་པའི་རྩ་རྒྱུད་ལས། བསྙེན་པའི་དམ་ཚིག་སྦྱོར་བ་དང་། །ཉེ་བར་སྒྲུབ་པ་འབྱུང་བ་དང་། །སྒྲུབ་པའི་དོན་གྱི་དམ་ཚིག་སྟེ། །སྒྲུབ་པ་ཆེན་པོ་དག་དང་བཞི། །རྡོ་རྗེ་བྱེ་བྲག་ཤེས་བྱས་ལ། །དེ་ནས་ལས་རྣམས་བསྒྲུབ་པར་བྱ། །བསྙེན་པའི་ཏིང་འཛིན་རབ་སྦྱོར་བ། །བྱང་ཆུབ་མཆོག་ནི་བསྒོམ་པར་བྱ། །ཉེ་བར་སྒྲུབ་པ་གྲུབ་མཆོག་ལ། །རྡོ་རྗེ་སྐྱེ་མཆེད་རྣམ་པར་དཔྱད། །སྔགས་ཀྱི་བདག་པོ་སྒོམ་པ་ཡིས། །སྒྲུབ་པའི་ཚེ་ན་བསྐུལ་བར་གསུངས། །སྒྲུབ་པ་ཆེན་པོ་བྱེད་པའི་ཚེ། །རང་སྔགས་རྡོ་རྗེ་ཅན་གྱི་གཟུགས། །དབུ་རྒྱན་ལ་ནི་བདག་པོ་བསམ། །ཡེ་ཤེས་རྡོ་རྗེ་གྲུབ་པར་འགྱུར། །ཞེས་མདོར་བསྟན་རྒྱས་བཤད་ཀྱི་སྒོ་ནས་གསུངས་པ་དང་། གཤིན་རྗེ་གཤེད་ནག་པོའི་རྒྱུད་ལས། དང་

པོར་བསྒོམ་པ་རྣལ་འབྱོར་ཏེ། །གཉིས་པ་རྗེས་ཀྱི་རྣལ་འབྱོར་ཡིན། །(༣༣༥ན)གསུམ་པ་ཤིན་ཏུ་རྣལ་འབྱོར་ཏེ། །བཞི་པ་རྣལ་འབྱོར་ཆེན་པོའོ། །རྡོ་རྗེ་སེམས་དཔའ་རྫོགས་པ་ནི། །རྣལ་འབྱོར་ཡིན་པར་འདི་ལྟར་འདོད། །དེ་ཡི་རྗེས་མཐུན་ལྷ་ཡི་སྐུ། །རྗེས་ཀྱི་རྣལ་འབྱོར་ཡིན་པར་གྲགས། །འཁོར་ལོ་ཐམས་ཅད་ཡོངས་རྫོགས་པ། །ཤིན་ཏུ་རྣལ་འབྱོར་ཡིན་པར་བསྒྲགས། །སྐུ་དང་གསུང་དང་ཐུགས་རྣམས་དང་། །ལྷ་ཡི་མིག་སོགས་བྱིན་རླབས་དང་། །ཡེ་ཤེས་འཁོར་ལོ་གཞུག་པ་དང་། །བདུད་རྩི་མྱང་བ་དག་དང་ནི། །མཆོད་དང་བསྟོད་པ་ཆེན་པོ་དག །རྣལ་འབྱོར་ཆེན་པོ་ཞེས་བྱའོ། །ཞེས་བསྐྱེད་རིམ་རྣལ་འབྱོར་བཞིར་གསུངས་པ་དང་། ཁ་སྦྱོར་ལས་ཀྱང་། ཟླ་བ་མེ་ལོང་ཡེ་ཤེས་ལྡན། །དེ་བཞིན་མཉམ་ཉིད་ཡེ་ཤེས་ཉིད། །རང་ལྷའི་ས་བོན་ཕྱག་མཚན་ནི། །སོ་སོར་རྟོགས་པར་བརྗོད་པར་བྱ། །ཐམས་ཅད་གཅིག་གྱུར་བྱ་ནན་ཏན། །གཟུགས་བརྙན་རྫོགས་པ་དག་པའོ། །མཁས་པས་ཆོ་ག་གསུངས་པ(༣༣༥བ)ནི། །རྣམ་པ་ལྔ་པོ་བསྒོམ་པར་བྱ། །ཞེས་གསུངས་པ་ལྟར་མངོན་པར་བྱང་ཆུབ་པ་ལྔ་དང་ཡེ་ཤེས་ལྔ་ལས་བྱང་ཆུབ་པ་ལ་གསུངས་པ་ལྟར་དང་། ཕ་རྒྱུད་མ་རྒྱུད་གཉིས་ཀའི་ཐུན་མོང་གི་བཤད་རྒྱུད་རྡོ་རྗེ་ཕྲེང་བ་ལས། རྣལ་འབྱོར་རྗེས་སུ་རྣལ་འབྱོར་དང་། །ཤིན་ཏུ་རྣལ་འབྱོར་རྣལ་འབྱོར་ཆེ། །དང་པོ་སྦྱོར་བ་མདོར་བསྡུས་པས། །དེ་བཞིན་དཀྱིལ་འཁོར་རྒྱལ་པོ་མཆོག །ལས་ཀྱི་རྒྱལ་མཆོག་རྣལ་འབྱོར་མཆོག །ཅེས་དང་པོ་སྦྱོར་བ་དང་། དཀྱིལ་འཁོར་རྒྱལ་མཆོག་དང་། ལས་རྒྱལ་མཆོག་སྟེ་ཏིང་ངེ་འཛིན་གསུམ་གྱི་སྒོ་ནས་བསྐྱེད་རིམ་གསུངས་པ་ལྟར་ལ། དེ་ཡང་རྡོ་རྗེ་གུར་ལས། དཔེར་ན་ཆུ་ནང་ཟླ་བ་ནི། །གྲོགས་དག་བདེན་མིན་རྫུན་པའང་མིན། །དེ་བཞིན་དཀྱིལ་འཁོར་འཁོར་ལོ་འདི། །དྭངས་ཤིང་གསལ་བའི་རང་བཞིན་ནོ། །ཞེས་གསུངས་པ་ལྟར། བསྒོམ་པས་ཉམས་སུ་བླང་བར་བྱའོ། །

ཛོགས་པའི་རིམ་པའི་བསྙེན་སྒྲུབ་ལ། དཔལ་ལྡན་གསང་བ་འདུས་པའི་རྒྱུད་ལས། སྔགས་ལ་ངེས་རྟོག་ལུས་ཀྱིས་ནི། །ངག་གིས་ཡིད་ལ་བསྐུལ་གྱུར་བས། །(༣༩༠ན) བསྒྲུབ་བྱར་རབ་མཆོག་དངོས་སྒྲུབ་དང་། །ཡིད་ནི་དགའ་དང་མགུ་བའོ། །ཞེས་ལུས་དབེན། རྡོར་བཟླས། སེམས་དམིགས་བདག་བྱིན་རླབས་པའམ་སྒྱུ་ལུས། མངོན་པར་བྱང་ཆུབ་པའམ་འོད་གསལ། ཟུང་འཇུག་སྟེ་རིམ་པ་དྲུག་ཏུ་གསུངས། ཕྱག་ཆེན་ཐིག་ལེའི་རྒྱུད་ལས། རྣམ་ཤེས་ངོ་བོ་ལ་བརྟེན་ནས། །དང་པོར་འབྱུང་བ་བཞི་པོ་ལ། །རང་བཞིན་ངེས་པར་སྒྲུབ་པ་ཡིན། །དེ་ཚེ་རང་གི་གནས་ནས་ཐིམ། །རྣམ་ཤེས་ལས་ནས་རླུང་སྐྱེས་ཏེ། །དེ་ལས་མེ་ནི་ཡང་དག་འབྱུང་། །འདི་ལ་ཆུ་རྣམས་ཡང་དག་འབྱུང་། །དེ་ལས་ས་ནི་ཡང་དག་འབྱུང་། །དེ་རྣམས་ལས་ཀྱང་ཕུང་པོ་འབྱུང་། །དེ་ལས་སྐྱེ་མཆེད་རྣམས་ཀྱང་ངོ་། །དེ་ལས་ཤེས་པའི་རང་བཞིན་ཅན། །དྲུག་ཅུ་ལྷག་པའི་བརྒྱ་རིམ་པས། །ཇི་ལྟར་སྐྱེ་བ་དེ་ལྟར་འདིར། །ཐིམ་པར་འགྱུར་རོ་རང་བཞིན་ལས། །གང་ཕྱིར་དགའ་བ་དེ་སྣང་བ། །སྣང་བ་མཆེད་པ་མཆོག་ཅེས་བཤད། །ཁྱད་དགའ་ཉེ་བར་ཐོབ་པར་ཤེས། །ལྷན་ཅིག་སྐྱེ་དེ་འོད་གསལ་བའོ། །ཞེས་དང་། སྡོམ་འབྱུང་ལས། (༣༩༠བ)མཉམ་པར་བཞག་པའི་རྣལ་འབྱོར་བས། །ཇི་སྲིད་འབུམ་ལ་སོགས་པའི་གྲངས། །འདི་ནི་སྲོག་མེད་རྟག་ཏུ་བཟླས། །སྲོག་མེད་བཟླས་པ་འབུམ་ཕྲག་ནི། །ཡོངས་སུ་རྫོགས་པས་སྒྲུབ་པའོ། །ཚེ་ཟད་པ་ཡང་ལོ་ལྔ་ཪུ། །འཚོ་བ་འདི་ལ་ཐེ་ཚོམ་མེད། །རྟག་ཏུ་ཐོ་རངས་ལངས་ནས་རླུང་། །སྟོང་ཕྲག་གཅིག་ནི་བགྲང་བྱ་སྟེ། །དེ་ཕྱིར་རླུང་གི་རྣལ་འབྱོར་གྱིས། །རྟག་ཏུ་མཉམ་བཞག་གནས་པར་བྱ། །ཞེས་དང་། ཡང་ན་བུམ་པ་ཅན་སྦྱོར་བས། །ཐམས་ཅད་དུ་ནི་འཆི་ལས་རྒྱལ། །བདག་ཉིད་རིག་པས་ཁང་མཐིལ་བར། །ཐམས་ཅད་རླུང་གིས་ཀུན་བཀང་སྟེ། །བུམ་པ་ཅན་ལ་བརྟེན་བྱས་ནས། །དབྱེ་བ་གསུམ་གྱིས་

གཞོམ་པར་བཤད། །ཐ་མ་སུམ་ཅུ་རྩ་དྲུག་ཙམ། །དེ་ལས་ཉིས་འགྱུར་འབྲིང་ཡིན་ཏེ། །སུམ་གྱུར་མཆོག་ཏུ་ཤེས་པར་བྱ། །ཕྲམ་པ་ཅན་དེ་རྒྱལ་བར་གྱུར། །ཕྲམ་པ་ཅན་སྔར་ཤེས་བྱས་ནས། །བདག་ཉིད་སྐྱིལ་མོ་ཀྲུང་བཅས་ཏེ། །ལག་པ་ལན་གསུམ་མཉེ་ནས་ནི། །དེ་ནས་ལན་དྲུག་སེ་གོལ་བརྡབ། །(༣༤༧ན)ཛཻ་སྲིད་སུམ་ཅུ་རྩ་དྲུག་ཙམ། །དེ་སྲིད་ཕྲམ་པ་ཅན་བྱ་ཏེ། །སུམ་འགྱུར་མཆོག་གིས་གཞོམ་པར་ནི། །བརྒྱད་ལྷག་པ་ཡི་བརྒྱ་ཙམ་མོ། །ཞེས་དང་། སྙིང་གའི་ཆུ་སྐྱེས་སོན་པའི་རླུང་། །ཧཱུྃ་ཡིག་དཀར་པོ་དང་མཚུངས་པ། །བསམ་བྱ་མཉམ་པར་བཞག་པ་གང་། །དེ་ལས་ཡུལ་སོགས་ཀྱིས་མི་འཆིང་། །འཁོར་བའི་སྟེང་དུ་འགྲོ་བའི་རླུང་། །མྱ་ངན་འདས་པའི་འོག་ཏུ་བགྲོད། །རབ་ཏུ་མི་གནས་མྱ་ངན་འདས། །སྙིང་གའི་ཆུ་སྐྱེས་ཟེའུ་འབྲུར་གནས། །སྟེང་དང་འོག་ཏུ་འགྲོ་བའི་རླུང་། །ཡིད་ཀྱི་ཁ་སྦྱོར་དུ་བྱ་སྟེ། །དེ་ཡིས་རྣལ་འབྱོར་གོམས་པ་ཡིས། །དེ་ནི་བསྟན་པའི་གོ་འཕང་འཐོབ། །ཅེས་དང་། རླུང་གི་རྣལ་འབྱོར་མི་ཤེས་དང་། །གང་ཞིག་ཤེས་ཀྱང་མི་བྱེད་པ། །དེ་ནི་སྡུག་བསྔལ་སྣ་ཚོགས་ཀྱིས། །ཉེར་འཚེ་འཁོར་བའི་སྲིན་བུར་འགྱུར། །ཞེས་དང་། ཁ་སྦྱོར་ལས། དེ་ཡི་ནང་དུ་སོན་པའི་རྩ། །མར་མེའི་རང་གི་ངོ་བོ་ཅན། །ཆུ་ཤིང་གི་ནི་མེ་ཏོག་ལྟར། །བརྐྱངས་ཤིང་ཁ་བའི་འོག་ཏུའོ། །དེ་ཡི་ནང་དུ་དཔའ་བོ་ནི། །(༣༤༧བ)ཡུངས་ཀར་གྱི་ནི་སྦོམ་ཕྲ་ཙམ། །མི་ཤེས་ཧཱུྃ་གི་ས་བོན་ནི། །ཁ་བ་ལྟ་བུར་འཛག་པ་ཉིད། །ལུས་ཅན་རྣམས་ཀྱི་སྙིང་དགའ་བ། །དཔྱིད་ཅེས་བྱ་བར་རྣམ་པར་བཤད། །ཀོད་མའི་མེ་ཡི་གཟུགས་ཀྱིས་ནི། །བདག་མེད་མ་ནི་ཐིག་ལེར་བརྗོད། །ལས་ཀྱི་རླུང་གིས་བསྐུལ་བ་ཡིས། །ལྟེ་བའི་དཀྱིལ་འཁོར་དུ་ནི་འབར། །དཔྱིད་ཐོབ་པ་ནི་ཚིག་ཤེས་པས། །སྒོམས་པར་འཇུག་པས་རྣམ་པར་གནས། །དཔའ་བོ་ཤྲཱི་ཧེ་རུ་ཀཿ འདི་ནི་དཔྱིད་དང་ཐིག་ལེར་བརྗོད། །ཅེས་དང་། ལྟེ་བར་ཨ་ཡིག་གཟུགས་ཀྱིས

ནི། །ཐུང་ངུ་ཙ་ནི་རབ་ཏུ་གྲགས། །སྙིང་ལའང་ནི་ཧཱུྃ་ཉིད་ནི། །རིང་པོ་མ་མོ་གཉིས་
དང་གནས། །མགྲིན་པར་ཨོཾ་ཡིག་གཟུགས་ཀྱིས་ནི། །མ་མོ་གསུམ་བརྗོད་
སླད། །དཔྲལ་བར་ཧཾ་གི་རྣམ་པ་འདི། །སྒྲ་དང་ཐིག་ལེར་མི་ཤིགས་པ། །ཞེས་
དང་། བདུད་རྩི་གཟུགས་ཀྱིས་འཛག་པར་ནི། །ཉིན་དང་མཚན་དུ་རྣམ་པར་
གནས། །དེ་ཉིད་ཀྱིས་ནི་སྒྲ་འབྱེད་ཅིང་། །མི་ནི་དགའ་བར་བྱེད་པ་སྟེ། །ཞེས་
དང་། དེ་ཡི་ཤེས་རབ་ལྷན་ཅིག་སྐྱེས། །དེ་ཕྱིར་གནས་པའི་གཟུགས་ཅན་མ། །(༣༥༢ན)
ལས་ཀྱི་རླུང་གིས་བསྐུལ་བ་ཡིས། །ལྟེ་བའི་དཀྱིལ་འཁོར་དུ་ནི་འབར། །བདག་མེད་
མ་ཞེས་རྣམ་པར་བཤད། །དཔྱིད་ཀྱི་ཐིག་ལེ་ཉིད་དུ་བརྗོད། །སྒྲ་ཡི་རྩེ་མོ་བརྒྱ་སྟོང་
ལུས། །གློག་གི་ཟེར་མ་མཉམ་པའི་འོད། །ཅེས་དང་། དེ་ནས་བསམ་གཏན་གནས་
འདུག་ནས། །ཆོས་རྣམས་ཐམས་ཅད་བདག་མེད་པ། །ཡང་དག་རྗེས་སུ་བལྟ་བར་
བྱ། །ཞེས་དང་། རྣལ་འབྱོར་གཅིག་གཅིག་ཤེས་བྱས་ནས། །དབེན་པར་སོང་སྟེ་
རབ་འབད་ན། །སྡིག་འདག་ཚེ་འདིར་སངས་རྒྱས་འགྲུབ། །ཆོས་བདག་མེད་པར་
རབ་བསྒོམ་པས། །ཐམས་ཅད་མཁྱེན་པ་ཡོང་དུ་ཆུད། །དངོས་པོ་ཐམས་ཅད་དང་
བྲལ་ཞིང་། །ཕུང་པོ་ཁམས་དང་སྐྱེ་མཆེད་དག །གཟུང་དང་འཛིན་པ་རྣམ་སྤངས་
པ། །ཆོས་བདག་མེད་པ་མཉམ་ཉིད་པས། །རང་སེམས་གདོད་ནས་མ་སྐྱེས་
པ། །སྟོང་པ་ཉིད་ཀྱི་རང་བཞིན་ནོ། །ཞེས་དང་། སེམས་ཀྱི་རྟུལ་ཕྲན་ཆ་དྲུག་
རྣམས། །ཕྱོགས་བཅུ་དག་ཏུ་ཕྱིན་ནས་སུ། །ཆོས་ཀྱི་དོན་རྣམས་དེས་གསལ་
ནས། །ཤིན་ཏུ་དྲི་མེད་སེམས་དག་པ། །འདས་དང་མ་འོངས་པ་ཡི་སེམས། །(༣༥༢བ)
ད་ལྟ་ཡང་ནི་དམིགས་སུ་མེད། །གཉིས་མེད་དེ་ལ་གཉིས་མེད་མེད། །ནམ་མཁའ་
ཞེས་པའང་གནས་པ་མེད། །དེ་ལྟར་ཀུན་ན་བརྟགས་ནས་སུ། །འགྲོ་བ་ཐམས་ཅད་
ཤིན་ཏུ་སྟོང་། །དྲི་མེད་རྣལ་འབྱོར་ཉིད་ཀྱི་ཡིན། །དངོས་པོ་མེད་པར་རང་སེམས་

བསམ། །ཞེས་གསུངས་པ་དང་། བཤད་རྒྱུད་རྡོ་རྗེ་ཕྲེང་བ་ལས། རྡོ་རྗེ་བཟླས་པར་རབ་སྦྱོར་བས། །རླུང་གི་མཚན་ཉིད་ཤེས་ནས་ནི། །རྣམ་རྟོག་རླུང་རྣམས་རྣམ་པར་གཅོད། །སེམས་ལ་དམིགས་པ་ཐོབ་པར་འགྱུར། །བདག་ལ་བྱིན་རླབས་རིམ་པས་ཀྱང་། །དངོས་གྲུབ་བརྒྱད་ནི་ཐོབ་པར་འགྱུར། །སྣང་བ་ལ་སོགས་དབྱེ་བ་ཤེས། །མངོན་པར་བྱང་ཆུབ་པ་ནི་འཐོབ། །ཟུང་འཇུག་རིམ་པ་ལ་གནས་པ། །དངོས་གྲུབ་ཐམས་ཅད་བསྡུས་པ་ནི། །ཚེ་འདི་ཉིད་ལ་འགྲུབ་འགྱུར་བར། །རྣལ་འབྱོར་པ་ཡིས་ཐེ་ཚོམ་མེད། །ཅེས་དང་། བསྐྱེད་པའི་རིམ་པའི་སྦྱོར་བ་དང་། །དེ་བཞིན་རྫོགས་པའི་རིམ་པ་ཡང་། །གང་ལ་དེ་གཉིས་གཅིག་འགྱུར་བ། །དེ་ནི་ཟུང་དུ་འཇུག་པར་བཤད། །འཁོར་བ་དང་ནི་མྱ་ངན་འདས། །རྟོག་པ་གཉིས་པོ་སྤངས་པ་ནི། །གང་འདི་དངོས(༡༤༤ན)པོ་གཅིག་གྱུར་བ། །ཟུང་དུ་འཇུག་ཅེས་དེ་ལ་བཤད། །ཀུན་རྫོབ་དང་ནི་དོན་དམ་དག །རྟོག་པ་གཉིས་དང་རྣམ་པར་བྲལ། །གང་དུ་ཡང་དག་འདྲེས་གྱུར་བ། །དེ་ནི་ཟུང་དུ་འཇུག་པར་བཤད། །ཅེས་དང་། ཕྱག་རྒྱ་ཆེན་པོ་དངོས་གྲུབ་ཆེར། །ཟུང་དུ་འཇུག་པའི་ཏིང་འཛིན་གྱིས། །རྣམ་རྟོག་མེད་པར་ཞུགས་ནས་ནི། །ཐོབ་པ་འདི་ལ་ཐེ་ཚོམ་མེད། །ཅེས་རྡོར་བཟླས་སོགས་རིམ་ལྔར་གསུངས། ཡང་འདུས་པའི་རྩ་རྒྱུད་ལས། བསྙེན་པའི་ཡེ་ཤེས་བདུད་རྩི་དག །ཐམས་ཅད་དུ་ནི་བརྟག་པར་བྱ། །འདི་ནི་སྔགས་རྣམས་ཐམས་ཅད་ཀྱི། །སྔགས་ཀྱི་དེ་ཉིད་དོན་སྒྲུབ་པའོ། །ཞེས་དང་། འདུས་པའི་རྒྱུད་ཕྱི་མ་ལས། བསྙེན་པའི་ཡན་ལག་དྲུག་ཏུ་ནི། །བྱས་ན་མཆོག་ཏུ་བསྒྲུབ་པར་བྱ། །གཞན་དག་གིས་ནི་བསྒྲུབས་གྱུར་ན། །དངོས་གྲུབ་མཆོག་ཏུ་མི་འགྱུར་རོ། །སོ་སོར་སྡུད་དང་བསམ་གཏན་དང་། །སྲོག་སྲོལ་དེ་བཞིན་འཛིན་པ་དང་། །རྗེས་སུ་དྲན་དང་ཏིང་འཛིན་རྣམས། །སྦྱོར་བ་ཡན་ལག་དྲུག་ཅེས་བྱ། །ཞེས་སོགས་རྫོགས་རིམ་སྦྱོར་བ་

དྲུག་ཏུ་གསུངས་པ་དེ(༡༥༡བ)དག་གི་སྐབས་སུའང་། རྡོ་རྗེ་ལུས་ཀྱི་གནས་ལུགས། ཐོག་མར་གང་ལ་གནད་དུ་བསྣུན་པའི་ཡུལ། རྒྱུད་སོ་སོའི་སྒོམ་ཚོས་མི་འདྲ་བའི་ཁྱད་པར། དེ་ཐམས་ཅད་མཐར་གང་ལ་གཞོལ་ཚུལ། དབེན་གསུམ་དང་གཏུམ་མོ་སོགས་དོད་ཐུབ་རྩེ་ལུགས་ཚུན་ཆད་མི་འདྲ་བའི་ཁྱད་པར་མང་ནའང་། གཙོ་བོར་གྱུར་བ་ནི་འབྲས་བུ་གཟུགས་སྐུའི་ཉེ་རྒྱུ་སློབ་པའི་ཟུང་འཇུག་གི་སྐུ་དང་། དེའི་ཉེ་རྒྱུ་རིམ་པ་གསུམ་པའི་སྒྱུ་མའི་སྐུ་ རླུང་ལས་སྒྲུབ་ཚུལ་འདི་ཉིད་རྒྱུད་འདིའི་ཁྱད་ཆོས་བླ་ན་མེད་པ་ལ་ངེས་པ་བརྟན་པོ་གཏིང་ཚུགས་པ་ཆེད་པ་ལ། གང་ལ་བརྟེན་ནས་རྟོགས་ཚུལ་རྒྱུད་དོན་མན་ངག་མདོར་བྱས་རིམ་ལྔ་སྤྱོད་བསྡུས་སྒྲོན་གསལ་སོགས་ཀྱང་རྗེ་ཡབ་སྲས་ལྷ་བུ་ལ་མན་ངག་གི་མཆོག་ཏུ་འགྲོ་ནའང་། དེང་དུས་ཀྱི་གདུལ་བྱ་རྣམས་དེའི་སྒོ་ནས་ཀྱང་རྒྱུད་དོན་བདེ་བླག་ཏུ་རྟོགས་མི་ནུས་པས། དེ་དག་གིས། རྗེའི་གསུང་རབ་རིམ་ལྔ་གསལ་སྒྲོན། རིམ་ལྔ་གདན་རྫོགས་ཀྱི་ཁྲིད་ཡིག་རྣམ་བཤད་རིམ་པའི་རྣམ་བཤད། གསང་ཆེན་ལམ་གྱི་རིམ་པ་སོགས་དང་། སྒྲོན་མ་གསལ་བའི་དོན། དཀྱུས་མཆན། ཟུར་མཆན། བསྡུས(༡༥༥ན)དོན། མཐའ་དཔྱོད་བཞིས་གཏན་ལ་ཕབ་པ་འདི་དག་མན་ངག་གི་སྙིང་པོར་བྱས་ནས་བླ་མའི་ཞལ་ལས་རྟོགས་པར་བྱ་དགོས་སོ། །རིམ་པ་གཉིས་ཀྱི་སྒྲུབ་པ་མདོར་བསྡུས་ན། རྡོ་རྗེ་མཁའ་འགྲོའི་རྒྱུད་ལས། རྣལ་མའི་སྦྱོར་བ་རྟོགས་བྱའི་ཕྱིར། །བཅོས་མ་ཡི་ནི་སྒོམ་པ་དང་། །བཅོས་མ་ཡིས་ནི་བཟླས་པར་བྱ། །རྣལ་མའི་སྦྱོར་བ་རྟོགས་གྱུར་ན། །བཅོས་མའི་སྦྱོར་བ་ཕྱི་རོལ་བས། །རྣལ་མའི་སྦྱོར་བ་རྟོགས་གྱུར་བས། །བཅོས་མ་དག་ནི་མི་བྱའོ། །དཔེར་ན་གཟིངས་ལ་འཇུས་ནས་ནི། །ཆུ་ཡི་ཕ་རོལ་འགྲོ་བར་བྱེད། །ཕ་རོལ་ཕྱིན་ནས་འདོར་བ་དང་། །བཅོས་མ་དག་ཀྱང་དེ་བཞིན་ནོ། །དཀྱིལ་འཁོར་ལ་སོགས་ལས་གང་ནི། །བཅོས་མའི་སེམས་ཀྱིས་གང་བྱེད་པ། །ཕྱི་རོལ་ལས་རྣམས་གསལ་བྱེད་

པས། །དང་པོའི་ལས་ཅན་རྣམས་ལ་བསྟགས། །དངོས་གྲུབ་དེ་ཀུན་འདིར་གནས་པས། །རྒྱལ་བའི་དངོས་ཉིད་རིགས་ལ་མིན། །ཞེས་དང་། བརྟག་གཉིས་ཀྱི་རྒྱུད་ལས། བསྐྱེད་པའི་རིམ་པའི་རྣལ་འབྱོར་གྱིས། །བརྟུལ་ཞུགས་ཅན་གྱིས་སྤྲོས་པ་སྒོམ། །སྤྲོས་པ་རྨི་ལམ་ལྟར་བྱས་ནས། །(༢༤༤བ)སྤྲོས་པ་ཉིད་ཀྱིས་སྤྲོས་མེད་བྱ། །ཞེས་དང་། རྫོགས་པའི་རིམ་པའི་རྣལ་འབྱོར་ལ། །དེ་ཡི་བདེ་བ་བདེ་ཆེན་བརྗོད། །རྫོགས་པ་སྒོམ་པ་མེད་པ་སྟེ། །བསྐྱེད་པ་ཡི་ནི་ཅི་ཞིག་འཚལ། །བཅོམ་ལྡན་འདས་ཀྱིས་བཀའ་སྩལ་བ། །ཨེ་མ་བྱང་ཆུབ་སེམས་དཔའ་ཆེ། །དད་པའི་ཤུགས་ཀྱིས་རབ་ཏུ་ཉམས། །ལུས་ཀྱི་དངོས་མེད་ག་ལ་བདེ། །བདེ་བ་སྨྲ་བར་མི་ནུས་སོ། །ཁྱབ་དང་ཁྱབ་བྱེད་ཚུལ་གྱིས་ནི། །བདེ་བས་འགྲོ་བ་ཁྱབ་བདག་ཉིད། །ཇི་ལྟར་མེ་ཏོག་ལ་གནས་དྲི། །མེ་ཏོག་དངོས་མེད་ཤེས་མི་འགྱུར། །དེ་བཞིན་གཟུགས་སོགས་དངོས་མེད་པས། །བདེ་བ་ཉིད་ཀྱང་དམིགས་མི་འགྱུར། །ཞེས་གསུངས་པ་ལྟར་དང་། ཡང་ན་དཔལ་གསང་བ་འདུས་པ་ལས། ཡང་ན་རྡོ་རྗེ་བཞི་དག་གིས། །བརྟུལ་ཞུགས་བརྟན་པས་བརྟེན་པར་བྱ། །སྐུ་གསུམ་མཉམ་པ་ཉིད་གྱུར་པ། །བསྒོམ་ན་དངོས་གྲུབ་ཐོབ་པར་འགྱུར། །ཞེས་དང་། རྒྱུད་ཕྱི་མ་ལས། དང་པོ་སྟོང་ཉིད་བྱང་ཆུབ་སྟེ། །གཉིས་པ་ས་བོན་བསྡུས་པའོ། །གསུམ་པ་གཟུགས་ཉིད་རྫོགས་པ་སྟེ། །བཞི་པ་ཡི(༢༤༥ན)གེར་བཀོད་པའོ། །ཞེས་གསུངས་པའི་རྒྱུད་ཀྱི་རྡོ་རྗེ་ཚིག་དོན་ཤིན་ཏུ་རྟོགས་པར་དཀའ་བ་དེ་དང་པོར་ཐོས་བསམ་གྱི་ཤེས་རབ་ཀྱིས་ལམ་ཤེས་པར་བྱ་བ་དང་། ཤེས་པའི་དོན་སྒོམ་པས་ཉམས་སུ་བླང་བར་བྱའོ། །དེ་དག་གི་སྐབས་སུ་ཡང་འདོད་པའི་ཡོན་ཏན་རྣམས་ཀྱི་རང་བཞིན་ཤེས་པའི་སྒོ་ནས་ལོངས་སྤྱོད་དགོས་པ་དང་། རྡོར་དྲིལ་བགྲང་ཕྲེང་སོགས་ཡོ་བྱད་དང་། སྔགས་བཟླ་ཚུལ། རང་རིགས་དང་མཐུན་པའི་ཁ་ཟས་བསྟེན་ཚུལ། ཅི་བྱས་སྔགས་དང་ཕྱག་རྒྱར་འགྱུར་བའི་ཚུལ་

གལ་ཆེ་བའི་དུས་སོགས་བརྒྱད་ལྡན་བླ་མའི་ཕྱག་བཞེས་ལྟར་སྒྲུབ་དགོས་ཏེ། རྡོ་རྗེ་མཁའ་འགྲོ་ལས། རྡོ་རྗེ་དག་ནི་ཐམས་ཅད་ཀྱང་། །གསེར་ལ་སོགས་པ་ལེགས་པར་བརྟངས། །ཞེས་དང་། ཀུན་ལ་མཁར་བའམ་ཡང་ན་ནི། །ལྕགས་གསུམ་ལས་ནི་དྲིལ་བུ་སྟེ། །དེ་ལྟར་ལ་སོགས་དྲིལ་བུ་ཆེ། །རྩེ་མོ་སྟོང་གི་བར་དུའོ། །ཞེས་དང་། སྡོམ་འབྱུང་ལས། འཛིམ་པའི་རང་བཞིན(༢༥༥བ)ཏུས་སྤྲལ་སྐྱེས། །དེ་བཞིན་མཁར་བ་ཟངས་ལྕགས་སྐྱེས། །གསེར་སྐྱེས་དངུལ་ལས་སྐྱེས་པ་ཡང་། །དུང་སྐྱེས་དེ་བཞིན་ཉ་ཕྱི་ཉིད། །ན་རི་ཀེ་ལ་གཙོ་བོ་མཆོག །དེ་བཞིན་གཞན་ལས་གང་བྱུང་བ། །ར་ལས་བྱུང་དང་ཤིང་སྡོང་སོགས། །གཞན་ཡང་རྡོ་ཡི་ཁྱད་པར་རོ། །ཞེས་དང་། སྔོ་ཏུ་ཁ་བལྷུས་བྲམ་ཟེ་འཛོམས། །ཚུ་ཏུ་བལྷུས་པས་སྤྱགས་པ་དམན། །ཀླུང་བལྷུས་སྤྱགས་ནི་འཇིགས་པར་བྱེད། །བྱང་དུ་ཁ་བལྷུས་དབང་ཕྱུག་འགྱུར། །དབང་ལྡན་སྤྱགས་ཀྱི་དངོས་གྲུབ་སྟེ། །མི་ཉམས་པ་ཡི་བརྟུལ་ཞུགས་རྒྱུན། །མེ་དང་ལྡན་པ་ཉེ་བར་འཕྲོག །སྲིན་དུ་ཁ་བལྷུས་བུད་མེད་འཛོམས། །ཡོགས་སུ་འགྲེལ་བ་གཏུམ་པ་སྟེ། །སྟོད་ཀྱི་མཚན་ཉིད་རྣམ་པར་ཤེས། །ཞེས་དང་། དུམ་པོ་གཅིག་པ་གནས་སུ་འགྱུར། །དཀྱིལ་འཁོར་དབང་ཕྱུག་དུམ་པོ་གཉིས། །དུས་གསུམ་སྒྲུབ་པའི་དངོས་གྲུབ་སྟེ། །སྤྱགས་ཀྱི་དངོས་གྲུབ་ཆ་བཞི་པ། །ལྔ་པ་ལ་ནི་ཞི་དང་རྒྱས། །དུམ་དྲུག་སྟོང་མོ་བར་ཞེས་བྱ། །དབང་ཕྱེད་དུམ་པོ་བདུན་པ་སྟེ། །(༢༥༦ན)དུམ་བརྒྱད་པ་ཡང་དེ་བཞིན་སྤང་། །ཞེས་དང་། དུང་དང་ཀུནྡ་ཟླ་མདོག་མཚུངས། །སྐུམ་ཞིང་མཛེས་པ་དགེ་བར་བལྟ། །ཞེས་དང་། ཁ་སྦྱོར་ལས། ས་དང་ཉ་ཕྱིས་མུ་ཏིག་དང་། །ཁམས་ནི་དཀར་པོ་ལ་སོགས་གཞན། །ཞི་བའི་ལས་ལ་ཁྱད་པར་དུ། །ཕྲེང་བ་ཡི་ནི་མཚན་ཉིད་དོ། །གསེར་དང་དངུལ་དང་ཟངས་དག་དང་། །པདྨའི་ས་བོན་ཁྱད་པར་དུ། །རྒྱས་པ་ལ་ནི་ཕྲེང་བ་ཉིད། །རྣམ་པར་མཁས་པས་བཟུང་བར་བྱ། །གུར་གུམ་

ལ་སོགས་དྲི་སོགས་ཀྱང་། །དེ་ནི་ཐམས་ཅད་ཁྲིད་པར་དུ། །བསྒྲུབས་ཤིང་རིལ་ལུ་བྱས་ནས་ནི། །དབང་ལ་ཡོངས་སུ་རབ་ཏུ་གྲགས། །ཏུ་རག་ཤ་དང་ལུང་ཐང་དང་། །དེ་བཞིན་སྐྱེས་པའི་ཏུས་ཉིད་དང་། །དྲག་པོའི་ལས་ལ་སྦྱར་བར་བྱ། །ཞི་རྒྱས་དབང་དང་མངོན་སྤྱོད་ལ། །པོ་དེ་ཙ་ནི་ལས་ཀུན་བྱེད། །སྔགས་ཀྱི་སྒྲུབ་པ་ལྔ་བཙུ་སྟེ། །དབང་ལ་དེ་ཡི་ཕྱེད་ཉིད་དོ། །བརྒྱ་ཕྲག་གཅིག་ནི་ཞི་བ་ལ། །དེ་བཞིན་རྒྱས་ལ་ལྷག་པར་བརྒྱད། །མངོན་བརྗོད་ལ་ནི་དྲུག་ཅུ་ཉིད། །ཁྲིད་པར་དུ་ནི་ལས་ལ་སྦྱར། །ཞེས་དང་། རྡོ་རྗེ་མཁའ་འགྲོ་ལས། ཞི་བ་ལ་ནི་མཛུབ་མོར་བཞག །རྒྱས་ལ་གུང་མོར་དགལ་བར(༡༨༦པ)བྱ། །དབང་དུ་བྱ་ལ་སྲིན་ལག་གསུངས། །མཐའ་མ་ལས་ནི་མངོན་སྤྱོད་བྱ། །མཐེ་བོང་ལྕུགས་ཀྱུར་བྱས་ནས་ནི། །ལྷ་རྣམས་ཐམས་ཅད་འགུགས་པར་བསམ། །ཤིན་ཏུ་མཉམ་བཞག་སྔགས་བཟླས་ན། །འགྲུབ་འགྱུར་འདི་ནི་ཐེ་ཚོམ་མེད། །ཁ་སྦྱོར་ལས། དེ་ཉིད་ལས་ནས་འགྲུབ་པར་འགྱུར། །ཀུན་ཏུ་གསལ་བར་མེད་ན་རིང་། །རྡོ་རྗེ་ཚིག་ནི་བཟླས་བྱས་ཏེ། །རྡོ་རྗེ་ཚིག་ནི་སྒྲ་སྤངས་ལ། །ཞེས་དང་། གསང་འདུས་རྩ་རྒྱུད་ལས། ཁྲོ་བོའི་དམ་ཚིག་ཡེ་ཤེས་ཀྱིས། །རང་གི་རྡོ་རྗེ་དཀྱིལ་འཁོར་གྲགས། །སྔགས་ཀྱི་ཡི་གེ་ཚིག་ཐོས་པ། །དེ་ནི་ཁྲོ་བོའི་བཟླས་པར་བཤད། །ཅེས་གསུངས་པ་དང་། གདན་བཞི་ལས། གང་ཞིག་ཚུང་ཟད་བཟའ་བཏུང་རྣམས། །བསྔོ་བ་བྱས་ནས་བཟའ་བར་བྱ། །འདི་ལྟར་སྤྱོད་པའི་རྣལ་འབྱོར་པ། །བུ་ལོན་དུ་ཡང་མི་འགྱུར་རོ། །ཞེས་དང་། ཙམ་པ་ཟས་ཀྱིས་གསོལ་མི་བྱ། །ཞེས་དང་། དེ་བཞིན་གཤེགས་པའི་ལྷག་མ་འདི། །སྡིག་པ་རྣམ་པར་ཟད་བྱེད་ཡིན། །ཞེས་དང་། ཕྱག་ཆེན་ཐིག་ལེའི་རྒྱུད་ལས། རིན་ཆེན་དབང་པོ་ཁྲག་ཅེས་བཤད། །སྣང་བ་མཐའ་ཡས་ཁུ་བར་བརྗོད། །དོན(༡༨༧ན)ཡོད་གྲུབ་པ་ཁྲག་ཆེན་ཏེ། །མི་བསྐྱོད་པ་ནི་དྲི་ཡི་ཆུ། །རྣམ་པར་སྣང་མཛད་རྒྱུག་པར་བཤད། །འདི་རྣམས་

བདུད་རྩི་ལྔ་མཆོག་གོ། །དྲི་ཆུ་དྲི་ཆེན་ཤ་ཆེན་ནོ། །བྱང་སེམས་རང་བཞིན་མེ་ཏོག་དང་། །བ་སྐྱང་ཁྲི་དང་སྐྱང་པོ་ཆེ། །ཧ་སྒྲོན་ཀུན་ལ་ས་བོན་ལྡན། །ཞེས་དང་། མཉམ་པ་ཉིད་ཀྱི་གནས་འདུག་ན། །ལུས་ཀྱི་ཅི་ཙམ་བསྐྱོད་པ་དང་། །ཚིག་ཏུ་རབ་ཏུ་བརྗོད་པ་རྣམས། །དེ་དག་སྔགས་དང་ཕྱག་རྒྱར་འགྱུར། །ཞེས་དང་། བཤད་རྒྱུད་རྡོ་རྗེ་ཕྲེང་བ་ལས། ཞི་བ་དང་ནི་རྒྱས་པ་ནི། །ཟླ་བ་ཡར་གྱི་ངོ་ལ་བྱ། །དབང་དང་མངོན་བརྗོད་དག་གི་ལས། །ཟླ་བ་མར་གྱི་ངོ་ལ་བརྩམས། །བྱང་དུ་ཁ་བལྟས་ཞི་བ་ལ། །དེ་བཞིན་རྒྱས་ལ་ཤར་དུ་བལྟ། །དྲག་པོའི་ལས་ལ་ལྷོ་ཕྱོགས་སུ། །དབང་གི་ལས་ལ་ནུབ་ཏུ་བལྟ། །གསོད་པ་ཉིད་ལ་མེ་ཡི་ཕྱོགས། །སྐྲང་བར་བྱ་བ་བདེན་བྲལ་དུ། །གནས་ནས་བསྐྲད་ལ་རླུང་གི་ཕྱོགས། །དེངས་པ་ལ་ནི་དབང་ལྡན་ཕྱོགས། །ཞི་བ་ཁ་དོག་དཀར་པོ་སྟེ། །རྒྱས་པ་ལ་ནི་སེར་པོ་བྱ། །དབང་དང་དགུགས་པ་ལ་ནི་དམར། །ཁ་དོག་ནག་པོ་གསོད་པའོ། །(༣༤༧བ)བྱམས་པའི་སེམས་ཀྱིས་ཞི་བ་ལ། །དགའ་བའི་སེམས་ཀྱིས་རྒྱས་པ་ལ། །ཆགས་པའི་སེམས་ཀྱིས་དབང་དག་ལ། །ཁྲོ་བའི་སེམས་ཀྱིས་གསོད་པའོ། །ཞི་བ་ཕལ་ཆེར་ཐོ་རངས་བྱ། །དེ་བཞིན་རྒྱས་པར་སྔ་དྲོ་བྱ། །དབང་དང་མངོན་སྤྱོད་དག་གི་ལས། །ཉི་མ་གུང་དང་མཚན་ཕྱེད་ལའོ། །དེ་ལྟར་རིགས་པར་ཡང་དག་བཤད། །སྔགས་ཀྱི་རྒྱུད་གསུངས་མཚན་ཉིད་ཀྱིས། །ཞི་བ་ལ་སོགས་དངོས་གྲུབ་བརྒྱད། །བློ་ལྡན་ཆོ་ག་བཞིན་དུ་སྒྲུབ། །ཅེས་གསུངས་པ་ལྟར་རོ། །

བཞི་པ་དེ་ལྟ་བུའི་མདོ་སྔགས་ཀྱི་ལམ་བཟང་སྒྲུབ་པ་ལ་བར་ཆད་ཞི་བར་གསོལ་བ་འདེབས་པ་ནི། དེ་ལྟར་ལམ་བཟང་སྟོན་པའི་བཤེས་གཉེན་དང་། །ཚུལ་བཞིན་སྒྲུབ་པའི་གྲོགས་རྣམས་ཞབས་བརྟན་ཅིང་། །ཕྱི་དང་ནང་གི་བར་དུ་གཅོད་པའི་ཚོགས། །ཉེ་བར་ཞི་བར་བྱིན་གྱིས་བརླབ་ཏུ་གསོལ། །ཞེས་པའི་གཞུང་འདི་བྱུང་། དེ་

ལྟར་དུས་གསུམ་གྱི་རྒྱལ་བ་སྲས་དང་བཅས་པ་ཐམས་ཅད་ཀྱིས་སངས་རྒྱས་ཀྱི་སར་གཤེགས་པ་དང་གཤེགས་པར་འགྱུར་བའི་མདོ་དང་སྔགས་ཀྱི་ལམ་བཟང(༣༥༨ན)པོ་ངོ་བོ་མ་ནོར་བ། གོ་རིམ་མ་འཕྱུགས་པ། ཆད་ལྷག་མེད་པའི་གྲངས་ངེས་པ་དེ་དག་རང་ལ་ཕྱིན་ཅི་མ་ལོག་པར་སྟོན་པའི་སྒོ་ནས་རྒྱལ་བའི་མཛད་པ་བསྒྲུབ་པར་མཛད་པའི་མཚན་ཉིད་དང་ལྡན་པའི་དགེ་བའི་བཤེས་གཉེན་རྣམས་དང་། ལམ་དེ་དག་ཐོས་བསམ་སྒོམ་པའི་ཚུལ་ཇི་ལྟ་བ་བཞིན་དུ་སྒྲུབ་པར་བྱེད་པའི་ཆོས་ལྡན་གྱི་གྲོགས་དམ་པ་རྣམས་ཀྱི་སྐུ་ཚེ་ཞབས་པད་རྡོ་རྗེའི་གཤིས་སུ་བརྟན་པར་གྱུར་ཅིང་། དད་བརྩོན་སྙིང་སྟོབས་ཤེས་རབ་སོགས་མཐུན་རྐྱེན་ཕུན་སུམ་ཚོགས་པ་རྒྱས་པར་འགྱུར་བ་དང་། ལམ་བཟང་པོ་དེ་དག་སྒྲུབ་པའི་འགལ་རྐྱེན་སྡེ་བརྒྱད་དྲང་སྲོང་འབྱུང་པོའི་གནོད་པ་སོགས་དང་། འབྱུང་བ་འཁྲུགས་པའི་ནད་དང་། དུག་གསུམ་གྱི་རྣམ་གཡེངས་སོགས་ཕྱི་ནང་གི་བདུད་དང་བར་དུ་གཅོད་པའི་ཚོགས་མ་ལུས་པ་བླ་མ་ལྷ་དང་དཀོན་མཆོག་གི་མཐུས་སྐད་ཅིག་ཙམ་ཡང་མི་འབྱུང་ཞིང་། གལ་ཏེ་ལས་དབང་གིས་འབྱུང་ནའང་དེ་མ་ཐག་ཏུ་ཉེ་བར་ཞི་བར་བྱིན་གྱིས་བརླབ་ཏུ་གསོལ། །ཞེས་འདི་དང་གོང་གི་ལམ་གྱི་རྟོགས(༣༥༨བ)པ་ཐམས་ཅད་མྱུར་དུ་རྒྱུད་ལ་སྐྱེས་ཤིང་གེགས་མེད་མཐའ་རུ་ཕྱིན་པར་བླ་མ་ལྷ་དང་མཆོག་གསུམ་བཀའ་སྲུང་དང་བཅས་པ་ལ་སྙིང་ཁོང་རུས་པའི་གཏིང་ནས་ཕུར་ཚུགས་སུ་གསོལ་བ་གདབ་པས་བཙེ་ཆེན་གྱིས་བསྐྱུར་ཤིག་ཅེས་བྱིན་རླབས་ཞུ་བ་ལ་ནན་ཏན་དུ་བྱེད་དེ་ཐུགས་རྗེ་བསྐུལ་ཅི་ཐུབ་བྱ་དགོས་པར་འདོམས་སོ། །དེ་ལྟར་བྱས་པས་དེ་དག་གི་བྱིན་རླབས་མྱུར་དུ་འཇུག་ཅིང་། མངོན་པར་འདོད་པའི་དོན་ཐམས་ཅད་བདེ་བླག་ཏུ་འགྲུབ་པར་འགྱུར་བ་གདོན་མི་ཟའོ། །དེ་ལ་ནད་དང་སྡུག་བསྔལ་སོགས་མི་མཐུན་པའི་ཕྱོགས་རྣམས་ནི་བར་དུ་གཅོད་པར་ངོས་བཟུང་ཡང་མཐུན་པའི་ཕྱོགས་འདྲ་བའི་བར་གཅོད་རྣམས

ངོས་བཟུང་དཀའ་བས་དེ་དག་ལེགས་པར་ཤེས་ནས་སྤོང་བ་གལ་ཆེའོ། །དེ་ལྟར་ཡང་། འཕགས་པ་གཟུངས་ཀྱི་དབང་ཕྱུག་རྒྱལ་པོས་ཞུས་པའི་མདོ་ལས། དེ་ལ་བར་དུ་གཅོད་པའི་ཆོས་རྣམས་གཅིག་སྟེ། གཅིག་གང་ཞེ་ན་འདི་ལྟ་སྟེ། དད་པ་མེད་པའི་སེམས་སོ། །བར་དུ་གཅོད་པའི་ཆོས(༢༥༧་ན)གཉིས་ཏེ། གཉིས་གང་ཞེ་ན། འདི་ལྟ་སྟེ། ང་ཚ་མི་ཤེས་པ་དང་ཁྲེལ་མེད་པའོ། །བར་དུ་གཅོད་པར་འགྱུར་བའི་ཆོས་གསུམ་སྟེ། གསུམ་གང་ཞེ་ན་འདི་ལྟ་སྟེ། ལུས་ཀྱིས་ཉེས་པར་སྤྱོད་པ་དང་། ངག་གིས་ཉེས་པར་སྤྱོད་པ་དང་། ཡིད་ཀྱིས་ཉེས་པར་སྤྱོད་པ་སྟེ་གསུམ་པོ་འདི་དག་གོ། །བར་དུ་གཅོད་པར་འགྱུར་བའི་ཆོས་བཞི་སྟེ། བཞི་གང་ཞེ་ན། འདི་ལྟ་སྟེ། འགྲོ་བ་མ་ཡིན་པར་འགྲོ་བ་བཞི་སྟེ། འདུན་པས་འགྲོ་བ་མ་ཡིན་པར་འགྲོ་བ་དང་། ཞེ་སྡང་གིས་འགྲོ་བ་མ་ཡིན་པར་འགྲོ་བ་དང་། གཏི་མུག་གིས་འགྲོ་བ་མ་ཡིན་པར་འགྲོ་བ་དང་། འཇིགས་པས་འགྲོ་བ་མ་ཡིན་པར་འགྲོ་བ་སྟེ་བཞི་པོ་འདི་དག་གོ། །ཞེས་པ་ནས། བར་དུ་གཅོད་པར་འགྱུར་བའི་ཆོས་བདུན་ཏེ། བདུན་གང་ཞེ་ན། འདི་ལྟ་སྟེ། ང་རྒྱལ་དང་། ཆེ་བའི་ང་རྒྱལ་དང་། ང་རྒྱལ་ལས་ཀྱང་ང་རྒྱལ་དང་། ངའོ་སྙམ་པའི་ང་རྒྱལ་དང་། མངོན་པའི་ང་རྒྱལ་དང་། ཅུང་ཟད་སྙམ་པའི་ང་རྒྱལ་དང་། ལོག་པའི་ང་རྒྱལ་ཏེ་བདུན་པོ་འདི་དག་གོ། །ཞེས་སོགས་དང་། སེམས་ཅན་རྣམས་ཀུན(༢༥༧་བ)ནས་ཉོན་མོངས་པའི་རྒྱུད་ནི་ཚུལ་བཞིན་མ་ཡིན་པ་ཡིད་ལ་བྱེད་པའོ། །སེམས་ཅན་རྣམས་ཀྱི་ཀུན་ནས་ཉོན་མོངས་པའི་རྐྱེན་ནི་མ་རིག་པའོ། །མ་རིག་པ་ནི་རྒྱུའོ། །འདུ་བྱེད་རྣམས་ནི་རྐྱེན་ནོ། །ཞེས་སོགས་གསུངས་པ་དང་། སྙིགས་མའི་སྐྱེས་བུ་ཙོལ་ཚུང་རྣམས་ལ་རྙེད་བཀུར་སྙན་གསུམ་འདུ་འཛི་སྟོབས་འབྱོར་མངའ་ཐང་ཁ་དྲག་དབང་ཆེ་སོགས་ཇི་ལྟར་བྱུང་བ་དེ་ཙམ་གྱིས་དམ་པར་ཁས་ཆེ་ནའང་། དམ་པའི་ཚུལ་དང་མི་མཐུན་པ། སྡོམ་པ་གསུམ་གྱི་ཉམས་ལེན་དང་འཆད་

རྫོད་རྫོམ་གསུམ་གྱི་ཡོན་ཏན་ཅིའང་མེད་པར་ཆགས་སྡང་གཡོ་སྒྱུའི་འཁོར་ལོ་བསྐོར་བ་དོན་དུ་གཉེར་བ་བསྟན་པ་འཇིག་པའི་རྒྱུ་དང་ཁྱད་པར་དུ་དགེ་བསྟན་པའི་བསྟན་པ་འདི་ལ་གནོད་པའི་རྐྱེན་ཆེ་ཤོས་འདོད་ཡོན་ལ་གཡེངས་པས་ཁྲིར་བ་འདིས་བྱེད་པས། ཐར་བ་དོན་དུ་གཉེར་བ་རྣམས་ཀྱིས་བླ་མའི་ཡོན་ཏན། བསྟན་པའི་འཕེལ་འགྲིབ། རང་གི་གདན་འདུན་གང་ནས་བསམ་ནའང་སྲུན་པ་དང་སྙིང་པོ་མ་ནོར་བར་དགོས་པའི་གཙོ་བོ་ངོས་ཟིན་པར་བྱས་ནས། སངས(༣༥༠ན)རྒྱས་ཀྱི་བསྟན་པ་ནི་གཙོ་བོར་སེམས་ཀྱི་སྟེང་ནས་འཛོག་པ་དང་། ཆོས་ཀྱི་བར་ཆད་ཀྱང་སེམས་ཀྱི་སྟེང་ནས་འོང་བས་ཤིན་ཏུ་ནས་ཀྱང་གཟབ་པར་བྱ་སྟེ། སངས་རྒྱས་ཀྱི་སྡེ་སྣོད་ཀྱི་མདོ་ལས། ཤཱ་རིའི་བུ་དེ་ལྟ་མོད་ཀྱི་བཅོམ་ལྡན་འདས་འོད་སྲུང་གིས་དེ་བཞིན་གཤེགས་པ་ཤཱཀྱ་ཐུབ་པའི་གསུང་རབ་དེ་ནི་ལྷག་པར་ཉེད་པ་དང་བཀུར་སྟི་བྱེད་པས་ནུབ་པར་འགྱུར་རོ་ཞེས་ལུང་བསྟན་ཏེ། ཤཱ་རིའི་བུ་འདི་ལྟར། ཆོས་འདུལ་བ་འདོ་ནི་ཉེད་པ་དང་བཀུར་སྟིས་མྱུར་དུ་ནུབ་པར་འགྱུར་རོ། །ཤཱ་རིའི་བུ་དཔེར་ན་མི་དབུལ་པོ་ཞིག་གིས་གཏེར་ཆེན་པོ་ཉེད་ནས་གཞི་དེ་ལས་བདེ་བ་དང་ཡིད་བདེ་བ་ཉམས་སུ་མྱོང་ངོ་། །ཤཱ་རིའི་བུ་དེ་བཞིན་དུ་མ་འོངས་པའི་དུས་ན། དགེ་སློང་དག་ཁྲིམ་པ་ལ་བརྟེན་པ་དང་། ཞུ་དུད་བྱེད་པ་དང་། བཀུར་སྟི་བྱེད་པ་དག་འབྱུང་བར་འགྱུར་རོ། །ཤཱ་རིའི་བུ་དེ་ལ་ཁྲིམ་པ་གང་དག་གིས་དགེ་སློང་གང་དག་ཀྱང་འཇིག་རྟེན་གྱི་ཟང་ཟིང་གིས་ཡིད་ལ་བདེ་བར་བྱ་བའི་ཕྱིར། དེ་དག་གོ་ལས་ཀྱི་མཐའ་རིམ་བཞིན་དུ་བྱེད་པར་འགྱུར་རོ། །(༣༥༠བ)དེ་ལྟར་ན། དགེ་སློང་དེ་དག་ཀྱང་འཇིག་རྟེན་ཟང་ཟིང་ལྷུར་ལེན་པར་འགྱུར་ཏེ། འཇིག་རྟེན་གྱི་ཟང་ཟིང་གིས་འཁོལ་བས་ཚིག་མི་ཤེས་པ་དང་། ཉེ་དུ་ལ་འདོད་པར་འགྱུར་རོ། །བདག་ཉིད་ཤེས་བཞིན་དུ་ཁྲིམ་པས་ཤེས་པར་བྱ་བའི་ཕྱིར་བདག་ཉིད་དགྲ་བཅོམ་པ་ཡིན་པར་སྒྲོགས་པར་བྱེད་དོ། །དེ་དག

དེ་ལྟར་ཤེས་པར་བྱེད་པ་ཡོངས་སུ་ཚོལ་བ་ན་སངས་རྒྱས་ཀྱི་བྱང་ཆུབ་འདོར་བར་འགྱུར་རོ། །ཞེས་དང་། གཟི་བརྗིད་ཅན་གྱི་མདོ་ལས། རྙེད་པ་དང་བཀུར་སྟི་ལ་བརྟེན་པའི་དགེ་སློང་གི་ཀུན་ནས་ཉོན་མོངས་པ་བྱེ་བ་ཕྲག་དགུ་བཅུ་རྩ་དགུར་འགྱུར་ཏེ། དེ་དག་གིས་མཚམས་མེད་པའི་ས་ཐོབ་པར་འགྱུར་རོ། །ཞེས་གསུངས་ཤིང་། ལྷག་པའི་བསམ་པ་བསྐུལ་བའི་མདོ་ལས་ཀྱང་། རྙེད་པ་དང་བཀུར་སྟི་ནི་གཅིག་ཏུ་བག་མེད་པའི་རྩ་བ་ཡིན་པར་བརྟག་པར་བྱའོ། །རྙེད་པ་དང་བཀུར་སྟི་ནི་དགེ་བའི་རྩ་བ་འཕྲོག་པར་བརྟག་པར་བྱའོ། །རྙེད་པ་དང་བཀུར་སྟི་ནི་ང་རྒྱལ་དང་། རྒྱགས་པ་དང་། དྲེགས་པ་སྐྱེད་པར་བརྟག་པར་བྱའོ། །ཞེས་སོགས་སྤར་དྲངས་པ(༣༥༧ན)ལྟར་ལ། བླ་བའི་སྙིང་པོའི་མདོར་ཡང་བསྟན་པ་འཛིག་པའི་རྒྱུ་མང་དུ་གསུངས་པའི་གཙོ་བོ་འདུ་འཛི་ལ་དགའ་བར་བཤད་དོ། །དེས་ན་བདུད་ཀྱི་ལས་ངོས་བཟུང་ནས་དེ་དག་ལས་ཡང་དག་པར་འདའ་ཚུལ་ཡང་། འཕགས་པ་ཤེས་རབ་ཀྱི་ཕ་རོལ་ཏུ་ཕྱིན་པ་བརྒྱད་སྟོང་པ་ལས། བདུད་སྡིག་ཅན་གྱིས་ཅི་ལྟར་བྱང་ཆུབ་སེམས་དཔའ་སེམས་དཔའ་ཆེན་པོ་དེ་དག་འདི་ལྟར་རྙེད་པ་དང་བཀུར་བསྟིས་ནོན་པའི་རང་བཞིན་ཅན་དུ་འགྱུར་ཞིང་། ཚིག་བཙུན་པར་འགྱུར་ཞིང་ཚིག་བཙུན་པ་དེས་སྐྱེ་བོ་མང་པོས་འཛིན་པར་འགྱུར་ཞིང་དེ་དག་ལ་སྐྱེ་བོ་མང་པོ་ཡང་མཉན་པ་དང་དད་པར་བྱེད་སྙམ་དུ་སེམས་པ་དེ་ལྟར་བྱིན་གྱིས་རློབ་སྟེ། མཐོང་ངམ་ཐོས་ནས་ཀྱང་དེ་དག་གི་རྗེས་སུ་བྱེད་པར་འགྱུར་ཞིང་དེ་བཞིན་ཉིད་དུ་མི་སློབ་དེ་བཞིན་ཉིད་དུ་མི་སྒྲུབ་དེ་བཞིན་ཉིད་དུ་རྣལ་འབྱོར་དུ་མི་བྱེད་པར་འགྱུར་རོ། །དེ་དག་དེ་ལྟར་དེ་བཞིན་ཉིད་ལ་མི་སློབ་ཅིང་དེ་བཞིན་ཉིད་ལ་མི་སྒྲུབ་དེ་བཞིན་ཉིད་ལ་རྣལ་འབྱོར་དུ་མི(༣༥༧བ)བྱེད་པས་ཉོན་མོངས་པ་རྣམས་འཕེལ་བར་འགྱུར་རོ། །དེ་དག་དེ་ལྟར་སེམས་ཀྱི་རྒྱུད་ཕྱིན་ཅི་ལོག་པས་ལུས་དང་ངག་དང་ཡིད་ཀྱི་ལས་གང་བྱེད་པ་དེ་དག

ཐམས་ཅད་མི་འདོད་པ་དང་མི་སྡུག་པ་དང་མི་འགལ་བ་དང་ཡིད་དུ་མི་འོང་བར་འགྱུར་རོ། །ཞེས་དང་། ཡོན་ཏན་རིན་པོ་ཆེ་སྡུད་པ་ལས། སྨྲ་བའི་ཟླ་བ་སངས་རྒྱས་ལ་ནི་རབ་འདྲོར་ཞུས། །ཡོན་ཏན་དགའ་བ་རྣམས་ཀྱི་བར་དུ་གཅོད་གང་ལགས། །སྟོན་པས་བཀའ་སྩལ་བར་དུ་གཅོད་པར་འགྱུར་མང་སྟེ། །དེ་ལས་རེ་ཞིག་ཙུང་ཟད་ཙམ་ཞིག་ཡོངས་སུ་བརྗོད། །རྒྱལ་བའི་ཤེས་རབ་ཕ་རོལ་ཕྱིན་འདི་ཡིག་བྲིས་ཚེ། །སྤོབས་པ་ཐ་དད་རྣམ་པ་དུ་མ་འབྱུང་འགྱུར་ཞིང་། །འགྲོ་བའི་དོན་མ་བྱས་པར་གློག་བཞིན་མྱུར་དུ་ཡང་། །ཡོངས་སུ་ཉམས་པར་འགྱུར་བ་འདི་ནི་བདུད་ཀྱི་ལས། །ཞེས་དང་། བསྟི་སྟང་འདོད་པར་འགྱུར་ཞིང་རྙེད་པ་འདོད་འགྱུར་དང་། །ལྟ་དང་བཅས་པའི་སེམས་ཀྱིས་ཁྱིམ་འདྲིས་བྱེད་ལྡན་ཞིང་། །ཆོས་བཏང་ནས་ནི་ཆོས་མིན་བྱ་བ་སྤྱོད་གྱུར་པ། །ལམ་བོར་ལམ་གོལ(༣༥༢ན)འགྲོ་བའང་ནི་བདུད་ཀྱི་ལས། །གང་དག་དེ་ཡི་ཚེ་ན་འདུན་ཞིང་དད་གྱུར་ནས། །ཆོས་ཀྱི་དམ་པ་དེ་ནི་ཉན་དུ་སོང་བ་ལས། །དེ་དག་གིས་ནི་ཆོས་སྨྲ་བྱ་བར་ལྡན་རིག་ནས། །དགའ་བ་མེད་ཅིང་ཡིད་མི་བདེ་བར་གྱུར་ནས་འགྲོ། །དེ་ཡི་ཚེ་ན་བདུད་ཀྱི་ལས་འདི་འབྱུང་བར་འགྱུར། །དེ་ཚེ་གང་དག་གིས་ནི་དགེ་སློང་མང་དགུགས་ནས། །ཤེས་རབ་ཕ་རོལ་ཕྱིན་འདི་འཛིན་པར་མི་འགྱུར་བའི། །བར་དུ་གཅོད་པ་རྣམ་མང་གཞན་ཡང་འབྱུང་བར་འགྱུར། །རིན་ཆེན་རིན་ཐང་མེད་པ་རྙེད་གྱུར་གང་དག་ཡིན། །དེ་དག་དཀོན་ལ་དུས་རྣམས་རྟག་ཏུ་འཚེ་བ་མང་། །དེ་བཞིན་རྒྱལ་བའི་ཤེས་རབ་ཕ་རོལ་ཕྱིན་པ་མཆོག །རིན་ཆེན་ཆོས་ཀྱང་དཀོན་ལ་རྟག་ཏུ་འཚེ་བ་མང་། །ཐེག་པ་གསར་དུ་ཞུགས་པའི་སེམས་ཅན་བློ་ཆུང་བ། །གང་ཞིག་དཀོན་པའི་རིན་ཆེན་འདི་ནི་མ་རྙེད་པ། །དེ་ལ་བར་གཅོད་བྱ་ཕྱིར་བདུད་ནི་སྤྲོ་བར་འགྱུར། །ཕྱོགས་བཅུ་སངས་རྒྱས་དེ་དག་ཡོངས་སུ་འཛིན་ལ་སྤྱོར། །མ་ཞིག་ན་བར་གྱུར་ལ་བུ་ནི་མང་ཡོད་པ། །དེ་ཀུན་

ཡིད་མི་བདེ(༣༥༢བ)ཞིང་དེ་ལ་རིམ་གྲོ་བྱེད། །དེ་བཞིན་ཕྱོགས་བཅུའི་འཇིག་རྟེན་ཁམས་ཀྱི་སངས་རྒྱས་ཀྱང་། །ཡུམ་གྱུར་ཤེས་རབ་དམ་པ་འདི་ལ་དགོངས་པ་མཛད། །ཅེས་དང་། དེ་ཡི་ཚེ་ན་བདུད་ནི་ཟུག་རྔུ་ལྡན་པར་འགྱུར། །སྡུ་དན་ཉམས་ཐག་སྡུག་བསྔལ་ཡིད་མི་བདེ་མཉམ་ཆུང་། །ཇི་ལྟར་བྱང་ཆུབ་སེམས་དཔའ་འདི་ཡི་ནུར་འགྱུར་ཞེས། །འཇིག་པ་བསྟན་ཕྱིར་ཕྱོགས་རྣམས་སྲེག་ཅིང་སྐར་མདའ་གཏོང་། །གང་ཚེ་བྱང་ཆུབ་སེམས་དཔའ་འཐབ་དང་རྩོད་གྱུར་ཅིང་། །ཕན་ཚུན་མི་མཐུན་ཁྲོ་བའི་སེམས་དང་ལྡན་གྱུར་པ། །དེ་ཚེ་བདུད་ནི་མཆོག་ཏུ་དགའ་ཞིང་ཉམས་བདེར་འགྱུར། །དེ་གཉིས་རྒྱལ་བའི་ཡེ་ཤེས་ལས་ནི་རིང་འགྱུར་སྙམ། །དེ་གཉིས་རིང་དུ་འགྱུར་ཞིང་ཤ་ཟ་འདྲ་བར་འགྱུར། །གཉིས་ཀ་རང་གི་དམ་བཅས་ཉམས་པར་བྱེད་པར་འགྱུར། །སྡང་ཞིང་བཟོད་དང་བྲལ་ལ་བྱང་ཆུབ་ག་ལ་ཡོད། །དེ་ཚེ་བདུད་རྣམས་ཕྱོགས་དང་བཅས་ཏེ་དགའ་བར་འགྱུར། །གང་ཚེ་མཁས་པ་དེ་དག་བསམ་པ་རབ་བརྟན་ཞིང་། །ཉིན་མཚན་ཤེས་རབ་ཕ་རོལ་ཕྱིན(༣༥༣ན)པ་མཆོག་དོན་བལྟ། །དེ་ཚེ་ལུས་སེམས་དག་ནི་མཁའ་འགྲོ་བྱ་ལྟར་རྒྱུ། །ནག་པོ་ཙ་ལག་རྣམས་ཀྱིས་གླགས་རྙེད་ག་ལ་འགྱུར། །ཞེས་དང་། གཀླུའི་གླུང་མཉམ་ཞིང་ན་སེམས་ཅན་ཇི་སྙེད་པ། །དེ་ཀུན་ཡོངས་སུ་བརྟག་པ་བཟུང་སྟེ་བདུད་འགྱུར་ལ། །བ་སྤུ་ཉག་རེ་ལས་ཀྱང་དེ་སྟེ་སྤྲུལ་བྱས་ཀྱང་། །དེ་དག་ཀུན་གྱིས་མཁའ་ལ་བར་ཆད་བྱ་མི་ནུས། །རྒྱུ་རྣམ་བཞི་ཡིས་བྱང་ཆུབ་སེམས་དཔའ་མཁས་སྟོབས་ལྡན། །བདུད་བཞིས་ཐུབ་པར་དཀའ་ཞིང་བསྐྱོད་པར་མི་ནུས་ཏེ། །སྟོང་པར་གནས་དང་སེམས་ཅན་ཡོངས་སུ་མི་གཏོང་དང་། །ཇི་སྐད་སྨྲས་བཞིན་བྱེད་དང་བདེ་གཤེགས་བྱིན་རླབས་ཅན། །ཞེས་དང་། འཕགས་པ་འཇམ་དཔལ་རྣམ་པར་འཕྲུལ་བའི་ལེའུ་ལས། འཇམ་དཔལ་གཞོན་ནུར་གྱུར་པས་ལྷའི་བུ་འོད་མང་པོ་ལ་འདི་སྐད་ཅེས་སྨྲས་

སོ། །ལྷའི་བུ། ཇི་ཙམ་དུ་ལས་རྣམས་འབྱུང་བ་དེ་ཙམ་དུ་བདུད་ཀྱི་ལས་སོ། །ཇི་ཙམ་དུ་སློན་པ་དང་། ཇི་ཙམ་དུ་ལོག་པར་འཛིན་པ་དང་། ཇི་ཙམ་དུ་མཆོག་ཏུ་འཛིན་པ་དེ་ཙམ་དུ་བདུད་ཀྱི་ལས་སོ། །(༣༥༣བ)ཇི་ཙམ་འདོད་པ་དང་། ཇི་ཙམ་འདུ་ཤེས་པ་དང་། ཇི་ཙམ་དུ་རློམ་སེམས་པ་དང་། ཇི་ཙམ་དུ་ཡོངས་སུ་རྟོག་པ་དེ་ཙམ་དུ་བདུད་ཀྱི་ལས་སོ། །ཞེས་དང་། ལྷའི་བུས་སྨྲས་པ། འཇམ་དཔལ། བདུད་ཀྱི་ལས་ག་ལས་འབྱུང་། འཇམ་དཔལ་གྱིས་སྨྲས་པ། ལྷའི་བུ། བདུད་ཀྱི་ལས་ནི་བརྩོན་པ་ལས་འབྱུང་ངོ་། །དེ་ཅིའི་ཕྱིར་ཞེ་ན། ལྷའི་བུ་བརྩོན་པ་ལ་བདུད་ཀྱིས་གླགས་ཚོལ་གྱི། མི་བརྩོན་པ་ལ་བདུད་ཀྱིས་ཅི་ཞིག་བྱ་བར་གྱུར་ཏེ། དེ་ཉིད་བདུད་ཀྱི་ལས་ཡིན་ནོ། །ལྷའི་བུས་སྨྲས་པ། བྱང་ཆུབ་སེམས་དཔའ་ཇི་ལྟར་ན་བརྩོན་པ་ཡིན། ཇི་ལྟར་ན་མི་བརྩོན་པ་ཡིན། །འཇམ་དཔལ་གྱིས་སྨྲས་པ། ལྷའི་བུ་ཇི་ཙམ་དུ་གཉིས་ལ་སྤྱོར་བ་དེ་ཙམ་དུ་བརྩོན་པ་ཡིན་ནོ། །དེ་ཅིའི་ཕྱིར་ཞེ་ན། འཇིག་རྟེན་གནས་པ་ནི་གཉིས་ལ་སྤྱོར་བ་དང་ལྡན་པའོ། །ལྷའི་བུ། བརྩོན་པ་ཞེས་བྱ་བ་འདི་ནི་སྦྱོར་བ་ཡང་དག་པའི་ཚིག་བླ་དགས་སོ། །སྦྱོར་བ་ཡང་དག་པ་ཞེས་བྱ་བ་འདི་ནི་སྦྱོར་བ་མེད་པའི་ཚིག་བླ་དགས་སོ། །སྦྱོར་བ་མེད་པ་ཞེས་བྱ་བ་འདི་ནི་སྤྲོས་པ་མེད་པའི་ཚིག་བླ་དགས་སོ། །ཞེས་དང་། འཕགས་པ་འཇམ(༣༥༤ན)དཔལ་གྱི་མན་ངག་བསྟན་པའི་མདོ་ལས། དེ་ནས་སངས་རྒྱས་ཀྱི་མཐུས་བདུད་སྡིག་ཅན་གྱིས། འཇམ་དཔལ་གཞོན་ནུར་གྱུར་པ་ལ་འདི་སྐད་ཅེས་སྨྲས་སོ། །འཇམ་དཔལ་ཇི་ལྟར་ན་བྱང་ཆུབ་སེམས་དཔའ་ལྷག་པའི་བསམ་པས་ཡང་དག་པར་ཞུགས་པ་དང་། ཐབས་ལ་མཁས་པ་དང་། ཤེས་རབ་ཀྱི་ཕ་རོལ་ཏུ་ཕྱིན་པས་ངེས་པར་འབྱུང་བ་ཡིན། འཇམ་དཔལ་གྱིས་སྨྲས་པ། སྡིག་ཅན། གང་གི་ཚེ་བྱང་ཆུབ་སེམས་དཔའ་ཉེ་ཚེ་བའི་སྤྱོད་པ་ཐམས་ཅད་ལ་ལྷག་པར་མི་སྤྱོད་པ་དེ་ལྟ་བུ་ནི་ལྷག་པའི་བསམ་པས་ཡང་དག་པར་ཞུགས་པ་ཡིན། གང་

གི་ཆོ་ཉོན་མོངས་པ་ཐམས་ཅད་དང་། བདུད་ཀྱི་ལས་ཐམས་ཅད་བླ་ན་མེད་པ་ཡང་དག་པར་རྫོགས་པའི་བྱང་ཆུབ་ལ་ཕན་པར་མཐོང་བ་དེ་ལྟ་བུ་ནི་ཐབས་ལ་མཁས་པ་ཡིན། གང་གི་ཆོ་ཉོན་མོངས་པ་ཐམས་ཅད་དང་ལྷན་ཅིག་མི་གནས་པ་དེ་ལྟ་བུ་ནི་ཤེས་རབ་ཀྱི་ཕ་རོལ་ཏུ་ཕྱིན་པ་ཡིན་པས་ངེས་པར་འབྱུང་བ་ཡིན་ནོ། །ཞེས་དང་། འཕགས་པ་ནམ་མཁའ་མཛོད་ཀྱིས་ཞུས་པའི་མདོ་ལས་ཀྱང་། ཡོངས་སུ་འཛིན་པ་དང(༣༥༤བ)བཅས་པ་ལ་ནི་བདུད་ཀྱིས་སྐབས་རྙེད་ཀྱི་ཆོས་གང་ཡང་ཡོངས་སུ་མི་འཛིན་པ་དེ་ནི་སུ་དང་ཡང་མི་རྩོད་དེ། དེ་གཅིག་པུ་གཉིས་སུ་མེད་པས་བདག་གི་སེམས་དང་གནས་པ་དང་ཡང་ལྷན་ཅིག་མི་གནས་ན་བདུད་དང་ལྷན་ཅིག་གནས་པ་ལྟ་ཅི་སྨོས། མི་གནས་པའི་བྱང་ཆུབ་སེམས་དཔའ་ནི་བདུད་ཀྱི་ཡུལ་ལས་ཡང་དག་པར་འདའོ། །ཞེས་དང་། ཕུང་པོ་ཡང་དག་སྒྱུ་མ་ལྟ་བུར་མཐོང་། །ཆོས་དབྱིངས་ཇི་འདྲ་དེ་བཞིན་ཁམས་རྣམས་ཤེས། །དབང་པོ་དྲུག་ནི་གྲོང་སྟོང་འདྲ་མཐོང་བ། །དེ་ནི་ཕུང་པོའི་བདུད་ལས་ཡང་དག་འདའ། །སྒྲིན་བརྩེགས་ཕུང་པོ་ལྟ་བུར་ཉོན་མོངས་རྣམས། །བག་ཡོད་ཚུལ་བཞིན་རབ་ཏུ་རྟོགས་བྱེད་ཅིང་། །ཆོས་ལ་མི་རྟོག་རྣམ་པར་མི་རྟོག་པ། །དེ་ནི་ཉོན་མོངས་བདུད་ལས་ཡང་དག་འདའ། །གང་ཟག་སྐྱེ་པ་ཏག་ཏུ་སྐྱེ་མེད་ཤེས། །འདི་ལ་གང་ཡང་འཕོ་མེད་འགྲོ་བ་མེད། །ཆོས་རྣམས་འོང་མེད་སོང་བ་མེད་ཤེས་པ། །དེ་ནི་འཆི་བདག་བདུད་ཀྱི་དབང་མི་འགྲོ། །གང་ཞིག་གཡོ་དང་རློམ་སེམས་མི་བྱེད་ཅིང་། །བྱང་ཆུབ་གནས་ཀྱང་བྱང་ཆུབ་འདུ་ཤེས་མེད། །(༣༥༥ན)བདག་དང་སེམས་ཅན་མེད་ཀྱང་སྙིང་རྗེ་འཇུག །དེ་ནི་དཔུང་དང་བཅས་པའི་བདུད་འདུལ་ལོ། །ཞེས་གསུངས་པ་ལྟར་རོ། །

ལྔ་པ་ལམ་བཟང་དེ་ལ་བརྟེན་ནས་སྐུ་གསུམ་གྱི་གོ་འཕང་མྱུར་དུ་ཐོབ་པར་དགེ་

བ་བསྔོ་ཞིང་སྨོན་ལམ་གདབ་པ་ནི། སྐྱེ་བ་ཀུན་ཏུ་ཡང་དག་བླ་མ་དང་། །འབྲལ་མེད་ཆོས་ཀྱི་དཔལ་ལ་ལོངས་སྤྱོད་ཅིང་། །ས་དང་ལམ་གྱི་ཡོན་ཏན་རབ་རྫོགས་ནས། །རྡོ་རྗེ་འཆང་གི་གོ་འཕང་མྱུར་ཐོབ་ཤོག །ཅེས་པའི་གཞུང་འདི་བྱུང་། འཁོར་གསུམ་བདེན་པར་མི་དམིགས་པའི་ངང་ནས་ལམ་དེ་དག་ཉམས་སུ་བླངས་པའི་དགེ་བས་མཚོན་ནས་རང་གཞན་སྐྱེ་འཕགས་ཐམས་ཅད་ཀྱིས་དུས་གསུམ་དུ་བསགས་པའི་དགེ་བའི་རྩ་བ་རྣམས་ཕྱོགས་གཅིག་ཏུ་བསྡོམས་པའི་མཐུ་ལ་བརྟེན་ནས་ཕན་བདེའི་འབྱུང་གནས་རྒྱལ་བའི་བསྟན་པ་རིན་པོ་ཆེ་དར་ཞིང་རྒྱས་ལ་ཡུན་རིང་དུ་གནས་པར་འགྱུར་བ་དང་། བདག་སོགས་མཁའ་མཉམ་ལུས་ཅན་ཐམས་ཅད་ཀྱང་དེང་ནས་བྱང་ཆུབ་སྙིང་པོ་ལ་མཆིས་ཀྱི་བར(༣༥༥བ)དུ་སྐྱེ་བ་ནས་ཚེ་རབས་ཐམས་ཅད་དུ་དད་བརྩོན་སྙིང་སྟོབས་གཟུངས་སྤོབས་སོགས་ཤིན་ཏུ་ཕུལ་དུ་བྱུང་བའི་ཆོས་སྒྲུབ་པའི་རྟེན་ཁྱད་པར་ཅན་ཐོབ་ཅིང་དེ་རྣམས་ཀྱི་གནས་སྐབས་ཀུན་ཏུ་ཡང་དག་པར་རྫོགས་པའི་སངས་རྒྱས་དང་ས་ཆེན་པོ་ལ་ཞུགས་པའི་བྱང་ཆུབ་སེམས་དཔའ་སེམས་དཔའ་ཆེན་པོ་ལ་སོགས་པའི་ཐེག་པ་མཆོག་གི་མཚན་ཉིད་དང་ལྡན་པའི་ཡང་དག་པའི་དགེ་བའི་བཤེས་གཉེན་དུ་གྱུར་པའི་བླ་མ་དམ་པས་སྐད་ཅིག་ཀྱང་འབྲལ་བ་མེད་པར་དགྱེས་བཞིན་དུ་རྗེས་སུ་བཟུང་བ་དང་། དེ་དག་ལ་ལུས་དང་སྲོག་ལའང་མི་བལྟ་བར་ཚུལ་བཞིན་དུ་བསྟེན་ནས་རྒྱལ་བ་དགྱེས་པའི་ལམ་བཟང་མདོ་སྔགས་ཐམས་ཅད་ཀྱི་སྙིང་པོའི་གནད་མཐའ་དག་བསྡུས་པ་ཐུན་མོང་བ་སྐྱེས་བུ་གསུམ་གྱི་ལམ་གྱི་རིམ་པ་དང་། ཐུན་མོང་མ་ཡིན་པ་རྡོ་རྗེ་ཐེག་པའི་འཇུག་སྒོ་དབང་བཞི་རྣམ་པར་དག་པ་ཐོབ་ཅིང་དམ་ཚིག་དང་སྡོམ་པ་མིག་འབྲས་བཞིན་དུ་བསྲུངས་པའི་སྒོ་ནས་སྨིན་བྱེད་བསྐྱེད་པའི་རིམ་པ་དང་། (༣༥༦ན)གྲོལ་བྱེད་རྫོགས་པའི་རིམ་པ་སྤྱོད་པ་གསུམ་དང་བཅས་པའི་དམ་པའི་ཆོས་ཀྱི་བདུད་རྩིའི་དཔལ་ལ་ཐོས་བསམ་སྒོམ་པའི་ཉམས་

ལེན་གྱིས་ངོམས་པ་མེད་པར་འདོད་དགུར་ཡོངས་སྤྱོད་པར་བགྱིད་ཅིང་། དེའི་མཐུས་ཐེག་པ་ཆེན་པོའི་ལས་དང་པོ་བའི་ས་དང་། མོས་པ་སྤྱོད་པའི་ས་དང་། བྱང་སེམས་འཕགས་པའི་ས་རབ་ཏུ་དགའ་བ། དྲི་མ་མེད་པ། འོད་བྱེད་པ། འོད་འཕྲོ་བ། སྦྱང་དཀའ་བ། མངོན་དུ་གྱུར་བ། རིང་དུ་སོང་བ། མི་གཡོ་བ། ལེགས་པའི་བློ་གྲོས། ཆོས་ཀྱི་སྤྲིན་ཏེ་ས་བཅུ་དང་། ཚོགས་ལམ་སྦྱོར་ལམ། མཐོང་ལམ་སྒོམ་ལམ། མི་སློབ་ལམ་སྟེ་ལམ་ལྔ་དང་། དེ་དག་གི་ཡོན་ཏན་མཐོང་སྤང་དང་། སྒོམ་སྤང་དུ་གྱུར་པའི་ཉོན་སྒྲིབ་དང་ཤེས་སྒྲིབ་སྤོང་བ་དང་། རབ་དགའ་སོགས་ས་བཅུ་ལ་རིམ་པ་བཞིན་སྦྱིན་སོགས་ཕར་ཕྱིན་བཅུ་ལྷག་པར་ཐོབ་པ་དང་། སྐད་ཅིག་མ་ཅིག་ལ་སངས་རྒྱས་བརྒྱ་མཐོང་བ་སོགས་ཀྱི་ཡོན་ཏན་ཐམས་ཅད་རབ་ཏུ་རྫོགས་ནས་ཁ་སྦྱོར་ཡན་ལག་བདུན(༣༥༨བ)དང་ལྡན་པའི་བླ་མ་རྡོ་རྗེ་འཆང་ཆེན་པོའི་གོ་འཕང་བླ་ན་མེད་པ་མྱུར་བ་ཉིད་དུ་ཐོབ་པར་ཤོག་ཅིག་ཅེས་བསྔོ་སྨོན་གྱིས་རྒྱས་གདབ་པར་མཛད་པ་ཡིན་ནོ། །

དེ་ལྟར་བདེན་པར་མི་དམིགས་པའི་སྒོ་ནས་བསྔོ་སྨོན་བྱེད་པ་ནི། འཕགས་པ་ཤེས་རབ་ཀྱི་ཕ་རོལ་ཏུ་ཕྱིན་པ་སྟོང་ཕྲག་ཉི་ཤུ་ལྔ་པ་ལས། དེ་བས་ན་བྱང་ཆུབ་སེམས་དཔའ་སེམས་དཔའ་ཆེན་པོ་དགེ་བའི་རྩ་བ་དེ་དག་ཡོངས་སུ་བསྔོ་བར་འདོད་པས། མི་དམིགས་ཤིང་མཚན་མ་མེད་པར་བྱས་ཏེ་ཡོངས་སུ་བསྔོ་བར་བྱའོ། །དེ་བཞིན་གཤེགས་པ་དགྲ་བཅོམ་པ་ཡང་དག་པར་རྫོགས་པའི་སངས་རྒྱས་རྣམས་ཀྱིས་ནི་དམིགས་པའི་འདུ་ཤེས་དང་། མཚན་མའི་འདུ་ཤེས་ཅན་གྱིས་ཡོངས་སུ་བསྔོ་བ་དེ་ནི་དོན་ཆེ་བར་མ་གསུངས་སོ། །དེ་ཅིའི་ཕྱིར་ཞེ་ན། ཡོངས་སུ་བསྔོ་བ་དེ་ནི་དུག་ཅན་དུག་རྩ་ཅན་ཏེ། ཞེས་པ་ནས། དེ་ལྟར་བསྔོ་བ་དེས་མཚན་མའི་ཚུལ་དང་། དམིགས་པའི་ཚུལ་གྱིས་ཡོངས་སུ་བསྔོས་ན་དུག་ཏུ་འགྱུར་བ་ཡིན་ནོ། །(༣༥༩ན)

འདི་ལྟ་སྟེ། ཟས་དུག་ཅན་དེ་དང་འདྲ་བར་དམིགས་པའི་འདུ་ཤེས་ཅན་ལ་ཡོངས་སུ་བསྔོ་བ་མེད་དོ། །ཞེས་དང་། འཕགས་པ་ཡོན་ཏན་རིན་པོ་ཆེ་སྡུད་པ་ལས། འདས་དུས་སྟོན་གྱི་སངས་རྒྱས་བྱེ་བ་ཁྲག་ཁྲིག་གང་། །ཞིང་གང་མཐའ་ཡང་བྱེ་སྟོང་དག་ན་གང་ཞུགས་དང་། །གང་ཡང་མྱ་ངན་འདས་པའི་འཇིག་རྟེན་མགོན་པོ་རྣམས། །སྡུག་བསྔལ་ཟད་པར་བྱ་ཕྱིར་རིན་ཆེན་ཆོས་སྟོན་པ། །དང་པོར་བྱང་ཆུབ་མཆོག་ཏུ་སེམས་བསྐྱེད་བསྐྱེད་པ་ནས། །རྣམ་པར་འདྲེན་པ་རྣམས་ཀྱི་དམ་ཆོས་ཟད་ཀྱི་དུས། །དེ་བར་རྒྱལ་བ་དེ་དག་བསོད་ནམས་གང་ཡིན་པ། །ཕ་རོལ་ཕྱིན་དང་ལྡན་དང་སངས་རྒྱས་ཆོས་གང་དང་། །གང་ཡང་སངས་རྒྱས་སྲས་རྣམས་དང་ནི་ཉན་ཐོས་དང་། །སློབ་དང་མི་སློབ་དགེ་བ་ཟག་བཅས་ཟག་མེད་པ། །བསྡུས་ནས་བྱང་ཆུབ་སེམས་དཔའ་རྗེས་སུ་ཡི་རངས་ཤིང་། །འགྲོ་བའི་དོན་དུ་བྱང་ཆུབ་ཕྱིར་ནི་ཐམས་ཅད་བསྔོ། །ཡོངས་བསྔོ་གལ་ཏེ་སེམས་སུ་འདུ་ཤེས(༣༥༧བ)འབྱུང་འགྱུར་ཞིང་། །བྱང་ཆུབ་འདུ་ཤེས་ཡོངས་བསྔོ་སེམས་ཅན་འདུ་ཤེས་ན། །འདུ་ཤེས་ཕྱིར་ན་ལྟ་གནས་སེམས་ནི་གསུམ་ལ་ཆགས། །དམིགས་པ་ཡོད་པས་ཡོངས་སུ་བསྔོས་པར་ཆུད་མ་ཡིན། །གལ་ཏེ་འདི་ལྟར་ཆོས་འདི་འགགས་ཤིང་ཟད་པ་དང་། །གང་དུ་ཡོངས་སུ་བསྔོ་བ་དེ་ཡང་ཟད་པ་དང་། །ཆོས་ཀྱི་ཆོས་ལ་ནམ་ཡང་མི་བསྔོ་ཤེས་གྱུར་ན། །དེ་ལྟར་རབ་ཏུ་ཤེས་པས་ཡོངས་སུ་བསྔོས་པ་ཡིན། །ཞེས་པ་ནས། དེ་ལྟར་བསོད་ནམས་བྱང་ཆུབ་ཡོངས་སུ་བསྔོ་བྱེད་ན། །དུག་མེད་སངས་རྒྱས་མི་སྐྱོང་རྒྱལ་བས་གསུངས་པ་སྨྲ། །དེ་ལྟར་ཡོངས་བསྔོ་དཔའ་བོ་འཇིག་རྟེན་དམིགས་ཅན་གྱི། །བྱང་ཆུབ་སེམས་དཔའ་ཇི་སྙེད་ཐམས་ཅད་ཟིལ་གྱིས་གནོན། །ཞེས་གསུངས་པ་ལྟར་བསླབ་དགོས་སོ། །

གང་གི་དོན་དུ་བསྔོ་སྨོན་བྱེད་པའི་ས་བཅུའི་སྒྲ་དོན་དང་སྐུ་གསུམ་སོགས་ཙུང་ཟད་བརྗོད་པ་ལ། མདོ་སྡེ་དགོངས་འགྲེལ་ལས། དེ་ནས་བྱང་ཆུབ་སེམས་དཔའ་

སྤྱན་རས་གཟིགས་དབང་ཕྱུག་གིས(༣༥༨ན)ཞུ་བ་ཞུས་པ། བཅོམ་ལྡན་འདས། བྱང་ཆུབ་སེམས་དཔའ་རྣམས་ཀྱི་ས་བཅུ་གང་ལགས་པ་དེ་དག་ནི། འདི་ལྟ་སྟེ། བྱང་ཆུབ་སེམས་དཔའི་ས་རབ་ཏུ་དགའ་བ་ཞེས་བགྱི་བ་དང་། དྲི་མ་མེད་པ་དང་། འོད་བྱེད་པ་དང་། འོད་འཕྲོ་བ་ཅན་དང་། ཤིན་ཏུ་སྦྱངས་དཀའ་བ་དང་། མངོན་དུ་གྱུར་བ་དང་། རིང་དུ་སོང་བ་དང་། མི་གཡོ་བ་དང་། ལེགས་པའི་བློ་གྲོས་དང་། ཆོས་ཀྱི་སྤྲིན་ལགས། སངས་རྒྱས་ཀྱི་ས་ནི་བཅུ་གཅིག་པ་ལགས་ན། ས་དེ་དག་རྣམ་པར་དག་པ་དུ་དག་དང་། ཡན་ལག་དུ་དག་གིས་བསྡུས་ལགས། བཅོམ་ལྡན་འདས་ཀྱིས་བཀའ་སྩལ་པ། སྤྱན་རས་གཟིགས་དབང་ཕྱུག་དེ་དག་ནི་རྣམ་པར་དག་པ་བཞི་དང་། ཡན་ལག་བཅུ་གཅིག་གིས་བསྡུས་པར་རིག་པར་བྱའོ། །སྤྱན་རས་གཟིགས་དབང་ཕྱུག་དེ་ལ་ས་དང་པོ་ནི་བསམ་པ་རྣམ་པར་དག་པས་བསྡུས་སོ། །ས་གཉིས་པ་ནི་ལྷག་པའི་ཚུལ་ཁྲིམས་རྣམ་པར་དག་པས་བསྡུས་སོ། །ས་གསུམ་པ་ནི་ལྷག་པའི་སེམས་རྣམ་པར་དག(༣༥༨བ)པས་བསྡུས་སོ། །ས་བཞི་པ་ནས་བཟུང་སྟེ་སངས་རྒྱས་ཀྱི་སའི་བར་ནི་ལྷག་པའི་ཤེས་རབ་རྣམ་པར་དག་པ་གོང་ནས་གོང་དུ་ཀྱི་ནོམ་པ་བས་ཀྱང་ཀྱི་ནོམ་པས་བསྡུས་པར་རིག་པར་བྱ་སྟེ་ས་དེ་དག་ནི་རྣམ་པར་དག་པ་བཞི་པོ་དག་གིས་བསྡུས་པ་ཡིན་ནོ། །ཡན་ལག་བཅུ་གཅིག་གང་ཞེ་ན། སྤྱན་རས་གཟིགས་དབང་ཕྱུག་མོས་པས་སྤྱོད་པའི་ས་ལ། བྱང་ཆུབ་སེམས་དཔའ་ཆོས་སྤྱོད་པ་རྣམ་པ་བཅུ་པོ་དག་ལ་མོས་པ་ཤིན་ཏུ་སྒོམ་པའི་ཕྱིར་བཟོད་པས་ས་དེ་ལ་ཡང་དག་པར་འདས་ནས་བྱང་ཆུབ་སེམས་དཔའི་ཡང་དག་པ་ཉིད་སྐྱོན་མེད་པ་ལ་འཇུག་གོ། །ཞེས་དང་། བཅོམ་ལྡན་འདས། ཅིའི་སླད་དུ་ས་དང་པོ་ལ་རབ་ཏུ་དགའ་བ་ཞེས་བགྱི། ཅིའི་སླད་དུ་སངས་རྒྱས་ཀྱི་སའི་བར་ལ་སངས་རྒྱས་ཀྱི་ས་ཞེས་བགྱི་ལགས། བཅོམ་ལྡན་འདས་ཀྱིས་བཀའ་སྩལ་པ། ས་དང་པོ་ནི་དོན་ཆེ་བ་འདྲིས་པ་མ་ཡིན་པ་

འཇིག་རྟེན་པའི་སེམས་ཐོབ་པས་དགའ་བ་དང་མཆོག་ཏུ་དགའ་བ་རྒྱ་ཆེ་བའི་ཕྱིར་རབ་ཏུ་དགའ་བ་ཞེས་བྱའོ། །ས་གཉིས(༣༥༧ན)པ་ནི་ལྟུང་བ་ཕྲ་མོ་དང་འཆལ་བའི་ཚུལ་ཁྲིམས་ཀྱི་དྲི་མ་ཐམས་ཅད་དང་བྲལ་བ་ཉིད་ཀྱི་ཕྱིར་དྲི་མ་མེད་པ་ཞེས་བྱའོ། །ས་གསུམ་པ་ནི་ཏིང་ངེ་འཛིན་དེ་དང་ཐོས་པའི་གཟུངས་དེ་ཤེས་པའི་སྣང་བ་ཚད་མེད་པའི་གནས་ཉིད་ཡིན་པའི་ཕྱིར་འོད་བྱེད་པ་ཞེས་བྱའོ། །ས་བཞི་པ་ནི་ཉོན་མོངས་པའི་ཤིང་བསྲེགས་པའི་ཕྱིར་བྱང་ཆུབ་ཀྱི་ཕྱོགས་དང་མཐུན་པའི་ཆོས་སྒོམ་པ་དེ་ཡེ་ཤེས་ཀྱི་མེའི་འོད་འཕྲོ་བར་གྱུར་པའི་ཕྱིར་འོད་འཕྲོ་བ་ཅན་ཞེས་བྱའོ། །ས་ལྔ་པ་ནི་བྱང་ཆུབ་ཕྱོགས་དང་མཐུན་པའི་ཆོས་དེ་དག་ཉིད་ཐབས་ཀྱིས་སྒོམ་པ་དེ་ལ་དབང་བྱ་བར་དཀའ་བ་ཉིད་ཀྱི་ཕྱིར་ཏུ་སྦྱངས་དཀའ་ཞེས་བྱའོ། །ས་དྲུག་པ་ནི་འདུ་བྱེད་ཀྱི་འཇུག་པ་མངོན་སུམ་དུ་གྱུར་པ་ཉིད་དང་། མཚན་མ་མེད་པ་མང་དུ་ཡིད་ལ་བྱེད་པ་མངོན་སུམ་དུ་གྱུར་པའི་ཕྱིར་མངོན་དུ་གྱུར་པ་ཞེས་བྱའོ། །ས་བདུན་པ་ནི་མཚན་མ་མེད་པ་ཡིད་ལ་བྱེད་པ་བར་ཆད་མེད་ཅིང་རྒྱུན་མི་འཆད་པར་རིང་དུ་རྗེས་སུ་ཞུགས་པ་དང་། རྣམ་པར་དག་པའི་ས་རྗེས་སུ(༣༥༧བ)འབྲེལ་བ་ཉིད་ཀྱི་ཕྱིར་རིང་དུ་སོང་བ་ཞེས་བྱའོ། །ས་བརྒྱད་པ་ནི་མཚན་མ་མེད་པ་ལ་ལྷུན་གྱིས་གྲུབ་པ་ཉིད་དང་མཚན་མའི་ཉོན་མོངས་པ་ཀུན་ཏུ་བྱུང་བས་མི་བསྐྱོད་པ་ཉིད་ཀྱི་ཕྱིར་མི་གཡོ་བ་ཞེས་བྱའོ། །ས་དགུ་པ་ནི་རྣམ་པ་ཐམས་ཅད་དུ་ཆོས་སྟོན་པའི་དབང་ལ་ཁ་ན་མ་ཐོ་བ་མེད་པའི་བློ་གྲོས་ཤིན་ཏུ་ཡངས་པ་ཐོབ་པ་ཉིད་ཀྱི་ཕྱིར་ལེགས་པའི་བློ་གྲོས་ཞེས་བྱའོ། །ས་བཅུ་པ་ནི་གནས་ངན་ལེན་གྱི་ལུས་ནམ་མཁའ་ལྟ་བུ་ལ་ཆོས་ཀྱི་ཚོགས་སྤྲིན་ཆེན་ལྟ་བུས་ཁྱབ་ཅིང་ཁེབས་པའི་ཕྱིར་ཆོས་ཀྱི་སྤྲིན་ཞེས་བྱའོ། །ས་བཅུ་གཅིག་པ་ནི་ཉོན་མོངས་པ་དང་ཤེས་བྱའི་སྒྲིབ་པ་ཤིན་ཏུ་ཕྲ་མོ་སྤངས་པས་ཆགས་པ་མེད་ཅིང་ཐོགས་པ་མེད་པར་ཤེས་བྱའི་རྣམ་པ་མངོན་པར་རྫོགས་པར་བྱང་ཆུབ་པ་ཉིད་ཀྱི་ཕྱིར་

སངས་རྒྱས་ཀྱི་ས་ཞེས་བྱའོ། །ཞེས་སོགས་གསུངས་པ་དང་། རྒྱུད་སྡེ་ལས། དང་པོ་ལས་ཀྱི་སྦྱོར་བ་ཡིས། །ས་བརྒྱད་པ་ནི་ཐོབ་པར་འགྱུར། །སྣང་བ་གསུམ་པོ་མཐོང་བ་དག །ས་བཅུ་པ་ལ་རབ་ཏུ་གནས། །ཞེས་དང་། (༣༤༠ན)གནས་དང་ཉེ་བའི་གནས་དང་ནི། །ཞིང་དང་དེ་བཞིན་ཉེ་བའི་ཞིང་། །ཚནྡྷོ་ཉེ་བའི་ཚནྡྷོ་ཧ། །འདུས་པ་དེ་བཞིན་ཉེ་འདུ་བ། །དུར་ཁྲོད་ཉེ་བའི་དུར་ཁྲོད་དང་། །འཐུང་གཅོད་ཉེ་བའི་འཐུང་གཅོད་ཉིད། །འདི་རྣམས་ས་ནི་བཅུ་གཉིས་ཏེ། །ཞེས་དང་། གནས་ནི་རབ་ཏུ་དགའ་བའི་ས། །དེ་བཞིན་ཉེ་གནས་དྲི་མ་མེད། །ཞིང་འདིར་འོང་བྱེད་ཅེས་པར་བྱ། །ཉེ་བའི་ཞིང་ནི་འོད་འཕྲོ་བ། །ཚནྡྷོ་ཧ་ནི་སྦྱང་དཀའ་བ། །ཉེ་བ་ཚནྡྷོ་མངོན་དུ་འགྱུར། །འདུ་བ་རིང་དུ་སོང་བ་ཡིན། །ཉེ་བའི་འདུ་བ་མི་གཡོ་བ། །དུར་ཁྲོད་ལེགས་པའི་བློ་གྲོས་ཉིད། །ཉེ་བ་དུར་ཁྲོད་ཆོས་ཀྱི་སྤྲིན། །ཞེས་དང་། ཡེ་ཤེས་ཐིག་ལེའི་རྒྱུད་ལས། སློབ་དཔོན་དབང་ནི་བཅུ་གཉིས་པ། །ཤེས་རབ་ཡེ་ཤེས་བཅུ་གསུམ་པ། །དེ་ལྟར་དེ་བཞིན་བཅུ་བཞིའོ། །དབང་རེ་ལ་ནི་ས་རེ་སྟེ། །དེ་རྣམས་ས་ཡི་དབང་ཕྱུག་བདག །ཞེས་དང་། གནས་ལ་སོགས་པ་དགའ་བའི་གནས། །ས་ཡི་སྒྲ་ཡིས་བརྗོད་པ་ཡིན། །སོ་པས་སྤྱོད་པ་དང་དང་པོ། །གཉིས་པ་རབ(༣༤༠བ)ཏུ་དགའ་བ་ཞེས། །དེ་ཀུན་དགའ་བའི་ཕྱི་ཕྲག་ལ། །སར་ནི་ཀུན་ཏུ་བཏགས་པའོ། །རྟག་ཏུ་སྤྲུལ་བ་ཡི་ནི་སྐུས། །ས་ནི་བཅུ་གཅིག་པ་ཏུ་དྲན། །ལོངས་སྤྱོད་རྫོགས་སྐུ་བཅུ་གཉིས་པ། །ཆོས་ཀྱི་སྐུ་ནི་བཅུ་གསུམ་མོ། །བདེ་བ་ཆེན་པོ་བཅུ་བཞི་པ། །གང་ཞིག་བཅོ་ལྔ་ཡི་ནི་ས། །དེ་ནི་ཡེ་ཤེས་ས་ཞེས་བྱ། །བཅུ་དྲུག་པ་ནི་བཏགས་པ་ཡིན། །ཞེས་དང་། མངོན་བརྗོད་བླ་མ་ལས། རབ་ཏུ་དགའ་དང་དྲི་མ་མེད། །འོད་བྱེད་པ་དང་འོད་འཕྲོ་བ། །སྦྱང་དཀའ་བ་དང་མངོན་དུ་འགྱུར། །རིང་དུ་སོང་དང་མི་གཡོ་བ། །ལེགས་པའི་བློ་གྲོས་ཆོས་ཀྱི་སྤྲིན། །དཔེ་མེད་པ་དང་ཡེ་ཤེས་ལྡན། །རྡོ་རྗེ་ས་

ནི་བཅུ་གསུམ་པ། །ཞེས་བཅུ་གསུམ་དུ་བཤད་པ་སོགས་ཀྱང་ཡོངས་སུ་གྲགས་པའི་ས་བཅུ་གཅིག་གི་སྟེང་དུ་ལས་དང་པོ་བའི་ས། མོས་པས་སྤྱོད་པའི་ས་བཅུ་གསུམ་དུ་བྱས་པ་དང་། ཡང་ན་ས་བཅུ་པ་ལ་བཅུ་པ་ཙམ་དང་། ཁྱད་པར་གྱི་ལམ་དང་། རྒྱུན་མཐའི་ལམ་གསུམ་དུ་ཕྱེ་བས་བཅུ་གསུམ་དུ་བཤད། ཡང་ཀྱེ་རྡོར་ལས། འདི་དག་ས་ནི་བཅུ་གཉིས་སོ། །ཞེས་དང་། རྡོ་རྗེ(༣༤༧ན)སྙིང་པོ་རྒྱན་གྱི་རྒྱུད་ལས། ཀུན་ཏུ་འོད་ཀྱི་ས་ཆེན་པོ། །ཉི་མའི་དཀྱིལ་འཁོར་གཟི་བརྗིད་ལྡན། །ཞེས་པ་ནས། བཅུ་གཉིས་སོ་སོར་བདག་རིག་པ། །རྣལ་འབྱོར་ཡེ་ཤེས་ཡོངས་རྫོགས་ཉིད། །ཅེས་གསུངས་པ་ལྟར། ཀུན་ཏུ་འོད་དང་། བདུད་རྩི་འོད་དང་། ནམ་མཁའ་འོད་དང་། རྡོ་རྗེ་འོད་དང་། རིན་ཆེན་འོད་དང་། པདྨོ་འཆང་དང་། ལས་ཀྱི་འོད་དང་། དཔེ་མེད་པ་དང་། དཔེ་དང་བྲལ་བ་དང་། ཤེས་རབ་འོད་དང་། ཐམས་ཅད་མཁྱེན་པ་དང་། སོ་སོའི་བདག་ཉིད་རིག་པའི་ས་སྟེ་ས་བཅུ་གཉིས་སུ་བཤད་པ་ཡང་ས་བཅུ་གཅིག་གི་སྟེང་དུ་སོ་སྐྱེའི་ས་དང་བཅུ་གཉིས་སུ་བཤད་པ་སོགས་ཡིན་ཀྱི་པར་ཕྱིན་ཐེག་པའི་བཅུ་གཅིག་པ་ཀུན་ཏུ་འོད་ཀྱི་ས་ལས་ཁྱད་པར་དུ་འཕགས་པའི་ས་སྟོན་པ་མིན་ནོ། །སྐུ་གསུམ་དེ་ཡང་། འཕགས་པ་གསེར་འོད་དམ་པ་མདོ་སྡེའི་དབང་པོའི་རྒྱལ་པོ་ལས། བཅོམ་ལྡན་འདས་ཀྱིས་བཀའ་སྩལ་བ། རིགས་ཀྱི་བུ། ལེགས་པར་རབ་ཏུ་ཉོན་ལ་ཡིད་ལ་ཟུངས(༣༤༧བ)ཤིག་དང་ཁྱོད་ལ་དེའི་དོན་རྣམ་པར་ཕྱེ་སྟེ་བསྟན་པར་བྱའོ། །རིགས་ཀྱི་བུ། དེ་བཞིན་གཤེགས་པ་ཐམས་ཅད་ལ་སྐུ་རྣམ་པ་གསུམ་མངའ་སྟེ། སྤྲུལ་པའི་སྐུ་དང་། ལོངས་སྤྱོད་(རྫོགས་)པའི་སྐུ་དང་། ཆོས་ཀྱི་སྐུའོ། །འདི་ལྟ་བུའི་སྐུ་གསུམ་ལྡན་གྱིས་གྲུབ་པས་བླ་ན་མེད་པ་ཡང་དག་པར་རྫོགས་པའི་བྱང་ཆུབ་འཛིན་ཏེ། གང་གིས་དེ་མངོན་དུ་གྱུར་པ་རྣམས་འཁོར་བ་ལས་འབྱུང་བར་བྱེད་དོ། །དེ་ལ་ཇི་ལྟར་ན་བྱང་ཆུབ་སེམས་དཔས་སྤྲུལ་པའི་སྐུ་ཤེས་པར་

བྱ་ཞེ་ན། རིགས་ཀྱི་བུ། དེ་ནི་དེ་བཞིན་གཤེགས་པ་སྔོན་ས་རྣམ་པར་སྦྱོང་བའི་དུས་ན། སྐྱེ་བོ་ཐམས་ཅད་ཀྱི་ཕྱིར་ཆོས་རྣམ་པ་སྣ་ཚོགས་སྒྲུབ་པོ། །དེ་ལྟར་སྦྱོད་པ་སྦྱངས་པས་རྣལ་འབྱོར་གྱི་མཐར་ཕྱིན་པ་ཡིན་ནོ། །རྣལ་འབྱོར་དེའི་སྟོབས་ཀྱིས་དབང་ཆེན་པོ་ཐོབ། དབང་ཆེན་པོའི་མཐུས་སྐྱེ་བོའི་བསམ་པ་ཇི་ལྟ་བ་དང་། སྦྱོད་པ་ཇི་ལྟ་བ་དང་། ཁམས་ཇི་ལྟ་བ་བཞིན་དུ་ཐམས་ཅད་མངོན་དུ་གྱུར་ནས། དུས་ལ་མི་བཞིས། དུས་ལས་མི་འདའ། གནས་དང་མཐུན་པ། དུས་དང(༣༨༢ན)མཐུན་པ། སྦྱོད་པ་མཐུན་པ། ཆོས་བཤད་པ་དང་ཡང་མཐུན་པར་སྐུ་རྣམ་པ་སྣ་ཚོགས་སྟོན་པ་དེ་ནི་སྤྲུལ་བའི་སྐུ་ཞེས་བྱའོ། །རིགས་ཀྱི་བུ། ཇི་ལྟར་ན་བྱང་ཆུབ་སེམས་དཔས་ལོངས་སྦྱོད་རྫོགས་པའི་སྐུ་ཤེས་པར་བྱ་ཞེ་ན། དེ་བཞིན་གཤེགས་པ་ཐམས་ཅད་ཀྱིས་བྱང་ཆུབ་སེམས་དཔའ་རྣམས་ལ་ཐོགས་པ་མེད་པར་ཐོབ་པར་བྱ་བའི་ཕྱིར་དོན་དམ་པའི་བདེན་པ་བསྟན་ཏེ་འཁོར་བ་དང་མྱ་ངན་ལས་འདས་པ་རོ་གཅིག་པ་ཉིད་དུ་ཤེས་པར་བྱ་བ་དང་། འཇིག་ཚོགས་ལ་ལྟ་བ་བསལ་ནས་སེམས་ཅན་འཇིགས་པར་གྱུར་བ་རྣམས་དགའ་བར་བྱ་བ་དང་། སངས་རྒྱས་ཀྱི་ཆོས་རྣམས་མཐའ་ཡས་པའི་རྒྱུར་འགྱུར་བས། བདེན་པ་ཉིད་དང་། དེ་བཞིན་ཉིད་ཀྱི་ཡེ་ཤེས་དང་མཐུན་པར་སྔོན་གྱི་སྨོན་ལམ་གྱི་མཐུས། སྐུ་དེ་སྟོན་པར་འགྱུར་ཏེ། མཚན་སུམ་ཅུ་རྩ་གཉིས་དང་། དཔེ་བྱད་བཟང་པོ་བརྒྱད་ཅུས་བརྒྱན་པ། འོད་སྐུ་ལ་འཁོར་བ་གྲུབ་པ་དེ་ནི་ལོངས་སྦྱོད་རྫོགས་པའི་སྐུ་ཞེས་བྱའོ། །རིགས་ཀྱི་བུ། (༣༨༢བ)ཇི་ལྟར་ན་བྱང་ཆུབ་སེམས་དཔས་ཆོས་ཀྱི་སྐུ་ཤེས་པར་བྱ་ཞེ་ན། ཉོན་མོངས་པའི་སྒྲིབ་པ་ཐམས་ཅད་དང་བྲལ་བ། དགེ་བའི་ཆོས་ཐམས་ཅད་རྫོགས་པའི་ཕྱིར། དེ་ཁོ་ན་ཉིད་དང་ཡང་དག་པའི་ཡེ་ཤེས་ཉིད་ཙམ་དུ་གནས་པ་དེ་ནི་ཆོས་ཀྱི་སྐུ་ཞེས་བྱའོ། །ཞེས་པ་ནས། གཞན་ཡང་རིགས་ཀྱི་བུ། ཆོས་ཀྱི་སྐུ་ནི་ཉོན་མོངས་པའི་སྒྲིབ་པ་རྣམ་དག་པས་ལོངས་སྦྱོད

རྫོགས་པའི་སྐུ་སྣང་བར་འགྱུར་རོ། །ལས་ཀྱི་སྒྲིབ་པ་རྣམ་པར་དག་པས་ཆོས་ཀྱི་སྐུ་སྣང་བར་འགྱུར་རོ། །དཔེར་ན་སྟོང་བ་ལ་བརྟེན་ནས་གློག་འབྱུང་གློག་ལ་བརྟེན་ཏེ་འོད་སྣང་ངོ་། །དེ་བཞིན་དུ་ཆོས་ཀྱི་སྐུ་ལ་བརྟེན་ཏེ་ལོངས་སྤྱོད་རྫོགས་པའི་སྐུར་སྣང་ངོ་། །ལོངས་སྤྱོད་པའི་སྐུ་ལ་བརྟེན་ཏེ་སྤྲུལ་པའི་སྐུ་སྣང་ངོ་། །དེ་ལ་རང་བཞིན་རྣམ་པར་དག་པའི་ཕྱིར་ཆོས་ཀྱི་སྐུ་སྣང་ངོ་། །ཡེ་ཤེས་རྣམ་པར་དག་པས་ལོངས་སྤྱོད་རྫོགས་པའི་སྐུར་སྣང་ངོ་། །ཏིང་ངེ་འཛིན་རྣམ་པར་དག་པས་སྤྲུལ་པའི་སྐུ་སྣང་ངོ་། །ཞེས་སོགས་དང་། འཕགས་པ་གཟུངས་ཀྱི་དབང་ཕྱུག་རྒྱལ་པོས་ཞུས(༣༧༣ན)པའི་མདོ་ལས། རིགས་ཀྱི་བུ། བྱང་ཆུབ་ནི་བླང་བ་མེད་པ། དོར་བ་མེད་པའོ། །དེ་ལ་བླང་བ་མེད་པ་གང་ཞེ་ན། བླང་བ་མེད་པ་ཞེས་བྱ་ནི། ཆོས་ཐམས་ཅད་མི་འཛིན་པའོ། །དོར་བ་མེད་པ་ཞེས་བྱ་བ་ནི། ཆོས་ཐམས་ཅད་མི་དོར་བའོ། །དེ་ལ་དེ་བཞིན་གཤེགས་པ་བླང་བ་མེད་པ་དང་དོར་བ་མེད་པར་ཆུ་བོར་འཇུག་པ་ན། ཇི་ལྟར་དེ་བཞིན་ཉིད་ལ་ཕ་རོལ་མེད་པ་དང་། ཕ་རོལ་མེད་པ་མ་ཡིན་པར་ཡང་དག་པར་རྗེས་སུ་མཐོང་བ་དེ་ལྟར་རྟོགས་ཏེ་དེ་ལྟར་དེ་བཞིན་གཤེགས་པས་ཆོས་ཐམས་ཅད་ཕ་རོལ་མེད་པ་དང་། ཕ་རོལ་དང་བྲལ་བར་མངོན་པར་རྫོགས་པར་སངས་རྒྱས་ཏེ་དེའི་ཕྱིར་དེ་བཞིན་གཤེགས་པ་ཞེས་བྱའོ། །ཞེས་གསུངས་པ་ལྟར་རོ། །

དེ་དག་གི་དོན་དུ་བསྔོ་སྨོན་བྱེད་ཚུལ་ཡང་། ཕལ་པོ་ཆེའི་རྡོ་རྗེ་རྒྱལ་མཚན་གྱི་བསྔོ་བའི་ལེའུ་ལས། དེ་བཞིན་ཉིད་ཀྱི་རང་བཞིན་ཅི་འདྲ་བ། །རང་བཞིན་དེ་འདྲ་སེམས་ཀྱང་བསྒྱུར་བྱས་ཤིང་། །ཇི་ལྟར་དེ་བཞིན་ཉིད་དེ་རྗེས་འགྲོ(༣༧༣བ)བ། །དེ་བཞིན་བསོད་ནམས་གཅིག་མིན་ཡོངས་སུ་བསྔོ། །ཞེས་དང་། ལུས་དང་ངག་དང་ཡིད་རྣམས་ཐམས་ཅད་ཀྱང་། །རྣམ་པ་ཀུན་ཏུ་རྣམ་དག་མཁས་གྱུར་ཅིག །སྤྱོད་པ་དེ་དག་ཐམས་ཅད་མ་ལུས་པ། །ཀུན་ཀྱང་ཀུན་ཏུ་བཟང་པོར་རིག་གྱུར་ཅིག །ཇི་ལྟར་

ཆོས་དབྱིངས་རློམ་པའི་སེམས་མེད་ཅིང་། །དེ་ལ་སྦྲོ་དང་ཆགས་པ་མེད་པ་དང་། །སྨྱོ་ངན་འདས་དང་སྒྲིབ་པ་མེད་པ་ལྟར། །དེ་བཞིན་སེམས་ལ་རློམ་སེམས་མེད་གྱུར་ཅིག །ཅེས་དང་། ལེགས་གྲུབ་ཀྱི་རྒྱུད་ལས། མཐོང་བ་དང་ནི་ཐོས་པ་དང་། །རེག་པ་དང་ནི་དྲན་པའང་རུང་། །བདག་ནི་སེམས་ཅན་ཐམས་ཅད་ཀྱི། །ནད་རྣམས་ཀུན་གྱི་གསོས་གྱུར་ཅིག །ཅེས་དང་། འཕགས་མ་ཀུ་རུ་ཀུ་ལླེའི་རྒྱུད་ལས། ལྷ་ཡང་དུས་སུ་ཆར་འབེབས་ཤིང་། །ལོ་ཏོག་ཕུན་སུམ་ཚོགས་པར་ཤོག །འཇིག་རྟེན་མཐའ་དག་སྐྱིད་པ་དང་། །རྒྱལ་པོ་ཆོས་དང་ལྡན་གྱུར་ཅིག །ཅེས་དང་། ཀྱེ་རྡོ་རྗེའི་རྒྱུད་ལས། རིགས་སུ་སྐྱེ་དང་དམ་ཚིག་ཅན། །སྨྱོ་མེད་ཀྱི་ཡི་རྡོ་རྗེ་སྟོན། །བླ་མ་ལ(༣༧༨ན)གུས་སྙིང་རྗེར་བརྟན། །སྐྱེ་ཞིང་སྐྱེ་བར་འགྱུར་བར་ཤོག །ལག་པས་རྡོ་རྗེ་དྲིལ་བུ་འཁྲོལ། །ཟབ་མོའི་ཆོས་ནི་ཀློག་པ་དང་། །བཙུན་མོའི་ཁྱུ་བ་མཉམ་ཟས་ཅན། །སྐྱེ་ཞིང་སྐྱེ་བར་འགྱུར་བར་ཤོག །ཅེས་དང་། མཁའ་འགྲོ་རྒྱ་མཚོའི་རྒྱུད་ལས། སྐྱེ་བ་ཀུན་ཏུ་མཆོག་ཏུ་བདེ་བར་གཤེགས་པ་ཡིས། །གྲུབ་པའི་འཇིག་རྟེན་དབུས་སུ་འགྲོ་བར་འགྱུར་བར་ཤོག །དཔའ་བོ་གཉིས་མེད་མཆོད་པས་སྐྱེ་བ་འདི་ལ་ནི། །སྡིག་པ་ཟད་དང་ཕྱག་རྒྱའི་དངོས་གྲུབ་འགྱུར་བར་ཤོག །ཅེས་དང་། ལྷ་མོ་དཔལ་ཕྲེང་སེང་གེ་ང་རོས་ཞུས་པའི་མདོ་ལས། བྱང་ཆུབ་སེམས་དཔའི་སྨོན་ལམ་གངྒཱའི་ཀླུང་གི་བྱེ་མ་སྙེད་གང་ལགས་པ་དེ་ཐམས་ཅད་དམ་པའི་ཆོས་ཡོངས་སུ་བཟུང་བའི་སྨོན་ལམ་ཆེན་པོ་གཅིག་གི་ཁོངས་སུ་འུབས་ཀྱིས་འདུས་ཤིང་ཁོངས་སུ་ཆུད་དེ། དམ་པའི་ཆོས་ཡོངས་སུ་བཟུང་བ་ནི་དེ་ལྟར་ཡུལ་ཆེ་བ་ལགས་སོ། །ཞེས་དང་། འཕགས་པ་སྡོང་བུ་བཀོད་པའི་མདོ་ལས། དེ་ནས་བྱང་ཆུབ་སེམས་དཔའ(༣༧༨བ)སེམས་དཔའ་ཆེན་པོ་ཀུན་ཏུ་བཟང་པོས་བསྐལ་བ་དང་བསྐལ་བ་འབྱམས་ཀླས་པ་དང་། འཇིག་རྟེན་གྱི་ཁམས་གཅིག་ནས་གཅིག་ཏུ་བརྒྱུད་པ་སངས་རྒྱས་ཀྱི་ཞིང་བརྗོད་དུ་མེད་པའི་

རྟུལ་ཞིན་ཏུ་ཕྲ་བ་སྙིང་པོ་དེ་དག་མནན་ཏེ། མངོན་པར་བརྗོད་པའི་ཕྱིར་ཚོགས་སུ་བཅད་པའི་དབྱངས་ཀྱིས་སྨོན་ལམ་བཏབ་པ། ཇི་སྙེད་སུ་དག་ཕྱོགས་བཅུའི་འཇིག་རྟེན་ན། །དུས་གསུམ་གཤེགས་པ་མི་ཡི་སེང་གེ་ཀུན། །བདག་གིས་མ་ལུས་དེ་དག་ཐམས་ཅད་ལ། །ལུས་དང་ངག་ཡིད་དང་བས་ཕྱག་བགྱིའོ། །ཞེས་སོགས་དང་། རྒྱལ་བ་རྣམས་ཀྱི་དམ་པའི་ཆོས་འཛིན་ཅིང་། །བྱང་ཆུབ་སྤྱོད་པ་ཀུན་ཏུ་སྣང་བར་བྱེད། །ཅེས་སོགས་བཟང་པོ་སྤྱོད་པའི་སྨོན་ལམ་ལས་གསུངས་པ་ལྟར་བསླབ་པར་བྱའོ། །དེ་ལྟ་བུའི་མདོ་སྡེ་རིན་པོ་ཆེ་རྣམས་ལ་ཐོས་ནས་རྗེས་སུ་ཡི་རངས་པའི་བསོད་ནམས་ཀྱང་བསམ་གྱིས་མི་ཁྱབ་པ་ཡིན་ན། ཀློག་པ་དང་། འཆང་བ་དང་། བསམ་སྒོམ་བྱེད་པའི་བསོད་ནམས་དང་ཕན་ཡོན་ལྟ(མདོ་ལས། བདེན་པའི་རང་བཞིན་མངོན་དུ་གྱུར་ཅིང་། ས་ནི་སངས་རྒྱས་ཀྱི་ས་དང་འདྲ་བར་གྱུར་བས་ན། འདི་ལ་གནས་ཐམས་ཅད་ཁྱབ་པའི་བསྔོ་བ་བྱའོ། །)(༣༦༥ན)ཅི་སྨོས། དེ་བས་ན་དུས་འདིར་ནི་སྙིགས་མ་ལྔ་ཆེས་ཆེར་བདོ་ཞིང་། དམ་པའི་སྐྱེས་བུ་ཉི་མ་འཆར་ཀའི་སྐར་མ་ལྟར་སོང་བ་དང་། སངས་རྒྱས་ཀྱི་བསྟན་པ་ཡང་ཀློག་མར་ཕྱིན་པའི་དབུགས་ལྟ་བུར་སོང་བ་དང་། འདི་སྣང་ཕུན་ཚོགས་ལ་བག་མེད་དུ་སྤྱོད་པ་ཡང་དུག་དང་འདྲེས་པའི་ཁ་ཟས་བཞིན་དུ་བརླག་པའི་རྒྱུ་དང་། ཚེ་ཐུང་འདི་ཡང་གློག་གི་གར་ལ་འགྲན་པར་འགྲོ་བ་དང་། ཚེའི་ལྷག་མ་ཡང་སྨྲུམ་ཟད་པའི་མར་མེ་དང་འདྲ་བའི་ཚུལ་བསམས་ནས་དལ་བའི་རྟེན་ལ་སྙིང་པོ་ལེན་པར་འདོད་པས་ནི་རྣམ་གཡེང་གཉིད་དང་ལེ་ལོ་སོགས་ཀྱིས་དུས་དོན་མེད་དུ་མི་འདའ་བར་དགེ་བའི་བཤེས་གཉེན་ལ་བརྟེན་ཏེ། འདི་ལྟ་བུའི་ཆོས་ཚུལ་ཟབ་མོ་ཐོས་པ་དང་། དེ་ཙམ་ལ་མ་འཆེལ་བར་སེམས་བསྐྱེད་པ་དང་། ཚུལ་ཁྲིམས་རྣམ་པར་དག་པ་དང་། དྲན་པ་དང་། བག་ཡོད་པ་ལ་བརྟེན་ནས་ཚུལ་བཞིན་དུ་བསམ་པ་དང་། རྒྱལ་བ་ཀུན་གྱི་ཐུགས་ཀྱི་བཅུད། རྒྱལ་

སྲས་ཀྱི་སྤྱོད་པ་མཐའ་དག་གི་རབ་དང་རྩེ་མོར(༣༨༥བ)ཕྱུར་བ་བསྟན་པའི་སྙིང་པོ་ཟབ་མོ་དབུ་མའི་ལྟ་བ་དང་། གསང་ཆེན་རྡོ་རྗེ་ཐེག་པ་ཟུང་དུ་འཇུག་པའི་ལམ་བཟང་འདི་ཉིད་བསྒོམ་པའི་རྣལ་འབྱོར་ལ་བརྩོན་དགོས་སོ། །དེ་ལྟར་ཡང་། དགོངས་པ་ལུང་བསྟན་ལས། རྣལ་འབྱོར་པ་ནི་བདག་ཅེས་སྨྲ། །ཆོས་ནི་གཡོ་ཡིས་བྱེད་པར་འགྱུར། །དེ་ནི་འདུས་པ་མི་ཤེས་པར། །དམ་ཚིག་ལ་སོགས་སྤྱོད་བྱེད་ལ། །གསང་བ་སྲུང་བར་མི་བྱེད་ཅིང་། །ཐམས་ཅད་དུ་ནི་རབ་ཏུ་སྟོན། །མངོན་སུམ་སངས་རྒྱས་འདྲ་བ་ཡི། །སློབ་དཔོན་སྨོད་ཅིང་བཀུར་མི་བྱེད། །སྐད་ཅིག་གིས་ནི་ཁོང་ཁྲོ་ཞིང་། །དེ་བཞིན་སྐད་ཅིག་གིས་རྗེས་ཆགས། །མ་དང་སྲིང་མོ་བུ་མོ་སྟེ། །བསྒྲོད་མིན་ལ་ནི་འགྲོ་བ་དང་། །ཕ་མ་གསོད་ཅིང་དེ་བཞིན་དུ། །སྲོག་ཆགས་གཞན་རྣམས་གསོད་པར་བྱེད། །དེ་བཞིན་རྫུན་གྱི་ཚིག་སྨྲ་ཞིང་། །ཁྱད་པར་དུ་ཡང་རྐུ་བར་བྱེད། །གཞན་གྱི་ཆུང་མའི་ཐད་དུ་འགྲོ། །སྨད་པ་གཞན་ཡང་བྱེད་པར་འགྱུར། །དེ་ཉིད་ཡེ་ཤེས་འབྱུང་བ་ཡི། །དམ་ཚིག་རྣམས་ནི་དེས་མི་ཤེས། །ཉེས་པ་ཅུང་ཟད་ཙམ་ལ་ཡང་། །(༣༨༨ན)མངོན་སྤྱོད་དག་ནི་བྱེད་འགྱུར་ལ། །རྣལ་འབྱོར་རབ་སྦྱོར་དམན་པ་ཡི། །སྔགས་པ་ལ་ནི་འགྲུབ་མི་འགྱུར། །རྟག་ཏུ་ཕྱི་རོལ་བསྟན་བཅོས་དགའ། །དེ་ཡི་སྦྱོར་ལ་མཁས་པ་དང་། །རང་གི་དམ་ཚིག་ཡོངས་སྤངས་ཏེ། །ཕྱུགས་ཀྱུ་མེད་པ་བཞིན་དུ་སྤྱོད། །ཅེས་ཕྱི་རབས་པ་རྣམས་ཆོས་དང་ཆོས་མིན་མི་ནོར་བའི་ཕྱིར་སྙིགས་དུས་སུ་འབྱུང་རྒྱུ་ཐམས་ཅད་ཆེས་ཤིན་ཏུ་གསལ་བར། རྒྱལ་བ་རང་ཉིད་ཀྱིས་ལུང་བསྟན་པའི་དུས་སུ། རྗེ་བླ་མའི་བསྟན་པ་མདོ་སྔགས་བཤད་སྒྲུབ་ཟུང་འབྲེལ་ལ་བློ་འཕྲུལ་ངེས་པ་བསྐྱེད་དེ་བློ་དང་བརྩོན་པའི་རྩལ་གང་ཡོད་ཀྱིས་ལག་ལེན་དུ་འདེབས་པའི་ཕན་ཡོན་སྨོས་ཅི་དགོས། འཕགས་པ་མདོ་སྡེ་བསྐལ་བ་བཟང་པོ་ལས། དུས་ངན་པ་དང་སེམས་ཅན་མ་དུངས་དང་། །ཚེ་ཐུབ་མཐའ་དང་ངན་སོང་འཕེལ་བ་

ན། །མཁས་པས་ཤིན་ཏུ་ཡིད་དབྱུང་བྱས་ཞེས་ཀྱང་། །བག་ཡོད་རི་དྭགས་བཞིན་དུ་སྐྲག་པར་འགྱུར། །མཆོག་ཏུ་དགའ་བའི(༣༨༨བ)རྒྱལ་པོ། བྱང་ཆུབ་སེམས་དཔའ་གང་ཞིག་གིས་བསྐལ་བ་སྟོང་དུ་ཐབས་མཁས་པ་མ་གཏོགས་པར་ཕ་རོལ་ཏུ་ཕྱིན་པ་དྲུག་དག་ལ་སྤྱད་པས་ནི། ཏིང་ངེ་འཛིན་འདི་ཐོས་ནས་རྗེས་སུ་ཡི་རངས་པའི་བསོད་ནམས་ཀྱི་ཕུང་པོ་འདིས་བསོད་ནམས་ཀྱི་ཕུང་པོ་སྔ་མ་དེས་བརྒྱའི་ཆར་ཡང་ཉེ་བར་མི་འགྲོ་བ་ནས་དཔེའི་བར་དུའང་ཉེ་བར་མི་འགྲོའོ། །ཞེས་དང་། ཡི་རངས་ཉིད་ཀྱིས་ཕུན་སུམ་ཚོགས་འགྱུར་ན། །འཆད་དང་ཀློག་པ་ལྟ་ཞིག་ཅི་སྨོས་ཏེ། །ཡོན་ཏན་མཐའ་ནི་འགྲོ་བས་བསམ་མི་ནུས། །འདི་ཐོས་སུ་ཞིག་རྣལ་འབྱོར་སྦྱོར་མི་བྱེད། །ཅེས་དང་། དེ་བས་ཅི་སྐད་འདིར་གསུངས་རྣམ་ངེས་ལ། །བག་དང་ལྡན་པས་རྟག་ཏུ་སྤྱོད་པར་གྱིས། །མཁའ་ལ་ངང་པ་སྐད་འཕྱིན་དགའ་བ་ལྟར། །ཐམས་ཅད་མཁྱེན་པ་མྱུར་དུ་ཐོབ་པར་གྱིས། །བཟོད་དང་ཏིང་འཛིན་དག་གི་གོ་བགོས་ལ། །བརྩོན་འགྲུས་རྒྱལ་མཚན་ཚུལ་ཁྲིམས་ཤིང་རྟ་ཞོན། །སྦྱིན་སོགས་ཤེས་རབ་མདའ་ཡིས་བདུད་བཅོམ་སྟེ། །ཕན(༣༨༧ན)བྱས་བྱང་ཆུབ་དག་ལ་རེག་པར་གྱིས། །ཞེས་དང་། ལྷའི་བུ་བློ་གྲོས་རབ་གནས་ཀྱིས་ཞུས་པའི་མདོ་ལས་ཀྱང་། མི་ཁོམ་བརྒྱད་པོ་ཐམས་ཅད་རྣམ་སྤངས་ཤིང་། །ཁོམ་པ་ཕུན་སུམ་རྙེད་དཀའ་ཐོབ་གྱུར་ལ། །བདེ་གཤེགས་བསྟན་ལ་དད་པ་རྙེད་གྱུར་པའི། །མཁས་པ་རྣམས་ཀྱིས་རིགས་པའི་རྣལ་འབྱོར་སྤྱོད། །སྒྲ་ལ་འཆེལ་ཞིང་འདུག་པར་མ་བྱེད་པར། །ཆོས་ཐོས་གྱུར་ནས་རྟག་ཏུ་ནན་ཏན་གྱིས། །ཁྱེད་ཀྱིས་རྟག་ཏུ་དགོན་པའི་གནས་བརྟེན་ལ། །དེས་ནི་མི་རྣམས་དམ་པར་འགྱུར་བར་བྱོས། །ཆོས་སྨྲའི་དགེ་བཤེས་གང་ཡིན་བསྟེན་བགྱིས་ལ། །སྡིག་པའི་གྲོགས་ལ་ལན་འགའ་མ་བསྟེན་ཅིག །སེམས་ཅན་ཀུན་ལ་སེམས་ནི་མཉམ་གྱིས་ལ། །སེམས་ཅན་དེ་དག་ནམ་ཡང་མ་སྙེམས་ཤིག །ཚུལ་ཁྲིམས་དང་ལྡན་མང་དུ་

ཐོས་ཀྱིས་ལ། །རྟག་ཏུ་ཕྱུག་དར་ཁྲིད་དང་བསོད་སྙོམས་སྤྱོད། །གཡེལ་བ་མེད་པར་ཤིང་དྲུང་བསྟེན་ཀྱིས་ལ། །བསྐུས་ཏེ་བོར་བ(༣༤༧བ)མཆོག་ལ་མ་སྨོད་ཅིག །འདུས་བྱས་འདི་དག་ཐམས་ཅད་འདུས་བྱས་མིན། །མཚན་ཉིད་གཅིག་ཅིང་སྨིག་རྒྱུ་འདྲ་བ་ཡིན། །དམ་པའི་དོན་གྱི་མུ་གཅིག་ཤེས་ཀྱིས་ལ། །མྱུར་དུ་གཞལ་ཡས་བྱང་ཆུབ་རེག་པར་གྱིས། །ཞེས་གསུངས་པ་ལྟར་རོ། །དེ་ལྟར་དྲན་པ་དང་བག་ཡོད་བསྟེན་པ་རྣམས་ལ་རྒྱལ་བ་སྲས་བཅས་ཀྱིས་ཐུགས་མཉེས་ཤིང་བྱིན་གྱིས་རློབ་པ་དང་། དེ་ལ་བརྟེན་ནས་རྟོགས་པ་གྲུ་ནོམ་པ་འབྱུང་བར་འགྱུར་བའི་ཚུལ་ཡང་། མདོ་སྡེ་ཕལ་པོ་ཆེའི་ཆོས་སྣང་བའི་ལེའུ་ལས། བསོད་ནམས་ཚོགས་བསགས་བྱང་ཆུབ་སེམས་ལ་གནས་པ་རྣམས། །རྟག་ཏུ་བག་ཡོད་བློ་བརྟེན་མཐུ་ཆེན་བདོག་པ་དག །དྲན་དང་ལྡན་ཞིང་བྱང་ཆུབ་སེམས་རབ་མི་གཏོང་བས། །ཕྱོགས་རྣམས་བཅུ་བོར་བདེ་གཤེགས་རྣམས་ནི་མཉེས་པར་བྱེད། །ཅེས་དང་། འཕགས་པ་གཟུངས་ཀྱི་དབང་ཕྱུག་རྒྱལ་པོས་ཞུས་པའི་མདོ་ལས། དྲན་པ་རྒྱ་བོ་ཆེ་ནི་ཤིན་ཏུ་བསགས། །བྱ་བ་བྱ་བ་དག་ནི་རྣམ་པར་འབྱེད། །དྲན་པ་དག་དང་ལྡན་པར་རིག་ནས་ནི། །རྒྱལ(༣༤༨ན)བ་རང་བྱུང་དག་གིས་བྱིན་གྱིས་རློབས། །ཞེས་དང་། འཕགས་པ་བྱང་ཆུབ་སེམས་དཔའི་སྤྱོད་ཡུལ་གྱི་ཐབས་ཀྱི་ཡུལ་ལ་རྣམ་པར་འཕྲུལ་བ་བསྟན་པའི་མདོ་ལས། གང་དག་སྔོན་སངས་རྒྱས་ལ་སྤྱོད་སྤྱད་ཅིང་། །འཇིག་རྟེན་མགོན་པོ་རྣམས་ཀྱིས་བྱིན་བརླབས་པ། །དེ་དག་ཆོས་ཚུལ་དམ་པ་འདི་ཐོས་ནས། །མི་རྟོག་ཤིན་ཏུ་གྲུ་ནོམ་འབྱུང་བར་འགྱུར། །ཞེས་གསུངས་པ་ལྟར་ལགས་སོ། །

མཇུག་བྱང་ནི། བྱང་ཆུབ་ལམ་གྱི་རིམ་པའི་བརྒྱུད་པ་རྣམས་ལ་གསོལ་བ་འདེབས་པའི་ལམ་མཆོག་སྒོ་འབྱེད་ཅེས་བྱ་བ་འདི་ནི་འདོད་འདུན་ཅན་དུ་མས་བསྐུལ་པའི་དོན་དུ། སེམས་དཔའ་ཆེན་པོ་དུ་མས་བྱིན་གྱིས་བརླབས་པའི་གནས་བྱང་ར་

སྒྲིང་རྒྱལ་བའི་དབེན་གནས་ཀྱི་དགོན་པ་གོང་དུ། དཔལ་ཨ་ཏི་ཤའི་སྐུ་དངོས་དང་ཁྱད་པར་མ་མཆིས་པའི་སྐུ་འདྲ་དབུ་ཡོན་མ་ཆེ་བར་གྲགས་པའི་སྤྱན་སྔར་ཡུན་རིང་དུ་གསོལ་བ་བཏབ་ནས་ཤཱཀྱའི་དགེ་སློང་བློ་བཟང་གྲགས་པའི་དཔལ་གྱིས་སྦྱར་བའི་ཡི་གེ་པ(༣༥༨བ)ནི་ཤཱཀྱ་བཟང་གིས་བགྱིས་པའོ།། །།ཞེས་བྱུང་བ་ཡིན་ཏེ་མཚན་འདི་ཡང་། རྗེ་རིན་པོ་ཆེའི་གསུང་རྩོམ་ནི་དོན་ཤིན་ཏུ་ཟབ་ཅིང་དགོངས་པ་རྒྱ་ཆེ་བ། རྗེས་འཇུག་མཆོག་དམན་གྱི་དོན་དུ་འགྱུར་བ་རྒྱལ་བ་དགྱེས་པའི་ལམ་བཟང་ཡང་ཡོངས་སུ་རྫོགས་པའི་བཀའ་སྲོལ་བླ་ན་མེད་པ་ཡིན་ཏེ། ཀུན་སློང་ཁྱད་པར་ཅན་གྱིས་མ་ཟིན་པར་ཁ་ཙམ་ཚིག་ཙམ་གྱིས་བསྟོད་པ་དང་གསོལ་བ་འདེབས་ཞེས་སྨྲས་ནའང་། ཞིང་གི་མཐུ་བསམ་གྱིས་མི་ཁྱབ་པས། བླ་མ་དང་ལྷག་པའི་ལྷས་བྱིན་གྱིས་བརླབ་པ་དང་སྟོངས་གྲོགས་མཛད་དེ་ལམ་གྱི་རྟོགས་པ་སྐྱེ་སླ་བ་དང་། ནམ་ཞིག་ན་བྱང་ཆུབ་འགྲུབ་པའི་ས་བོན་བཞག་ནས་ལམ་གྱི་སྒོ་འབྱེད་པར་བྱེད་དེ་འཁོར་བ་མཐའ་ཅན་དུ་འགྱུར་བ་ཡིན་ཏེ། མདོ་སྡེ་པདྨ་དཀར་པོ་ལས། གཡེང་བའི་སེམས་ཀྱིས་སངས་རྒྱས་ཕྱག་འཚལ་ཞེས། །ཚིག་གཅིག་ལན་འགའ་བརྗོད་པར་བྱས་ན་ཡང་། །དེ་དག་ཀུན་གྱིས་བྱང་ཆུབ་མཆོག་འདི་འཐོབ། །ཅེས་གསུངས་ཤིང་། བསྟན་པའི་བདག་པོ་སྟོན་པ་རྡོ་རྗེ(༣༥༩ན)འཆང་ནས་བཟུང་སྟེ་རྩ་བའི་བླ་མའི་བར་གྱི་སྐུ་གསུང་ཐུགས་ཀྱི་ཡོན་ཏན་ཡིད་ལ་དྲན་དེ་ཡིད་དགའ་བའི་དང་བ་དང་། རང་གིས་ཀྱང་ལུང་རྟོགས་ཀྱི་བསྟན་པ་མཐའ་དག་གྲུ་བཞི་ལམ་གྱིས་འཁྱེར་ནུས་པ་ཞིག་བྱུང་ན་སྙམ་པའི་མངོན་འདོད་ཀྱི་དད་པ་དང་། དེ་ལྟར་འོངས་པའི་ཐབས་ཚང་ལ་མ་ནོར་བ། རྗེ་བླ་མས་རྗེན་པར་བསྟན་ཡོད་པ་འདི་བཞིན་ཉམས་སུ་བླངས་ན་ངེས་པར་འགྲུབ་པ་ཐག་ཆོད་སྙམ་པའི་ཡིད་ཆེས་ཀྱི་དད་པས་བསྟོད་ཅིང་གསོལ་བ་བཏབ་ན་ཟུང་འཇུག་རྡོ་རྗེ་འཆང་གི་གོ་འཕང་རིང་མིན་བདེ་བླག་ཉིད་དུ་ཐོབ་པར་འགྱུར་བ་

ཡིན་ཏེ། གསང་བ་འདུས་པའི་རྩ་རྒྱུད་ལེའུ་བཅུ་བདུན་པ་ལས། སངས་རྒྱས་ཀུན་གྱིས་བསྐུལ་བ་ཡིས། །བསྟོད་ཚིག་ཞི་བ་འདི་རྣམས་ཀྱིས། །རྡོ་རྗེ་ལོངས་སྤྱོད་བསྟོད་ན་ནི། །དེ་ཡང་སངས་རྒྱས་འདྲ་བར་འགྱུར། །ཞེས་གསུངས་པ་ལྟར་རོ། །རྒྱལ་བའི་སྲས་ཀྱི་སྤྱོད་པ་ཀུན་ལས་རབ་དང་རྩེ་མོར་གྱུར་བ་ཟབ་མོའི་ལྟ་བ(༣༨༩བ)དང་གསང་ཆེན་རྡོ་རྗེ་ཐེག་པ་ཟུང་དུ་འཇུག་པའི་ལམ་བཟང་འཁོར་བ་ཇི་སྲིད་བར་འཛིག་རྟེན་ཀུན་ཏུ་གསལ་བར་བྱེད་པའི་ཐུགས་བསྐྱེད་ཀྱི་གོ་ཆ་བགོས་པ་ན་ཕྱོགས་བཅུའི་རྒྱལ་བ་སྲས་དང་བཅས་པས་མགྲིན་གཅིག་དབྱངས་གཅིག་གི་སྒོ་ནས་སྙིང་སྟོབས་ཆེན་པོ་ཞེས་ཆེད་དུ་བརྗོད་པས་ཆེད་དུ་བརྗོད་པ་རང་ཅག་རྣམས་ཀྱི་འདྲེན་པ་གཅིག་པུ་འཇམ་མགོན་བླ་མ་ཙོང་ཁ་པ་ཆེན་པོའི་ཞལ་སྔ་ནས། བྱང་ར་སྒྲེང་རྒྱལ་བའི་དབེན་གནས་སུ་ཡང་དགོན་བྲག་སེང་གེ་གཞོལ་བྱ་བར་བཞུགས་ནས། ཇོ་བོ་ཆེན་པོའི་སྐུ་བརྙན་དབུ་ཡོན་མར་གྲགས་པ་སྤྱན་དྲངས་མཆོད་པ་བསམ་གྱིས་མི་ཁྱབ་པ་ཕུལ་ནས་གསོལ་བ་བཏབ་པས། སྟོན་པ་ཡང་དག་པར་རྫོགས་པའི་སངས་རྒྱས་ནས་ལྗོ་བྲག་གྲུབ་ཆེན་ནམ་མཁའ་རྒྱལ་མཚན་གྱི་བར་བླ་མ་བརྒྱུད་པ་ཞལ་གཟིགས། ཁྱད་པར་ཇོ་བོ་ཆེན་པོ། འབྲོམ་རིན་པོ་ཆེ། པོ་ཏོ་པ། ཤ་ར་པ་རྣམས་ཟླ་བའི་བར་དུ་གཟིགས་ཏེ་མི་དང་མི་ལབ་པ་བཞིན་ཟབ་རྒྱས་ཀྱི(༣༩༠ན)གདམས་ངག་རྒྱ་མཚོ་ལྟ་བུ་བསྩལ། མཐར་པོ་ཏོ་བ་སོགས་གསུམ་ཇོ་བོ་ལ་ཐིམ་ཞིང་། ཨ་ཏི་ཤའི་ཕྱག་རྗེ་བླ་མའི་དབུ་ཐོག་ཏུ་བཞག་ནས་བསྟན་པ་ལ་བྱ་བ་རྒྱ་ཆེན་པོ་གྱིས་དང་། བྱང་ཆུབ་སྒྲུབ་པ་དང་སེམས་ཅན་གྱི་དོན་བྱེད་པའི་གྲོགས་བདག་གིས་བྱའོ། །གསུངས་པ་སོགས་པ་ངོ་མཚར་བའི་ལྟས་མང་དུ་བྱུང་། དེའི་སྐ་རོལ་ཏུ་སྟོད་ལུང་གནམ་རྩེ་ལྡིངས་སུ། རྗེ་བཙུན་རེད་མདའ་བ། རྗེ་ཐམས་ཅད་མཁྱེན་པ། ལོ་ཆེན་སྐྱབས་མཆོག་དཔལ་བཟང་སྟེ་ཆོས་རྗེ་རྣམ་གསུམ་ཞལ་འཛོམས་ནས་དབྱར་ཞལ་གྱིས་བཞེས་ཏེ་བསྟན་པའི་རྩ་བ་དམ་

པའི་ཆོས་འདུལ་བའི་ལག་ལེན་ལ་དག་ཐེར་མཛད་ནས། དཔེར་ན་ཚངས་ཐིག་དྲང་པོར་བཏབ་པའི་ཚེ་ཡ་ཡོ་སོགས་ཀྱི་སྐྱོན་ཤུགས་ལ་ཐོན་འགྲོ་བ་ལྟར། མདོ་སྔགས་ཀྱི་གནད་བསྡུས་ཤིང་བརྗོད་བྱ་ཡོངས་སུ་རྫོགས་པའི་བསྟན་བཅོས་ལམ་མཆོག་སྒོ་འབྱེད་འདི་མཛད། བསྟན་པའི་སྙིང་པོ་ངན་རྟོག་གི་དྲི་མས་ཡང་ནས(༣༧༠བ)ཡང་དུ་སྦགས་པས་ནད་གཏིང་དུ་སོང་བ་བཞིན་ཆེས་གསོ་དཀའ་བའི་སྐབས་ཏེ་ས་སྙིང་སྟོང་བར་གྱུར་བ་ན། རྒྱལ་བའི་གདུང་མི་འཆད་པར་འཚོབ་པའི་སྲས་མཆོག་རྒྱལ་བ་གཉིས་པ་འཇམ་མགོན་སྨྲ་བའི་ཟླ་བ་དེ་ཉིད་ནི་བསྐལ་བ་མུ་མཐའ་ཡས་པའི་སྔ་རོལ་ནས་རྒྱལ་བ་རྣམས་ཀྱི་དམ་ཆོས་མ་ལུས་པ་རྒྱལ་བའི་དགོངས་པ་བཞིན་དུ་འཛིན་པའི་སྨོན་ལམ་ཡོངས་སུ་གྲུབ་པའི་སྟོབས་ཀྱིས་སྟོན་ཐུབ་པའི་དབང་པོ་དེ་ཉིད་ཀྱིས་མཆོག་འབྲིང་དམན་པའི་གདུལ་བྱ་སོ་སོའི་སྐལ་བ་བཞིན་རྒྱུ་འབྲས་ཆོས་ཀྱིས་སྒོ་མོ་ཇི་སྙེད་ཅིག་སྤྲུལ་བ་ཐམས་ཅད་རྗོད་བྱེད་ཡི་གེ་ན་གཅིག་ཀྱང་མ་ལུས་པར་བདེན་བཞིའི་ཆོས་འཁོར་ནས་རྒྱུད་རྒྱལ་གསང་བ་འདུས་པའི་བར་དང་། བརྗོད་བྱ་འདུལ་བའི་བཅས་ཀྱང་ཕྲ་མོ་ནས་བདེན་གཉིས་དབྱེར་མེད་ཟུང་འཇུག་གི་བར་ཐམས་ཅད་གྲུ་བཞི་ལམ་གྱིས་འཁྲིར་ཤེས་པའི་བསྟན་པ་ཡོངས་རྫོགས་ཀྱི་སྲོལ་སངས་རྒྱས་འཇིག་རྟེན་དུ་བྱོན་པ་དང་འདྲ་བར་ཕྱེ་ནས(༣༧༡ན)སངས་རྒྱས་ཀྱི་མཛད་པ་སྟོན་པའི་རྒྱལ་བ་གཉིས་པར་འགྱུར་བའི་རྣམ་ཐར་ཕྱོགས་བྲལ་མཁས་པ་ཀུན་གྱི་རྣ་བའི་རྒྱན་དུ་གྲུབ་ཟིན་པ་ལྟར་ལགས་པ་ལས། མཛད་པ་ཀུན་གྱི་གཙོ་བོ་གསུང་རྗེས་སུ་བསྟན་པའི་ཚེ་འཕྲུལ་ཞེས་གྲགས་པ་འདི་ནི་སྐལ་བཟང་ཐར་འདོད་ཡོངས་ཀྱི་སྤྱི་ནོར་དུ་སྤྲུལ་བ་ཡིན་ནོ།། །།

སྭསྟི་སིདྡྷི་རཾ། མཚན་གཟུགས་དཔེ་བྱད་རྫོགས་པ་རྡོ་རྗེ་སྐུ། །ཡན་ལག་དྲུག་ཅུའི་དབྱངས་དང་ལྡན་པའི་གསུང་། །ཕྱོགས་བྲལ་བརྟན་གཡོ་དངོས་ཀུན་ཁྱབ་པའི་ཐུགས། །བླ་མ་རྒྱལ་བ་སྲས་བཅས་རྣམས་ལ་འདུད། །དཔག་ཡས་བསྐལ་བར་

ཐོས་པར་དཀའ་བ་ཡི། །ཤེས་རབ་གླིང་བུའི་དབྱངས་འདི་ཆེར་སྒྲོགས་འགྲོའི། །རྣ་
བར་འཇུག་འགྱུར་རྨི་ལམ་མིན་ནམ་ཅི། །བསམ་བརྗོད་ཡུལ་མིན་འདི་ནི་བླ་མའི་
དྲིན། །མདོ་རྒྱུད་དགོངས་འགྲེལ་ཚིགས་བཅད་གཅིག་ཙམ་ཞིག །འབྲི་འཆང་
གློག་པ་ཐོས་བསམ་སྒོམ་གསུམ་གྱི། །བསོད་ནམས་བརྗོད་པར་མི་ནུས(༣༧༡བ)ཞེས་
བསྔགས་པའི། །མེ་ཏོག་རྒྱལ་དང་རྒྱལ་སྲས་རྣམས་ལ་འཐོར། །ཕ་རྗེས་བུ་ཡིས་ཇི་
ལྟར་འཚོལ་བ་བཞིན། །མཛད་པའི་རྗེས་སུ་དད་གུས་ཞུགས་པ་འདི། །དཔག་ཡས་
བསོད་ནམས་ཟློང་གིས་ཁྱུག་པའི་ནོར། །དད་གསུམ་རྒྱལ་མཚན་རྩེ་མོར་མདོན་
མཆོད་དོ། །མདོ་དང་སྔགས་ཀྱི་གཞུང་ལུགས་གང་ལ་ཡང་། །འཇམ་མགོན་བླ་མས་
དག་ཐེར་མཛད་པ་བཞིན། །འཁྲུལ་བའི་དྲི་མ་ཕྲ་མོའང་ཀུན་བསལ་ཏེ། །ཡབ་སྲས་
གསུམ་གྱི་རྣམ་ཐར་ཟིན་པར་ཤོག །དགེ་བ་འདི་ཡིས་ཉེ་བར་མཚོན་བྱས་ཏེ། །བདག་
གཞན་དུས་གསུམ་བསགས་པའི་ལེགས་སྤྱོད་ཀུན། །སྲས་བཅས་རྒྱལ་བས་ཇི་ལྟར་
བསྔོས་པ་བཞིན། །ཐུབ་བསྟན་འཛིན་ཅིང་བླ་མའི་ཞབས་བརྟན་ཤོག །རྫོགས་
བྱང་ཐོབ་པར་མ་གྱུར་དེ་སྲིད་དུ། །རིགས་སྐྱེས་དམ་པའི་མགོན་བསྟེན་བསྟན་ལ་
ཞུགས། །དད་པའི་མཐུ་ཡིས་ཤེས་རབ་སྤྱན་ཐོབ་ཅིང་། །སྒྲིབ་གཉིས་མ་ལུས་དྭངས་
ནས་འབྱིན་པར་ཤོག །སྣང་ཕྱོགས་རྩལ(༣༧༢ན)བརྟན་རྒྱུད་ཀྱི་རྒྱལ་པོ་ཆེ། །ཟུང་འཇུག
མཁའ་ལ་བགྲོད་པའི་འཕྲུལ་གྱི་གཤོག །མཐའ་དྲུག་ཚུལ་བཞིའི་རྒྱ་ཡིས་བཅིངས་པ་
ཉིད། །བཀྲོལ་ཏེ་རིམ་གཉིས་ལམ་བཟང་མཐར་ཕྱིན་ཤོག །སྟོང་ཕྱོགས་རྩལ་བརྟན་
རྒྱུད་ཀྱི་ཡང་སྙིང་མཆོག །བྱིན་རླབས་གཞན་ལས་མྱུར་བའི་ཆེ་བ་ཅན། །དེ་ཉིད་
བཅུ་བཞིའི་མཆིངས་ཀྱིས་བསྟན་པའི་གནད། །སྨྲས་པའི་དོན་ཀུན་མ་ལུས་རྟོགས་
པར་ཤོག །རྒྱུད་སྡེ་གཞན་དང་གཞན་ལ་མ་གྲགས་པའི། །ལྷ་ཕྲག་ཆོས་ཀྱིས་ཕྱུལ་བྱུང་
རྒྱུད་ཀྱི་རྒྱལ། །འཁྲུལ་འཁོར་མཐར་ཐུག་ཉིད་དུ་བསྔགས་པའི་དོན། །རྟོགས་ནས་

ཕྱི་ནང་གཤིན་རྗེ་དཔུང་འཇོམས་ཤོག །ཕྱི་ནང་གཞན་གསུམ་དག་པའི་འཁོར་ལོར་མཉམ། །རྣམ་ཀུན་མཆོག་ལྡན་ཕྱག་རྒྱ་སྟོང་གཟུགས་ཀྱིས། །ཕྱེ་བའི་གནད་རྣམས་མ་ལུས་རྫོགས་གྱུར་ནས། །འགྱུར་མེད་བདེ་བའི་ལམ་བཟང་མཐར་ཕྱིན་ཤོག །མདོར་ན་འཇམ་མགོན་ཡབ་སྲས(༣༧༢བ)རྣམ་གསུམ་གྱིས། །དག་ཐེར་མཛད་པའི་མདོ་སྔགས་རིང་ལུགས་མཆོག །ཀུན་བཟང་ཞིང་གི་སྒྲོན་མེའི་རྗེས་འགྲོ་ཞིང་། །ཚེ་རབས་ཀུན་ཏུ་འབྲལ་མེད་འཛིན་པར་ཤོག །བསྟན་པ་རིན་ཆེན་ཡུན་དུ་གནས་པ་དང་། །བསྟན་འཛིན་བུ་སློབ་ཐུགས་མཐུན་མཛད་འཕྲིན་རྒྱས། །མར་གྱུར་འགྲོ་ཀུན་ཉེར་འཚེ་ཀུན་ཞི་ནས། །རྫོགས་ལྡན་གསར་པའི་དགའ་སྟོན་སྤྱོད་གྱུར་ཅིག །

ཅེས་བྱང་ཆུབ་ལམ་གྱི་རིམ་པའི་བརྒྱུད་པ་རྣམས་ལ་གསོལ་བ་འདེབས་པའི་ལམ་མཆོག་སྒོ་འབྱེད་ཀྱི་འགྲེལ་བ་མདོ་དང་སྦྱར་བའི་སྟོང་ཐུན་རྒྱལ་སྲས་གཞུང་ལམ་ཞེས་བྱ་བ་འདི་ནི། ཨུ་ཚུགས་མཐར་སྐྱེལ་གྱིས་ཨ་ལགས་ཤ་ཏྲ་རེ་ཁེན་སུ་མེན་ཞབས་དྲུང་གི་མིང་ཐོབ་པ་ཞིག་གིས། བཤད་སྒྲུབ་བསྟན་པའི་འབྱུང་གནས་སྐུ་འབུམ་དགའ་ལྡན་བྱམས་པ་གླིང་ཞེས་སྙན་པའི་བ་དན་སྲིད་རྩེའི་ཁོངས་ལས་བཀྲལ་བྱུང་བ་དེ་ཉིད་དུ་མདོ་སྔགས་ཀྱི་དབྱངས་སྙན་འབྲུག(༣༧༣ན)སྟོང་ལྟར་ལྡིར་བའི་གཉིས་སྐྱེས་སྟོང་ཕྲག་གསུམ་ལྷག་གི་འགྲམ་དུ་གར་ལ་བལྟ་བ་བཞིན་དུ་ལོ་བཅོ་ལྔ་ལུས་ཤིང་། གྲྭ་ས་རྣམ་བཞི་སོགས་དབུས་གཙང་ཕྱོགས་སུ་ལོ་ལྔ་དང་། རྒྱ་གར་འཕགས་པའི་ཡུལ་གྱི་གནས་ཆེན་བརྒྱད་དང་བལ་ཡུལ་མཆོད་རྟེན་རྣམ་གསུམ་སོགས་རྒྱ་བོད་ཀྱི་རྟེན་འགངས་ཆེན་དང་སྟོད་བཅུད་ཀྱི་བཀོད་པ་ངོ་མཚར་བ་རྣམས་མིག་གི་བདུད་རྩིར་གྱུར་ནའང་། རང་གི་ལས་ངན་གྱི་མཐུས། ཁྱོད་སངས་རྒྱས་ཤཱཀྱ་ཐུབ་པ་ཟེར་ནས་རྒྱལ་ཁམས་ཀུན་ཏུ་སྤྱལ་ཏེ་རྒྱལ་ཁམས་འབྲུགས་པའི་སྤྱལ་མ་གནག་ཅན་ཁྱོད་ལ་ལྟུགས་སྒྲོག་འདི་འོས་ཟེར་ནས་ལག་གཉིས་ལྕགས་སྒྲོག་གིས་འཆིང་ནས་མཐའ་འཁོབ་ཀྱི་

བཙན་དོང་དུ་མནར། མ་འཁྲུངས་པར་ཕ་ཡུལ་བདུད་བཙན་དུ་ལྷུང་བས་མགོན་སྐྱབས་དང་འཕྲལ་རང་དབང་མེད་པར་གནས་པ་དང་། རང་དགོན་དངོས་གྲུབ་ཀུན་འབྱུང་གླིང་ངམ་སྒྲོལ་མ་ལྷ་ཁང་དུ་སླེབས་པས་དགེ(༣༧༣བ)འདུན་ལྷག་མ་སུམ་ཅུར་ཉེ་བས་ལྷ་རྟེན་མཆོད་གསུམ་དང་དཔེ་མཛོད་ཁང་གི་གླེགས་བམ་རྣམས་རྗེས་སྲུད་རྗེས། བདག་གི་སློབ་དཔོན་རིན་པོ་ཆེ་བསྟན་འཛིན་ཉི་མའི་ཞལ་ནས། ངོས་ལ་ལམ་རིམ་ཆེན་མོའི་བཤད་ལུང་དང་། ཁྱོད་རང་གི་རྣམ་ཐར་ཞིག་བྲིས་ཞེས་བཀའ་སྩལ་བས་བཤད་རྒྱུ་ཅི་ཡང་མེད་པར་ཞུམ་ནས་གནས་པ་དང་། ཚེ་རྗིལ་བོར་དོན་མེད་འཁྱམས་ཚུལ་གྱི་འཆལ་གཏམ་བྲིས་པའི་དགོས་པ་མེད་སྙམ། བཤད་ལུང་འབུལ་རྒྱུ་མ་བྱུང་བར་དགོངས་པ་རྫོགས། ཕྱིས་སུ་བསྟན་འཛིན་བུ་སློབ་དགོན་གནས་སྟེ་དང་བཅས་པ་མེང་གི་ལྷག་མར་བྱས། དམ་པའི་ཆོས་ཀྱི་གླེགས་བམ་ཙམ་ཡང་མཐོང་ཐོས་ཀྱི་སྐལ་བ་ཆད། ཕོ་བོ་ལ་གསོད་རྒྱབ་བརྡུངས་སོགས་འཇིགས་པའི་སྐྲ་འབྲུག་ལྟར་སྒྲོགས། འདྲེ་བདུད་ཅེས་འབོད། ཨ་བ་སྒང་མགོས་བགོལ་བ་བཞིན་ཅི་བྱས་བརྟོལ་མེད་པར་བྲེད་ཤ་ཐོན་པ་ལ་མཚོན་ཆས་གཏུགས་པ་དང་ཁྲུ་ཚུར་གྱིས་བརྡུན་པས་བར་བར་བརྒྱལ་བ་སོགས(༣༧༤ན)སྐྱི་གཡའ་བར་བྱེད། ལས་ཀྱི་འཕྲུལ་གྱིས་འཆི་བ་ལྟ་ཞོག་ལུས་བདེ་བར་གནས་པ་ལ། རང་ལོ་ཉེ་བཅུ་ཐོག་དུག་ནད་ཅིག་གིས་ཉེན་འགའི་བར་བློ་རིགས་པ་རྫོངས་འཐོམ་དུ་སོང་ནས་སངས། དེ་ལས་རྫོངས་ན་ཅི་འདྲ་སྙམ་པས་ཉེ་བར་བསྐུལ། སྐུ་འབུམ་ཆོས་དགེ་རྒན་རིན་པོ་ཆེ་ནས་ངོས་ལ་པཎྜི་ཏའི་ཐོལ་བརྗོད་གནང་སྐབས་སུ། བསྐྱེད་རིམ་སྟོང་ཐུན་ཞིག་བྲིས་ན་ནུས་ཁྱོད་བྲིས་དང་གསུངས་པའང་དྲན། ཐོས་རྒྱ་ཆུང་ནའང་ཆོས་མིག་ཡར་བལྟའི་རྗེས་སུ་ཞུགས་པ་རེ་གཉིས་ཀྱིས་ཆོས་ཇི་ལྟར་བྱ་ཚུལ་རྩད་གཅོད་བྱས་པ་སོགས་ཀྱིས་ཡིད་བསྐུལ་ཏེ། སྐྱེ་བ་དང་ཚེ་རབས་ཐམས་ཅད་དུ་འཇམ་མགོན་བླ་མའི་མདོ་སྔགས་ཟུང་འབྲེལ་གྱི་

བསྟན་པ་ལ་ཞུགས་ནས་དམ་པའི་མགོན་ལ་བརྟེན་ནས་ཐོས་བསམ་སྒོམ་གསུམ་ཡ་མ་བྲལ་བར་ཉམས་སུ་བླངས་པའི་བག་ཆགས་འཇོག་པའི་ཕྱིར་དུ། བྱང་ཆུབ་ལམ་རིམ་ཆེན་མོར(༣༧༤བ)དྲངས་པའི་མདོ་རྒྱུད་རྣམས་དང་གཞན་མདོ་རྒྱུད་མང་པོ་བཏུས་ཤིང་། དགོངས་པ་འགྲེལ་ག་ལ་ནུས་མཚམས་སྦྱར་བས་ཉོག་པོར་བཏང་བ་འདི། ལམ་མཆོག་སྒོ་འབྱེད་སྦྱོར་ཐང་རེ་ལ་མདོ་རྒྱུད་ཀྱི་ཚིག་དོན་དྲན་པར་བསམས་ནས། རྣམ་འདྲེན་རྒྱལ་བའི་དབང་པོའི་ཞལ་ཚབ་དམ་པ་བདག་གི་ཚོགས་སྔ་ཕྱིའི་མཁན་པོ་རིན་པོ་ཆེ་ཁྱབ་བདག་རྡོ་རྗེ་སེམས་དཔའི་ངོ་བོ་ཨ་ཀྱ་མཆོག་སྤྲུལ་རིན་པོ་ཆེ་བཀའ་དྲིན་གསུམ་ལྡན་རྗེ་བཙུན་བློ་བཟང་ལུང་རྟོགས་བསྟན་པའི་རྒྱལ་མཚན་དཔལ་བཟང་པོ་དང་། རིགས་བརྒྱའི་ཁྱབ་བདག་དཏུལ་རི་བ་གསུམ་ལྡན་རྡོ་རྗེ་འཆང་རྗེ་བཙུན་བློ་བཟང་ཆོས་འཕེལ་གསང་བདག་བསྟན་པའི་རྒྱལ་མཚན་དཔལ་བཟང་པོ་དང་། ལྷ་མིའི་རྣམ་འདྲེན་དམ་པ་རིགས་བརྒྱའི་ཁྱབ་བདག་ཕྱུག་ན་པད་དཀར་འཆང་བ་དཔལ་བཟང་པོའི་ཞལ་སྔ་ནས་དང་། (༣༧༥ན)རིགས་ཀུན་ཁྱབ་བདག་དང་པོའི་སངས་རྒྱས་རྗེ་བཙུན་བློ་བཟང་འཕྲིན་ལས་ལྷུན་གྲུབ་ཆོས་ཀྱི་རྒྱལ་མཚན་དཔལ་བཟང་པོ་སོགས་དོན་དང་མཐུན་པའི་ཐམས་ཅད་མཁྱེན་པ་དངོས་ཀྱི་དགེ་བའི་བཤེས་གཉེན་ཉེར་ལྔ་ལྷག་ཙམ་གྱི་ཞབས་ཀྱི་པདྨོ་ལ་གཙུག་གིས་མཆོད་ནས། མདོ་རྒྱུད་ཀྱི་གསུང་རབ་མཐའ་ཡས་པའི་ཆོས་ཀྱི་བགོ་སྐལ་ལན་གཅིག་མིན་པར་ཐོབ་པའི་བཀའ་དྲིན་བྱང་མཐའི་བར་དུ་གཞལ་བར་དཀའ་བ་དང་། ལྷག་པར་དུ། བདེ་ལྡན་ཞིང་གི་མགོན་པོ་སྣང་བ་མཐའ་ཡས་སྐུ་སྔ་ཕྱི་རྣམ་གཉིས་ཀྱིས་རིགས་ཀྱི་ཅོད་པན་དུ་བཞེས་པ་སོགས་བསྟན་འཛིན་མཁས་པ་ཀུན་གྱི་གཙུག་རྒྱན་བཀའ་དྲིན་མཚུངས་བྲལ་མ་མཆིས་པ་ཨ་ལགས་བླ་ཁོ་རྡོ་རྗེ་འཆང་རྗེ་བཙུན་འཇིགས་མེད་འཕྲིན་ལས་རྒྱ་མཚོ་དཔལ་བཟང་པོའི་ཞལ་སྔ་ནས་དང་། སྲིད་ཞིའི་གཙུག་རྒྱན་རྣམ་གཉིས་ཀྱིས་དངོས་དང་བརྒྱུད་

པས་རིགས(༣༧༥བ)བདག་ཏུ་བཞེས་པ་མཁས་བཙུན་བཟང་གསུམ་འགྲན་གྱི་དོ་དང་བྲལ་བའི་ཡོངས་འཛིན་ཨ་ཆི་ཐུ་མེར་གན་པཎྜི་མ་ཧཱ་པཎྜི་ཏ་རིགས་ཀུན་ཁྱབ་བདག་རྗེ་བཙུན་འཇིགས་མེད་རྒྱ་མཚོ་དཔལ་བཟང་པོའི་ཞལ་སྔ་ནས་དང་། ཁྱབ་བདག་རྡོ་རྗེ་སེམས་དཔའི་ངོ་བོ་མི་ཉག་མཁན་ཆེན་རྗེ་བཙུན་ངག་དབང་ལེགས་བཤད་རྒྱ་མཚོ་དཔལ་བཟང་པོ་རྣམ་གཉིས་ལོ་ཉི་ཤུའི་བར་གྲུ་ཆུང་དཀྲུས་མའི་ལུགས་བཞིན་ཞབས་ཀྱི་པདྨོ་ལ་ཉེ་བར་གཏུགས་པས་ཐུགས་མཉེས་པས་ཟིན་ཏེ་དགྱེས་བཞིན་དུ་འགལ་རྐྱེན་ཐམས་ཅད་སེལ། མཐུན་རྐྱེན་ཐམས་ཅད་སྒྲུབ། ཁེངས་པའི་ཆེ་ན་དམའ་ཕབ། ཞུམ་པའི་ཆེ་ན་མཆོད་དཔོན་དྲུང་ཡིག་རབ་འབྱམས་པ་ཞེས་གཟེངས་བསྟོད་དེ་དཔེ་ཁྲིད་མཛུབ་ཁྲིད་ལུང་ཁྲིད་བཤད་ཁྲིད་གཟབ་ཁྲིད་དམར་ཁྲིད་སྨྱོང་ཁྲིད་སྙན་བརྒྱུད་མན་ངག་ཆིག་བརྒྱུད་ཀྱི་ཚུལ་གྱིས་གསུངས་པའི་རྗེས་སུ་ཟློས་པ་པོ་ནི་བཙུན་གཟུགས་རབ་འབྱམས་པ་འཇམ(༣༧༦ན)དབྱངས་བསྟན་འཕེལ་ཉི་མའམ་མིང་གཞན་མི་ཕམ་མཚོ་བྱུང་བཞད་པའི་རྡོ་རྗེར་འབོད་པས་རང་ལོ་ང་གཅིག་པ་ཤིང་ཡོས་ལོའི་ས་ག་ཟླ་བའི་དཀར་ཆོས་དགའ་བ་དང་པོར་རང་གི་ཕ་ཁྱིམ་དུ་ནང་གི་ཨ་ཕ་བཞིན་དུ་འཁོད་ནས་བྲིས་པ་འདིས་ཀྱང་རྒྱལ་བའི་བསྟན་པ་རིན་པོ་ཆེ་ཕྱོགས་ཀུན་ཏུ་དར་ཞིང་རྒྱས་པ་ལ་མི་ནུབ་པའི་བསྟན་པའི་རྒྱལ་མཚན་ཚུགས་པའི་རྒྱུར་གྱུར་ཅིག །སརྦ་མངྒ་ལཾ།། །།

གྲྭ་ས་སྤྱི་ལུགས་དང་མཐུན་པར་བཀའ་པོད་གཞུང་ཆེན་བློར་འཛིན་མི་ནུས་པ་རྣམས་ལ་གོ་བསྐྱེད་ཡོང་བའི་ཆེད་དུ་འདིར་མཚན་ཙམ་སྨོས་ནས་ཐད་ཀའི་གཞུང་བཏུས་འབྲི་བ་ཡིན་གྱི་སླེགས་བམ་ཡོང་ཆེད་མིན་ལ་གཞུང་ཚིག་ཅི་ཙམ་བློར་བཟུང་བ་དེ་ཙམ་དུ་བློ་བསྐྱེད་ཡོང་བས་ཐོས་ཚད་དང་མཐོང་ཚད་ཀུན་བློར་འཛིན་གནང་བར་ཞུ་ཞུ།

༄། །བྱང་ཆུབ་ལམ་གྱི་རིམ་པའི་བརྒྱུད་པ་རྣམས་ལ་གསོལ་བ་འདེབས་པའི་ལམ་མཆོག་སྒོ་འབྱེད་ཀྱི་འགྲེལ་བ་མདོ་དང་སྦྱར་བའི་སྟོང་ཐུན་རྒྱལ་སྲས་གཞུང་ལམ་ཞེས་བྱ་བ་བཞུགས་སོ། །

ཨ་ལག་ཤ་ཞབས་དྲུང་འཇམ་དབྱངས་བསྟན་འཕེལ་ཉི་མས་བརྩམས།
རྒྱ་ཡི་བཀྲ་ཧྲོཾ། དཔལ་ལྡན་ཚེ་རིང་། བདུད་འདུལ་རྡོ་རྗེ་བཅས་ཀྱིས་བསྒྲིགས།

རྩོམ་སྒྲིག་འགན་འཁུར་པ། ཤེར་དོན།
པར་སྒྲིག་རྟུས་འགོད། གཙུག་ལག་ཕྱིང་བ་པར་སྒྲིག་ལས་གཉེར་ཁང་།

པར་སྐྲུན་འགྲེམ་སྤེལ། ཀྲུང་གོའི་བོད་རིག་པ་དཔེ་སྐྲུན་ཁང་།
པར་འདེབས། ཀྲུང་གོའི་སློག་བརྙན་དཔེ་སྐྲུན་ཁང་གི་པར་ཁང་།
དེབ་ཚད། 787mm×1092mm 1/16
དཔར་ཤོག 21 དཔར་གྲངས། 1-2000
པར་གཞི། 2024ལོའི་ཟླ4པར་པར་གཞི་དང་པོ་བསྒྲིགས།
དཔར་ཐེངས། 2024ལོའི་ཟླ4པར་དཔར་ཐེངས་དང་པོ་བཏབ།

དཔེ་རྟགས། ISBN 978-7-5211-0507-0 རིན་གོང་སྒོར། 56.00